宁夏统计年鉴

NINGXIA STATISTICAL YEARBOOK 2012

宁夏回族自治区统计局
国家统计局宁夏调查总队 编

Compiled by Ningxia Provinsial of Statistics
NBS Survey Office in Ningxia

中国统计出版社
China Statistics Press

(京)新登字 041 号

图书在版编目(CIP)数据

宁夏统计年鉴.2012:汉英对照 / 宁夏回族自治区统计局,国家统计局宁夏调查总队编.-- 北京:中国统计出版社,2012.9

ISBN 978-7-5037-6512-4

Ⅰ.①宁… Ⅱ.①宁…②国… Ⅲ.①统计资料－宁夏—2012—年鉴—汉、英Ⅳ.①C832.43-54

中国版本图书馆 CIP 数据核字(2012)第 196718 号

宁夏统计年鉴-2012

作　　者/ 宁夏回族自治区统计局　　国家统计局宁夏调查总队
责任编辑/ 佘竞雄
装帧设计/ 马　俊
出版发行/ 中国统计出版社
通信地址/ 北京市西城区月坛南街 57 号　　邮编 100826
办公地址/ 北京市丰台区西三环南路甲 6 号
电　　话/ (010)63376907
网　　址/ http://csp.stats.gov.cn
印　　刷/ 宁夏报业传媒印刷有限公司
经　　销/ 新华书店
开　　本/ 890×1240 毫米
字　　数/ 1700 千字
印　　张/ 37.25　彩插/0.75
印　　数/ 1-1500 册
版　　别/ 2012 年 10 月第 1 版
版　　次/ 2012 年 10 月第 1 次印刷
书　　号/ ISBN978-7-5037-6512-4/C·2726
定　　价/ 380.00 元

地区生产总值(亿元)
GDP of Ningxia (100 million yuan)

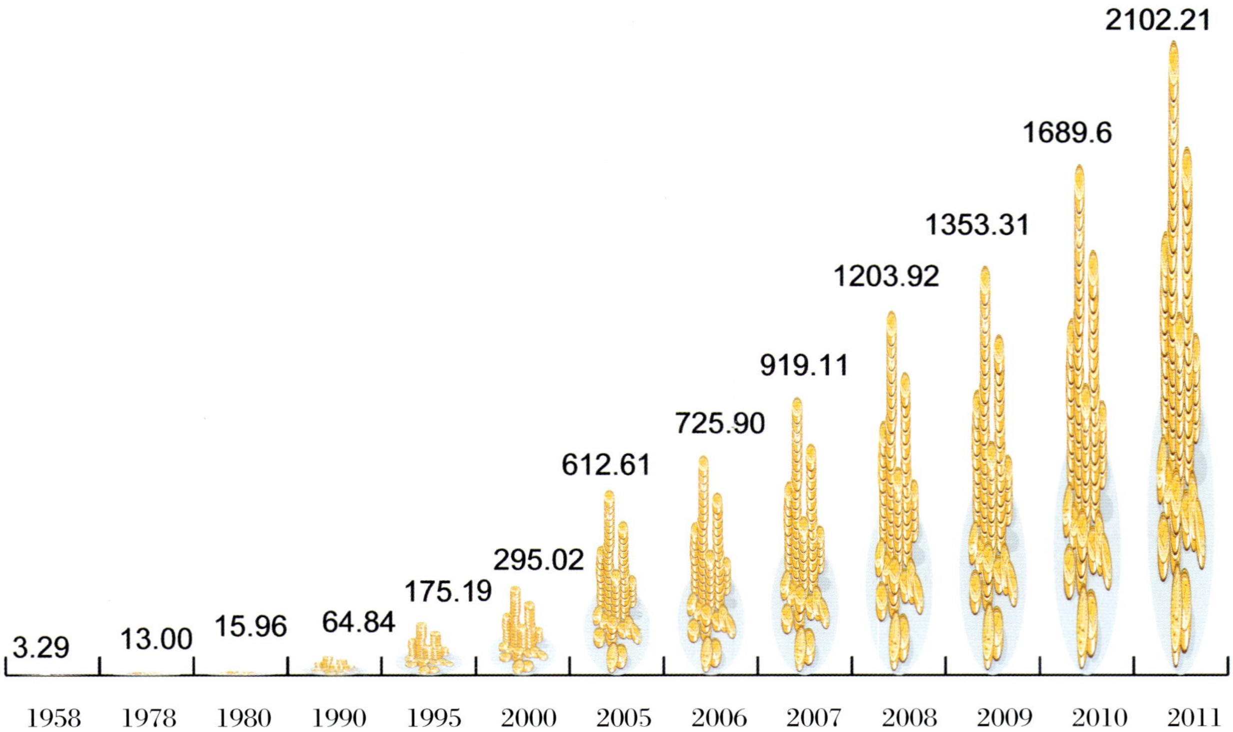

地区生产总值增速(%)
GDP Growth Rate (%)

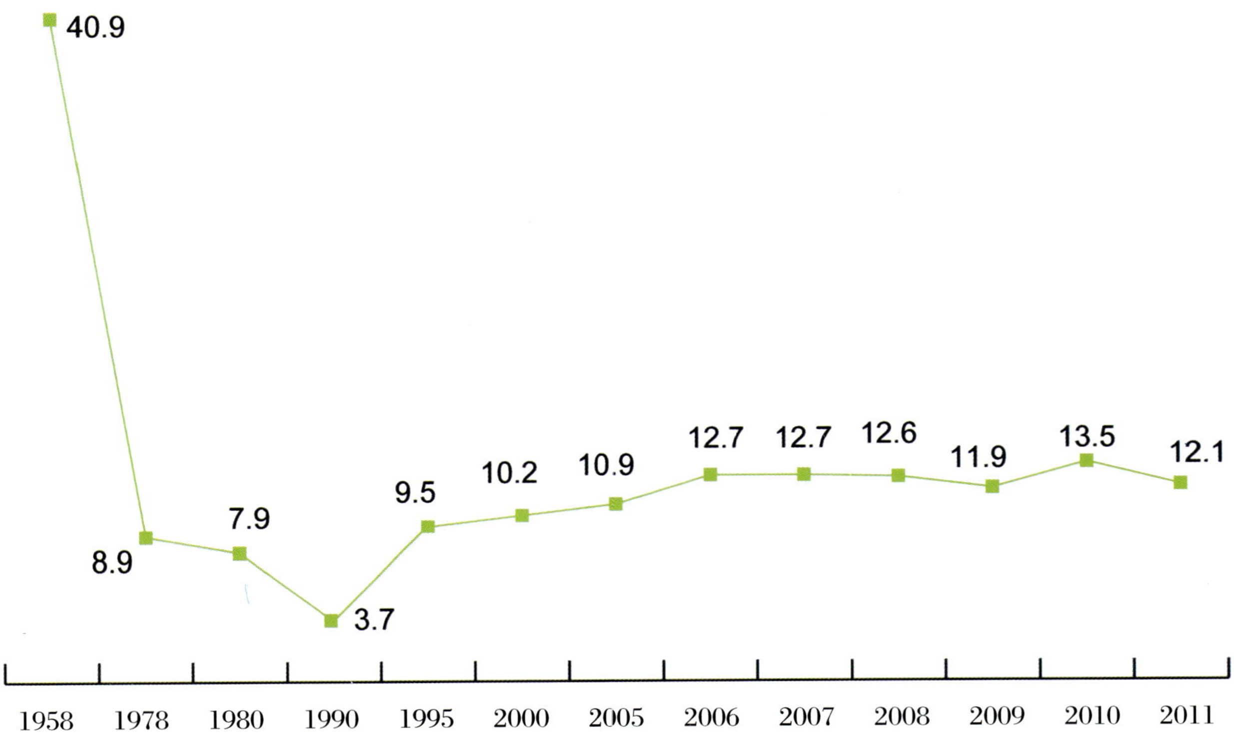

人均地区生产总值(元 / 人)
Per Capita Gross Domestic Product (yuan/person)

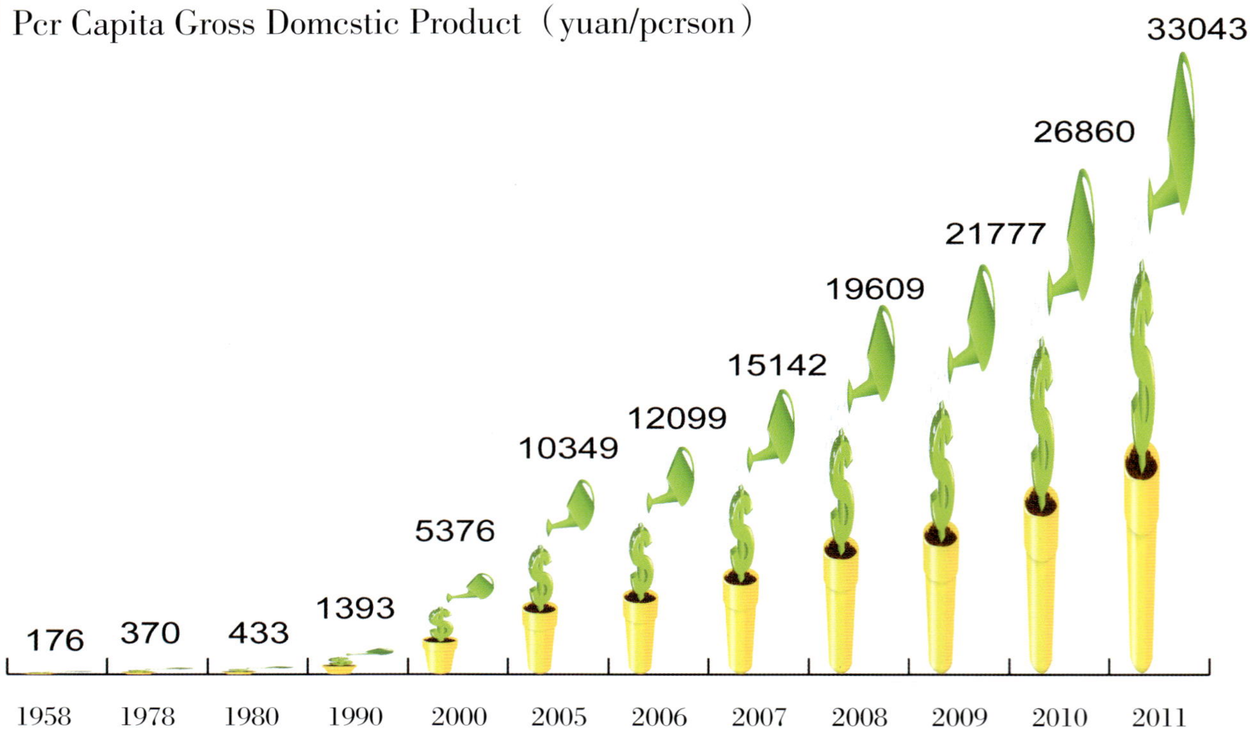

地区生产总值构成(%)
Industry Structure(%)

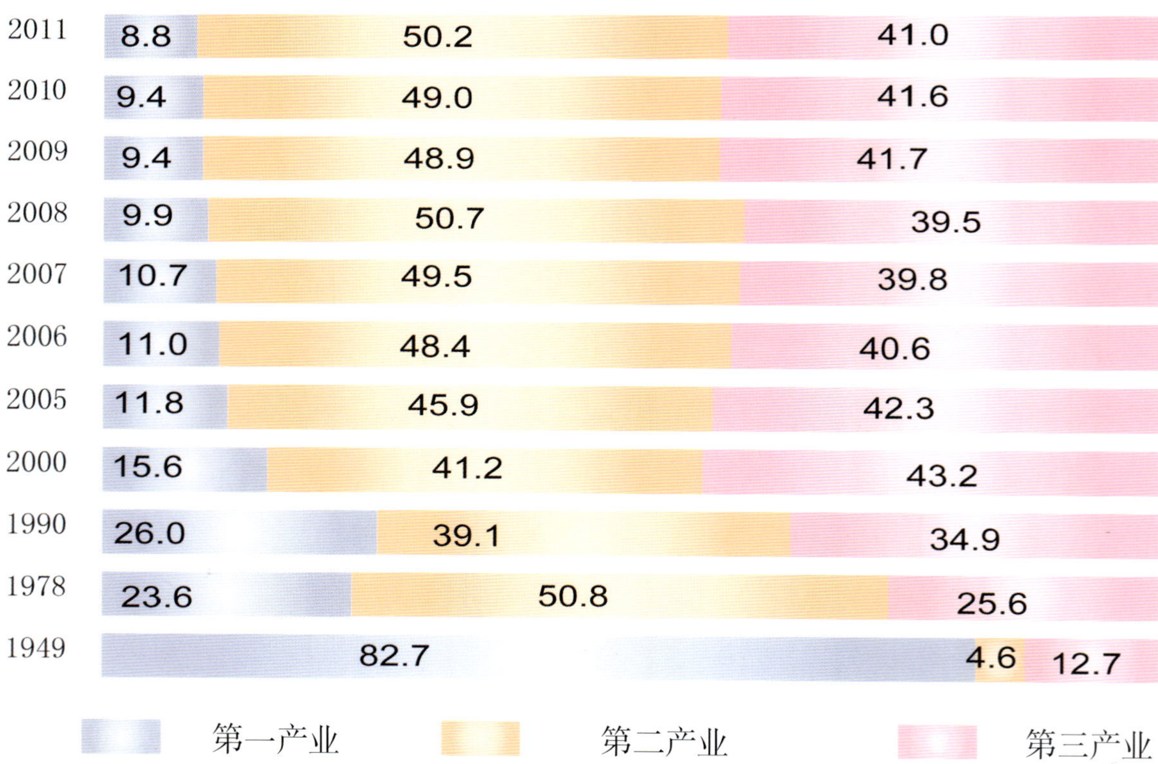

全社会固定资产投资占 GDP 比重(%)
Total Invcstment In Fixed Assets to GDP(%)

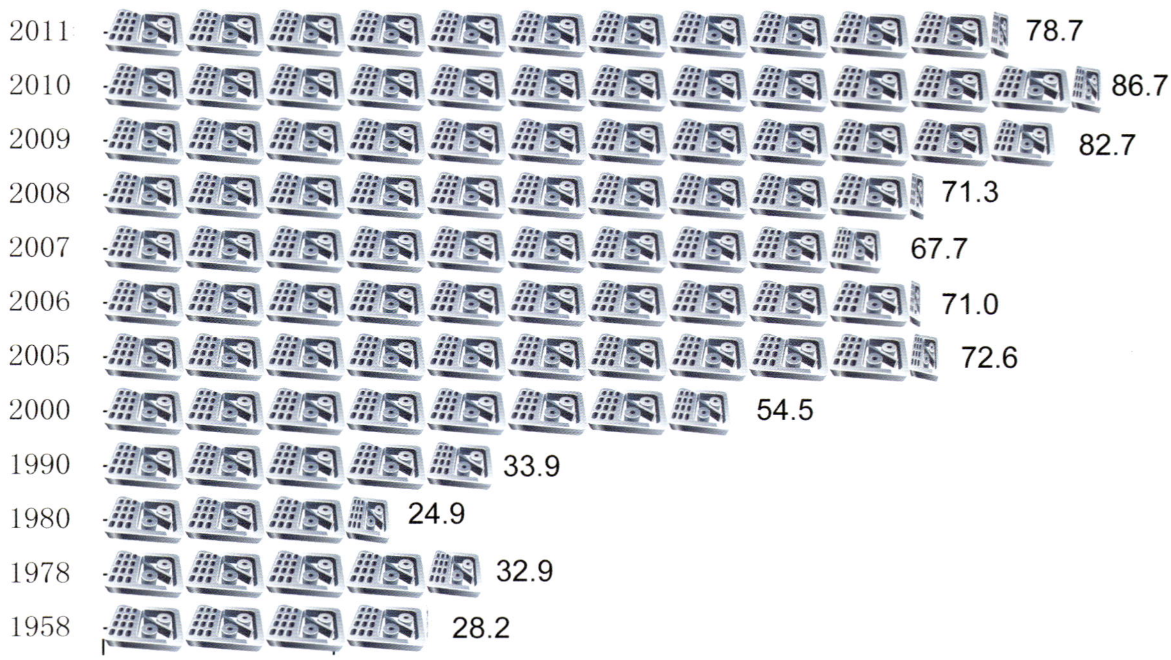

能源生产及消费(万吨标准煤)
Total Production and Consumption of Energy(10 000 tons of SCE)

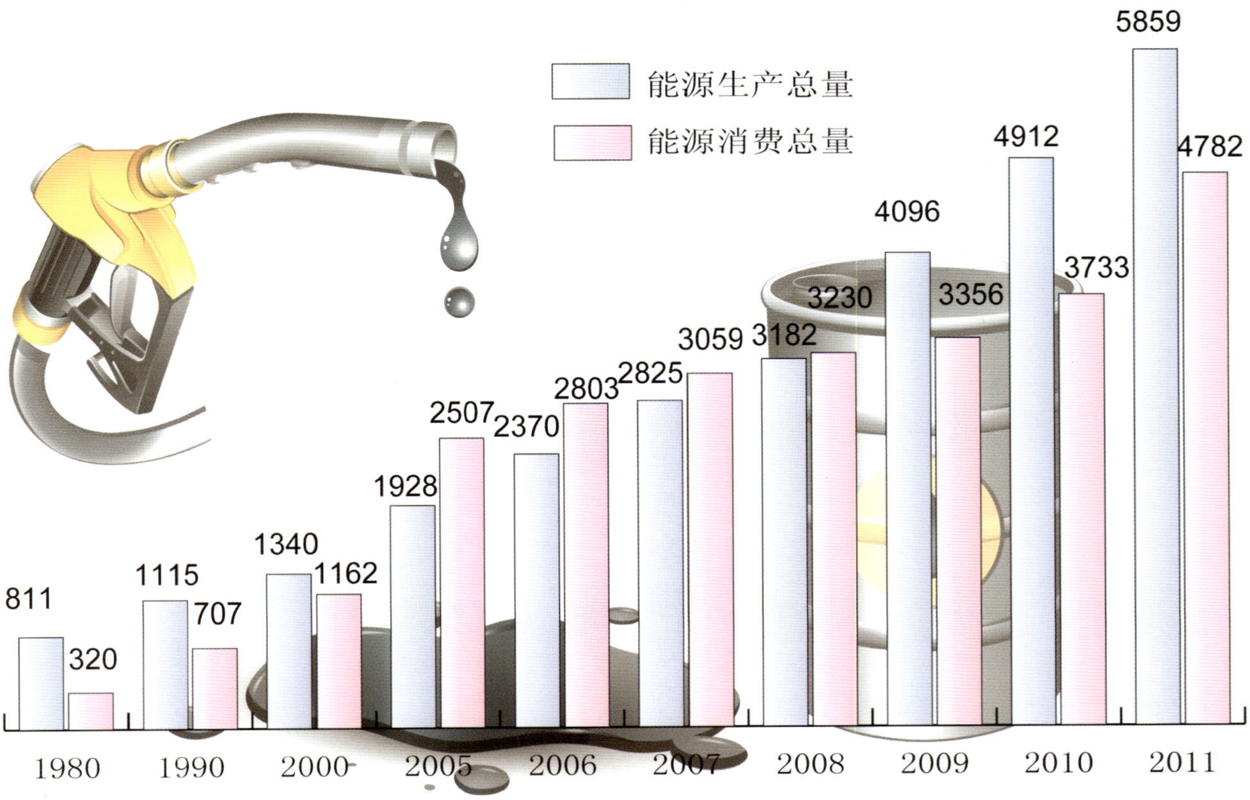

财政收入与支出(亿元)
Local Financial Revenue and Expenditure(100 million yuan)

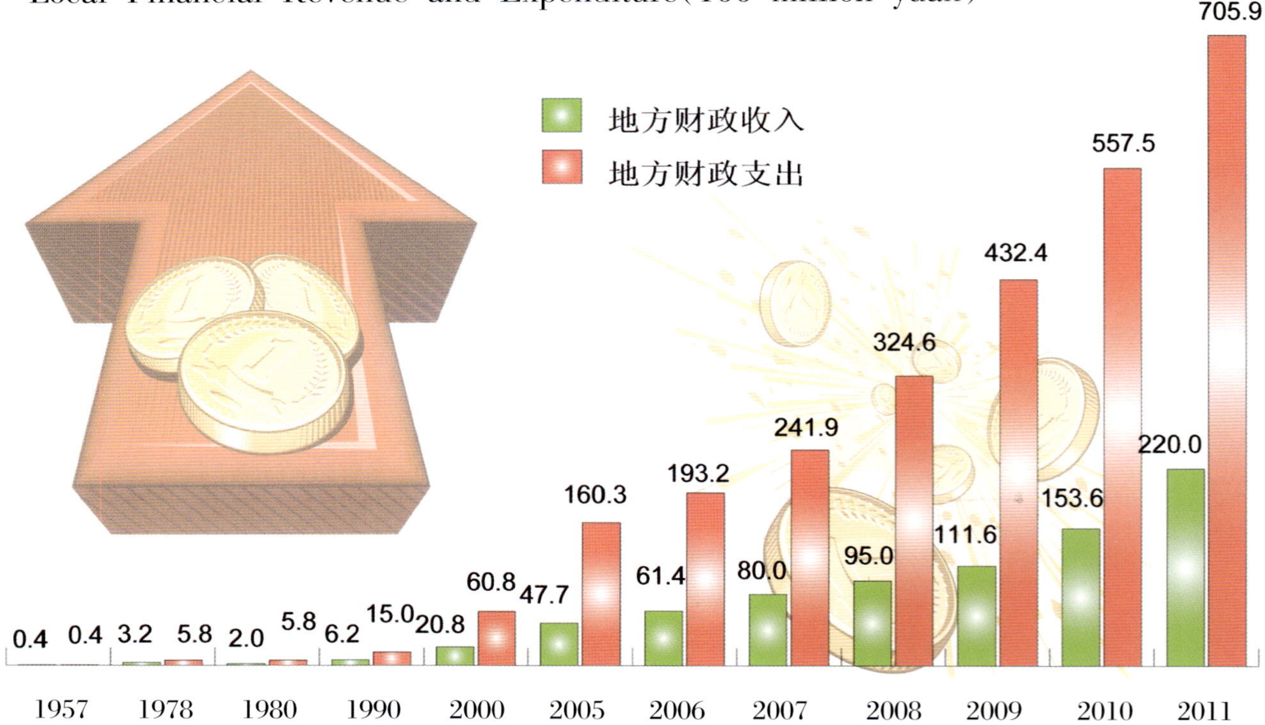

人民生活(元)
People's Livelihood (yuan)

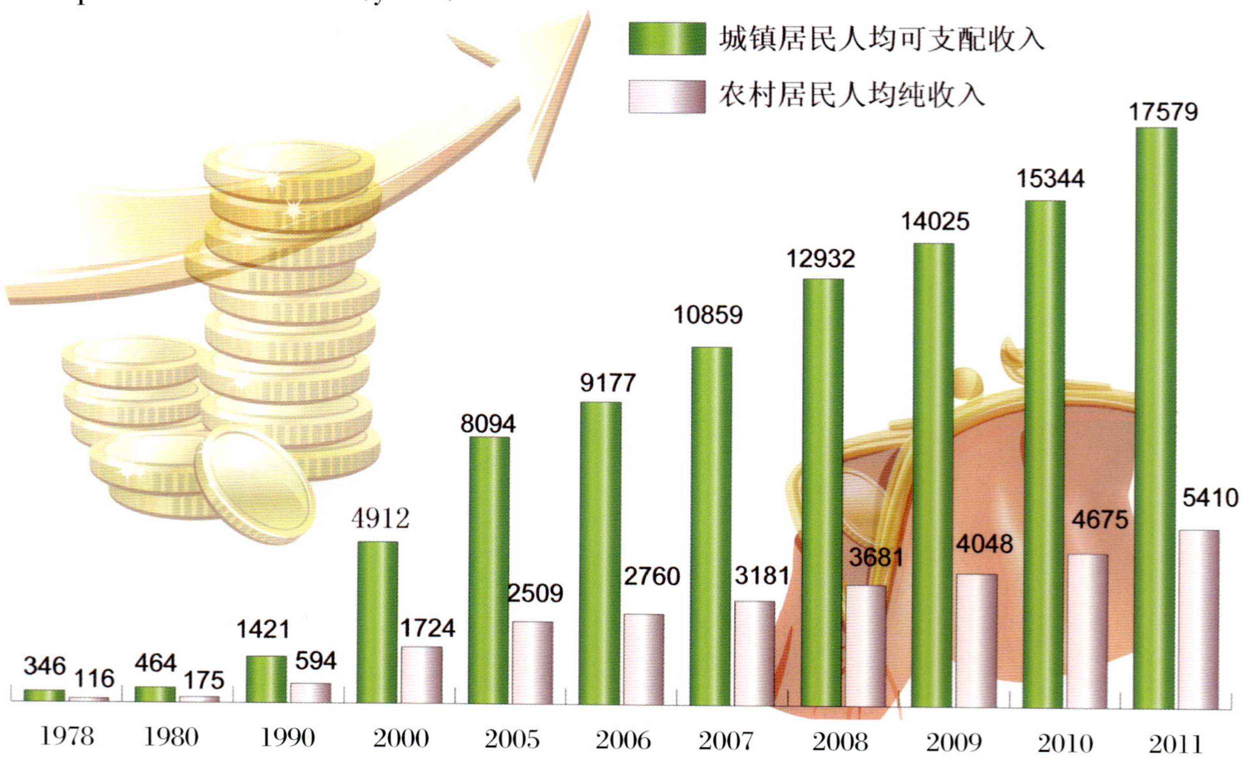

城乡居民储蓄存款余额(亿元)
Balance of Saving Deposit (100 million yuan)

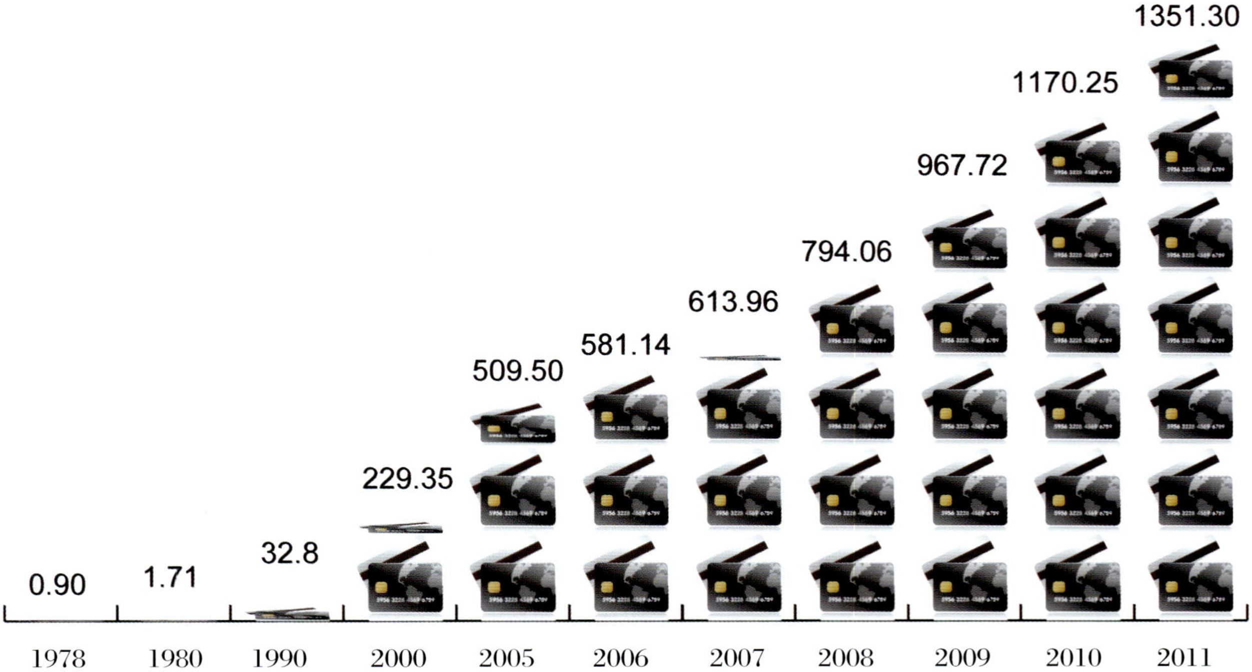

城市化率(%)
Urbanication(%)

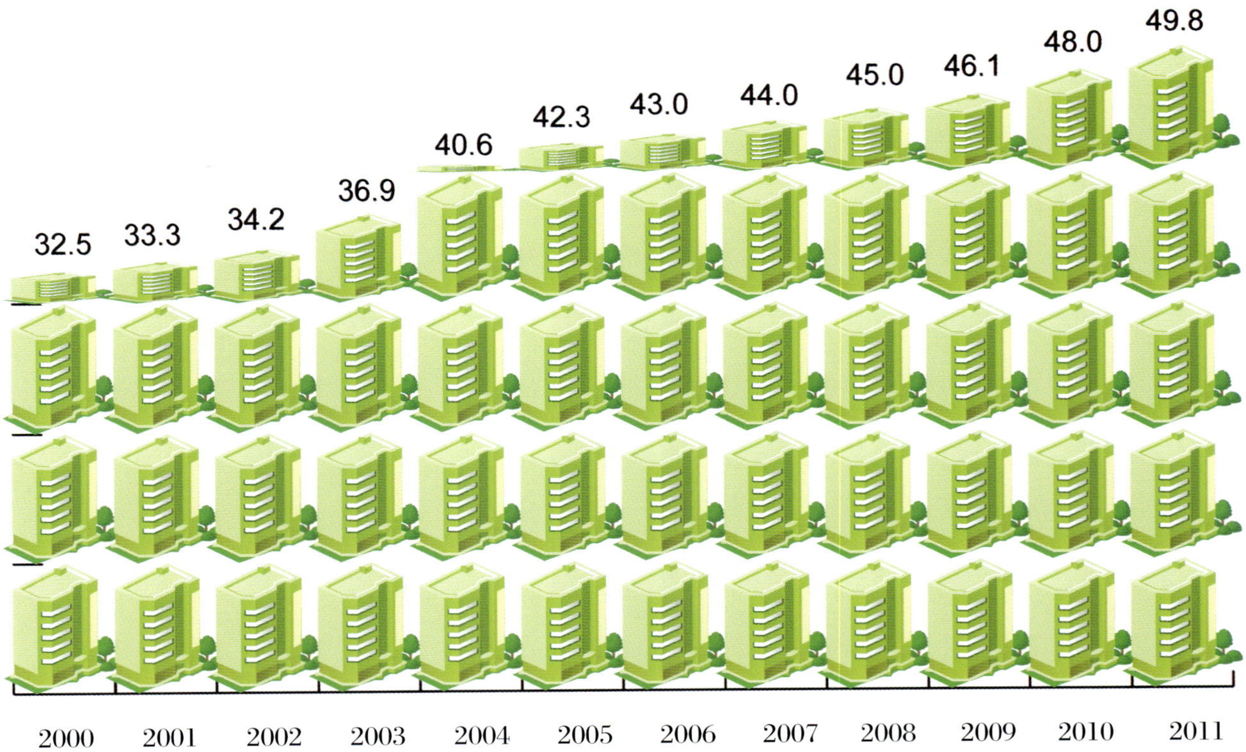

就业人员结构(%)
Composition of Employment (%)

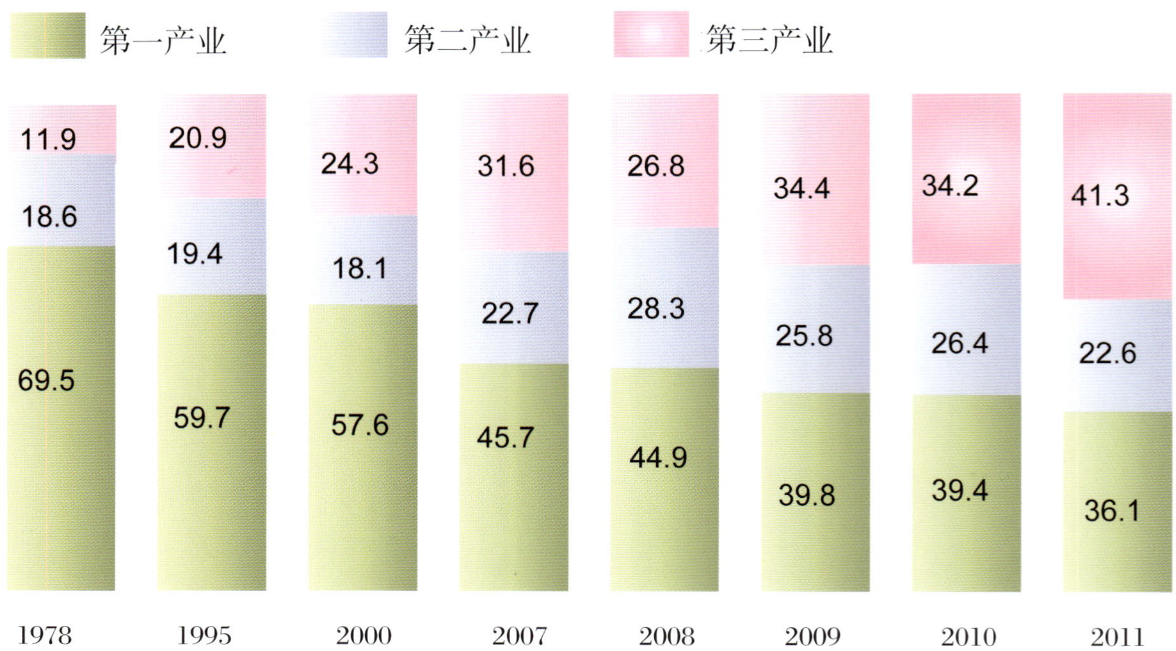

全社会固定资产投资额(亿元)
Total Investment in Fixed Assets (100 million yuan)

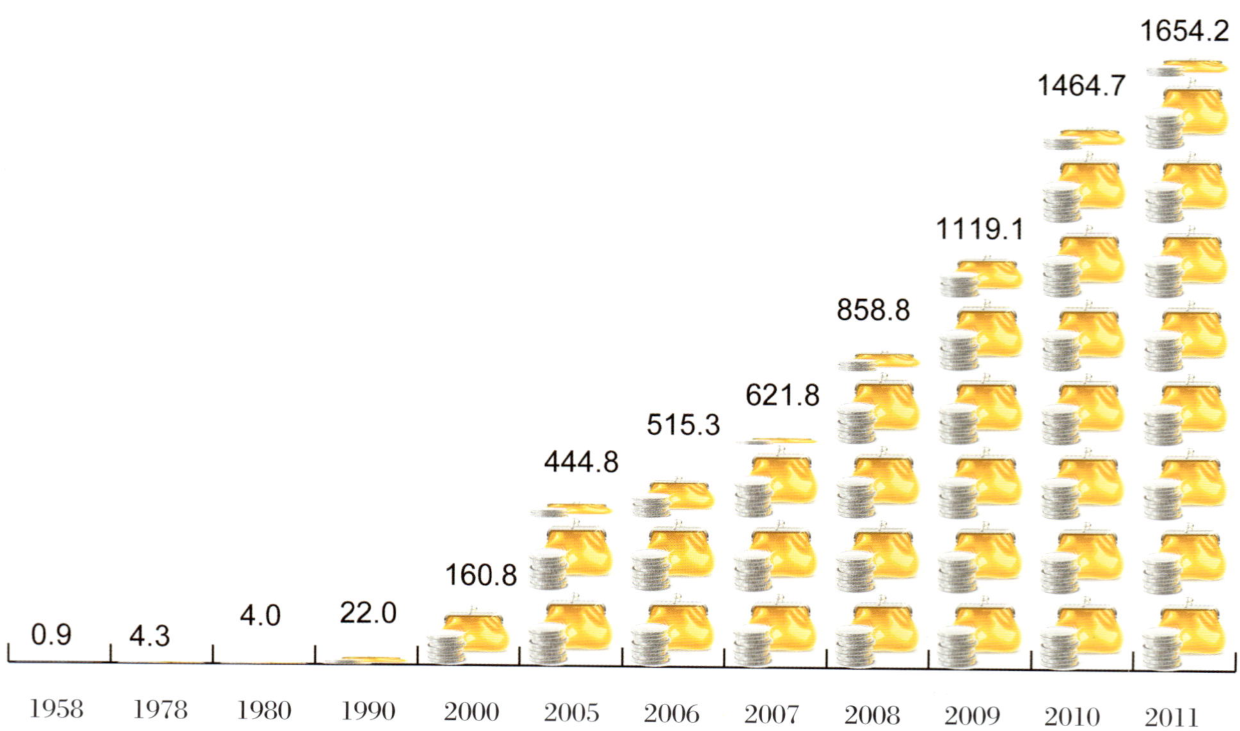

粮食产量(万吨)
Total Yield of Grain (10 000 tons)

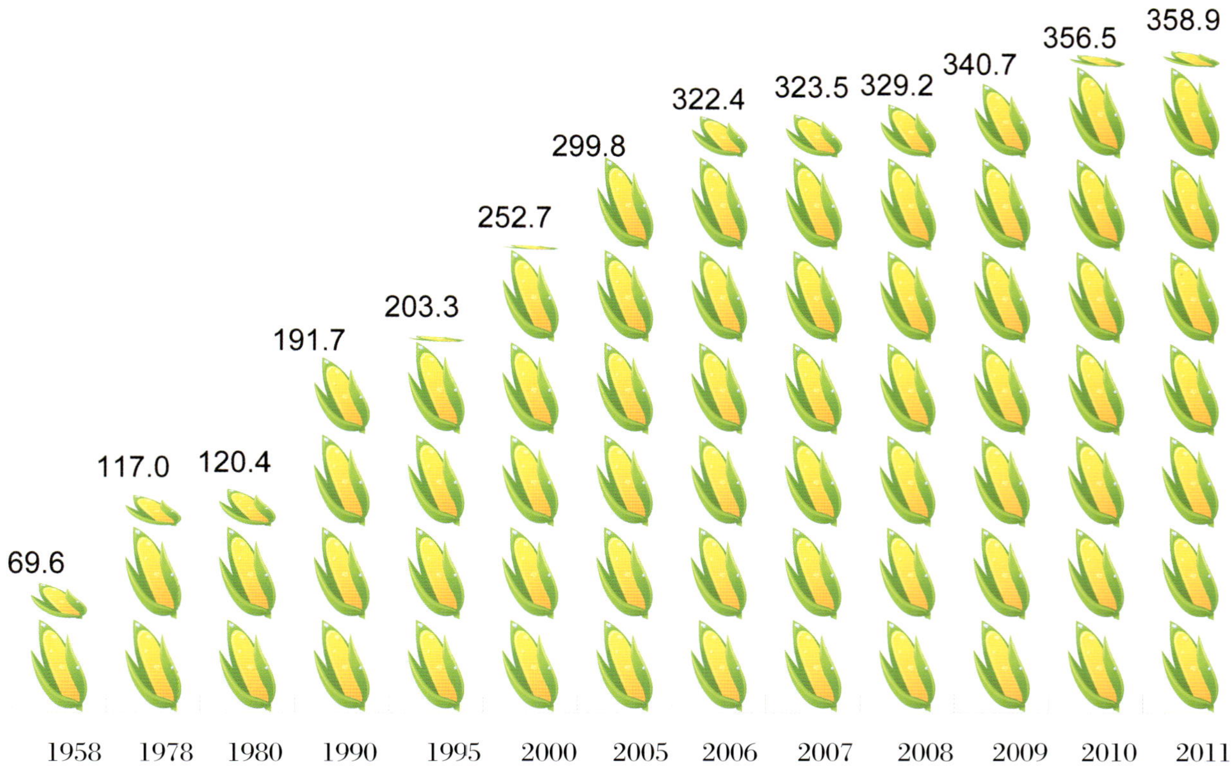

工业增加值(亿元)
Value-added of Imdustry (100 million yuan)

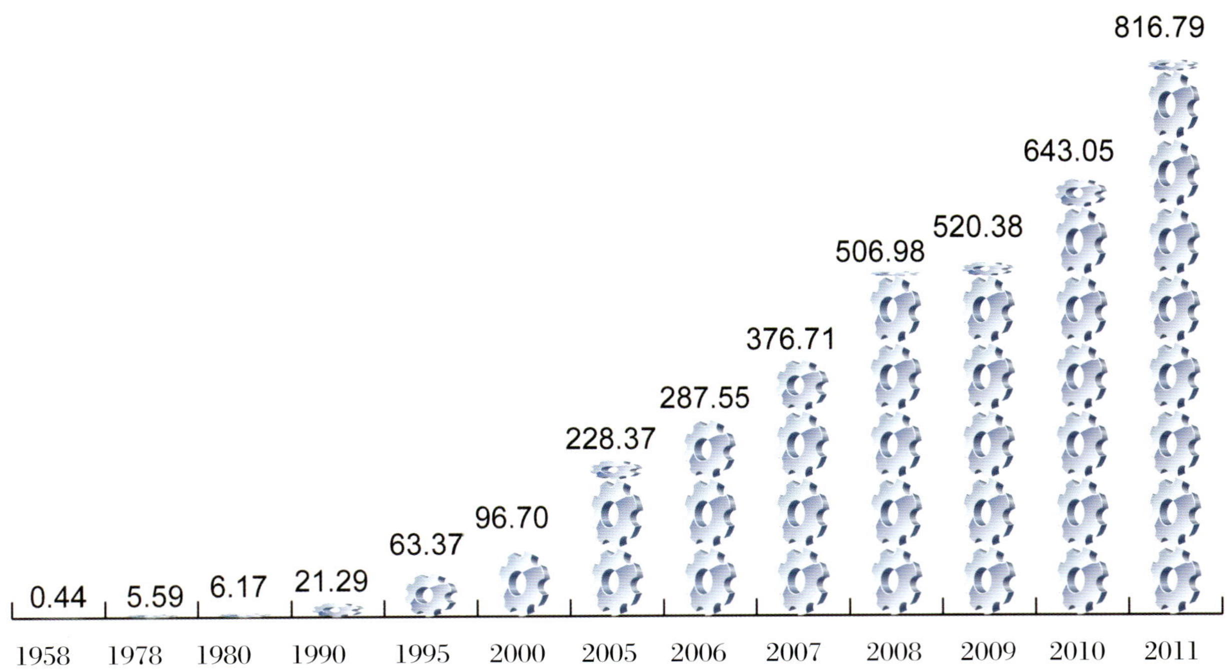

公路通车里程(公里)
Highway Operating Length (km)

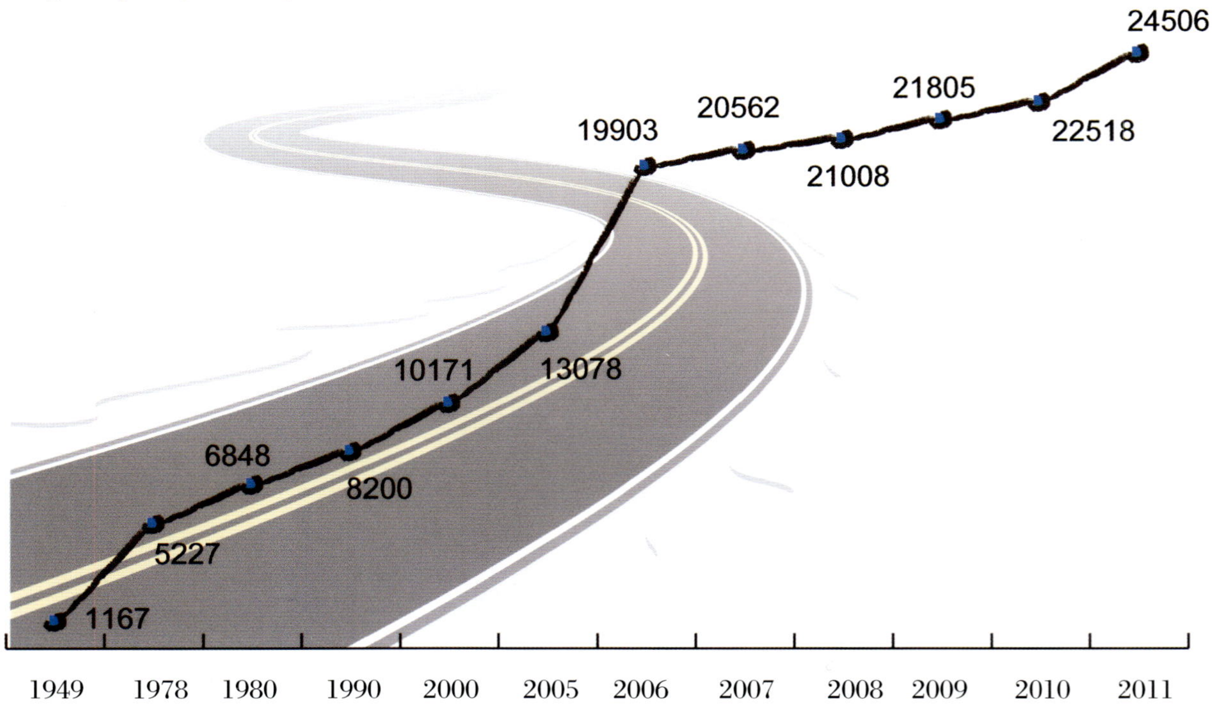

社会消费品零售总额(亿元)
Retail Sales of Consumer Goods (100 million yuan)

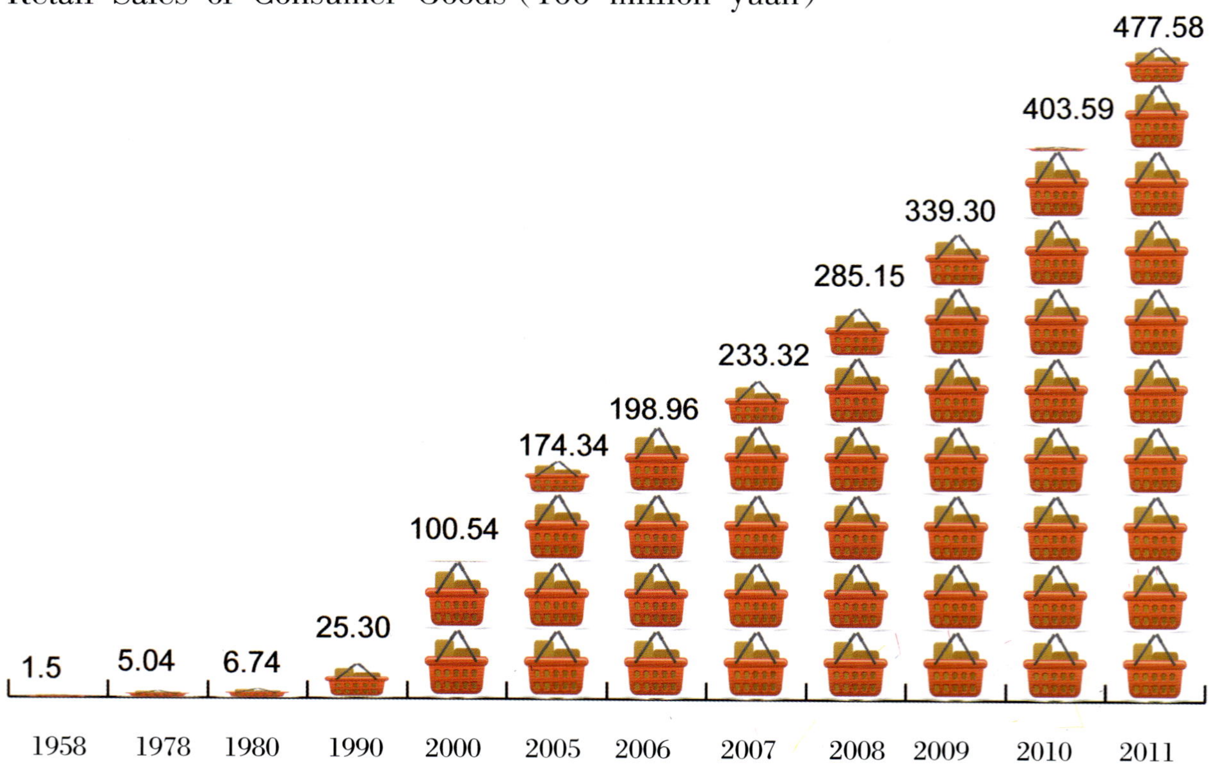

进出口总额(亿美元)
Total Value of Imports and Exports(USA 100 million)

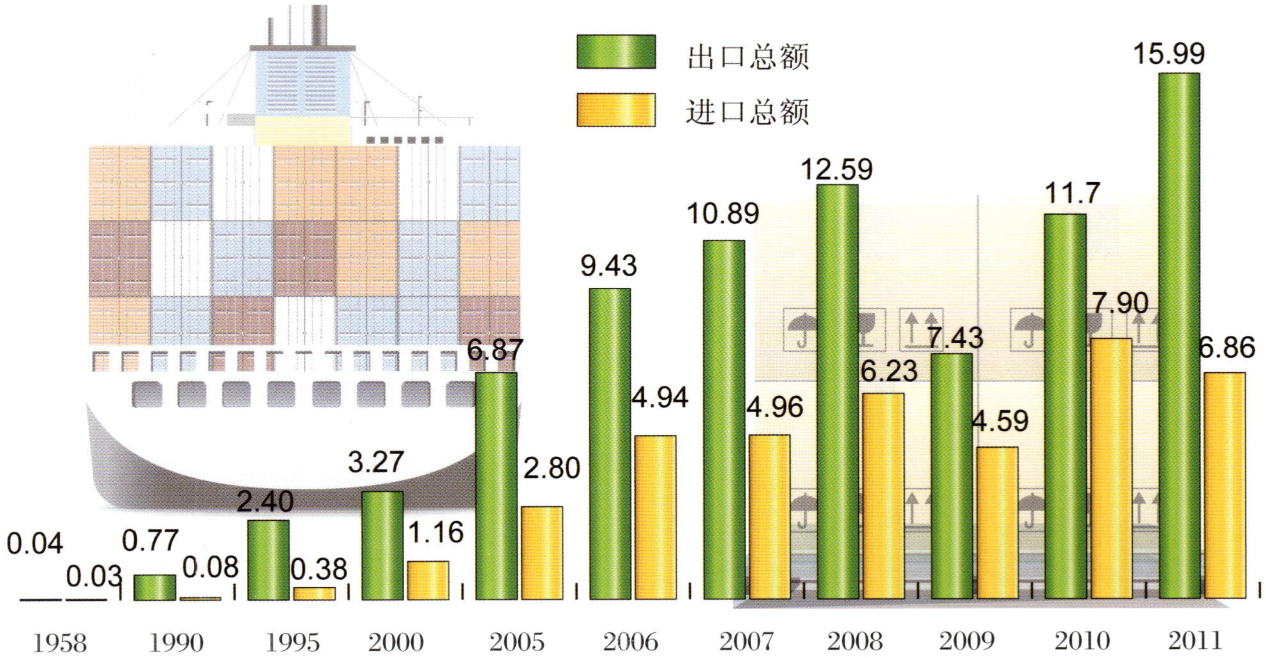

各类学校在校学生数(万人)
Enrolled Students in Various Schools(10 000 persons)

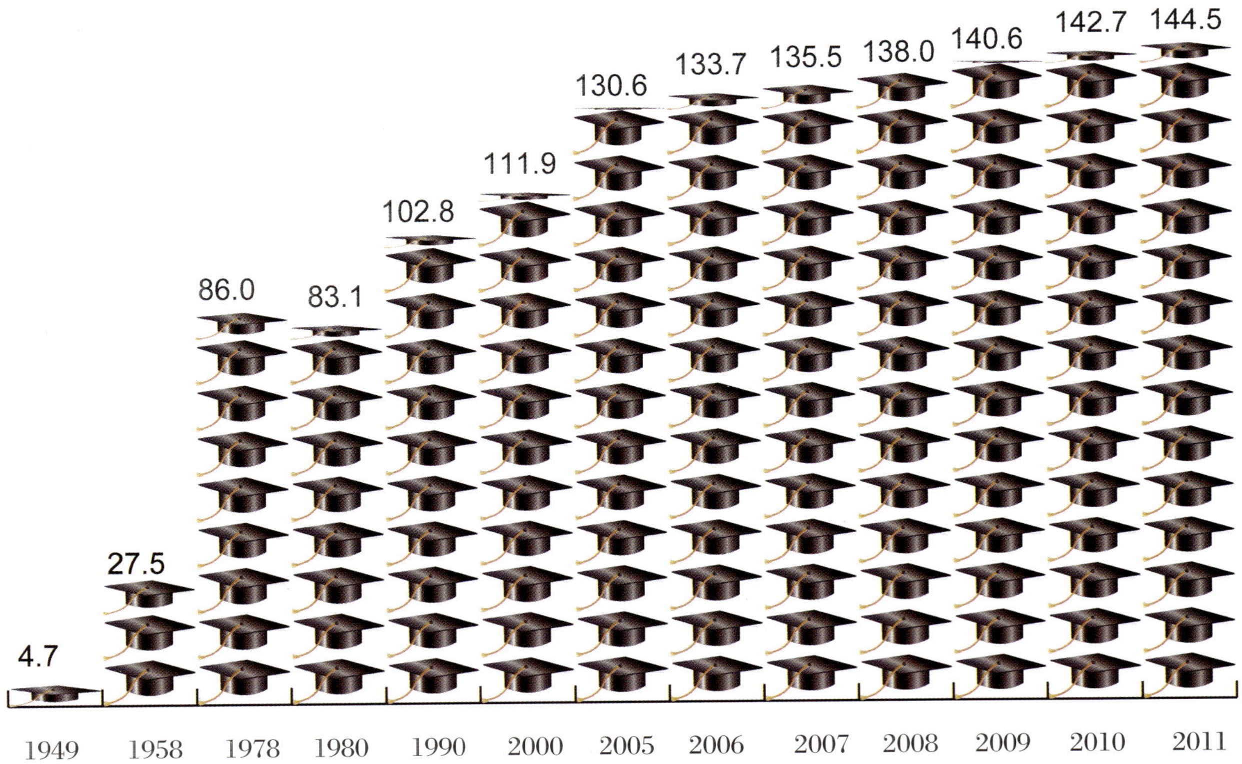

R&D 经费支出占 GDP 比重(%)
Expenditures on Research and Development to GDP (%)

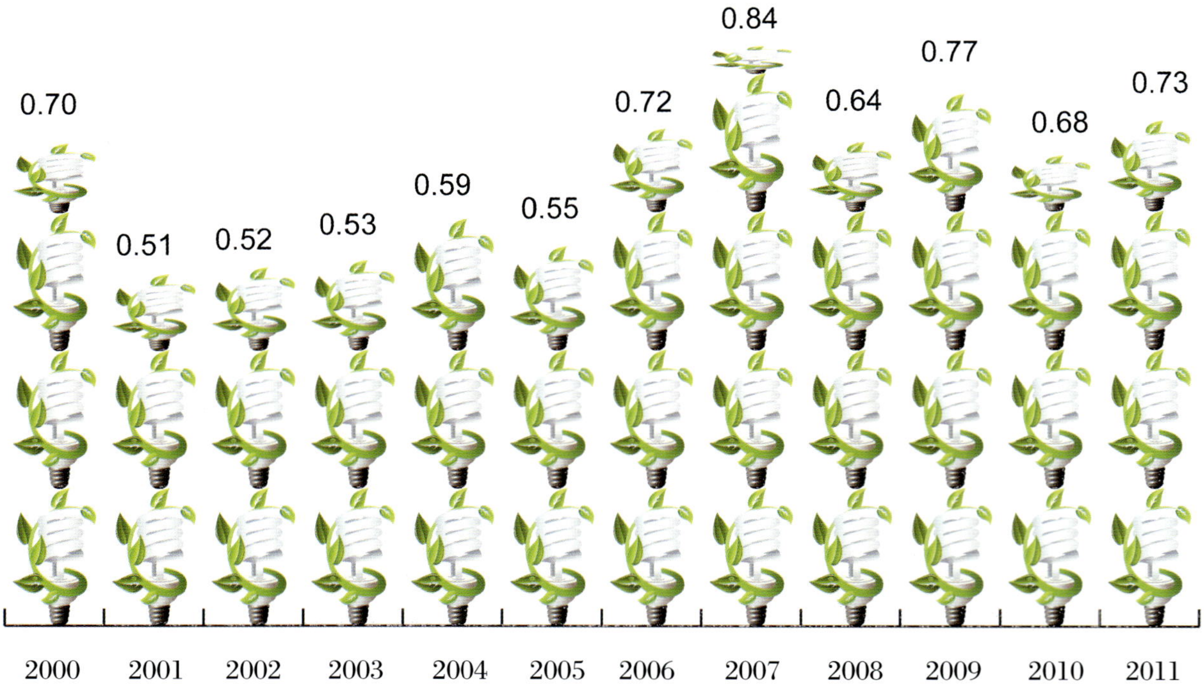

卫生机构数(个)
Health Care Institutions (unit)

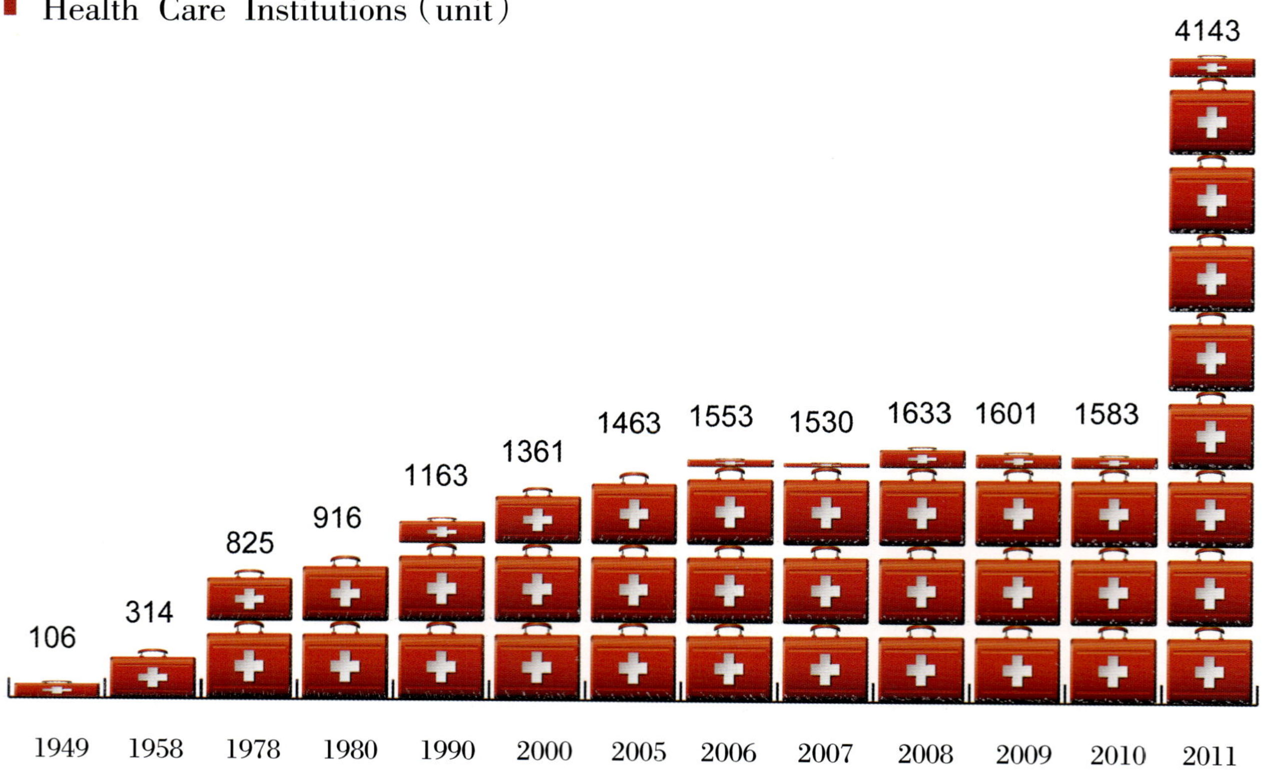

《宁夏统计年鉴-2012》

编辑委员会、编辑部

《NINGXIA STATISTICAL YEARBOOK-2011 EDITORIAL BOARD AND EDITORIAL STAFF

编辑说明

一、《宁夏统计年鉴-2012》是由宁夏回族自治区统计局、国家统计局宁夏调查总队联合编制，中国统计出版社公开出版发行的一部全面、系统、客观反映宁夏经济和社会发展的资料性年刊，是研究宁夏区情、交流社会信息、制定政策、指导工作不可缺少的重要工具，也是国内外各界认识宁夏的主要窗口。本《年鉴》收录了宁夏历史重要年份和2011年经济和社会各方面的统计数据，各市、县（区）主要统计数据，以及全国和各省（市、区）主要统计数据。

二、本《年鉴》内容分特载和统计资料两大部分。特载包括政府工作报告和统计公报两部分。统计资料共分为二十二部分：1.行政区划与自然资源；2.综合；3.国民经济核算；4.人口；5.劳动力资源与工资；6.固定资产投资；7.能源；8.财政金融保险；9.物价指数；10.居民生活；11.农业；12.工业；13.建筑业；14.运输邮电；15.批发零售贸易和住宿餐饮业；16.对外经济贸易和旅游业；17.教育科技文化；18.体育卫生民政司法；19.环境保护；20.企业调查基本情况；21.宁夏农垦经济社会发展主要指标；22.各省市区主要经济指标。为便于读者使用，第三部分至第二十部分都附有主要统计指标解释。

三、本《年鉴》统计资料大部分来源于统计年报，部分来源于抽样调查，全国各省市区主要经济指标资料来源于中国统计出版社当年编印的《中国统计摘要》。

四、本《年鉴》对过去的统计年鉴资料重新进行了核实，对有的统计数据按新的口径作了调整，凡与本年鉴有出入的，均以本年鉴为准。

五、本《年鉴》出版发行工作，得到各级领导、有关部门和社会各界的大力支持，谨致谢意。由于我们编辑水平有限，不足之处在所难免，诚恳期望各界读者提出宝贵意见，以便进一步改进和提高我们的工作水平。

目　　录
Contents

特　　载
Special Issue

2011 年宁夏回族自治区人民政府工作报告
Government Work Report
——在宁夏回族自治区第十届人民代表大会第六次会议上 ………… 3
宁夏回族自治区统计局、国家统计局宁夏调查总队关于 2011 年国民经济和社会发展的统计公报
Statistical Communique on the 2011 National Economic and Social Development of NingXia ………… 11

统计资料
Statistics

第一篇　行政区划与自然资源
Administrative Division and Natural Resources

1-1　全区行政区划
Administrative Divisions ………… 23
1-2　自然资源状况
Natural Resources ………… 24
1-3　各市县土地利用情况
Land Use by City and Country ………… 26
1-4　主要矿产资源储量
Reserves of Major Minerals ………… 28
1-5　主要年份气象资料
Meteorology in Main Years ………… 30
1-6　各市县主要气象资料
Meteorology by City and Country ………… 31
1-7　各市县分月度平均气温
Monthly Average Temperature by City and Country ………… 32
1-8　各市县分月度降水量
Monthly Precipitation by City and Country ………… 33
1-9　各市县分月度日照时数
Monthly Sunshine Hours by City and Country ………… 34

第二篇　综　合
General Survey

2-1　各部门机构单位数
Grass-roots Units in Various Sectors ………… 37
2-2　主要年份平均每天主要社会经济活动
Selected Indicators on Average Daily Social and Economic Activities in Main Years ………… 49

2-3 国民经济与社会发展总量指标
Principal Aggregate Indicators on National Economic and Social Development …… 52
2-4 国民经济与社会发展总量速度指标
Growth Rate of Principal Aggregate Indicators on NationalEconomic and Social Development …… 62
2-5 国民经济主要比例关系
Major Indicators on Proportions in National Economic …… 66
2-6 按人口平均的主要经济指标
Per capita Main Indicators on Economy …… 68
2-7 各市县国民经济主要指标及位次
Major Indicators on National Economic and Ranking by City and Country …… 70

第三篇 国民经济核算

National Economic Accounting

3-1 主要年份地区生产总值
Gross Domestic Product …… 79
3-2 地区生产总值构成
Composition of Gross Domestic Product …… 81
3-3 地区生产总值指数
Indices of Gross Domestic Product …… 82
3-4 分行业增加值及构成
Value-added by Sector and Composition …… 84
3-5 主要年份支出法地区生产总值
Gross Domestic Product by Expenditure Approach in Main Years …… 85
3-6 主要年份最终消费及构成
Final Consumption Expenditure and Its Composition in Main Year …… 86
3-7 主要年份资本形成总额及构成
Gross Capital Formation and Its Composition in Main Years …… 87
3-8 按支出法计算的地区生产总值
Gross Domestic Product by Expenditure Approach …… 88
3-9 按消费类型划分的最终消费
Final Consumption Expenditure by Patterns …… 89
3-10 按行业划分的资本形成总额
Gross Capital Formation by Sector …… 90
3-11 各市县地区生产总值
Gross Domestic Product by City and Country …… 91
主要统计指标解释
Explanatory Notes on Main Statistical Indicators …… 93

第四篇 人口

Population

4-1 全区户数、人口数与性别比
Household, Population and Sex Ratio …… 97
4-2 农业、非农业与市镇、乡村人口
Population of Agriculture and Non-Agriculture, Urban and Rural …… 98

4-3 民族人口和构成
Population by Nationality and Its Composition …… 99
4-4 人口自然变动情况
Natural Change of Population …… 100
4-5 六次人口普查人口基本情况
Basic Statistics on Population Census in 1953,1964,1982,1990,2000 and 2010 …… 101
4-6 人口计划生育状况
Family Planning …… 102
4-7 各市县人口总数
Population by City and Country in Main Years …… 103
4-8 各市县户数、人口数
Household and Population by City and Country …… 104
4-9 各市县民族人口和构成
Population by Nationality in Cities and Countries …… 105
4-10 各市县回族人口数
Population by the Hui Nationality by City and Country in Main Years …… 106
4-11 各市县人口自然变动情况
Natural Changes on Population by City and Country …… 107
主要统计指标解释
Explanatory Notes on Main Statistical Indicators …… 108

第五篇 劳动力资源与工资

Labor Force and Wages

5-1 就业基本情况
Employment …… 111
5-2 劳动力资源和就业人数
Labor Force and Number of Employed Persons …… 112
5-3 全社会就业人数
Total Number of Employed Persons in the Whole Country …… 113
5-4 按经济类型划分的各行业就业人数
Number of Employed Persons by Sector at Year-end …… 114
5-5 城镇非私营国有单位就业人数
Employed Persons in State-owned Units …… 116
5-6 城镇非私营集体单位就业人数
Employed Persons in Urban Collective-owned Units …… 118
5-7 城镇非私营单位女性就业人数
Number of Female Employed Persons in Urban Units …… 120
5-8 全区个体劳动者人数
Number of Self-employed Individuals …… 122
5-9 全区私营企业就业人数
Number of Engaged Persons in Private Enterprises …… 124
5-10 城镇登记失业人数及失业率
Registered Unemployed Persons and Unemployment Rate in Urban Area …… 126
5-11 在岗职工工资总额及指数
Total Wages Bill of Staff and Workers and Related Indices …… 127

5-12 在岗职工平均工资及指数
Average Wage of Staff and Workers and Related Indices …… 128
5-13 城镇非私营国有单位就业人员工资总额及平均工资
Total wages and Average wage of Employed Persons in State-owned Units …… 129
5-14 城镇非私营集体单位就业人员工资总额及平均工资
Total wages and Average wage of Employed Personsin Urban Collective-owned Units …… 132
5-15 城镇非私营其他单位就业人员工资总额及平均工资
Total Wages and Average Wage of Employed Persons in Units of Other Types of Ownership …… 135
5-16 各市县就业人数
Number of Employed Persons by City and Country …… 138
5-17 第六次全国人口普查就业人口产业构成
Employment Composition by Industry on Population Census in 2010 …… 139
5-18 各市县城镇非私营单位在岗职工人数
Number of Fully Employed Staff and Workers in Urban Entities by City and Country …… 140
5-19 主要年份各市县在岗职工人数
Number of Fully Employed Staff and Workers by City and Country in Main Years …… 141
5-20 各市县城镇非私营单位分行业在岗职工人数
Number of Urban Entities Fully Employed Staff and Workers by
Sector by City and Country …… 142
5-21 各市县城镇非私营单位在岗职工工资总额和指数
Number of Urban Entities Fully Employed Staff and Workers by Sector by City and Country …… 145
5-22 主要年份各市县在岗职工工资总额
Total Wages of Fully Employed Staff and Workers by City and Country in Main Years …… 146
5-23 各市县城镇非私营单位在岗职工平均工资和指数
Average Wages of Fully Employed Staff and Workers by City and
Country and Related Indices …… 147
5-24 各市县城镇非私营单位分行业在岗职工工资总额
Total Wages of Fully Employed Staff and Workers in Sector by City and Country …… 148
5-25 各市县城镇非私营单位分行业在岗职工平均工资
AvAverage Wages of Fully Employed Staff and Workers in Sector by City and Country …… 151
5-26 各市县分行业城镇私营单位就业人员平均工资
Average Wage of Employed Persons in Urban Private Units by Sector and Region …… 154
主要统计指标解释
Explanatory Notes on Main Statistical Indicators …… 157

第六篇 固定资产投资

Investment in Fixed Assets

6-1 全社会固定资产投资基本情况
Total Investment in Fixed Assets in the Whole Country …… 161
6-2 主要年份全社会固定资产投资
Total Investment in Fixed Assets in the Whole Country in Main Years …… 163
6-3 固定资产投资额
Investment in Fixed Assets …… 164

6-4 固定资产投资主要生产能力
Major Incremental Production Capacity ······ 170
6-5 房地产开发投资及财务主要指标
Investment in Real Estate Development and Its Main Financial Indicators ······ 172
6-6 商品房屋竣工面积、价值及平均造价
Floor Space, Value and Average Cost of Commodity Buildings Completed ······ 174
6-7 商品房屋销售面积、销售额及平均销售价格
Floor Space Sold, Total Sales and Average Selling Price of Commercial Houses ······ 174
6-8 商品房待售、出租面积
Floor Space of Untapped and Rented Marketable Buildings ······ 175
6-9 各市县固定资产投资
Investment in Fixed Assets in Urban Area by City and Country ······ 176
6-10 各市县按登记注册类型划分的固定资产投资
Investment in Fixed Assets in Urban Area by RegistrationStatus by City and Country ······ 178
6-11 各市县按资金来源划分的固定资产投资
Investment in Fixed Assets by Sources of Funds by City and Country ······ 180
6-12 各市县按构成划分的固定资产投资
Investment in Fixed Assets by Composition of Fund by City and Country ······ 181
6-13 各市县分行业固定资产投资
Investment in Fixed Assets by Sector by City and Country ······ 182
6-14 各市县房地产开发企业(单位)土地开发及购置
Land Development and Purchase of Enterprises for Real Estate
Development by City and Country ······ 185
6-15 各市县房地产开发企业(单位)投资完成情况
Investment Actually Completed by Enterprises for Real Estate Development by
City and country ······ 186
6-16 各市县房地产开发经营情况
Operating Statistics for Real Estate Development by City and Country ······ 187
6-17 各市县商品房屋销售情况
Sale of Commercialized Buildings by City and Country ······ 188
主要统计指标解释
Explanatory Notes on Main Statistical Indicators ······ 189

第七篇 能源

Energy

7-1 主要年份一次能源生产量和构成
Production of Primary Energy and Its Composition in Main Years ······ 193
7-2 主要年份能源消费总量和构成
Total Consumption of Energy and Its Composition in Main Years ······ 194
7-3 主要年份每亿元工业总产值能源、电力消费量
Energy and Electricity Consumption per 100 Million Yuan of Gross
Industrial Output Value in Main Years ······ 195
7-4 主要年份单位能源、电力消费实现的工业总产值

Gross Industrial Output Value per Unit of Energy and Electricity Consumption in Main Years …… 195
7-5 规模以上工业企业能源购进、消费与库存情况
Energy Purchase, Consumption and Inventory of Industrial Enterprises above Designated Size …… 196
7-6 主要能源品种按工业行业分组消费量
Major Consumption of Energy by Industries …… 200
7-7 各市县规模以上工业能源消耗表
Consumption of Energy on Industry above Designated Size by City and Country …… 210
主要统计指标解释
Explanatory Notes on Main Statistical Indicators …… 211

第八篇 财政金融保险

Government Finance, Financial Intermediation and Insurance

8-1 财政收支决算总表
Financial Revenue and Expenditure Balance Sheet …… 215
8-2 地方财政收入
Local Financial Revenue in Main Years …… 217
8-3 地方财政支出
Local Financial Expenditure in Main Years …… 218
8-4 地方财政收支占地区生产总值比重
Proportion of Government Revenue and Expenditure to GDP …… 219
8-5 金融机构信贷资金平衡表
Balance Sheet of Credit Funds of Financial Institutions …… 220
8-6 主要年份金融机构各项存贷款余额
Total Deposits and Loans of Financial Institutions in Main Years …… 221
8-7 按定期活期划分的居民储蓄存款余额
Urban and Rural Household Saving Deposits by Time …… 221
8-8 保险公司主要业务指标
Major Statistics for Insurance Company …… 222
8-9 各地市县金融机构存贷款余额
The Balance of Deposits/Loans of Financial Institutions by City and Country …… 223
8-10 各地市县地方财政收入
Local Financial Revenue by Prefecture, City and Country …… 224
8-11 各地市县地方财政支出
Local Financial Expenditure by Prefecture, City and Country …… 225
主要统计指标解释
Explanatory Notes on Main Statistical Indicators …… 226

第九篇 物价指数

Price Indices

9-1 居民消费价格指数
Consumer Price Indices …… 231
9-2 商品零售价格指数
Retail Price Indices …… 232

9-3 各月居民消费价格指数

Monthly Consumer Price Indices …… 234

9-4 各月商品零售及农业生产资料价格指数

Monthly Price Indices for Retail and Agricultural Production …… 235

9-5 主要年份全区工业生产者出厂价格指数

Producer Price Indices in Main Years …… 237

9-6 主要年份全区居民消费价格总指数

Consumer Price Indices in Main Years …… 240

9-7 主要年份全区城市居民消费价格总指数

Consumer Price Index of Urban Households in Main Years …… 242

9-8 主要年份全区农村居民消费价格总指数

Consumer Price Index of Rural Households in Main Years …… 244

9-9 主要年份全区商品零售价格总指数

Retail Price Index in Main Years …… 246

9-10 主要年份全区城市商品零售价格总指数

Retail Price Index of Urban Households in Main Years …… 248

9-11 主要年份全区农村商品零售价格总指数

Retail Price Index of Rural Households in Main Years …… 250

9-12 主要年份全区农业生产资料价格总指数

Agricultural Production Index in Main Years …… 252

9-13 调查市县居民消费价格指数

Consumer Price Indices by City and Country …… 254

9-14 调查市县商品零售价格指数

Retail Price Indices by City and Country …… 256

主要统计指标解释

Explanatory Notes on Main Statistical Indicators …… 260

第十篇 居民生活

People´s Living Conditions

10-1 主要年份全区城镇居民家庭人口和收支情况

Number of Households and Income and Expenditure of Uran Households in Main Years …… 236

10-2 主要年份全区城镇居民家庭分类平均每人消费性支出

Per Capital Annual Living Expenditure of Urban Households in Main Years …… 265

10-3 主要年份全区城镇居民家庭平均每人购买主要商品数量

Per Capital Annual Purchases of Major Commodities of Urban Households in Main Years …… 266

10-4 主要年份全区城镇居民家庭主要耐用消费品百户拥有情况

Statistics of Major Durable Consumer Goods Owned Per 100 Urban Households in Main Years …… 267

10-5 城镇居民家庭按可支配收入不等距九组分组资料

Statistics of Urban Households by Income Percentile …… 268

10-6 主要年份全区城镇居民家庭居住情况

Housing Conditions of Urban Households in Main Years …… 272

10-7 调查市县城镇居民家庭主要耐用消费品百户拥有情况

Statistics of Major Durable Consumer Goods Owed Per 100 Urban Households

by City and Country …… 274
10-8 调查市县城镇居民家庭收支基本情况
Statistics of Income and Expenditure of Urban Households by City and Country …… 276
10-9 主要年份全区农村居民家庭基本情况
Statistics of Rural Households in Main Years …… 280
10-10 主要年份全区农村居民家庭纯收入来源情况
Statistics of Net Income of Rural Households by Source in Main Years …… 284
10-11 主要年份农村居民家庭平均每人生活消费支出
Per Capita Annual Expenditure of Rural Households in Main Years …… 285
10-12 主要年份全区农村居民家庭现金收入情况
Statistics of Per Capita Cash Income of Rural Households in Main Years …… 286
10-13 主要年份全区农村居民家庭现金支出情况
Statistics of Per Capita Cash Expenditure of Rural Households in Main Years …… 287
10-14 主要年份全区农村居民家庭生活消费现金支出
Per Capita Cash Consumption Expenditure of Rural Households in Main Years …… 288
10-15 主要年份全区农村居民家庭主要食物消费情况
Statistics of Major Foods Consumption of Rural Households in Main Years …… 289
10-16 主要年份全区农村居民家庭主要耐用物品拥有情况
Statistics of Major Durable Goods Owned of Rural Households in MainYears …… 291
10-17 各市县(区)城镇居民人均可支配收入
Per Capita Annual Disposable Income of Urban Households by City and Country …… 292
10-18 各市县农民家庭平均每人纯收入来源情况
Per Capital Annual Income of Rural Household by City and Country …… 293
10-19 主要年份各市县农民家庭平均每人纯收入
Per Capital Annual Income of Rural Households by City and Country in Main Years …… 294
10-20 主要年份各市县农民家庭平均每人生活消费支出
Per Capital Consumption Expenditure of Rural Households by City
and Country in Main Years …… 295
10-21 各市县农村居民家庭平均每百户耐用消费品拥有量
Number of Durable Consumer Goods Owned Per 100 Rural Households by City and Country …… 296
主要统计指标解释
Explanatory Notes on Main Statistical Indicators …… 298

第十一篇 农业
Agriculture
11-1 农村基层基本情况
Basic Statistics on Rural Areas …… 305
11-2 农业机械拥有量
Major Agriculture Machinery …… 306
11-3 农业施肥量及农村用电量
Consumption of Chemical Fertilizers and Electricity inRural Areas …… 307
11-4 农林牧渔业总产值、中间消耗及增加值
Gross Output, Intermediate Consumption and Added Value of Agriculture, Forestry, Animal Husbandry
and Fishery …… 308

11-5 主要年份农林牧渔业总产值
Gross Output Value of Agriculture, Forestry, Animal Husbandry and Fishery in Main Years ······ 309
11-6 农林牧渔业总产值指数(以 1952 年为 100)
Agriculture, Forestry, Animal Husbandry and Fishery Related Indices(1952=100) ·················· 310
11-7 农林牧渔业总产值指数(以上年为 100)
Agriculture, Forestry, Animal Husbandry and Fishery Related Indices(preceding year=100) ······ 311
11-8 耕地面积、造林面积和播种面积
Cultivated Areas, Afforested Areas and Sown Area ········· 312
11-9 主要农产品产量
Output of Major Farm Products ········· 313
11-10 主要农产品产量及单位面积产量
Output of Major Farm Products Per Hectare ········· 314
11-11 主要畜产品产量
Output of Major Livestock Products ········· 316
11-12 造林面积
Afforested Areas ········· 316
11-13 各市县农村基层基本情况
Basic Statistics on Grassroots Units by City and Country ········· 318
11-14 各市县农用化肥施用量
Consumption of Chemical Fertilizers by City and Country ········· 319
11-15 各市县农林牧渔业总产值
Gross Output Value of Agriculture, Forestry, Animal Husbandry and Fishery by City and Country ········· 320
11-16 各市县农林牧渔业增加值
Value-added of Agriculture, Forestry, Animal Husbandry and Fishery by City and Country ········ 321
11-17 各市县农作物播种面积
Total Sown Areas of Farm Crops by City and Country ········· 322
11-18 各市县主要农作物产量
Output of Major Farm Products by City and Country ········· 324
11-19 各市县主要牲畜存、出栏数
Number of Animals on Hand and Slaughtered by City and Country ········· 326
11-20 各市县主要畜产品产量
Output of Major Livestock Products by City and Country ········· 327
11-21 各市县渔业生产情况
Output of Basic Indicators on Fishery by City and Country ········· 328
主要统计指标解释
Explanatory Notes on Main Statistical Indicators ········· 329

第十二篇 工 业

National Economic Accounting

12-1 全部工业总产值
Gross Industrial Output Value ········· 333
12-2 规模以上工业企业增加值
Value-added of Industrial Enterprises above Designated Size ········· 334

12-3 主要工业产品产量

Output of Major Industrial Products …… 336

12-4 规模以上工业企业职工人数

Number of Industrial Enterprises above Designated Size of Staff …… 339

12-5 规模以上国有、集体企业分行业单位数和工业总产值

Number of Industrial Enterprises and Collective-owned Enterprises above Designated Size and Gross Industrial Output Value by City and County …… 340

12-6 规模以上工业企业主要经济指标

Main Economic Indicators of Industrial Enterprises above Designated Size …… 342

12-7 分行业规模以上工业企业主要经济指标

Main Economic Indicators of Industrial Enterprises above Designated Size by Sector …… 346

12-8 大中型工业企业主要经济指标

Main Economic Indicators of Large & Medium-Sized Industrial Enterprises …… 352

12-9 大中型工业企业分行业主要经济指标

Main Economic Indicators of Large & Medium-Sized Industrial Enterprises by City and Country …… 356

12-10 各市县规模以上工业企业单位数

Number of Industrial Enterprises above Designated Size by City and Country …… 362

12-11 各市县规模以上工业总产值

Output of Major Industrial Products by City and Country …… 363

12-12 各市县规模以上工业企业主要经济指标

Main Economic Indicators on Industrial Enterprises above Designated Size by City and Country …… 364

12-13 各市县规模以上国有及国有控股与集体企业工业总产值

Gross Industrial Output Value of state-owned and state holding industrial enterprises, Collective-owned Enterprises by City and Country …… 368

12-14 各市县规模以上国有及国有控股工业企业主要经济指标

Main Economic Indicators on state-owned and state holding industrial enterprises above Designated Size by City and Country …… 369

12-15 各市县规模以上集体工业企业主要财务指标

Main Financial Indicators on Collective-owned Enterprises above Designated Size by City and Country …… 372

12-16 各市县规模以下工业总产值

Gross Industrial Output Value of Industrial Enterprises below Designed Size …… 374

主要统计指标解释

Explanatory Notes on Main Statistical Indicators …… 375

第十三篇 建筑业

Construction

13-1 全区建筑施工企业个数和职工人数

Number of Construction Enterprises and Employed Persons in Construction Enterprises …… 379

13-2 国有及国有控股建筑施工企业情况

Statistics on State-owned and State-holding Industrial Construction Enterprises …… 379

13-3 建筑企业生产情况

Production Situation on Construction Enterprises …… 380

13-4 建筑企业财务状况
Financial Indicators on Construction Enterprises ······ 386
13-5 劳务分包建筑业企业主要经济指标
Main Indicators of Lab our Subcontractors in Construction Industry ······ 394
13-6 建筑业企业概况
Main Indicators on Construction Enterprises ······ 398
13-7 建筑业企业主要经济指标
Main Economic Indicators on Construction Enterprises ······ 399
13-8 各市县建筑企业生产情况
Production Situation on Construction Enterprises by City and County ······ 400
13-9 各市县建筑企业财务状况
Financial Indicators on Construction Enterprises by City and Country ······ 403
主要统计指标解释
Explanatory Notes on Main Statistical Indicators ······ 410

第十四篇 运输邮电
Transport, Postal and Telecommunication Services
14-1 主要年份交通运输工具和线路里程
Major Transport Conveyance and Line Mileage ······ 413
14-2 主要年份运输线路长度
Length of Transportation Routes ······ 414
14-3 主要年份客货运输量
Passenger and Freight Traffic ······ 415
14-4 主要年份客货周转量
Passenger and Freight Turnover Volume ······ 416
14-5 主要年份邮电业务总量
Business Volume of Post and Telecommunication Services ······ 417
主要统计指标解释
Explanatory Notes on Main Statistical Indicators ······ 418

第十五篇 批发零售和住宿餐饮业
Wholesale, Retail, Housing and Catering
15-1 限额以上批发业法人单位数和年末从业人员数
Number of Corporation Enterprises and Engaged Persons above Designated Size of Wholesale ······ 420
15-2 限额以上零售业法人单位数和年末从业人员数
Number of Corporation Enterprises and Engaged Persons above Designated Size of Retail Trades ······ 422
15-3 限额以上批发业法人企业商品销售总额
Commodity Sales of Wholesale and Retail Trades above Designated Size ······ 423
15-4 限额以上零售业法人企业商品销售总额
Commodity Sales of Wholesale and Retail Trades above Designated Size ······ 424
15-5 限额以上住宿业法人单位数和年末从业人员数
Number of Corporation Enterprises, and Engaged Persons of Star-rated Hotels ······ 425
15-6 限额以上餐饮业法人单位数和年末从业人员数

Number of Corporation Enterprises, and Engaged Persons above Designated Size of Catering Services ······ 426
15-7 限额以上住宿业法人企业经营情况
Bussiness of Enterprises above Designated Size of Hotels ······ 427
15-8 限额以上餐饮业法人企业经营情况
Bussiness of Enterprises above Designated Size of Catering Servies ······ 428
15-9 限额以上批发和零售业法人企业财务状况
Financial Indicators of Wholesale and Retail Enterprises above Designated Size ······ 429
15-10 限额以上住宿和餐饮法人企业财务状况
Financial Status of Accommodation and Catering Enterprises above Designated Size ······ 433
15-11 社会消费品零售总额
Total Retail Sales of Consumer Goods ······ 435
15-12 社会消费品零售总额构成
Composition of Total Retail Sales of Consumer Goods ······ 436
15-13 各市县社会消费品零售总额
Total Retail Sales of Consumer Goods by City and Country ······ 438
15-14 各市县主要年份社会消费品零售总额
Total Retail Sales of Consumer Goods by City and Country in Main Years ······ 439
15-15 各市县限额以上批发和零售业商品销售总额
Commodity Sales of Wholesale and Retail Enterprises above Designated Size by City and Country ······ 440
15-16 各市县限额以上住宿和餐饮业经营情况
Business of Hotels and Accommodation above Designated Size by City and Country ······ 441
主要统计指标解释
Explanatory Notes on Main Statistical Indicators ······ 442

第十六篇 对外经济贸易和旅游业

Foreign Trade and Economic Cooperation and Tourism

16-1 进出口贸易总额
The Value of Imports and Exports ······ 447
16-2 按贸易方式和企业性质划分的进出口商品总额
Total Imports and Exports by Trade Pattern ······ 448
16-3 主要出口商品数量
Main Exported Commodities in Volume ······ 449
16-4 进出口商品分国别(地区)总额
Value of Imports Exports by County (Region) of Origin ······ 450
16-5 外商投资企业协议投资额
Foreign Investment Agreements ······ 451
16-6 分国别(地区)外商投资企业投资额
Investment of Foreign Capital by Country and Region ······ 452
16-7 利用外资情况
Basic Statistics on Utilization of Foreign Capital ······ 453
16-8 借用国外资金余额情况

Basic Statistics on Utilization of Foreign Loans ······ 453
16-9 外贸商品出口额
Total Exports by Trade Pattern ······ 454
16-10 接待海外旅游者人数
Number of Tourists Overseas ······ 454
16-11 旅游外汇收入情况
Basic Statistics on Foreign Exchange ······ 454
16-12 各市县进出口贸易额
Tatal Value of Imports and Exports By City and County ······ 455
主要统计指标解释
Explanatory Notes on Main Statistical Indicators ······ 456

第十七篇 教育科技文化
Education, Science and Technology and Culture

17-1 各类学校基本情况
Basic Statistics for Schools in Main Years ······ 459
17-2 各级各类学校数
Number of Various Schools in Main Years ······ 461
17-3 各级各类学校教职工数
Number of Teachers and Staff in Various Schools in Main Years ······ 462
17-4 各级各类学校在校学生数
Number of Student Enrollment in Various Schools in Main Years ······ 463
17-5 各级各类学校招生数
Number of New Students Enrollment in Various Schools in Main Years ······ 464
17-6 各级各类学校毕业生数
Number of Graduates in Various School in Main Years ······ 465
17-7 高等学校基本情况
Basic Statistics on Higher Schools ······ 466
17-8 成人教育基本情况
Basic Statistics on Adult Educations ······ 466
17-9 学龄儿童入学率
Percentage of Schools-age Children Enrolled in Main Years ······ 467
17-10 主要年份平均每万人口在校学生数
Number of Enrolled Students Per 10 000 Population in Main Years ······ 468
17-11 主要年份平均每一专任教师负担学生数
Average Number of Students Instructed by a Full-time Teacher in Main Years ······ 468
17-12 主要年份地方国有企、事业单位各类专业技术人员
Number of Scientific and Technical Personnel in Local State-owned Enterprise and Institutions in Main Years ······ 469
17-13 地方国有企、事业单位各类专业技术人员构成
Composition of Scientific and Technical Personnel in Local State-owned Enterprises and Institutions ······ 470
17-14 文化产业机构和人员数

Cultural Institutions and Personnel …… 471
17-15 图书、杂志、报纸出版情况
Publication of Books, Magazines and Newspapers …… 471
17-16 各类科技机构概况
Basic Statistics on Scientific Research …… 472
17-17 全区科技活动基本情况
Basic Statistics on Scientific and Technological Activities …… 474
17-18 主要年份广播电视事业发展情况
Statistics on Broadcasting and TV Stations in Main Years …… 475
17-19 各市县各级各类学校数
Number of Various Schools by City and Country …… 476
17-20 各市县各级各类学校在校学生数
Number of Enrolled Students in Various Schools by City and Country …… 477
17-21 主要年份各市县普通中学在校学生数
Number of Student in Regular Secondary Schools by City and Country in Main Years …… 478
17-22 主要年份各市县小学在校学生数
Number of Enrolled Students in Primary Schools by City and Country in Main Years …… 479
17-23 各市县平均每万人口在校学生数
Number of Enrolled students Per 10 000 Population by City and Country …… 480
17-24 各市县小学毕业人数和毕业率
Number of Graduates and Graduation Rate of Primary School by City and Country …… 481
17-25 各市县文化产业机构数和人数
Number of Cultural Institutions and Personnel by City and Country …… 482
主要统计指标解释
Explanatory Notes on Main Statistical Indicators …… 484

第十八篇 体育卫生民政司法
Sports, Public Health, Civil Administration and Judicature
18-1 体委系统职工人数
Number of Staff and Workers in Sports Commissions …… 487
18-2 等级运动员和裁判员分项发展人数
Rank Athletes and Referees Share …… 488
18-3 主要年份体育场地数
Number of Sports Venous in Main Years …… 489
18-4 主要年份运动员打破纪录情况
Athletes Broke Records in Main Years …… 489
18-5 主要年份卫生机构数
Number of Health Care Institutions in Main Years …… 490
18-6 主要年份卫生机构床位数
Number of Beds in Health Care Institutions in Main Years …… 491
18-7 各类医院机构、床位及人员数
Number of Health Care Institutions,Beds and Persons …… 492
18-8 社会福利类收养性单位基本情况
Basic Statistics on Social Welfare and Salvation Institutions …… 492

18-9 社会福利事业、企业单位和工作人员数
Number of Social Welfare Institutions & Enterprises and Personnel Engagedin Main Years ········· 493
18-10 主要年份享受救济人员情况
Persosns Receiving Subsidies or Relief Funds ········· 493
18-11 主要年份律师、公证、调解工作基本情况
Basic Statistics on Lawyers,Notarization and Mediation in Main Years ········· 494
18-12 火灾、交通事故情况
Basic Statistics on Fire and Traffic Accidents ········· 494
18-13 各市县卫生机构数
Number of Institutions by City and Country ········· 495
18-14 主要年份各市县医院数
Number of Hospitals by City and Country in Main Years ········· 497
18-15 各市县卫生机构人员数
Number of Employed Persons in Health Institutions by City and Country ········· 498
18-16 主要年份各市县卫生技术人员数
Medical Technical Personnel in Health Care Institutions by City and Country in Main Years ······ 499
18-17 各市县卫生机构床位数
Number of Beds in Health Care Institution by City and County ········· 500
主要统计指标解释
Explanatory Notes on Main Statistical Indicators ········· 501

第十九篇 环境保护

Environment Protection

19-1 全区环境保护基本情况
Basic Statistics on Environmental Protection ········· 505
19-2 工业分行业废水排放及处理情况
Discharge and Treatment of Waste Water by Sector ········· 507
19-3 工业分行业废气排放及处理情况
Emission and Treatment of Waste Gas by Sector ········· 509
19-4 工业分行业工业固体废物产生及处理利用情况
Production, Treatment and Utilization of Industrial Solid Wastes by Sector ········· 513
19-5 各市县工业废水排放及处理情况
Discharge and Treatment of Industrial Waste Water by City and Country ········· 516
19-6 各市县工业废气排放及处理情况
Emission and Treatment of Industrial Waste Gas by City and Country ········· 517
19-7 各市县工业固体废物产生及处理利用情况
Production, Treatment and Utilization of Industrial Solid Wastes by City and Country ········· 519
19-8 各市县生活污染物排放情况
Discharge of Pollutions from Daily Life by City and Country ········· 521
19-9 各市县工业污染治理项目及投资情况
Investment in Anti-industrial Pollution Projects ········· 523
主要统计指标解释
Explanatory Notes on Main Statistical Indicators ········· 525

第二十篇 企业调查基本情况

Enterprise Survey Information

20-1 全区企业家信心指数
Index of Confidence on Macro Economy by Enterprisers ······ 529
20-2 全区企业景气指数
Prosperity Index on Enterprises ······ 530
20-3 工业企业景气指数
Prosperity Index on Industry Enterprises ······ 531
20-4 建筑业企业景气指数
Prosperity Index on Construction Enterprises ······ 531
20-5 交通运输、仓储和邮政业企业景气指数
Prosperity Index on Transport, Storage and Post Enterprises ······ 532
20-6 批发和零售业企业景气指数
Prosperity Index on Wholesale and Retail Trade Enterprises ······ 532
20-7 房地产业企业景气指数
Prosperity Index on Real Estate Enterprises ······ 533
20-8 社会服务业企业景气指数
Prosperity Index on Social Service Enterprises ······ 533
20-9 信息传输、计算机服务和软件业企业景气指数
Prosperity Index on Information Transmission, Computer Service and Software Enterprises ······ 534
20-10 住宿和餐饮业企业景气指数
Prosperity Index on Hotels and Restaurants ······ 534
主要统计指标解释
Explanatory Notes on Main Statistical Indicators ······ 535

第二十一篇 宁夏农垦经济社会发展主要指标

Economic and social development of Agricultural Cultivation in Ningxia

21-1 宁夏农垦经济社会发展主要指标
Economic and social development of Agricultural Cultivation in Ningxia ······ 541

第二十二篇 各省市区主要经济指标

Main Economic Indicators by Region

22-1 各省市区地区生产总值及增长速度
Gross Domestic Product and Its Growth Rate by Region ······ 547
22-2 各省市区地区生产总值构成
Composition of Grosss Domestic Product by Region ······ 548
22-3 各省市区年末总人口
Population by Region at the Year-end ······ 549
22-4 各地区在岗职工人数及平均工资
Number of Staff and Workers and Average Wages by Region ······ 550
22-5 各省市区固定资产投资
Total Investment in Fixed Asstes in the Whole Country by Region ······ 551
22-6 各省市区房地产开发企业(单位)土地购置及开发情况

Land Development and Purchase of Enterprises for Real Estste Development by Region ············ 552
22-7 各省市区地方财政收入与支出
Local Financial Revenue and Expenditure by Region ·· 553
22-8 各省市区农业生产资料价格指数
Indices of Producers'Price for Farm Productes by Region ·· 554
22-9 各省市区居民消费价格指数
Consumer Price Indices by Region ·· 556
22-10 各省市区城镇居民家庭人均收支情况
Per Capita Annual Income and Expenditures of Urban Households by Region ························ 557
22-11 各省市区农村居民家庭人均收支情况
Per Capita Annual Income and Expenditures of Rural Households by Region ························ 558
22-12 各省市区农林牧渔业总产值及增长速度
Gross Output Value of Farming,Forestry,Animal Husbandry and Fishery and Growth by Region ··· 559
22-13 各省市区主要农产品产量
Major Product Output of Farming by Region ·· 560
22-14 各省市区规模以上工业企业主要经济指标
Main Economic Indicators of Industrial Enterprises above Designated Size by Region ·············· 561
22-15 各省市区规模以上工业企业主要经济效益指标
Main Economic Indicators of Industrial Enterprises above Designated Size by Region ·············· 562
22-16 各省市区规模以上工业企业主要工业产品产量
Output of Major Products of Industrial Enterprises above Designated Size by Region ·············· 563
22-17 各省市区能源消耗指标
Indicators of Energy Consumption by Region ·· 564
22-18 各省市区建筑业主要经济指标
Main Economic Indicators on Construction Enterprises by Region ······························ 565
22-19 各省市区客运量和旅客周转量
Total Passenger Traffic and Passenger-kilometers by Region ···································· 566
22-20 各省市区货运量和货物周转量
Total Freight Traffic and Freight Ton-kilometers by Region ···································· 567
22-21 各省市区社会消费品零售总额
Total Retail Sales of Consumer Goods by Region ·· 568
22-22 各省市区货物进出口总额
Total Imports and Exports by Region ·· 569
22-23 各省市区国际旅游接待情况
International Tourism by Region ·· 570

特载

Special Issue

2011年宁夏回族自治区人民政府工作报告

——在宁夏回族自治区第十次人民代表大会第五次会议上

宁夏回族自治区主席　　王正伟

（2012年1月11日）

各位代表：

现在，我代表自治区人民政府，向大会作政府工作报告，请予审议，并请自治区政协委员和其他列席人员提出意见。

一、2011年工作回顾

过去的一年，在党中央、国务院和自治区党委的坚强领导下，全区上下深入贯彻科学发展观，积极应对复杂多变的经济形势，齐心协力，负重拼搏，取得了抓发展、惠民生、保稳定的重大胜利，圆满完成了自治区十届人大五次会议确定的主要任务，实现了“十二五”的良好开局。

盘点去年的主要成果和变化：一是经济总量跨上新台阶。全区生产总值突破2000亿元，达2060亿元，增长12%。实现财政总收入371.4亿元，增长29.5%；地方一般预算收入突破200亿元，达220亿元，增长43.2%；地方一般预算支出711.1亿元，增长27.9%，70%以上用于改善民生。固定资产投资1640亿元，增长30%。二是结构调整取得新突破。特色农业占到农业总产值的83%，“五优一新” 工业占到工业增加值的72%，服务业占到经济总量的38.8%。黄河金岸效益凸显，中心城市快速成长，山城建设全面展开。三是人民生活水平又有新提高。十项民生计划30件为民实事全部超额完成。35万生态大移民全面启动。在全国率先实现城乡居民医疗、养老和城市低保户廉租房等制度全覆盖；城镇居民人均可支配收入17490元，增长14%；农民人均纯收入5380元，增长15%。四是长远发展赢得新机遇。银川作为中阿经贸论坛永久举办地，承担起国家向西开放的重任。沿黄经济区列入国家“十二五”规划，跻身18个重点开发区。宁东基地纳入国家主体功能区，成为宁蒙陕甘能源“金三角”重要支撑。六盘山地区被确定为国家新一轮扶贫开发的重点区域。

尤其令人鼓舞的是，我们届初提出的“五个翻番”目标有四个提前实现：全区生产总值、地方一般预算收入、固定资产投资、工业增加值分别是2007年的2.2倍、2.7倍、3.1倍和2.2倍；地方国有企业资产总额3510亿元、利润120亿元，分别是2007年的8.4倍和20倍。这些成就的取得，标志着我们在社会主义现代化建设的伟大征程上迈出了更大更坚实的步伐，极大地增强了全区各族人民建设和谐富裕新宁夏的信心和决心！

一年来的主要工作是：

（一）围绕提升经济竞争力，狠抓了特色优势产业的培育壮大。打优势牌，走特色路，构建起具有宁夏特色的现代产业体系。“一优三高”引领农业增效。“三大示范区”建设顺利推进，粮食总产358.9万吨，实现8连增，再创历史新高。种植优质水稻70万亩、灌区冬麦56万亩、脱毒种薯16万亩。设施和覆膜保墒旱作农业提前两年完成目标。畜牧水产快速增长，占农业总产值的38%。120个示范基地引领作用进一步增强，机械化水平高出全国4个百分点。引进中粮、中石化、法国轩尼诗等知名企业参与产业化经营，主要农产品加工转化率54.7%。宁夏大米等43个农产品跻身国家农产品地理标志，“加贝兰”等地产葡萄酒屡获国际大奖，“塞外香”等9个粮油品牌荣获国家金奖，特色农产品远销92个国家和地区。“三大千亿”计划助推工业升级。银川经济技术开发区、石嘴山工业园、灵武羊绒产业园升格为国家级园区。青铝30万吨电解铝、锦宁120万吨铝镁合金、宁夏石化500万吨炼油、水洞沟电厂等一批重大项目建成投产。新增火电装机368万千瓦，新型煤化工产能达270万吨，外送电突破260亿度。并网风电、光伏电站装机分别达150万千瓦、50万千瓦，居全国前列。23个新能源、新材料产品打入国际市场。实现工业增加值830亿元，增长17%。攻克超低灰纯净煤等一批关键技术，甲醇制丙烯催化剂填补国内空白，镁冶炼技术装备、智能模压淬火机床全国领先，高精度铍青铜材料达到国外同类产品水平，高纯射频超导铌腔产品打破发达国家垄断。强化节能减排，淘汰落后产能，循环经济试点成效显著。“四大体系”带动服务业兴起。“三大口岸”全部投运，“六大物流园区”建成使用，规模以上物流企业达126家。金融体系逐步完善，发行企业债券37亿元，上市再融资27.3亿元；新增小贷公司50家、村镇银行4家；本外币存贷款余额分别达2970亿元和2920亿元，增长15%和20%。特色旅游蓬勃发展，全年接待国内外游客1170万人次，旅游总收入增长25%。名牌战略扎实推进，又有9个品牌荣获全国驰名商标。城乡市场日趋活跃，“万村千乡”“家电下乡”等流通工程全面实施，新建改造一批农家店、农贸市场和大型商场，城乡消费持续繁荣。社会消费品零售总额达477亿元，增长18.2%

（二）围绕提升区域竞争力，推进了“两大战略”的深入实施。以沿黄城市带和山区大县城建设为抓手，打开了山川统筹、城乡协调发展新局面，城镇化率达49.8%。沿黄城市带辐射力不断增强。编制实施沿黄经济区总体规划，中华黄河坛、地质博物馆、水利博览馆、青铜古镇、中华回族第一街等一批标志性建筑拔地而起，五市图书馆、博物馆、体育馆、文化艺术中心全部建成，以银川为核心的黄河金岸与西安—咸阳、兰州—天水、呼包鄂榆等经济区形成呼应之势。山区大县城建设初见成效。各级政府投入22亿元，撬动社会投资46亿元，实施一批市政、产业和扶贫开发等重点项目，掀起了中南部大建设、大发展热潮。固原区域中心城市功能逐步完善，山区各县城特色日益彰显，重点中心镇面貌大为改观，人流、物流、资金流快速聚集。县域经济竞相发展。总量占到全区的53.9%，6个县市跻身西部百强县。与2007年相比，13个县市地区生产总值实现翻番，17个县市地方一般预算收入实现翻番，形成了你追我赶、奋勇争先的发展态势。

（三）围绕提升开放竞争力，拓宽了对外交流的新渠道。发挥人文、地缘和产业等优势，巩固扩大传统开放区域，重点推进向西开放，提升了整体开放的层次和水平。中阿合作再谱新篇。隆重举办第二届中阿经贸论坛，76个国家和地区、2300多个企业机构、8500余名国内外嘉宾云集盛会，签约项目164个，合同投资840亿元，规格、规模、成效、影响均创历史之最。启动建设了阅海湾中央商务区和论坛永久会址，中阿合作交流的“宁夏平台”加快形成。内引外联不断拓展。成功举办香港周、文博会、园博会、房车节等“六大节会”，凝聚了商气和人气。与俄罗斯加里宁格勒等6个市、州建立友城关系，与海关总署等国家部委建立合作新机制，与神华集团等15家央企签订战略投资协议2000亿元。多次组团赴长三角、珠三角和东南亚、中东等地招商。全年招商到位资金超过1000亿元，增长40%。立体交通达海通边。启动河东机场三期扩建，开通银川至迪拜国际航线，加密国内航线航班，民航旅客吞吐量350万人次。太中银铁路建成通车，西北现代化程度最高的银川新站投入使用，铁路年发送旅客能力提高到500万人次。银川至巴彦浩特、同心至沿川子等高速公路全线贯通，新增公路1988公里，总里程达2.5万公里，其中高速公路1300公里。对外经贸快速发展。设立境外销售中心7个，签订对外合作服务合同3172万美元，是上年的4倍。实际利用外资3亿美元，增长30.4%。进出口总额22.6亿美元，增长15.1%。

（四）围绕提升环境竞争力，优化了跨越发展的支撑条件。积极打造西部服务优、审批少、效率高的省区。建设充满活力的创新环境。在全国率先完成事业单位绩效工资改革，行政管理体制和区直管县改革扎实推进。农村土地流转、集体林权制度、水务一体化管理、农垦等改革步伐加快。城乡一元化户籍改革稳步进行。医药卫生改革保基本、强基础、建机制取得实效。文化体制和粮食流通体制改革进展顺利，宁夏演艺集团和储备粮公司挂牌成立。公共资源交易平台建成发挥作用，8项教育改革试点全面推开。建设高效廉洁的政务环境。启动政府部门履职评估机制，建成自治区政务网上办事大厅和110个规范化乡镇民生服务中心，实施行政许可“并联审批”，拓宽政务服务“绿色通道”。全面落实廉政建设责任，加大审计监察力度，纠正损害群众利益的不正之风，“三公”经费明显下降，政风行风持续好转，风清气正的发展环境加快形成。自觉接受人大及其常委会的监督和政协的民主监督，办理人大代表建议216件、政协委员提案561件，提请人大常委会审议地方性法规9件，制定政府规章14件。积极支持民主党派、工商联、无党派人士参政议政。密切联系工会、共青团、妇联、侨联、科协等人民团体。建设安定有序的社会环境。出台加强和创新社会管理意见，强化城中村、城乡结合部等重点部位管理，治安防控体系进一步完善。深入开展严打整治，重大刑事案件同比下降24.3%。全面启动“六五”普法，开展“千人万件”矛盾预防化解，一批信访积案和群体性上访事件得到解决。狠抓重点行业和领域的安全专项整治，农产品、食品、药品安全形势总体稳定，人民群众安全感不断增强。加强国家安全工作。进一步完善国防动员体系，“百井支农富民工程”深受群众欢迎，双拥共建成果丰硕。建设山川秀美的生态环境。实施“六个百万亩”工程，加快构筑沿黄绿色景观、贺兰山东麓生态防护、中部干旱带防风固沙和六盘山水源涵养四大绿色屏障，完成造林150万亩，森林覆盖率提高到11.89%。连片集中整治农村环境，71个乡镇（农场）受益。深入推进引黄灌区节水改造、中北部土地整理、苦水河治理等项目，新增灌溉面积10万亩，改造中低产田35万亩，建设高标准农田50万亩，成为首个通过节水型社会建设试点验收的省区。

（五）围绕提升形象竞争力，迈出了和谐富裕新宁夏建设的大步伐。高举共同团结进步、共同繁荣发展旗帜，着力解决群众最关心、最直接、最迫切的困难和问题，各族人民的向心力和凝聚力不断增强，宁夏在国内外的美誉度和影响力迅速提升。改善民生让社会更温暖。实施中南部生态移民规划，投资26.7亿元开发整治土地8.9万亩，建成移民新村75个、住房2万套，3万移民入住新家。建设“黄河善谷”，立德、弘德、厚德慈善产业园落地项目12个，投资7.4亿元，破解贫困的经验引起国际关注。以创业带动就业，创造新岗位4万个，转移农村劳动力72万人次，新增就业7.2万人，城镇登记失业率控制在4.3%。完善社会保障体系，扩大高龄津贴范围，城镇职工“五险”参保396.5万人次，养老、医疗、工伤保险等遗留问题得到妥善解决。提高最低工资、城乡低保和医保补助标准，30.4万企业退休人员养老金月均增加200元，人均医保补助标准提高到200元。落实房地产调控政策，商品房价格涨幅回落；加快完善住房保障体系，建设各类保障房17.5万套，40多万城乡群众喜迁新居。及时启动社会救助和保障标准与物价上涨联动机制，发放价格临时补贴2亿元；构建中心城市蔬菜直销网络，适时调控食品市场，居民消费价格涨幅从7.7%降到3.6%。均衡服务让社会更公平。义务教育初步均衡发展提前实现。新建加固中小学校舍113万平方米，新建改建幼儿园93所，学前教育毛入园率50.9%，高中阶段毛入学率86%，教育强县（区）全部达标；安排5亿元资助家庭困难学生40.2万人，营养早餐和午餐试点惠及37.8万学生，宁夏经验在全国推广。高校15亿元债务得以化解；宁夏大学新增5个一级学科博士点。自治区新区医院、宁夏医科大学心血管医院等建成使用；中医药、回医药稳步发展；以县为单位消除了碘缺乏病；新招考乡镇医务人员1050人。“四免一救助”惠及26万妇女儿童。“少生快富”提标扩面，人口出生率和自然增长率首次控制在14‰和9‰以内。宁夏大剧院、贺兰山体育场主体完工；农家书屋全覆盖，广播电视村村通；现代演艺、动漫创意等文化产业加快发展。成功举办黄河金岸国际马拉松等重大赛事，田径项目实现全国赛事金牌“零”突破。民族团结让社会更稳定。认真开展“五个十”创建和宣传教育“六进”等活动，依法管理宗教事务和宗教场所，评选了一批“和谐寺观教堂”，回汉各族一家亲的民族关系进一步巩固和加强。

各位代表,在风云变幻的国际形势下,在跌宕起伏的经济大潮中,在艰难曲折的发展道路上,我们有党中央、国务院的亲切关怀、大力支持,有自治区党委的正确领导、科学决策,全区各族人民风雨同舟、众志成城,战胜了一个又一个困难,夺取了一个又一个胜利,为长远发展打下了坚实基础,正朝着全面建设小康社会的宏伟目标阔步前进!在此,我代表自治区人民政府,向辛勤奋战在全区各条战线的广大干部群众,向给予政府工作大力支持的人大代表、政协委员、各民主党派、工商联和各界人士,向中央驻宁单位、驻宁部队、武警官兵和公安干警表示崇高的敬意!向所有关心支持宁夏发展的兄弟省市区,港澳同胞、台湾同胞、海外侨胞和国际友人表示衷心的感谢!

辉煌的事业总是在攻坚克难中铸就。我们既要坚定前行,又要冷静清醒。在开拓未来的道路上,我们仍然面临着许多困难和问题:一是在新形势下,保持经济平稳较快增长的难度加大,保增长与调结构、转方式的矛盾突出,节能减排形势严峻;二是缩小山川差距、同步实现全面小康目标任重道远,按照新的贫困标准,推进扶贫开发尤为繁重;三是破解增收瓶颈制约、保障改善民生的任务艰巨,城乡居民收入实际增长与经济增长保持同步的压力很大;四是影响社会稳定的因素还比较多,社会管理还存在薄弱环节。所有这些,我们将在今后的工作中认真研究,大胆探索,切实解决。

二、当前形势和 2012 年奋斗目标

今年是本届政府施政的第五年,更是冲刺之年。做好今年的各项工作,具有承前启后、继往开来的重大意义。

今年的形势十分复杂,困难挑战极为严峻。从国际看,欧债危机日趋恶化,美国经济复苏乏力,新兴经济体通胀压力增大,金融市场动荡不定,贸易保护主义纷纷抬头,世界经济下行风险明显加大,外部环境不利因素正在增多。从国内看,经济增速回落与物价高位运行交织,就业压力与结构性矛盾并存,出口增速明显下滑,中小企业经营困难,宏观调控呈现更多"两难"选择。受国内外形势影响,我区发展正面临着经济增速下行、物价可能反弹、固定资产投资增长乏力、消费需求明显不足四大挑战。我们既要认清危机和挑战,更要善于危中见机、抢抓机遇。一是抢抓国家继续实施积极财政政策和稳健货币政策的重大机遇。二是抢抓国家扩大消费需求,促使经济由政策刺激向市场发力、自主增长转变的重大机遇。三是抢抓国家大力支持实体经济发展、确保在建续建重大项目建成、扶持中小微型企业发展的重大机遇。四是抢抓国家深入实施西部大开发和启动新一轮扶贫攻坚的重大机遇。只要我们牢固树立强烈的机遇意识和忧患意识,坚定信心,拼搏奋斗,就一定能成功应对挑战,战胜各种困难,实现新的更大的发展。

今年政府工作的总体要求是:认真贯彻党的十七大和十七届三中、四中、五中、六中全会、中央经济工作会议及自治区党委十届十四次全会精神,以邓小平理论和"三个代表"重要思想为指导,深入贯彻落实科学发展观,以科学发展为主题,以加快转变经济发展方式为主线,以稳中求进为总基调,以保持经济平稳较快发展和物价总水平基本稳定为目标,着力扩大经济总量和提升经济质量,着力加强自主创新、扩大消费和节能减排,着力深化改革开放,着力保障和改善民生,着力保持社会和谐稳定,调动一切积极因素,努力开创经济社会发展新局面,以优异成绩迎接党的十八大和自治区第十一次党代会胜利召开。

主要预期目标是:全区生产总值增长 12%左右;固定资产投资增长 25%左右;地方财政一般预算收入增长 16%以上;社会消费品零售总额增长 17%;进出口总额增长 13%;居民消费价格总水平涨幅控制在 5%左右;城镇居民人均可支配收入和农民人均纯收入均增长 12%左右;城镇登记失业率控制在 4.5%以内;人口自然增长率控制在 9.2‰以内。

全面实现今年的奋斗目标,我们必须紧紧围绕"稳增长、控物价、调结构、惠民生、抓改革、保稳定"的基本要求,坚定不移地做到:

——遵循科学发展不动摇。科学发展是我们必须长期坚持的战略方针。要牢牢把握扩大内需这一战略基点,牢牢把握发展实体经济这一坚实基础,加快发展具有宁夏特色的现代产业,不断缩小与东中部地区的差距。

——把住山川统筹不偏离。一手抓沿黄经济区建设,一手抓六盘山地区扶贫攻坚。充分发挥首府银川市对全区乃至周边省区的辐射带动作用,大力提升固原市在宁南山区的战略地位,促进城乡互动,山川共进,区域协调,共同繁荣。

——坚持改革开放不懈怠。宁夏虽小不自小,小省区也能办大事。必须保持既有的胆识和担当,继续解放思想,深化改革开放,创新科学发展的体制机制,扩大与央企、与东中部地区的交流合作,扩大向世界各国特别是阿拉伯国家和穆斯林地区的开放。

——抓紧生态建设不减速。抓生态就是抓发展,保护环境就是保护竞争力。必须牢固树立生态文明理念,大力推进全国节水型社会和防沙治沙示范省区建设,构筑生态安全的绿色长城,走出一条发展与保护双赢的可持续发展之路。

——创新社会管理不停步。立足区情、民情,从基础抓起,从基层做起,研究新问题,破解新矛盾,全面加强和创新社会管理,筑牢民族地区发展稳定的"防护罩"和"安全网",努力让社会公平公正、和谐稳定。

——推进惠民富民不放松。民生连着民心,民心关乎和谐。要视人民为父母、把群众当亲人,认真执行民生计划,真心实意为基层广大群众解决更多的急事难事,使发展成果惠及更多群众,让人民生活得更加幸福、更富文明、更有尊严!

三、进一步抓好重大项目建设,在拉动经济稳步快速增长上务求更大实效

投资是我区经济增长的第一拉力。越是出口低迷、消费不振,越要以投资保增长、促就业、调结构,确保固定资产投资突破 2000 亿元。

突出抓好 50 个重大项目。一是实施一批重大产业项目,完成投资 745 亿元。开工建设神华宁煤煤炭间接液化、广银铝业 20 万吨铝板带箔、吴忠热电等重大项目,加快推进国电英力特煤基化多联产、捷美丰友合成氨尿素、宁夏石化大化肥等项目。二是实施一批重大交通和物流项目,完成投资 125 亿元。全面开工兵沟黄河大桥及连接线、石嘴山黄河大桥改扩建等工程,加快实施银川河东机场三期扩建、包兰铁路复线惠农至银川段、原州区至王洼铁路、青兰高速东山坡至毛家沟段、东线高速盐池至红井段、西线高速崇岗至平罗连接线等项目。三是实施一批重大农林水项目,完成投资 78 亿元。重点推进设施农业改造升级、农业综合开发、中南部城乡饮水安全、中部干旱带高效节水补灌、沙坡头南北干渠及灌区节水改造、中小型病险水库治理、三北防护林续建等项目。四是实施一批重大社会事业项目,完成投资 105 亿元。开工建设宁夏国际会议中心,加快建设自治区儿童医院、宁夏大剧院,全面建成宁夏艺校新校区，继续推进廉租房建设、棚户区改造和生态移民工程。力争包兰铁路银川至兰州段扩能、清水河治理等20个重点预备项目全部开工。建立市、县(区)和部门重点项目督查考核制度，合同项目抓开工，开工项目抓进度，在建项目抓投产，使每一个项目都能成为一个增长点。

千方百计拓宽投融资渠道。抓项目更要抓融资，要力促政府导向性投入稳步增长，企业主体性投入持续增长，社会广泛性投入大幅增长。全力争取国家投资。紧盯国家政策走向，围绕陕甘宁革命老区、能源化工“金三角”、沿黄经济区、六盘山地区扶贫攻坚等规划，精心谋划大项目，充实完善项目库。扎实做好大柳树水利枢纽、银川石油天然气化工园、石嘴山沙湖机场等重大项目前期，争取更多的国家投资。努力扩大信贷投放。落实全国金融工作会议精神，按照区别对待、有保有压的原则，坚持金融服务实体经济的本质要求，加大对国家和自治区规划的重点项目、在建续建项目以及“三农”和中小微企业的金融支持力度，确保金融机构新增贷款规模、增速均高于上年。大力激活民间投资。认真落实国务院“新36条”，实行“非禁即入”，制定公平准入、鼓励竞争的具体措施，允许民营资本进入铁路、市政、金融、能源、社会事业等领域。着力拓宽企业融资。吸引国有大型企业来宁实施战略重组，支持城市基础设施和保障房项目发行特殊债券，鼓励企业通过上市融资等方式发展壮大，确保项目有资金、投资有渠道、发展有后劲。

四、进一步加速新型工业化，在引领经济结构转型升级上务求更大实效

我区工业正处于蓄势发力、转型突破的关键时期，必须进一步做大增量、调优存量，在发展中转型，在优化中升级。

实施“三大千亿”计划，促进产业集群式发展。力争工业增加值增长14%。做大煤电化主导产业规模。推进煤电一体化，加快石槽村煤矿、中卫热电等煤电项目建设，新增煤炭产能900万吨、火电装机150万千瓦；实施宁夏至浙江直流输电工程，打通第二条电力外送通道。推进煤电化一体加工，加快神华宁煤煤制烯烃一期二套、宝丰烯烃等项目建设，延伸煤炭液化、气化、焦化等产业链条，在深度开发中催生新产业，形成竞争力，实现高效益。抢占战略性新兴产业先机。加快银星能源等风机制造和昂立光伏等硅材料精深加工基地建设，新增光伏发电装机30万千瓦、风电装机100万千瓦，风能、太阳能装备本土化率达到90%。发挥中色东方钽铌铍技术优势和中电投青铝产能优势，拉长铍青铜、铝镁合金、铝板带箔等高端有色金属合金产业链条，壮大新材料产业规模。以天地奔牛大型矿山设备、小巨人数控机床、青年汽车等项目为龙头，提高大型装备制造的成套化、高新化水平。提升传统产业竞争力。加快企业技术改造步伐，投资220亿元，实施宁钢320万吨特钢、天元锰业30万吨电解锰、中银绒业特种纺纱等100个技改和新产品试产项目，推进冶金、建材、轻纺等产业向更高层次迈进。

突出大中小配套，促进企业集约式发展。一手抓大企业提档升级，一手抓中小微企业培育成长。发挥大企业的主力军作用，加强大企业、大集团的引进合作，支持神华宁煤、宁夏石化、中电投青铝等旗舰企业扩张发展、做大做强，鼓励中色东方、国电英力特等骨干企业借力发展、裂变扩张，尽快实现培育销售收入200亿元以上的企业5家、100亿元以上的5家、50亿元以上的20家的目标。壮大中小微企业的生力军力量，继续实施“百家培育千家成长”工程，落实结构性减税政策，清理不合理收费，免收注册登记费，缓解融资困难，为中小微企业“定向松绑”，加大民营企业扶持力度，鼓励围绕大企业开展协作配套，打造“专、精、特、新”的企业集群，增强分工协作和产业配套能力。

强壮“五大十特”，促进园区组团式发展。进一步完善“五大十特”园区设施，梳理优惠政策，整合要素资源，在引进项目、聚集产业等方面当好先锋，在投资强度、产出效益上作出表率，确保资产投入和工业产值增幅均达到30%。支持宁东建设国家级煤制油和煤基烯烃生产基地，力争“十二五”末煤基烯烃产能超过500万吨。开工建设生态纺织产业示范园，使其成为产业结构调整的重要一极。支持银川经济技术开发区创建国家级新能源装备制造产业示范基地。用好灵武羊绒“国字号”品牌，提升“软黄金”的国际话语权。抓好淄山工业园等东西共建产业基地，积极承接产业转移。力争广申能源及化工项目全面开工，迈好“疆煤进宁”第一步。

狠抓节能减排，促进工业循环式发展。变节能减排压力为结构调整动力，进一步创新激励机制，落实国家淘汰落后产能新标准，对腾出能耗和污染物排放空间的地区、园区和企业，实施等量置换，优先安排项目。支持石嘴山市规范发展煤炭市场。严格执行新上项目环境和能耗评估制度，继续推进高耗能行业能耗限额管理。大力发展循环经济，推进园区内、企业中和产业间循环，延长产业链，力促清洁生产、减量排放。严格执行“十大铁律”，办好环保实事，增加森林碳汇，实现绿色循环发展。

五、进一步壮大现代农业，在促进农业增效农民增收上务求更大实效

农业是安天下、稳人心的战略性基础产业。继续以“三大示范区”为载体，以“一优三高”为引领，再夺农业好收成、再促农民收入快增长。

实施“三大工程”，提高农业综合生产能力。实施“良种”工程。加大优质粮食高产种植示范力度，发展以“宁粳43号”为主的水稻65万亩、专用玉米150万亩、马铃薯种薯20万亩，稳步推进冬麦北移；引进改良高档畜禽品种，加速推广水产名特优品种，加快扩繁优质苗木，良种推广率超过90%，确保粮食播种面积稳定在1200万亩，确保总产330万吨左右，确保重要农产品有效供给。实施“兴水”工程。抓住国家加快水利发展良机，突出抓好关系生存的水源工程、关系生活的饮水工程、关系生产的节水工程、关系生态的治理工程。重点规划建设一批高效节水示范基地，新增灌溉面积10万亩、改善180万亩。实施“治土”工程。加大耕地保护力度，开发后备耕地资源，全面实施生态移民土地整治、中北部土地开发整理等工程，新建高标准农田50万亩，治理沙漠化土地150万亩，力争“十二五”期间整治土地400万亩，增加耕地60万亩，全面增强农业发展后劲。

启动“三大效益倍增计划”，培育现代农业增长极。把设施农业、畜牧业和农产品加工作为新的增长点，统一部署，同步推进。一是“设施农业效益倍增计划”。以调结构、提品质为重点，挖潜力、抓改造，确保每年新增10万亩、两年完成旧棚改造，实现效益翻番。二是“畜牧业效益倍增计划”。强化母畜、设施、饲草料三个基础，发展优质肉牛、高产奶牛、盐池滩羊等产业，建设一批标准化规模养殖场，巩固提升一批养殖示范村，尽快实现规模扩张和效益倍增，把我区建成西部乃至全国有影响的现代畜牧业生产基地。三是“农产品加工效益倍增计划”。推进农业产业化经营，发挥汇源、雨润等领军企业的优势，催生特色产业产、加、销紧密联接的经营模式；大力支持现有龙头企业做大做强，继续引进“国字号”大企业，建基地、搞直销、打品牌、联农户，形成链条完整、装备先进、分工合理的加工产业集群，使更多的农产品打响品牌、占领市场。

打造“一带一廊”，再创现代农业新优势。建设黄河金岸特色农业经济带。围绕沿黄经济区发展，引导特色优势产业向黄河金岸集聚，加快壮大特色农业区域板块。拓展现代农业的文化传承、观光休闲、生态保护等功能，培植以银川市为核心、沿黄市县和农垦为多极的适水、林果、休闲“三大产业集群”，继续抓好枸杞、红枣、水产等产业，尽快分别达到100万亩规模，彰显“塞上江南”田园风光。建设贺兰山东麓百万亩葡萄长廊。培育农垦和银川、石嘴山、青铜峡、红寺堡五大基地；举办国际葡萄酒博览会；依托宁夏大学创办葡萄研究院；吸引国内外大企业来宁投资，建设一批高档酒庄和特色小镇，培育一批“宁夏酿造”的知名品牌，逐步形成十个特色小镇、百个特色酒庄、百万亩种植基地、千亿元综合产值的优质葡萄产业长廊，把我区建成全国最大、享誉世界的葡萄酒基地。

开展“农业科技年”活动，增强现代农业发展新动力。推进“5183”农业科技工程，力争把120个示范基地建成先进技术成果展示区、现代农业样板区；引进嫁接、集成示范一批最先进的农业科研成果，高标准建设宁夏现代高效旱作节水农业科技园、银川农业科技园。健全完善农民欢迎的农技推广新机制，加快培养与现代农业发展相适应的新型农民，力促农业与科技无缝对接，科技贡献率和机械化水平分别达到55%和60%。

六、进一步发展现代服务业，在培育新的经济增长点上实现更大突破

坚持把现代服务业作为拉动发展、优化结构的关键，着力构建消费需求旺、经济带动强、就业容量大的现代服务业体系。

做优做精特色旅游。引进大企业、大集团参与旅游资源开发，完善腾格里沙漠湿地、黄河大峡谷、须弥山、苏峪口、六盘山等景区景点配套设施，建设一批星级酒店，进一步提升旅游功能。办好黄河金岸马拉松赛、国际汽车摩托车节、航空旅游节等活动，开发阳光沙疗、自驾车游、冬季冰雪游等新业态，满足游客多样化需求。实施沙湖经阅海至金沙湾快速通道、滨河大道与贺兰山东麓连接线、须弥山至火石寨旅游专线等工程，形成横贯东西、连通南北的旅游路网。加大宣传营销，巩固扩大国内市场，大力开拓阿盟等海外市场。注重旅游与文化融合发展，支持主要景区办好一台特色文艺节目，打造以沙湖、沙坡头为龙头的沙漠生态游，以中华黄河坛为代表的黄河文化游，以西夏王陵为核心的历史探秘游，以中华回乡文化园为标志的回族风情游，以六盘山长征景区为主体的红色胜利游，叫响“塞上江南·神奇宁夏”旅游品牌。力争全年接待国内外游客突破1300万人次、旅游总收入超过100亿元，使我区真正成为西部重要旅游目的地。

做大做强综合物流。完善“三大口岸”功能，争取设立银川开发区陆路口岸出口加工区，开通至连云港集装箱班列；启动惠农陆路口岸与天津港铁水联运项目，建设“飞地保税区”和“飞地物流园”；支持银川航空口岸成立航空货运公司，开通国际货运航线，新增至哈尔滨、合肥等客运航班，健全立体化交通物流体系。建成完善“九大物流园区”，扩大特色农产品、优势工业品等大宗商品物流规模，增强物流辐射能力。加速引进一批国内外知名物流企业，支持现有企业信息化改造，打造龙头物流企业群。全年完成物流总额3900亿元，增长15%以上，逐步把我区建成辐射周边、联结全国的区域性物流中心和向西开放的重要物流枢纽。

做新做特现代金融。做好宁夏银行上市准备，推进石嘴山银行与战略伙伴合作，组建金融租赁公司，做大做强地方金融机构。引进昆仑、进出口等银行开设分支机构，鼓励外资企业设立小额贷款公司，组建村镇银行，培育更多面向中小微企业和“三农”的金融机构。试点设立伊斯兰投资基金，争取引入10家私募股权基金。支持宝丰能源、上陵集团等企业发行债券，做好日晶电子、伊品生物、泰瑞制药等企业上市工作，实现中小企业集合票据发行零突破。发展壮大担保公司，完善金融服务和融资担保体系。进一步优化金融生态环境，快速形成资金聚集“洼地”，更好地发挥金融对经济发展的支撑保障作用。

做活做旺城乡市场。吸引沃尔玛等国际知名零售企业进入宁夏市场，鼓励华润万家等国内大型商贸企业全区布局。继续实施“万村千乡”和“新网”工程，新建改造一批集贸批发市场，进一步提高农家店集中配送率，营造便捷、廉价、安全的购物环境。积极开发休闲娱乐、家政服务、医疗保健等新型消费产品，引导发展连锁专卖、电子商务等现代经营模式，促进消费结构提档升级。

七、进一步推进沿黄经济区建设，在带动山川统筹协调发展上实现更大突破

保增长、扩内需的最大潜力在城镇化。要统筹兼顾，整合要素，实现两大区域齐头并进、良性互动、协调发展。

加速推动沿黄城市带崛起。抓住沿黄经济区上升为国家战略的契机，全面提高沿黄城市带的规划建设水平，充分发挥引领全区科学发展、跨越发展的主体功能。拓展黄河金岸。启动建设银川园博园，加快实施华夏石刻艺术园、回族文化博览园、《上下五千年》雕塑馆、塞上江南博物馆、黄河古渡坊和沙漠博览园等带动旅游文化产业工程，保护性开发银川艾依河、石嘴山朔方湖、吴忠黄河外滩、中卫黄河公园等湖泊湿地，构筑精品景观和生态节点，绘就黄河玉带缀玉珠的金岸美景。推进银川阅海湾中央商务区、石嘴山环星海湖开发、吴忠青铜峡相向发展和中卫大枢纽建设，完善各市县公共交通、水电气热等基础设施，改善人居环境，提升城市形象。抓好李俊、陶乐、迎水桥、青铜峡镇等特色小城镇建设，形成优势互补、风格迥异的现代城镇体系。推进同城一体。开通银川至宁东、石嘴山、吴忠、中卫城际大公交，建设无线智慧城市公共服务平台，加速形成黄河金岸“一小时经济圈”“半小时通勤圈”。建立全区统一的就业、社保、医疗、教育等保障服务体系。放开农民进城落户条件，在保证原有宅基地和承包地等权益的基础上，为自愿进城的农民办理城市户口。加大进城农民工、大中专毕业生等群体的公租房供给，引导人口向沿黄城镇聚集，城镇化率达到51%。打造黄河善谷。高起点编制规划，举办慈善博览会、光彩事业宁夏行等活动，设立慈善投资基金，创办国家级慈善产业试验区；加快“三大慈善”产业园建设，新建2—3家慈善产业园，引进更多的慈善产业和投资企业，走出一条公益慈善与经济发展、扶贫济困与产业培育有机结合的新路子。

重点突破中南部山城建设。要用战略眼光和现代化标准来规划建设山城，按照“一定三年不变”的政策，集中实施102个重点项目，完善基础设施，拉开城市框架，突出地域特色，形成“1+9”的组团发展模式，再掀固原和山区大县城建设热潮。

开工西兰银综合物流园，扩建固原扶贫发展试验区，提速盐化工、通用航空、西吉闽宁、泾源轻工业等园区建设。支持并推进中铝集团电解铝、国电英力特盐化工、中石化援建地膜、王洼煤矿等重大项目。发挥土地、冷凉等资源优势，提升肉牛、西芹、马铃薯、中药材等特色和设施农业的产业化水平。大幅提升固原区域中心城市辐射带动力，切实增强各县城自我发展力。

全面启动新一轮扶贫开发。高标准编制六盘山地区扶贫开发攻坚规划，充实项目库，争取大投资，从根本上解决中南部集中连片贫困问题。坚持教育、劳务和生态移民并重，实施扶贫开发“六大工程”，深化闽宁对口扶贫协作，完成第一批248个贫困村的整村推进任务，建设10个产业扶贫示范乡(镇)、100个示范村，扶持1万个示范户。在抓好35万生态大移民的同时，还要下大力改善贫困地区生产生活条件，有计划、分步骤，使留在中南部的66万群众就地脱贫致富，与全区人民一起奔向小康。

坚持不懈改善生态环境。严格落实水资源“三条红线”管理和“四个总量”控制，大力推广节水技术，完善水资源市场调节机制，建设六盘山、南华山等水源涵养林基地，提高节水型社会示范效益。深入开展重点地区和行业“三废”综合治理，加快实施农村环境连片整治工程，创建生态村镇、社区，建设清洁田园和美好家园。扎实推进三北防护林、退耕还林、禁牧封育，全面完成“六个百万亩”工程，新增造林150万亩，补播改良天然草原100万亩，在建设防沙治沙综合示范区上取得重大进展，让青山和绿水长在、生态与发展共赢。

八、进一步深化中阿合作交流，在内陆开放区建设上实现更大突破

经济全球化的深度推进，迫切要求我们继续深化改革，扩大开放，加快构筑内陆开放的贸易大通道、交流大桥梁、合作大平台。

提升中阿经贸论坛品牌效益。一是办好第三届中阿经贸论坛，加快永久性会址建设，承办中阿合作论坛框架下的重大活动，全面增强这一平台的要素聚集和配置能力。二是新设立3家海外销售窗口，支持在巴林建设中国商贸城，引进阿拉伯国家商会设立办事处，实现与主要伊斯兰市场点与点的对接。支持建工集团等企业走出去开展工程承包、劳务合作。探索与央企合作、参股开发中东石油资源新模式，支持发展易货贸易。开展清真食品、能源期货交易所的可行性研究和推进工作。三是推进清真食品和穆斯林用品认证、设计、博览和质检中心建设，争取宁夏标准升级为国家标准，推动与阿拉伯国家相互认证，搭建出入境检验检疫平台，加快宁夏清真产业的国际化步伐。四是加强教育、经贸、旅游等领域合作，实施援建毛里塔尼亚农业和巴林太阳能合作等项目，密切双方教育、治沙等专业技术人员往来，开展中阿文化交流，架起中阿文明对话的桥梁。

创建内陆开放型经济试验区。争取国家尽快批准设立宁夏内陆开放型经济试验区，建设综合保税区和临港经济区，加快构筑内陆开放新高地。完善提升穆斯林商贸城功能，筹建清真食品、穆斯林用品国际产业园，引进大企业大品牌，打造国家级清真产业开发区。办好“六大”节会，推进会展经济市场化、规模化、品牌化运作，承办东北亚地方政府联合会第九次会议、清真美食节等活动，筹办2013年伊斯兰合作组织展览会，提升“10+3”经贸推介影响力，全年招商引资到位资金突破1100亿元。

深化重点领域和关键环节改革。推进事业单位分类改革和收入分配改革。加快农村综合改革，规范土地有偿流转；支持平罗县农村改革试验示范项目。完善预算和国库集中支付制度，实施增值税、资源税改革。稳妥推进水、电、气等资源性产品价格改革。继续深化医药卫生体制改革，建立基本药物信息化监管平台；改革县级公立医院体制，探索管办分开、医药分开、营利性与非营利性分开的模式。深化非时政类报刊转企改制，探索公共文化活动招标制，健全文化市场综合执法管理体系。

九、进一步推动文化大繁荣，在提升发展的软实力上迈出更大步伐

文化引导风尚、教育人民、服务社会、促进发展。推进文化与经济深度融合、与社会交相发展，让软实力成为硬支撑。

构筑精神高地，塑造文化之“魂”。社会主义核心价值体系是兴国之魂，一定要渗入国民教育、精神文明建设全过程。要教育引导各族干部群众始终高举爱国主义、民族团结进步、维护法律尊严和维护人民利益的旗帜，巩固强化对祖国、对中华民族、对中华文化和对中国特色社会主义道路的认同。用核心价值观和中华传统文化精髓，完善思想道德体系。大力弘扬社会主义道德风尚，扎实开展农村民风建设，倡导移风易俗，抵制封建迷信，在全社会形成积极向上的精神追求和健康文明的生活方式。

强化公共服务，夯实文化之“基”。开展自治区公共文化服务体系示范区创建活动，支持银川市争创国家级示范区。推进宁夏美术馆、工人文化宫、回族博物馆、水上运动中心、体育运动学校迁建等公共文化设施建设。抓好基层文化队伍培养，深入开展送戏下乡、全民健身等群众性精神文明创建活动。面向农村基层，加快推进信息共享、城乡文化示范点等惠民工程，力争实现直播卫星公共服务户户通、公共电子阅览室街道乡镇无空白、农村电影放映无盲点、公共文化场所全免费和文化信息资源全覆盖，更好地保障广大群众最基本的文化权益。

大兴文化产业，强壮文化之“柱”。启动文化产业倍增计划，改造提升出版发行、广播影视、演艺娱乐等传统产业，培育壮大文化创意、数字动漫等新兴业态，确保增加值年均增长15%以上，打造国民经济新的特色支柱产业。设立文化产业发展基金，整合区内外文化资源，高起点规划自治区文化创业创意示范园，大力度推进华夏河图、银川动漫基地、星海湖文化产业园、华夏影视城、固原文化城等建设，壮大黄河出版、演艺等一批有实力、有活力的文化企业。办好图书博览会、文化旅游博览会、西部民歌演唱会等大型文化节会。组建文化投融资公司，拓展投融资渠道。规范完善资产评估、产权交易、艺术品拍卖等中介服务，努力形成统一开放、竞争有序的现代文化市场体系。

唱响文化品牌，绽放文化之“葩”。推进黄河金岸主题艺术创作工程，创排话剧《大移民》、交响组曲《黄河金岸》等精品力作，弘扬黄河文化。推动回族歌舞、服饰、剪纸等民族文化艺术走向国际，唱响回族文化。积极推进西夏陵申遗和遗址公园、西夏博物馆建设，启动拜寺口双塔保护开发，复原西夏王宫，重现神秘历史，擦亮西夏文化。深入挖掘红军长征和西征时留下的丰富资源及宝贵遗产，组织创作《巍巍六盘》等影视力作，提升胜利之山的影响力，做优做美红色文化。倾力打造“黄河文化汇宁夏、回族文化聚宁夏、西夏文化在宁夏、走向胜利来宁夏”四大文化品牌，让民族特色文化绽放灿烂之花、结出丰硕之果。

十、进一步扩大公共服务，在全面发展社会事业上迈出更大步伐

社会事业同人民生活息息相关。要以大情怀、大投入推进基本公共服务均等化。

科技是第一生产力，让自主创新支撑发展、引领跨越。实施“1255”科技创新工程，深化与中科院等科研院所和陕西等科技强省的合作，加强与阿拉伯国家的国际交流，构建全面开放的科技创新平台。引导鼓励企业增加科研投入，建成国家和自治区级重点实验室、工程技术研究中心4个，组织实施重大科技专项10个；围绕“三大千亿”计划和“五优一新”产业，组织开展重大关键技术攻关和创新，开发具有自主产权的新技术、新工艺、新产品，推动产业优化升级。组织引导科技特派员深入农业基地、企业园区创新创业，形成产学研紧密结合的科技推广服务体系，促进科技成果转化应用，让科技创新成为经济社会发展的主要驱动力。

教育是第一公平，让每个孩子能够上好学、读好书。实施《宁夏中长期教育改革和发展规划纲要》。加快发展学前教育，新建改建幼儿园39所，切实缓解入园难问题。均衡配置教育资源，新建加固中小学校舍69万平方米，加强校车安全管理，建立校园警务工作站500个，打造师生安全、家长放心的校园；深化“基础教育质量提升年”活动，巩固提高教育强县创建水平，在西部率先实现基本普及高中阶段教育目标；推行“营养改善”计划，改善37万山区农村学生营养状况。加快国家和自治区示范性中等职业学校和示范性高等职业学校建设，提升职业教育水平。继续支持宁夏大学“211工程”和宁夏医科大学博士点建设，努力形成基础学科、应用学科、新兴交叉学科等各类重点学科协调发展的体系。大力支持民办教育，稳步发展民族教育、特殊教育和继续教育，满足人民群众对教育的多样化需求。

健康是第一幸福，让城乡群众都享有基本医疗卫生服务。着力改善医疗卫生设施，推进城乡卫生服务机构标准化。开工建设自治区血液供应中心和22个市、县级卫生监督所，全面完成18个县级医院、19个急救中心和53个乡镇卫生院基础设施建设，建成1033个行政村卫生室，定向培养1000名乡村全科医生，逐步实现村村有标准化卫生室、有全科村医，方便人民群众就医。加强医院优势特色专科建设，积极支持发展中医药、回医药。将妇幼卫生扶助政策扩大为“六免一救助”，让城乡群众享受公平、普惠的医疗服务。深入开展健康促进行动，提高人民群众健康意识和防病能力。加强公共卫生应急处置能力建设，力争95%以上的疾控中心达到基本标准。深入实施“少生快富”工程，进一步提高奖励标准，稳定低生育水平，全面做好人口与计划生育工作。

人才是第一资源，让各族优秀儿女在干事创业中脱颖而出、智慧迸发。人才优势是一个地区最有潜力、最可依靠的优势。认真抓好自治区中长期人才发展规划纲要的贯彻落实，加强和完善人才储备制度，实施“塞上英才工程”“国内引才312计划”和“百人计划”，推进各类人才队伍建设。支持院士工作站、专家服务基地和银川“人才特区”建设，加大高层次人才引进力度，形成海外引才、国内引才和用好用活本土人才“三驾马车”，着力解决好高端人才和重点产业、重点领域人才不够用的问题。切实做好人才服务工作，在全社会大力倡导尊重劳动、尊重知识、尊重创造的良好风气，形成人才辈出、人尽其才、才尽其用的生动局面。

十一、进一步加大改善民生力度，在构建和谐社会上迈出更大步伐

改善民生是发展之本、和谐之基。必须始终坚持民生优先，推动民生计划由生存型向发展型迈进。

实施生态移民纾解民困。走出大山才能拔除穷根。坚持“规划建设一体化、产业培育特色化、移民新村社区化”的发展模式，开工建设9万人移民项目区，配套完善水电路、学校、医务室、村级活动中心等公共设施，搬迁定居7万人；因地制宜发展红枣、枸杞、葡萄等特色产业，新建日光温棚和养殖暖棚1.9万亩，安排务工就业2.2万人，确保每个家庭有一座设施温棚、一亩水浇地和一名稳定务工人员，确保搬得出、稳得住、逐步能致富。

创业带动就业夯实民本。实施更加积极的创业带就业扶持政策，创办小微企业3000个，培养小老板6000名，创造新岗位3万个，新增城镇就业7.2万人。输出农村劳动力70万人次。实施“三支一扶”等措施，提高高校毕业生就业数量和质量。继续购买公益性岗位，帮助更多的失地农民、残疾人和困难群体实现就业。完善基层调解处置机制，加强劳动执法监察，构建和谐稳定的劳动关系。

健全社保体系保障民安。以建设统筹城乡社会保障示范区为抓手，加快健全覆盖全区的社保体系。全面推广社保一卡通，力争持卡人数突破400万。提高城乡居民社会养老和基本医疗保险补贴标准，参保率分别超过70%和90%。继续增加企业退休人员养老金，调高最低工资和农村低保标准，提高重度残疾人生活津贴，扩大老龄和孤儿津贴覆盖范围，让更多的中低收入者得到实惠。健全职工工资集体协商、正常增长和支付保障机制，努力使广大人民群众的“口袋”伴随着宁夏跨越的进程逐步鼓起来。

改善人居环境促进民乐。安居方能乐业。继续坚持房地产调控措施不动摇，促进房价合理回归和市场健康发展；新建各类保障性住房8.87万套，逐步完善多层次城镇住房保障体系。扎实推进“塞上农民新居”和危窑危房改造，建设新村20个，整治旧村200个，改造危窑危房4万户。实施水、电、路、气、房和优美环境“六到农家”工程，新改建农村公路2000公里，实现46%的行政村有招呼站、97.5%通客车，解决30万群众的安全用水问题，让城乡居民出行更便捷、居住更舒适、环境更优美、生活更美好。

稳定物价水平解决民忧。物价牵动着百姓的心。严格落实“米袋子”、“菜篮子”行政首长负责制，保障主要食品蔬菜的市场供应和价格基本稳定。扩大城郊绿叶菜种植面积，提高自给能力。支持每个市县区建设一个国有控股农贸市场，新建社区蔬菜直销店200个，完善农超、产销对接机制，实行直供直销。合理保持粮、油、牛羊肉和应急蔬菜等动态储备数量，调整提升投放和轮换节奏。清理整顿教育、医疗、银行等领域不合理收费。适时启动社会救助和保障标准与物价上涨挂钩的联动机制，确保困难群众基本生活不受影响。

创新社会管理维护民利。注重社会矛盾源头治理，做好社会稳定风险评估，健全群众权益维护机制，畅通公众诉求表达渠道，积极解决关系群众切身利益的实际问题。加强城乡社区自治和服务组织建设，完善基层管理服务体系。深化“平安宁夏”创建，进一步增强群众的安全感。扎实做好“六五”普法工作。加强社会信用体系建设。做好流动人口和特殊人群服务管理。创新网络虚拟社会现实化管理机制。强化食品药品监管，开展公共安全隐患专项治理，坚决遏制重特大事故发生。健全突发公共事件预警和应急处置机制，提高防灾减灾和应对突发事件的能力。支持工会、共青团、妇联等人民团体发挥桥梁纽带作用。深入开展双拥共建，巩固发展军政军民团结。扎实推进民族团结进步创建活动，加强宗教人士培训，依法管理宗教事务，共建和谐家园。

各位代表！承蒙中央关怀，承蒙人民厚爱，承蒙时代给予，几年来，我们始终恪守"为民、务实、高效、清廉"的理念，尽心竭力，不敢懈怠，在自治区党委的领导下，办成了一些事关长远的大事，办好了一些关乎民生的实事，破解了一些影响和谐的难事。面对新形势、新任务，面对新要求、新期盼，我们更要加强自身建设，把党和人民赋予的神圣职责履行得更好。

务必坚持依法行政。自觉接受人大依法监督，主动接受政协民主监督，认真听取民主党派、工商联、无党派人士和各人民团体的意见，高度重视司法监督，积极接受舆论监督和社会监督。加强和改进政府立法工作，公正文明执法，做到依法治区、依法办事。坚持科学民主决策，保证各项决策符合人民意愿，经得起实践检验。

务必坚持阳光执政。深入开展营造风清气正的发展环境活动，持续推进效能建设这一永不竣工的民心工程，以治庸提能力，以治懒增效率，以治散正风气。加大行政审批改革力度，完善区市县乡四级联动政务服务体系，推行重点项目行政审批代办和为民办事全程代理制，切实为基层、企业和群众提供更加便捷、均等、规范的公共服务。推进财政预决算、公共资源配置等领域的信息公开，拓展政务公开的广度和深度，让权力始终在阳光下运行。

务必坚持廉洁从政。扎实推进惩防体系建设，严查违纪违法案件，深化对商业贿赂、"小金库"和工程建设等领域突出问题的专项治理，完善公共资源交易管理服务体系，强化廉政风险防控管理，努力从源头预防腐败。深入推进节约型机关建设，严格执行"三公"经费支出零增长。各级行政机关及其工作人员务必保持清醒头脑，胸怀敬畏之心，常思贪欲之害，恪尽为民之责，树立清正廉洁、为民务实的良好形象。

务必坚持高效施政。始终保持锐意进取之风，以世界眼光谋划宁夏，以创新精神推动工作。始终保持执政为民之风，在思想上尊重群众、感情上贴近群众、行动上深入群众、工作上为了群众，让群众得到更多实惠。始终保持狠抓落实之风，困难面前不退缩，敢闯敢试、敢为人先；矛盾面前不推诿，敢抓敢管、敢于碰硬；风险面前不扯皮，敢作敢为、敢担责任，以坐不住的危机感、等不起的紧迫感、慢不得的责任感，创造出无愧于时代、无愧于党、无愧于人民的崭新业绩！

各位代表，宁夏这片热土，是全区各族人民耕耘生活、酿造幸福的美好家园，也是我们服务人民、干事创业的广阔舞台。让我们紧密团结在以胡锦涛同志为总书记的党中央周围，高举中国特色社会主义伟大旗帜，深入贯彻落实科学发展观，在自治区党委的领导下，团结奋斗，开拓创新，以建设和谐富裕新宁夏的优异成绩向党的十八大献礼！

宁夏回族自治区 2011 年
国民经济和社会发展统计公报

宁夏回族自治区统计局　国家统计局宁夏调查总队

（2012 年 3 月 15 日）

2011 年，在自治区党委、政府的坚强领导下，全区上下认真贯彻落实中央和自治区的各项决策部署，牢牢把握科学发展主题和加快转变经济发展方式主线，积极有效应对复杂多变的经济形势，正确处理保持经济平稳较快发展、调整经济结构与管理通胀预期的关系，正确处理加快经济发展与改善民生的关系，加强和改善宏观调控，国民经济保持平稳较快的发展，各项社会事业持续进步，实现了“十二五”的良好开局。

一、综合

初步核算，全年全区实现生产总值 2060.79 亿元，按可比价格计算，比上年增长 12.0%。其中，第一产业增加值 184.13 亿元，增长 5.0%；第二产业增加值 1076.00 亿元，增长 17.5%；第三产业增加值 800.66 亿元，增长 7.0%。按常住人口计算，全区人均生产总值 32392 元。

三次产业增加值构成由 2010 年的 9.4:49.0:41.6 调整为 2011 年的 8.9:52.2:38.9。2011 年，第一产业对经济增长的贡献率为 3.9%；第二产业贡献率为 71.9%；第三产业贡献率为 24.2%。

图 1　2006-2011 年全区生产总值及增长速度

单位：亿元、%

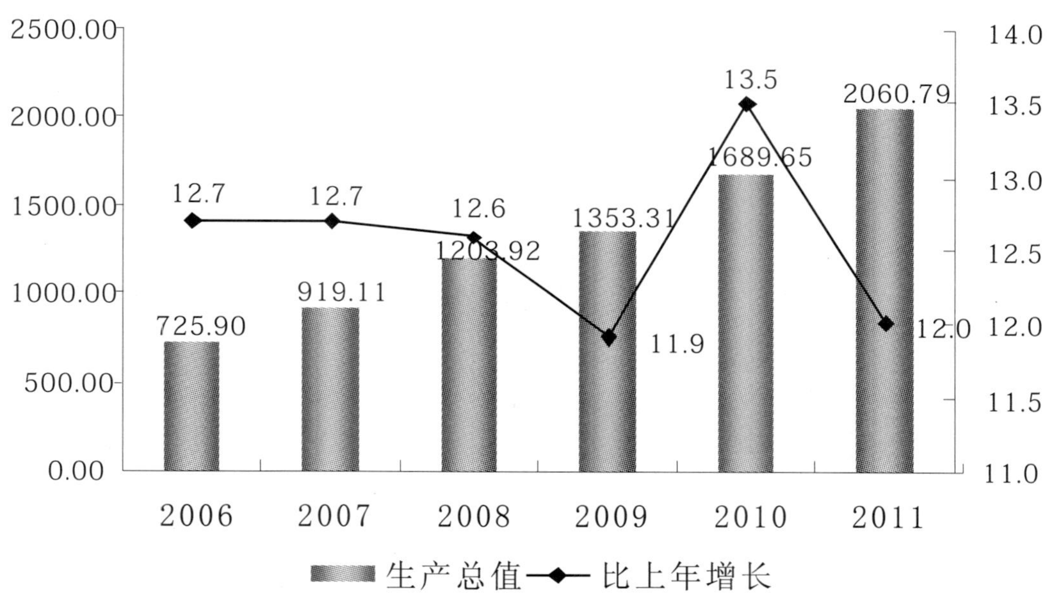

表 1　2011 年全区生产总值及增长速度

单位:亿元、%

指　标	绝对值(亿元)	比上年增长(%)
全区生产总值	2060.79	12.0
第一产业	184.13	5.0
第二产业	1076.00	17.5
工业	836.94	17.3
建筑业	239.06	18.5
第三产业	800.66	7.0
交通运输、仓储和邮政业	171.81	9.4
批发和零售业	102.25	8.5
住宿和餐饮业	35.97	3.1
金融业	109.61	4.8
房地产业	65.38	0.0
营利性服务业	127.31	16.6
非营利性服务业	188.33	2.6

2011 年，全区居民消费价格总水平比上年上涨 6.3%。其中,城市、农村分别上涨 5.8%和 7.5%;食品类价格上涨 13.5%。工业生产者出厂价格上涨 9.5%;工业生产者购进价格上涨 12.8%;农产品生产价格上涨 11.3%;农业生产资料价格上涨 14.0%;固定资产投资价格上涨 7.5%。

图 2　2011 年全区居民消费价格月度涨跌幅度(%)

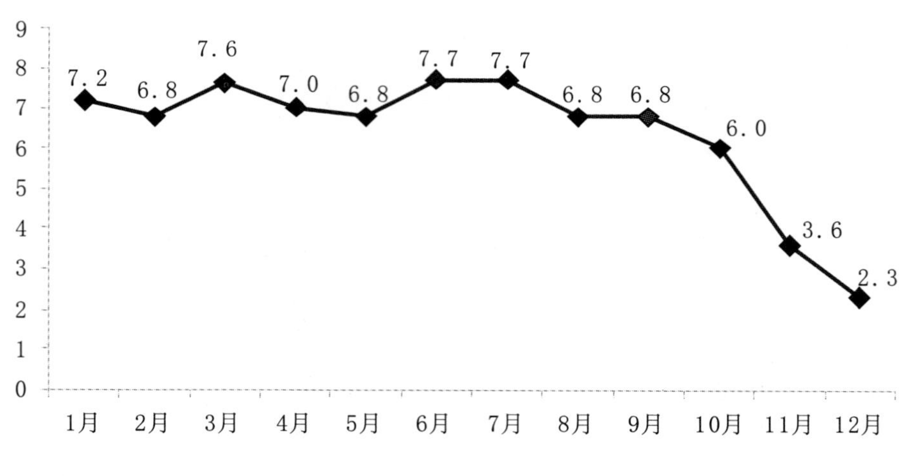

全年一般预算支出 711.07 亿元,比上年增长 27.9%。其中，教育支出 105.63 亿元，增长 30.5%；农林水事务支出 113.41 亿元,增长 28.7%;社会保障和就业支出 69.69 亿元,增长 100.0%;医疗卫生支出 41.15 亿元,增长 21.7%;住房保障支出 33.7 亿元，增长 20.3%；城乡社区事务支出 84.37 亿元,增长 34.5%。

二、农业

全年实现农林牧渔业总产值 354.9 亿元，比上年增长 5.1%;全年粮食总产量 358.9 万吨,增长 0.7%,实现连续八年增产,总产再创历史新高。其中:小麦 63.0 万吨,减少 10.4%;水稻 70.8 万吨,增长 1.1%;玉米 172.4 万吨,增长 4.0%;马铃薯 44.5 万吨,增长 4.7%。

图 3 2006-2011 年全区居民消费价格涨跌幅度(%)

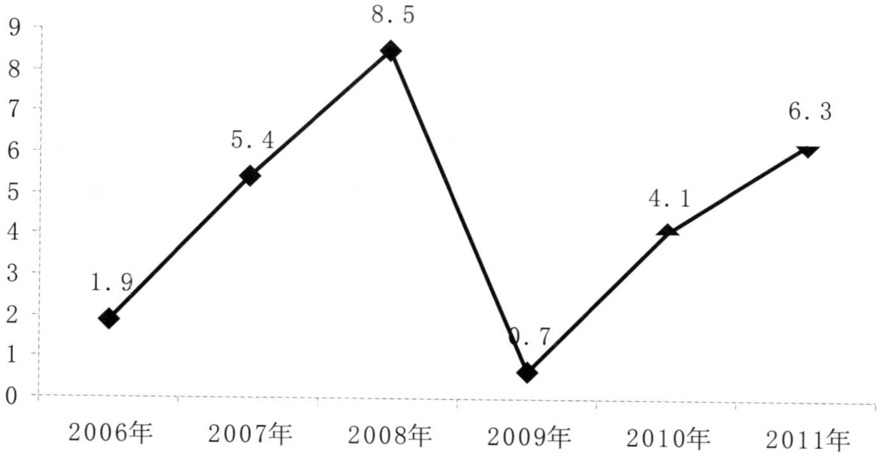

全年蔬菜产量 438.7 万吨,增长 7.7%;枸杞产量 7.9 万吨,增长 15.3%;西甜瓜产量 164.3 万吨,增长 0.9%;苹果产量 40.9 万吨,增长 15.4%;葡萄产量 14.1 万吨,增长 2.4%;红枣产量 6.5 万吨, 增长 14.6%; 肉类总产量 25.2 万吨, 减少 1.8%。其中,牛羊肉产量达到 15.3 万吨,增长 3.4%;禽蛋产量 7.3 万吨,增长 2.0%;牛奶产量 96.0 万吨,增长 13.5%;水产品产量 10.5 万吨,增长 17.1%。

2011 年末全区育苗面积 35.6 万亩,比上年增长 30.8%。其中,本年新育面积 12.0 万亩。2011 年末实有封山(沙)育林面积 381.3 万亩,比上年增长 8.8%。

2011 年末全区农业机械总动力 768.7 万千瓦,比上年增长 5.4%。机耕、机播和机收面积分别达到 1317.1 万亩、1042.7 万亩和 687.1 万亩,分别增长 6.6%、7.6%和 20.0%。

三、工业和建筑业

全年完成规模以上工业增加值 724.41 亿元,比上年增长 18.1%。按轻重工业分,轻工业增加值 81.79 亿元,增长 6.5%;重工业增加值 642.62 亿元,增长 19.8%。按经济类型分,国有控股企业增加值 450.98 亿元,增长 23.0%;股份制企业增加值 567.47 亿元,增长 15.2%;外商及港澳台商投资企业增加值 28.37 亿元,增长 7.7%。全区大中型工业企业完成增加值 536.29 亿元, 增长 15.8%。全区非公有工业企业完成增加值 231.23 亿元,增长 13.0%。

表 2 2011 年全区居民消费价格指数(上年 =100)

指 标	全 区	城 市	农 村
居民消费价格总指数	106.3	105.8	107.5
食 品	113.5	113.0	114.7
其中:粮食	115.3	117.0	113.5
烟酒及用品	101.7	101.6	102.3
衣 着	104.5	103.6	106.7
家庭设备用品及服务	102.0	101.7	102.8
医疗保健及个人用品	103.8	103.3	104.9
交通和通信	101.6	101.2	102.4
娱乐教育文化用品及服务	100.8	101.3	99.5
居 住	104.3	103.6	106.0

全年完成财政一般预算总收入 371.38 亿元,比上年增长 29.5%, 完成地方财政一般预算收入 219.96 亿元, 增长 43.2%。其中:实现增值税 24.40 亿元,增长 20.0%,实现营业税、企业所得税和个人所得税分别是 80.11 亿元、24.16 亿元和 7.50 亿元,分别增长 42.5%、71.6%和 34.5%。

图 4　2006-2011 年全区地方财政一般预算收入及增长速度

单位:亿元、%

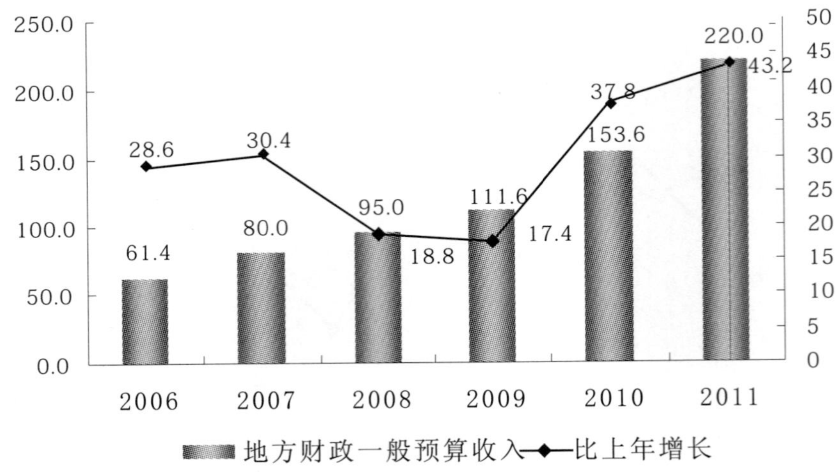

全年一般预算支出 711.07 亿元,比上年增长 27.9%。其中,教育支出 105.63 亿元,增长 30.5%;农林水事务支出 113.41 亿元,增长 28.7%;社会保障和就业支出 69.69 亿元,增长 100.0%;医疗卫生支出 41.15 亿元,增长 21.7%;住房保障支出 33.7 亿元,增长 20.3%;城乡社区事务支出 84.37 亿元,增长 34.5%。

二、农业

全年实现农林牧渔业总产值 354.9 亿元,比上年增长 5.1%;全年粮食总产量 358.9 万吨,增长 0.7%,实现连续八年增产,总产再创历史新高。其中:小麦 63.0 万吨,减少 10.4%;水稻 70.8 万吨,增长 1.1%;玉米 172.4 万吨,增长 4.0%;马铃薯 44.5 万吨,增长 4.7%。

图 5　2006-2011 年全区粮食总产量

单位:万吨

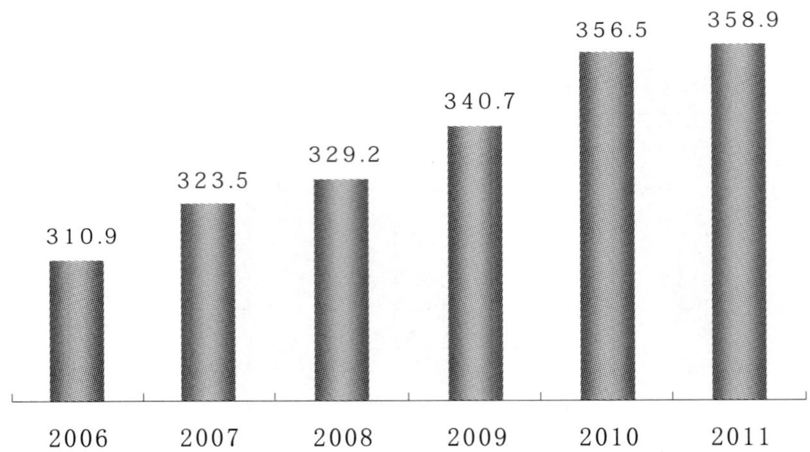

全年蔬菜产量 438.7 万吨,增长 7.7%;枸杞产量 7.9 万吨,增长 15.3%;西甜瓜产量 164.3 万吨,增长 0.9%;苹果产量 40.9 万吨,增长 15.4%;葡萄产量 14.1 万吨,增长 2.4%;红枣产量 6.5 万吨,增长 14.6%;肉类总产量 25.2 万吨,减少 1.8%。其中,牛羊肉产量达到 15.3 万吨,增长 3.4%;禽蛋产量 7.3 万吨,增长 2.0%;牛奶产量 96.0 万吨,增长 13.5%;水产品产量 10.5 万吨,增长 17.1%。

2011 年末全区育苗面积 35.6 万亩,比上年增长 30.8%。其中,本年新育面积 12.0 万亩。2011 年末实有封山(沙)育林面积 381.3 万亩,比上年增长 8.8%。

2011 年末全区农业机械总动力 768.7 万千瓦,比上年增长 5.4%。机耕、机播和机收面积分别达到 1317.1 万亩、1042.7 万亩和 687.1 万亩,分别增长 6.6%、7.6%和 20.0%。

三、工业和建筑业

全年完成规模以上工业增加值 724.41 亿元,比上年增长 18.1%。按轻重工业分,轻工业增加值 81.79 亿元,增长 6.5%;重工业增加值 642.62 亿元,增长 19.8%。按经济类型分,国有控股企业增加值 450.98 亿元,增长 23.0%;股份制企业增加值 567.47 亿元,增长 15.2%;外商及港澳台商投资企业增加值 28.37 亿元,增长 7.7%。全区大中型工业企业完成增加值

536.29 亿元，增长 15.8%。全区非公有工业企业完成增加值 231.23 亿元，增长 13.0%。

图 6　　2006-2011 年全区规模以上工业增加值及增长速度

单位：亿元、%

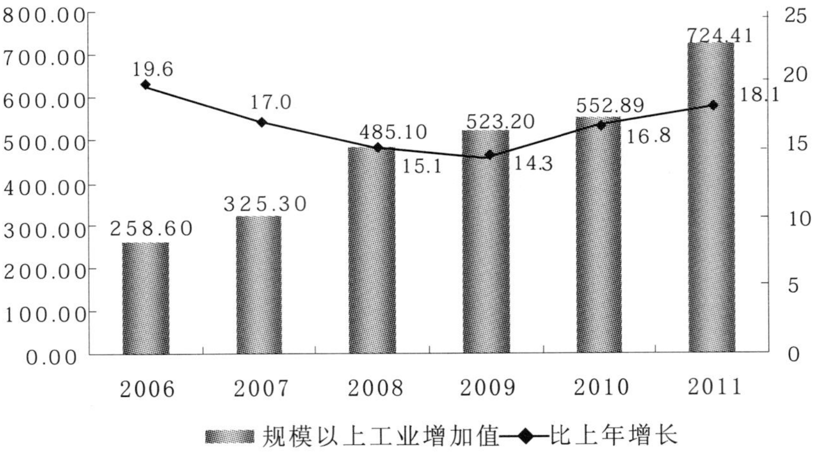

全年规模以上工业企业实现销售产值 2375.99 亿元，比上年增长 29.3%，工业产品销售率为 95.6%；工业品出口交货值 65.66 亿元，增长 25.1%。在全区重点监测考核的 48 种工业产品中，有 36 种产品产量增长，增长面达 75.0%。

表 3　　2011 年全区主要工业产品产量及增长速度

指　标	单位	产　量	比上年增长(%)
原　煤	万吨	7932.29	26.6
发电量	亿千瓦时	937.03	67.3
焦　炭	万吨	437.54	3.8
原　铝	万吨	118.36	29.3
橡胶轮胎外胎	万条	188.38	-10.5
农用化肥(折纯)	万吨	92.66	-0.6
烧碱(氢氧化钠)	万吨	37.68	6.7
电石(碳化钙)	万吨	273.10	16.4
水　泥	万吨	1455.46	6.5
乳制品	万吨	25.20	84.9
饮料酒	万升	21140.80	19.2
白　酒	万升	1537.40	-17.0
啤　酒	万升	16221.63	15.1
葡萄酒	万升	2520.47	150.3
羊　绒	吨	14848.46	0.0
钽	公斤	310998	-24.0
铌	公斤	158616	68.1
金属切削机床	台	6346	10.5
数控机床	台	3780	14.4
轴承	万套	227.06	6.6

全年规模以上工业企业总资产3992.55亿元，比上年增长24.3%；流动资产1467.79亿元，增长31.6%；实现主营业务收入2408.53亿元，增长31.5%；盈亏相抵后实现利润141.98亿元，比上年增长13.2%。实现税金总额97.07亿元，比上年下降2.3%。工业企业总资产贡献率8.60%，资本保值增值率123.26%，资产负债率65.63%，流动资产周转次数1.88次，成本费用利润率6.18%，全员劳动生产率25.26万元/人，增长2.9%。

全区具有资质等级建筑业企业514家，全年完成建筑业总产值417.05亿元，比上年增长21.7%；装饰装修业完成建筑业总产值9.65亿元，增长25.3%。按建筑业总产值计算的劳动生产率15.52万元/人，增长4.7%。建筑业企业房屋建筑施工面积3348.92万平方米，比上年增长29.0%；房屋建筑竣工面积1273.63万平方米，增长18.3%。

四、固定资产投资

全年全社会完成固定资产投资1648.48亿元，按可比口径计算，比上年增长30.8%。其中，基本建设投资1057.26亿元，增长32.6%；更新改造投资188.59亿元，增长29.2%；房地产开发投资330.55亿元，增长29.9%。分投资主体看，国有及国有经济控股完成投资836.64亿元，增长29.9%；非国有经济完成投资811.84亿元，增长31.7%，其中，民间投资791.69亿元，增长31.7%。

图7　2006-2011年全区全社会固定资产投资总额及增长速度

单位:亿元、%

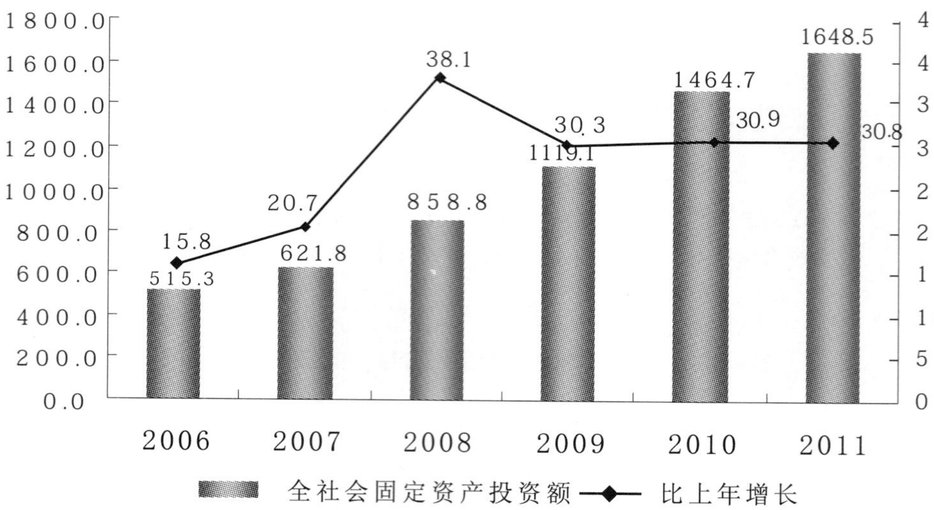

从投资结构看，第一产业投资47.76亿元，增长37.1%。第二产业投资827.16亿元，增长34.9%。其中工业投资799.02亿元，增长32.0%。分行业看，制造业投资425.60亿元，增长41.7%；采矿业投资134.18亿元，增长24.2%；电力燃气及水的生产和供应业投资239.24亿元，增长21.6%；电力、化工、冶金、煤炭以及非金属制造等行业投资522.87亿元，增长31.6　%。第三产业投资773.56亿元，增长26.3%。

全年房地产开发投资330.55亿元，比上年增长29.9%。其中，住宅投资235.80亿元，增长25.9%；办公楼完成投资8.52亿元，增长4.3%；商业营业用房投资49.30亿元，增长38.6%。商品房施工面积4040.83万平方米，比上年增长37.4%，竣工面积942.77万平方米，增长0.6%。

全年商品房销售面积为842.89万平方米，比上年下降9.9%。其中，住宅销售面积701.86万平方米，下降14.1%；商品房销售额314.53亿元，增长1.7%。其中，商品住宅销售额237.74亿元，下降6.3%。

全年固定资产投资施工项目2499个，增长13.2%，施工项目计划总投资6108.57亿元，增长42.6%。

五、交通运输业

年末铁路通车里程1029公里。公路通车里程24506公里，增长8.8%。高速公路里程1306.4公里，比上年增长12.7%。全年各种运输方式完成货物周转量962亿吨公里，增长13.7%；完成旅客周转量133.9亿人公里，增长15.3%；机场旅客吞吐量337.7万人，增长14.9%。

全年完成邮电业务总量57.2亿元，比上年增长17.2%。其中，电信业务总量52.9亿元，增长18%；邮政业务总量2.9亿元，增长0.2%；快递业务总量1.5亿元，增长39%。年末全区固定电话用户达108.5万户，比上年下降3%；本地局用交换机容量220.6万门，下降1.3%。每百人拥有固定电话17.1部，净减0.7部。年末全区移动电话用户524.8万户，增长20%。每百人拥有移动电话82.9部，净增13.5部。计算机互联网用户数53.9万户。

六、国内贸易业和旅游业

全年实现社会消费品零售总额477.58亿元，比上年增长18.3%，扣除价格因素实际增长12.3%。按经营地统计，城镇消费品零售额436.47亿元，增长19.0%；乡村消费品零售额41.11亿元，增长11.6%。按消费形态统计，商品零售额402.02亿元，增长19.2%；餐饮收入额75.56亿元，增长14.1%。

表 4　2011 年全区各种运输方式完成运输量及增长速度

运输方式	货物周转量		货运量		旅客周转量		客运量	
	绝对数(亿吨公里)	比上年增长(%)	绝对数(万吨)	比上年增长(%)	绝对数(亿人公里)	比上年增长(%)	绝对数(万人)	比上年增长(%)
总 计	962	14.9	38068.4	14.4	133.9	15.3	15145.4	11.4
铁 路	322.3	16.5	7850	14.1	41.1	24.4	543	0.7
公 路	608.1	13.0	29016	14.0	72.4	10.8	14441	11.8
航 空	0.1	13.3	0.81	12.5	20.5	15.2	161.4	14.2
管 道	31.4	40.9	1201.5	28.3				

图 8　2006-2011 年全区社会消费品零售总额及增长速度

单位:亿元、%

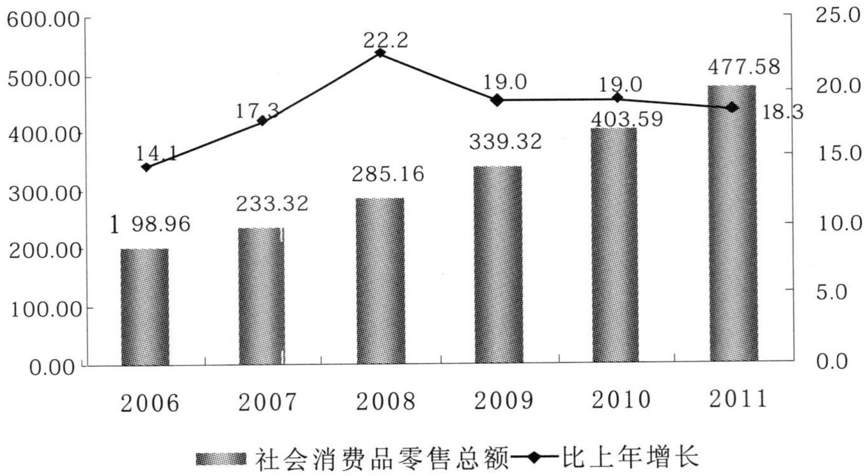

在限额以上批发和零售业零售额中,粮油、食品、饮料、烟酒类比上年增长 31.1%,服装、鞋帽、针纺织品类增长 28.4%,化妆品类增长 21.5%,金银珠宝类增长 54.3%,日用品类增长 32.3%,体育、娱乐用品类增长 47.4%,电子出版物及音像制品类增长 76.1%,家用电器和音像器材类增长 3.2%,中西药品类增长 21.8%,文化办公用品类增长 17.9%,家具类增长 21.0%,通讯器材类增长 17.0%,石油及制品类增长 42.5%,建筑及装潢材料类下降 16.8%,汽车类增长 18.7%。

全年接待国内外游客 1169.61 万人次,比上年增长 14.6%。其中,国内游客 1167.66 万人次,增长 14.6%;入境游客 1.95 万人次,增长 8.3%。其中,外国人 1.37 万人次。接待过夜游客 626.24 万人次,增长 14.5%。实现旅游总收入 84.21 亿元,增长 24.2%。其中,国内旅游收入 83.81 亿元,增长 24.6%。全区实现旅游外汇收入 619.57 万美元。

全区有旅行社 110 家,比上年增加 8 家。其中国际社 9 家,国内社 101 家。全区共有旅游星级饭店 69 家,其中五星级酒店 1 家,四星级 16 家,三星级 44 家,二星级 8 家。

七、对外经济

据海关统计,全年实现进出口总额 22.86 亿美元,比上年增长 16.6%。其中,出口总额 16.0 亿美元,增长 36.7%;进口总额 6.86 亿美元,下降 13.1%。全年累计实现贸易顺差 9.14 亿美元。

全年高新技术产品出口 5.0 亿美元,比上年增长 39.2%。机电产品出口额增长 96.2%,纺织品出口增长 40.8%,碳化硅出口增长 9.5%,钽铌铍及制品出口增长 38.3%,机床铸件出口增长 78.2%,羊绒纱线出口增长 3.0 倍,铁合金出口下降 8.1%,金属镁出口下降 28.3%,轮胎出口下降 5.0%。

全年实际利用外资 3.42 亿美元,比上年增长 47.7%。其中，实际利用外商直接投资2.02亿美元，增长1.5倍。2011年全区新批准外商直接投资项目15个，合同外资金额3.84亿美元。其中，制造业签订利用外商直接投资项目5个，合同额8879万美元。2011年底，全区注册登记外商投资企业累计达到175家。其中，中外合资企业占36.6%。

八、金融、保险和证券业

2011年末，全区金融机构本外币各项存款余额2978.40亿元,比年初增加391.30亿元，同比少增122.95亿元。金融机构人民币各项存款余额2966.86亿元,同比增长15.3%，比年初增加393.02亿元，同比少增122.40亿元。其中，单位存款余额1414.65亿元，比年初增加219.49亿元；个人存款余额1353.95亿元，比年初增加183.07亿元。其中储蓄存款余额1351.30亿元，比年初增加181.09亿元。全区金融机构本外币各项贷款余额2907.24亿元，比年初增加487.66亿元，同比少增3.72亿元。全区金融机构人民币各项贷款余额2860.58亿元，同比增长19.3%，比年初增加462.17亿元，同比少增19.32亿元。其中，短期贷款944.83亿元，比年初增加242.15亿元；中长期贷款1800.47亿元，比年初增加192.39亿元。

年末上市公司12家，总股本37.73亿股，总市值381.98亿元，比上年下降28.7%。其中，流通市值334.60亿元，下降29.1%。全区有21家证券公司分支机构。全年证券交易额47.72亿元，比上年下降60.9%。

全年保险公司保费收入55.34亿元，比上年增长4.9%。其中，财产险收入21.88亿元，增长25.0%；寿险收入26.70亿元，下降9.4%；健康险收入5.07亿元，增长16.1%；意外伤害险收入1.69亿元，增长18.6%。全年支付各项赔款和给付14.75亿元，增长26.3%。其中，财产险赔款9.01亿元，增长17.7%；寿险给付3.85亿元，增长60.4%；健康险给付1.45亿元，增长14.3%；意外伤害险赔款0.44亿元，增长24.2%。

九、教育与科技

年末全区各级各类学校2771所，教职工86949人。其中，各类普通高校16所，中等职业教育学校36所，普通中学329所，初中阶段毛入学率103.68%，普通小学1942所，小学学龄儿童入学率99.8%，特殊学校7所。全区共有幼儿园440所，在园幼儿148917人。

表5　2011年各级教育招生、在校、毕业生人数

类　别	招生数(人)	在校学生数(人)	毕业学生数(人)
普通高等学校	29493	91383	20491
#研究生	1290	3513	967
中等职业教育学校	50433	112500	29398
普通中等学校	156136	447436	146134
高　中	53562	148043	48291
初　中	102574	299393	97843
普通小学	111230	643293	112676
特殊教育学校	93	1535	50

全年登记自治区级科技成果193项，比上年增长16%。其中，基础理论成果36项，应用技术成果130项，软科学成果27项。全年申请专利量1079件。其中，发明专利442件，增长65%。专利授权量613件，减少43%。其中，发明专利授权量103件，增长69%。

年末全区拥有国家级工程研究中心3个，自治区级工程研究中心25个；国家重点实验室1个，省部共建国家重点实验室培育基地3个，自治区级重点实验室12个；国家级企业(集团)技术中心10个，自治区级企业(集团)技术中心45个。

十、文化、卫生和体育

年末全区共有各类艺术表演团体45个，公共图书馆20个，文化馆26个，博物馆6个。广播综合人口覆盖率93.5%，电视综合人口覆盖率98.6%，有线广播电视用户795630户。全年地方出版报纸15种，出版量10045万份；出版杂志36种，出版量1610.31万册；出版图书1282种，出版量2082万册。

年末全区共有医疗卫生机构4143个，其中：医院156个，卫生院235个，疗养院(所)1个，门诊部(所)1034个，疾病预防控制中心25个，妇幼保健机构22个，卫生监督所25个，村卫生室2527个。床位25882个；卫生技术人员32054人。其中，执业(助理)医师12289人，护师、护士11657人。全区有22个县(市)开展新型农村合作医疗工作，参加农民人数372.2万人，参合率96.7%，比上年提高0.9个百分点。

全年举办青少年单项比赛14项，举办县级以上全民健身活动130次，参加活动的人数总计达到100万人次。全区运动员在世界比赛中取得金牌1枚、银牌1枚。在全国比赛取得金牌18枚、银牌22枚、铜牌28枚；全年有54人达国家一级运动员等级标准，250人达国家二级运动员等级标准，43人获得国家一级裁判员等级称号。

十一、人口、人民生活和社会保障

年末全区常住人口639.45万人。其中，城镇人口318.55万人，占常住人口的49.8%，农村人口320.90万人，占常住人口的50.2%。人口出生率为13.65‰，比上年下降0.49个千分点；死亡率为4.68‰，比上年下降0.42个千分点；人口自然增长率为8.97‰，比上年下降0.07个千分点。

全年城镇居民人均可支配收入17579元，比上年增加2234元，增长14.6%，扣除价格因素实际增长8.3%。其中人均工资性收入12397元，增长14.6%；人均经营净收入2367元，增长5.8%；人均财产性收入198元，增长4.7%；人均转移性收入4692元，增长9.4%。人均消费性支出12896元，增长13.8%。其中，增幅较大的是家庭设备用品及服务类消费和衣着类消费，分别增长23.6%和20.1%。城镇居民家庭恩格尔系数（食品消费支出占消费性支出的比重）为34.8%。城镇居民人均住房建筑面积30.29平方米，比上年增加1.18平方米。

图9　2006-2011年全区城镇居民人均可支配收入及增长速度

单位：元/人、%

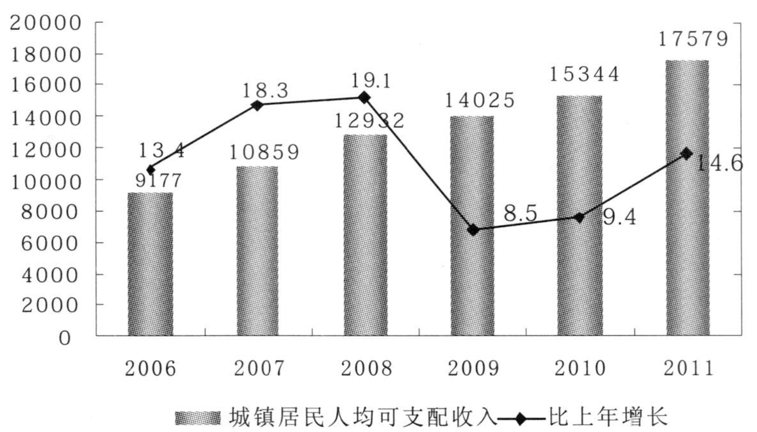

全年农民人均纯收入5410元，比上年增加735.1元，增长15.7%，扣除价格因素实际增长7.6%。农民人均生活消费支出4726.6元，比上年增加713.5元，增长17.8%。农村居民家庭恩格尔系数为37.3%。农村居民人均居住面积25.9平方米，比上年增加0.2平方米。

图10　2006-2011年全区农民人均纯收入及增长速度

单位：元/人、%

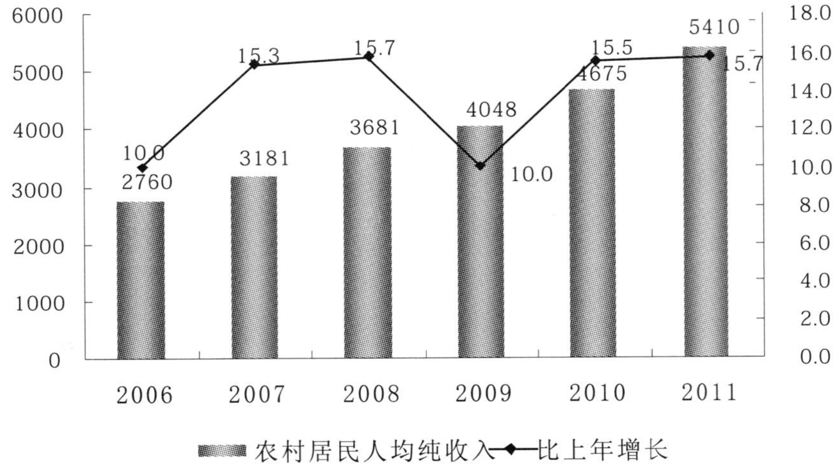

年末全区参加基本养老保险人数为121万人，比上年增长12.4%，其中参保职工82.4万人，参保离退休人员38.6万人。离退休人员养老金社会化发放率继续保持在100%。参加失业保险人数65万人，增长16.5%。参加基本医疗保险人数559.02万人，增长1.7%。其中，参加城镇职工基本医疗保险100.22万人，参加城乡居民基本医疗保险458.8万人。2011年末，全区养老保险、失业保险、医疗保险、工伤保险和生育保险五项保险基金收入138.88亿元，较上年末增加32.10亿元，增长30.1%。年末五项社保基金累计结余190.44亿元，较上年末增加49.46亿元，增长35.1%。到2011年底，全区享受低保救济的困难群众达57.73万人。其中，城镇19.88万人，农村37.85万人。全区共发行销售福利彩票7.71亿元，筹集公益资金2.38亿元。

年末全区共有各类收养性社会福利单位数79个，床位数7576张，收养各类人员5633人。

十二、能源、环境保护与安全生产

初步核算，2011年全区能源消费量为4311万吨标准煤，增长17.1%，单位地区生产总值能耗上升4.6%。

年末全区环境保护系统人员980人，各级环境监测站16个，环境监测人员228人。全区自然保护区13个，面积54.7万公顷。国家级自然保护区6个。

全年各类事故死亡人数516人，比上年下降5.15%。亿元地区生产总值生产安全事故死亡率0.25人，下降16.39%；煤矿百万吨死亡率为0.10人；道路交通万车死亡率为3.38人，与上年持平。

注：

1. 本公报中数据为初步统计数，正式数据以《宁夏统计年鉴-2012》为准。个别数据因四舍五入的原因，存在着与分项合计不等的情况。

2、地区生产总值及各产业和各行业增加值指标绝对数按现价计算，增长速度按可比价格计算。

3、从2011年开始，纳入规模以上工业统计范围的工业企业起点标准从年主营业务收入500万元提高到2000万元。

4、从2011年开始，固定资产投资统计的起点标准从计划总投资50万元提高到500万元，因此2011年全社会固定资产投资绝对数与2010年不可比，但比上年增速是按可比口径计算的。

5、从2010年起，社会消费品零售总额统计采用新的分组，即将经营单位所在地分组由“市”、“县”、“县以下”改为“城镇”、“乡村”；取消按行业分组，新设按“商品零售额”和“餐饮收入额”两种消费形态的分组。

6、限额以上批发业包括年主营业务收入在2000万元及以上的批发业企业及个体户；限额以上零售业包括年主营业务收入在500万元及以上的零售业企业及个体户；限额以上住宿、餐饮业包括年主营业务收入在200万元及以上的住宿、餐饮业企业及个体户。

7、邮电业务总量按2010年不变价格计算，2001年至2010年按照2000年不变价格计算，因此2011年邮电业务总量绝对数与2010年不可比，但比上年增速是按可比口径计算的。

8、2011年起，保险公司保费收入按行业新确认口径统计。

9、城镇职工基本医疗保险人数包括参保职工和参保退休人员。城镇居民基本医疗保险的参保对象是不属于城镇职工基本医疗保险覆盖范围的城镇非从业人员。

10、2011年医疗卫生机构包括村卫生室。

第一篇 Chapter1

行政区划与自然资源

Administrative Division and Natural Resources

责任编辑：梁建民　蔡川生

资料整理：梁建民　蔡川生　杨如文　王丹玥　陈　婷　焦　霙　丁伟俊

Coordinator: Liang Jianmin　Cai Chuansheng

Data Compilation:Liang Jianmin　Cai Chuansheng　Yang Ruwen　Wang Danyue
Chen Ting　Jiao Ying　Ding Weijun

1-1 全区行政区划(2011 年)

Administrative Divisions(2011)

地 区	Region	乡数（个）Townships (unit)	镇数（个）Town (unit)	街道办事处（个）Urban Subdistrict Office(unit)	居委会（个）Neighbourhood Committees (unit)	村委会（个）Village Committees(unit)
总 计	**Total**	92	101	44	465	2283
银川市	**Yinchuan**	6	21	23	218	267
兴庆区	Xingqing	2	2	11	95	32
西夏区	Xixia		2	6	48	16
金凤区	Jinfeng		2	5	38	19
永宁县	Yongning	1	5		14	69
贺兰县	Helan	1	4		7	59
灵武市	Lingwu	2	6	1	16	72
石嘴山市	**Shizuishan**	9	11	16	107	192
大武口区	Dawukou		1	10	47	12
惠农区	Huinong	3	3	6	39	38
平罗县	Pingluo	6	7		21	142
吴忠市	**Wuzhong**	15	29	2	53	512
利通区	Litong	4	8		17	104
红寺堡区	Hongsipu	3	2	1	2	60
盐池县	Yanchi	4	4		11	96
同心县	Tongxin	4	7		4	170
青铜峡市	Qingtongxia		8	1	19	82
固原市	**Guyuan**	43	19	3	54	870
原州区	Yuanzhou	4	7	3	40	181
西吉县	Xiji	16	3		4	306
隆德县	Longde	10	3		4	118
泾源县	Jingyuan	4	3		2	109
彭阳县	Pengyang	9	3		4	156
中卫市	**Zhongwei**	19	21		33	442
沙坡头区	Shapotou	2	10		17	160
海原县	Zhongning	5	6		12	114
中宁县	Haiyuan	12	5		4	168

注:本表数据来源于自治区民政厅。

a)Data in this table come from the Department of Civil Affairs.

1-2 自然资源状况
Natural Resources

指　标	Item	单　位	Unit	2011
自然状况	**Natural Conditions**			
国土面积	**Area of Territory**	**平方公里**	**sq.km**	**51954.4**
自然资源	**Natural Resources**			
耕　地	**Cultivated Area**	**万亩**	**10 000 mu**	**1657.03**
灌溉水田	Paddy Fields	万亩	10 000 mu	62.79
水浇地	Irrigable land	万亩	10 000 mu	62.79
旱地	Dry Fields	万亩	10 000 mu	1042.36
园　地	**Area of Garden Plot**	**万亩**	**10 000 mu**	**50.42**
果园	Orchards	万亩	10 000 mu	44.76
其它园地	Others	万亩	10 000 mu	5.66
林　地	**Woodland Area**	**万亩**	**10 000 mu**	**906.55**
有林地	Woodland Area	万亩	10 000 mu	182.08
灌木林	Bushes	万亩	10 000 mu	155.37
其他林地	Others	万亩	10 000 mu	569.10
牧草地	**Area of Grassland**	**万亩**	**10 000 mu**	**3501.63**
天然草地	Native Grassland	万亩	10 000 mu	3269.56
人工草地	Artificial Grassland	万亩	10 000 mu	112.15
其他草地	Others	万亩	10 000 mu	119.92
交通运输用地	**Traffic Land**	**万亩**	**10 000 mu**	**69.08**
铁路	Railway	万亩	10 000 mu	5.70
公路	Highway	万亩	10 000 mu	27.63
农村道路	Rural Road	万亩	10 000 mu	34.97
机场	Civil Airport	万亩	10 000 mu	0.78

注:本表数据来源于自治区国土资源厅。

a)Data in this table come from the Land and Resources Department.

1-2 续表 continued

指　标	Item	单位	Unit	2011
城镇村及工矿用地	**Residential Settlements and Industry and Mining**	**万亩**	**10 000 mu**	**308.96**
城市	Cities	万亩	10 000 mu	30.57
建制镇	Organic Towns	万亩	10 000 mu	25.02
村庄	Country Residential Areas	万亩	10 000 mu	176.64
采矿用地	Mining Sites	万亩	10 000 mu	48.58
风景名胜及特殊用地	Special Use Areas	万亩	10 000 mu	28.15
水域及水利设施用地	**Water Conservancy Facilities Land**	**万亩**	**10 000 mu**	**228.84**
河流水面	River	万亩	10 000 mu	59.16
湖泊水面	Lake	万亩	10 000 mu	14.06
水库水面	Reservoir	万亩	10 000 mu	8.47
坑塘水面	Swag Surface	万亩	10 000 mu	20.26
内陆滩涂	Inland Mudflat	万亩	10 000 mu	47.81
沟渠	Ditch	万亩	10 000 mu	75.33
水工建筑物	Hydraulic Structure	万亩	10 000 mu	3.75
其他土地	**Other Land**	**万亩**	**10 000 mu**	**1070.65**
设施农用地	Facility Agriculture	万亩	10 000 mu	12.37
田坎	Raised Path Through Fields	万亩	10 000 mu	104.07
盐碱地	Saline-alkali Soil	万亩	10 000 mu	90.30
沼泽地	Swampland	万亩	10 000 mu	5.25
沙地	Sand	万亩	10 000 mu	220.67
裸地	Bare Earth	万亩	10 000 mu	637.99

注：本表数据来源于自治区国土资源厅。

a)Data in this table come from the Land and Resources Department.

1-3 各市县土地利用情况(2011 年)
Land Use by City and Country(2011)

单位:万公顷 (10 000 hectares)

地区	Region	土地调查面积 Area under Land Survey	农用地 Land for Agriculture Use	耕地 Cultivated Land	园地 Garden Land	林地 Woodland	牧草地 Grazing and Pasture Land	其他农用地 Others
总计	**Total**	**519.54**	**416.18**	**110.47**	**3.36**	**60.44**	**225.45**	**16.47**
银川市	**Yinchuan**	**74.71**	**54.44**	**12.93**	**0.94**	**4.75**	**32.82**	**3.00**
银川市	District	18.00	10.82	3.49	0.20	1.20	5.00	0.93
永宁县	Yongning	9.26	6.47	3.25	0.22	0.40	1.88	0.72
贺兰县	Helan	12.01	8.59	3.78	0.18	0.95	2.90	0.78
灵武市	Lingwu	35.44	28.57	2.41	0.33	2.21	23.04	0.58
石嘴山市	**Shizuishan**	**41.13**	**23.35**	**7.81**	**0.23**	**0.87**	**12.79**	**1.65**
大武口区	Dawukou	9.41	3.99	0.47	0.06	0.06	3.19	0.20
惠农区	Huinong	10.86	7.24	1.86	0.08	0.07	4.81	0.42
平罗县	Pingluo	20.86	12.12	5.48	0.08	0.74	4.79	1.02
吴忠市	**Wuzhong**	**156.18**	**136.02**	**31.08**	**0.97**	**13.47**	**87.95**	**2.55**
利通区	Litong	10.45	8.22	2.84	0.19	0.02	4.40	0.77
红寺堡区	Hongsipu							
盐池县	Yanchi	67.78	61.24	8.83	0.07	8.54	43.37	0.42
同心县	Tongxin	60.61	51.95	16.15	0.11	4.64	30.58	0.47
青铜峡市	Qingtongxia	17.35	14.61	3.26	0.60	0.27	9.60	0.89
固原市	**Guyuan**	**112.86**	**95.54**	**35.62**	**0.52**	**30.60**	**22.03**	**6.76**
原州区	Yuanzhou	35.06	28.14	12.38	0.07	5.18	9.26	1.25
西吉县	Xiji	31.30	27.48	11.63	0.01	9.17	4.92	1.74
隆德县	Longde	9.91	8.79	3.09	0.01	3.38	0.93	1.38
泾源县	Jingyuan	11.31	10.18	1.73	0.13	5.96	1.75	0.61
彭阳县	Pengyang	25.29	20.94	6.79	0.29	6.92	5.16	1.77
中卫市	**Zhongwei**	**134.65**	**106.83**	**23.02**	**0.71**	**10.74**	**69.86**	**2.50**
沙坡头区	Shapotou	45.99	33.10	4.22	0.33	1.64	26.22	0.69
中宁县	Zhongning	33.77	26.48	3.96	0.35	0.43	21.15	0.58
海原县	Haiyuan	54.89	47.25	14.84	0.03	8.66	22.49	1.23

注:本表数据来源于自治区国土资源厅。

a)Data in this table come from the Land and Resources Department.

1-3 续表 1　continued

单位:万公顷　(10 000 hectares)

地　区	Region	建设用地 Land for Construction	居民点及工矿用地 Land for Inhabitation, Mining and Manufacturing	交通运输用地 Land for Transport Facilities	水利设施用地 Land for Water Conservancy Facilities	未利用地 Unused Land
总　计	**Total**	**23.69**	**20.60**	**2.27**	**0.81**	**79.68**
银川市	**Yinchuan**	**5.80**	**4.83**	**0.69**	**0.27**	**14.47**
银川市	District	2.34	2.05	0.22	0.06	4.85
永宁县	Yongning	0.92	0.74	0.12	0.06	1.87
贺兰县	Helan	0.92	0.84	0.07	0.00	2.51
灵武市	Lingwu	1.63	1.19	0.28	0.15	5.24
石嘴山市	**Shizuishan**	**3.14**	**2.82**	**0.27**	**0.06**	**14.64**
大武口区	Dawukou	0.87	0.80	0.06	0.01	4.56
惠农区	Huinong	0.91	0.77	0.12	0.03	2.71
平罗县	Pinglu	1.37	1.25	0.09	0.03	7.37
吴忠市	**Wuzhongo**	**6.22**	**5.69**	**0.48**	**0.05**	**13.94**
利通区	Litong	1.10	0.99	0.11		1.12
红寺堡区	Hongsipu					
盐池县	Yanchi	1.68	1.51	0.16	0.01	4.86
同心县	Tongxin	1.90	1.77	0.10	0.03	6.76
青铜峡市	Qingtongxia	1.54	1.43	0.10	0.01	1.20
固原市	**Guyuan**	**4.81**	**4.14**	**0.36**	**0.32**	**12.51**
原州区	Yuanzhou	1.60	1.33	0.17	0.09	5.32
西吉县	Xiji	1.23	1.03	0.06	0.14	2.59
隆德县	Longde	0.47	0.41	0.03	0.03	0.65
泾源县	Jingyuan	0.29	0.25	0.04		0.83
彭阳县	Pengyang	1.23	1.12	0.06	0.05	3.12
中卫市	**Zhongwei**	**3.70**	**3.11**	**0.48**	**0.12**	**24.11**
沙坡头区	Shapotou	1.13	0.92	0.20	0.01	11.77
中宁县	Zhongning	1.17	1.02	0.15	0.01	6.12
海原县	Haiyuan	1.41	1.18	0.13	0.10	6.23

注:本表数据来源于自治区国土资源厅。

a)Data in this table come from the Land and Resources Department

1-4 主要矿产资源储量(2011 年)
Reserves of Major Minerals(2011)

矿产名称	Item	单位	Unit	查明资源储量 Resources Explored	资源保有量 Resources Inventory
能源矿产	**Reserves of Energy**				
煤 炭	Coal	亿吨	100 million tons	337.47	327.09
金属矿产	**Reserves of Metals**				
铁 矿(矿石)	Iron(Ore)	千吨	1 000 tons	3542.45	2086.97
铜 矿(铜)	Copper(Metal)	吨	ton	23521.74	19144.95
铅 矿(铅)	Lead(Metal)	吨	ton	3570.00	3570.00
锌 矿(锌)	Zinc(Metal)	吨	ton	1965.60	1965.60
镁 矿(矿石)	Magnesium(Ore)	千吨	1 000 tons	72869.94	68463.64
金 矿(金)	Gold(Metal)	千克	kg	737.02	674.93
银 矿(银)	Silver(Metal)	吨	ton	24.80	19.32
冶金辅助原料非金属矿产	**Reserves of Non-metallic (Metallurgical Ancillary Materials)**				
熔剂用灰岩(矿石)	Solvent Limestone(Ore)	千吨	1 000 tons	24841.00	24304.00
冶金用白云岩(矿石)	Metallurgical Dolostone(Ore)	千吨	1 000 tons	135764.00	135764.00
冶金用石英岩(矿石)	Metallurgical Quartzite(Ore)	千吨	1 000 tons	62683.43	56856.61
冶金用砂岩(矿石)	Metallurgical Sandstone(Ore)	千吨	1 000 tons	3241.30	2403.92
铸型用砂(矿石)	Casting Sand(Ore)	千吨	1 000 tons	1078.00	786.00
耐火粘土(矿石)	Chamotte(Ore)	千吨	1 000 tons	5057.00	4613.00

1-4 续表 continued

矿产名称	Item	单位	Unit	查明资源储量 Resources Explored	资源保有量 Resources Inventory
化工原料非金属矿	**Reserves of Non-metallic (Chemical Materials)**				
硫铁矿(矿石)	Sulfurous Iron Ore(Ore)	万吨	10 000 tons	5.35	5.20
芒 硝(矿石)	Mirabilite(Ore)	万吨	10 000 tons	12900.00	12900.00
电石用灰岩(矿石)	Calcium Carbide Limestone(Ore)	万吨	10 000 tons	17932.97	17787.89
制碱用灰岩(矿石)	Limestone for Alkali Making(Ore)	万吨	10 000 tons	1924.88	1924.88
盐 矿(矿石)	Sodium Salt NaCl(Ore)	万吨	10 000 tons	117800.00	117800.00
磷 矿(矿石)	Phosphorite(Ore)	万吨	10 000 tons	1376.98	1268.12
建材和其它非金属矿产	**Building Materials and Other Non-metallic Minerals**				
石 膏(矿石)	Plaster(Ore)	万吨	10 000 tons	287826.28	286496.56
水泥用灰岩(矿石)	Cement Limestone(Ore)	万吨	10 000 tons	121923.79	114162.98
制灰用石灰岩(矿石)	Limestone for Lime Making(Ore)	万吨	10 000 tons	85.01	82.69
玻璃用白云岩(矿石)	Glass Dolostone(Ore)	万吨	10 000 tons	143.00	116.00
玻璃用砂岩(矿石)	Glass Sandstone(Ore)	万吨	10 000 tons	1932.44	1675.60
水泥配料用砂岩(矿石)	Cement Batching Sandstone(Ore)	万吨	10 000 tons	755.00	674.80
玻璃用砂(矿石)	Glass Sand(Ore)	万吨	10 000 tons	117.00	80.70
陶瓷土(矿石)	Ceramic Clay(Ore)	万吨	10 000 tons	137.50	128.40
砖瓦用粘土(矿石)	Tile Clay(Ore)	万立方米	10 000 tons	993.10	776.16
水泥配料用粘土(矿石)	Cement Batching Clay(Ore)	万吨	10 000 tons	3613.00	3305.07
建筑用辉绿岩(矿石)	Diabase for Building	万立方米	10 000 tons	253.00	253.00
饰面用大理岩(矿石)	Griotte for Veneer	万立方米	10 000 tons	208.00	208.00
水泥配料用板岩(矿石)	Cement Batching Slate(Ore)	万吨	10 000 tons	1314.00	1292.00
砚石(矿石)	Inkstones(Ore)	万吨	10 000 tons	30.56	30.54

注：本表数据来源于自治区国土资源厅。

a)Data in this table come from the Land and Resources Department.

1-5 主要年份气象资料(2011 年)
Meteorology in Main Years(2011)

年份 Year	降水量(毫米) Precipitation(mm)		无霜期(天) Frost Free Period(day)		初霜日(日/月) Primary Frost Day(day/month)	
	引黄灌区 Yellow River Irrigation Areas	干旱山区 Arid Mountain Areas	引黄灌区 Yellow River Irrigation Areas	干旱山区 Arid Mountain Areas	引黄灌区 Yellow River Irrigation Areas	干旱山区 Arid Mountain Areas
1952	214.4		164		26/9	
1957	122.3	160.3	166	152	25/9	25/9
1965	115.9	178.7	123	189	6/9	14/10
1970	208.0	260.0	158	199	29/9	29/9
1975	172.4	188.6	166	177	4/10	29/10
1978	283.6	384.6	164	188	18/9	27/10
1985	252.5	477.8	180	208	1/10	20/10
1990	252.8	386.7	161	173	13/10	24/10
1995	203.7	317.8	142	212	24/9	25/9
2000	110.0	214.0	181	181	15/10	1/11
2001	202.1	298.0	165	180	4/10	9/10
2002	259.3	280.0	169	223	5/10	23/10
2003	203.0	281.7	197	185	14/10	5/10
2004	122.3	194.5	150	169	1/10	21/10
2005	83.4	119.4	207	226	8/10	14/10
2006	168.4	224.3	192	191	8/10	14/10
2007	207.9	307.2	193	207	14/10	19/10
2008	189.1	191.7	168	181	10/10	23/10
2009	181.5	176.9	196	216	17/10	17/10
2010	168.9	202.9	196	194	26/10	25/10
2011	188.7	218.0	236	208	14/10	15/10

注:1)引黄灌区以永宁县为代表,干旱山区以同心县为代表;

2)本表数据来源于自治区气象局。

a)Data of Yellow River Irrigation Areas refers to County Yongning,while Arid Mountain Areas refers to County Tongxin;

b)Data in this table come from the Meteorological Bureau.

1-6 各市县主要气象资料(2011 年)

Meteorology by City and Country(2011)

地 区	Region	气温(℃) Temperature(℃)			降水量(毫米) Precipitation (mm)	日照时数(小时) Hours of Sunshine (hours)	风速(米/秒) Wind Speed (m/second)	
		平均 Average	最高 Highest	最低 Lowest			平均 Average	最大 Maximum
银川市	Yinchuan	9.9	36.7	-18.9	166.2	2558.0	1.2	10.5
永宁县	Yongning	10.0	37.5	-20.6	188.7	2687.1	1.5	11.0
贺兰县	Helan	9.2	38.1	-21.2	145.0	2641.0	1.1	8.0
灵武市	Lingwu	9.4	37.5	-22.2	284.0	2700.2	2.2	12.4
石嘴山市	Shizuishan	9.0	37.1	-24.7	152.0	2785.6	1.4	17.3
惠农区	Huinong	9.7	36.7	-21.6	117.5	3106.6	1.9	13.5
平罗县	Pingluo	8.9	36.5	-22.2	117.1	2945.8	2.1	15.2
吴忠市	Wuzhong	10.7	38.6	-19.1	220.0	2768.0	1.7	9.2
青铜峡市	Qingtongxia	9.7	36.1	-20.7	249.6	3071.1	2.0	10.9
盐池县	Yanchi	8.1	34.9	-25.3	402.8	2711.3	1.8	10.5
同心县	Tongxin	9.3	36.4	-20.8	218.0	2842.9	3.1	14.6
固原市	Guyuan	7.2	32.1	-21.1	333.8	2340.9	2.0	11.0
西吉县	Xiji	6.1	33.9	-26.0	314.0	2111.3	1.6	10.1
隆德县	Longde	5.9	30.0	-21.9	520.1	2195.1	1.5	11.1
泾源县	Jingyuan	5.8	29.2	-20.2	738.9	2058.9	2.0	9.9
彭阳县	Pengyang	7.8	33.9	-21.3	429.0	2278.2	1.9	13.0
中卫市	Zhongwei	9.6	35.4	-22.0	189.3	2899.5	2.2	13.6
中宁县	Zhongning	10.6	37.7	-18.4	204.9	2798.2	1.9	12.3
海原县	Haiyuan	7.2	32.4	-20.1	345.7	2553.5	2.0	12.9

注:本表数据来源于自治区气象局。

a)Data in this table come from the Meteorological Bureau.

1-7 各市县分月度平均气温(2011 年)

Monthly Average Temperature by City and Country(2011)

单位:摄氏度 (℃)

地区	Region	1月 Jan.	2月 Feb.	3月 Mar.	4月 Apr.	5月 May	6月 June	7月 July	8月 Aug.	9月 Sept.	10月 Oct.	11月 Nov.	12月 Dec.	年平均 Annual Average
银川市	Yinchuan	−10.6	−1.1	1.8	13.8	17.5	24.3	24.7	23.6	15.6	10.5	4.0	−5.7	9.9
永宁县	Yongning	−10.7	−1.0	2.0	13.7	17.6	24.3	24.9	23.7	15.7	10.6	4.1	−5.3	10.0
贺兰县	Helan	−11.9	−2.4	1.0	13.2	16.9	24.0	24.4	23.4	15.4	9.7	3.3	−6.5	9.2
灵武市	Lingwu	−11.2	−0.8	1.7	13.7	17.0	23.3	23.5	23.0	14.8	9.4	3.7	−5.8	9.4
石嘴山市	Shizuishan	−12.7	−2.4	0.6	13.1	17.8	24.7	24.5	23.0	15.0	9.6	3.1	−7.8	9.0
惠农区	Huinong	−11.4	−1.4	1.0	12.9	17.7	24.5	24.9	23.8	15.9	10.8	3.9	−6.1	9.7
平罗县	Pingluo	−12.0	−2.6	0.3	12.2	17.2	23.7	23.6	22.8	14.8	9.6	3.6	−6.6	8.9
吴忠市	Wuzhong	−10.0	−0.3	2.6	14.4	18.2	24.7	25.3	24.3	16.1	11.5	4.8	−4.4	10.7
青铜峡市	Qingtongxia	−10.7	−0.4	1.8	13.5	17.3	23.3	23.7	23.0	15.0	10.2	4.1	−4.9	9.7
盐池县	Yanchi	−13.0	−2.4	0.6	11.5	15.9	22.6	22.7	21.7	13.8	9.3	2.9	−7.4	8.1
同心县	Tongxin	−11.1	−0.7	1.3	17.8	16.8	22.5	23.3	22.4	14.8	10.1	4.1	−5.3	9.3
固原市	Guyuan	−11.6	−1.5	−0.4	10.6	14.2	19.1	19.9	18.8	12.0	7.9	2.8	−5.6	7.2
西吉县	Xiji	−12.7	−3.3	−1.8	9.2	13.0	17.5	18.4	17.9	11.6	7.0	2.6	−5.8	6.1
隆德县	Longde	−11.3	−2.4	−1.8	8.9	12.1	16.5	17.4	17.0	10.8	6.5	2.8	−5.5	5.9
泾源县	Jingyuan	−11.9	−2.2	−1.5	9.3	12.1	16.4	17.3	16.2	10.6	6.9	2.3	−5.7	5.8
彭阳县	Pengyang	−10.8	−1.3	0.3	11.3	14.8	19.7	20.5	19.3	13.3	8.4	3.0	−4.9	7.8
中卫市	Zhongwei	−11.2	−0.5	1.5	13.5	17.8	23.3	23.7	22.7	15.2	10.2	4.3	−5.3	9.6
中宁县	Zhongning	−10.1	−0.6	2.8	14.3	17.9	24.3	25.0	24.4	16.0	11.3	4.6	−4.3	10.6
海原县	Haiyuan	−11.9	−1.3	−0.6	10.8	13.9	19.6	20.4	19.3	11.7	7.9	2.8	−5.7	7.2

注:本表数据来源于自治区气象局。

a)Data in this table come from the Meteorological Bureau.

1-8 各市县分月度降水量(2011 年)

Monthly Precipitation by City and Country(2011)

单位:毫米 (mm)

地 区	Region	1月 Jan.	2月 Feb.	3月 Mar.	4月 Apr.	5月 May	6月 June	7月 July	8月 Aug.	9月 Sept.	10月 Oct.	11月 Nov.	12月 Dec.	全年 Annual Total
银川市	Yinchuan	0.6	0.3	0.0	1.6	23.8	0.3	18.1	43.1	37.1	16.0	24.8	0.5	166.2
永宁县	Yongning	1.8	0.2	0.0	4.3	29.0	1.0	16.0	56.2	40.7	13.4	26.1	0.0	188.7
贺兰县	Helan	0.7	0.3	0.0	1.7	21.8	0.5	20.9	27.3	31.7	17.1	22.6	0.4	145.0
灵武市	Lingwu	2.6	0.0	0.0	10.7	36.4	5.2	26.8	56.7	22.1	10.6	12.7	0.2	184.0
石嘴山市	Shizuishan	1.9	0.0	0.0	1.8	1.5	0.2	41.5	60.5	19.8	9.8	14.6	0.4	152.0
惠农区	Huinong	0.0	0.0	0.0	0.0	4.7	5.7	21.8	42.0	19.1	7.2	16.5	0.5	117.5
平罗县	Pingluo	0.9	0.0	0.0	0.0	1.7	0.8	32.7	30.9	23.3	9.1	17.7	0.0	117.1
吴忠市	Wuzhong	2.4	0.0	0.0	4.4	33.5	2.4	19.7	38.6	69.5	15.2	34.3	0.0	220.0
青铜峡市	Qingtongxia	2.5	0.5	0.0	7.8	38.6	2.2	40.0	50.4	58.6	16.1	32.9	0.0	249.6
盐池县	Yanchi	1.1	2.5	0.0	8.0	42.4	10.3	76.2	44.2	126.3	38.2	53.2	0.4	402.8
同心县	Tongxin	1.0	2.5	0.0	2.0	29.6	17.4	35.6	32.5	52.1	15.6	27.5	1.8	218.0
固原市	Guyuan	4.3	7.1	3.1	4.6	25.2	28.6	70.4	84.6	95.6	25.2	41.8	3.3	393.8
西吉县	Xiji	4.6	4.0	3.7	4.0	12.9	19.4	78.2	51.1	72.0	23.0	39.1	2.0	314.0
隆德县	Longde	7.7	6.6	5.5	4.5	31.4	35.2	90.3	138.7	96.1	46.5	33.6	4.0	500.1
泾源县	Jingyuan	7.3	10.5	12.9	2.7	46.2	43.6	150.5	159.1	180.6	60.2	61.6	3.7	738.9
彭阳县	Pengyang	5.2	4.1	6.0	3.1	39.4	31.6	72.1	78.5	108.0	37.4	41.1	0.0	429.0
中卫市	Zhongwei	0.8	0.4	0.0	0.3	22.7	14.3	23.3	44.0	52.4	18.5	12.6	0.0	189.3
中宁县	Zhongning	0.8	2.5	0.0	4.7	31.5	6.6	19.3	32.2	60.6	19.0	27.7	0.0	204.9
海原县	Haiyuan	3.6	3.2	2.6	3.5	8.5	26.3	87.6	57.3	68.7	19.2	18.4	3.8	345.7

注:本表数据来源于自治区气象局。

a)Data in this table come from the Meteorological Bureau.

1-9 各市县分月度日照时数(2011年)

Monthly Sunshine Hours by City and Country(2011)

单位:小时 (hour)

地 区	Region	1月 Jan.	2月 Feb.	3月 Mar.	4月 Apr.	5月 May	6月 June	7月 July	8月 Aug.	9月 Sept.	10月 Oct.	11月 Nov.	12月 Dec.	年平均 Annual Average
银川市	Yinchuan	171.0	171.1	236.3	266.4	267.6	257.8	280.0	269.4	170.3	191.0	150.8	126.3	2558.0
永宁县	Yongning	188.0	180.7	244.6	277.0	277.7	266.9	276.0	279.3	174.2	198.7	159.9	164.1	2687.1
贺兰县	Helan	179.8	172.8	245.6	272.6	274.5	267.8	290.1	279.4	171.1	178.3	153.5	155.6	2641.0
灵武市	Lingwu	199.2	186.7	246.4	275.3	269.2	246.9	278.4	288.8	163.8	201.7	155.5	188.3	2700.2
石嘴山市	Shizuishan	172.3	189.5	264.6	289.7	273.1	303.6	287.7	281.1	201.5	218.0	159.9	145.2	2785.6
惠农区	Huinong	231.7	222.8	294.7	315.4	314.1	325.3	312.9	289.4	213.9	226.2	174.0	186.2	3106.6
平罗县	Pingluo	205.7	203.5	275.9	302.3	300.3	316.4	308.2	280.5	194.1	204.6	176.3	178.0	2945.8
吴忠市	Wuzhong	198.5	193.9	251.0	236.7	288.1	265.9	294.9	279.0	168.7	220.1	159.2	177.0	2768.0
青铜峡市	Qingtongxia	224.6	216.4	286.6	316.7	313.1	295.7	311.7	307.3	191.8	230.9	179.0	193.3	3071.1
盐池县	Yanchi	204.2	184.7	260.8	284.2	266.8	259.2	286.3	262.7	153.7	224.9	149.0	174.8	2711.3
同心县	Tongxin	209.2	198.6	267.4	289.5	276.5	286.1	285.7	289.1	180.1	217.4	146.1	197.0	2842.5
固原市	Guyuan	156.8	166.1	224.4	261.1	236.5	224.5	233.7	244.8	110.4	176.8	131.2	174.6	2340.9
西吉县	Xiji	143.9	142.2	221.6	241.0	227.9	206.9	216.1	224.9	102.9	133.1	99.9	150.9	2111.3
隆德县	Longde	161.0	150.3	228.2	255.0	228.3	191.6	218.6	238.7	102.3	153.3	114.9	152.9	2195.1
泾源县	Jingyuan	155.0	159.5	219.5	253.2	216.4	181.5	190.1	186.9	88.7	147.4	110.0	151.6	2195.1
彭阳县	Pengyang	181.5	155.8	220.8	249.1	237.7	217.2	231.4	213.3	125.0	118.9	111.5	166.3	2778.2
中卫市	Zhongwei	182.5	197.7	252.9	287.6	283.2	306.0	310.6	300.0	181.0	223.9	186.1	188.0	2899.5
中宁县	Zhongning	193.9	183.9	241.2	269.4	280.0	285.1	306.3	294.7	179.5	211.4	167.0	185.8	2798.2
海原县	Haiyuan	186.8	194.2	240.3	256.3	239.1	238.1	244.8	250.5	133.1	198.1	155.0	217.2	2553.5

注:本表数据来源于自治区气象局。

a)Data in this table come from the Meteorological Bureau.

第二篇 Chapter2

综合 General Survey

责任编辑:梁建民　聂一平

资料整理:梁建民　聂一平　杨如文　王丹玥　陈　婷　焦　霙　周军锋

Coordinator: Liang Jianmin　Nie Yiping

Data Compilation: Liang Jianmin　Nie Yiping　Yang Ruwen　Wang Danyue

Chen Ting　Jiao Ying　Zhou Junfeng

2-1 各部门机构单位数(2011 年)

Grass-roots Units in Various Sectors(2011)

项目	Item	法人单位 Judicial Entities	企业法人 Enterprises	事业法人 Institutions
合　　计	**Total**	**40235**	**25644**	**2830**
按登记注册类型分组	**Grouped by Registration Status**	**40235**	**25644**	**2830**
内资企业	**Domestic Funded Enterprises**	**40096**	**25508**	**2830**
国有	State-owned	5379	726	2753
集体	Collective-owned	614	372	32
股份合作	Cooperative	154	145	
联营企业	Joint Ownership	52	33	5
国有联营	State Joint Ownership	15	10	3
集体联营	Collective Joint Ownership	11	8	1
国有与集体联营	Joint State-collective Ownership	9	3	
其他联营	Other Joint Ownership	17	12	1
有限责任公司	Limited Liability Corporations	3098	3068	
国有独资公司	State Sole Funded Corporations	116	116	
其他有限责任公司	Other Limited Liability Corporations	2982	2952	
股份有限公司	Share-holding Corporations Ltd.	394	390	
私营企业	Private Enterprises	19855	19505	
私营独资	Private-funded Enterprises	4436	4247	
私营合伙	Private Partnership Enterprises	710	660	
私营有限责任公司	Private Limited Liability Corporations	13990	13898	
私营股份有限公司	Private Share-holding Corporations Ltd.	719	700	
其他内资	Other Domestic Funded	10550	1269	40
港、澳、台商投资企业	**Enterprises with Funds from Hong Kong, Macao and Taiwan**	**42**	**41**	
与港澳台商合资经营	Joint-ventures	14	14	
与港澳台商合作经营	Cooperative	4	4	
港澳台商独资	Enterprises with Sole Investment	12	11	
港澳台商投资股份有限公司	Share-holding Corporations Ltd.	12	12	
外商投资企业	**Foreign Funded Enterprises**	**97**	**95**	
中外合资经营	Joint-ventures	55	55	
中外合作经营	Cooperation	4	3	

2-1 续表 1 continued

单位:个 (unit)

项目	Item	机关法人 Government Agencies and Organizations	社团法人 Mass Organizations	其他法人 Others	产业活动单位 Establishments
合　计	**Total**	**1486**	**2278**	**7997**	**48422**
按登记注册类型分组	**Grouped by Registration Status**	**1486**	**2278**	**7797**	**48422**
内资企业	**Domestic Funded Enterprises**	**1486**	**2278**	**7794**	**48169**
国有	State-owned	1486	338	76	11030
集体	Collective-owned		32	178	804
股份合作	Cooperative		3	6	400
联营企业	Joint Ownership		6	8	98
国有联营	State Joint Ownership			2	15
集体联营	Collective Joint Ownership		2		11
国有与集体联营	Joint State-collective Ownership		4	2	12
其他联营	Other Joint Ownership			4	60
有限责任公司	Limited Liability Corporations		1	29	3566
国有独资公司	State Sole Funded Corporations				164
其他有限责任公司	Other Limited Liability Corporations		1	29	3402
股份有限公司	Share-holding Corporations Ltd.			4	1006
私营企业	Private Enterprises		22	328	20527
私营独资	Private-funded Enterprises		10	179	4541
私营合伙	Private Partnership Enterprises		10	40	741
私营有限责任公司	Private Limited Liability Corporations			92	14485
私营股份有限公司	Private Share-holding Corporations Ltd.		2	17	760
其他内资	Other Domestic Funded		1876	7365	10738
港、澳、台商投资企业	**Enterprises with Funds from Hong Kong, Macao and Taiwan**			**1**	**76**
与港澳台商合资经营	Joint-ventures				15
与港澳台商合作经营	Cooperative				4
港澳台商独资	Enterprises with Sole Investment			1	14
港澳台商投资股份有限公司	Share-holding Corporations Ltd.				43
外商投资企业	**Foreign Funded Enterprises**			**2**	**177**
中外合资经营	Joint-ventures				66
中外合作经营	Cooperation			1	9

2-1 续表 2 continued

单位:个 (unit)

项 目	Item	法人单位 Judicial Entities	企业法人 Enterprises	事业法人 Institutions
外资企业	Enterprises with Sole Funds	34	33	
外商投资股份有限公司	Share-holding Corporations Ltd.	4	4	
按国民经济行业分组	**Grouped by Sector**	**40235**	**25644**	**2830**
农、林、牧、渔业	**Agriculture,Forestry,Animal Husbandry and Fishery**	**1867**	**1402**	**61**
农 业	Agriculture	634	475	8
林 业	Forestry	242	186	26
畜牧业	Animal Husbandry	661	501	2
渔 业	Fishery	61	52	1
农、林、牧、渔服务业	Services in Support of Agriculture	269	188	24
采掘业	**Mining and Quarrying**	**672**	**672**	
煤炭开采和洗选业	Mining and Washing of Coal	324	324	
石油和天然气开采业	Extraction of Petroleum and Natural Gas	52	52	
黑色金属矿采选业	Mining and Processing of Ferrous Metal Ores	17	17	
有色金属矿采选业	Mining and Processing of Non-ferrous Metal Ores	3	3	
非金属矿采选业	Mining and Processing of Nonmetal Ores	265	265	
其他采矿业	Mining of Other Ores	11	11	
制造业	**Manufacturing**	**5188**	**5188**	
农副食品加工业	Processing of Food from Agricultural Products	721	721	
食品制造业	Manufacture of Foods	236	236	
饮料制造业	Manufacture of Beverages	125	125	
烟草制品业	Manufacture of Tobacco	2	2	
纺织业	Manufacture of Textile	173	173	
纺织服装、鞋、帽制造业	Manufacture of Textile Wearing Apparel, Footware and Caps	43	43	
皮革、毛皮、羽毛(绒)及其制品业	Manufacture of Leather,Fur,Feather and Related Products	105	105	
木材加工及木、竹、藤、棕、草制品业	Processing of Timber,Manufacture of Wood, Bamboo,Rattan,Palm and Straw Products	53	53	
家具制造业	Manufacture of Furniture	72	72	
造纸及纸制品业	Manufacture of Paper and Paper Products	92	92	
印刷业和记录媒介的复制业	Printing,Reproduction of Recording Media	195	195	
文教体育用品制造业	Manufacture of Articles for Culture,Education and Sport Activities	6	6	

2-1 续表 3 continued

单位:个 (unit)

项 目	Item	机关法人 Government Agencies and Organizations	社团法人 Mass Organizations	其他法人 Others	产业活动单位 Establishments
外资企业	Enterprises with Sole Funds			1	90
外商投资股份有限公司	Share-holding Corporations Ltd.				12
按国民经济行业分组	**Grouped by Sector**	**1486**	**2278**	**7997**	**48422**
农、林、牧、渔业	**Agriculture,Forestry,Animal Husbandry and Fishery**			**404**	**2076**
农 业	Agriculture			151	666
林 业	Forestry				268
畜牧业	Animal Husbandry			158	672
渔 业	Fishery			8	64
农、林、牧、渔服务业	Services in Support of Agriculture				406
采掘业	**Mining and Quarrying**				**703**
煤炭开采和洗选业	Mining and Washing of Coal				346
石油和天然气开采业	Extraction of Petroleum and Natural Gas				52
黑色金属矿采选业	Mining and Processing of Ferrous Metal Ores				18
有色金属矿采选业	Mining and Processing of Non-ferrous Metal Ores				3
非金属矿采选业	Mining and Processing of Nonmetal Ores				273
其他采矿业	Mining of Other Ores				11
制造业	**Manufacturing**				**5293**
农副食品加工业	Processing of Food from Agricultural Products				742
食品制造业	Manufacture of Foods				250
饮料制造业	Manufacture of Beverages				127
烟草制品业	Manufacture of Tobacco				2
纺织业	Manufacture of Textile				178
纺织服装、鞋、帽制造业	Manufacture of Textile Wearing Apparel, Footware and Caps				44
皮革、毛皮、羽毛(绒)及其制品业	Manufacture of Leather,Fur,Feather and Related Products				106
木材加工及木、竹、藤、棕、草制品业	Processing of Timber,Manufacture of Wood,Bamboo,Rattan,Palm and Straw				53
家具制造业	Manufacture of Furniture				72
造纸及纸制品业	Manufacture of Paper and Paper Products				93
印刷业和记录媒介的复制业	Printing,Reproduction of Recording Media				202
文教体育用品制造业	Manufacture of Articles for Culture, Education and Sport Activities				6

2-1 续表 4 continued

单位:个 (unit)

项目	Item	法人单位 Judicial Entities	企业法人 Enterprises	事业法人 Institutions
石油加工、炼焦及核燃料加工业	Processing of Petroleum,Coking,Processing of Nuclear Fuel	66	66	
化学原料及化学制品制造业	Manufacture of Raw Chemical Materials and Chemical Products	427	427	
医药制造业	Manufacture of Medicines	48	48	
化学纤维制造业	Manufacture of Chemical Fibers	3	3	
橡胶制品业	Manufacture of Rubber	27	27	
塑料制品业	Manufacture of Plastics	193	193	
非金属矿物制品业	Manufacture of Non-metallic Mineral Products	1221	1221	
黑色金属冶炼及压延加工业	Smelting and Pressing of Ferrous Metals	164	164	
有色金属冶炼及压延加工业	Smelting and Pressing of Non-ferrous Metals	75	75	
金属制品业	Manufacture of Metal Products	322	322	
通用设备制造业	Manufacture of General Purpose Machinery	290	290	
专用设备制造业	Manufacture of Special Purpose Machinery	144	144	
交通运输设备制造业	Manufacture of Transport Equipment	128	128	
电气机械及器材制造业	Manufacture of Electrical Machinery and Equipment	115	115	
通信设备、计算机及其他电子设备制造业	Manufacture of Communication Equipment, Computers and Other Electronic Equipment	9	9	
仪器仪表及文化、办公用机械制造业	Manufacture of Measuring Instruments and Machinery for Cultural Activity and Office Work	38	38	
工艺品及其他制造业	Manufacture of Artwork and Other Manufacturing	78	78	
废弃资源和废旧材料回收加工业	Recycling and Disposal of Waste	17	17	
电力、煤气及水的生产和供应业	**Production and Supply of Electricity,Gas and Water**	**241**	**237**	**3**
电力、热力的生产和供应业	Production and Supply of Electric Power and Heat Power	155	155	
燃气生产和供应业	Production and Supply of Gas	34	34	
水的生产和供应业	Production and Supply of Water	52	48	3
建筑业	**Construction**	**1340**	**1340**	
房屋和土木工程建筑业	Construction of Buildings and Civil Engineering	642	642	
建筑安装业	Building Installation	221	221	
建筑装饰业	Building Decoration	375	375	
其他建筑业	Other Construction	102	102	
交通运输、仓储和邮政业	**Transport,Storage and Post**	**700**	**656**	**31**
铁路运输业	Railway Transport	5	5	

2-1 续表 5 continued

单位:个 (unit)

项目	Item	机关法人 Government Agencies and Organizations	社团法人 Mass Organiza-tions	其他法人 Others	产业活动单位 Establish-ments
石油加工、炼焦及核燃料加工业	Processing of Petroleum,Coking,Processing of Nuclear Fuel				64
化学原料及化学制品制造业	Manufacture of Raw Chemical Materials and Chemical Products				435
医药制造业	Manufacture of Medicines				50
化学纤维制造业	Manufacture of Chemical Fibers				3
橡胶制品业	Manufacture of Rubber				27
塑料制品业	Manufacture of Plastics				193
非金属矿物制品业	Manufacture of Non-metallic Mineral Products				1245
黑色金属冶炼及压延加工业	Smelting and Pressing of Ferrous Metals				165
有色金属冶炼及压延加工业	Smelting and Pressing of Non-ferrous Metals				80
金属制品业	Manufacture of Metal Products				324
通用设备制造业	Manufacture of General Purpose Machinery				292
专用设备制造业	Manufacture of Special Purpose Machinery				146
交通运输设备制造业	Manufacture of Transport Equipment				130
电气机械及器材制造业	Manufacture of Electrical Machinery and Equipment				116
通信设备、计算机及其他电子设备制造业	Manufacture of Communication Equipment, Computers and Other Electronic Equipment				10
仪器仪表及文化、办公用机械制造业	Manufacture of Measuring Instruments and Machinery for Cultural Activity and Office Work				38
工艺品及其他制造业	Manufacture of Artwork and Other Manufacturing				83
废弃资源和废旧材料回收加工业	Recycling and Disposal of Waste				17
电力、煤气及水的生产和供应业	**Production and Supply of Electricity, Gas and Water**			**1**	**302**
电力、热力的生产和供应业	Production and Supply of Electric Power and Heat Power				203
燃气生产和供应业	Production and Supply of Gas				38
水的生产和供应业	Production and Supply of Water			1	61
建筑业	**Construction**				**1622**
房屋和土木工程建筑业	Construction of Buildings and Civil Engineering				894
建筑安装业	Building Installation				236
建筑装饰业	Building Decoration				384
其他建筑业	Other Construction				108
交通运输、仓储和邮政业	**Transport,Storage and Post**			**13**	**937**
铁路运输业	Railway Transport				5

2-1 续表 6 continued

单位:个 (unit)

项目	Item	法人单位 Judicial Entities	企业法人 Enterprises	事业法人 Institutions
道路运输业	Road Transport	437	403	28
城市公共交通业	Urban Public Transport	55	54	
水上运输业	Water Transport	5	5	
航空运输业	Air Transport	9	8	1
管道运输业	Transport Via Pipelines	2	2	
装卸搬运和其他运输服务业	Loading,Unloading and Other Transport Services	86	84	
仓储业	Storage	56	53	2
邮政业	Post	45	42	
信息传输、计算机服务和软件业	**Information Transmission,Computer Services and Software**	**743**	**704**	**15**
电信和其他信息传输服务业	Telecommunications and Other Information Transmission Services	102	87	11
计算机服务业	Computer Services	565	543	4
软件业	Software	76	74	
批发和零售业	**Wholesale and Retail Trades**	**10012**	**10012**	
批发业	Wholesale Trade	5248	5248	
零售业	Retail Trade	4764	4764	
住宿和餐饮业	**Hotels and Catering Services**	**723**	**687**	**4**
住宿业	Hotels	331	321	2
餐饮业	Catering Services	392	366	2
金融业	**Financial Intermediation**	**335**	**314**	**8**
银行业	Bank	62	54	3
证券业	Security Activities	7	7	
保险业	Insurance	57	54	1
其 他	Other Financial Activities	209	199	4
房地产业	**Real Estate**	**1161**	**1141**	**4**
房地产业	Real Estate	1161	1141	4
租赁和商务服务业	**Leasing and Business Serveces**	**2044**	**1813**	**96**
租赁业	Leasing	280	275	
商务服务业	Business Services	1764	1538	96
科学研究、技术服务和地质勘查业	**Scientific Research,Technical Service and Geologic Prospecting**	**775**	**470**	**266**
研究与试验发展	Research and Experimental Development	53	28	20
专业技术服务业	Professional Technical Services	476	344	122
科技交流和推广服务业	Services of Science and Technology Exchanges and Promotion	221	82	115
地质勘查业	Geologic Prospecting	25	16	9

2-1 续表 7 continued

单位:个 (unit)

项目	Item	机关法人 Government Agencies and Organizations	社团法人 Mass Organi-zations	其他法人 Others	产业活动单位 Establ-ishments
道路运输业	Road Transport			6	557
城市公共交通业	Urban Public Transport			1	63
水上运输业	Water Transport				6
航空运输业	Air Transport				10
管道运输业	Transport Via Pipelines				2
装卸搬运和其他运输服务业	Loading,Unloading and Other Transport Services			2	87
仓储业	Storage			1	67
邮政业	Post			3	140
信息传输、计算机服务和软件业	**Information Transmission,Computer Services and Software**			**24**	**899**
电信和其他信息传输服务业	Telecommunications and Other Information Transmission Services			4	251
计算机服务业	Computer Services			18	572
软件业	Software			2	76
批发和零售业	**Wholesale and Retail Trades**				**11037**
批发业	Wholesale Trade				5587
零售业	Retail Trade				5450
住宿和餐饮业	**Hotels and Catering Services**			**32**	**778**
住宿业	Hotels			8	355
餐饮业	Catering Services			24	423
金融业	**Financial Intermediation**	**4**		**9**	**1443**
银行业	Bank	4		1	939
证券业	Security Activities				7
保险业	Insurance			2	211
其 他	Other Financial Activities			6	286
房地产业	**Real Estate**			**16**	**1187**
房地产业	Real Estate			16	1187
租赁和商务服务业	**Leasing and Business Serveces**			**135**	**2152**
租赁业	Leasing			5	295
商务服务业	Business Services			130	1857
科学研究、技术服务和地质勘查业	**Scientific Research,Technical Service and Geologic Prospecting**			**39**	**1081**
研究与试验发展	Research and Experimental Development			5	53
专业技术服务业	Professional Technical Services			10	543
科技交流和推广服务业	Services of Science and Technology Exchanges and Promotion			24	459
地质勘查业	Geologic Prospecting				26

2-1 续表 8 continued

单位:个 (unit)

项目	Item	法人单位 Judicial Entities	企业法人 Enterprises	事业法人 Institutions
水利、环境和公共设施管理业	**Management of Water Conservancy, Environment and Public Facilities**	**291**	**130**	**150**
水利管理业	Management of Water Conservancy	95	11	79
环境管理业	Environmental Management	58	18	37
公共设施管理业	Management of Public Facilities	138	101	34
居民服务和其他服务业	**Services to Households and Other Services**	**641**	**590**	**9**
居民服务业	Services to Households	213	181	6
其他服务业	Other Services	428	409	3
教 育	**Education**	**1410**	**80**	**982**
教育	Education	1410	80	982
卫生、社会保障和社会福利业	**Health,Social Security and Social Welfare**	**817**	**77**	**430**
卫生	Health	727	77	362
社会保障业	Social Security	45		44
社会福利业	Social Welfare	45		24
文化、体育和娱乐业	**Culture,Sports and Entertainment**	**334**	**131**	**157**
新闻出版业	Journalism and Publishing Activities	29	7	19
广播、电视、电影和音像业	Broadcasting,Movies,Television and Audiovisual Activities	49	28	21
文化艺术业	Cultural and Art Activities	116	12	93
体育	Sports Activities	46	3	19
娱乐业	Entertainment	94	81	5
公共管理和社会组织	**Public Management and Social Organization**	**10941**		**614**
中国共产党机关	Organs of Communist Party of China	188		4
国家机构	Government Agencies	1841		609
人民政协和民主党派	People′s Political Consultative Conference and Democratic Parties	67		1
群众团体、社会团体和宗教组织	Non-governmental Organizations,Social Organizations and Religion Organizations	6136		
基层群众自治组织	Grass Roots Self-governing Organizations	2709		

2-1 续表 9 continued

单位：个 (unit)

项目	Item	机关法人 Government Agencies and Organizations	社团法人 Mass Organi-zations	其他法人 Others	产业活动单位 Establ-ishments
水利、环境和公共设施管理业	**Management of Water Conservancy, Environment and Public Facilities**		**1**	**10**	**505**
水利管理业	Management of Water Conservancy			5	277
环境管理业	Environmental Management		1	2	74
公共设施管理业	Management of Public Facilities			3	154
居民服务和其他服务业	**Services to Households and Other Services**			**42**	**673**
居民服务业	Services to Households			26	235
其他服务业	Other Services			16	438
教 育	**Education**			**348**	**3050**
教育	Education			348	3050
卫生、社会保障和社会福利业	**Health,Social Security and Social Welfare**		4	306	1180
卫生	Health			288	1028
社会保障业	Social Security			1	83
社会福利业	Social Welfare		4	17	69
文化、体育和娱乐业	**Culture,Sports and Entertainment**		**17**	**29**	**526**
新闻出版业	Journalism and Publishing Activities			3	32
广播、电视、电影和音像业	Broadcasting,Movies,Television and Audiovisual Activities				69
文化艺术业	Cultural and Art Activities			11	271
体育	Sports Activities		17	7	52
娱乐业	Entertainment			8	102
公共管理和社会组织	**Public Management and Social Organization**	**1482**	**2256**	**6589**	**12978**
中国共产党机关	Organs of Communist Party of China	184			219
国家机构	Government Agencies	1232			3710
人民政协和民主党派	People´s Political Consultative Conference and Democratic Parties	66			82
群众团体、社会团体和宗教组织	Non-governmental Organizations, Social Organizations and Religion Organizations		2256	3880	6257
基层群众自治组织	Grass Roots Self-governing Organizations			2709	2710

2-1 续表 10 continued

单位:个 (unit)

项目	Item	法人单位 Judicial Entities	企业法人 Enterprises	事业法人 Institutions
按地区分组	**Grouped by Region**	**40235**	**25644**	**2830**
银川市	**Yinchuan**	**16779**	**13135**	**902**
兴庆区	Xingqing	7965	6841	394
西夏区	Xiaxia	1527	1129	112
金凤区	Jinfeng	2574	2019	154
永宁县	Yongning	1244	752	77
贺兰县	Helan	1912	1355	83
灵武市	Lingwu	1557	1039	82
石嘴山市	**Shizuishan**	**4986**	**3440**	**377**
大武口区	Dawukou	2157	1583	164
惠农区	Huinong	1148	800	93
平罗县	Pingluo	1681	1057	120
吴忠市	**Wuzhong**	**6937**	**3985**	**532**
利通区	Litong	2793	1845	123
红寺堡	Hongsipu	334	186	28
盐池县	Yanchi	949	634	112
同心县	Tongxin	1523	511	173
青铜峡市	Qingtongxia	1338	809	96
固原市	**Guyuan**	**5512**	**2078**	**542**
原州区	Yuanzhou	1877	900	181
西吉县	Xiji	1436	421	115
隆德县	Longde	584	234	87
泾源县	Jingyuan	654	200	74
彭阳县	Pengyang	961	323	85
中卫市	**Zhongwei**	**6021**	**3006**	**477**
沙坡头区	Shapotou	2807	1786	200
中宁县	Zhongning	1652	841	178
海原县	Haiyuan	1562	379	99

2-1 续表 11 continued

单位:个 (unit)

项目	Item	机关法人 Government Agencies and Organizations	社团法人 Mass Organizations	其他法人 Others	产业活动单位 Establishments
按地区分组	**Grouped by Region**	**1486**	**2278**	**7997**	**48422**
银川市	**Yinchuan**	**449**	**916**	**1377**	**19005**
兴庆区	Xingqing	138	265	327	8769
西夏区	Xiaxia	36	95	155	1755
金凤区	Jinfeng	128	47	226	2800
永宁县	Yongning	53	209	153	1601
贺兰县	Helan	48	168	258	2181
灵武市	Lingwu	46	132	258	1899
石嘴山市	**Shizuishan**	**226**	**241**	**702**	**5834**
大武口区	Dawukou	124	136	150	2367
惠农区	Huinong	44	48	163	1473
平罗县	Pingluo	58	57	389	1994
吴忠市	**Wuzhong**	**297**	**422**	**1701**	**8715**
利通区	Litong	100	199	526	3379
红寺堡	Hongsipu	39	12	69	492
盐池县	Yanchi	48	30	125	1180
同心县	Tongxin	54	16	769	1858
青铜峡市	Qingtongxia	56	165	212	1806
固原市	**Guyuan**	**326**	**272**	**2294**	**7574**
原州区	Yuanzhou	111	42	643	2324
西吉县	Xiji	60	21	819	2019
隆德县	Longde	50	73	140	965
泾源县	Jingyuan	47	24	309	879
彭阳县	Pengyang	58	112	383	1387
中卫市	**Zhongwei**	**188**	**427**	**1923**	**7294**
沙坡头区	Shapotou	75	184	562	3147
中宁县	Zhongning	62	110	461	1981
海原县	Haiyuan	51	133	900	2166

2-2 主要年份平均每天主要社会经济活动

Selected Indicators on Average Daily Social and Economic Activities in Main Years

指　标	Item	1952	1978	1990	2000	2010	2011
每天创造的财富	**Daily Production**						
地区生产总值(万元)	Gross Domestic Product (10000 yuan)	47.27	356.06	1776.44	8060.63	46291.78	57594.79
第一产业	Primary Industry	39.07	83.91	461.43	1257.65	4364.11	5044.93
第二产业	Secondary Industry	2.19	180.93	694.31	3317.82	22682.47	28935.62
工业	Industry	1.91	153.11	583.32	2642.19	17617.81	22377.81
建筑业	Construction	0.27	27.82	110.99	675.63	5064.66	6557.81
第三产业	Tertiary Industry	6.01	91.21	620.69	3485.16	19245.21	23614.25
交通运输仓储和邮电业	Transport,Storage and Post Services	1.09	18.19	95.61	807.36	5503.84	4769.86
批发和零售业、住宿和餐饮业	Wholesale, Retail Trades, Hoteling and Catering Services	1.91	26.31	145.75	716.81	3301.37	4031.23
地方财政收入(万元)	Local Government Revenue (10000 yuan)	7.57	86.58	170.70	570.53	4206.87	6026.76
粮食(吨)	Grain(ton)	1296.04	3204.96	5252.14	6905.52	9767.40	9834.17
油料(吨)	Oil-bearing Crops(ton)	71.19	70.35	171.05	190.98	571.10	504.38
肉类(吨)	Meat(ton)		33.57	185.18	519.17	710.13	691.79
水产品(吨)	Aquatic Products(ton)		0.55	27.99	101.32	246.67	288.83
原煤(万吨)	Coal(10 000 tons)	0.02	2.74	3.95	4.33	18.12	21.73
发电量(万千瓦小时)	Electricity(10000kwh)	0.19	452.33	1533.15	3742.74	16049.86	25671.98
钢材(吨)	Rolled Steel(ton)		76.16	130.14	153.15	904.93	2096.14
铝(吨)	Aluminum(ton)		50.14	164.66	320.27	2507.12	3242.72
水泥(吨)	Cement(ton)		757.81	2623.01	7678.08	37190.41	39875.60

2-2 续表 1

指　　标	Item
每天消费量	**Daily Consumption**
最终消费(万元)	Final Consumption Expenditure(10000 yuan)
居民消费	Household Consumption Expenditure
农村居民	Rural Household
城镇居民	Urban Household
政府消费	Government Consumption Expenditure
能源消耗量(万吨标准煤)	Energy Consumption (10000 tons of SCE)
社会消费品零售总额(万元)	Total Retail Sales of Consumer Goods(10 000 yuan)
每天其他经济活动	**Other Daily Economic Activities**
资本形成总额(万元)	Gross Capital Formation (10000 yuan)
固定资产形成	Gross Fixed Capital Formation
存货增加	Changes in Inventories
旅客周转量(万人公里)	Passenger-kilometers(10 000 passenger-km)
货物周转量(万吨公里)	Freight Ton-kilometers(10 000 ton-km)
邮电业务总量(万元)	Business Volume of Postal and Telecommunication Services(10 000 yuan)
进出口总额(万美元)	Total Value of Imports and Exports(USD 10 000)
出口总额	Total Export
进口总额	Total Import
实际利用外资(万美元)	Foreign Capital Actually Utilized(USD 10 000)
接待海外旅游人数(人)	Number of Overseas Visitor Arrivals
居民新增储蓄额(万元)	Newly Increased Saving Deposits(10 000 yuan)
每天人口变动和婚姻	**Daily Population Changes and Marriages**
出生(人)	Births(person)
死亡(人)	Deaths(person)
结婚(对)	Marriages(couples)
离婚(对)	Divorces(couples)

注:本表价值指标除邮电业务总量按不变价格计算外,其余均按当年价格计算。

continued

1952	1978	1990	2000	2010	2011
37.70	270.41	1311.51	5297.54	22600.27	27950.14
35.79	208.49	928.22	3701.91	15497.26	19063.84
28.69	133.15	490.68	1440.98	3556.44	4543.29
7.10	75.34	437.53	2260.93	11940.82	14520.55
1.91	61.92	383.29	1595.63	7103.01	8886.30
		1.94	3.17	10.23	13.10
	138.14	693.26	2747.04	11057.31	13084.42
	247.67	1019.73	4766.94	42829.04	48070.68
	217.81	697.81	4393.99	40820.82	45292.88
	29.86	321.92	372.95	2008.22	2777.81
4.05	121.16	526.12	1572.67	3188.54	3669.64
10.40	1540.33	2049.02	6061.82	23175.31	26354.96
0.21	3.19	11.94	392.88	4278.82	1584.72
	8.12	23.26	121.35	537.12	626.23
	6.22	21.04	89.69	320.62	438.20
	1.89	2.22	31.66	216.50	188.03
		2.95	24.91	63.49	93.77
		5.34	21.39	49.29	53.37
	3.60	244.78	484.92	5548.91	4960.14
187.88	273.95	310.88	247.95	243.78	237.92
84.49	52.52	70.57	68.74	87.97	81.57
		100.39	97.57	165.01	168.49
		9.68	16.88	24.21	26.05

a)Figures in value terms in this table are calculated at current prices,except that on the business transaction of postal and telecommunication services.

2-3 国民经济与社会发展总量指标

指 标	Item	单位	Unit
人 口 与 就 业	**Population and Employment**		
人 口	**Population**		
年末总人口	Population at Year-end	万人	10 000 persons
回族人口	Hui Ethnic	万人	10 000 persons
城镇人口	Urban	万人	10 000 persons
乡村人口	Rural	万人	10 000 persons
男性人口	Male	万人	10 000 persons
女性人口	Female	万人	10 000 persons
出生率	Birth Rate	‰	‰
死亡率	Death Rate	‰	‰
自然增长率	Natural Growth Rate	‰	‰
就 业	**Employment**		
年末就业人员数	Employment at Year-end	万人	10 000 persons
职工人数	Staff and Workers	万人	10 000 persons
城镇登记失业率	Registered Unemployment Rate in Urban Areas	%	%
宏 观 经 济	**Macro Economy**		
国民经济核算	National Accounting		
地区生产总值	Gross Domestic Product	亿元	100 million yuan
第一产业	Primary Industry	亿元	100 million yuan
第二产业	Secondary Industry	亿元	100 million yuan
第三产业	Tertiary Industry	亿元	100 million yuan
人均生产总值	Per Capita GDP	元/人	yuan/person
固定资产投资	**Investment in Fixed Assets**		
全社会固定资产投资总额	Total Investment in Fixed Assets	亿元	100 million yuan
国有经济	State-owned Economy	亿元	100 million yuan
集体经济	Collective-owned Economy	亿元	100 million yuan
私营个体经济	Private Economy	亿元	100 million yuan
全社会施工房屋面积	Floor Space of Buildings under Construction	万平方米	10 000 sq.m
全社会竣工房屋建筑面积	Floor Space of Buildings Completed	万平方米	10 000 sq.m
财政、金融	**Government Finance and Financial Intermediation**		
地方财政收入	Local Financial Revenue	亿元	100 million yuan
地方财政支出	Local Financial Expenditure	亿元	100 million yuan

Principal Aggregate Indicators on National Economic and Social Development

1978	1985	1990	2000	2010	2011
355.58	414.62	465.68	554.32	632.96	639.45
109.47	133.76	153.89	191.01	219.18	228.67
73.03	146.45	192.40	180.39	303.57	318.56
282.55	268.17	273.28	373.94	329.39	320.90
184.17	213.73	239.69	283.96	324.33	326.84
171.41	200.89	225.99	270.36	308.62	312.61
28.48	17.18	24.34	16.49	14.14	13.65
5.46	3.88	5.52	4.57	5.10	4.68
23.02	13.30	18.82	11.92	9.04	8.97
135.6	177.4	211.1	275.5	326.0	339.6
43.3	55.8	67.4	63.8	54.7	56.6
4.94	3.10	5.44	4.60	4.40	4.24
13.00	30.27	64.84	295.02	1689.65	2102.21
3.06	8.90	16.84	46.03	159.29	184.14
6.60	12.12	25.34	121.43	827.91	1056.15
3.34	9.25	22.66	127.56	702.45	861.92
370	737	1393	5376	26860	33043
4.27	13.63	21.96	160.82	1464.70	1654.15
4.22	11.29	17.51	101.17	610.18	838.06
0.05	1.00	1.26	5.70	3.40	9.53
	1.34	3.19	22.63	373.07	754.73
116	764	539	1019	4800	6323
67	577	459	1069	1494	1658
3.16	2.91	6.23	20.82	153.55	219.98
5.78	9.85	14.96	60.84	557.53	705.91

2-3 续表 1

指 标	Item	单位	Unit
全区金融机构存款余额	Deposits of Financial Institutions	亿元	100 million yuan
全区金融机构贷款余额	Loans of Financial Institutions	亿元	100 million yuan
保险公司保费	Insurance Premium of Insurance Companies	亿元	100 million yuan
保险公司赔款及给付	Indemnity Expenditure and Payment of Insurance Companies	亿元	100 million yuan
物价总指数(以上年为 100)	**Price Indices(preceding year=100)**		
居民消费价格指数	Consumer Price Index	%	%
商品零售价格指数	Retail Price Index	%	%
农业生产资料价格指数	Agricultural Production Index	%	%
工业生产者出厂价格指数	Producer Price Index for Manufactured Goods	%	%
原材料、燃料、动力购进价格指数	Purchasing Price Index for Raw Material,Fuel and Power	%	%
固定资产投资价格指数	Price Index for Investment in Fixed Assets	%	%
能源生产与消耗	**Production and Consumption of Energy**		
能源生产总量	Total Energy Production	万吨标准煤	10 000 tons of SCE
能源消耗总量	Total Energy Consumption	万吨标准煤	10 000 tons of SCE
产 业	**Industry**		
农 业	**Agriculture**		
耕地面积	Area of Cultivated Land	万公顷	10 000 hectares
乡村从业人员	Rural Employed Persons	万人	10 000 persons
农林牧渔业总产值	Gross Output Value of Agriculture,Forestry,Animal Husbandry and Fishery	亿元	100 million yuan
主要农产品产量	Output of Major Farm Products		
粮 食	Grain	万吨	10 000 tons
油 料	Oil-bearing Crops	万吨	10 000 tons
肉类总产量	Meat	万吨	10 000 tons
猪牛羊肉	Pork,Beef and Mutton	万吨	10 000 tons
羊 毛	Wool	吨	ton
羊 绒	Cashmere	吨	ton
水产品产量	Aquatic Products	万吨	10 000 tons
水 果	Fruits	万吨	10 000 tons
工 业	**Industry**		
工业总产值	Gross Output Value of Industry	亿元	100 million yuan
轻工业	Light Industry	亿元	100 million yuan
重工业	Heavy Industry	亿元	100 million yuan

注:2005 年起工业数据为规模以上工业口径。

continued

1978	1985	1990	2000	2010	2011
5.49	19.12	55.78	396.49	2573.64	2966.87
7.18	22.59	76.66	383.23	2398.70	2860.58
	0.08	0.41	5.05	52.75	55.34
	0.02	0.13	1.02	11.68	14.75
100.6	108.6	107.1	99.6	104.1	106.3
100.0	107.8	104.2	97.6	103.2	105.3
	103.8	105.6	96.0	104.4	114.0
			103.6	109.1	109.5
			105.8	114.1	112.8
			104.5	104.2	107.5
806.40	973.10	1115.20	1362.70	4912.38	5859.01
	420.40	707.30	1162.00	3732.77	4782.14
89.1	79.5	79.6	129.3	113.5	113.3
92.36	120.48	140.93	197.91	218.03	218.57
4.81	12.02	24.69	77.75	305.94	354.68
116.98	139.53	191.70	252.74	356.51	358.95
2.57	5.34	6.24	6.99	20.85	18.41
1.23	3.49	6.76	19.00	25.70	25.25
1.23	3.36	6.28	15.94	23.36	22.66
2106	3443	4070	5418	7424	8235
129	88	158	364	378	448
0.02	0.21	1.02	3.70	9.00	10.54
1.83	3.54	5.52	19.32	64.92	72.47
13.85	24.30	64.74	293.94	1924.39	2491.44
3.45	7.27	17.96	68.37	315.31	358.09
10.40	17.03	46.79	225.57	1609.08	2133.35

a)From 2005,data of industry refers to enterprises above designated size.

2-3 续表 2

指 标	Item	单位	Unit
主要工业产品产量	Output of Major Industrial Products		
原 煤	Coal	万吨	10 000 tons
发电量	Electricity	亿千瓦小时	10 000 million kwh
钢 材	Rolled Steel	万吨	10 000 tons
铝	Aluminum	万吨	10 000 tons
轮胎外胎	Tires	万条	10 000 tires
合成氨	Synthetic Ammonia	万吨	10 000 tons
农用化肥(折纯)	Chemical Fertilizers	万吨	10 000 tons
水 泥	Cement	万吨	10 000 tons
建筑业	**Construction**		
建筑业企业从业人员	Number of Employed Persons	人	person
建筑业总产值	Gross Output Value	亿元	100 million yuan
交通运输业	**Transportation**		
货物周转量	Freight Ton-kilometers	百万吨公里	million ton-km
铁 路	Railways	百万吨公里	million ton-km
公 路	Highways	百万吨公里	million ton-km
旅客周转量	Passenger-kilometers	万人公里	10 000 passenger-km
铁 路	Railways	万人公里	10 000 passenger-km
公 路	Highways	万人公里	10 000 passenger-km
邮电通讯业	**Postal and Telecommunication Services**		
邮电业务总量	Business Volume of Postal and Telecommunication Services	万元	10 000 yuan
函件	Number of Letters Delivered	万件	10 000 pcs
报刊期发数	Number of Newspapers and Magazines Distributed	万件	10 000 pcs
本地电话年末用户	Number of Telephone Subscribers at Year-end	万户	10 000 subscribers
移动电话用户	Mobile Telephone	万户	10 000 subscribers
国际互联网络用户	Number of Internet Subscribers	万户	10 000 subscribers

continued

1978	1985	1990	2000	2010	2011
999.00	1213.69	1443.10	1581.00	6613.61	7932.29
16.51	24.14	55.96	136.61	585.82	937.03
2.78	3.88	4.75	5.59	33.03	76.51
1.83	2.92	6.01	11.69	91.51	118.36
30.09	34.34	63.50	193.32	210.44	188.38
6.77	9.20	34.32	73.49	100.74	115.89
5.30	6.71	27.74	59.52	95.17	92.66
27.66	61.62	95.74	280.25	1357.45	1455.46
	53422	54367	83980	98258	101137
1.32	3.94	7.16	56.24	342.69	427.92
5622	6197	7479	22186	84590	96196
5349	5192	5980	15945	27664	32227
273	796	1259	5686	53827	60812
44223	121000	192033	575597	1163818	1339417
23208	45392	46810	244662	330502	411057
21015	75608	145223	313768	653115	723666
1165	1908	4358	143401	1561770	578421
1169	1792	2054	2021	2088	1411
45.00	125.10	85.40	61.70	54.90	52.80
0.68	2.73	5.11	90.45	562.70	633.30
			20.44	450.80	524.80
			3.44	48.80	53.94

2-3 续表 3

指 标	Item	单位	Unit
批发零售贸易餐饮业	**Wholesale and Retail Trade and Catering Services**		
社会消费品零售总额	Total Retail Sales of Consumer Goods	亿元	100 million yuan
对外贸易	**Foreign Trade**		
进出口总额	Total Value of Imports and Exports	万美元	USD 10 000
出口额	Exports	万美元	USD 10 000
进口额	Imports	万美元	USD 10 000
旅游业	**Tourism**		
接待海外旅游人数	Number of Oversea Visitors	人	person
旅游外汇总收入	Foreign Exchange Earnings from International Tourism	万元	10 000 yuan
利用外资	**Utilization of Foreign Capital**		
签订利用外资协议额		万美元	USD 10 000
实际利用外资额	Foreign Investment Actually Utilized	万美元	USD 10 000
教育、科技、文化、卫生	**Education,Science and Technology,Culture and Health Care**		
教 育	**Education**		
高等学校在校学生数	Students Enrollment of Higher Education	人	person
中等职业教育在校学生数	Students Enrollment of Specialized Seconcary Schools	人	person
普通中学在校学生数	Students Enrollment of Regular Junior Secondary Schools	万人	10 000 persons
小学在校学生数	Students Enrollment of Primary Schools	万人	10 000 persons
科 技	**Science and Teconology**		
研究与试验发展人员全时当量	Number of Scientists and Engineers	人年	man-year
研究与试验发展经费内部支出	Expenditures on Research and Development	万元	10 000 yuan
文 化	**Culture**		
图书出版数量	Number of Books Published	万册	10 000 copies
报纸出版数	Number of Newspaper Published	万份	10 000 copies
卫 生	**Health Care**		
医疗卫生机构数	Number of Health Care Institutions	个	unit
医院病床数	Beds in Health Care Institutions	张	bed
卫生技术人员	Medical Technical Personnel	人	person
家庭、生活、环境	**Family,People´s Living Conditions and Environment**		
家 庭	**Family**		
家庭总户数	Number of Family Household	万户	household
平均每户家庭人口	Average Family Size	人	person

注: 医疗卫生机构数 2000 年数据不包括诊所、医务室、社区服务站,2011 年数据包括村卫生室。

continued

1978	1985	1990	2000	2010	2011
5.04	13.15	25.30	100.54	403.59	477.58
2962	5426	8491	44292	196049	228573
2271	3416	7679	32736	117026	159943
691	2010	812	11556	79023	68630
		1950	7807	17990	19479
		175	2252	4067	4026
	344	268	11067	55210	38687
	99	1077	9091	23175	34226
2890	6425	7992	17163	83415	91383
5198	19845	23257	32862	102659	112500
23.29	23.79	28.44	31.83	44.91	44.74
61.30	65.42	66.73	65.74	65.37	64.33
			2519	6378	7359
			17335	115101	153183
1136	2206	1890	1649	1906	2082
	3855	4561	6136	10806	10045
825	1057	1163	1361	1583	4143
6962	8640	10045	13229	20258	22114
10913	15528	19175	19171	29744	32054
66.80	80.83	100.91	140.60	195.48	197.41
5.52	5.13	4.61	3.98	3.28	3.24

a)Data of health care institutions in 2000,do not include clinics,health centers and community health service centers.

2-3 续表 4

指 标	Item	单位	Unit
婚 姻	**Marriages and Divorces**		
结婚登记总数	Registered Number of Marriages	对	couple
离婚总数	Number of Divorces	对	couple
生 活	**People´s Living Conditions**		
城镇职工工资总额	Total Wages Bill of Staff and Workers in Urban Area	亿元	100 million yuan
城镇职工年平均工资	Annual Average Wage of Staff and Workers in Urban Area	元	yuan
城镇居民人均可支配收入	Annual Per Capita Disposable Income of Urban Households	元	yuan
城镇居民人均消费支出	Annual Per Capital Consumption Expenditure of Urban Households	元	yuan
农民人均纯收入	Annual Per Capital Net Income of Rural Households	元	yuan
农民人均生活消费支出	Annual Per Capita Living Expenditure of Rural Households	元	yuan
城乡居民储蓄存款余额	Per Capita Balance of Saving Deposit	亿元	100 million yuan
居 住	**Housing**		
城镇人均建筑面积	Per Capita Gross Living Space in Urban Areas	平方米	sq.m
农村人均居住面积	Per Capita Net Income of Rural Residents	平方米	sq.m
市政建设	**Municipal Works**		
自来水供应量	Annual Supply of Tap Water	万吨	10 000 tons
下水道长度	Length of Sewer Pipelines	公里	km
城市液化气供应量	Volume of Liquefied Gas Supply in Cities	万吨	10 000 tons
城市天然气供应量	Volume of Natural Gas Supply in Cities	万立方米	10 000 cu.m
年末公交车运营车数	Number of Public Vehicles under Operation at Year-end	辆	unit
出租车数	Number of Taxis	辆	unit
铺装道路面积	Areas of Paved Roads	万平方米	10 000 sq.m
绿地面积	Areas of Green Land	公顷	hectare
环境、灾害	**Environment and Disaster**		
当年施工污染治理项目数	Number of Projects for Pollution Treatment	个	unit
治污项目本年完成投资额	Total Investment in the Treatment of Environmental Pollution	万元	10 000 yuan
火灾发生数	Number of Fire Disasters	起	unit
火灾损失	Fire Loss	万元	10 000 yuan
交通事故发生数	Number of Traffic Accidents	起	unit
交通事故损失	Loss of Traffic Accidents	万元	10 000 yuan

注:市政建设部分统计数据来源于宁夏回族自治区建设厅。

continued

1978	1985	1990	2000	2010	2011
	34476	36644	35711	60229	61500
	2166	3533	6161	8836	9507
3.08	6.56	14.66	56.33	216.50	258.05
726	1206	2202	8681	39144	44574
346	735	1421	4912	15344	17579
300	645	1212	4201	11334	12896
116	326	594	1724	4675	5410
91	265	486	1417	4013	4727
0.90	8.04	32.80	229.35	1170.25	1351.30
		18.40	24.80	28.91	30.18
7.80	11.80	13.60	18.00	24.89	24.38
			25471	38945	36152
			480	2102	2297
			1.82	2.19	2.06
			56	115902	138923
			719	2992	3052
				15673	15492
			911	5798	6392
			3316	20366	21786
			112	21	92
		1774	18541	40896	24265
		276	2893	3447	3256
		180	688	1338	220
		2072	11200	2050	1729
		332	2083	659	752

a)The data of "Municipal Works" come from Department of Construction of Ningxia Hui Autonomous Region.

2-4 国民经济与社会发展总量速度指标

指　标	Item
人　口	**Population**
年末总人口	Population at Year-end
回族人口	Hui Ethnic
从业人数	**Employment**
年末从业人数	Employment at Year-end
职工人数	Staff and Workers
地区生产总值	**Gross Domestic Product**
第一产业	Primary Industry
第二产业	Secondary Industry
第三产业	Tertiary Industry
固定资产投资	**Investment in Fixed Assets**
全社会固定资产投资总额	Total Investment in Fixed Assets
国有单位	State-owned Unit
财　政	**Government Finance**
地方财政收入	Local Government Revenue
地方财政支出	Local Government Expenditure
农　业	**Agriculture**
年末耕地面积	Area of Cultivated Land
主要农产品产量	Output of Major Farm Products
粮　食	Grain
油　料	Oil-bearing Crops
猪牛羊肉	Pork,Beaf and Mutton
水产品	Aquatic Products
工　业	**Industry**
全部工业增加值	Gross Industrial Value-added
主要工业产品产量	Output of Major Industrial Products
原　煤	Coal
发电量	Electricity

Growth Rate of Principal Aggregate Indicators on National Economic and Social Development

2011 年为以下各年% 2011 as Percentage of the Following Years				平均每年增长% Average Annual Growth Rate	
1978	1990	2000	2010	1979–2011	2001–2011
179.8	137.3	115.4	101.0	1.8	1.3
208.9	148.6	119.7	104.3	2.3	1.6
250.4	160.9	123.3	104.2	2.8	1.9
130.7	84.0	88.7	103.5	0.8	–1.1
2289.7	**794.8**	**343.4**	**112.1**	**10.0**	**11.9**
628.1	270.5	182.5	105.1	5.7	5.6
3206.2	1249.0	477.6	117.6	11.1	15.3
3221.5	789.0	283.9	107.2	11.1	10.0
44847.1	8724.0	1191.3	130.8	20.3	25.3
18762.0	4526.0	783.4	129.9	17.2	20.6
6960.6	3530.5	1056.3	143.3	13.7	23.9
12222.5	4718.1	1160.3	126.6	15.7	25.0
127.2	142.4	87.6	99.8	0.7	–1.2
306.8	187.2	142.0	100.7	3.5	3.2
716.9	294.9	263.4	88.3	6.2	9.2
1842.4	360.9	142.2	97.0	9.2	3.3
52711.0	1031.8	285.1	117.1	20.9	10.0
3137.3	1230.8	482.2	117.3	11.0	15.4
794.0	549.7	501.7	119.9	6.5	15.8
5675.5	1674.5	685.9	160.0	13.0	19.1

2-4 续表

指 标	Item
钢 材	Rolled Steel
铝	Aluminum
水 泥	Cement
运输、邮电	**Transport and Postal**
货物周转量	Freight Ton-kilometers
旅客周转量	Passenger-kilometers
批发零售贸易餐饮业	**Wholesale and Retail Trade and Catering Services**
社会消费品零售总额	Retail Sales of Consumer Goods
对外贸易	**Foreign Trade**
进出口总额	Total Value of Imports and Exports
出口额	Exports
进口额	Imports
文化、教育、卫生	**Culture,Education and Health Care**
高等院校在校学生数	Students Enrollment of Higher Education
中等职业教育在校学生数	Students Enrollment of Secondary Vocational Schools
普通中学在校学生数	Students Enrollment of Regular Junior Secondary Schools
小学在校学生数	Students Enrollment of Primary Schools
报纸出版数	Number of Newspaper Published
医疗卫生机构数	Number of Health Care Institutions
医院病床数	Beds in Health Care Institutions
卫生技术人员	Medical Technical Personnel
人民生活	**People´s Living Conditions**
农民人均纯收入	Annual Per Capita Net Income of Rural Households
农民家庭人均生活消费支出	Annual Per Capita Living Expenditure of Rural Households
城镇居民人均可支配收入	Annual Per Capita Disposable Income of Urban Households
城镇居民人均消费支出	Annual Per Capita Consumption Expenditure of Urban Households
职工年工资总额	Total Wages Bill of Staff and Workers
职工年平均工资	Annual Average Wages of Staff and Workers
居民储蓄存款余额	Balance of Saving Deposit

continued

2011年为以下各年% 2011 as Percentage of the Following Years				平均每年增长% Average Annual Growth Rate	
1978	1990	2000	2010	1979-2011	2001-2011
2752.1	1610.7	1368.7	231.6	10.6	26.9
6467.7	1969.4	1012.5	129.3	13.5	23.4
5262.0	1520.2	519.3	107.2	12.8	16.2
1711.0	1286.2	433.6	113.7	9.0	14.3
3028.8	697.5	232.7	115.1	10.9	8.0
9471.9	1887.4	475.0	118.3	14.8	15.2
7716.8	2691.9	516.1	116.6	14.1	16.1
7042.8	2082.9	488.6	136.7	13.8	15.5
9932.0	8452.0	593.9	86.8	15.0	17.6
3162.0	1143.4	532.4	109.6	11.0	16.4
2164.3	483.7	342.3	109.6	9.8	11.8
192.1	157.3	140.6	99.6	2.0	3.1
104.9	96.4	97.9	98.4	0.1	-0.2
	220.2	163.7	93.0		4.6
502.2	356.2	304.4	261.7	5.0	10.6
317.6	220.1	167.2	109.2	3.6	4.8
293.7	167.2	167.2	107.8	3.3	4.8
4663.8	910.3	313.7	115.7	12.3	11.0
5194.1	971.9	333.5	117.8	12.7	11.6
5080.6	1237.1	357.9	114.6	12.6	12.3
4298.7	1064.0	307.0	113.8	11.6	10.7
8378.3	1759.7	458.1	119.2	14.4	14.8
6139.7	2024.3	513.5	113.9	13.3	16.0
150328.1	4119.8	589.2	115.5	24.8	17.5

2-5 国民经济主要比例关系

指 标	Item
地区生产总值中三次产业比例	**Proportion of Three Industry on GDP**
第一产业	Primary Industry
第二产业	Secondary Industry
第三产业	Tertiary Industry
从业人员中三次产业比例	**Proportion of Three Industry on Employment**
第一产业	Primary Industry
第二产业	Secondary Industry
第三产业	Tertiary Industry
农业总产值中农、林、牧、渔业比例	**Proportion of Gross Output Value of Agriculture**
农 业	Farming
林 业	Forestry
牧 业	Animal Husbandary
渔 业	Fishery
农林牧渔服务业	Services for Agriculture
工业总产值中轻、重工业比例	**Proportion of Gross Output Value of Industry**
轻工业	Light Industry
重工业	Heavy Industry
工业总产值中大中小型企业比例	**Proportion of Gross Output Value of Industry**
大型企业	Large Enterprises
中型企业	Medium-sized Enterprises
小型企业	Small Enterprises
微型企业	Macro-enterprises
财政收入占地区生产总值的比例	**Proportion of Government Revenue to GDP**
基建拨款支出占财政支出的比例	**Proportion of Capital Construction Appropriation to Government Expenditure**
科教文卫支出占财政支出的比例	**Proportion of Science,Education,Culture and Health Care to Government Expenditure**

注:按全国核算制度规定,2005 年起,农林牧渔服务业包括在第一产业中,2004 年及之前包括在第三产业中。

Major Indicators on Proportions in National Economic

1978	1980	1990	2000	2010	2011
100.0	**100.0**	**100.0**	**100.0**	**100.0**	**100.0**
23.6	26.7	26.0	15.6	9.4	8.8
50.8	45.6	39.1	41.2	49.0	50.2
25.6	27.7	34.9	43.2	41.6	41.0
100.0	**100.0**	**100.0**	**100.0**	**100.0**	**100.0**
69.5	70.0	62.2	57.6	49.7	48.9
18.6	17.7	18.2	18.1	16.5	16.3
11.9	12.3	19.6	24.3	33.8	34.8
100.0	**100.0**	**100.0**	**100.0**	**100.0**	**100.0**
78.7	82.5	70.9	60.5	63.8	63.0
3.1	3.8	5.3	4.0	2.8	2.6
18.1	13.6	21.9	33.1	26.8	27.5
0.1	0.1	1.9	2.4	2.6	2.9
				3.9	3.9
100.0	**100.0**	**100.0**	**100.0**	**100.0**	**100.0**
24.9	27.0	27.7	23.3	16.4	14.4
75.1	73.0	72.3	76.7	83.6	85.6
100.0	**100.0**	**100.0**	**100.0**	**100.0**	**100.0**
21.9	23.2	31.6	43.4	39.6	58.9
27.6	29.6	19.6	16.5	35.6	20.4
50.5	47.2	48.8	40.2	24.8	20.3
					0.5
24.3	**12.8**	**9.6**	**7.8**	**9.1**	**10.5**
38.1	**29.0**	**10.1**	**15.4**		
13.5	**13.1**	**22.5**	**20.9**	**24.7**	**23.5**

a) According to the national accounting system,from 2005,the output value of services of farming,forestry,animal husbandry and fishery were included in the first industry,whice included in the tertiery industry before 2004.

2-6 按人口平均的主要经济指标

指标	Item	单位	Unit
地区生产总值	**Gross Domestic Product**	**元**	**yuan**
农 业	**Agriculture**		
农林牧渔业总产值	Gross Output Value of Agriculture,Forestry,Animal Husbandary and Fishery	元	yuan
耕地面积	Area of Cultivated Land	亩	mu
粮食产量	Output of Grain	千克	kg
油料产量	Output of Oil-bearing Crops	千克	kg
猪牛羊肉产量	Output of Pork,Beaf and Mutton	千克	kg
水产品产量	Output of Aquatic Products	千克	kg
工 业	**Industry**		
工业总产值	Gross Output Value of Industry	元	yuan
原 煤	Coal	千克	kg
发电量	Electricity	千瓦时	kwh
钢 材	Rolled Steel	千克	kg
铝	Aluminum	千克	kg
农用化肥	Chemical Fertilizer	千克	kg
水 泥	Cement	千克	kg
财 政	**Government Finance**		
地方财政收入	Local Financial Revenue	元	yuan
地方财政支出	Local Financial Expenditure	元	yuan
全社会固定资产投资	**Total Investment in Fixed Assets**	**元**	**yuan**
社会消费品零售额	**Total Retail Sales of Consumer Goods**	**元**	**yuan**
人民生活	**People´s Living Conditions**		
职工平均工资	Annual Average Wages of Staff and Workers	元	yuan
农民人均纯收入	Annual Per Capita Net Income of Rural Residents	元	yuan
农民人均生活消费支出	Annual Per Capita Living Expenditure of Rural Households	元	yuan
城镇居民人均可支配收入	Annual Per Capita Disposable Income of Urban Households	元	yuan
城镇居民人均消费支出	Annual Per Capita Consumption Expenditure of Urban Households	元	yuan

注:本表价值指标均按当年价格计算。

Per Capita Main Indicators on Economy

1978	1980	1990	2000	2010	2011
370	**433**	**1393**	**5376**	**26860**	**33043**
137.1	173.9	530.3	1416.8	4863.3	5574.9
3.8	3.6	2.6	3.5	2.7	2.7
333.2	326.3	411.8	460.5	566.7	564.2
7.3	9.8	13.4	12.7	33.1	28.9
3.5	5.2	13.5	29.0	37.1	35.6
0.1	0.1	2.2	6.7	14.3	16.6
394.4	377.3	1390.6	5356.0	30590.6	39161.0
	2632.0	3099.8	2880.8	10513.2	12468.1
470.2	526.7	1202.0	2489.2	9312.3	14728.4
7.9	11.2	10.2	10.2	52.5	120.3
5.2	6.1	12.9	21.3	145.5	186.0
15.1	15.1	59.6	108.5	151.3	145.7
78.8	79.3	205.7	510.7	2157.8	2287.7
90.0	55.2	133.8	379.4	2440.9	3457.6
164.5	155.9	321.4	1108.6	8862.9	11095.6
121.7	**107.8**	**471.7**	**2930.3**	**23283.8**	**26000.3**
143.6	**182.8**	**543.5**	**1832.0**	**6415.6**	**7506.7**
726	863	2202	8681	39144	44574
115.9	175.1	594.3	1724.3	4674.9	5410.0
90.7	135.5	486.3	1417.1	4013.2	4726.6
346.1	464.2	1421.2	4912.5	15344.5	17578.9
300.0	403.3	1211.8	4200.5	11334.4	12896.0

a)Figures in value terms in this table are calculated at current prices.

2-7 各市县国民经济主要指标及位次(2011年)

Major Indicators on National Economic and Ranking by City and Country(2011)

地 区	Region	年平均人口(人) Average Population (person)	人口出生率(‰) Birth Rate(‰)		人口自然增长率(‰) Natural Growth Rate(‰)	
			绝对值 Rate	位次 Rank	绝对值 Rate	位次 Rank
全区总计	**Total**	**6362049.5**	**13.65**		**8.97**	
银川市	Yinchuan	1306250	9.02	2	5.65	3
永宁县	Yongning	219742	10.05	3	5.13	2
贺兰县	Helan	225213	12.05	7	6.03	5
灵武市	Lingwu	263894	13.71	11	9.48	12
石嘴山市	Shizuishan	476189	8.80	1	4.40	1
平罗县	Pingluo	254350	10.79	4	5.73	4
利通区	Litong	382331	14.29	12	9.13	11
红寺堡区	Hongsipu	167850	15.19	13	12.62	17
盐池县	Yanchi	147290	13.61	10	8.80	10
同心县	Tongxin	324499	18.22	19	13.56	19
青铜峡市	Qingtongxia	266497	11.61	6	6.43	6
原州区	Yuanzhou	415682	15.79	15	11.16	15
西吉县	Xiji	359373	18.06	18	12.51	16
隆德县	Longde	161613	12.68	9	8.28	9
泾源县	Jingyuan	101798	17.27	16	10.66	14
彭阳县	Pengyang	201667	15.32	14	9.79	13
沙坡头区	Shapotou	381068	11.58	5	7.01	7
中宁县	Zhongning	314730	12.12	8	7.35	8
海原县	Haiyuan	392020	18.03	17	13.06	18

2-7 续表 1 continued

地 区	Region	地区生产总值比上年增长(%) Growth Rate of GDP(%)		人均地区生产总值比上年增长(%) Growth Rate of Per Capita GDP(%)		人均农林牧渔业总产值(元) Per Capita of Gross Output Value of Agriculture, Forestry, Animal Husbandry and Fishery(yuan)	
		绝对值 Rate	位次 Rank	绝对值 Rate	位次 Rank	绝对值 Level	位次 Rank
全区总计	**Total**	**12.1**		**10.8**		**5574.94**	
银川市	Yinchuan	9.4	18	-1.3	19	2211.29	19
永宁县	Yongning	15.1	4	11.6	14	9364.60	3
贺兰县	Helan	15.0	5	8.4	17	9981.76	2
灵武市	Lingwu	18.1	2	11.4	15	5948.32	10
石嘴山市	Shizuishan	13.3	10	9.9	16	2379.59	18
平罗县	Pingluo	13.2	11	18.1	4	10879.21	1
利通区	Litong	13.8	8	13.3	11	6850.18	8
红寺堡区	Hongsipu	10.5	13	5.4	18	3893.88	17
盐池县	Yanchi	14.0	7	16.7	6	6708.85	9
同心县	Tongxin	10.0	16	17.1	5	5303.18	12
青铜峡市	Qingtongxia	13.5	9	15.4	8	8991.35	5
原州区	Yuanzhou	18.1	2	15.4	7	4955.17	14
西吉县	Xiji	9.2	19	18.9	3	5330.98	11
隆德县	Longde	10.2	15	13.1	12	4833.47	15
泾源县	Jingyuan	10.0	16	14.4	9	5021.28	13
彭阳县	Pengyang	14.9	6	26.9	1	9011.70	4
沙坡头区	Shapotou	10.8	12	13.7	10	8095.94	7
中宁县	Zhongning	18.2	1	19.7	2	8573.16	6
海原县	Haiyuan	10.4	14	12.8	13	3972.58	16

2-7 续表 2　continued

地　区	Region	人均耕地面积(亩) Per Capita Cultivated Area(mu)		人均粮食产量(千克) Per Capita Output of Grain(kg)		人均油料产量(千克) Per Capita Oil-bearing Crops(kg)	
		绝对值 Level	位次 Rank	绝对值 Level	位次 Rank	绝对值 Level	位次 Rank
全区总计	**Total**	**2.67**		**564.20**		**28.94**	
银川市	Yinchuan	0.40	19	166.10	19	1.30	19
永宁县	Yongning	2.22	12	1081.14	2	3.21	18
贺兰县	Helan	2.51	11	1058.49	3	10.90	15
灵武市	Lingwu	1.37	16	638.98	10	19.75	10
石嘴山市	Shizuishan	0.73	18	177.03	18	12.30	14
平罗县	Pingluo	3.23	7	1409.63	1	91.40	1
利通区	Litong	1.12	17	469.91	14	9.07	16
红寺堡区	Hongsipu	2.55	9	607.12	11	28.33	8
盐池县	Yanchi	8.99	1	679.58	9	90.85	2
同心县	Tongxin	7.46	2	891.36	6	71.15	4
青铜峡市	Qingtongxia	1.84	14	1011.32	4	5.29	17
原州区	Yuanzhou	4.47	6	409.41	15	83.37	3
西吉县	Xiji	4.86	5	693.00	8	41.82	6
隆德县	Longde	2.86	8	559.42	12	39.55	7
泾源县	Jingyuan	2.55	9	334.54	17	14.89	12
彭阳县	Pengyang	5.05	4	917.57	5	21.94	9
沙坡头区	Shapotou	1.66	15	386.70	16	12.96	13
中宁县	Zhongning	1.89	13	875.57	7	18.04	11
海原县	Haiyuan	5.68	3	492.31	13	66.79	5

2-7 续表 3　continued

地　区	Region	人均猪牛羊肉产量(千克) Per Capita Output of Pork, Beaf and Mutton(kg)		人均水产品产量(千克) Per Capita Output of Aquatic Products(kg)		人均地方财政收入(元) Per Capita Local Financial Revenue(yuan)	
		绝对值 Level	位次 Rank	绝对值 Level	位次 Rank	绝对值 Level	位次 Rank
全区总计	**Total**	**35.62**		**16.57**		**3457.64**	
银川市	Yinchuan	7.75	19	10.95	7	1580.06	9
永宁县	Yongning	47.77	8	40.01	3	3416.01	3
贺兰县	Helan	27.69	15	123.99	1	4145.45	2
灵武市	Lingwu	61.27	5	8.67	8	5373.71	1
石嘴山市	Shizuishan	11.44	18	16.24	6	1090.72	10
平罗县	Pingluo	46.52	9	93.18	2	2682.96	4
利通区	Litong	25.92	16	4.46	10	498.02	13
红寺堡区	Hongsipu	24.97	17			499.73	12
盐池县	Yanchi	98.92	1	0.22	12	2476.07	6
同心县	Tongxin	46.35	10			376.89	14
青铜峡市	Qingtongxia	54.52	6	36.06	4	2577.18	5
原州区	Yuanzhou	34.87	12			360.06	15
西吉县	Xiji	42.55	11	0.36	11	235.41	18
隆德县	Longde	50.78	7			286.86	17
泾源县	Jingyuan	75.14	3			346.86	16
彭阳县	Pengyang	85.18	2			819.12	11
沙坡头区	Shapotou	28.08	14	17.06	5	1661.99	8
中宁县	Zhongning	72.36	4	8.48	9	1736.73	7
海原县	Haiyuan	30.02	13	0.08	13	165.91	19

2-7 续表 4　continued

地　区	Region	人均财政支出(元) Per Capita Local Financial Expenditure(yuan)		人均固定资产投资(元) Per Capita Investment in Fixed Assets(yuan)		人均社会消费品零售额(元) Per Capita Retail Sales of Consumer Goods(yuan)	
		绝对值 Level	位次 Rank	绝对值 Level	位次 Rank	绝对值 Level	位次 Rank
全区总计	**Total**	**11095.63**		**25126.35**		**7506.72**	
银 川 市	Yinchuan	2797.72	18	23999.89	9	14915.02	2
永 宁 县	Yongning	8227.69	7	34529.13	3	5051.27	7
贺 兰 县	Helan	7269.34	11	33511.12	4	26295.89	1
灵 武 市	Lingwu	9597.49	4	86269.94	1	3532.27	12
石嘴山市	Shizuishan	3128.80	17	40799.05	2	10617.38	3
平 罗 县	Pingluo	7952.07	8	28511.22	6	6575.23	5
利 通 区	Litong	1960.13	19	25288.64	8	7895.80	4
红寺堡区	Hongsipu	12993.86	1	15683.82	12	1598.44	18
盐 池 县	Yanchi	11905.83	2	33123.36	5	4960.78	8
同 心 县	Tongxin	7065.08	13	8329.33	16	2196.96	16
青铜峡市	Qingtongxia	4336.63	16	22081.26	10	4641.64	9
原 州 区	Yuanzhou	4490.62	15	10460.52	14	4409.44	10
西 吉 县	Xiji	7194.56	12	7390.51	18	2507.01	13
隆 德 县	Longde	8841.92	5	9790.36	15	2155.60	17
泾 源 县	Jingyuan	10040.47	3	8119.31	17	2293.38	14
彭 阳 县	Pengyang	8336.56	6	11191.72	13	2271.23	15
沙坡头区	Shapotou	7944.07	9	19130.94	11	5480.89	6
中 宁 县	Zhongning	7546.28	10	26872.91	7	3774.00	11
海 原 县	Haiyuan	5993.47	14	6388.70	19	1441.27	19

2-7 续表 5　continued

地　区	Region	职工平均工资(元) Average Wage of Staff and Workers(yuan)		农民人均纯收入(元) Per Capita Net Income of Rural Residents(yuan)		农民人均生活消费支出(元) Annual Per Capita Living Expenditure of Rural Households(yuan)	
		绝对值 Level	位次 Rank	绝对值 Level	位次 Rank	绝对值 Level	位次 Rank
全区总计	**Total**	**44574**		**5410**		**4727**	
银川市	Yinchuan	52627	1				
永宁县	Yongning	30963	18	6783	6	5757	5
贺兰县	Helan	32385	15	7200	4	8006	1
灵武市	Lingwu	36103	11	7566	3	6504	2
石嘴山市	Shizuishan	41469	4				
平罗县	Pingluo	31920	17	7138	5	6081	3
利通区	Litong	35418	13	7752	1	5099	9
红寺堡区	Hongsipu	32270	16	4048	14	5209	8
盐池县	Yanchi	39076	7	4096	12	4658	10
同心县	Tongxin	33574	14	3963	16	3770	14
青铜峡市	Qingtongxia	29455	19	7585	2	5499	7
原州区	Yuanzhou	40208	6	4189	10	4160	11
西吉县	Xiji	41186	5	4035	15	3651	15
隆德县	Longde	38087	8	4076	13	3802	13
泾源县	Jingyuan	43413	3	4452	9	4114	12
彭阳县	Pengyang	47355	2	4172	11	3469	16
沙坡头区	Shapotou	36640	9	6195	7	6065	4
中宁县	Zhongning	35623	12	6070	8	5541	6
海原县	Haiyuan	36227	10	3633	17	3453	17

第三篇 Chapter3

国民经济核算 National Economic Accounting

责任编辑：张学武

资料整理：张学武 马 潇 圣希明 万自梅 杨 柳

Coordinator: Zhang Xuewu

Data Compilation: Zhang Xuewu Ma Xiao Sheng Ximing Wan Zimei Yang Liu

3-1 主要年份地区生产总值
Gross Domestic Product

单位:亿元　　（按当年价格计算Caculated at constant prices）　　(100 million yuan)

年份 Year	地区生产总值 Gross Domestic Product	第一产业 Primary Industry	第二产业 Secondary Industry	工业 Industry	建筑业 Construction	第三产业 Tertiary Industry
1978	13.00	3.06	6.60	5.59	1.02	3.33
1979	14.36	3.41	7.36	6.37	0.99	3.58
1980	15.96	4.26	7.27	6.17	1.10	4.43
1985	30.27	8.90	12.12	9.32	2.80	9.25
1990	64.84	16.84	25.34	21.29	4.05	22.66
1995	175.19	35.41	74.67	63.37	11.30	65.10
1996	202.90	43.28	80.54	68.97	11.57	79.09
1997	224.59	44.87	88.67	74.99	13.68	91.05
1998	245.44	48.75	95.11	78.33	16.78	101.58
1999	264.58	48.08	103.82	83.51	20.32	112.67
2000	295.02	46.03	121.43	96.70	24.73	127.56
2001	337.44	49.67	135.89	106.82	29.06	151.89
2002	377.16	52.95	153.06	120.54	32.52	171.14
2003	445.36	55.63	194.27	151.22	43.05	195.46
2004	537.11	65.33	244.05	197.54	46.50	227.73
2005	612.61	72.07	281.05	228.37	52.68	259.49
2006	725.90	79.54	351.58	287.55	64.03	294.78
2007	919.11	97.89	455.04	376.71	78.33	366.18
2008	1203.92	118.94	609.98	506.98	103.00	475.00
2009	1353.31	127.25	662.32	520.38	141.94	563.74
2010	1689.65	159.29	827.91	643.05	184.86	702.45
2011	2102.21	184.14	1056.15	816.79	239.36	861.92

注:按全国核算制度规定,2005 年起,农林牧渔服务业包括在第一产业中,2004 年及之前包括在第三产业中。

a) According to the national accounting system,from 2005,the output value of services of farming,forestry,animal husbandry and fishery were included in the first industry,which included in the tertiery industry before 2004.

3-1 表续 continued

单位:亿元 (100 million yuan)

年份 Year	第三产业 Tertiary Industry					人均地区生产总值(元/人) Per Capita Gross Domestic Product (yuan/person)
	交通运输、仓储和邮政业 Transport, Storage and Post Service	批发和零售业、住宿和餐饮业 Wholesale,Retail Trade, Hoteling and Catering Services	金融业 Finance and Insurance	房地产业 Real Estate	其他服务业 Other Services	
1978	0.66	0.96	0.43	0.08	1.20	370
1979	0.65	0.97	0.53	0.09	1.35	399
1980	0.82	1.12	0.73	0.10	1.65	433
1985	1.75	1.87	1.98	0.22	3.43	737
1990	3.49	5.32	5.57	0.50	7.78	1393
1995	9.84	15.36	19.32	2.15	18.44	3448
1996	14.46	18.77	20.76	2.82	22.28	3926
1997	18.69	20.87	21.96	3.94	25.59	4277
1998	22.17	22.72	21.18	5.15	30.37	4607
1999	26.16	24.33	20.47	7.01	34.70	4900
2000	29.55	26.24	21.57	8.86	41.34	5376
2001	37.04	29.18	21.37	13.19	51.11	6039
2002	43.54	32.25	21.45	13.46	60.44	6647
2003	49.97	36.53	24.80	16.85	67.30	7734
2004	56.83	44.53	27.94	20.78	77.65	9199
2005	47.53	52.19	32.25	22.97	104.55	10349
2006	56.23	57.21	36.99	25.53	118.82	12099
2007	67.53	71.76	51.05	29.49	146.35	15142
2008	93.29	92.89	64.80	38.85	185.17	19609
2009	114.77	100.11	75.54	47.56	225.76	21777
2010	145.17	120.50	97.87	60.53	278.38	26860
2011	174.10	147.14	134.18	79.01	327.49	33043

注:由于国民经济行业的调整,2004 年以前的交通运输、仓储和邮政业中包括电信和其他信息传输服务业,2005 年以后,行业更名为“交通运输仓储和邮政业”。

3-2 地区生产总值构成

Composition of Gross Domestic Product

单位:%　　（按当年价格计算 Caculated at constant prices）　　(%)

年份 Year	地区生产总值 Gross Domestic Product	第一产业 Primary Industry	第二产业 Secondary Industry	工业 Industry	建筑业 Constru-ction	第三产业 Tertiary Industry	交通运输、仓储和邮政业 Transport, Storage and Post Service	批发和零售业、住宿和餐饮业 Wholesale,Retail Trade, Hoteling and Catering Services
1978	100.0	23.6	50.8	43.0	7.8	25.6	5.1	7.4
1979	100.0	23.7	51.3	44.4	6.9	25.0	4.5	6.7
1980	100.0	26.7	45.6	38.7	6.9	27.8	5.1	7.0
1985	100.0	29.4	40.0	30.8	9.3	30.5	5.8	6.2
1990	100.0	26.0	39.1	32.8	6.2	34.9	5.4	8.2
1995	100.0	20.2	42.6	36.2	6.5	37.2	5.6	8.8
1996	100.0	21.3	39.7	34.0	5.7	39.0	7.1	9.2
1997	100.0	20.0	39.5	33.4	6.1	40.5	8.3	9.3
1998	100.0	19.9	38.7	31.9	6.8	41.4	9.0	9.3
1999	100.0	18.2	39.2	31.6	7.7	42.6	9.9	9.2
2000	100.0	15.6	41.2	32.8	8.4	43.2	10.0	8.9
2001	100.0	14.7	40.3	31.7	8.6	45.0	11.0	8.6
2002	100.0	14.0	40.6	32.0	8.6	45.4	11.5	8.6
2003	100.0	12.5	43.6	34.0	9.7	43.9	11.2	8.2
2004	100.0	12.2	45.4	36.8	8.7	42.4	10.6	8.3
2005	100.0	11.8	45.9	37.3	8.6	42.3	7.8	8.5
2006	100.0	11.0	48.4	39.6	8.8	40.6	7.7	7.9
2007	100.0	10.7	49.5	41.0	8.5	39.8	7.3	7.8
2008	100.0	9.9	50.7	42.1	8.6	39.5	7.7	7.7
2009	100.0	9.4	48.9	38.5	10.5	41.7	8.5	7.4
2010	100.0	9.4	49.0	38.1	10.9	41.6	8.6	7.1
2011	100.0	8.8	50.2	38.8	11.4	41.0	8.3	7.0

3-3 地区生产总值指数

Indices of Gross Domestic Product

单位:% (1978 年=100) (%)

年份 Year	地区生产总值 Gross Domestic Product	第一产业 Primary Industry	第二产业 Secondary Industry	工业 Industry	建筑业 Construction	第三产业 Tertiary Industry	交通运输、仓储和邮政业 Transport, Storage and Post Service	批发和零售业、住宿和餐饮业 Wholesale,Retail Trade, Hoteling and Catering Services
1979	106.4	91.3	112.8	115.3	99.9	107.0	104.5	102.2
1980	114.8	107.5	115.5	115.9	114.5	120.5	122.4	108.1
1985	196.9	197.7	171.0	155.4	259.2	245.4	263.3	159.0
1990	288.1	232.2	256.7	254.9	269.9	408.3	384.8	354.7
1995	426.3	251.0	416.9	411.3	436.1	669.4	673.1	629.7
1996	472.6	296.5	455.6	457.1	420.9	722.0	825.2	704.0
1997	510.1	306.4	493.8	492.9	474.9	810.2	977.1	755.4
1998	554.9	336.5	532.8	525.1	561.9	895.9	1127.5	823.4
1999	605.1	351.0	585.0	568.8	673.1	1017.0	1338.4	881.9
2000	666.8	344.2	671.3	650.6	787.6	1134.7	1540.5	953.3
2001	734.2	366.1	746.9	717.3	907.5	1251.9	1713.0	1035.3
2002	809.4	388.4	841.8	814.5	994.4	1369.1	1939.1	1132.6
2003	911.8	397.7	998.7	951.5	1249.6	1511.1	2131.1	1257.2
2004	1014.0	412.9	1146.6	1129.2	1260.5	1658.6	2280.3	1389.2
2005	1124.5	426.1	1322.0	1323.5	1355.0	1806.2	2444.5	1549.0
2006	1267.3	453.4	1542.8	1552.4	1543.3	1990.5	2686.5	1663.6
2007	1428.3	482.9	1792.7	1811.7	1759.4	2195.5	2877.2	1788.4
2008	1608.2	518.6	2054.5	2067.2	2055.0	2448.0	3170.7	1931.5
2009	1799.6	556.4	2350.3	2337.9	2470.1	2692.8	3265.8	2103.3
2010	2042.5	597.6	2726.4	2674.6	3035.8	3005.1	3549.9	2311.6
2011	2289.7	628.1	3206.2	3137.3	3603.4	3221.5	3883.6	2482.6

3-3 表续 continued

单位:% （上年=100） (%)

年份 Year	地区生产总值 Gross Domestic Product	第一产业 Primary Industry	第二产业 Secondary Industry	工业 Industry	建筑业 Construction	第三产业 Tertiary Industry	交通运输、仓储和邮政业 Transport, Storage and Post Service	批发和零售业、住宿和餐饮业 Wholesale,Retail Trade, Hoteling and Catering Servic
1978	108.9	106.0	110.1	108.8	118.2	109.0	109.3	103.1
1980	107.9	117.7	102.4	100.5	114.6	112.6	117.1	105.8
1985	117.8	108.0	122.6	119.6	133.8	120.8	126.8	111.4
1990	103.7	103.4	102.5	100.4	115.0	105.3	97.6	108.6
1995	109.5	101.1	113.3	114.4	106.7	111.0	115.5	105.8
1996	110.9	118.1	109.3	111.1	96.5	107.9	122.6	111.8
1997	107.9	103.3	108.4	107.8	112.8	112.2	118.4	107.3
1998	108.8	109.8	107.9	106.5	118.3	110.6	115.4	109.0
1999	109.1	104.3	109.8	108.3	119.8	113.5	118.7	107.1
2000	110.2	98.1	114.8	114.4	117.0	111.6	115.1	108.1
2001	110.1	106.4	111.3	110.2	115.2	110.3	111.2	108.6
2002	110.2	106.1	112.7	113.5	109.6	109.4	113.2	109.4
2003	112.7	102.4	118.6	116.8	125.7	110.4	109.9	111.0
2004	111.2	103.8	114.8	118.7	100.9	109.8	107.0	110.5
2005	110.9	103.2	115.3	117.2	107.5	108.9	107.2	111.5
2006	112.7	106.4	116.7	117.3	113.9	110.2	109.9	107.4
2007	112.7	106.5	116.2	116.7	114.0	110.3	107.1	107.5
2008	112.6	107.4	114.6	114.1	116.8	111.5	110.2	108.0
2009	111.9	107.3	114.4	113.1	120.2	110.0	103.0	108.9
2010	113.5	107.4	116.0	114.4	122.9	111.6	108.7	109.9
2011	112.1	105.1	117.6	117.3	118.7	107.2	109.4	107.4

3-4 分行业增加值及构成
Value-added by Sector and Composition

行　业	Sector	增加值（亿元） Added Valve(100 million yuan)			增加值构成(%) Composition(%)		
		2009	2010	2011	2009	2010	2011
总　计	**Total**	**1353.31**	**1689.65**	**2102.21**	**100.0**	**100.0**	**100.0**
第一产业	**Primary Industry**	**127.25**	**159.29**	**184.14**	**9.4**	**9.4**	**8.8**
农林牧渔业	Agriculture,Forestry, Animal Husbandry and Fishery	127.25	159.29	184.14	9.4	9.4	8.8
第二产业	**Secondary Industry**	**662.32**	**827.91**	**1056.15**	**48.9**	**49.0**	**50.2**
工业	Industry	520.38	643.05	816.79	38.5	38.1	38.9
采矿业	Mining	120.54	173.32	224.79	8.9	10.3	10.7
制造业	Manufacturing	299.67	339.81	428.71	22.1	20.1	20.4
电力、燃气及水的生产和供应业	Production and Supply of Electricity, Gas and Water	100.17	129.92	163.29	7.5	7.7	7.8
建筑业	Construction	141.94	184.86	239.36	10.4	10.9	11.4
第三产业	**Tertiary Industry**	**563.74**	**702.45**	**861.92**	**41.7**	**41.6**	**41.0**
交通运输、仓储和邮政业	Transport,Storage and Post	114.77	145.17	174.10	8.5	8.6	8.3
信息传输、计算机服务和软件业	Information Transmission, Computer Services and Software	46.27	57.38	66.08	3.4	3.4	3.1
批发和零售业	Wholesale and Retail Trades	74.52	89.50	109.99	5.5	5.3	5.2
住宿和餐饮业	Hotels and Catering Services	25.59	31.00	37.15	1.9	1.8	1.8
金融业	Financial Intermediation	75.54	97.87	134.18	5.6	5.8	6.4
房地产业	Real Estate	47.56	60.53	79.01	3.5	3.6	3.8
租赁和商务服务业	Leasing and Business Services	11.81	13.30	19.74	0.9	0.8	0.9
科学研究、技术服务和地质勘查业	Scientific Research,Technical Services and Geologic Prospecting	11.14	12.06	15.55	0.8	0.7	0.7
水利、环境和公共设施管理业	Management of Water Conservancy, Environment and Public Facilities	7.16	7.82	10.32	0.5	0.5	0.5
居民服务和其他服务业	Services to Households and Other Services	20.15	27.86	37.41	1.5	1.6	1.8
教育	Education	41.46	49.27	58.20	3.1	2.9	2.8
卫生、社会保障和社会福利业	Health,Social Security and Social Welfare	19.42	24.59	29.00	1.4	1.5	1.4
文化、体育和娱乐业	Culture,Sports and Entertainment	6.40	7.18	8.27	0.5	0.4	0.4
公共管理和社会组织	Public Management and Social Organizations	61.95	78.92	82.92	4.6	4.7	3.9

注：本表按当年价格计算。

a)Data in this table are calculated at current prices.

3-5 主要年份支出法地区生产总值

Gross Domestic Product by Expenditure Approach in Main Years

年份 Year	地区生产总值（亿元） Gross Demestic Product(100 million yuan)	最终消费 Final Consumption	资本形成总额 Gross Capital Formation	货物和服务净出口 Net Exports of Goods and Services	最终消费率（消费率）(%) Final Consumption Rate(%)	资本形成率（投资率）(%) Capital Formation Rate(%)
1978	13.00	9.87	9.04	-5.91	75.9	69.5
1979	14.36	10.90	9.37	-5.91	75.9	65.3
1980	15.96	12.81	8.07	-4.92	80.3	50.6
1985	30.27	25.72	19.12	-14.57	85.0	63.2
1990	64.84	47.87	37.22	-20.25	73.8	57.4
1995	175.19	114.82	86.16	-25.79	65.5	49.2
1996	202.90	126.78	105.07	-28.95	62.5	51.8
1997	224.59	133.78	112.61	-21.80	59.6	50.1
1998	245.44	145.54	140.56	-40.66	59.3	57.3
1999	264.58	159.16	152.37	-46.95	60.2	57.6
2000	295.02	193.89	174.47	-73.34	65.7	59.1
2001	337.44	231.99	221.96	-116.51	68.8	65.8
2002	377.16	260.38	265.40	-148.62	69.0	70.4
2003	445.36	291.69	324.03	-170.36	65.5	72.8
2004	537.11	338.66	412.13	-213.68	63.1	76.7
2005	612.61	401.11	505.73	-294.23	65.5	82.6
2006	725.90	460.41	588.83	-323.34	63.4	81.1
2007	919.11	538.50	688.58	-307.97	58.6	74.9
2008	1203.92	652.95	968.45	-417.48	54.2	80.4
2009	1353.31	656.05	1244.60	-543.62	48.5	92.0
2010	1689.65	824.91	1563.26	-698.52	48.8	92.5
2011	2102.21	1020.18	1754.58	-672.55	48.5	83.5

注：本表按当年价格计算。

a)Data in this table are calculated at current prices.

3-6 主要年份最终消费及构成

Final Consumption Expenditure and Its Composition in Main Years

年份 Year	绝对数(亿元) Level(100 million yuan)					构成(%) Composition(%)			
						最终消费=100 Final Consumption=100		居民消费=100 Houseold Consumption=100	
	最终消费 Household Consumption	居民消费 Household Consumption	农村居民 Rural Household	城镇居民 Urban Household	政府消费 Government Consumption	居民消费 Household Consumption	政府消费 Government Consumption	农村居民 Rural Household	城镇居民 Urban Household
1978	9.87	7.61	4.86	2.75	2.26	77.1	22.9	63.9	36.1
1979	10.90	8.11	4.63	3.48	2.79	74.4	25.6	57.1	42.9
1980	12.81	9.78	5.44	4.34	3.03	76.3	23.7	55.6	44.4
1985	25.72	17.67	10.60	7.07	8.05	68.7	31.3	60.0	40.0
1990	47.87	33.88	17.91	15.97	13.99	70.8	29.2	52.9	47.1
1995	114.82	85.79	40.50	45.29	29.03	74.7	25.3	47.2	52.8
1996	126.78	95.51	45.64	49.87	31.27	75.3	24.7	47.8	52.2
1997	133.78	100.97	46.29	54.68	32.81	75.5	24.5	45.8	54.2
1998	145.54	109.00	48.20	60.80	36.54	74.9	25.1	44.2	55.8
1999	159.16	115.57	48.63	66.94	43.59	72.6	27.4	42.1	57.9
2000	193.89	135.49	52.74	82.75	58.40	69.9	30.1	38.9	61.1
2001	231.99	145.90	51.89	94.01	86.09	62.9	37.1	35.6	64.4
2002	260.38	163.02	53.99	109.03	97.36	62.6	37.4	33.1	66.9
2003	291.69	189.37	63.49	125.88	102.32	64.9	35.1	33.5	66.5
2004	338.66	226.17	72.84	153.33	112.49	66.8	33.2	32.2	67.8
2005	401.11	264.57	80.50	184.07	136.54	66.0	34.0	30.4	69.6
2006	460.41	304.18	84.94	219.24	156.23	66.1	33.9	27.9	72.1
2007	538.50	348.58	96.31	252.27	189.92	64.7	35.3	27.6	72.4
2008	652.95	436.43	112.60	323.83	216.52	66.8	33.2	25.8	74.2
2009	656.05	492.05	119.85	372.20	164.00	75.0	25.0	24.4	75.6
2010	824.91	565.65	129.81	435.84	259.26	68.6	31.4	23.0	77.1
2011	1020.18	695.83	165.83	530.00	324.35	68.2	31.8	23.8	76.2

3-7 主要年份资本形成总额及构成

Gross Capital Formation and Its Composition in Main Years

年份 Year	资本形成总额 Gross Capital Formation				
	绝对数(亿元) Level (100 million yuan)			构成(%) Composition(%)	
		固定资本形成总额 Gross Fixed Capital Formation	存货增加 Change in Inventories	固定资本形成总额 Gross Fixed Capital Formation	存货增加 Change in Inventories
1978	9.04	7.95	1.09	87.9	12.1
1979	9.37	8.78	0.59	93.7	6.3
1980	8.07	7.48	0.59	92.7	7.3
1985	19.12	17.05	2.07	89.2	10.8
1990	37.22	25.47	11.75	68.4	31.6
1995	86.16	70.12	16.04	81.4	18.6
1996	105.07	77.32	27.75	73.6	26.4
1997	112.61	88.10	24.51	78.2	21.8
1998	140.56	108.65	31.91	77.3	22.7
1999	152.37	130.61	21.76	85.7	14.3
2000	174.47	160.82	13.65	92.2	7.8
2001	221.96	195.81	26.15	88.2	11.8
2002	265.40	230.83	34.57	87.0	13.0
2003	324.03	318.21	5.82	98.2	1.8
2004	412.13	379.72	32.41	92.1	7.9
2005	505.73	469.62	36.11	92.9	7.1
2006	588.83	574.59	14.24	97.6	2.4
2007	688.58	652.20	36.38	94.7	5.3
2008	968.45	898.25	70.20	92.8	7.2
2009	1244.60	1185.35	59.25	95.2	4.8
2010	1563.26	1489.96	73.30	95.3	4.7
2011	1754.58	1653.19	101.39	94.2	5.8

3-8 按支出法计算的地区生产总值

Gross Domestic Product by Expenditure Approach

指标	Item	绝对数(亿元) Level (100 million yuan)		构成(%) Composition(%)	
		2010	2011	2010	2011
地区生产总值	**Gross Demestic Product**	**1689.65**	**2102.21**	**100.0**	**100.0**
最终消费	**Final Consumption**	**824.91**	**1020.18**	**48.8**	**48.5**
居民消费	Household Consumption	565.65	695.83	33.5	33.1
农村居民	Rural Household	129.81	165.83	7.7	7.9
城镇居民	Urban Household	435.84	530.00	25.8	25.2
政府消费	Government Consumption	259.26	324.35	15.3	15.4
资本形成总额	**Gross Capital Formation**	**1563.26**	**1754.58**	**92.5**	**83.5**
固定资本形成总额	Gross Fixed Capital	1489.96	1653.19	88.2	78.6
存货增加	Change in Inventories	73.30	101.39	4.3	4.8
货物和服务净出口	**Net Exports of Goods and Services**	**-698.52**	**-672.55**	**-41.3**	**-32.0**

3-9 按消费类型划分的最终消费(2011 年)

Final Consumption Expenditure by Patterns(2011)

单位:亿元 (100 million yuan)

指 标	Item	绝对数 Level	构成(%) Composition(%)
最终消费支出	**Final Consumption Expenditures**	**1020.18**	**100.0**
居民消费支出	**Household Consumption**	**695.83**	**68.2**
农村居民	**Rural Household**	**165.83**	**16.3**
食品类支出	Food	57.31	5.6
衣着类支出	Clothing	12.36	1.2
居住类支出	Residence	13.13	1.3
家庭设备、用品及服务类支出	Household Facilities,Articles and Services	10.27	1.0
医疗保健类支出	Health Care and Personal Articles	16.48	1.6
交通和通信类支出	Transportation and Communications	16.11	1.6
文教娱乐用品及服务类支出	Recreation,Education and Culture Articles	10.55	1.0
银行中介服务消费支出	Financial Service	10.02	1.0
保险服务消费支出	Insurance Service	3.27	0.3
自有住房服务虚拟支出	Imaginary Expenditure of Freeform Resident Services	12.04	1.2
其他商品和服务类支出	Other Goods and Services	4.29	0.4
城镇居民	**Urban Household**	**530.00**	**52.0**
食品类支出	Food	139.46	13.7
衣着类支出	Clothing	52.93	5.2
居住类支出	Residence	38.79	3.8
家庭设备、用品及服务类支出	Household Facilities,Articles and Services	27.89	2.7
医疗保健类支出	Health Care and Personal Articles	51.31	5.0
交通和通信类支出	Transportation and Communications	50.94	5.0
文教娱乐用品及服务类支出	Recreation,Education and Culture Articles	44.83	4.4
银行中介服务消费支出	Financial Service	42.95	4.2
保险服务消费支出	Insurance Service	6.13	0.6
自有住房服务虚拟支出	Imaginary Expenditure of Freeform Resident Services	42.67	4.2
实物消费支出	Reality Consumption	15.88	1.6
其他商品和服务类支出	Other Goods and Services	16.22	1.6
政府消费支出	**Government Consumption**	**324.35**	**31.8**

注:本表按当年价格计算。
a)Data in this table are calculated at current prices.

3-10 按行业划分的资本形成总额(2011 年)

Gross Capital Formation by Sector(2011)

单位:亿元 (100 million yuan)

指　标	Item	绝对数 Level	构成(%) Composition(%)
固定资本形成总额	**Gross Fixed Capital Formation**	**1653.19**	**100.0**
住宅	Residence	247.82	15.0
非住宅建筑物	Non-residential Buildings	1000.55	60.5
机器和设备	Machinery and Equipment	388.91	23.5
土地改良支出	Land Improvement Expenditure	0.24	0.0
矿藏勘探费	Mineral Exploration Costs	13.44	0.8
计算机软件	Computer Software	2.23	0.1
存货增加	**Change in Inventories**	**101.39**	**100.0**
第一产业	**Primary Industry**	**-9.14**	**-9.0**
农林牧渔业	Agriculture,Forestry,Animal Husbandary and Fishery	-9.14	-9.0
第二产业	**Secondary Industry**	**100.78**	**99.4**
工业	Industry	90.60	89.4
建筑业	Construction	10.18	10.0
第三产业	**Tertiary Industry**	**9.75**	**9.6**
交通运输、仓储和邮政业	Transport,Storage and Post	-0.60	-0.6
批发和零售业	Wholesales and Retail Trades	1.38	1.4
住宿和餐饮业	Hotels and Catering Services	1.05	1.0
房地产业	Real Estate	6.22	6.1
其他行业	Others	1.70	1.7

注:本表按当年价格计算。
a)Data in this table are calculated at current prices.

3-11 各市县地区生产总值(2011 年)

Gross Domestic Product by City and Country(2011)

单位:万元 (10 000 yuan)

地 区	Region	地区生产总值 Gross Domestic Product	第一产业 Primary Industry	第二产业 Secondary Industry	工业 Industry	建筑业 Construction	第三产业 Tertiary Industry
全区总计	**Total**	**21022100**	**1841400**	**10561500**	**8167900**	**2393600**	**8619200**
银川市	Yinchuan	6070457	159006	2465211	1597780	867431	3446240
永宁县	Yongning	793339	111339	475695	328349	147346	206305
贺兰县	Helan	766519	118154	416938	297253	119685	231427
灵武市	Lingwu	2236446	82010	1894627	1741199	153428	259809
石嘴山市	Shizuishan	2676297	59298	1786309	1541278	245031	830690
平罗县	Pingluo	1003911	150211	582787	516871	65916	270914
利通区	Litong	882793	136832	432304	300050	132254	313658
红寺堡区	Hongsipu	88264	34610	27343	11327	16016	26311
盐池县	Yanchi	372149	47105	186375	123639	62736	138669
同心县	Tongxin	315960	82266	121970	84685	37285	111724
青铜峡市	Qingtongxia	1060425	131184	683147	592725	90422	246094
原州区	Yuanzhou	592497	100083	147264	90941	56323	345150
西吉县	Xiji	293439	93779	72071	28288	43783	127589
隆德县	Longde	127070	35319	32366	14441	17925	59385
泾源县	Jingyuan	82687	21901	24656	10811	13845	36130
彭阳县	Pengyang	246119	89895	85347	63716	21631	70877
沙坡头区	Shapotou	1044698	166055	420868	351823	69045	457775
中宁县	Zhongning	917362	141092	500448	338882	161566	275822
海原县	Haiyuan	253841	81229	49493	15098	34395	123119

3-11 表续　continued

地　区	Region	构成(%) Conposition(%)			指数(上年=100) Indices(preceding year=100)				人均地区生产总值(元/人) Per Capita GDP (yuan/person)
		第一产业 Primary Industry	第二产业 Secondary Industry	第三产业 Tertiary Industry	地区生产总值 Gross Demestic Product	第一产业 Primary Industry	第二产业 Secondary Industry	第三产业 Tertiary Industry	
全区总计	**Total**	**8.8**	**50.2**	**41.0**	**112.1**	**105.1**	**117.6**	**107.2**	**33043**
银川市	Yinchuan	2.6	40.6	56.8	109.4	105.1	113.5	106.8	46472
永宁县	Yongning	14.0	60.0	26.0	115.1	104.8	118.0	114.4	36103
贺兰县	Helan	15.4	54.4	30.2	115.0	105.1	120.2	111.0	34035
灵武市	Lingwu	3.7	84.7	11.6	118.1	105.1	120.9	105.5	84748
石嘴山市	Shizuishan	2.2	66.7	31.0	113.3	104.7	115.3	110.0	56202
平罗县	Pingluo	15.0	58.1	27.0	113.2	104.8	116.7	110.8	39470
利通区	Litong	15.5	49.0	35.5	113.8	105.0	119.0	109.7	23090
红寺堡区	Hongsipu	39.2	31.0	29.8	110.5	104.2	123.0	108.0	5259
盐池县	Yanchi	12.7	50.1	37.3	114.0	105.0	120.7	109.3	25267
同心县	Tongxin	26.0	38.6	35.4	110.0	104.8	114.1	109.7	9737
青铜峡市	Qingtongxia	12.4	64.4	23.2	113.5	104.7	117.3	108.5	39791
原州区	Yuanzhou	16.9	24.9	58.3	118.1	104.9	155.9	110.5	14254
西吉县	Xiji	32.0	24.6	43.5	109.2	104.8	121.6	106.6	8165
隆德县	Longde	27.8	25.5	46.7	110.2	105.2	124.3	106.9	7863
泾源县	Jingyuan	26.5	29.8	43.7	110.0	104.9	121.3	106.6	8123
彭阳县	Pengyang	36.5	34.7	28.8	114.9	104.6	140.1	108.9	12204
沙坡头区	Shapotou	15.9	40.3	43.8	110.8	105.0	116.3	108.0	27415
中宁县	Zhongning	15.4	54.6	30.1	118.2	105.4	128.2	108.8	29148
海原县	Haiyuan	32.0	19.5	48.5	110.4	104.8	134.7	106.8	6475

注:本表绝对数按当年价格计算,指数按可比价格计算。

a)Level data in this table are calculated at current prices, while indices at constant prices.

主要统计指标解释

[国内生产总值] 国内生产总值代表一国或一个地区所有常住单位和个人在一定时期内全部生产活动(包括产品和劳务)的最终成果,是社会总产品价值扣除了中间投入价值后的余额,也就是当期新创造财富的价值总量。GDP是国内生产总值英文Gross Domestic Products的缩写,中文译名对国家来说叫做国内生产总值,对地区的中文名称用行政区的名字作定语,如“宁夏生产总值”,简称为“宁夏GDP”,依此类推“银川市生产总值”,简称为“银川市GDP”等等。

国内生产总值核算有三种方法:

一是生产法,是从生产的角度衡量经济单位和个人在核算时期内新创造的价值。按三次产业划分,第一、二、三产业增加值的总和代表国内生产总值,各产业增加值的计算方法是各产业总产值减去中间消耗。计算公式为:增加值=总产出-中间消耗 。

二是收入法,是根据生产要素(资本、劳动力)在生产过程中应得的收入份额来反映最终成果的一种计算方法。从劳动者报酬、国家税收(含规费)、企业利润和固定资产折旧四者的总和进行核算。计算公式为:增加值=劳动者报酬+生产税净额+固定资产折旧+营业盈余。

三是支出法,是从使用的角度衡量核算期内生产的所有货物和服务的最终去向。由居民消费、政府消费、固定资本形成总额、存货增加、货物和服务的净出口(出口-进口)五项组成。计算公式为:国内生产总值=居民消费+政府消费+固定资本形成总额+存货增加+货物和服务的净出口。

从理论上讲,上述三种方法计算得到的国内生产总值应该是一致的,但在实际操作中,因为资料来源的不同以及基础数据质量上的差异,三种方法计算的国内生产总值之间存在着一定的计算误差。我国目前对外公布的国内生产总值是以生产法为准。

[当年价格] 指报告期的实际价格,如工厂的出厂价格,农产品的收购价格,商业的零售价格等。使用当年价格计算的数字,是为了使国民经济各项指标互相衔接,便于考察当年社会经济效益,便于对生产和流通、生产和分配、生产和消费进行经济核算和综合平衡。

按当年价格计算的价值指标,在不同年份之间进行对比时,因为包含有各年间价格变动的因素,不能确切地反映实物且的增减变动。必须消除价格变动因素后,才能真实反映经济发展动态。因此,在计算增长速度时都使用按可比价格计算。

[可比价格]指在不同时期的价值指标对比时,扣除了价格变动的因素,以确切反映物量的变化。按可比价格计算有两种方法:一种是直接用产品产量乘某一年的不变价格计算;另一种是用价格指数换算。

[三次产业] 根据社会生产活动历史发展的顺序对产业结构的划分,产品直接取自自然界的部门称为第一产业,对初级产品进行再加工的都门称为第二产业,为生产和消费提供各种服务的部门称为第三产业。它是世界上通用的产业结构分类,但各国的划分不尽一致。我国的三次产业划分是:

第一产业:农业(包括种植业、林业、牧业和渔业)。

第二产业:工业(包括采掘工业、制造业、自来水、电力、燃气、热水、煤气)和建筑业。

第三产业:除第一、第二产业以外的其他各业。

[劳动者报酬] 指劳动者因从事生产活动所获得的全部报酬。包括劳动者获得的各种形式的工资、奖金和津贴,既包括货币形式的,也包括实物形式的,还包括劳动者所享受的公费医疗和医药卫生费、上下班交通补贴、单位支付的社会保险费、住房公积金等。对于个体经济来说,其所有者获得的劳动报酬和经营利润不易区分,这两部分统一作为劳动报酬处理。

[生产税净额] 指生产税减生产补贴后的余额。生产税指政府对生产单位从事生产、销售和经营活动以及因从事生产活动使用某些生产要素(如固定资产、土地、劳动力)所征收的各种税、附加费和规费。生产补贴与生产税相反,指政府对生产单位的单方

面转移支出，因此视为负生产税，包括政策亏损补贴、价格补贴等。

[固定资产折旧] 指一定时期内为弥补固定资产损耗按定的固定资产折旧率提取的固定资产折旧，或按国民经济核算统一规定的折旧率虚拟计算的固定资产折旧。它反映了固定资产在当期生产中的转移价值。各类企业和企业化管理的事业单位的固定资产折旧是指实际计提的折旧费；不计提折旧的政府机关、非企业化管理的事业单位和居民住房的固定资产折旧是按照统一规定的折旧率和固定资产原值计算的虚拟折旧。原则上，固定资产折旧应按固定资产的重置价值计算，但是目前我国尚不具备对全社会固定资产进行重估价的基础，所以暂时只能采用上述办法。

[营业盈余] 指常住单位创造的增加值扣除劳动者报酬、生产税净额和固定资产折旧后的余额。它相当于企业的营业利润加上生产补贴，但要扣除从利润中开支的工资和福利等。

[最终消费] 指常住单位为满足物质、文化和精神生活的需要，从本国经济领土和国外购买的货物和服务的支出。它不包括非常住单位在本国经济领土内的消费支出。最终消费分为居民消费和政府消费。

[居民消费] 指常住住户在一定时期内对于货物和服务的全部最终消费支出。居民消费除了直接以货币形式购买的货物和服务的消费支出外，还包括以其他方式获得的货物和服务的消费支出，即所谓的虚拟消费支出。居民虚拟消费支出包括如下几种类型：单位以实物报酬及实物转移的形式提供给劳动者的货物和服务；住户生产并由本住户消费了的货物和服务，其中的服务仅指住户的自有住房服务和付酬的家庭雇员提供的家庭和个人服务；金融机构提供的金融媒介服务;保险公司提供的保险服务。

[政府消费] 指政府部门为全社会提供的公共服务的消费支出和免费或以较低的价格向居民住户提供的货物和服务的净支出，前者等于政府服务的产出价值减去政府单位所获得的经营收人的价值，后者等于政府部门免费或以较低价格向居民住户提供的货物和服务的市场价值减去向住户收取的价值。

[资本形成总额] 指常住单位在一定时期内获得减去处置的固定资产和存货的净额，包括固定资本形成总额和存货增加两部分。

[固定资本形成总额] 指生产者在一定时期内获得的固定资产减处置的固定资产的价值总额。固定资产是通过生产活动生产出来的，且其使用年限在一年以上、单位价值在规定标准以上的资产，不包括自然资产。可分为有形固定资本形成总额和无形固定资本形成总额。有形固定资本形成总额包括一定时期内完成的建筑工捏、安装工程和设备工器具购置(减处置)价值，以及土地改良、新增役、种、奶、毛、娱乐用牲畜和新增经济林木价值。无形固定资本形成总额包括矿藏的勘探、计算机软件等获得减处置。

[存货增加] 指常住单位在一定时期内存货实物量变动的市场价值，即期末价值减期初价值的差额，再扣除当期由于价格变动而产生的持有收益。存货增加可以是正值，也可以是负值，正值表示存货上升，负值表示存货下降。存货包括生产单位购进的原材料·燃料和储备物资等存货，以及生产单位生产的产成品、在制品和半成品等存货。

[货物和服务净出口] 指货物和服务出口减货物和服务进口的差额。出口包括常住单位向非常住单位出售或无偿转让的各种货物和服务的价值;进口包括常住单位从非常住单位购买或无偿得到的各种货物和服务的价值。由于服务活动的提供与使用同时发生，一般把常住单位从非常住单位得到的服务作为进口，非常住单位从常住单位得到的服务作为出口。货物的出口和进口都按离岸价格计算。

第四篇 Chapter4

人口 Population

责任编辑：张雪艳

资料整理：张雪艳　门建军　贺惠英　管利民　白晓明

Coordinator: Zhang Xueyan

Data Compilation: Zhang Xueyan　Men Jianjun　He Huiying　Guan Limin　Bai Xiaoming

4-1 全区户数、人口数与性别比

Household, Population and Sex Ratio

年份 Year	总户数（户） Number of Households (household)	总人口数（人） Population(person)					平均每户人数（人/户） Average Family Siz(person/household)	性别比（女=100） Sex Ratio (Female=100)
		合计 Total	男 Male		女 Female			
			人数 Population	比重(%) Percentage(%)	人数 Population	比重(%) Percentage(%)		
1950	224904	1259619	663298	52.66	596321	47.34	5.60	111.23
1953	279719	1510483	802139	53.10	708344	46.90	5.40	113.24
1958	334349	1935163	1034493	53.46	900670	46.54	5.90	114.86
1960	399445	2130316	1153050	54.13	977266	45.87	5.33	117.99
1965	441086	2267851	1191628	52.54	1076223	47.46	5.14	110.72
1970	519067	2773480	1442033	51.99	1331447	48.01	5.34	108.31
1975	613969	3279228	1703021	51.93	1576207	48.07	5.34	108.05
1978	667996	3555828	1841668	51.79	1714160	48.21	5.32	107.44
1980	699614	3737169	1930280	51.65	1806889	48.35	5.33	106.83
1985	808315	4146215	2137278	51.55	2008937	48.45	5.13	106.39
1990	1009078	4656774	2396934	51.47	2259840	48.53	4.61	106.07
1995	1195094	5123845	2632599	51.38	2491246	48.62	4.29	105.67
1996	1235188	5212099	2679993	51.42	2532106	48.58	4.22	105.84
1997	1271075	5289401	2717756	51.38	2571645	48.62	4.16	105.68
1998	1320085	5365666	2754769	51.34	2610897	48.66	4.06	105.51
1999	1354786	5432891	2784706	51.26	2648185	48.74	4.01	105.16
2000	1406024	5543214	2839607	51.23	2703607	48.77	3.94	105.10
2001	1442585	5632211	2889481	51.30	2742730	48.70	3.90	105.35
2002	1474654	5715376	2928132	51.23	2787244	48.77	3.88	105.05
2003	1521845	5801912	2976411	51.30	2825501	48.70	3.81	105.34
2004	1571951	5877142	3018099	51.35	2859043	48.65	3.74	105.56
2005	1672299	5962029	3056766	51.27	2905263	48.73	3.57	105.21
2006	1661191	6037305	3090722	51.19	2946583	48.81	3.63	104.89
2007	1784141	6102518	3117717	51.09	2984801	48.91	3.42	104.45
2008	1828332	6176939	3153651	51.06	3023288	48.94	3.38	104.31
2009	1881371	6252023	3186039	50.96	3065984	49.04	3.32	103.92
2010	1954859	6329550	3243333	51.24	3086217	48.76	3.24	105.09
2011	1974083	6394549	3268409	51.11	3126140	48.89	3.24	104.55

注：2001年及以后数据为常住人口，按年度人口变动情况抽样调查数据推算。

a)From 2001,data in this table refers to resident population,which is estimated on the base of annual national sample survey on population changes.

4-2 农业、非农业与市镇、乡村人口

Population of Agriculture and Non-Agriculture, Urban and Rural

单位:人 (person)

年份 Year	农业人口 Agriculture Population	非农业人口 Non-agriculture Population	市、镇人口 Urban Population	乡村人口 Rural Population
1950	1165106	94513		
1953	1375430	135053		
1955	1515637	135481		
1958	1698952	236211		
1960	1721839	408477		
1965	1921985	345866		
1970	2323964	449516		
1975	2729220	550008		
1978	2945095	610733		
1980	3059028	678141		
1985	3313764	832451		
1990	3542939	1113835		
1995	3744295	1379550		
1996	3804257	1407842		
1997	3822377	1467024		
1998	3843507	1522159		
1999	3878930	1553961		
2000	3950946	1592268	1803855	3739359
2001	3992902	1639309	1876653	3755558
2002	4027547	1687829	1954659	3760717
2003	3817164	1984748	2142337	3659575
2004	3799685	2077457	2386120	3491022
2005	3819228	2142801	2520746	3441283
2006	3839178	2198127	2593626	3443679
2007	3864589	2237929	2686553	3415965
2008	3887666	2289273	2778230	3398709
2009	3924177	2327846	2882093	3369930
2010	3972837	2356713	3035652	3293898
2011	4001069	2393480	3185574	3208975

注:2000 年起城乡人口按人口变动抽样调查及相关人口统计资料推算。

a)The urban and rural population are calculated on the data of surveyed population variation and related data from 2000.

4-3 民族人口和构成

Population by Nationality and Its Composition

年份 Year	汉族 Han		回族 Hui		其他少数民族 Others	
	人口数（人） Population (person)	比重(%) Percentage (%)	人口数（人） Population (person)	比重（%） Percentage (%)	人口数（人） Population (person)	比重(%) Percentage (%)
1950	876725	69.60	381806	30.31	1088	0.09
1953	1009963	66.86	498783	33.02	1737	0.12
1955	1106765	67.03	542598	32.86	1755	0.11
1958	1303335	67.35	629797	32.54	2031	0.11
1960	1515958	71.16	612379	28.75	1979	0.09
1965	1569719	69.22	695061	30.65	3071	0.13
1970	1931177	69.63	839353	30.26	2950	0.11
1975	2280396	69.54	995202	30.35	3630	0.11
1978	2457551	69.11	1094660	30.78	3617	0.11
1980	2565593	68.65	1167257	31.23	4319	0.12
1985	2797427	67.47	1337561	32.26	11227	0.27
1990	3098093	66.53	1538925	33.05	19756	0.42
1995	3374813	65.86	1724148	33.65	24884	0.49
1996	3424762	65.71	1761876	33.80	25461	0.49
1997	3465287	65.51	1797247	33.98	26867	0.51
1998	3507446	65.37	1829700	34.10	28520	0.53
1999	3537134	65.11	1865903	34.34	29854	0.55
2000	3602104	64.98	1910101	34.46	31009	0.56
2001	3649994	64.81	1950424	34.63	31793	0.56
2002	3694928	64.65	1987129	34.77	33319	0.58
2003	3741161	64.48	2024723	34.90	36028	0.62
2004	3774150	64.22	2064854	35.13	38138	0.65
2005	3816891	64.02	2105192	35.31	39946	0.67
2006	3856020	63.87	2140903	35.46	40382	0.67
2007	3874218	63.49	2182260	35.76	46040	0.75
2008	3909502	63.29	2220417	35.95	47020	0.76
2009	3952260	63.22	2251503	36.01	48260	0.77
2010	4096692	64.72	2191810	34.63	41048	0.65
2011	4062457	63.53	2286692	35.76	45400	0.71

4-4 人口自然变动情况
Natural Change of Population

年份 Year	年平均人口（人） Annual Average Population (person)	出生 Birth		死亡 Death		自然增长 Natural Growth	
		人数（人） Population (person)	出生率（‰） Birth Rate (%)	人数（人） Population (person)	死亡率（‰） Death Rate (%)	人数（人） Population (person)	自然增长率（‰） Natural Growth Rate(‰)
1950	1228560	49536	40.32	25284	20.58	24252	19.74
1953	1467318	58707	40.01	28437	19.38	30270	20.63
1955	1617587	56450	34.90	16565	10.24	39885	24.66
1958	1864485	73316	39.32	27936	14.98	45380	24.34
1960	2109436	34970	16.58	29331	13.90	5639	2.68
1965	2208416	106191	48.08	20509	9.29	85682	38.79
1970	2711573	109191	40.27	17168	6.33	92023	33.94
1975	3225840	117747	36.50	25073	7.77	92674	28.73
1978	3511449	99991	28.48	19169	5.46	80822	23.02
1980	3689265	92069	24.96	17430	4.72	74639	20.24
1985	4107443	70552	17.18	15934	3.88	54618	13.30
1990	4655451	113470	24.34	25759	5.52	87711	18.82
1995	5081264	97967	19.28	27896	5.49	70071	13.79
1996	5167972	98347	19.03	27132	5.25	71215	13.78
1997	5250750	99239	19.03	28511	5.43	70728	13.47
1998	5327534	96908	18.19	27224	5.11	69684	13.08
1999	5399279	97025	17.97	30506	5.65	66519	12.32
2000	5488053	90501	16.49	25090	4.57	65411	11.92
2001	5587713	92476	16.55	27044	4.84	65432	11.71
2002	5673794	93164	16.42	27575	4.86	65589	11.56
2003	5758644	90296	15.68	27238	4.73	63057	10.95
2004	5839527	93257	15.97	27971	4.79	65286	11.18
2005	5919586	94299	15.93	29302	4.95	64997	10.98
2006	5999667	93175	15.53	29038	4.84	64137	10.69
2007	6069912	89835	14.80	30592	5.04	59243	9.76
2008	6139729	87860	14.31	28366	4.62	59494	9.69
2009	6214481	89364	14.38	29208	4.70	60156	9.68
2010	6290787	88981	14.14	32110	5.10	56871	9.04
2011	6362050	86842	13.65	29774	4.68	57068	8.97

4-5 六次人口普查人口基本情况

Basic Statistics on Population Census in 1953,1964,1982, 1990,2000 and 2010

指　标	Item	1953.7.1	1964.7.1	1982.7.1	1990.7.1	2000.11.1	2010.11.1
总人口(万人)	**Total Population(10000 persons)**	**150.62**	**210.75**	**389.56**	**465.54**	**548.64**	**630.14**
男	Male	80.74	110.84	200.68	238.95	281.35	322.74
女	Female	69.88	99.91	188.87	226.60	267.29	307.40
性别比(以女性为100)	Sex Ratio(female=100)	115.55	110.95	106.25	105.45	105.26	104.99
家庭户规模(人/户)	**Average Family Household Size (person/household)**	**5.10**	**4.98**	**5.09**	**4.57**	**3.82**	**3.17**
各年龄组人口(万人)	**Population by Age Group (10000 persons)**						
0-14岁	0-14	61.27	91.39	160.71	157.07	155.67	134.80
15-64岁	15-64	84.84	114.56	216.39	292.13	368.42	455.05
65岁及以上	65 and Over	4.51	4.80	12.45	16.34	24.55	40.29
民族人口	**Population by Ethnicity**						
汉族(万人)	Han(10000 persons)	100.07	145.71	265.13	310.74	359.06	408.64
占总人口比重(%)	Percentage to Total Population(%)	66.43	69.14	68.06	66.75	65.45	64.85
回族(万人)	Hui(10000 persons)	50.37	64.70	123.52	152.44	186.24	217.38
占总人口比重(%)	Percentage to Total Population(%)	33.44	30.70	31.71	32.75	33.95	34.50
其他少数民族(万人)	Other Ethnic Minorities(10000persons)	0.17	0.34	0.91	2.36	3.34	4.12
占总人口比重(%)	Percentage to Total Population (%)	0.13	0.16	0.23	0.50	0.60	0.65
每十万人拥有的各种受教育程度人口(人)	**Population with Various Education Attainments Per 100 000 Persons (Person)**						
大专及以上	Junior College and Above		380	659	1610	3690	9316
高中和中专	Senior Secondary School and Technical Secondary School		1250	5294	8010	10934	12580
初中	Junior Secondary School		4080	15542	20272	27859	33813
小学	Primary School		18730	25686	29424	31845	29656
文盲人口及文盲率	**Illiterate Population and Illiterate Rate**						
文盲人口(万人)	Illiterate Population (10000 persons)			105.01	103.27	61.77	41.92
文盲率(%)	Illiterate Rate(%)			45.89	33.48	15.72	6.65
城乡人口(万人)	**Population by Residence (10000 Persons)**						
城镇人口	Urban Population		24.94	75.58	119.75	180.39	302.20
乡村人口	Rural Population		185.81	313.98	345.79	368.25	327.94

4-6 人口计划生育状况

Family Planning

单位:人、%　　(person,%)

年份 Year	已婚育龄妇女人数 Number of Married Women of Child-bearing Age		采取各种节育措施人数 Number of Women Taking Various Birth Control Measures		节育率 Birth Control Rate		领取独生子女证人数 Number of Married Couples wit One-child Certificate	
	合计 Total	少数民族 Ethnic Minorities	合计 Total	少数民族 Ethnic Minorities	合计 Total	少数民族 Ethnic Minorities	合计 Total	少数民族 Ethnic Minorities
1979	508985		235560		46.28			
1980	522377		274823	134011	52.61		3249	
1985	642996	202714	502048	200383	78.08	66.11	34961	6204
1990	854353	273182	695877	284327	81.45	73.35	79400	6995
1995	986322	324715	890234	303927	90.26	89.56	124105	11128
1996	1019995	338682	933088	313232	91.48	89.74	129738	11294
1997	1045379	351026	952531	317290	91.12	89.23	130714	11732
1998	1070721	363660	968450	323070	90.45	87.25	135032	12218
1999	1090681	371306	979795	327596	89.83	87.01	135864	11514
2000	1101214	369538	993341	334608	90.20	88.65	135866	11867
2001	1119278	363471	1011630	330093	90.38	92.06	138694	10990
2002	1137026	344071	1022832	349116	89.96	95.94	141848	11814
2003	1151773	396789	1039803	357673	90.28	87.99	139662	12563
2004	1161088	404450	1053142	368432	90.70	88.43	126280	11456
2005	1173526	415211	1066291		90.86	88.73	127570	11983
2006	1155239		1045821		90.53		114095	
2007	1192461		1082676		90.79		121201	
2008	1219697		1103869		90.50		118034	
2009	1249649		1132844		90.65		121836	
2010	1263078		1143429		90.53		122687	
2011	1276589		1167638		91.47		126842	

注:本资料根据计划生育部门统计数据整理。

a)Data in this table are compiled on statistic of Family Planning Department.

4-7 各市县人口总数

Population by City and Country in Main Years

单位:人 (person)

地　区	Region	1958	1978	1980	1990	2000	2010	2011
全区总计	**Total**	**1935163**	**3555828**	**3737169**	**4656774**	**5543214**	**6329550**	**6394549**
银川市	**Yinchuan**	**401035**	**786743**	**822542**	**1034520**	**1264588**	**2004456**	**2025741**
银川市	District	148237	325177	344540	480184	641723	1299129	1313371
永宁县	Yongning	81971	146243	149157	168325	185213	218719	220765
贺兰县	Helan	96125	152140	154492	166423	182500	224062	226363
灵武市	Lingwu	74702	163183	174353	219588	255152	262546	265242
石嘴山市	**Shizuishan**	**220670**	**506569**	**529873**	**613753**	**691677**	**727005**	**734071**
石嘴山市	District	67618	269636	286591	346755	399687	473756	478621
平罗县	Pingluo	135562	219145	224699	245070	261481	253249	255450
陶乐县	Taole	17490	17788	18583	21928	30509		
吴忠市	**Wuzhong**	**370840**	**660327**	**696769**	**892347**	**1067147**	**1282132**	**1294798**
利通区	Litong	115189	196266	205838	257959	306379	380278	384383
红寺堡区	Hongsipu						166992	168707
盐池县	Yanchi	52637	108157	114378	140038	152117	146786	147793
同心县	Tongxin	88136	183156	197780	279103	363630	322841	326156
青铜峡市	Qingtongxia	114878	172748	178773	215247	245021	265235	267759
固原市	**Guyuan**	**588899**	**991027**	**1047927**	**1316834**	**1504288**	**1233200**	**1247063**
原州区	Yuanzhou	187682	328542	350155	442190	507874	412701	418662
西吉县	Xiji	157564	274186	291842	377333	452477	357537	361209
隆德县	Longde	104585	151025	155523	185327	216954	160986	162239
泾源县	Jingyuan	46564	73414	77114	93538	81888	101279	102317
彭阳县	Pengyang	92504	163860	173293	218446	245095	200697	202636
中卫市	**Zhongwei**	**353719**	**611162**	**640058**	**799320**	**1015514**	**1082757**	**1092876**
沙坡头区	Shapotou	132403	234374	239966	289527	335374	379121	383014
中宁县	Zhongning	111175	164986	172219	205960	315900	313619	315840
海原县	Haiyuan	110141	211802	227873	303833	364240	390017	394022

4-8 各市县户数、人口数(2011 年)

Household and Population by City and Country(2011)

单位:人 (person)

地 区	Region	总户数(户) Number of Households (household)	总人口 Population(person) 合计 Total	男性 Male	女性 Female	平均家庭人口数 (人/户) Average Family Size (person/household)
全区总计	**Total**	**1974083**	**6394549**	**3268409**	**3126140**	**3.24**
银 川 市	**Yinchuan**	**698216**	**2025741**	**1028729**	**997012**	**2.90**
银 川 市	District	475719	1313371	652786	660585	2.76
永 宁 县	Yongning	66898	220765	115559	105206	3.30
贺 兰 县	Helan	73734	226363	118098	108265	3.07
灵 武 市	Lingwu	81865	265242	142286	122956	3.24
石嘴山市	**Shizuishan**	**259815**	**734071**	**371475**	**362596**	**2.83**
石嘴山市	District	172031	478621	243105	235516	2.78
平 罗 县	Pingluo	87784	255450	128370	127080	2.91
吴 忠 市	**Wuzhong**	**373520**	**1294798**	**658941**	**635857**	**3.47**
利 通 区	Litong	116480	384383	193863	190520	3.30
红 寺 堡	Hongsipu	41048	168707	86039	82668	4.11
盐 池 县	Yanchi	48457	147793	76789	71004	3.05
同 心 县	Tongxin	79745	326156	167426	158730	4.09
青铜峡市	Qingtongxia	87790	267759	134824	132935	3.05
固 原 市	**Guyuan**	**334334**	**1247063**	**648055**	**599008**	**3.73**
原 州 区	Yuanzhou	121351	418662	224437	194225	3.45
西 吉 县	Xiji	86207	361209	183246	177963	4.19
隆 德 县	Longde	43379	162239	84069	78170	3.74
泾 源 县	Jingyuan	28032	102317	52073	50244	3.65
彭 阳 县	Pengyang	55365	202636	104230	98406	3.66
中 卫 市	**Zhongwei**	**308198**	**1092876**	**561209**	**531667**	**3.55**
沙坡头区	Shapotou	121207	383014	195441	187573	3.16
中 宁 县	Zhongning	87490	315840	161799	154041	3.61
海 原 县	Haiyuan	99501	394022	203969	190053	3.96

注:表中数据根据 2011 年人口抽样调查结果推算。

a)Data in this table are estimated on the Population Sample Survey in 2011.

4-9 各市县民族人口和构成(2011年)

Population by Nationality in Cities and Countries(2011)

地 区	Region	汉族 Han		回族 Hui		其他少数民族 Others	
		人口数(人) Population (person)	比重(%) Percentage (%)	人口数(人) Population (person)	比重(%) Percentage (%)	人口数(人) Population (person)	比重(%) Percentage (%)
全区总计	**Total**	**4062457**	**63.53**	**2286692**	**35.76**	**45400**	**0.71**
银川市	**Yinchuan**	**1511863**	**74.63**	**481653**	**23.78**	**32225**	**1.59**
银川市	District	1032023	78.58	252442	19.22	28906	2.20
永宁县	Yongning	168416	76.28	51273	23.23	1076	0.49
贺兰县	Helan	172685	76.29	52571	23.22	1107	0.49
灵武市	Lingwu	138739	52.30	125367	47.27	1136	0.43
石嘴山市	**Shizuishan**	**579019**	**78.87**	**148468**	**20.23**	**6584**	0.90
石嘴山市	District	408277	85.30	64353	13.45	5991	1.25
平罗县	Pingluo	170742	66.84	84115	32.93	593	0.23
吴忠市	**Wuzhong**	**598464**	**46.22**	**692656**	**53.50**	**3678**	**0.28**
利通区	Litong	146686	38.16	236205	61.45	1492	0.39
红寺堡	Hongsipu	63097	37.40	105389	62.47	221	0.13
盐池县	Yanchi	143531	97.11	4016	2.72	246	0.17
同心县	Tongxin	28606	8.77	297500	91.21	50	0.02
青铜峡市	Qingtongxia	216544	80.88	49546	18.50	1669	0.62
固原市	**Guyuan**	**675265**	**54.15**	**571187**	**45.80**	**611**	**0.05**
原州区	Yuanzhou	221617	52.93	196511	46.94	534	0.13
西吉县	Xiji	151940	42.06	209248	57.93	21	0.01
隆德县	Longde	143710	88.58	18511	11.41	18	0.01
泾源县	Jingyuan	17026	16.64	85289	83.36	2	0.00
彭阳县	Pengyang	140972	69.57	61628	30.41	36	0.02
中卫市	**Zhongwei**	**697846**	**63.85**	**392728**	**35.94**	**2302**	**0.21**
沙坡头区	Shapotou	358410	93.58	23717	6.19	887	0.23
中宁县	Zhongning	234676	74.31	80742	25.56	422	0.13
海原县	Haiyuan	104760	26.59	288269	73.16	993	0.25

4-10 各市县回族人口数

Population by the Hui Nationality by City and Country in Main Years

单位:人 (person)

地 区	Region	1958	1978	1980	1990	2000	2005	2010	2011
全区总计	**Total**	**629797**	**1094660**	**1214922**	**1538925**	**1910101**	**2105192**	**2191810**	**2286692**
银 川 市	**Yinchuan**	**116123**	**191204**	**200710**	**253987**	**331708**	**369477**	**462090**	**481653**
银 川 市	District	32040	60144	63495	85885	137059	174679	241464	252442
永 宁 县	Yongning	16694	18484	18788	22343	24970	37822	49755	51273
贺 兰 县	Helan	22473	35614	36419	38351	45229	43705	51072	52571
灵 武 市	Lingwu	44916	76962	82008	107408	124450	113271	119799	125367
石嘴山市	**Shizuishan**	**46253**	**94450**	**99837**	**118499**	**139678**	**146498**	**141704**	**148468**
石嘴山市	District	23899	28423	30705	37767	47121	53794	61338	64353
平 罗 县	Pingluo	21362	64193	67293	78645	84633	92704	80366	84115
陶 乐 县	Taole	992	1834	1839	2087	7924			
吴 忠 市	**Wuzhong**	**149851**	**274030**	**293313**	**401384**	**501731**	**610347**	**665371**	**692656**
利 通 区	Litong	68593	106376	112225	141700	165635	199338	225098	236205
红 寺 堡	Hongsipu						85045	101469	105389
盐 池 县	Yanchi	1348	2971	3170	3743	3825	4076	065	4016
同 心 县	Tongxin	68964	142119	154163	225477	297440	277955	286943	297500
青铜峡市	Qingtongxia	10946	22564	23755	30464	34831	43933	47796	49546
固 原 市	**Guyuan**	**240744**	**388568**	**461671**	**547024**	**625774**	**645893**	**547642**	**571187**
原 州 区	Yuanzhou	76490	128357	185670	184838	215932	218721	188608	196511
西 吉 县	Xiji	84055	132627	141828	192304	239145	245730	201244	209248
隆 德 县	Longde	8314	11525	12057	15741	20015	16759	17654	18511
泾 源 县	Jingyuan	45243	70745	74451	90719	79461	91321	81375	85289
彭 阳 县	Pengyang	26642	45314	47665	63422	71221	73362	58761	61628
中 卫 市	**Zhongwei**	**76826**	**146408**	**159391**	**218031**	**11210**	**332977**	**375003**	**392728**
沙坡头区	Shapotou	1022	1681	1695	3492	4640	6401	23182	23717
中 宁 县	Zhongning	2635	4022	4281	4946	51588	50606	77361	80742
海 原 县	Haiyuan	73169	140705	153415	209593	254982	275970	274460	288269

4-11 各市县人口自然变动情况(2011 年)

Natural Changes on Population by City and Country(2011)

地区	Region	年平均人口(人) Annual Average Population (person)	自然变动人数(人) Population of Natural Changes (person)			自然变动率(‰) Natural Rates of Change(‰)		
			出生人数 Birth	死亡人数 Death	自然增长人数 Natural Growth Rate	出生率 Birth Rate	死亡率 Death Rate	自然增长率 Natural Growth Rate
全区总计	**Total**	**6362050**	**86842**	**29774**	**57068**	**13.65**	**4.68**	**8.97**
银川市	**Yinchuan**	**2015099**	**19526**	**7899**	**11627**	**9.69**	**3.92**	**5.77**
银川市	District	1306250	11782	4402	7380	9.02	3.37	5.65
永宁县	Yongning	219742	2208	1081	1127	10.05	4.92	5.13
贺兰县	Helan	225213	2714	1358	1356	12.05	6.03	6.03
灵武市	Lingwu	263894	3618	1116	2502	13.71	4.23	9.48
石嘴山市	**Shizuishan**	**730538**	**6750**	**3346**	**3404**	**9.24**	**4.58**	**4.67**
石嘴山市	District	476189	4190	2095	2095	8.80	4.40	4.40
平罗县	Pingluo	254350	2744	1287	1457	10.79	5.06	5.73
吴忠市	**Wuzhong**	**1288465**	**19211**	**5772**	**13439**	**14.91**	**4.48**	**10.42**
利通区	Litong	382331	5464	1973	3491	14.29	5.16	9.13
红寺堡	Hongsipu	167850	2549	431	2118	15.19	2.57	12.62
盐池县	Yanchi	147290	2005	707	1298	13.61	4.80	8.80
同心县	Tongxin	324499	5912	1512	4400	18.22	4.66	13.56
青铜峡市	Qingtongxia	266497	3094	1380	1714	11.61	5.18	6.43
固原市	**Guyuan**	**1240132**	**19681**	**6114**	**13567**	**15.87**	**4.93**	**10.94**
原州区	Yuanzhou	415682	6564	1925	4639	15.79	4.63	11.16
西吉县	Xiji	359373	6490	1994	4496	18.06	5.55	12.51
隆德县	Longde	161613	2049	711	1338	12.68	4.40	8.28
泾源县	Jingyuan	101798	1758	674	1084	17.27	6.62	10.66
彭阳县	Pengyang	201667	3089	1113	1976	15.32	5.52	9.79
中卫市	**Zhongwei**	**1087817**	**15066**	**5221**	**9845**	**13.85**	**4.80**	**9.05**
沙坡头区	Shapotou	381068	4412	1745	2667	11.58	4.58	7.01
中宁县	Zhongning	314730	3814	1504	2310	12.12	4.78	7.35
海原县	Haiyuan	392020	7068	1948	5120	18.03	4.97	13.06

注:根据 2011 年人口变动情况抽样调查资料整理。受出生率和死亡率构成影响,各市县数据加总后不等于总计数。

主要统计指标解释

［总人口］ 指在一定时点、一定地区范围内有生命的个人总和，包括有常住户口和未落常住户口的人，以及被注销户口的在押犯、劳改、劳教人员，但不包括军人及人民武装警察。

［总户数］ 包括家庭户和集体户。

［市镇人口数］ 指居住在市（包括县级市）、镇辖区内的全部人口。

［乡村人口数］ 指县辖乡(不含县辖镇)的全部人口。

［性别比］ 男性人数与女性人数之比（女=100）

$$性别比=\frac{男性人数}{女性人数}\times100\%$$

［年平均人数］ 指一年之中各个时点的平均生存人数。

$$年平均人数=\frac{年初人数+年末人数}{2}$$

［出生人数］ 指在一定时期内 (通常为一年内)出生有生命现象(即有心跳和呼吸)婴儿数的总和。

［出生率］ 指某个地区一定时期内的出生人数与同期平均人数之比。

$$出生率=\frac{年出生人数}{年平均人数}\times1000‰$$

［死亡率］ 指某个地区一定时期内的死亡人数与同期平均人数之比。

$$死亡率=\frac{年死亡人数}{年平均人数}\times1000‰$$

第五篇 劳动力资源与工资

Chapter5 Labor Force and Wages

责任编辑:张雪艳

资料整理:张雪艳　门建军　贺惠英　管利民　白晓明

Coordinator: Zhang Xueyan

Data Compilation: Zhang Xueyan　Men Jianjun　He Huiying　Guan Limin　Bai Xiaoming

5-1 就业基本情况
Employment

指　标	Item	1995	2000	2005	2010	2011
就业人员合计(万人)	**Total Number of Employed persons(10000 persons)**	**240.6**	**275.5**	**299.6**	**326.0**	**339.6**
第一产业	Primary Industry	143.5	158.6	160.8	162.0	166.2
第二产业	Secondary Industry	46.7	50.0	51.8	53.8	55.4
第三产业	Tertiary Industry	50.4	66.9	87.0	110.2	118.0
就业人员构成(合计=100)	**Composition of Employed Persons(total=100)**	**100.0**	**100.0**	**100.0**	**100.0**	**100.0**
第一产业	Primary Industry	59.7	57.6	53.7	49.7	48.9
第二产业	Secondary Industry	19.4	18.1	17.3	16.5	16.3
第三产业	Tertiary Industry	20.9	24.3	29.0	33.8	34.8
城镇就业人员(万人)	**Urban Employed Persons (10000 persons)**	**81.1**	**77.6**	**87.6**	**108.0**	**130.7**
国有单位	State-owned Units	62.9	52.0	38.5	37.2	37.9
集体单位	Collective-owned Units	9.9	5.0	1.4	0.8	0.8
股份合作单位	Cooperative Units		1.1	1.0	0.5	0.6
联营单位	Joint Ownership Units	0.2	0.1	0.1	0.1	0.1
有限责任公司	Limited Liability Corporations		4.0	13.0	15.8	16.1
股份有限公司	Share-holding Corporations Ltd.	0.5	1.7	4.0	3.3	3.5
私营企业	Private Enterprises	1.9	4.8	14.0	20.0	39.2
港澳台商投资单位	Units of Funds from Hong Kong,Macao & Taiwan	0.5	0.3		0.1	0.1
外商投资单位	Foreign Funded Units	0.9	1.0	1.0	1.2	1.4
个　　体	Self-employed Individuals	4.3	7.7	14.0	28.6	31.0
在岗职工人数(万人)	**Number of Staff and Workers(10000 persons)**	**73.4**	**63.8**	**57.4**	**54.7**	**56.6**
国有单位	State-owned Units	61.5	51.0	37.4	34.0	34.9
城镇集体单位	Urban Collective-owned Units	9.9	4.8	1.3	0.7	0.7
其他单位	Units of Other Types of Ownership	2.0	8.0	18.8	20.0	21.0
女性就业人数(万人)	**Number of Female Employment (10000 persons)**	**26.4**	**23.9**	**21.1**	**21.0**	**22.2**
城镇登记失业人数(万人)	**Number of Registered Umemployed Persons in Urban Areas (10000 persons)**	**4.4**	**3.8**	**4.4**	**4.8**	**5.2**
城镇登记失业率(%)	**Registered Unemployment Rate in Urban Areas (%)**	**5.5**	**4.6**	**4.5**	**4.4**	**4.2**

注:2006年以后在岗职工为城镇非私营单位在岗职工。

5-2 劳动力资源和就业人数
Labor Force and Number of Employed Persons

单位:万人,%　　　　(10 000 persons,%)

年份 Year	劳动力资源 Labor Force		就业人员 Employees		
	人数 Population	占总人口比重 As Percentage of Total Population	人数 Population	占总人口比重 As Percentage of Total Population	占劳动力资源比重 As Percentage of Labor Force
1950	57.6	45.71	47.2	37.50	82.07
1955	77.6	46.97	67.7	41.00	87.30
1960	99.5	46.77	96.6	45.32	94.17
1965	107.1	47.20	98.6	43.52	92.18
1970	130.2	46.94	112.5	40.56	86.43
1975	158.1	48.20	125.6	38.30	79.49
1980	194.3	51.20	146.5	39.20	75.40
1985	221.8	53.49	177.4	42.79	82.01
1990	259.6	55.73	211.1	45.35	81.36
1995	324.8	63.39	240.6	46.96	74.08
1996	337.4	64.74	245.4	47.08	72.73
1997	346.3	65.48	256.8	48.55	74.16
1998	355.5	66.25	254.8	49.49	71.69
1999	363.3	66.87	272.3	50.13	74.95
2000	380.9	68.71	275.5	49.70	72.13
2001	393.4	69.90	279.0	49.54	70.92
2002	399.9	70.00	282.4	49.40	70.62
2003	406.0	70.00	291.4	50.22	71.77
2004	411.7	70.10	298.8	50.84	72.58
2005	416.1	69.79	299.6	50.25	72.00
2006	422.6	70.00	308.1	51.00	72.90
2007	427.6	70.10	309.5	50.70	72.40
2008	432.3	69.99	303.9	49.20	70.30
2009	437.9	70.04	328.5	52.54	75.02
2010	473.6	74.84	326.0	51.50	68.82
2011	478.5	74.82	339.6	53.11	70.99

5-3 全社会就业人数

Total Number of Employed Persons in the Whole Country

单位：万人　　　　(10 000 persons)

年 份 Year	就业人员合计 Total Employed Persons	职 工 Staff and Workers	国有单位 State- owned Units	集体单位 Collective owned Units	其他单位 Units of Other Types of Ownership	城镇私营企业及个体劳动者 Urban Private and Individuals	乡村劳动者 Rural Employed Persons	其 他 Other Employed Persons
1950	47.2	0.8	0.8				42.7	
1955	67.7	7.5	3.5	4.0			58.5	
1960	96.5	28.0	25.7	2.3			68.5	
1965	98.6	18.8	17.1	1.7			79.8	
1970	112.5	26.6	24.5	2.1			85.9	
1975	125.6	33.7	30.8	2.9			91.9	
1980	146.5	47.6	41.3	6.3		0.1	98.8	
1985	177.4	55.8	46.8	9.0		1.1	120.5	
1990	211.1	67.4	56.4	10.9	0.1	2.8	140.9	
1995	240.6	73.4	61.5	9.9	2.0	6.2	159.5	1.5
1996	245.4	72.7	61.6	8.7	2.4	7.2	163.9	1.6
1997	256.8	73.9	61.7	8.6	3.6	8.6	172.9	1.4
1998	254.8	67.4	53.7	6.0	7.7	9.9	176.6	0.9
1999	272.3	65.6	52.6	5.3	7.7	13.3	192.0	1.4
2000	275.5	63.8	51.0	4.8	8.0	12.5	197.9	1.4
2001	279.0	61.3	48.9	3.9	8.5	16.1	200.4	1.1
2002	282.4	60.6	44.1	3.3	13.2	17.4	203.2	1.2
2003	291.4	60.2	39.5	2.2	18.5	20.6	208.5	2.2
2004	298.1	58.5	37.2	1.8	19.5	27.7	209.9	1.9
2005	299.6	57.4	37.4	1.3	18.8	28.0	212.0	2.2
2006	308.1	56.7	35.5	1.1	20.1	37.4	212.0	1.9
2007	309.5	56.3	35.3	1.0	20.0	36.7	214.6	1.9
2008	303.9	54.7	34.3	0.8	19.6	28.1	218.7	2.4
2009	328.5	54.6	33.8	0.7	20.1	52.0	218.4	3.5
2010	326.0	54.7	34.0	0.7	20.0	48.6	218.0	4.7
2011	339.6	56.6	34.9	0.7	21.0	70.2	208.6	4.2

注：1.1998 年以后职工为在岗职工，不再包括"离开本单位仍保留劳动关系"的职工；

2.2004 年以后数据不含长庆油田宁夏部分。

a)From 1998 to 2010,statistical criteria of employment has been adjusted,that data of "Staff and Workers Leaving Their Working Units While Keeping Their Labour Contract" is not included in "staff and workers".

b)From 2004,data in this table excluding Changqing oil field in Ningxia.

5-4 按经济类型划分的各行业就业人数(2011 年)

单位:人

指 标	Item	合 计 Total
全 区 总 计	**Total**	**3395907**
按国民经济行业分组	**Grouped by Sector**	
农、林、牧、渔业	Agriculture,Forestry,Animal Husbandry and Fishery	1661608
采矿业	Mining	79383
制造业	Manufacturing	249668
电力、燃气及水的生产和供应业	Production and Distribution of Electricity,Gas and Water	45866
建筑业	Construction	178605
交通运输、仓储和邮政业	Transport,Storage and Post	99762
信息传输、计算机服务和软件业	Information Transmission,Computer Services and Software	18489
批发和零售业	Wholesale and Retail Trades	479987
住宿和餐饮业	Hotels and Catering Services	87060
金融业	Financial Intermediation	34012
房地产业	Real Estate	27176
租赁和商务服务业	Leasing and Business Services	52808
科学研究、技术服务和地质勘查业	Scientific Research,Technical Service and Geologic Prospecting	20237
水利、环境和公共设施管理业	Management of Water Conservancy,Environment and Public Facilities	24094
居民服务和其他服务业	Services to Households and Other Services	70066
教育	Education	101288
卫生、社会保障和社会福利业	Health,Social Security and Social Welfare	45803
文化、体育和娱乐业	Culture,Sports and Entertainment	15670
公共管理与社会组织	Public Management and Social Organization	100047
其他行业	Others	4278
按三次产业分组	**Grouped by Three State of Industry**	
第一产业	Primary Industry	1661608
第二产业	Secondary Industry	553522
第三产业	Tertiary Industry	1180777

Number of Employed Persons by Sector at Year-end(2011)

(person)

国有单位就业人员 State-owned Units	集体单位就业人员 Urban Collective-owned	其他单位就业人员 Units of Other Types of Ownership	城镇个体经济就业人员 Urban Self-employed Individuals	城镇私营企业就业人员 Urban Private Enterprises	乡村就业人员 Rural Employed Persons
378520	**8095**	**221932**	**309808**	**391816**	**2085736**
26534	8	937	1732	5773	1626624
5802		54288	263	1385	17645
13213	819	93483	16374	42558	83221
28497		6956	19	1175	9219
8116	1823	16539	176	30478	121473
28335		3314	3765	10140	54208
3607		2366	1051	8774	2691
7745	712	7559	180074	219844	64053
1427	4	2603	50185	7478	25363
13346	3223	11457	7	2663	3316
3428	10	7229	1179	11534	3796
2109	880	11464	3738	29152	5465
10642	51	1890	67	6628	959
17862	222	60	9	1186	4755
222		175	41855	9209	18605
80847	149	1479	33	363	18417
35770	194	108	1370	1269	7092
7240		25	4060	1780	2565
83778					16269
			3851	427	
26534	8	937	1732	5773	1626624
55628	2642	171266	16832	75596	231558
296358	5445	49729	291244	310447	227554

5-5 城镇非私营国有单位就业人数(2011年)

单位:人

指　　标	Item	单位数(个) Number of Unit (unit)
全区总计	**Total**	**6227**
按隶属关系分组	**Grouped by Jurisdiction of Management**	
中　央	Central Authorities	220
省、自治区、直辖市	Provinces,Autonomous Regions and Municipalities	639
地　区	Region	1098
县及县以下	Country and Under Country Level	4257
其它	Others	13
按企、事业、机关分组	**Grouped by Enterprises,Institutions and Agencies**	
企　业	Enterprises	617
地方	Local	456
事　业	Institutions	3771
地方	Local	3745
机　关	Agencies & Organizations	1836
地方	Local	1804
其　他	Others	3
按国民经济行业分组	**Grouped by Sector**	
农、林、牧、渔业	Agriculture,Forestry,Animal Husbandry and Fishery	314
采矿业	Mining and Quarrying	4
制造业	Manufacturing	30
电力、燃气及水的生产和供应业	Production and Distribution of Electricity,Gas and Water	47
建筑业	Construction	50
交通运输、仓储和邮政业	Transport, Storage and Post	154
信息传输、计算机服务和软件业	Information Transmission,Computer Services and Software	21
批发和零售业	Wholesale and Retail Trades	137
住宿和餐饮业	Hotels and Catering Services	13
金融业	Financial Intermediation	163
房地产业	Real Estate	31
租赁和商务服务业	Leasing and Business Services	76
科学研究、技术服务和地质勘查业	Scientific Research,Technical Service and Geologic	229
水利、环境和公共设施管理业	Management of Water Conservancy,Environment and Public Facilities	162
居民服务和其他服务业	Services to Households and Other Services	14
教育	Education	2167
卫生、社会保障和社会福利业	Health,Social Security and Social Welfare	418
文化、体育和娱乐业	Culture,Sports and Entertainment	175
公共管理与社会组织	Public Management and Social Organization	2022
国际组织	International Organizations	

Employed Persons in State-owned Units(2011)

(person)

单位就业人员 Number of Engaged Persons	在岗职工 Staff and Workers	其他就业人员 Other Engaged Persons
378520	**348357**	**30163**
60895	58446	2449
95957	91220	4737
77314	71057	6257
143080	126444	16636
1274	1190	84
115802	109417	6385
62427	57914	4513
182138	167604	14534
178654	164527	14127
80116	70882	9234
76494	67429	9065
464	454	10
26534	25304	1230
5802	5486	316
13213	13087	126
28497	27911	586
8116	6688	1428
28335	27798	537
3607	3456	151
7745	7100	645
1427	1296	131
13346	11532	1814
3428	2979	449
2109	1878	231
10642	9946	696
17862	13406	4456
222	175	47
80847	76708	4139
35770	31901	3869
7240	6789	451
83778	74917	8861

5-6 城镇非私营集体单位就业人数(2011 年)

单位:人

指　　标	Item	单位数(个) Unit (unit)
全 区 总 计	**Total**	**213**
按企业、事业、机关分组	**Grouped by Enterprises,Institutions and Agencies**	
企 业	Enterprises	195
事 业	Institutions	17
机 关	Agencies & Organizations	1
按国民经济行业分组	**Grouped by Sector**	
农、林、牧、渔业	Agriculture,Forestry,Animal Husbandry and Fishery	1
采矿业	Mining	
制造业	Manufacturing	17
电力、燃气及水的生产和供应业	Production and Distribution of Electricity,Gas and Water	
建筑业	Construction	30
交通运输、仓储和邮政业	Transport,Storage and Post	
信息传输、计算机服务和软件业	Information Transmission,Computer Services and Software	
批发和零售业	Wholesale and Retail Trades	52
住宿和餐饮业	Hotels and Catering Services	1
金融业	Financial Intermediation	85
房地产业	Real Estate	1
租赁和商务服务业	Leasing and Business Services	14
科学研究、技术服务和地质勘查业	Scientific Research,Technical Service and Geologic Prospecting	1
水利、环境和公共设施管理业	Management of Water Conservancy,Environment and Public Facilities	4
居民服务和其他服务业	Services to Households and Other Services	
教育	Education	1
卫生、社会保障和社会福利业	Health,Social Security and Social Welfare	6
文化、体育和娱乐业	Culture,Sports and Entertainment	
公共管理与社会组织	Public Management and Social Organization	
国际组织	International Organization	

Employed Persons in Urban Collective-owned Units(2011)

(person)

单位就业人员 Number of Engaged Persons	在岗职工 Staff and Workers	其他就业人员 Other Engaged Persons
8095	**7423**	**672**
7428	6900	528
647	503	144
20	20	
1	8	8
819	807	12
1823	1741	82
712	448	264
4	4	
3223	3063	160
10	10	
880	867	13
51	26	25
222	149	73
149	149	
194	151	43

5-7 城镇非私营单位女性就业人数 （2011 年）

单位:人

指　　标	Item	女性就业人员 Number of Female Employed Persons in Urban Units
全区总计	**Total**	**221650**
按企业、事业、机关分组	**Grouped by Enterprises,Institutions and Agencies**	
企　业	Enterprises	108179
事　业	Institutions	87668
机　关	Agencies & Organizations	24820
民间非盈利组织	Non-profit Organizations	459
其　他	Others	524
按国民经济行业分组	**Grouped by Sector**	
农、林、牧、渔业	Agriculture,Forestry,Animal Husbandry and Fishery	9798
采矿业	Mining	10507
制造业	Manufacturing	33173
电力、燃气及水的生产和供应业	Production and Distribution of Electricity,Gas and Water	10366
建筑业	Construction	4347
交通运输、仓储和邮政业	Transport,Storage and Post	11117
信息传输、计算机服务和软件业	Information Transmission,Computer Services and Software	2928
批发和零售业	Wholesale and Retail Trades	8746
住宿和餐饮业	Hotels and Catering Services	2803
金融业	Financial Intermediation	14869
房地产业	Real Estate	3633
租赁和商务服务业	Leasing and Business Services	3945
科学研究、技术服务和地质勘查业	Scientific Research,Technical Service and Geologic Prospecting	3838
水利、环境和公共设施管理业	Management of Water Conservancy,Environment and Public Facilities	8360
居民服务和其他服务业	Services to Households and Other Services	86
教育	Education	41060
卫生、社会保障和社会福利业	Health,Social Security and Social Welfare	21346
文化、体育和娱乐业	Culture,Sports and Entertainment	3155
公共管理与社会组织	Public Management and Social Organization	27573
国际组织	International Organization	

Number of Female Employed Persons in Urban Units(2011)

(person)

国有单位 State-owned Units	集体单位 Collective-owned Units	其他单位 Other Units
151658	**2877**	**67115**
40130	2529	65520
86759	342	567
24608	6	206
		459
161		363
9432	1	365
428		10079
3783	468	28922
8064		2302
1591	251	2505
10009		1108
1731		1197
3563	241	4942
996	2	1805
6536	1347	6986
1299	3	2331
852	226	2867
3218	25	595
8238	108	14
65		21
40015	72	973
21120	133	93
3145		10
27573		

5-8 全区个体劳动者人数 （2011 年）

单位：户、人

指　标	Item
全区合计	**Total**
农、林、牧、渔业	Agriculture,Forestry,Animal Husbandry and Fishery
采矿业	Mining
制造业	Manufacturing
电力燃气及水的生产和供应业	Production and Distribution of Electricity,Gas and Water
建筑业	Construction
交通运输、仓储和邮政业	Transport, Storage and Post
信息传输、计算机服务和软件业	Information Transmission,Computer Services and Software
批发和零售业	Wholesale and Retail Trades
住宿和餐饮业	Hotels and Catering Services
金融业	Finance
房地产业	Real Estate
租赁和商务服务业	Leasing and Business Services
科学研究、技术服务和地质勘查业	Scientific Research,Technical Services and Geological Prospecting
水利、环境和公共设施管理业	Management of Water Conservancy,Environment and Public Facilities
居民服务和其他服务业	Services to Households and Other Services
教育	Education
卫生、社会保障和社会福利业	Health,Social Security and Social Welfare
文化、体育和娱乐业	Culture,Sports and Entertainment
其他行业	Others

Number of Self-employed Individuals （2011）

(household,person)

合 计 Total		城 镇 Urban		乡 村 Rural	
户数 Number of Households	就业人数 Number of Engaged Persons	户数 Number of Households	就业人数 Number of Engaged Persons	户数 Number of Households	就业人数 Number of Engaged Persons
210996	**475119**	**142668**	**309808**	**68328**	**165311**
3426	8616	542	1732	–542	6884
244	1367	80	263	164	1104
11493	31746	6729	16374	4764	15372
10	25	6	19	4	6
132	509	64	176	68	333
3114	4928	2576	3765	538	1163
661	1615	474	1051	187	564
124773	257129	88449	180074	36324	77055
23419	67703	16989	50185	6430	17518
6	10	3	7	3	3
313	1194	300	1179	13	15
4157	8978	1867	3738	2290	5240
69	163	33	67	36	96
6	18	3	9	3	9
34029	77045	20959	41855	13070	35190
12	35	11	33	1	2
671	2036	545	1370	126	666
1568	4941	1219	4060	349	881
2893	7061	1819	3851	1074	3210

5-9 全区私营企业就业人数(2011年)

单位:户、人

指　　标	Item
全区合计	**Total**
农、林、牧、渔业	Agriculture,Forestry,Animal Husbandry and Fishery
采矿业	Mining
制造业	Manufacturing
电力燃气及水的生产和供应业	Production and Distribution of Electricity,Gas and Water
建筑业	Construction
交通运输、仓储和邮政业	Transport,Storage and Post
信息传输、计算机服务和软件业	Information Transmission,Computer Services and Software
批发和零售业	Wholesale and Retail Trades
住宿和餐饮业	Hotels and Catering Services
金融业	Finance
房地产业	Real Estate
租赁和商务服务业	Leasing and Business Services
科学研究、技术服务和地质勘查业	Scientific Research,Technical Services and Geological Prospecting
水利、环境和公共设施管理业	Management of Water Conservancy,Environment and Public Facilities
居民服务和其他服务业	Services to Households and Other Services
教育	Education
卫生、社会保障和社会福利业	Health,Social Security and Social Welfare
文化、体育和娱乐业	Culture,Sports and Entertainment
其他行业	Others

Number of Engaged Persons in Private Enterprises(2011)

(household,person)

合 计 Total		城 镇 Urban		乡 村 Rural	
户数 Number of Households	就业人数 Number of Engaged Persons	户数 Number of Households	就业人数 Number of Engaged Persons	户数 Number of Households	就业人数 Number of Engaged Persons
41849	**476236**	**33930**	**391816**	**7919**	**84420**
1454	13225	716	5773	738	7452
380	3355	185	1385	195	1970
5281	66190	3363	42558	1918	23632
217	1568	155	1175	62	393
2648	38683	2349	30478	299	8205
1223	13103	975	10140	248	2963
1431	9958	1208	8774	223	1184
19712	245926	16672	219844	3040	26082
761	8934	674	7478	87	1456
434	3228	361	2663	73	565
1395	13206	1238	11534	157	1672
4080	33783	3646	29152	434	4631
797	7380	696	6628	101	752
169	1827	147	1186	22	641
1425	11245	1175	9209	250	2036
58	571	39	363	19	208
83	1472	67	1269	16	203
261	2067	234	1780	27	287
40	515	30	427	10	88

5-10 城镇登记失业人数及失业率(2011 年)

Registered Unemployed Persons and Unemployment Rate in Urban Area(2011)

单位:万人 (10 000 persons)

年份 Year	本年登记失业人员总数 Number of Registered Unemployed Persons This Year	本年登记失业人员就业人数 Employment among Registered Unemployed Persons This Year	年末尚有失业人数 Unemployed Persons among Registered at Year End	登记失业率(%) Registered Unemployment Rate (%)
1979	5.93	3.56	2.38	4.94
1980	4.83	3.02	1.80	3.64
1985	4.89	2.86	1.82	3.10
1990	7.29	2.96	4.04	5.44
1995	6.28	2.07	4.48	5.47
1996	6.12	1.99	3.42	4.35
1997	7.10	2.74	3.95	4.79
1998	7.60	3.65	3.91	4.71
1999	7.75	4.00	3.70	4.50
2000	7.37	3.64	3.80	4.60
2001	7.78	3.19	3.66	4.40
2002	7.19	3.65	3.54	4.40
2003	8.26	4.50	3.75	4.40
2004	8.92	4.85	4.07	4.51
2005	9.82	5.46	4.36	4.52
2006	10.50	6.28	4.22	4.31
2007	10.87	6.45	4.42	4.28
2008	11.36	6.59	4.77	4.35
2009	11.45	6.65	4.80	4.40
2010	11.65	6.90	4.77	4.35
2011	13.45	8.23	5.22	4.24

注:本数据由自治区就业与创业服务局提供。

a) Data in this table are provided by Ningxia Provinsial Services Bureau of the Employment and Entrepreneurship.

5-11 在岗职工工资总额及指数(2011 年)

Total Wages Bill of Staff and Workers and Related Indices(2011)

年份 Year	绝对数(万元) Level(10 000 yuan)				指数(以上年为 100) Indices(preceding year=100)			
	全部工资总额 Total Wages	国有单位 State-owned Units	集体单位 Urban Collective-owned Units	其他单位 Other Units	全部工资总额 Total Wages	国有单位 State-owned Units	集体单位 Urban Collective-owned Units	其他单位 Other Units
1950		236.8				549.4		
1955		1997.7				128.2		
1960		13031.0				137.8		
1965		10832.0				110.4		
1970		16283.5				109.0		
1975	23117.1	21650.5	1406.6			104.4		
1980	40350.0	36258.1	4091.9		117.0	114.8	140.0	
1985	65560.0	57209.9	8290.4	59.7	117.2	116.7	120.4	175.1
1990	146646.4	128897.9	17545.7	202.8	116.8	117.1	114.1	216.2
1995	371794.7	321097.4	38910.5	11786.8	121.2	119.9	121.5	166.8
1996	410323.2	357400.2	39093.0	13830.0	110.4	111.3	100.5	117.3
1997	449072.4	379507.9	44221.1	25343.4	109.4	106.2	113.1	183.2
1998	467398.5	378709.2	34207.3	54482.0	104.1	99.8	77.4	215.0
1999	502394.1	413666.4	31812.0	56915.7	107.5	109.2	92.9	104.5
2000	563326.8	463588.1	34906.7	64832.0	112.1	112.1	109.7	113.9
2001	657761.1	550966.8	32744.2	74050.1	116.8	118.8	93.8	114.2
2002	723503.4	555429.6	27774.4	140299.4	110.0	100.8	84.8	189.5
2003	808405.5	548730.2	20937.2	238738.4	111.7	98.8	75.4	170.2
2004	871455.4	566834.3	20918.3	283702.8	109.7	106.0	99.9	118.8
2005	1015504.5	668324.6	20337.0	326842.9	116.5	117.9	97.2	115.2
2006	1216118.5	749666.3	23001.1	443451.1	119.8	112.2	113.1	135.7
2007	1500242.9	931098.3	25973.2	543171.4	123.4	124.2	112.9	122.5
2008	1722131.3	1066225.5	28883.6	627022.2	114.8	114.5	111.2	115.4
2009	1891213.9	1149131.5	29296.2	712786.2	109.8	107.8	101.4	113.7
2010	2165027.1	1271874.5	33594.6	859558.0	114.5	110.7	114.7	120.6
2011	2580506.6	1515366.2	41869.0	1023271.4	119.2	119.1	124.6	119.0

注:1998 年以后为在岗职工工资总额,2006 年以后在岗职工工资总额为城镇非私营单位在岗职工工资总额,2004 年以后数据不含长庆油田宁夏部分。

a)From 1998,data in this table refers to total wages bill of staff and workers,besides,from 2004,data of Changqing oil field in Ningxia is not included.

5-12 在岗职工平均工资及指数(2011 年)

Average Wage of Staff and Workers and Related Indices(2011)

年份 Year	平均工资(元) Average Wages(yuan)				指数(以上年为 100) Indices(preceding year=100)			
	全部职工 Total Employees	国有单位 State-owned Units	集体单位 Urban Collective-owned Units	其他单位 Other Units	全部职工 Total Employees	国有单位 State-owned Units	集体单位 Urban Collective-owned Units	其他单位 Other Units
1950		343				100.9		
1955		586				103.5		
1960		552				96.2		
1965		696				99.0		
1970		684				101.9		
1975	708	725	532			99.7		
1978	726							
1980	863	892	666		111.1	109.4	128.8	
1985	1206	1252	963	1152	112.5	112.7	112.6	120.0
1990	2202	2313	1631	1814	113.3	113.5	111.9	104.4
1995	5079	5273	3782	5832	118.9	117.8	123.5	130.6
1996	5635	5819	4320	5888	101.0	101.0	114.2	101.0
1997	6073	6206	4831	6962	118.2	106.7	111.8	118.2
1998	6822	7020	5373	6643	112.3	113.1	111.2	95.4
1999	7550	7847	5568	7018	110.7	111.8	103.6	105.6
2000	8681	9022	6538	7943	115.0	115.0	117.4	113.2
2001	10521	11198	7166	8464	121.2	124.1	109.6	106.6
2002	11723	12465	7572	10400	111.4	111.3	105.7	122.9
2003	13056	13825	8924	12009	111.4	110.9	117.9	115.5
2004	14620	15212	10613	13926	112.7	111.0	119.0	116.0
2005	17211	17634	13630	16668	117.7	115.9	128.4	119.7
2006	21239	21370	19427	21123	123.4	121.2	142.5	126.7
2007	26210	26687	25362	25470	123.4	124.9	130.6	120.6
2008	30719	31111	31155	30054	117.2	116.6	122.8	118.0
2009	34082	33841	35182	34432	110.9	108.8	112.9	114.6
2010	39144	37377	40815	42014	114.9	110.4	116.0	122.0
2011	44574	43325	38635	46870	113.9	115.9	94.7	111.6

注:1998 年以后职工平均工资为在岗职工平均工资,2006 年以后在岗职工平均工资为城镇非私营单位在岗职工平均工资,2004 年以后数据不含长庆油田宁夏部分。

a)From 1998,data in this table refers to average wages of staff and workers,besides,from 2004,data of Changqing oil field in Ningxia is not included.

5-13 城镇非私营国有单位就业人员工资总额及平均工资(2011年)

Total wages and Average wage of Employed Persons in State-owned Units(2011)

单位:万元、元　　(10 000yuan,yuan)

指　标	Item	就业人员 Employees	
		工资总额 Total Wages	平均工资 Average Wage
全 区 总 计	**Total**	**1564052.1**	**41217**
按隶属关系分组	**Grouped by Jurisdiction of Management**		
中 央	Central Authorities	377724.2	61829
省、自治区、直辖市	Provinces,Autonomous Regions and Municipalities	384438.7	40223
地 区	Region	298388.9	37998
县及县以下	Country and Under Country Level	498800.1	34902
其 它	Others	4700.2	34662
按企业、事业、机关分组	**Grouped by Enterprises,Institutions and Agencies**		
企 业	Enterprises	560820.7	47409
地 方	Local	218203.3	33680
事 业	Institutions	677053.2	37336
地 方	Local	661770.0	37223
机 关	Agencies & Organizations	324091.2	40841
地 方	Local	306152.9	40415
其 他	Others	2087.0	41217
按国民经济行业分组	**Grouped by Sector**		
农、林、牧、渔业	Agriculture,Forestry,Animal Husbandry and Fishery	67668.6	24404
采矿业	Mining	29103.1	52476
制造业	Manufacturing	55886	43052
电力、燃气及水的生产和供应业	Production and Distribution of Electricity,Gas and Water	198241.4	69627
建筑业	Construction	32508.0	31598
交通运输、仓储和邮政业	Transport,Storage and Post	119969.8	42627
信息传输、计算机服务和软件业	Information Transmission,Computer Services and Software	18383.5	50588
批发和零售业	Wholesale and Retail Trades	34008.8	44288
住宿和餐饮业	Hotels and Catering Services	3041	21251
金融业	Financial Intermediation	88669.4	66624
房地产业	Real Estate	12620.7	36444
租赁和商务服务业	Leasing and Business Services	5903.2	29874
科学研究、技术服务和地质勘查业	Scientific Research,Technical Service and Geologic Prospecting	45529.3	42126
水利、环境和公共设施管理业	Management of Water Conservancy,Environment and Public Facilities	55874.9	32314
居民服务和其他服务业	Services to Households and Other Services	747.8	33534
教育	Education	327581.7	40610
卫生、社会保障和社会福利业	Health,Social Security and Social Welfare	124569.2	35713
文化、体育和娱乐业	Culture,Sports and Entertainment	30294.6	42088
公共管理与社会组织	Public Management and Social Organization	313451.1	37427
国际组织	International Organizations		

5-13 续表 1

单位:万元、元　　(10 000 yuan,yuan)

指　标	Item	在岗职工 Staff and Workers 工资总额 Total Wages	平均工资 Average Wage
全 区 总 计	**Total**	**1515366.2**	**43325**
按隶属关系分组	**Grouped by Jurisdiction of Management**		
中 央	Central Authorities	370641.5	63391
省、自治区、直辖市	Provinces,Autonomous Regions and Municipalities	374312.2	41068
地 区	Region	288032.4	39932
县及县以下	Country and Under Country Level	477850.3	37705
其 它	Others	4529.8	35142
按企业、事业、机关分组	**Grouped by Enterprises,Institutions and Agencies**		
企 业	Enterprises	546063.9	48863
地 方	Local	208828.7	34655
事 业	Institutions	655331.8	39301
地 方	Local	641326.2	39192
机 关	Agencies & Organizations	311899.5	44055
地 方	Local	294380.3	43701
其 他	Others	2071.0	44064
按国民经济行业分组	**Grouped by Sector**		
农、林、牧、渔业	Agriculture,Forestry,Animal Husbandry and Fishery	65588.4	25044
采矿业	Mining	27587.1	52748
制造业	Manufacturing	55625.6	43251
电力、燃气及水的生产和供应业	Production and Distribution of Electricity,Gas and Water	197364.0	70684
建筑业	Construction	30332.7	33329
交通运输、仓储和邮政业	Transport,Storage and Post	119087.1	43119
信息传输、计算机服务和软件业	Information Transmission,Computer Services and Software	18094.3	51921
批发和零售业	Wholesale and Retail Trades	32914.4	46694
住宿和餐饮业	Hotels and Catering Services	2900.8	22280
金融业	Financial Intermediation	83448.2	72798
房地产业	Real Estate	11216.9	38894
租赁和商务服务业	Leasing and Business Services	5237.8	30033
科学研究、技术服务和地质勘查业	Scientific Research,Technical Service and Geologic Prospecting	43781.1	43455
水利、环境和公共设施管理业	Management of Water Conservancy,Environment and Public Facilities	50759.5	38849
居民服务和其他服务业	Services to Households and Other Services	602.6	34239
教育	Education	321730.0	41987
卫生、社会保障和社会福利业	Health,Social Security and Social Welfare	117671.8	37843
文化、体育和娱乐业	Culture,Sports and Entertainment	29598.8	43915
公共管理与社会组织	Public Management and Social Organization	301825.1	40168
国际组织	International Organizations		

5-13 续表 2 continned

单位:万元、元 (10 000 yuan,yuan)

指　　标	Item	其他就业人员 Other Employees	
		工资总额 Total Wages	平均工资 Average Wage
全 区 总 计	**Total**	**48685.9**	**16392**
按隶属关系分组	**Grouped by Jurisdiction of Management**		
中 央	Central Authorities	7082.7	27002
省、自治区、直辖市	Provinces,Autonomous Regions and Municipalities	10126.5	22849
地 区	Region	10356.5	16190
县及县以下	Country and Under Country Level	20949.8	12946
其 它	Others	170.4	25433
按企业、事业、机关分组	**Grouped by Enterprises,Institutions and Agencies**		
企 业	Enterprises	14756.8	22567
地 方	Local	9374.6	20704
事 业	Institutions	21721.4	14883
地 方	Local	20443.8	14447
机 关	Agencies & Organizations	12191.7	14248
地 方	Local	11772.6	14032
其 他	Others	16.0	16000
按国民经济行业分组	**Grouped by Sector**		
农、林、牧、渔业	Agriculture,Forestry,Animal Husbandry and Fishery	2080.2	13517
采矿业	Mining	1516.0	47975
制造业	Manufacturing	260.4	21700
电力、燃气及水的生产和供应业	Production and Distribution of Electricity,Gas and Water	877.4	15953
建筑业	Construction	2175.3	18326
交通运输、仓储和邮政业	Transport,Storage and Post	882.7	16781
信息传输、计算机服务和软件业	Information Transmission,Computer Services and Software	289.2	19409
批发和零售业	Wholesale and Retail Trades	1094.4	17371
住宿和餐饮业	Hotels and Catering Services	140.2	10868
金融业	Financial Intermediation	5221.2	28284
房地产业	Real Estate	1403.8	24245
租赁和商务服务业	Leasing and Business Services	665.4	28681
科学研究、技术服务和地质勘查业	Scientific Research,Technical Service and Geologic Prospecting	1748.2	23850
水利、环境和公共设施管理业	Management of Water Conservancy,Environment and Public Facilities	5115.4	12107
居民服务和其他服务业	Services to Households and Other Services	145.2	30894
教育	Education	5851.7	14488
卫生、社会保障和社会福利业	Health,Social Security and Social Welfare	6897.4	18218
文化、体育和娱乐业	Culture,Sports and Entertainment	695.8	15192
公共管理与社会组织	Public Management and Social Organization	11626.0	13503
国际组织	International Organizations		

5-14 城镇非私营集体单位就业人员工资总额及平均工资(2011年)

Total wages and Average wage of Employed Persons in Urban Collective-owned Units(2011)

单位:万元、元 (10 000 yuan,yuan)

指标	Item	就业人员 Employees	
		工资总额 Total Wages	平均工资 Average Wage
全区总计	**Total**	**43089.6**	**37143**
按企业、事业、机关分组	**Grouped by Enterprises, Institutions and Agencies**		
企业	Enterprises	40922.3	37410
事业	Institutions	2062.5	32126
机关	Agencies & Organizations	104.8	52400
按国民经济行业分组	**Grouped by Sector**		
农、林、牧、渔业	Agriculture,Forestry,Animal Husbandry and Fishery	22.9	28625
采矿业	Mining		
制造业	Manufacturing	1982.8	25131
电力、燃气及水的生产和供应业	Production and Distribution of Electricity,Gas and Water		
建筑业	Construction	12621.1	24202
交通运输、仓储和邮政业	Transport,Storage and Post		
信息传输、计算机服务和软件业	Information Transmission,Computer Services and Software		
批发和零售业	Wholesale and Retail Trades	1498.7	20225
住宿和餐饮业	Hotels and Catering Services	4.6	11500
金融业	Financial Intermediation	23360.5	74160
房地产业	Real Estate	15.2	15200
租赁和商务服务业	Leasing and Business Services	1582.3	14733
科学研究、技术服务和地质勘查业	Scientific Research,Technical Service and Geologic Prospecting	174.8	34275
水利、环境和公共设施管理业	Management of Water Conservancy,Environment and Public Facilities	616.8	27784
居民服务和其他服务业	Services to Households and Other Services		
教育	Education		
卫生、社会保障和社会福利业	Health,Social Security and Social Welfare		
文化、体育和娱乐业	Culture,Sports and Entertainment	600.1	40823
公共管理与社会组织	Public Management and Social Organization	609.8	32095
国际组织	International Organizations		

5-14 续表 1 continued

单位:万元、元 (10 000 yuan,yuan)

指 标	Item	在岗职工 Staff and Workers	
		工资总额 Total Wages	平均工资 Average Wage
全 区 总 计	**Total**	**41869.0**	**38635**
按企业、事业、机关分组	**Grouped by Enterprises, Institutions and Agencies**		
企 业	Enterprises	39948.9	38729
事 业	Institutions	1815.3	36161
机 关	Agencies & Organizations	104.8	52400
按国民经济行业分组	**Grouped by Sector**		
农、林、牧、渔业	Agriculture,Forestry,Animal Husbandry and Fishery	22.9	28625
采矿业	Mining		
制造业	Manufacturing	1971.4	25569
电力、燃气及水的生产和供应业	Production and Distribution of Electricity,Gas and Water		
建筑业	Construction	12265.0	24311
交通运输、仓储和邮政业	Transport,Storage and Post		
信息传输、计算机服务和软件业	Information Transmission,Computer Services and Software		
批发和零售业	Wholesale and Retail Trades	1215.7	25118
住宿和餐饮业	Hotels and Catering Services	4.6	11500
金融业	Financial Intermediation	23053.6	77335
房地产业	Real Estate	15.2	15200
租赁和商务服务业	Leasing and Business Services	1562.5	14727
科学研究、技术服务和地质勘查业	Scientific Research,Technical Service and Geologic Prospecting	127.7	49115
水利、环境和公共设施管理业	Management of Water Conservancy,Environment and Public Facilities	535.5	35940
居民服务和其他服务业	Services to Households and Other Services		
教育	Education		
卫生、社会保障和社会福利业	Health,Social Security and Social Welfare		
文化、体育和娱乐业	Culture,Sports and Entertainment	600.1	40823
公共管理与社会组织	Public Management and Social Organization	494.8	32768
国际组织	International Organizations		

5-14 续表 2 continued

单位:万元、元 (10 000 yuan,yuan)

指 标	Item	其他就业人员 Other Employees	
		工资总额 Total Wages	平均工资 Average Wages
全 区 总 计	**Total**	**1220.6**	**15976**
按企业、事业、机关分组	**Grouped by Enterprises, Institutions and Agencies**		
企 业	Enterprises	973.4	15599
事 业	Institutions	247.2	17657
机 关	Agencies & Organizations		
按国民经济行业分组	**Grouped by Sector**		
农、林、牧、渔业	Agriculture,Forestry,Animal Husbandry and Fishery		
采矿业	Mining		
制造业	Manufacturing	11.4	6333
电力、燃气及水的生产和供应业	Production and Distribution of Electricity,Gas and Water		
建筑业	Construction	356.1	20947
交通运输、仓储和邮政业	Transport,Storage and Post		
信息传输、计算机服务和软件业	Information Transmission,Computer Services and Software		
批发和零售业	Wholesale and Retail Trades	283.0	11012
住宿和餐饮业	Hotels and Catering Services		
金融业	Financial Intermediation	306.9	18160
房地产业	Real Estate		
租赁和商务服务业	Leasing and Business Services	19.8	15231
科学研究、技术服务和地质勘查业	Scientific Research,Technical Service and Geologic Prospecting	47.1	18840
水利、环境和公共设施管理业	Management of Water Conservancy,Environment and Public Facilities	81.3	11137
居民服务和其他服务业	Services to Households and Other Services		
教育	Education		
卫生、社会保障和社会福利业	Health,Social Security and Social Welfare		
文化、体育和娱乐业	Culture,Sports and Entertainment		
公共管理与社会组织	Public Management and Social Organization	115.0	29487
国际组织	International Organizations		

5-15 城镇非私营其他单位就业人员工资总额及平均工资(2011 年)

Total Wages and Average Wage of Employed Persons in Units of Other Types of Ownership(2011)

单位:万元、元 (10 000 yuan,yuan)

指　　标	Item	就业人员 Employees	
		工资总额 Total Wages	平均工资 Average Wage
全 区 总 计	**Total**	**1056818.5**	**45402**
农、林、牧、渔业	Agriculture,Forestry,Animal Husbandry and Fishery	2668.0	29351
采矿业	Mining	424276.1	81079
制造业	Manufacturing	326512.1	34552
电力、燃气及水的生产和供应业	Production and Distribution of Electricity,Gas and Water	34559.3	50748
建筑业	Construction	86533.4	29042
交通运输、仓储和邮政业	Transport,Storage and Post	8571.5	26513
信息传输、计算机服务和软件业	Information Transmission,Computer Services and Software	12998.8	54594
批发和零售业	Wholesale and Retail Trades	17787.6	24168
住宿和餐饮业	Hotels and Catering Services	6325.0	23841
金融业	Financial Intermediation	60729.6	54495
房地产业	Real Estate	23190.2	31898
租赁和商务服务业	Leasing and Business Services	34079.2	31734
科学研究、技术服务和地质勘查业	Scientific Research,Technical Service and Geologic Prospecting	12953.5	70476
水利、环境和公共设施管理业	Management of Water Conservancy,Environment and Public Facilities	199.0	33167
居民服务和其他服务业	Services to Households and Other Services	297.7	16179
教育	Education	4549.2	31724
卫生、社会保障和社会福利业	Health,Social Security and Social Welfare	434.9	40269
文化、体育和娱乐业	Culture,Sports and Entertainment	153.4	61360
公共管理与社会组织	Public Management and Social Organization		
国际组织	International Organizations		

5-15 续表1 continued

单位:万元、元 (10 000 yuan,yuan)

指 标	Item	在岗职工 Staff and Workers	
		工资总额 Total Wages	平均工资 Average Wage
全 区 总 计	**Total**	**1023271.4**	**46870**
农、林、牧、渔业	Agriculture,Forestry,Animal Husbandry and Fishery	2439.9	30652
采矿业	Mining	424227.6	81103
制造业	Manufacturing	320929.4	34872
电力、燃气及水的生产和供应业	Production and Distribution of Electricity,Gas and Water	34273.7	51578
建筑业	Construction	72208.0	30003
交通运输、仓储和邮政业	Transport,Storage and Post	8419.8	26578
信息传输、计算机服务和软件业	Information Transmission,Computer Services and Software	12991.0	54861
批发和零售业	Wholesale and Retail Trades	17579.4	24247
住宿和餐饮业	Hotels and Catering Services	6109.7	23644
金融业	Financial Intermediation	51974.1	77666
房地产业	Real Estate	22519.9	32213
租赁和商务服务业	Leasing and Business Services	31994.5	31447
科学研究、技术服务和地质勘查业	Scientific Research,Technical Service and Geologic Prospecting	12836.5	71552
水利、环境和公共设施管理业	Management of Water Conservancy,Environment and Public Facilities	157.2	41368
居民服务和其他服务业	Services to Households and Other Services	282.2	16600
教育	Education	3811.0	33110
卫生、社会保障和社会福利业	Health,Social Security and Social Welfare	364.1	52014
文化、体育和娱乐业	Culture,Sports and Entertainment	153.4	61360
公共管理与社会组织	Public Management and Social Organization		
国际组织	International Organizations		

5-15 续表 2 continued

单位:万元、元 (10 000 yuan,yuan)

指 标	Item	其他就业人员 Other Employees	
		工资总额 Total Wages	平均工资 Average Wage
全 区 总 计	**Total**	**33547.1**	**23214**
农、林、牧、渔业	Agriculture,Forestry,Animal Husbandry and Fishery	228.1	20186
采矿业	Mining	48.5	22045
制造业	Manufacturing	5582.7	22620
电力、燃气及水的生产和供应业	Production and Distribution of Electricity,Gas and Water	285.6	17309
建筑业	Construction	14325.4	25005
交通运输、仓储和邮政业	Transport,Storage and Post	151.7	23338
信息传输、计算机服务和软件业	Information Transmission,Computer Services and Software	7.8	6000
批发和零售业	Wholesale and Retail Trades	208.2	18927
住宿和餐饮业	Hotels and Catering Services	215.3	31203
金融业	Financial Intermediation	8755.5	19666
房地产业	Real Estate	670.3	24025
租赁和商务服务业	Leasing and Business Services	2084.7	36897
科学研究、技术服务和地质勘查业	Scientific Research,Technical Service and Geologic Prospecting	117.0	26591
水利、环境和公共设施管理业	Management of Water Conservancy,Environment and Public Facilities	41.8	19000
居民服务和其他服务业	Services to Households and Other Services	15.5	11071
教育	Education	738.2	26085
卫生、社会保障和社会福利业	Health,Social Security and Social Welfare	70.8	18632
文化、体育和娱乐业	Culture,Sports and Entertainment		
公共管理与社会组织	Public Management and Social Organization		
国际组织	International Organizations		

5-16 各市县就业人数(2011 年)

Number of Employed Persons by City and Country(2011)

单位:人 (person)

地区	Region	就业人员合计 Total Employment	城镇就业人员 Number of Employed Persons in Urban Units	国有单位 State-owned Units	集体单位 Collective-owned Units	其他单位 Units of Other Type of Ownership	私营和个体 Private and Individuals	乡村劳动者 Rural Labor Force
全区总计	**Total**	**3395907**	**1310171**	**378520**	**8095**	**221932**	**701624**	**2085736**
银川市	**Yinchuan**	**1007115**	**676813**	**165037**	**2411**	**145584**	**363781**	**330302**
银川市	District	647938	558386	135579	690	120933	301184	89552
永宁县	Yongning	120502	33070	7904	616	10782	13768	87432
贺兰县	Helan	119636	45362	8655	549	10914	25244	74274
灵武市	Lingwu	119039	39995	12899	556	2955	23585	79044
石嘴山市	**Shizuishan**	**378514**	**232422**	**48046**	**1129**	**41689**	**141558**	**146092**
石嘴山市	District	213344	163851	36738	471	36240	90402	49493
平罗县	Pingluo	165170	68571	11308	658	5449	51156	96599
吴忠市	**Wuzhong**	**685975**	**171029**	**57682**	**2249**	**21715**	**89383**	**514946**
利通区	Litong	204103	71915	22780	823	8001	40311	132188
红寺堡区	Hongsipu	77918	11030	3170		84	7776	66888
盐池县	Yanchi	80906	22372	6967	230	106	15069	58534
同心县	Tongxin	179456	17819	9055	932	457	7375	161637
青铜峡市	Qingtongxia	143592	47893	15710	264	13067	18852	95699
固原市	**Guyuan**	**711965**	**126816**	**53233**	**1154**	**2141**	**70288**	**585149**
原州区	Yuanzhou	202203	59938	20595	325	307	38711	142265
西吉县	Xiji	222039	22823	12002	191	937	9693	199216
隆德县	Longde	85488	16643	6664	292	632	9055	68845
泾源县	Jingyuan	67493	12879	4429	118	265	8067	54614
彭阳县	Pengyang	134742	14533	9543	228		4762	120209
中卫市	**Zhongwei**	**596988**	**87741**	**39172**	**1152**	**10803**	**36614**	**509247**
沙坡头区	Shapotou	210950	47272	14528	698	9641	22405	163678
中宁县	Zhongning	174873	25291	14043	302	1162	9784	149582
海原县	Haiyuan	211165	15178	10601	152		4425	195987

5-17 第六次全国人口普查就业人口产业构成(2010年)

Employment Composition by Industry on Population Census in 2010

地区	Region	构成(%) Composition(%)		
		第一产业 Primary Industry	第二产业 Secondary Industry	第三产业 Tertiary Industry
全区总计	**Total**	**51.12**	**18.70**	**30.18**
银川市	**Yinchuan**	**25.64**	**26.00**	**48.36**
银川市	District	12.09	25.03	62.87
永宁县	Yongning	60.92	17.52	21.56
贺兰县	Helan	51.52	20.36	28.12
灵武市	Lingwu	32.62	41.68	25.70
石嘴山市	**Shizuishan**	**32.89**	**33.22**	**33.89**
石嘴山市	District	13.08	45.10	41.82
平罗县	Pingluo	62.74	15.33	21.93
吴忠市	**Wuzhong**	**61.17**	**15.07**	**23.76**
利通区	Litong	39.07	22.41	38.52
红寺堡区	Hongsipu	80.01	8.75	11.25
盐池县	Yanchi	58.98	14.32	26.70
同心县	Tongxin	84.03	5.33	10.64
青铜峡市	Qingtongxia	54.88	20.45	24.68
固原市	**Guyuan**	**74.58**	**8.97**	**16.45**
原州区	Yuanzhou	61.10	11.28	27.62
西吉县	Xiji	87.72	3.40	8.88
隆德县	Longde	71.70	14.47	13.83
泾源县	Jingyuan	70.19	14.56	15.26
彭阳县	Pengyang	80.28	8.18	11.54
中卫市	**Zhongwei**	**69.53**	**11.64**	**18.83**
沙坡头区	Shapotou	53.07	19.39	27.54
中宁县	Zhongning	70.66	11.22	18.12
海原县	Haiyuan	86.07	3.75	10.18

5-18 各市县城镇非私营单位在岗职工人数(2011 年)

Number of Fully Employed Staff and Workers in Urban Entities by City and Country(2011)

单位:人 (person)

地 区	Region	合计 Total	按经济类型分 Grouped by Economic Type			按三次产业分 Grouped Industry		
			国有单位 State-owned Units	集体单位 Urban Collective-owned Units	其他单位 Other Economic Type Units	第一产业 Primary Industry	第二产业 Secondary Industry	第二产业 Tertiary Industry
全区总计	**Total**	**566217**	**348357**	**7423**	**210437**	**26137**	**221726**	**318354**
银川市	**Yinchuan**	**295085**	**153753**	**2123**	**139209**	**11745**	**139740**	**143600**
银川市	District	244020	128223	680	115117	4878	120035	119107
永宁县	Yongning	17842	6742	442	10658	1260	9552	7030
贺兰县	Helan	17556	6322	505	10729	1581	8390	7585
灵武市	Lingwu	15667	12466	496	2705	4026	1763	9878
石嘴山市	**Shizuishan**	**81598**	**41292**	**1045**	**39261**	**1831**	**44661**	**35106**
石嘴山市	District	65259	30968	446	33845	1488	40433	23338
平罗县	Pingluo	16339	10324	599	5416	343	4228	11768
吴忠市	**Wuzhong**	**76272**	**53779**	**2145**	**20348**	**5535**	**23458**	**47279**
利通区	Litong	27842	20375	823	6644	2561	5706	19575
红寺堡区	Hongsipu	3164	3080	0	84	0	78	3086
盐池县	Yanchi	7231	6918	208	105	569	331	6331
同心县	Tongxin	10133	8830	850	453	208	1413	8512
青铜峡市	Qingtongxia	27902	14576	264	13062	2197	15930	9775
固原市	**Guyuan**	**51953**	**49722**	**985**	**1246**	**2667**	**4512**	**44774**
原州区	Yuanzhou	20096	19464	325	307	1110	821	18165
西吉县	Xiji	11381	10659	191	531	755	416	10210
隆德县	Longde	6699	6417	132	150	256	350	6093
泾源县	Jingyuan	4522	4146	118	258	186	320	4016
彭阳县	Pengyang	9255	9036	219		360	2605	6290
中卫市	**Zhongwei**	**46281**	**34783**	**1125**	**10373**	**4359**	**9312**	**32610**
沙坡头区	Shapotou	23584	13680	671	9233	890	7863	14831
中宁县	Zhongning	14313	12871	302	1140	2902	1385	10026
海原县	Haiyuan	8384	8232	152		567	64	7753

5-19 主要年份各市县在岗职工人数(2011年)

Number of Fully Employed Staff and Workers by City and Country in Main Years(2011)

单位:人 (person)

地区	Region	1978	1980	1990	2000	2010	2011
全区总计	**Total**	**432755**	**475706**	**674115**	**637611**	**546532**	**566217**
银川市	**Yinchuan**	**135594**	**179562**	**273270**	**254215**	**281902**	**295085**
银川市	District	109514	139033	214303	194850	233055	244020
永宁县	Yongning	6814	11984	15203	15886	18555	17842
贺兰县	Helan	9564	12736	16037	14758	15347	17556
灵武市	Lingwu	9702	15809	27727	28721	14945	15667
石嘴山市	**Shizuishan**	**123313**	**139606**	**171790**	**136141**	**82994**	**81598**
石嘴山市	District	103971	114699	143735	110175	67397	65259
平罗县	Pingluo	17540	22844	25147	22960	15597	16339
陶乐县	Taole	1802	2063	2908	3006		
吴忠市	**Wuzhong**	**47013**	**59427**	**92679**	**100702**	**70749**	**76272**
利通区	Litong	21187	27885	39167	41976	27454	27842
红寺堡区	Hongsipu				374	3069	3164
盐池县	Yanchi	5081	6384	9544	9360	7141	7231
同心县	Tongxin	3997	5090	10046	12333	9987	10133
青铜峡市	Qingtongxia	16748	20068	33922	37033	23098	27902
固原市	**Guyuan**	**27674**	**33453**	**51812**	**61937**	**50803**	**51953**
原州区	Yuanzhou	15006	18326	22712	24472	19581	20096
西吉县	Xiji	4995	5808	10091	15894	11525	11381
隆德县	Longde	3664	4330	7916	9519	6654	6699
泾源县	Jingyuan	2587	2977	4105	4032	4147	4522
彭阳县	Pengyang	1422	2012	6988	8020	8896	9255
中卫市	**Zhongwei**	**26971**	**36432**	**55432**	**54834**	**45418**	**46281**
沙坡头区	Shapotou	9873	17073	24485	22408	22262	23584
中宁县	Zhongning	12784	13526	21551	20986	14363	14313
海原县	Haiyuan	4314	5833	9396	11440	8793	8384

注:1.1998年以后为在岗职工人数(不包括"离开本单位仍保留劳动关系的职工"),2006年以后在岗职工为城镇非私营单位在岗职工;

2.全区总计中包括银川铁路分局、长庆油田宁夏部分和总后宁夏分部;

3.2004年以后数据不含长庆油田宁夏部分。

a)Since 1998, data in this table refers to number of fully employed staff and workers.Number of "Staff and workers leaving their working units while keeping their labour contract" is not included.

b)Sum of Yinchuan Railway Bureau and Changqing oil field in Ningxia is included in total.

c)Since 2004, data in this table excluding Changqing oil field in Ningxia.

5-20 各市县城镇非私营单位分行业在岗职工人数(2011 年)

Number of Urban Entities Fully Employed Staff and Workers by Sector by City and Country(2011)

单位:人 (person)

地　区	Region	合计 Total	农、林、牧、渔业 Agriculture, Forestry, Animal Husbandry and Fishery	采矿业 Mining	制造业 Manufac-turing	电力、燃气及水的生产和供应业 Production and Distribution of Electricity, Gas and Water	建筑业 Construction	交通运输、仓储和邮政业 Transport, Storage and Post
全区总计	**Total**	**566217**	**26137**	**59734**	**105330**	**34663**	**21999**	**31041**
银川市	**Yinchuan**	**295085**	**11745**	**53417**	**46783**	**23700**	**15840**	**9876**
银川市	District	244020	4878	53417	30422	23067	13129	7266
永宁县	Yongning	17842	1260		9451	79	22	127
贺兰县	Helan	17556	1581		6449	396	1545	85
灵武市	Lingwu	15667	4026		461	158	1144	2398
石嘴山市	**Shizuishan**	**81598**	**1831**	**3843**	**32353**	**5784**	**2681**	**2091**
石嘴山市	District	65259	1488	3843	28806	5458	2326	1946
平罗县	Pingluo	16339	343		3547	326	355	145
吴忠市	**Wuzhong**	**76272**	**5535**		**17820**	**3968**	**1670**	**1883**
利通区	Litong	27842	2561		4158	826	722	1474
红寺堡区	Hongsipu	3164				78		22
盐池县	Yanchi	7231	569		55	207	69	159
同心县	Tongxin	10133	208		380	192	841	228
青铜峡市	Qingtongxia	27902	2197		13227	2665	38	
固原市	**Guyuan**	**51953**	**2667**	**2474**	**777**	**479**	**782**	**2407**
原州区	Yuanzhou	20096	1110		214	162	445	1623
西吉县	Xiji	11381	755		270	52	94	201
隆德县	Longde	6699	256			114	236	272
泾源县	Jingyuan	4522	186		259	54	7	104
彭阳县	Pengyang	9255	360	2474	34	97		207
中卫市	**Zhongwei**	**46281**	**4359**		**7597**	**732**	**983**	**2051**
沙坡头区	Shapotou	23584	890		6805	516	542	1440
中宁县	Zhongning	14313	2902		792	152	441	425
海原县	Haiyuan	8384	567			64		186

注:全区总计包括银川铁路分局数据。

a)The total urban entities fully employed staff and workers include that of the railway.

5-20 续 1　　continued

地　区	Region	信息传输、计算机服务和软件业 Information Transmission, Computer Services and Software	批发和零售业 Wholesale and Retail Trades	住宿和餐饮业 Hotels and Catering Services	金融业 Financial Intermediation	房地产业 Real Estate	租赁和商务服务业 Leasing and Business Services	科学研究、技术服务和地质勘查业 Scientific Research, Technical Service and Geologic Prospecting
全区总计	**Total**	**5803**	**14992**	**3833**	**21561**	**9902**	**13596**	**11819**
银川市	**Yinchuan**	**3356**	**8226**	**2529**	**12494**	**6019**	**10575**	**9552**
银川市	District	3349	6521	2086	10701	5329	10251	9071
永宁县	Yongning	7	238	148	513	268	44	133
贺兰县	Helan		1151	295	557	422	249	148
灵武市	Lingwu		316		723		31	200
石嘴山市	**Shizuishan**	**771**	**2033**	**190**	**2266**	**1726**	**827**	**442**
石嘴山市	District	771	1453	160	1639	518	548	253
平罗县	Pingluo	0	580	30	627	1208	279	189
吴忠市	**Wuzhong**	**774**	**1578**	**439**	**3066**	**47**	**1109**	**854**
利通区	Litong	701	1231	239	1511		666	378
红寺堡区	Hongsipu		20		84			
盐池县	Yanchi		85	158	287	20	37	110
同心县	Tongxin	73	78	42	341	27	264	348
青铜峡市	Qingtongxia		164		843		142	18
固原市	**Guyuan**	**641**	**1618**	**225**	**1987**	**107**	**419**	**792**
原州区	Yuanzhou	538	983	106	990	57	69	347
西吉县	Xiji	49	222	79	383	20	49	154
隆德县	Longde	54	155	26	262	30	23	182
泾源县	Jingyuan		15	10	161		190	100
彭阳县	Pengyang		243	4	191		88	9
中卫市	**Zhongwei**	**261**	**1260**	**278**	**1748**	**315**	**666**	**152**
沙坡头区	Shapotou	261	868	278	966	279	641	100
中宁县	Zhongning		374		559	26	4	19
海原县	Haiyuan		18		223	10	21	33

5-20 续 2　　continued

地　区	Region	水利、环境和公共设施管理业 Management of Water Conservancy, Environment and Public Facilities	居民服务和其他服务业 Services to Households and Other Services	教　育 Education	卫生、社会保障和社会福利业 Health, Social Security and Social Welfare	文化、体育和娱乐业 Culture, Sports and Entertainment	公共管理与社会组织 Public Management and Social Organization
全区总计	**Total**	**13593**	**336**	**78025**	**32122**	**6814**	**74917**
银 川 市	**Yinchuan**	**5172**	**141**	**25122**	**15010**	**4583**	**30945**
银 川 市	District	4665	141	17542	12825	4348	25012
永 宁 县	Yongning	96		2815	766	75	1800
贺 兰 县	Helan	72		2439	459	74	1634
灵 武 市	Lingwu	339		2326	960	86	2499
石嘴山市	**Shizuishan**	**1436**	**161**	**8077**	**4720**	**498**	**9868**
石嘴山市	District	757	161	5158	3650	454	5870
平 罗 县	Pingluo	679		2919	1070	44	3998
吴 忠 市	**Wuzhong**	**2707**	**17**	**15123**	**4124**	**529**	**15029**
利 通 区	Litong	1232		4220	1202	201	6520
红寺堡区	Hongsipu	167		1541	183	20	1049
盐 池 县	Yanchi	393		2321	692	101	1968
同 心 县	Tongxin	401	17	3781	769	185	1958
青铜峡市	Qingtongxia	514		3260	1278	22	3534
固 原 市	**Guyuan**	**1926**	**12**	**18393**	**4135**	**765**	**11347**
原 州 区	Yuanzhou	465	8	5886	1920	460	4713
西 吉 县	Xiji	415	4	5416	930	117	2171
隆 德 县	Longde	175		2736	486	75	1617
泾 源 县	Jingyuan	667		1227	299	44	1199
彭 阳 县	Pengyang	204		3128	500	69	1647
中 卫 市	**Zhongwei**	**2352**	**5**	**11310**	**4133**	**411**	**7668**
沙坡头区	Shapotou	517	5	4091	2236	177	2972
中 宁 县	Zhongning	1708		3549	1080	123	2159
海 原 县	Haiyuan	127		3670	817	111	2537

5-21 各市县城镇非私营单位在岗职工工资总额和指数(2011年)

Total Wages of Fully Employed Staff and Workers by City and Country and Related Indices(2011)

地区	Region	工资总额(万元) Total Wages(10 000 yuan)				指数(以上年为100) Indices(preceding year=100)			
		合计 Total Wages	国有单位 State-owned Units	集体单位 Urban Collective-owned Units	其他单位 Other Units	合计 Total Wages	国有单位 State-owned Units	集体单位 Urban Collective-owned Units	其他单位 Other Units
全区总计	**Total**	**2580506.6**	**1515366.2**	**41869.0**	**1023271.4**	**119.2**	**119.1**	**124.6**	**119.0**
银川市	**Yinchuan**	**1473755.9**	**714867.9**	**12339.9**	**746548.1**	**118.6**	**125.1**	**117.0**	**113.1**
银川市	District	1293842.8	625294.4	2119.1	666429.3	118.3	128.1	121.8	110.4
永宁县	Yongning	54345.6	18798.4	2594.2	32953.0	115.9	96.0	165.6	128.1
贺兰县	Helan	62431.0	24054.7	3512.4	34863.9	146.1	120.2	116.8	176.9
灵武市	Lingwu	63136.5	46720.4	4114.2	12301.9	116.5	119.9	97.4	111.6
石嘴山市	**Shizuishan**	**331151.9**	**164969.7**	**6652.6**	**159529.6**	**114.8**	**93.5**	**113.8**	**149.8**
石嘴山市	District	270580.3	126871.2	1603.1	142106.0	112.4	87.0	99.7	152.5
平罗县	Pingluo	60571.6	38098.5	5049.5	17423.6	128.8	129.3	119.2	130.7
吴忠市	**Wuzhong**	**302426.2**	**212029.1**	**11118.7**	**79278.4**	**125.2**	**121.4**	**176.3**	**130.7**
利通区	Litong	104451.7	77383.9	1456.5	25611.3	125.5	131.5	160.4	109.3
红寺堡区	Hongsipu	10013.5	9475.7		537.8	117.7	116.0		159.7
盐池县	Yanchi	28269.1	26682.3	1437.5	149.3	115.9	114.5	152.9	107.3
同心县	Tongxin	39555.7	33329.6	5236.7	989.4	125.7	118.5	197.5	142.9
青铜峡市	Qingtongxia	120136.2	65157.6	2988.0	51990.6	129.0	117.9	165.3	144.1
固原市	**Guyuan**	**217809.4**	**209805.6**	**5060.7**	**2943.1**	**115.8**	**116.1**	**107.6**	**109.8**
原州区	Yuanzhou	81690.1	79585.2	1627.3	477.6	110.5	110.1	119.3	166.0
西吉县	Xiji	49609.0	46374.7	1819.7	1414.6	115.6	115.5	109.9	128.9
隆德县	Longde	25304.7	24511.8	593.9	199.0	115.8	115.4	120.0	159.7
泾源县	Jingyuan	18832.4	17471.9	508.6	851.9	129.4	136.2	90.9	72.7
彭阳县	Pengyang	42373.2	41862.0	511.2		122.6	123.4	81.0	
中卫市	**Zhongwei**	**175140.2**	**133470.9**	**6697.1**	**34972.2**	**122.8**	**125.1**	**108.0**	**117.9**
沙坡头区	Shapotou	90164.6	55753.3	4455.3	29956.0	130.9	140.1	114.3	118.9
中宁县	Zhongning	52056.0	45558.1	1481.7	5016.2	115.1	116.1	97.1	112.5
海原县	Haiyuan	32919.6	32159.5	760.1		117.0	117.6	98.0	

5-22 主要年份各市县在岗职工工资总额(2011 年)

Total Wages of Fully Employed Staff and Workers by City and Country in Main Years(2011)

单位:万元 (10 000 yuan)

地 区	Region	1978	1980	1990	2000	2010	2011
全区总计	**Total**	**30825.8**	**40350.0**	**146646.4**	**563326.8**	**2165027.1**	**2580506.6**
银 川 市	**Yinchuan**	**9714.4**	**14818.9**	**54492.9**	**227581.4**	**1237079.7**	**1473755.9**
银 川 市	District	8054.5	11902.2	43866.7	186211.9	1093289.1	1293842.8
永 宁 县	Yongning	405.1	818.8	2513.5	11781.6	46870.7	54345.6
贺 兰 县	Helan	634.8	909.9	2908.6	10338.5	42718.2	62431.0
灵 武 市	Lingwu	620.0	1188.0	5204.1	19249.4	54201.7	63136.5
石嘴山市	**Shizuishan**	**9804.1**	**12836.2**	**43282.5**	**124404.0**	**287718.5**	**331151.9**
石嘴山市	District	8457.0	10963.8	37584.8	104721.9	240688.4	270580.3
平 罗 县	Pingluo	1249.1	1741.7	5195.9	17594.5	47030.1	60571.6
陶 乐 县	Taole	98.0	130.7	501.8	2087.6		
吴 忠 市	**Wuzhong**	**2981.5**	**4425.9**	**18518.3**	**83102.7**	**240741.9**	**302426.2**
利 通 区	Litong	1364.6	2061.7	7573.5	30476.1	83216.1	104451.7
红寺堡区	Hongsipu				344.6	8507.4	10013.5
盐 池 县	Yanchi	309.0	451.9	1836.9	7211.7	24391.5	28269.1
同 心 县	Tongxin	256.5	364.8	1870.5	8464.6	31470.2	39555.7
青铜峡市	Qingtongxia	1051.4	1547.5	7237.4	36605.7	93156.7	120136.2
固 原 市	**Guyuan**	**1796.5**	**2577.1**	**10268.3**	**48461.5**	**187773.1**	**217809.4**
原 州 区	Yuanzhou	992.1	1426.2	4587.2	20018.5	73911.7	81690.1
西 吉 县	Xiji	313.9	444.8	2039.4	11751.1	42900.6	49609.0
隆 德 县	Longde	223.3	321.1	1483.3	7279.8	21853.2	25304.7
泾 源 县	Jingyuan	157.4	222.6	834.2	3063.2	14555.3	18832.4
彭 阳 县	Pengyang	109.8	162.4	1324.2	6348.9	34552.3	42373.2
中 卫 市	**Zhongwei**	**1667.0**	**2596.2**	**10343.0**	**37742.1**	**142247.6**	**175140.2**
沙坡头区	Shapotou	885.8	1145.1	4652.7	15076.1	68899	90164.6
中 宁 县	Zhongning	512.6	1021.5	3992.9	13760.5	45223.8	52056.0
海 原 县	Haiyuan	268.6	429.6	1697.4	8905.5	28124.8	32919.6

注:1.1998 年以后为在岗职工工资总额;2006 年以后在岗职工为城镇非私营单位在岗职工。

2.全区总计中包括银川铁路分局、长庆油田宁夏部分和总后宁夏分部;

3.2004 年以后数据不含长庆油田宁夏部分。

a)From 1998,data in this table refers to total wages of fully employed staff and workers.

b)Sum of Yinchuan Railway Bureau and Changqing oil field in Ningxia is included in total.

c)From 2004,data in this table excluding Changqing oil field in Ningxia.

5-23 各市县城镇非私营单位在岗职工平均工资和指数(2011年)

Average Wages of Fully Employed Staff and Workers by City and Country and Related Indices(2011)

地区	Region	平均工资(元) Average Wages(yuan)				指数(以上年为100) Indices(preceding year = 100)			
		合计 Total	国有单位 State-owned Units	集体单位 Urban Collective-owned Units	其他单位 Other Units	合计 Total	国有单位 State-owned Units	集体单位 Urban Collective-owned Units	其他单位 Other Units
全区总计	**Total**	**44574**	**43325**	**38635**	**46870**	**113.87**	**115.91**	**94.66**	**111.56**
银川市	**Yinchuan**	**49098**	**46660**	**50040**	**51667**	**113.67**	**118.09**	**116.20**	**109.06**
银川市	District	52627	48937	32452	56755	113.18	119.36	116.92	108.59
永宁县	Yongning	30963	28251	61184	31462	122.76	94.20	153.13	142.62
贺兰县	Helan	32385	38359	70108	27878	115.82	123.65	120.28	117.62
灵武市	Lingwu	36103	37349	46331	30071	115.93	121.12	100.38	105.22
石嘴山市	**Shizuishan**	**39318**	**39863**	**33447**	**39051**	**114.89**	**111.12**	**78.05**	**122.94**
石嘴山市	District	41469	41311	26988	41865	116.06	111.51	67.79	123.88
平罗县	Pingluo	31920	35696	36197	25222	113.44	118.69	82.02	112.71
吴忠市	**Wuzhong**	**38163**	**38340**	**28925**	**39446**	**110.63**	**108.38**	**91.35**	**119.86**
利通区	Litong	35418	35301	14336	39077	112.63	107.05	93.48	133.67
红寺堡区	Hongsipu	32270	31387		64024	111.18	109.56		150.17
盐池县	Yanchi	39076	38569	69111	14219	112.61	111.47	127.15	117.47
同心县	Tongxin	33574	37554	22227	21745	109.37	116.97	78.21	148.57
青铜峡市	Qingtongxia	43438	44720	113182	40303	107.78	106.26	184.06	108.97
固原市	**Guyuan**	**41653**	**42531**	**51222**	**14909**	**115.78**	**115.56**	**113.34**	**112.94**
原州区	Yuanzhou	40208	40421	50071	15762	112.22	112.49	112.70	116.15
西吉县	Xiji	41186	43787	94285	11218	114.30	114.16	115.64	126.33
隆德县	Longde	38087	38535	44654	13267	115.95	115.57	121.81	159.71
泾源县	Jingyuan	43413	44121	43102	32765	123.54	122.20	120.99	121.14
彭阳县	Pengyang	47355	47957	23342		121.48	121.94	88.34	
中卫市	**Zhongwei**	**36255**	**37225**	**43207**	**32076**	**117.05**	**82.32**	**96.46**	**121.93**
沙坡头区	Shapotou	36640	39926	51152	30652	118.90	115.82	85.41	123.62
中宁县	Zhongning	35623	35161	28169	44391	114.92	115.63	106.01	110.62
海原县	Haiyuan	36227	35997	49680		115.63	116.06	101.87	

5-24 各市县城镇非私营单位分行业在岗职工工资总额(2011年)

Total Wages of Fully Employed Staff and Workers in Sector by City and Country(2011)

单位:千元 (1000 yuan)

地 区	Region	合计 Total	农、林、牧、渔业 Agriculture, Forestry, Animal Husbandry and Fishery	采矿业 Mining	制造业 Manufacturing	电力、燃气及水的生产和供应业 Production and Supply of Electricity, Gas and Water	建筑业 Construction	交通运输、仓储和邮政业 Transport, Storage and Post
全区总计	**Total**	**2580506.6**	**68051.2**	**451814.7**	**378526.4**	**231637.7**	**114805.7**	**127506.9**
银川市	**Yinchuan**	**1473755.9**	**28241.0**	**421951.0**	**164474.0**	**174500.3**	**78690.7**	**32302.6**
银川市	District	1293842.8	12874.5	421951.0	113981.2	172992.9	64086.2	21526.6
永宁县	Yongning	54345.6	2264.2		28875.2	209.2	67.8	378.4
贺兰县	Helan	62431.0	3682.5		20861.1	917.7	6670.7	258.0
灵武市	Lingwu	63136.5	9419.8		756.5	380.5	7866.0	10139.6
石嘴山市	**Shizuishan**	**331151.9**	**5119.6**	**15889.0**	**118281.6**	**29971.3**	**20798.6**	**7062.3**
石嘴山市	District	270580.3	4186.9	15889.0	108936.5	29125.3	11790.9	6712.4
平罗县	Pingluo	60571.6	932.7		9345.1	846.0	9007.7	349.9
吴忠市	**Wuzhong**	**263645.7**	**10932.5**		**16160.6**	**4222.1**	**8796.4**	**9060.2**
利通区	Litong	104451.7	3015.0		15233.0	2121.4	2599.1	3012.2
红寺堡区	Hongsipu	10013.5				207.4		43.5
盐池县	Yanchi	28255.9	2528.1		57.3	756.7	219.9	632.6
同心县	Tongxin	39234.5	728.6		721.0	426.6	4822.6	796.9
青铜峡市	Qingtongxia	81690.1	4660.8		149.3	710.0	1154.8	4575.0
固原市	**Guyuan**	**217809.4**	**11661.1**	**13974.7**	**1728.9**	**1322.5**	**2149.1**	**6984.5**
原州区	Yuanzhou	81690.1	4660.8		149.3	710.0	1154.8	4575.0
西吉县	Xiji	49609.0	3397.6		613.2	133.1	519.7	591.2
隆德县	Longde	25304.7	1089.6			153.8	462.0	851.2
泾源县	Jingyuan	18832.4	800.7		830.9	52.0	12.6	328.3
彭阳县	Pengyang	42373.2	1712.4	13974.7	135.5	273.6		638.8
中卫市	**Zhongwei**	**255363.2**	**11346.7**		**25092.3**	**1626.1**	**5425.6**	**76672.3**
沙坡头区	Shapotou	90164.6	3178.2		22343.8	1165.9	3121.6	4974.2
中宁县	Zhongning	52056.0	5915.7		2748.5	400.3	2046.4	1208.2
海原县	Haiyuan	32919.6	2252.8			59.9		666.7

5-24 续1　continued

地　区	Region	信息传输、计算机服务和软件业 Information Transmission, Computer Services and Software	批发和零售业 Wholesale and Retail Trades	住宿和餐饮业 Hotels and Catering Services	金融业 Financial Intermediation	房地产业 Real Estate	租赁和商务服务业 Leasing and Business Services	科学研究、技术服务和地质勘查业 Scientific Research, Technical Service and Geologic Prospecting
全区总计	**Total**	**310853**	**517095**	**90151**	**1584759**	**337520**	**387948**	**567453**
银川市	**Yinchuan**	**194362**	**266649**	**61473**	**985197**	**207194**	**310256**	**474065**
银川市	District	194221	227657	49048	850581	187072	300499	453823
永宁县	Yongning	141	4456	3552	31080	8648	1278	3140
贺兰县	Helan		29865	8873	45561	11474	7309	8106
灵武市	Lingwu		4671		57975		1170	8996
石嘴山市	**Shizuishan**	**44448**	**80784**	**5264**	**134612**	**44952**	**24083**	**18933**
石嘴山市	District	44448	60535	4602	109208	19523	19627	12922
平罗县	Pingluo	0	20249	662	25404	25429	4456	6011
吴忠市	**Wuzhong**	**57863**	**97347**	**10599**	**213988**	**3799**	**21687**	**50100**
利通区	Litong	33873	55904	4553	118150		10873	16683
红寺堡区	Hongsipu		357		5378			
盐池县	Yanchi		1562	3700	20599	467	1001	4121
同心县	Tongxin	2751	2820	428	17476	574	7256	13735
青铜峡市	Qingtongxia	21239	36704	1918	52385	2758	2557	15561
固原市	**Guyuan**	**24435**	**48299**	**3632**	**108135**	**4374**	**9626**	**31826**
原州区	Yuanzhou	21239	36704	1918	52385	2758	2557	15561
西吉县	Xiji	1232	2627	1138	27363	877	1878	7041
隆德县	Longde	1964	4621	290	11710	739	920	4448
泾源县	Jingyuan		368	240	8331		854	4339
彭阳县	Pengyang		3979	46	8346		3417	437
中卫市	**Zhongwei**	**10984**	**55383**	**11101**	**130210**	**79959**	**22505**	**7482**
沙坡头区	Shapotou	10984	27256	5285	79797	8788	21524	3562
中宁县	Zhongning		11064		38004	685	161	681
海原县	Haiyuan		603		12409	388	820	1036

5-24 续2　　continued

地　区　Region	水利、环境和公共设施管理业 Management of Water Conservancy, Environment and Public Facilities	居民服务和其他服务业 Services to Households and Other Services	教育 Education	卫生、社会保障和社会福利业 Health,Social Security and Social Welfare	文化、体育和娱乐业 Culture, Sports and Entertainment	公共管理与社会组织 Public Management and Social Organization
全区总计 Total	**514522**	**8848**	**3261411**	**1185307**	**297522**	**3018251**
银川市 Yinchuan	**150324**	**4817**	**1041016**	**543516**	**204883**	**1292211**
银川市 District	134285	4817	752980	460786	196203	1052332
永宁县 Yongning	2722		89901	25388	2072	53130
贺兰县 Helan	3116		93958	17050	3460	71638
灵武市 Lingwu	10201		104177	40292	3148	115111
石嘴山市 Shizuishan	**64165**	**2675**	**345398**	**195019**	**20539**	**359423**
石嘴山市 District	34736	2675	232248	148952	19198	230719
平罗县 Pingluo	29429		113150	46067	1341	128704
吴忠市 Wuzhong	**105107**	**1006**	**716097**	**167594**	**42817**	**656735**
利通区 Litong	54913		169584	48207	8381	263589
红寺堡区 Hongsipu	2524		46128	5585	951	36703
盐池县 Yanchi	14668		98940	21481	3352	70722
同心县 Tongxin	14159	741	142225	24679	8295	82249
青铜峡市 Qingtongxia	18843	265	259220	67642	21838	203472
固原市 Guyuan	**92526**	**413**	**798926**	**162139**	**34346**	**481209**
原州区 Yuanzhou	18843	265	259220	67642	21838	203472
西吉县 Xiji	17661	148	245865	38732	4617	94363
隆德县 Longde	7949		105341	22191	3053	64255
泾源县 Jingyuan	38289		52314	11621	1781	49942
彭阳县 Pengyang	9784		136186	21953	3057	69177
中卫市 Zhongwei	**102049**	**202**	**482518**	**134103**	**15996**	**299510**
沙坡头区 Shapotou	19591	202	177403	75790	6834	116793
中宁县 Zhongning	78110		149530	35169	3776	80189
海原县 Haiyuan	4348		153813	23144	4046	98795

5-25 各市县城镇非私营单位分行业在岗职工平均工资(2011年)

Average Wages of Fully Employed Staff and Workers in Sector by City and Country(2011)

单位:元 (yuan)

地 区	Region	合计 Total	农、林、牧、渔业 Agriculture, Forestry, Animal Husbandry and Fishery	采矿业 Mining	制造业 Manufac-turing	电力、燃气及水的生产和供应业 Production and Supply of Electricity, Gas and Water	建筑业 Con-struction	交通运输、仓储和邮政业 Transport, Storage and Post
全区总计	**Total**	**44574**	**25211**	**78526**	**35824**	**67011**	**30044**	**41417**
银川市	**Yinchuan**	**49098**	**23852**	**81994**	**34842**	**73360**	**30820**	**33540**
银川市	District	52627	26409	81994	37596	74498	32295	30332
永宁县	Yongning	30963	18041		31015	26481	30818	29795
贺兰县	Helan	32385	23233		29156	27809	24872	30353
灵武市	Lingwu	36103	22836		17884	24236	26361	43668
石嘴山市	**Shizuishan**	**39318**	**27885**	**41616**	**36940**	**52106**	**36864**	**33726**
石嘴山市	District	41469	27969	41616	38375	53139	42829	34440
平罗县	Pingluo	31920	27513		25723	31218	31179	24131
吴忠市	**Wuzhong**	**33270**	**17548**		**9207**	**10879**	**26867**	**41675**
利通区	Litong	35418	9257		37622	28437	31891	17057
红寺堡区	Hongsipu	32270				26253		17400
盐池县	Yanchi	39076	44431		10418	36556	31870	39786
同心县	Tongxin	33574	35198		18974	23569	20504	35576
青铜峡市	Qingtongxia	29455	21214		114	2661	303895	
固原市	**Guyuan**	**41653**	**43318**	**61890**	**22308**	**27960**	**12337**	**28969**
原州区	Yuanzhou	40208	41319		7110	43827	17134	28119
西吉县	Xiji	41186	44705		22711	26620	6299	28839
隆德县	Longde	38087	42069			13491	19576	31410
泾源县	Jingyuan	43413	43048		31835	9630	18000	31567
彭阳县	Pengyang	47355	47699	61890	39853	29419		31314
中卫市	**Zhongwei**	**52861**	**25817**		**30940**	**24126**	**27430**	**377510**
沙坡头区	Shapotou	36640	35630		30491	25456	24794	35129
中宁县	Zhongning	35623	20357		35147	26336	28462	28835
海原县	Haiyuan	36227	37735			9359		34015

5-25 续 1　continued

地　区　Region	信息传输、计算机服务和软件业 Information Transmission, Computer Services and Software	批发和零售业 Wholesale and Retail Trades	住宿和餐饮业 Hotels and Catering Services	金融业 Financial Intermedi-ation	房地产业 Real Estate	租赁和商务服务业 Leasing and Business Services	科学研究、技术服务和地质勘查业 Scientific Research, Technical Service and Geologic Prospecting
全区总计　Total	**53110**	**34979**	**23175**	**74979**	**34145**	**29890**	**47705**
银 川 市　Yinchuan	**57538**	**33165**	**24212**	**81146**	**34969**	**31311**	**49243**
银 川 市　District	57615	35851	23245	81968	35484	31463	49609
永 宁 县　Yongning	20143	20440	24839	63171	32758	28400	23788
贺 兰 县　Helan		25790	31024	82389	29496	25918	54770
灵 武 市　Lingwu		14876		80633		37742	45206
石嘴山市　Shizuishan	**56912**	**40372**	**25187**	**61132**	**23734**	**29192**	**42642**
石嘴山市　District	56912	42600	25425	68298	39124	36013	50675
平 罗 县　Pingluo		34912	23643	42129	18229	15914	31804
吴 忠 市　Wuzhong	**72238**	**62242**	**24706**	**68895**	**80830**	**16392**	**58324**
利 通 区　Litong	46593	45785	19882	76177		12614	44018
红寺堡区　Hongsipu		19833		64024			
盐 池 县　Yanchi		18376	23418	71774	23350	27054	37464
同 心 县　Tongxin	37176	37105	10190	51400	21259	25730	39020
青铜峡市　Qingtongxia		223805		62068		18007	864500
固 原 市　Guyuan	**38120**	**29814**	**16214**	**54421**	**40879**	**37749**	**40543**
原 州 区　Yuanzhou	39478	37415	18094	52968	48386	37058	44844
西 吉 县　Xiji	25143	11833	14590	71258	43850	37560	45721
隆 德 县　Longde	36370	29063	11154	44695	24633	40000	25417
泾 源 县　Jingyuan		24533	24000	52069		34160	43390
彭 阳 县　Pengyang		16374	11500	43469		38830	48556
中 卫 市　Zhongwei	**43587**	**43167**	**34799**	**76594**	**253035**	**33741**	**48902**
沙坡头区　Shapotou	43587	31693	16567	86081	31386	33631	35620
中 宁 县　Zhongning		27319		69098	26346	40250	35842
海 原 县　Haiyuan		33500		55646	38800	35652	30471

5-25 续 2　　continued

地　区　　Region	水利、环境和公共设施管理业 Management of Water Conservancy, Environment and Public Facilities	居民服务和其他服务业 Services to Households and Other Services	教　育 Education	卫生、社会保障和社会福利业 Health,Social Security and Social Welfare	文化、体育和娱乐业 Culture, Sports and Entertainment	公共管理与社会组织 Public Management and Social Organization
全区总计　Total	**38823**	**25572**	**41853**	**37850**	**43980**	**40168**
银川市　Yinchuan	**31331**	**31901**	**41853**	**38067**	**45268**	**42330**
银川市　District	31295	31901	43260	38104	45703	42740
永宁县　Yongning	28354		32967	32929	28384	29665
贺兰县　Helan	43278		38987	37227	46757	44468
灵武市　Lingwu	30091		44711	42146	36605	45989
石嘴山市　Shizuishan	**43979**	**16615**	**42731**	**41423**	**41746**	**36661**
石嘴山市　District	45585	16615	44940	41011	42853	39026
平罗县　Pingluo	42222		38816	42813	30477	33069
吴忠市　Wuzhong	**38671**	**59176**	**47311**	**40649**	**80483**	**42427**
利通区　Litong	44285		40358	40106	41905	37415
红寺堡区　Hongsipu	15297		29992	30519	47550	37036
盐池县　Yanchi	37323		42628	31042	33188	35936
同心县　Tongxin	35047	43588	37280	32134	43889	42050
青铜峡市　Qingtongxia	36517		79515	52928	992636	57821
固原市　Guyuan	**47891**	**34417**	**43907**	**39828**	**44780**	**42420**
原州区　Yuanzhou	40610	33125	44213	35230	47371	43173
西吉县　Xiji	42050	37000	45396	44215	39462	43992
隆德县　Longde	44910		39277	47115	40707	39420
泾源县　Jingyuan	57405		43163	38866	40477	41827
彭阳县　Pengyang	47961		45050	43471	43671	41623
中卫市　Zhongwei	**43499**	**40400**	**41611**	**32423**	**37995**	**37788**
沙坡头区　Shapotou	37748	40400	43999	34341	39503	39712
中宁县　Zhongning	46137		42133	31741	30699	37159
海原县　Haiyuan	32448		38310	28190	32368	34947

5-26 各市县分行业城镇私营单位就业人员平均工资(2011 年)
Average Wage of Employed Persons in Urban Private Units by Sector and Region (2011)

单位:元　　　　(yuan)

地　区	Region	合计 Total	农、林、牧、渔业 Agriculture, Forestry, Animal Husbandry and Fishery	采矿业 Mining	制造业 Manufacturing	电力、燃气及水的生产和供应业 Production and Supply of Electricity, Gas and Water	建筑业 Construction	交通运输、仓储和邮政业 Transport, Storage and Post
全区总计	**Total**	**22515**	**17884**	**21959**	**23853**	**18630**	**23403**	**20719**
银川市	**Yinchuan**	**23121**	**19405**	**19281**	**26022**	**20008**	**22438**	**19803**
银川市	District	21719	20799	19574	19921	21802	22064	19598
永宁县	Yongning	16853	11685		16184	14974	18339	
贺兰县	Helan	25538	18922	23000	24306	19616	29017	20304
灵武市	Lingwu	31243	22461	16934	34886	18792	36057	18444
石嘴山市	**Shizuishan**	**22931**	**15545**	**26636**	**22880**	**20545**	**25343**	**18185**
石嘴山市	District	23880	17125	28860	23392	19208	25508	20144
平罗县	Pingluo	21841	14872	21449	22477	20909	18783	14677
吴忠市	**Wuzhong**	**20546**	**15536**	**17484**	**20814**	**17307**	**26699**	**23111**
利通区	Litong	21419	10790	14000	21121	15907	27800	24210
红寺堡区	Hongsipu	15340	19813		13291		23405	
盐池县	Yanchi	22634	15882	16646	25539	15000	19925	33374
同心县	Tongxin	16683	12043	31813	14852	15800	24922	15642
青铜峡市	Qingtongxia	20569	18857	18322	22541	17951	23406	18844
固原市	**Guyuan**	**16927**	**6288**	**14222**	**15995**	**13389**	**18526**	**16569**
原州区	Yuanzhou	17309		17500	19279	14238	17051	16638
西吉县	Xiji	17138		17420	17274		19842	13400
隆德县	Longde	11872	5789	10076	11986	10000	14188	16521
泾源县	Jingyuan	18956	9583	17729	14097		22380	36000
彭阳县	Pengyang	18402	9167	15244	17553	10909	19861	12536
中卫市	**Zhongwei**	**24560**	**18883**	**14870**	**26031**	**19182**	**29342**	**20849**
沙坡头区	Shapotou	24345	18661	17374	27083	23000	27687	23473
中宁县	Zhongning	27780	22747	16127	28533	23000	30596	17868
海原县	Haiyuan	14360	13302	12989	15081	10077	13120	14410

5-26 续 1　　continued

地　区　Region	信息传输、计算机服务和软件业 Information Transmission, Computer Services and Software	批发和零售业 Wholesale and Retail Trades	住宿和餐饮业 Hotels and Catering Services	金融业 Financial Intermedia-tion	房地产业 Real Estate	租赁和商务服务业 Leasing and Business Services	科学研究、技术服务和地质勘查业 Scientific Research, Technical Service and Geologic Prospecting
全区总计 Total	**16305**	**19886**	**19941**	**25575**	**22996**	**20593**	**25655**
银川市 Yinchuan	**19855**	**22403**	**22893**	**26258**	**22344**	**21642**	**27294**
银川市 District	20145	20678	23303	24761	25019	20604	27196
永宁县 Yongning		14126	12328		20467	12100	
贺兰县 Helan	12500	32721	18510	38900	16058	29158	30838
灵武市 Lingwu	20218	21503	17898	28654	20281	22507	23136
石嘴山市 Shizuishan	**20406**	**16750**	**19515**	**23290**	**25557**	**17333**	
石嘴山市 District	20406	18243	20647	23824	27511	17333	
平罗县 Pingluo		11447	15496	22771	23772		
吴忠市 Wuzhong	**13199**	**13226**	**15365**	**24221**	**22621**	**15858**	**17963**
利通区 Litong	11608	13386	17137	31275	22777	16689	17842
红寺堡区 Hongsipu	9000	9958	12173		21571	9933	
盐池县 Yanchi		13677	17130	14179		16683	
同心县 Tongxin	12938	12704	10625	19571	23952	14731	11780
青铜峡市 Qingtongxia	21690	13157	12208	27091	21315	15139	30200
固原市 Guyuan	**11008**	**12756**	**18599**	**26077**	**26464**	**15703**	**17194**
原州区 Yuanzhou	10911	13023	19152	26297	31829	15000	
西吉县 Xiji		12455	13200		23314	15870	18000
隆德县 Longde	10000	11931	9222	12000	14000		
泾源县 Jingyuan	14417	9595	19949		21600	19250	9667
彭阳县 Pengyang	11375	12000	18779		17310		
中卫市 Zhongwei	**10977**	**16889**	**16268**	**20365**	**20631**	**22549**	**17910**
沙坡头区 Shapotou	16327	15199	15350	33875	23540	25309	18588
中宁县 Zhongning	12000	20870	17705	22000	20252	27143	
海原县 Haiyuan	10344	14853	15440	10542	15439	9642	17771

5-26 续 2　　continued

地　区	Region	水利、环境和公共设施管理业 Management of Water Conservancy, Environment and Public Facilities	居民服务和其他服务业 Services to Households and Other Services	教　育 Education	卫生、社会保障和社会福利业 Health,Social Security and Social Welfare	文化、体育和娱乐业 Culture, Sports and Entertainment	公共管理与社会组织 Public Management and Social Organization
全区总计	**Total**	**18423**	**19302**	**19879**	**20950**	**23368**	**13518**
银川市	**Yinchuan**	**19147**	**20645**	**20827**	**21489**	**26321**	**11852**
银川市	District	23456	21431	20271	21504	26488	11852
永宁县	Yongning	12583	13031	13393			
贺兰县	Helan	13304	29025	25056		16200	
灵武市	Lingwu	20016	9502	24333	19429		
石嘴山市	**Shizuishan**	**15462**	**11538**	**16015**	**16565**	**14136**	**15591**
石嘴山市	District	16795	11962	14412	14306	14400	15591
平罗县	Pingluo	14213	11115	16554	17651	13873	
吴忠市	**Wuzhong**	**16718**	**14966**	**16035**	**20988**	**18981**	**9667**
利通区	Litong	20182	20000	15174	23470	19779	
红寺堡区	Hongsipu		4333				
盐池县	Yanchi			24000			
同心县	Tongxin		10359	13676	21263	14200	
青铜峡市	Qingtongxia	12235	13158	27818	18381	17762	9667
固原市	**Guyuan**		**13773**	**16370**	**25156**	**9333**	**9667**
原州区	Yuanzhou		13714		25156		
西吉县	Xiji			18077			
隆德县	Longde		14869	11000		11500	
泾源县	Jingyuan		11429				9667
彭阳县	Pengyang			16465		8714	
中卫市	**Zhongwei**	**14649**	**13505**	**23162**	**19674**	**24000**	
沙坡头区	Shapotou	26667	17137	22643	20838	24000	
中宁县	Zhongning		12000	38773			
海原县	Haiyuan	10983	10600	16951	15571		

主要统计指标解释

［就业人员］ 指从事一定社会劳动并取得劳动报酬或经营收入的人员。就业人员包括:(1) 职工;(2)再就业的离退休人员;(3)私营业主;(4)个体户主;(5)私营企业和个体就业人员;(6)乡镇企业就业人员;(7)农村就业人员;(8)其他就业人员(包括现役军人)。

［单位就业人员］ 指在各级国家机关、政党机关、社会团体及企业、事业单位中工作,取得工资或其他形式劳动报酬的全部人员。包括:在岗职工、再就业的离退休人员、民办教师以及在各单位中工作的外方人员和港澳台方人员、兼职人员、借用的外单位人员和第二职业者。不包括离开本单位仍保留劳动关系的职工。

［在岗职工］ 指在本单位工作并由单位支付工资的人员,以及有工作岗位,但由于学习、病伤产假等原因暂未工作仍由单位支付工资的人员。

［其他就业人员］ 各单位其他就业人员是指劳动统计制度规定不作职工统计,但实际参加各单位生产或工作并取得劳动报酬的人员。包括:再就业的离退休人员、民办教师以及在各单位中工作的外方人员和港、澳、台方人员。但不包括在各单位中工作并领取劳动报酬的在校学生。单位其他就业人员与在岗职工之和为该单位全部单位就业人员。

［在岗职工工资总额］ 指各单位在一定时期内直接支付给本单位全部在岗职工人员的劳动报酬总额。包括计时工资、计件工资、奖金、津贴和补贴、加班加点工资、特殊情况下支付的工资。

职工工资总额是计算国内生产总值的基础指标,也是研究分配政策、居民购买力的主要依据。

［平均工资］ 指企业、事业、机关等单位的就业人员在一定时期内平均每人所得的货币工资额。

计算公式为:

$$\text{平均工资}=\frac{\text{报告期实际支付的全部就业人员工资总额}}{\text{报告期全部就业人员平均人数}}$$

［城镇登记失业人员］ 是指有非农业户口,在劳动年龄(16 周岁至退休年龄)内,有劳动能力,无业而要求就业,并在当地就业服务机构进行求职登记的人员。不包括:(1)正在就读的学生和等待就学的人员;(2)已经达到国家规定的退休年龄或虽未达到国家规定的退休年龄但已经办理了退休(含离休)、退职手续的人员;(3)其他不符合失业定义的人员。

［城镇失业率］ 指城镇失业人数同城镇就业人数、城镇失业人数之和的比。计算公式为:

$$\text{城镇失业率}=\frac{\text{城镇失业人数}}{\text{城镇就业人数}+\text{城镇失业人数}}\times 100\%$$

［城镇登记失业率］ 城镇登记失业人员与城镇单位就业人员(扣除使用的农村劳动力、聘用的离退休人员、港澳台及外方人员)、城镇单位中的不在岗职工、城镇私营业主、个体户主、城镇私营企业和个体就业人员、城镇登记失业人员之和的比。计算公式为:

$$\text{城镇登记失业率}=\frac{\text{城镇登记失业人数}}{(\text{城镇单位就业人员}-\text{使用的农村劳动力}-\text{聘用的离退休人员}-\text{聘用的港澳台及外方人员})+\text{不在岗职工}+\text{城镇私营业主}+\text{城镇个体户主}+\text{城镇私营企业及个体就业人员}+\text{城镇登记失业人数}}\times 100\%$$

第六篇 Chapter6

固定资产投资 Investment in Fixed Assets

责任编辑：崔琳

资料整理：崔琳　冯海江　黄剑　刘晓龙　杨瑞博　马福燕　刘谧

Coordinator: Cui Lin

Data Compilation: Cui Lin　Feng Haijiang　Huang Jian　Liu Xiaolong　Yang Ruibo　Ma　Fuyan　Liu Mi

6-1 全社会固定资产投资基本情况

Total Investment in Fixed Assets in the Whole Country

指　标	Item	1980	1990
投资总额(万元)	**Total Investment (10 000 yuan)**	**39758**	**219603**
按隶属关系分	**Grouped by Jurisdiction of Management**		
中 央	Central Investment	9104	78568
地 方	Local Investment	30654	141035
按经济类型分	**Grouped by Economic Types**		
国有经济	State-owned	39312	175126
房地产	Real Estate		2834
集体经济	Collective-owned	446	12614
房地产	Real Estate		
私营个体经济	Private		31863
其他经济	Others		
本年资金来源小计	**Subtotal of Sources of Funds This Year**	**39758**	**219603**
国家预算内资金	State Budget	24497	40934
国内贷款	Demestic Loans	2080	52510
利用外资	Foreign Investment		4697
自筹资金	Self-raising Funds		
其他资金	Others	13181	121422
按构成分	**Grouped by Structure**		
建筑工程	Construction	24591	118868
安装工程	Installation	5897	18513
设备、工器具购置	Purchase of Equipment and Instruments	7289	63526
其他费用	Others	1981	18696
新增固定资产(万元)	**Newly Increased Fixed Assets(10 000 yuan)**	**26258**	**193282**
交付使用率(%)	**Rate of Projects of Fixed Assets Completed and Put into Use(%)**	**86.4**	**91.2**
本年施工房屋面积(万平方米)	**Floor Space under Construction This Year(10 000 sq.m)**	**212**	**539**
住 宅	Residential Buildings	49	381
本年竣工房屋面积(万平方米)	**Floor Space Completed This Year(10 000 sq.m)**	**132**	**459**
施工项目(个)	**Number of Project under Construction (unit)**	**609**	**934**
新开工	Number of Project Started	263	499
投 产	Number of Project Put into Use	301	576

注:2011 年起,除房地产投资、农户投资外,固定资产投资统计起点由 50 万元提高到 500 万元。

6-1 续表 continued

指　标	Item	2000	2010	2011
投资总额(万元)	**Total Investment (10 000 yuan)**	**1608204**	**14646972**	**16541517**
按隶属关系分	**Grouped by Jurisdiction of Management**			
中 央	Central Investment	281567	3927196	3049816
地 方	Local Investment	1326637	10719776	13491701
按经济类型分	**Grouped by Economic Types**			
国有经济	State-owned	1011732	6101779	7185170
房地产	Real Estate	47471	282063	362197
集体经济	Collective-owned	57002	33982	23359
房地产	Real Estate	17348	6521	2810
私营个体经济	Private	226346	3730652	5077707
其他经济	Others	279970	4780559	4255281
本年资金来源小计	**Subtotal of Sources of Funds This Year**	**1608204**	**14643866**	**16650559**
国家预算内资金	State Budget	185722	890205	1327129
国内贷款	Demestic Loans	490678	4191316	3576427
利用外资	Foreign Investment	22497	41294	88561
自筹资金	Self-raising Funds	492953	7121225	8910642
其他资金	Others	416354	2399826	2747800
按构成分	**Grouped by Structure**			
建筑工程	Construction	952440	8734611	10208671
安装工程	Installation	159861	1134879	1395533
设备、工器具购置	Purchase of Equipment and Instruments	309988	3380840	3563165
其他费用	Others	185915	1396642	1374148
新增固定资产(万元)	**Newly Increased Fixed Assets(10 000 yuan)**	**1357643**	**7046806**	**14224782**
交付使用率(%)	**Rate of Projects of Fixed Assets Completed and Put into Use(%)**	**84.4**	**48.1**	**86**
本年施工房屋面积(万平方米)	**Floor Space under Construction This Year (10 000 sq.m)**	**1019**	**4800**	**6323**
住 宅	Residential Buildings	689	2874	3750
本年竣工房屋面积(万平方米)	**Floor Space Completed This Year(10 000 sq.m)**	**1069**	**1494**	**1658**
施工项目(个)	**Number of Project under Construction (unit)**	**1069**	**2901**	**2499**
新开工	Number of Project Started	774	2303	1674
投 产	Number of Project Put into Use	688	1925	1598

6-2 主要年份全社会固定资产投资

Total Investment in Fixed Assets in the Whole Country in Main Years

年份 Year	全社会固定资产投资额 Total Investment in Fixed Assets	基本建设 Infrastructure	更新改造 Renovation and Reformation Investment	国有经济固定资产投资额 Investment in Fixed Assets of State-owned Economy	基本建设 Infrastructure	更新改造 Renovation and Reformation Investment
1952	502	502		502	502	
1955	1314	1314		1314	1314	
1957	1536	1536		1536	1536	
1958	9287	9287		9287	9287	
1960	24446	24446		24446	24446	
1965	14002	14002		14002	14002	
1970	24659	24659		24659	24659	
1975	24957	24957		24957	24957	
1978	42719	42246		42246	42246	
1980	39758	30409	8903	39312	30409	8903
1985	136346	79413	26493	112944	79413	26493
1990	219603	113336	52045	175126	113336	52045
1995	701237	336000	158960	514041	331107	149584
2000	1608204	888744	233621	1011732	805530	155822
2001	1958118	1053095	260815	1241374	1014378	167519
2002	2308269	1243615	263571	1335911	1160543	141495
2003	3182100	1646006	410646	1545791	1372117	141791
2004	3808465	1909048	531662	1513064	1168051	215759
2005	4448174	2355165	607118	2024100	1620235	349338
2006	5152753	2865707	768071	2657927	2069116	363814
2007	6218092	3459859	923769	3316282	2604356	300682
2008	8588368	5179075	1119381	5210136	4143600	397954
2009	11191392	6945483	1318126	6092634	4870545	466031
2010	14646972	8755326	1651175	6101779	4554443	490241
2011	16541517	10572647	1885913	7185170	6095485	658216

6-3 固定资产投资额（2011 年）

单位:万元

指　标	Item	投资额 Investment
总计	**Total**	**15985509**
按经济类型分:	**Grouped by Economic Types**	
国有企业	State-owned Enterprises	5760652
集体企业	Collective-owned Enterprises	22927
股份合作企业	Share-holding Cooperative	432
国有联营企业	State Joint Ownership	
集体联营企业	Collective Joint Ownership	
国有与集体联营企业	Joint State-collective Enterprises	
其他联营企业	Other Joint Ownership Enterprises	6410
国有独资公司	State Sole Funded Corporations	1424518
其他有限责任公司	Other Limited Liability Corporations	2902064
股份有限公司	Share-holding Corporations Ltd	1057254
私营企业	Private Enterprises	4512959
其他企业	Other Enterprises	28374
合资经营企业(港或澳、台资)	Joint-ventures Enterprises(Hongkong,Macao or Taiwan)	63652
合作经营企业(港或澳、台资)	Cooperative Enterprises(Hongkong,Macao or Taiwan)	
独资企业(港或澳、台资)	Sole Funded Enterprises(Hongkong,Macao or Taiwan)	52000
港、澳、台商投资股份有限公司	Enterprises with Sole Investment from Hongkong,Macao and Taiwan	
中外合资经营企业	Joint-venture Enterprises	36687
中外合作经营企业	Cooperation Enterprises	
外资企业	Foreign Sole Funded Enterprises	108840
外商投资股份有限公司	Foreign Share-holding Corporations Ltd.	
个体户	Self-employment	8740
个人合伙	Individual Parternership	
按国民经济行业分:	**Grouped by Sector**	
农、林、牧、渔业	Agriculture,Forestry,Animal Husbandry and Fishery	377976
采矿业	Mining	1341788
制造业	Manufacturing	4254949
电力、燃气及水的生产和供应业	Production and Distribution of Electricity,Gas and Water	2392372
建筑业	Construction	281459
交通运输、仓储和邮政业	Transport,Storage and Post	922682
信息传输、计算机服务和软件业	Information Transmission,Computer Services and Software	163011
批发和零售业	Wholesale and Retail Trades	415723
住宿和餐饮业	Hotels and Catering Services	111009
金融业	Financial Intermediation	26527
房地产业	Real Estate	3842792
租赁和商务服务业	Leasing and Business Services	7510
科学研究、技术服务和地质勘查业	Scientific Research,Technical Service and Geologic Prospecting	12617
水利、环境和公共设施管理业	Management of Water Conservancy,Environment and Public Facilities	968107
居民服务和其他服务业	Services to Households and Other Services	14889
教　育	Education	271256
卫生、社会保障和社会福利业	Health,Social Security and Social Welfare	115771
文化、体育和娱乐业	Culture,Sports and Entertainment	110573
公共管理和社会组织	Public Management and Social Organizations	354498

Investment in Fixed Assets (2011)

(10 000 yuan)

地 方 Local	按建设性质分 Grouped by Type of Construction		
	新 建 New Construction	扩 建 Expansion	改 建 Reconstruction
12935693	**9190116**	**1524370**	**1737753**
4554114	4478314	798553	405443
22927	16171	780	3166
432	432		
6410		6410	
247136	739824	24750	212743
2799907	1723541	288128	177551
550515	408380	61834	575390
4512959	1726855	331434	291783
28374	26674	1700	
63652		3948	
52000			52000
36687	1680		18547
51840	63735	3733	
8740	4510	3100	1130
377976	314973	47130	14273
618312	758024	51042	404963
3528597	2680112	633101	937921
1345591	2230796	138470	23106
276310	249678	14340	17441
871082	671642	82114	168926
16129	108511		54500
414823	400278	9615	3300
111009	100319	4800	5890
23727	11828	5400	9299
3618471	426922	43191	
7510	810	6690	10
12617	12042	575	
877104	609312	288019	70776
14889	12089	2800	
271256	176741	74113	14567
115771	62562	32759	1900
110573	70554	38889	1130
323946	292923	51322	9751

6-3 续表 1

单位:万元

指　标	Item	建筑工程 Construction
总计	**Total**	**9880667**
按经济类型分:	**Grouped by Economic Types**	
国有	State-owned Enterprises	3932667
集体	Collective-owned Enterprises	20677
股份合作	Share-holding Cooperative	432
国有联营企业	State Joint Ownership	
集体联营	Collective Joint Ownership	
国有与集体联营企业	Joint State-collective Enterprises	
其他联营	Others	2402
国有独资公司	State-funded Corporations	671564
其他有限责任公司	Other Limited Liability Corporations	1803985
股份有限公司	Share-holding Corporations Ltd	350646
私营	Private	2965367
其他企业	Other Enterprises	27444
合资经营企业(港或澳、台资)	Joint-ventures Enterprises(Hongkong,Macao or Taiwan)	26749
合作经营企业(港或澳、台资)	Cooperative Enterprises(Hongkong,Macao or Taiwan)	
独资企业(港或澳、台资)	Sole Funded Enterprises(Hongkong,Macao or Taiwan)	6300
港、澳、台商投资股份有限公司	Enterprises with Sole Investment from Hongkong,Macao and Taiwan	
中外合资经营企业	Joint-venture Enterprises	16151
中外合作经营企业	Cooperation Enterprises	
外资企业	Foreign Sole Funded Enterprises	51643
外商投资股份有限公司	Foreign Share-holding Corporations Ltd.	
个体户	Self-employment	4640
个人合伙	Individual Parternership	
按国民经济行业分:	**Grouped by Sector**	
农、林、牧、渔业	Agriculture,Forestry,Animal Husbandry and Fishery	309219
采矿业	Mining	750837
制造业	Manufacturing	1708711
电力、燃气及水的生产和供应业	Production and Distribution of Electricity,Gas and Water	568788
建筑业	Construction	272214
交通运输、仓储和邮政业	Transport,Storage and Post	834579
信息传输、计算机服务和软件业	Information Transmission,Computer Services and Software	67901
批发和零售业	Wholesale and Retail Trades	360955
住宿和餐饮业	Hotels and Catering Services	95331
金融业	Financial Intermediation	25812
房地产业	Real Estate	3177536
租赁和商务服务业	Leasing and Business Services	6885
科学研究、技术服务和地质勘查业	Scientific Research,Technical Service and Geologic Prospecting	12425
水利、环境和公共设施管理业	Management of Water Conservancy,Environment and Public Facilities	879800
居民服务和其他服务业	Services to Households and Other Services	13669
教育	Education	261597
卫生、社会保障和社会福利业	Health,Social Security and Social Welfare	103270
文化、体育和娱乐业	Culture,Sports and Entertainment	96363
公共管理和社会组织	Public Management and Social Organizations	334775

continued

(10 000 yuan)

按构成分 Grouped by Use of Funds		
安装工程 Installation	设备工器具购置 Purchase of Equipment and Instruments	其他费用 Others
1395533	**3383285**	**1326024**
350858	1210273	266854
2200		50
1040	2960	8
130670	333566	288718
249986	605857	242236
226219	412534	67855
363680	769963	413949
400	440	90
	895	36008
6164	34400	5136
9922	8714	1900
52194	2363	2640
2200	1320	580
11292	23995	33470
117757	251677	221517
592778	1628669	324791
307781	1375567	140236
4681	2932	1632
15347	16577	56179
71211	21899	2000
15951	11088	27729
4422	3267	7989
190	385	140
206904	18432	439920
500		125
		192
32474	13135	42698
	372	848
3443	885	5331
4092	6393	2016
4640	5360	4210
2070	2652	15001

6-3 续表 2

指　标	Item	国家预算内资金 State Budgetary Funds
总计	**Total**	**1327129**
按经济类型分:	**Grouped by Economic Types**	
国有	State-owned Enterprises	1271418
集体	Collective-owned Enterprises	2785
股份合作	Share-holding Cooperative	
国有联营企业	State Joint Ownership	
集体联营	Collective Joint Ownership	
国有与集体联营企业	Joint State-collective Enterprises	
其他联营	Others	48
国有独资公司	State-funded Corporations	12630
其他有限责任公司	Other Limited Liability Corporations	1929
股份有限公司	Share-holding Corporations Ltd	20202
私营	Private	17677
其他企业	Other Enterprises	440
合资经营企业(港或澳、台资)	Joint-ventures Enterprises(Hongkong,Macao or Taiwan)	
合作经营企业(港或澳、台资)	Cooperative Enterprises(Hongkong,Macao or Taiwan)	
独资企业(港或澳、台资)	Sole Funded Enterprises(Hongkong,Macao or Taiwan)	
港、澳、台商投资股份有限公司	Enterprises with Sole Investment from Hongkong,Macao and Taiwan	
中外合资经营企业	Joint-venture Enterprises	
中外合作经营企业	Cooperation Enterprises	
外资企业	Foreign Sole Funded Enterprises	
外商投资股份有限公司	Foreign Share-holding Corporations Ltd.	
个体户	Self-employment	
个人合伙	Individual Parternership	
按国民经济行业分:	**Grouped by Sector**	
农、林、牧、渔业	Agriculture,Forestry,Animal Husbandry and Fishery	89974
采矿业	Mining	6000
制造业	Manufacturing	10720
电力、燃气及水的生产和供应业	Production and Distribution of Electricity,Gas and Water	53392
建筑业	Construction	146383
交通运输、仓储和邮政业	Transport,Storage and Post	133109
信息传输、计算机服务和软件业	Information Transmission,Computer Services and Software	
批发和零售业	Wholesale and Retail Trades	26270
住宿和餐饮业	Hotels and Catering Services	300
金融业	Financial Intermediation	
房地产业	Real Estate	110666
租赁和商务服务业	Leasing and Business Services	
科学研究、技术服务和地质勘查业	Scientific Research,Technical Service and Geologic Prospecting	1265
水利、环境和公共设施管理业	Management of Water Conservancy,Environment and Public Facilities	348442
居民服务和其他服务业	Services to Households and Other Services	
教育	Education	174581
卫生、社会保障和社会福利业	Health,Social Security and Social Welfare	49007
文化、体育和娱乐业	Culture,Sports and Entertainment	47269
公共管理和社会组织	Public Management and Social Organizations	129751

continued

按资金来源分 Grouped by Capital Sources			
国内贷款 Domestic Loans	利用外资 Foreign Investment	自筹资金 Self-financed Capital	其他资金 Other Capital
3568431	**88561**	**8394642**	**2715788**
1345604	82561	2077320	263734
4000		13431	3227
		432	
		6362	
525347		665191	379653
581413	500	1791410	593743
230453		782923	21118
872704		2831174	1369682
30		26592	800
5300		58225	
		52000	
580		16006	16012
3000	5500	65396	67819
		8180	
18371		232784	14752
354896		836640	130
903655	6000	3081717	29976
1368723		806566	7665
4500		126140	8460
182086	78000	330946	131238
		150128	
48200		359569	16964
5500		93959	
540		26226	
551593		1767961	2469882
950		6600	
		8533	
80427	61	291346	13869
2910		9670	270
9560		33192	2670
16020	4500	33530	5108
14000		36048	550
6500		163087	14254

6-4 固定资产投资主要生产能力(2011 年)

名 称	Item	建设规模 Total Construction Size
原煤开采(万吨/年)	Coal Mining (10 000 tons/year)	7436
洗煤(万吨/年)	Washer Coal (10 000 tons/year)	2800
焦炭(万吨/年)	Coke (10 000 tons/year)	480
天然原油开采(万吨/年)	Petroleum Extraction (10 000 tons/year)	22
焦化设备能力(万吨/年)	Coking Equipment Capacity (10 000 tons/year)	230
铁合金(折标吨/年)	Iron Alloy (standard ton/year)	164265
热轧钢材(万吨/年)	Hot-rolled steel (10 000 tons/year)	100
锻压、挤压、旋压钢材(万吨/年)	Forging,Extrusion,Spinning steel (10 000 tons/year)	1
镍冶炼(吨/年)	Nickl Smelting (ton/year)	30
其中:电解镍(吨/年)	Eletrohftic Nickel(ton/year)	30
电解铝(吨/年)	Electrolytic Aluminum (ton/year)	300000
粗铅(吨/年)	Crude Lead(ton/year)	50000
铝加工(吨/年)	Aluminium Processing (ton/year)	150000
火力发电(万千瓦)	Fire Power (10 000 kw)	932
其他发电(万千瓦)	Other Power(10 000 kw)	91
输电线路长度(11 万伏及以上)(公里)	Transmission Line (110 000V)(km)	1030
水泥(万吨/年)	Cement (10 000 tons/year)	1074
石墨及炭素制品(吨/年)	Graphite and Carbon Products (ton/year)	353500
电石(吨/年)	Calcium Carbide (ton/year)	1912000
氮肥(吨/年)	Nitrogen Fertilizers (ton/year)	870000
化学农药原药(吨/年)	Chemical Pesticides (ton/year)	21000
精甲醇(吨/年)	Methanol(ton/year)	620000
塑料树脂及共聚物(吨/年)	Plastic Colophong and Polymer(ton/year)	56000
合成橡胶(吨/年)	Synthetic Rubber(ton/year)	10000
其他酒(万吨/年)	Other Alco hols (10 000 tons/year)	1
机制纸浆(万吨/年)	Machine-made Paper Pule(10 000 tons/year)	7
新建铁路投产里程(公里)	Length of Newly-built and Operating Railway(km)	51
电气化铁路投产里程 (公里)	Length of Electrified and Operating Railway(km)	41
新建公路(公里)	Length of New Highways (km)	1148
高速公路	Expressway	539
一级公路	First Class Highway	87
二级公路	Second Class Highway	25
改建公路(公里)	Length of Reconstructed Highways (km)	1104
一级公路	First Class Highway	48
二级公路	Second Class Highway	367
新建独立公路桥梁(延长米)	Length of New Independent Roads and Bridges(m)	700
新建独立公路桥梁(座)	Number of New Independent Roads and Bridges(set)	3
新(扩)建公路客、货运站(个)	Number of Bus Terminal New and Expanded(unit)	2
新(扩)建公路客、货运站(平方米)	Area of Bus Terminal New and Expanded(sq.m)	8000
城市自来水供水能力(万吨/日)	Capacity of City Tap Water Supply (10 000 tons/day)	8
城市污水处理能力(万吨/日)	Disposal Capacity of Sewer (10 000 tons/day)	6

Major Incremental Production Capacity(2011)

本年施工规模 Under Construction This Year	本年新开工能力 Capacity of Started This Year	累计新增生产能力 Accumulated Newly Increased Capacity	本年新增生产能力 Newly Increased Capacity This Year
6386	450	1421	1235
2660	2460	1395	735
325	135	365	75
8	8	8	8
230	230		
164237	91232	19240	3013
100		80	
1	1	1	1
30		30	
30		30	
300000			
50000	50000	50000	50000
		15000	
876	16	932	412
71	60	57	30
1030	526	692	695
1074	290	436	276
343500	271000	171500	143500
1242000	1092000	700000	550000
870000	100000	170000	170000
18000	15000	17000	11000
620000	150000	150000	150000
26000	16000	56000	16000
10000	10000	8000	
1	1	1	1
7	7	7	7
51	15	37	
41		41	
802	504	1009	616
275	6	466	148
87	67	68	68
25	25	17	17
1058	954	443	407
40	3	48	22
329	262	114	109
700	700	700	700
3	3	3	3
2	2	2	1
8000	8000	8000	4000
8	3	3	3
6	1	1	1

6-5 房地产开发投资及财务主要指标

Investment in Real Estate Development and Its Main Financial Indicators

指　标	Item	2000	2005	2010	2011
企业个数(个)	**Number of Enterprises(unit)**	**139**	**304**	**360**	**436**
内　资	Domestic Funded	132	301	357	432
国有	State-owned	33	17	12	12
集体	Collective-owned	17	3	3	3
私营个体	Private and Self-employed Individual Units	17	167	271	308
联营	Joint	1			
股份制经济	Share Holding	64	114	71	109
港澳台投资	Hong Kong,Macao and Taiwan Funded	4			1
外商投资	Foreign Funded	3	3	3	3
年末从业人数(人)	**Number of Employed Persons at the Year End(person)**	**5190**	**8263**	**10567**	**15124**
内　资	Domestic Funded	4915	7991	10477	14912
国有	State-owned	1714	437	738	1264
集体	Collective-owned	610	37	38	29
私营个体	Private and Self-employed Individual Units	484	4327	7785	10029
联营	Joint	21			
股份制经济	Share Holding	2086	3190	1916	3590
港澳台投资	Hong Kong,Macao and Taiwan Funded	100			100
外商投资	Foreign Funded	175	272	90	112
土地开发及购置(万平方米)	**Land Development and Purchase(10 000 sq.m)**				
本年土地开发面积	Land Space Developed This Year	8	35		
本年土地购置面积	Land Space Purchased This Year	72	246	549	555
本年完成投资额(万元)	**Investment Completed This Year(10 000 yuan)**	**155691**	**747766**	**2543715**	**3362289**
住宅	Residential Buildings	91735	475437	1872939	2395186
资金来源小计(万元)	**Sources of Funds (10 000 yuan)**	**158495**	**730428**	**3591354**	**4493133**
国内贷款	Domestic Loans	36332	104707	560709	519711
利用外资	Foreign Investment			2500	
自筹资金	Self-raising Fund	42419	245388	1033182	1580144
定金和预收款	Advanced Deposit	51761	326490	1274481	1348144
房屋建筑面积(万平方米)	**Floor Space of Buildings (10 000 sq.m)**				
施工面积	Floor Space under Construction	259	1049	2941	4080
竣工面积	Floor Space Completed	155	568	937	1989
本年新开工面积	Floor Space Started This Year	172	581	1809	967

6-5 续表 continued

指　标	Item	2000	2005	2010	2011
竣工房屋价值(万元)	Value of Buildings Completed(10 000 yuan)	107651	590867	1755147	2564285
竣工房屋造价(元/平方米)	Cost of Buildings Completed (yuan/sq.m)	692	1040	1873	2651
商品房屋销售面积(万平方米)	**Floor Space of Commercialized Buildings Sold (10 000 sq.m)**	**104**	**378**	**936**	**846**
住　宅	Residential Buildings	91	319	817	705
商品房屋销售价格(元/平方米)	**Selling Price of Commercialized Buildings (yuan/sq.m)**	**1352**	**2235**	**3304**	**3732**
住　宅	Residential Buildings	1145	1765	3107	3389
实收资本合计(万元)	**Total Capital Held (10 000 yuan)**	**89467**	**424629**	**1101552**	**1524516**
年末资产负债情况(万元)	**Situation of Year-end Liabilities (10 000 yuan)**				
资产总计	Total Assets	448079	2091222	8370883	11783394
固定资产累计折旧	Accumulated Depreciation of Fixed Assets	7881	27246	55908	103979
本年折旧	Depreciation of the Current Year	2057	6271	13594	21217
负债总计	Total Liabilities	344569	1603373	6854150	9489851
所有者权益合计	Total Equity	103510	487849	1516732	2293543
损益情况(万元)	**Situation of Profit and Loss (10 000 yuan)**				
经营总收入	Total Revenue	143568	598769	1783476	2611584
土地转让收入	Land Transferred	250	2360	13426	7959
商品房屋销售收入	Sales Income of Commercial Flat	138608	592315	1748783	2577193
房屋出租收入	Income of Renting House	747	3018	9450	21209
其他收入	Other Income	3981	1076	11817	5222
经营成本	Cost of Business	114263	503687	1407263	1990205
销售费用	Expenses of Sales	1141	8860	43498	72370
经营税金及附加	Tax and Extra Charges on Business	7268	31532	120150	177468
其他业务利润	Other Business Profits	2112	2241	7836	11921
管理费用及财务费用	Expenses of both Management and Finance	14627	48510	136314	191816
投资收益及营业外收入	Income of Investment Earnings and Extra-business	-298	5211	3622	26132
营业外支出	Expenditure of Extra-business	1392	2647	14618	113006
利润总额	Total Profits	6709	10985	77405	182139

6-6 商品房屋竣工面积、价值及平均造价
Floor Space, Value and Average Cost of Commodity Buildings Completed

指 标	Item	2000	2005	2010	2011
房屋竣工面积(万平方米)	**Floor Space Completed(10 000 sq.m)**	**155.46**	**568.12**	**936.86**	**967.32**
住宅	Residential Buildings	122.71	420.75	746.32	785.01
办公楼	Office Buildings	8.29	18.88	17.34	23.15
商业营业用房	Houses for Business Use	21.52	110.43	122.50	115.23
其他	Others	2.94	18.06	50.70	43.94
房屋竣工价值(万元)	**Value of Buildings Completed(10 000 yuan)**	**107651**	**590867**	**1755147**	**2564285**
住宅	Residential Buildings	80314	391988	1339116	2104787
办公楼	Office Buildings	7122	29455	48120	82784
商业营业用房	Houses for Business Use	17362	147731	269011	284423
其他	Others	2853	21693	98900	92291
房屋竣工平均造价(元/平方米)	**Average Cost of Buildings Completed(yuan/sq.m)**	**692**	**1040**	**1873**	**2651**
住宅	Residential Buildings	655	932	1794	2681
办公楼	Office Buildings	860	1560	2776	3576
商业营业用房	Houses for Business Use	807	1338	2196	2468
其他	Others	696	1201	1951	2101

6-7 商品房屋销售面积、销售额及平均销售价格
Floor Space Sold, Total Sales and Average Selling Price of Commercial Houses

指 标	Item	2000	2005	2010	2011
商品房销售面积(万平方米)	**Floor Space of Commercialized Buildings Sold (10 000 sq.m)**	**104.50**	**377.89**	**935.98**	**846.46**
住宅	Residential Buildings	90.61	319.16	816.79	705.13
办公楼	Office Buildings	2.23	8.65	15.40	9.27
商业营业用房	Houses for Business Use	11.12	48.09	89.94	114.71
其他	Others	0.54	1.99	13.86	17.35
商品房销售额(万元)	**Total Sale of Commercialized Buildings (10 000 yuan)**	**141306**	**844726**	**3092169**	**3159137**
住宅	Residential Buildings	103746	563186	2537646	2390002
办公楼	Office Buildings	4357	29660	81253	67252
商业营业用房	Houses for Business Use	32626	247703	439656	646957
其他	Others	577	4177	33614	54926
商品房平均销售价格(元/平方米)	**Average Selling Price of Commercialized Buildings (yuan/sq.m)**	**1352**	**2235**	**3304**	**3732**
住宅	Residential Buildings	1145	1765	3107	3389
办公楼	Office Buildings	1958	3429	5278	7254
商业营业用房	Houses for Business Use	2934	5151	4888	5640
其他	Others	1074	2102	2426	3166

6-8 商品房待售、出租面积
Floor Space of Untapped and Rented Marketable Buildings

单位：平方米 (sq.m)

指　标	Item	2000	2005	2010	2011
商品房待售面积	**Floor Space of Untapped Marketable Buildings**	**620209**	**3424795**	**4015173**	**6060537**
住宅	Residential Buildings	430438	2116731	2457119	4231517
别墅、高档公寓	Villas, High-grade Apartments	2537	119223	44803	184960
办公楼	Office Buildings	34636	113743	64019	118777
商业营业用房	Houses for Business Use	130838	1082818	1341438	1440821
其他	Others	24297	111503	152597	269422
商品房待售一年至三年面积	**Floor Space Untapped for One to Three Years of Commercialized Buildings**	**620209**	**1003079**	**1764470**	**2629789**
住宅	Residential Buildings	430438	524501	1026585	1710050
别墅、高档公寓	Villas, High-grade Apartments	2537	62553	19962	50079
办公楼	Office Buildings	34636	37544	35934	101009
商业营业用房	Houses for Business Use	130838	418633	642637	736642
其他	Others	24297	22401	59314	82088
商品房待售三年以上面积	**Floor Space Untapped above Three Years of Commercialized Buildings**		**57829**	**182221**	**172140**
住宅	Residential Buildings		4617	26096	23686
别墅、高档公寓	Villas, High-grade Apartments			752	917
办公楼	Office Buildings		13477	10076	8890
商业营业用房	Houses for Business Use		29283	145139	138985
其他	Others		10452	910	579
商品房出租面积	**Floor Space of Leased Marketable Buildings**	**58330**	**217197**	**413244**	**280979**
住宅	Residential Buildings	12659	25467	14909	4059
办公楼	Office Buildings	5347	10564	44082	63756
商业营业用房	Houses for Business Use	39708	180391	341310	189888
其他	Others	616	775	12943	23276

6-9 各市县固定资产投资(2011年)

Investment in Fixed Assets in Urban Area by City and Country(2011)

单位:万元、平方米、个 (10 000 yuan,sq.m,unit)

地 区	Region	计划总投资 Total Planned Investment	本年新开工项目计划投资 Planned Investment of New Projects This Year	本年完成投资 Investment Completed This Year	住宅 Residential Buildings	本年新增固定资产 Newly Increased Fixed Assets This Year
全区总计	**Total**	**61049846**	**11863780**	**15985509**	**2729484**	**13678314**
银川市	**Yinchuan**	**33923978**	**3281113**	**6925062**	**1616051**	**7467881**
银川市	District	11214608	543854	3134986	1125030	3330466
永宁县	Yongning	1951572	296138	758750	132350	396246
贺兰县	Helan	2728520	408984	754714	267036	675019
灵武市	Lingwu	18029278	2032137	2276612	91635	3066150
石嘴山市	**Shizuishan**	**7335597**	**2278920**	**2667989**	**342914**	**1858601**
石嘴山市	District	5345213	1405852	1942806	251346	1211035
平罗县	Pingluo	1990384	873068	725183	91568	647566
吴忠市	**Wuzhong**	**5927934**	**2375616**	**2576735**	**343581**	**2146257**
利通区	Litong	2335112	1065945	966863	161426	715833
红寺堡区	Hongsipu	509376	270726	263253	2823	184535
盐池县	Yanchi	1203993	483170	487874	61259	316463
同心县	Tongxin	558203	280920	270286	25922	89231
青铜峡市	Qingtongxia	1321250	274855	588459	92151	840195
固原市	**Guyuan**	**5364776**	**1490645**	**1166998**	**226073**	**645007**
原州区	Yuanzhou	3408091	365032	434825	83519	213707
西吉县	Xiji	461028	302697	265595	52101	130290
隆德县	Longde	658060	526926	158225	26189	130823
泾源县	Jingyuan	131027	69770	82653	25590	66729
彭阳县	Pengyang	706570	226220	225700	38674	103458
中卫市	**Zhongwei**	**5125485**	**1998690**	**1825240**	**191157**	**1091457**
沙坡头区	Shapotou	2154111	794271	729019	127789	506172
中宁县	Zhongning	2512950	911350	845771	61218	473846
海原县	Haiyuan	458424	293069	250450	2150	111439
不分地区	**Not Classified by Region**	**3372076**	**438796**	**823485**	**9708**	**469111**

6-9 续表 continued

单位:万元、平方米、个 (10 000 yuan,sq.m,unit)

地 区	Region	本年施工房屋面积 Floor Space of Buildings Under Construction This Year	本年竣工房屋面积 Floor Space of Buildings Completed This Year	本年竣工房屋价值 Value of Buildings Completed This Year	施工项目个数 Number of Projects Under Construction	本年新开工 Started This Year	本年投产项目个数 Number of Project Put into Use This Year
全区总计	**Total**	**60293533**	**13643267**	**3376915**	**2499**	**1674**	**1598**
银川市	**Yinchuan**	**34566610**	**8210467**	**2439174**	**627**	**317**	**372**
银川市	District	22315740	4954435	1807939	316	109	148
永宁县	Yongning	3991366	345107	58334	65	44	42
贺兰县	Helan	5177459	1724033	371566	70	53	58
灵武市	Lingwu	3082045	1186892	201335	176	111	124
石嘴山市	**Shizuishan**	**6559968**	**931402**	**170359**	**634**	**401**	**422**
石嘴山市	District	4990382	357853	67883	399	227	257
平罗县	Pingluo	1569586	573549	102476	235	174	165
吴忠市	**Wuzhong**	**6853035**	**1907565**	**327724**	**372**	**271**	**245**
利通区	Litong	3096748	742245	121107	137	99	101
红寺堡区	Hongsipu	323071	57965	3573	57	47	32
盐池县	Yanchi	930291	146381	27734	43	27	20
同心县	Tongxin	681218	233232	34024	78	63	44
青铜峡市	Qingtongxia	1821707	727742	141286	57	35	48
固原市	**Guyuan**	**4884454**	**1193801**	**192859**	**468**	**378**	**326**
原州区	Yuanzhou	2183915	417926	72647	145	121	109
西吉县	Xiji	985419	191022	33138	89	59	54
隆德县	Longde	897735	275030	44975	112	84	89
泾源县	Jingyuan	416319	108097	16774	39	36	29
彭阳县	Pengyang	401066	201726	25325	83	78	45
中卫市	**Zhongwei**	**7173600**	**1267354**	**229088**	**292**	**228**	**163**
沙坡头区	Shapotou	2806772	909763	156915	102	79	63
中宁县	Zhongning	3922025	357591	72173	67	59	37
海原县	Haiyuan	444803			123	90	63
不分地区	**Not Classified by Region**	**255866**	**132678**	**17711**	**106**	**79**	**70**

6-10 各市县按登记注册类型划分的固定资产投资(2011年)
Investment in Fixed Assets in Urban Area by Registration Status by City and Country(2011)

单位:万元 (10 000 yuan)

地 区	Region	投资总计 Total Investment	按登记注册类型划分 Grouped by Registration Status					
			内资合计 Total Domestic Investment	国有 State-owned	集体 Collective-owned	股份合作 Share Holding	集体联营 Collective Joint Venture	其他联营 Other Joint Venture
全区总计	**Total**	**15985509**	**15715590**	**5760652**	**22927**	**432**		**6410**
银川市	**Yinchuan**	**6925062**	**6772843**	**1788187**				
银川市	District	3134986	2989247	570989				
永宁县	Yongning	758750	758750	130462				
贺兰县	Helan	754714	754714	95851				
灵武市	Lingwu	2276612	2270132	990885				
石嘴山市	**Shizuishan**	**2667989**	**2652489**	**792563**	**7881**	**432**		
石嘴山市	District	1942806	1938046	646691		432		
平罗县	Pingluo	725183	714443	145872	7881			
吴忠市	**Wuzhong**	**2576735**	**2576735**	**1161802**	**13186**			**6410**
利通区	Litong	966863	966863	387297	12236			
红寺堡区	Hongsipu	263253	263253	122475				
盐池县	Yanchi	487874	487874	205502				
同心县	Tongxin	270286	270286	96171	950			6410
青铜峡市	Qingtongxia	588459	588459	350357				
固原市	**Guyuan**	**1166998**	**1166998**	**741134**				
原州区	Yuanzhou	434825	434825	230613				
西吉县	Xiji	265595	265595	193664				
隆德县	Longde	158225	158225	105259				
泾源县	Jingyuan	82653	82653	53493				
彭阳县	Pengyang	225700	225700	158105				
中卫市	**Zhongwei**	**1825240**	**1825240**	**775733**	**1860**			
沙坡头区	Shapotou	729019	729019	281155	1860			
中宁县	Zhongning	845771	845771	263162				
海原县	Haiyuan	250450	250450	231416				
不分地区	**Not Classified by Region**	**823485**	**721285**	**501233**				

单位:万元 (10 000 yuan)

地区	Region	按登记注册类型划分 Grouped by Registration Status 国有独资公司 State Sole Funded Corporations	其他有限责任公司 Other Limited Liability Corporations	股份有限公司 Share Holding Corporations Ltd.	私营 Private	其他内资 Others	港澳台投资 Hongkong, Macao and Taiwan Investment	外商投资 Foreign Investment	个体经营 Self-employed
全区总计	**Total**	**1424518**	**2902064**	**1057254**	**4512959**	**28374**	**115652**	**145527**	**8740**
银川市	**Yinchuan**	**847130**	**1422359**	**717660**	**1997507**		**63652**	**88567**	
银川市	District	172084	722853	497595	1025726		63652	82087	
永宁县	Yongning	31211	267747	53926	275404				
贺兰县	Helan	73768	306768		278327				
灵武市	Lingwu	570067	124991	166139	418050			6480	
石嘴山市	**Shizuishan**	**231221**	**706622**	**130897**	**767160**	**15713**	**2000**	**4760**	**8740**
石嘴山市	District	231221	516918	101936	428925	11923		4760	
平罗县	Pingluo		189704	28961	338235	3790	2000		8740
吴忠市	**Wuzhong**	**125527**	**338501**	**80465**	**849544**	**1300**			
利通区	Litong	123608	66402	1217	376103				
红寺堡区	Hongsipu		29378	1000	109100	1300			
盐池县	Yanchi		196666	16470	69236				
同心县	Tongxin		10571	3300	152884				
青铜峡市	Qingtongxia	1919	35484	58478	142221				
固原市	**Guyuan**	**32000**	**108470**	**57316**	**216717**	**11361**			
原州区	Yuanzhou	32000	29898	36641	104452	1221			
西吉县	Xiji		21087		50844				
隆德县	Longde		49926		2600	440			
泾源县	Jingyuan		1626		27534				
彭阳县	Pengyang		5933	20675	31287	9700			
中卫市	**Zhongwei**	**7563**	**317692**	**45239**	**677153**				
沙坡头区	Shapotou		316544	27900	101560				
中宁县	Zhongning	7563	1148	15500	558398				
海原县	Haiyuan			1839	17195				
不分地区	**Not Classified by Region**	**181077**	**8420**	**25677**	**4878**		**50000**	**52200**	

6-11 各市县按资金来源划分的固定资产投资(2011 年)

Investment in Fixed Assets by Sources of Funds by City and Country(2011)

单位:万元　　　　(10 000 yuan)

地 区	Region	本年资金来源小计 Total Funds This Year	国家预算内资金 State Budget	国内贷款 Domestic Loans	利用外资 Foreign Investment	自筹资金 Self-raising Funds	其他资金来源 Others
全区总计	**Total**	**16094551**	**1327129**	**3568431**	**88561**	**8394642**	**2715788**
银川市	**Yinchuan**	**4074785**	**226305**	**1375752**	**10000**	**2322636**	**140092**
银川市	District	1251297	152512	333782	10000	636140	118863
永宁县	Yongning	540003	17861	77506		430602	14034
贺兰县	Helan	433087	8060	32664		390363	2000
灵武市	Lingwu	1850398	47872	931800		865531	5195
石嘴山市	**Shizuishan**	**2046898**	**280832**	**211488**		**1534713**	**19865**
石嘴山市	District	1436768	227899	70326		1133403	5140
平罗县	Pingluo	610130	52933	141162		401310	14725
吴忠市	**Wuzhong**	**2083368**	**213876**	**800176**	**500**	**1044851**	**23965**
利通区	Litong	794119	52387	407223		334269	240
红寺堡区	Hongsipu	295567	66166	52926	500	166025	9950
盐池县	Yanchi	379349	13562	161641		197538	6608
同心县	Tongxin	153772	48159	11850		86596	7167
青铜峡市	Qingtongxia	460561	33602	166536		260423	
固原市	**Guyuan**	**936786**	**352814**	**116189**		**439058**	**28725**
原州区	Yuanzhou	303283	118749	30014		145788	8732
西吉县	Xiji	172678	48676	19284		92237	12481
隆德县	Longde	147465	74903	5820		64982	1760
泾源县	Jingyuan	77359	31196	758		41665	3740
彭阳县	Pengyang	236001	79290	60313		94386	2012
中卫市	**Zhongwei**	**1716745**	**233571**	**409257**		**1021064**	**52853**
沙坡头区	Shapotou	545777	48625	188383		298969	9800
中宁县	Zhongning	909956	72221	178356		640434	18945
海原县	Haiyuan	261012	112725	42518		81661	24108
不分地区	**Not Classified by Region**	**5235969**	**19731**	**655569**	**78061**	**2032320**	**2450288**

6-12 各市县按构成划分的固定资产投资(2011年)

Investment in Fixed Assets by Composition of Fund by City and Country(2011)

单位:万元 (10 000 yuan)

地 区	Region	投资总计 Total Investment	按构成划分 By Composition of Funds			
			建筑工程 Construction	安装工程 Installation	设备工器具购置 Purchase of Equipment and Instruments	其他费用 Others
全区总计	**Total**	**15985509**	**9880667**	**1395533**	**3383285**	**1326024**
银川市	**Yinchuan**	**6925062**	**4201440**	**704548**	**1277998**	**741076**
银川市	District	3134986	2084742	345192	386950	318102
永宁县	Yongning	758750	624137	42752	62365	29496
贺兰县	Helan	754714	624666	28221	48704	53123
灵武市	Lingwu	2276612	867895	288383	779979	340355
石嘴山市	**Shizuishan**	**2667989**	**1900729**	**164165**	**461245**	**141850**
石嘴山市	District	1942806	1498511	39820	298955	105520
平罗县	Pingluo	725183	402218	124345	162290	36330
吴忠市	**Wuzhong**	**2576735**	**1222110**	**264387**	**911444**	**178794**
利通区	Litong	966863	348376	146486	417755	54246
红寺堡区	Hongsipu	263253	172326	22532	67372	1023
盐池县	Yanchi	487874	234450	33778	179968	39678
同心县	Tongxin	270286	204983	12248	22424	30631
青铜峡市	Qingtongxia	588459	261975	49343	223925	53216
固原市	**Guyuan**	**1166998**	**981477**	**36096**	**81893**	**67532**
原州区	Yuanzhou	434825	368343	7946	10596	47940
西吉县	Xiji	265595	177966	9651	64575	13403
隆德县	Longde	158225	145088	9766		3371
泾源县	Jingyuan	82653	80653	856	1057	87
彭阳县	Pengyang	225700	209427	7877	5665	2731
中卫市	**Zhongwei**	**1825240**	**1074987**	**113789**	**533985**	**102479**
沙坡头区	Shapotou	729019	341615	68251	278151	41002
中宁县	Zhongning	845771	493364	44283	247024	61100
海原县	Haiyuan	250450	240008	1255	8810	377
不分地区	**Not Classified by Region**	**823485**	**499924**	**112548**	**116720**	**94293**

6-13 各市县分行业固定资产投资(2011 年)

Investment in Fixed Assets by Sector by City and Country(2011)

单位:万元　　　　(10 000 yuan)

地　区	Region	投资总计 Total Investment	按国民经济行业分 By Sector					
			农林牧渔业 Agriculture, Forestry, Animal Husbandry and Fishery	采矿业 Mining	制造业 Manufac-turing	电力、燃气及水的生产和供应业建筑业 Production and Supply of Electricity, Gas and Water	建筑业 Construction	交通运输、仓储和邮政业 Transport, Storage and Post
全区总计	**Total**	**15985509**	**377976**	**1341788**	**4254949**	**2392372**	**281459**	**922682**
银川市	**Yinchuan**	**6925062**	**58178**	**388721**	**2175438**	**585106**	**8800**	**194719**
银川市	District	3134986	4737		797012	101145		96069
永宁县	Yongning	758750			179122	16387		15360
贺兰县	Helan	754714	42000		250160	6554	5580	42746
灵武市	Lingwu	2276612	11441	388721	949144	461020	3220	40544
石嘴山市	**Shizuishan**	**2667989**	**68304**	**384034**	**803653**	**226337**	**35208**	**152831**
石嘴山市	District	1942806	42560	352494	468393	178073	33008	112766
平罗县	Pingluo	725183	25744	31540	335260	48264	2200	40065
吴忠市	**Wuzhong**	**2576735**	**53753**	**208861**	**408931**	**1082410**	**154158**	**26451**
利通区	Litong	966863	4425	6500	245378	426348	56981	3830
红寺堡区	Hongsipu	263253	18066	15576	8970	118362	83974	2852
盐池县	Yanchi	588459			115462	274813	7215	
同心县	Tongxin	487874	17983	56628	32711	245470	5988	13870
青铜峡市	Qingtongxia	270286	13279	130157	6410	17417		5899
固原市	**Guyuan**	**1166998**	**101480**	**84996**	**86000**	**119052**	**21575**	**169158**
原州区	Yuanzhou	434825	26045	33500	21967	23976		58370
西吉县	Xiji	265595	17310		25160	76194		61622
隆德县	Longde	158225	25263		10428	3604	18875	15180
泾源县	Jingyuan	82653	13780		2416	6597		4660
彭阳县	Pengyang	225700	19082	51496	26029	8681	2700	29326
中卫市	**Zhongwei**	**1825240**	**94261**		**730927**	**349967**	**61718**	**99332**
沙坡头区	Shapotou	729019	42497		244316	197518	26864	14365
中宁县	Zhongning	845771	27854		470310	88769	11329	63897
海原县	Haiyuan	250450	23910		16301	63680	23525	21070
不分地区	**Not Classified by Region**	**823485**	**2000**	**275176**	**50000**	**29500**		**280191**

6-13 续表 1 continued

单位:万元 (10 000 yuan)

地 区	Region	信息传输、计算机服务和软件业 Information Transmission, Computer Services and Software	批发和零售业 Wholsale and Retail Trades	住宿和餐饮业 Hotels and Catering Services	金融业 Financial Interme-diation	房地产业 Real Estate	租赁和商务服务业 Leasing and Business Services	科学研究、技术服务和地质勘查业 Scientific esearch, Technical Services, and Geological Prospecting
全区总计	**Total**	**163011**	**415723**	**111009**	**26527**	**3842792**	**7510**	**12617**
银 川 市	**Yinchuan**	**51420**	**274579**	**30568**		**2438163**	**10**	**9969**
银 川 市	District	46620	20994	15908		1729721	10	2769
永 宁 县	Yongning		186236	14660		235895		
贺 兰 县	Helan		34146			325393		7200
灵 武 市	Lingwu	4800	33203			147154		
石嘴山市	**Shizuishan**	**1029**	**43276**	**40390**	**24667**	**524894**	**4440**	
石嘴山市	District	1029	39906	35590	15876	393841		
平 罗 县	Pingluo		3370	4800	8791	131053	4440	
吴 忠 市	**Wuzhong**		**32343**	**8000**		**422794**		
利 通 区	Litong		10000	8000		195544		
红寺堡区	Hongsipu					6450		
盐 池 县	Yanchi					47586		
同 心 县	Tongxin		15383			41359		
青铜峡市	Qingtongxia		6960			131855		
固 原 市	**Guyuan**		**26525**	**23236**	**1420**	**216181**	**3060**	**615**
原 州 区	Yuanzhou		12482	18546		97421		
西 吉 县	Xiji					61848		50
隆 德 县	Longde		6013	4690	520	27027	760	565
泾 源 县	Jingyuan		5500			18484	2300	
彭 阳 县	Pengyang		2530		900	11401		
中 卫 市	**Zhongwei**		**39000**	**8815**	**440**	**227462**		**2033**
沙坡头区	Shapotou			4274		137308		
中 宁 县	Zhongning		36000			87154		1000
海 原 县	Haiyuan		3000	4541	440	3000		1033
不分地区	**Not Classified by Region**	**110562**				**13298**		

6-13 续表 2 continued

单位:万元 (10 000 yuan)

地 区	Region	水利、环境和公共设施管理业 Management of Water Conservancy, Environment and Public Facilities	居民服务和其他服务业 Services to Households and Other Services	教 育 Education	卫生、社会保障和社会福利业 Health, Social Securities and Social Welfare	文化、体育和娱乐业 Culture, Sports and Entertainment	公共管理和社会组织 Public Management and Social Organizations
全区总计	**Total**	**968107**	**14889**	**271256**	**115771**	**110573**	**354498**
银 川 市	**Yinchuan**	**416298**		**110332**	**22679**	**45482**	**114600**
银 川 市	District	140671		79581	19063	45482	35204
永 宁 县	Yongning	24150		15227			71713
贺 兰 县	Helan	28305		5970	2980		3680
灵 武 市	Lingwu	223172		9554	636		4003
石嘴山市	**Shizuishan**	**163889**	**10050**	**46778**	**8090**	**27020**	**103099**
石嘴山市	District	113901		37907	5690	21440	90332
平 罗 县	Pingluo	49988	10050	8871	2400	5580	12767
吴 忠 市	**Wuzhong**	**103915**	**4339**	**32052**	**24871**	**7559**	**6298**
利 通 区	Litong	4198				5659	
红寺堡区	Hongsipu	6252		2751			
盐 池 县	Yanchi	21811	4339	6534	19571		
同 心 县	Tongxin	24570		16037		1900	6298
青铜峡市	Qingtongxia	47084		6730	5300		
固 原 市	**Guyuan**	**120476**	**500**	**53672**	**55030**	**12112**	**71910**
原 州 区	Yuanzhou	53051	500	11697	4421	7017	65832
西 吉 县	Xiji	9456		10070	2330	145	1410
隆 德 县	Longde	25499		14291	1580	1200	2730
泾 源 县	Jingyuan	8609		2500	12119	3750	1938
彭 阳 县	Pengyang	23861		15114	34580		
中 卫 市	**Zhongwei**	**100771**		**28422**	**5101**	**18400**	**58591**
沙坡头区	Shapotou	41943		10437	2432	4100	2965
中 宁 县	Zhongning	35914		8175	1069	14300	
海 原 县	Haiyuan	22914		9810	1600		55626
不分地区	**Not Classified by Region**	**62758**					

6-14 各市县房地产开发企业(单位)土地开发及购置(2011年)

Land Development and Purchase of Enterprises for Real Estate Development by City and Country(2011)

地 区	Region	土地购置费用(万元) Total Value of Land Purchased (10 000 yuan)	本年土地购置面积(万平方米) Land Space Purchased This Year(10 000 sq.m)	本年土地成交价款(万元) Land Transaction Price This Year(10 000 yuan)
全区总计	**Total**	**302403**	**5547356**	**510296**
银川市	**Yinchuan**	**184789**	**2373522**	**326499**
银川市	District	153604	1628650	284588
永宁县	Yongning	8522	414997	11529
贺兰县	Helan	13123	174566	18790
灵武市	Lingwu	9540	155309	11592
石嘴山市	**Shizuishan**	**38752**	**1128646**	**58961**
石嘴山市	District	32652	1039823	56661
平罗县	Pingluo	6100	88823	2300
吴忠市	**Wuzhong**	**47297**	**796037**	**62808**
利通区	Litong	27058	456834	48549
红寺堡区	Hongsipu			
盐池县	Yanchi	4213	82931	4588
同心县	Tongxin	95	22011	2050
青铜峡市	Qingtongxia	15931	234261	7621
固原市	**Guyuan**	**11887**	**497505**	**37370**
原州区	Yuanzhou	5308	431817	32091
西吉县	Xiji	4997	30288	779
隆德县	Longde	600	35400	4500
泾源县	Jingyuan			
彭阳县	Pengyang	982		
中卫市	**Zhongwei**	**19678**	**751646**	**24658**
沙坡头区	Shapotou	10594	278274	13700
中宁县	Zhongning	9084	473372	10958
海原县	Haiyuan			

6-15 各市县房地产开发企业(单位)投资完成情况(2011 年)

Investment Actually Completed by Enterprises for Real Estate Development by City and Country(2011)

单位:万元 (10 000 yuan)

地 区	Region	本年完成投资额 Investment Completed This Year	住宅 Residential Buildings	办公楼 Office Buildings	商业营业用房 Houses for Business Use	其他 Others
全区总计	**Total**	**3362289**	**2395186**	**85213**	**497829**	**384061**
银川市	**Yinchuan**	**2147834**	**1486993**	**71643**	**297272**	**291926**
银川市	District	1489916	1013502	47038	203220	226156
永宁县	Yongning	219447	127294	20418	46949	24786
贺兰县	Helan	325393	267036	2494	22279	33584
灵武市	Lingwu	113078	79161	1693	24824	7400
石嘴山市	**Shizuishan**	**462108**	**333578**	**7389**	**77456**	**43685**
石嘴山市	District	350417	242010	5777	59429	43201
平罗县	Pingluo	111691	91568	1612	18027	484
吴忠市	**Wuzhong**	**371983**	**284065**	**4099**	**48209**	**35610**
利通区	Litong	172744	146876	1942	5130	18796
红寺堡区	Hongsipu	13298	9708		3360	230
盐池县	Yanchi	43338	27978		11096	4264
同心县	Tongxin	31748	15102		15240	1406
青铜峡市	Qingtongxia	110855	84401	2157	13383	10914
固原市	**Guyuan**	**162327**	**124645**	**414**	**34646**	**2622**
原州区	Yuanzhou	93421	72771	414	19365	871
西吉县	Xiji	29461	24114		4722	625
隆德县	Longde	9560	6425		2555	580
泾源县	Jingyuan	18484	12134		6000	350
彭阳县	Pengyang	11401	9201		2004	196
中卫市	**Zhongwei**	**218037**	**165905**	**1668**	**40246**	**10218**
沙坡头区	Shapotou	136359	112007	876	17233	6243
中宁县	Zhongning	78678	51798	792	22213	3875
海原县	Haiyuan	3000	2100		800	100

6-16 各市县房地产开发经营情况(2011 年)

Operating Statistics for Real Estate Development by City and Country(2011)

单位:万元 (10 000 yuan)

地　区	Region	经营总收入 Total Revenue	土地转让收入 Land Transferred	商品房屋销售收入 Commercialized Buildings Sold	商品房出租收入 Commercialized Buildings Leased	其他收入 Others	经营税金及附加 Operating Tax and Extra Charges	利润总额 Total Profit
全区总计	**Total**	**2611584**	**7959**	**2577193**	**21209**	**5222**	**177468**	**182139**
银 川 市	**Yinchuan**	**1806499**	**1517**	**1779706**	**20803**	**4474**	**127935**	**154104**
银 川 市	District	1540058	1517	1516551	20479	1512	112130	143010
永 宁 县	Yongning	112215		109504	29	2683	6803	9406
贺 兰 县	Helan	90764		90190	295	279	5669	-3230
灵 武 市	Lingwu	63461		63461			3334	4919
石嘴山市	**Shizuishan**	**246031**		**245767**	**97**	**167**	**17841**	**-9216**
石嘴山市	District	202751		202487	97	167	14541	-7045
平 罗 县	Pingluo	43280		43280			3300	-2171
吴 忠 市	**Wuzhong**	**264385**		**264042**	**76**	**267**	**16142**	**16512**
利 通 区	Litong	171850		171775	75		9486	9345
红寺堡区	Hongsipu	6116		6116			260	306
盐 池 县	Yanchi	11688		11688			1464	-971
同 心 县	Tongxin	10273		10273			633	503
青铜峡市	Qingtongxia	64459		64191	1	267	4300	7328
固 原 市	**Guyuan**	**119438**	**1000**	**118297**	**120**	**21**	**6943**	**5958**
原 州 区	Yuanzhou	90767	1000	89647	120		5799	5898
西 吉 县	Xiji	6643		6643			354	-651
隆 德 县	Longde	7928		7927		1	140	-407
泾 源 县	Jingyuan	1818		1798		20	71	559
彭 阳 县	Pengyang	12282		12282			579	559
中 卫 市	**Zhongwei**	**175232**	**5443**	**169382**	**112**	**295**	**8607**	**14781**
沙坡头区	Shapotou	115503	5443	109683	107	270	5461	13433
中 宁 县	Zhongning	59728		59698	5	25	3145	1532
海 原 县	Haiyuan							-185

6-17 各市县商品房屋销售情况(2011 年)

Sale of Commercialized Buildings by City and Country(2011)

地 区	Region	商品房屋销售面积(平方米) Floor Space of Commercialized Buildings Sold(sq.m)	住宅 Residential Buildings	商品房屋销售额(万元) Total Sale of Commercialized Buildings (10 000 yuan)	住宅 Residential Buildings
全区总计	**Total**	**8464567**	**7051284**	**3159137**	**2390002**
银川市	**Yinchuan**	**4890287**	**3840193**	**2139903**	**1528250**
银川市	District	2645446	2088025	1399857	997421
永宁县	Yongning	775162	408267	253483	103175
贺兰县	Helan	1061769	978703	375878	338593
灵武市	Lingwu	407910	365198	110685	89061
石嘴山市	**Shizuishan**	**1116432**	**991133**	**322757**	**264111**
石嘴山市	District	671513	584281	214870	176070
平罗县	Pingluo	444919	406852	107887	88041
吴忠市	**Wuzhong**	**928636**	**880324**	**284708**	**260106**
利通区	Litong	368110	352730	130677	122669
红寺堡区	Hongsipu	70621	70147	15252	15024
盐池县	Yanchi	140940	133188	40361	35885
同心县	Tongxin	79569	70654	22044	18110
青铜峡市	Qingtongxia	269396	253605	76374	68418
固原市	**Guyuan**	**559235**	**467145**	**154198**	**123665**
原州区	Yuanzhou	346919	299526	105469	84013
西吉县	Xiji	83081	52387	18667	12876
隆德县	Longde	36572	36572	7927	7927
泾源县	Jingyuan	41216	29216	8391	6135
彭阳县	Pengyang	51447	49444	13744	12714
中卫市	**Zhongwei**	**969977**	**872489**	**257571**	**213870**
沙坡头区	Shapotou	624710	563926	172985	143634
中宁县	Zhongning	335028	298324	82195	67845
海原县	Haiyuan	10239	10239	2391	2391

主要统计指标解释

［**全社会固定资产投资**］ 固定资产投资额是以货币表现的在一定时期内建造和购置固定资产的工作量以及与此有关的费用的总称，它是反映固定资产投资规模、结构、和发展速度的综合性指标。

现行国家统计制度规定，2011 年全社会固定资产投资包括固定资产投资和农户投资。其中，固定资产投资统计范围为城乡计划总投资 500 万元及以上项目投资(包括基本建设投资、更新改造投资、其他投资)、房地产投资。

［**施工项目**］ 是指报告期内进行过建筑或安装施工活动的项目。凡是报告期内施过工的建设项目，不论施工时间长短，均作为施工项目统计。施工项目个数可以反映一定时期固定资产投资实际规模，与同期建成投产的建设项目个数相比，可以从建设速度的角度反映固定资产投资的效果。施工项目按建设阶段分为:本年正式施工项目、本年收尾项目和以前年度全部停缓建项目。

［**建成投产项目**］ 是指报告期内按设计文件规定建成主体工程和相应配套的辅助设施，形成生产能力或工程效益，经过验收合格，并且已正式投入生产或交付使用的建设项目。建成投产项目个数是反映报告期建设成果和考核投资效果的重要依据。建成投产项目分为全部建成投入生产项目和部分建成投入生产项目。

［**房屋施工面积**］ 是指报告期内施工的全部房屋建筑面积。包括本期新开工的面积和上期开工跨入本期继续施工的房屋面积，以及上期已停建在本期恢复施工的房屋面积。本期竣工和本期施工后又停续建的房屋，其建筑面积仍计入本期房屋施工面积中。

［**房屋竣工面积**］ 是指在报告期内房屋建筑按照设计要求已全部完工。达到住人和使用条件，经验收鉴定合格（或达到竣工验收标准)，正式移交给使用单位的各栋房屋建筑面积的总和。

［**新增固定资产**］ 新增固定资产(又称交付使用的固定资产)，是指已经完成建造和购置过程，并已交付生产或使用单位的固定资产价值。新增固定资产是反映固定资产投资活动成果的价值量指标，只有已经完成建造和购置过程，并正式移交生产、使用单位的固定资产才能计算新增固定资产。没有安装的需要安装的设备、正在施工的建设工程等都不能计算新增固定资产。

［**房地产开发投资**］ 指各种登记注册类型的房地产开发公司在一定时期内用于房屋建造、土地开发以及配套服务设施的投资，是全社会固定资产投资的重要组成部分。

［**本年资金来源**］ 指固定资产投资单位在报告期内收到的，用于固定资产投资的各种货币资金。包括国家预算内资金、国内贷款、债券、利用外资、自筹资金和其他资金。

第七篇 能源

Chapter7 Energy

责任编辑：马宏德

资料整理：马宏德　王增沈　朱庆武　王伟　张卫红

Coordinator: Ma Hongde

Data Compilation: Ma Hongde Wang Zengshen Zhu Qingwu Wang Wei Zhang Weihong

7-1 主要年份一次能源生产量和构成

Production of Primary Energy and Its Composition in Main Years

年份 Year	一次能源生产量（万吨标准煤） Primary Energy Production (10 000 tons of SCE)		占能源生产总量能比重(%) As percentage of Primary Energy Production(%)							
			原煤 Raw Coal		原油 Crude Oil		天然气 Natural Gas		水电、风电及光伏发电 Hydro-power, Wind Power and Photovoltaic	
1958	86.4		100.0							
1965	219.9		100.0							
1970	348.3		97.0						3.0	
1975	580.4		92.1		1.3				6.6	
1978	806.4		88.5		7.0				4.5	
1980	810.8		85.5		10.0				4.5	
1985	973.1		89.6		5.9				4.5	
1990	1115.2		92.4		3.3		0.1		4.2	
1995	1132.1		93.4		4.9		0.7		1.0	
1996	1251.6		92.2		6.4		0.6		0.8	
1997	1319.0		90.4		8.7		0.2		0.7	
1998	1300.5		86.9		12.2		0.1		0.8	
1999	1290.5		84.7		14.2		0.1		0.9	
2000	1339.7	(1362.7)	84.3	(89.2)	14.8	(14.6)	0.1	(0.1)	0.8	(2.4)
2001	1409.0	(1438.4)	82.4	(81.2)	16.8	(16.6)	0.1	(0.1)	0.7	(2.1)
2002	1594.9	(1616.7)	81.4	(80.3)	17.7	(17.5)	0.3	(0.3)	0.6	(1.9)
2003	1903.9	(1924.1)	82.3	(81.5)	16.6	(16.4)	0.6	(0.6)	0.5	(1.5)
2004	1759.8	(1777.4)	99.0	(97.8)	0.3	(0.3)			0.7	(1.9)
2005	1927.8	(1971.5)	98.6	(96.4)	0.3	(0.3)			1.1	(3.3)
2006	2370.2	(2415.9)	98.7	(96.8)	0.3	(0.3)			1.0	(2.9)
2007	2824.9	(2867.6)	98.8	(97.3)	0.4	(0.4)			0.8	(2.3)
2008	3181.7	(3229.6)	98.7	(97.2)	0.4	(0.4)			0.9	(2.4)
2009	4095.7	(4146.5)	98.9	(97.7)	0.4	(0.4)			0.7	(1.9)
2010	4912.4	(4973.1)	99.0	(97.8)	0.2	(0.2)			0.8	(2.0)
2011	5859.0	(5928.2)	99.0	(97.9)	0.2	(0.2)			0.8	(1.9)

注：1995—2011 年电力折标系数采用当量热值折算，括号内为按照等价值折算。2004 年及以后不包括长庆油田宁夏分部数据。

a)From 1995 to 2011,the coefficient for conversion of electric power into SCE is calculated on the basis of the data on average coal consumption in generating electric power in the same year.Data in brackets were converted on the basis of equal caloric value.From 2004,data in this table excluding Changqing oil field in Ningxia.

7-2 主要年份能源消费总量和构成
Total Consumption of Energy and Its Composition in Main Years

年份 Year	能源消费总量（万吨标准煤） Total Energy Consumption （10 000 tons of SCE）		占能源消费总量的比重（%） As percentage of Total Energy Consumption(%)							
			煤炭 Coal		石油 Petroleum		天然气 Natural Gas		水电、风电及光伏发电 Hydro-power,Wind Power and Photovoltaic	
1958										
1965										
1970										
1975										
1978										
1980	320.0		73.4		3.8				22.8	
1985	420.4		65.6		7.6		0.3		26.4	
1990	707.3		57.6		9.2		0.1		33.1	
1995	775.2		75.0		10.2		0.2		14.6	
1996	808.8		74.8		9.7		0.2		15.3	
1997	814.0		73.9		10.5		0.1		15.5	
1998	816.9		70.9		12.8		0.2		16.1	
1999	823.1		69.6		13.0		0.2		17.2	
2000	1162.0	(1179.4)	89.0	(87.3)	9.9	(9.8)	0.2	(0.1)	0.9	(2.8)
2001	1208.1	(1228.4)	89.1	(87.6)	9.9	(9.8)	0.2	(0.1)	0.8	(2.5)
2002	1355.3	(1378.5)	89.2	(87.8)	9.9	(9.7)	0.2	(0.2)	0.7	(2.3)
2003	1980.9	(2014.8)	87.8	(86.9)	6.6	(6.6)	5.1	(5.1)	0.5	(1.4)
2004	2283.1	(2322.2)	85.9	(84.8)	10.0	(9.8)	3.6	(3.9)	0.5	(1.5)
2005	2506.9	(2536.1)	87.2	(85.6)	8.4	(9.8)	3.5	(3.5)	0.9	(2.6)
2006	2803.4	(2829.8)	87.5	(86.1)	7.9	(7.8)	3.8	(3.7)	0.8	(2.4)
2007	3058.9	(3077.3)	87.4	(86.0)	7.9	(7.9)	3.9	(3.9)	0.8	(2.2)
2008	3229.7	(3229.3)	86.7	(85.2)	7.9	(7.9)	4.5	(4.5)	0.9	(2.4)
2009	3355.9	(3387.7)	86.4	(85.0)	8.0	(7.9)	4.7	(4.7)	0.9	(2.4)
2010	3732.8	(3681.1)	86.8	(85.0)	7.4	(7.4)	4.8	(4.9)	1.0	(2.7)
2011	4782.1	(4316.3)	88.5	(85.6)	5.6	(6.2)	5.0	(5.6)	0.9	(2.6)

注:1980-1999 为工业能源消费量,2000 年及以后能源消费量为全社会能源消费量(当量值),括号内为按等价值折算。

a)From 1980 to 1999,data in this table refers to industrial energy consumption.Since 2000, energy consumption refers to total energy consumption in the whole region.It was calculated on the basis of the data on average coal consumption in generating electric power in the same year.

7-3 主要年份每亿元工业总产值能源、电力消费量

Energy and Electricity Consumption Per 100 Million Yuan of Gross Industrial Output Value in Main Years

年份 Year	能源消费量(万吨标准煤) Energy Consumption(10 000 tons of SEC)			电力消费量(万千瓦小时) Electricity Consumption(10 000 kwh)		
	工　业 Industry	重工业 Heavy Industry	轻工业 Light Industry	工　业 Industry	重工业 Heavy Industry	轻工业 Light Industry
1985	11.99	15.25	4.14	8935.00	11751.00	2154.00
1990	12.17	15.63	4.28	10858.00	14765.00	1945.00
1995	5.20	6.04	1.83	5992.00	7097.00	1541.00
2000	4.21	4.91	1.35	6201.00	7310.00	1598.00
2005	2.87	3.49	0.75	3294.43	4213.00	903.00
2006	2.52	2.91	0.68	3568.28	4130.00	844.00
2007	2.28	2.57	0.78	3391.89	3905.04	767.53
2008	1.81	2.02	0.67	2762.40	3128.36	791.49
2009	1.75	2.00	0.60	2776.10	3210.51	779.94
2010	1.63	1.89	0.48	2685.49	3120.51	701.97
2011	1.55	1.74	0.43	2427.21	2741.96	615.81

注:1995—2000 年工业总产值按 1990 年不变价计算。2005 年及以后工业总产值按当年价格计算。
a)From 1995 to 2000, industrial output value was calculated at 1990 constant prices,and from 2005 at current prices .

7-4 主要年份单位能源、电力消费实现的工业总产值

Gross Industrial Output Value per Unit of Energy and Electricity Consumption in Main Years

单位:元

年份 Year	每吨标准煤能源消费实现的工业总产值 Gross Industrial Output Value of Energy Consumption per TCE			每千瓦小时电力消费实现的工业总产值 Gross Industrial Output Value of Electrcity Consumption Per Kwh		
	工　业 Industry	重工业 Heavy Industry	轻工业 Light Industry	工　业 Industry	重工业 Heavy Industry	轻工业 Light Industry
1985	834.00	656.00	2415.00	1.12	0.85	4.64
1990	821.67	639.77	2337.33	0.92	0.68	5.14
1995	1922.36	1655.68	5475.75	1.67	1.41	6.49
2000	2375.20	2035.24	7402.35	1.61	1.37	6.26
2005	3480.83	2865.33	13333.33	3.08	2.37	11.08
2006	3973.79	3438.93	14721.26	2.80	2.42	11.85
2007	4394.33	3894.33	12797.94	2.95	2.56	13.03
2008	5528.46	4948.63	14982.95	3.62	3.20	12.63
2009	5716.50	4999.93	16742.34	3.60	3.11	12.82
2010	6134.97	5291.01	20833.33	3.72	3.20	14.25
2011	6466.91	5744.88	23372.98	4.12	3.65	16.24

注:1995—2000 年工业总产值按 1990 年不变价计算。2005 年及以后工业总产值按当年价格计算。
a)From 1995 to 2000, industrial output value was calculated at 1990 constant prices,and from 2005 at current prices .

7-5 规模以上工业企业能源购进、消费与库存情况

能源名称	Energy	计量单位	Unit
原煤	Coal	吨	ton
其中:1.无烟煤	Anthracite	吨	ton
2.炼焦烟煤	Coking Bituminous Coal	吨	ton
3.一般烟煤	General Bituminous	吨	ton
4.褐煤	Lignite	吨	ton
洗精煤	Clean Coal	吨	ton
其他洗煤	Other Washing Coal	吨	ton
煤制品	Coal Products	吨	ton
焦炭	Coke	吨	ton
其他焦化产品	Other Coking Products	吨	ton
焦炉煤气	Coking Gas	万立方米	10 000 cu.m
高炉煤气	Blast Furnace Gas	万立方米	10 000 cu.m
转炉煤气	Converter Gas	万立方米	10 000 cu.m
发生炉煤气	Producer Gas	万立方米	10 000 cu.m
天然气	Natural Gas	万立方米	10 000 cu.m
液化天然气	Liquefied Natural Gas	吨	ton
煤层气(煤田)	Coal Bed Methane	万立方米	10 000 cu.m
原油	Crude Oil	吨	ton
汽油	Gasoline	吨	ton
煤油	Kerosene	吨	ton
柴油	Diesel Oil	吨	ton
燃料油	Fuel Oil	吨	ton
液化石油气	Liquefied Petroleum Gas	吨	ton
炼厂干气	Net Gas of Plant	吨	ton
石脑油	Naphtha	吨	ton
润滑油	Lubricating Oil	吨	ton
石蜡	Paraffin	吨	ton
溶剂油	Solvent Oil	吨	ton
石油焦	Petroleum Coke	吨	ton
石油沥青	Petroleum Pitch	吨	ton
其他石油制品	Other Petroleum Products	吨	ton
热力	Heat	百万千焦	million kilo-joule
电力	Electricity	万千瓦时	10 000 cu.m
煤矸石用于燃料	Coal Gangue as Fuel	吨	ton
余热余压	Waste Heat and Excess Pressure	百万千焦	million kilo-joule
其他燃料	Other Feul	吨标准煤	tons of SCE
能源合计	Total Energy	吨标准煤	tons of SCE

Energy Purchase, Consumption and Inventory of Industrial Enterprises above Designated Size

年初库存量 Inventory at the Beginning of the Year	购进实物量 Physical Quantity Purchased	消费量 Consumption		年末库存量 Inventory at the Year End
		合计 Total	工业生产消费 Industry	
7219002	92091618	92799119	92670433	7925129
1390343	10784199	11204423	11199224	940629
1059825	12910044	15246316	15245441	926483
4766795	68342552	66293481	66171038	6047422
697	54823	54899	54731	621
500497	6953073	5234880	5234757	2645839
88105	737985	1006437	1006437	27098
1529	2725	4048	3833	199
58974	797994	965041	965041	90172
4694	44668	46728	46728	4170
	5571	94004	93954	
		83706	83706	
		1287	1287	
		17537	17537	
	122379	122192	121353	
	19	19	5	
60418	888604	917064	917064	24582
128	6093	6323	3290	99
8	184	331	183	4
4013	72048	73185	68282	3968
1387	650053	366645	366645	3659
1736	60240	60755	60755	4550
4932	6551	11166	11166	317
2	405	397	396	10
83343	418713	443980	443980	71488
1527	8624	9751	9751	400
327	84770	84235	84218	834
	3852730	16734142	16084385	
	5154274	6016114	5978351	
	1953854	1833565	1833565	
		2195533	2160607	
195062	2375862	2360507	2360471	177657
		82108264	81932448	

7-5 续表

能源名称	Energy	计量单位	Unit	加工转换投入合计 Input in Processing	火力发电 Thermal Power	供热 Heating Supply
原煤	Raw Coal	吨	ton	85826948	47537780	2872166
其中:1.无烟煤	Anthracite	吨	ton	10902545		
2.炼焦烟煤	Coking Bituminous Coal	吨	ton	15045796		
3.一般烟煤	General Bituminous	吨	ton	59828358	47537780	2872166
4.褐煤	Lignite	吨	ton	50249		
洗精煤	Clean Coal	吨	ton	4223817		
其他洗煤	Other Washing Coal	吨	ton	790710	423583	118524
煤制品	Coal Products	吨	ton			
焦炭	Coke	吨	ton			
其他焦化产品	Other Coking Products	吨	ton			
焦炉煤气	Coking Gas	万立方米	10 000 cu.m	536	536	
高炉煤气	Blast Furnace Gas	万立方米	10 000 cu.m	1351	1351	
转炉煤气	Converter Gas	万立方米	10 000 cu.m			
发生炉煤气	Producer Gas	万立方米	10 000 cu.m			
天然气	Natural Gas	万立方米	10 000 cu.m	20270	7699	
液化天然气	Liquefied Natural Gas	吨	ton			6163
煤层气(煤田)	Refinery Gas	万立方米	10 000 cu.m			
原油	Crude Oil	吨	ton	917064		
汽油	Gasoline	吨	ton	40	40	
煤油	Kerosene	吨	ton			
柴油	Diesel Oil	吨	ton	2913	2913	
燃料油	Fuel Oil	吨	ton	363644	4698	
液化石油气	Liquefied Petroleum Gas	吨	ton			
炼厂干气	Refinery Gas	吨	ton			
石脑油	Naphtha	吨	ton			
润滑油	Lubricating Oil	吨	ton			
石蜡	Paraffin	吨	ton			
溶剂油	Solvent Oil	吨	ton			
石油焦	Petroleum coke	吨	ton			
石油沥青	Petroleum pitch	吨	ton			
其他石油制品	Other Petroleum Products	吨	ton	79354		
热力	Heat	百万千焦	million kilo-joule			
电力	Electricity	万千瓦时	10 000 cu.m			
煤矸石用于燃料	Coal Gangue as Fuel	吨	ton	1756243	1705054	51189
余热余压	Waste Heat and Excess Pressure	百万千焦	million kilo-joule	1488799	1488799	
其他燃料	Other Feul	吨标准煤	tons of SCE	12075		
能源合计	Total Energy	吨标准煤	tons of SCE	62521186	28509160	1876139

continued

原煤入洗 Washing-dressing Coal	炼焦 Coking	炼油 Petroleum Refining	制气 Gas Making	天然气液化 Natural Gas Liquefying	能源加工转换产出 Output in Processing	回收利用 Recycling
31878658	3478174		60170			
10902545						
11826560	3159066		60170			
9099304	319108					
50249						
	4223817				18411179	
	248604				8427989	
						9693
					5486664	
					281949	
					122811	
						80736
						1287
					17537	
				6408	36001	
		917064				
					483375	
					554766	
		358946			36634	
					83239	40316
					1429	
					53612	
		79354			10025	
					45620707	
					9122218	
					766289	
						2512134
		12075				
23572207	6493781	1946078	45128	78694	43297839	308445

7-6 主要能源品种按工业行业分组消费量

指 标	Item
总　计	**Total**
采矿业	**Mining**
煤炭开采和洗选业	Mining and Washing of Coal
石油和天然气开采业	Extraction of Petroleum and Natural Gas
黑色金属矿采选业	Mining and Processing of Ferrous Metal Ores
有色金属矿采选业	Mining and Processing of Non-ferrous Metal Ores
非金属矿采选业	Mining and Processing of Non-metal Ores
其他采矿业	Mining of Other Ores
制造业	**Manufacturing**
农副食品加工业	Processing of Food from Agricultural Products
食品制造业	Manufacture of Foods
饮料制造业	Manufacture of Beverages
烟草制品业	Manufacture of Tobacco
纺织业	Manufacture of Textile
纺织服装、鞋、帽制造业	Manufacture of Textile Wearing Apparel,Footware and Caps
皮革、毛皮、羽毛(绒)及其制品业	Manufacture of Leather,Fur,Feather and Related Products
木材加工及木、竹、藤、棕、草制品业	Processing of Timber,Manufacture of Wood,Bamboo,Rattan,Palm,and Straw Products
家具制造业	Manufacture of Furniture
造纸及纸制品业	Manufacture of Paper and Paper Products
印刷业和记录媒介的复制	Printing,Reproduction of Recording Media
文教体育用品制造业	Manufacture of Articles For Culture,Education and Sport Activities
石油加工、炼焦及核燃料加工业	Processing of Petroleum,Coking,Processing of Nuclear Fuel
化学原料及化学制品制造业	Manufacture of Raw Chemical Materials and Chemical Products
医药制造业	Manufacture of Medicines
化学纤维制造业	Manufacture of Chemical Fibres
橡胶制品业	Manufacture of Rubber
塑料制品业	Manufacture of Plastics
非金属矿物制品业	Manufacture of Non-metallic Mineral Products
黑色金属冶炼及压延加工业	Smelting and Pressing of Ferrous Metals
有色金属冶炼及压延加工业	Smelting and Pressing of Non-ferrous Metals
金属制品业	Manufacture of Metal Products
通用设备制造业	Manufacture of General Purpose Machinery
专用设备制造业	Manufacture of Special purpose Machinery
交通运输设备制造业	Manufacture of Transport Equipment
电气机械及器材制造业	Manufacture of Electrical Machinery and Equipment
通信设备、计算机及其他电子设备制造业	Manufacture of Communication Equipment,Computers and Other Electronic Equipment
仪器仪表及文化、办公用机械制造业	Manufacture of Measuring Instruments and Machinery for Cultural Activity and Office Work
工艺品及其他制造业	Manufacture of Artwork and Other Manufacturing
废弃资源和废旧材料回收加工业	Recycling and Disposal of Waste
电力、燃气及水的生产和供应业	**Electric Power,Gas and Water Production and Supply**
电力、热力的生产和供应业	Production and Supply of Electric Power and Heat Power
燃气生产和供应业	Production and Supply of Gas
水的生产和供应业	Production and Supply of Water

Major Consumption of Energy by Industries

综合能源消费量(吨标准煤) Comprehensive EnergyConsumption (tons of SCE)	原 煤(吨) Raw Coal (ton)	无烟煤(吨) Anthracite (ton)	炼焦烟煤(吨) Coking Bituminous Coal(ton)	一般烟煤(吨) General Bituminous (ton)	褐煤(吨) Lignite (ton)
38327624	**92799119**	**11204423**	**15246316**	**66293481**	**54899**
3427387	**27039565**	**10790938**	**9647338**	**6551040**	**50249**
3419733	27034849	10790938	9647338	6546323	50249
1150	703			703	
6505	4013			4013	
18227176	**19644997**	**413485**	**5598978**	**13627884**	**4650**
45519	48499			45869	2630
446821	734313	97	695	733521	
34377	50249			50249	
4211					
16409	19257			19257	
737					
1380	1710			1710	
11541	17159			17159	
747				175	
610592	175			1110919	
2746	1110919			1319	
	1319				
2486692				5929515	
5048743	11258308		5328793	2805525	
308882	3133476	305055	22895	546425	
	546425			2474	
64123				677	
5739	2576		102	2037881	2020
2252203	792	115		66610	
3613945	2295919	94734	161284	189411	
3110012	80081	13471		5700	
32731	274619		85208	20249	
81572	5700			32565	
32079	20249			50	
55	32578	13		10625	
15046	50				
	10625				
273					
16673061	**46114557**			**46114557**	
16609665	45934424			45934424	
23318					
40079	180134			180134	

7-6 续 1

指 标	Item
总　　计	**Total**
采矿业	**Mining**
煤炭开采和洗选业	Mining and Washing of Coal
石油和天然气开采业	Extraction of Petroleum and Natural Gas
黑色金属矿采选业	Mining and Processing of Ferrous Metal Ores
有色金属矿采选业	Mining and Processing of Non-ferrous Metal Ores
非金属矿采选业	Mining and Processing of Non-Metal Ores
其他采矿业	Mining of Other Ores
制造业	**Manufacturing**
农副食品加工业	Processing of Food from Agricultural Products
饮料制造业	Manufacture of Foods
食品制造业	Manufacture of Beverages
烟草制品业	Manufacture of Tobacco
纺织业	Manufacture of Textile
纺织服装、鞋、帽制造业	Manufacture of Textile Wearing Apparel,Footware and Caps
皮革、毛皮、羽毛(绒)及其制品业	Manufacture of Leather,Fur,Feather and Related Products
木材加工及木、竹、藤、棕、草制品业	Processing of Timber,Manufacture of Wood,Bamboo,Rattan,Palm,and Straw Products
家具制造业	Manufacture of Furniture
造纸及纸制品业	Manufacture of Paper and Paper Products
印刷业和记录媒介的复制	Printing,Reproduction of Recording Media
文教体育用品制造业	Manufacture of Articles For Culture,Education and Sport Activities
石油加工、炼焦及核燃料加工业	Processing of Petroleum,Coking,Processing of Nuclear Fuel
化学原料及化学制品制造业	Manufacture of Raw Chemical Materials and Chemical Products
医药制造业	Manufacture of Medicines
化学纤维制造业	Manufacture of Chemical Fibres
橡胶制品业	Manufacture of Rubber
塑料制品业	Manufacture of Plastics
非金属矿物制品业	Manufacture of Non-metallic Mineral Products
黑色金属冶炼及压延加工业	Smelting and Pressing of Ferrous Metals
有色金属冶炼及压延加工业	Smelting and Pressing of Non-ferrous Metals
金属制品业	Manufacture of Metal Products
通用设备制造业	Manufacture of General Purpose Machinery
专用设备制造业	Manufacture of Special purpose Machinery
交通运输设备制造业	Manufacture of Transport Equipment
电气机械及器材制造业	Manufacture of Electrical Machinery and Equipment
通信设备、计算机及其他电子设备制造业	Manufacture of Communication Equipment,Computers and Other Electronic Equipment
仪器仪表及文化、办公用机械制造业	Manufacture of Measuring Instruments and Machinery for Cultural Activity and Office Work
工艺品及其他制造业	Manufacture of Artwork and Other Manufacturing
工艺品及其他制造业	Recycling and Disposal of Waste
电力、燃气及水的生产和供应业	**Electric Power,Gas and Water Production and Supply**
电力、热力的生产和供应业	Production and Supply of Electric Power and Heat Power
燃气生产和供应业	Production and Supply of Gas
水的生产和供应业	Production and Supply of Water

continued

洗精煤(吨) Clean Coal (ton)	其他洗煤(吨) Other Washing Coal (ton)	煤制品(吨) Coal Products (ton)	焦 炭 (吨) Coke (ton)	其他焦化产品(吨) Other Coking Products (ton)	焦炉煤气(万立方米) Coking Gas (10 000 cu.m)
5234880	**1006437**	**4048**	**965041**	**46728**	**94004**
98674	**50067**			**7644**	
98674	50067			7644	
5136205	**414263**	**4048**	**965041**	**39084**	**94004**
	49				
3943941					
410339					
457315	248604		28546	3121	77219
324514	16009	1558	36738	10553	675
97	88815				
	16397			18015	
	22130	2490	867709	7395	10211
			9340		5899
	22259				
			22310		
			35		
			363		
	542106				
	542106				

7-6 续2

指 标	Item
总 计	**Total**
采矿业	**Mining**
煤炭开采和洗选业	Mining and Washing of Coal
石油和天然气开采业	Extraction of Petroleum and Natural Gas
黑色金属矿采选业	Mining and Processing of Ferrous Metal Ores
有色金属矿采选业	Mining and Processing of Non-ferrous Metal Ores
非金属矿采选业	Mining and Processing of Non-metal Ores
其他采矿业	Mining of Other Ores
制造业	**Manufacturing**
农副食品加工业	Processing of Food from Agricultural Products
食品制造业	Manufacture of Foods
饮料制造业	Manufacture of Beverages
烟草制品业	Manufacture of Tobacco
纺织业	Manufacture of Textile
纺织服装、鞋、帽制造业	Manufacture of Textile Wearing Apparel,Footware and Caps
皮革、毛皮、羽毛(绒)及其制品业	Manufacture of Leather,Fur,Feather and Related Products
木材加工及木、竹、藤、棕、草制品业	Processing of Timber,Manufacture of Wood,Bamboo,Rattan,Palm,and Straw Products
家具制造业	Manufacture of Furniture
造纸及纸制品业	Manufacture of Paper and Paper Products
印刷业和记录媒介的复制	Printing,Reproduction of Recording Media
文教体育用品制造业	Manufacture of Articles For Culture,Education and Sport Activities
石油加工、炼焦及核燃料加工业	Processing of Petroleum,Coking,Processing of Nuclear Fuel
化学原料及化学制品制造业	Manufacture of Raw Chemical Materials and Chemical Products
医药制造业	Manufacture of Medicines
化学纤维制造业	Manufacture of Chemical Fibres
橡胶制品业	Manufacture of Rubber
塑料制品业	Manufacture of Plastics
非金属矿物制品业	Manufacture of Non-metallic Mineral Products
黑色金属冶炼及压延加工业	Smelting and Pressing of Ferrous Metals
有色金属冶炼及压延加工业	Smelting and Pressing of Non-ferrous Metals
金属制品业	Manufacture of Metal Products
通用设备制造业	Manufacture of General Purpose Machinery
专用设备制造业	Manufacture of Special purpose Machinery
交通运输设备制造业	Manufacture of Transport Equipment
电气机械及器材制造业	Manufacture of Electrical Machinery and Equipment
通信设备、计算机及其他电子设备制造业	Manufacture of Communication Equipment,Computers and Other Electronic Equipment
仪器仪表及文化、办公用机械制造业	Manufacture of Measuring Instruments and Machinery for Cultural Activity and Office Work
工艺品及其他制造业	Manufacture of Artwork and Other Manufacturing
废弃资源和废旧材料回收加工业	Recycling and Disposal of Waste
电力、燃气及水的生产和供应业	**Electric Power,Gas and Water Production and Supply**
电力、热力的生产和供应业	Production and Supply of Electric Power and Heat Power
燃气生产和供应业	Production and Supply of Gas
水的生产和供应业	Production and Supply of Water

continued

高炉煤气（万立方米） Blast Furnace Gas (10 000 cu.m)	转炉煤气（万立方米） Converter Gas (10 000 cu.m)	发生炉煤气（万立方米） Producer Gas (10 000 cu.m)	天然气（万立方米） Natural Gas (10 000 cu.m)	液化天然气（吨） Liquefied Natural Gas (ton)	原油（吨） Crude Oil (ton)	汽油（吨） Gasoline (ton)	煤油（吨） Kerosene (ton)
83706	**1287**	**17537**	**122192**	**19**	**917064**	**6323**	**331**
			1709			**1318**	**11**
			1709			1294	11
						19	
						4	
83706	**1287**	**17537**	**100119**	**7**	**917064**	**3813**	**320**
			63	1		336	
			22			160	
			17			43	
			288				
			11		0	133	
			58			46	
						10	
			18	2		48	
			17				
			14			70	2
			9			70	148
476			83226		917064	222	
19222			1675			525	2
						40	
						13	
			12			92	
			1873			294	1
64008	1287		282			88	3
		17537	10366	1		279	19
			272			185	
			1496	2		645	121
			225			160	19
						3	
			176			326	6
						28	
			20363	12		1192	
			13862	12		893	
			6478			102	
			23			197	

7-6 续 3

指 标	Item
总　　计	**Total**
采矿业	**Mining**
煤炭开采和洗选业	Mining and Washing of Coal
石油和天然气开采业	Extraction of Petroleum and Natural Gas
黑色金属矿采选业	Mining and Processing of Ferrous Metal Ores
有色金属矿采选业	Mining and Processing of Non-ferrous Metal Ores
非金属矿采选业	Mining and Processing of Non-metal Ores
其他采矿业	Mining of Other Ores
制造业	**Manufacturing**
农副食品加工业	Processing of Food from Agricultural Products
食品制造业	Manufacture of Foods
饮料制造业	Manufacture of Beverages
烟草制品业	Manufacture of Tobacco
纺织业	Manufacture of Textile
纺织服装、鞋、帽制造业	Manufacture of Textile Wearing Apparel,Footware and Caps
皮革、毛皮、羽毛(绒)及其制品业	Manufacture of Leather,Fur,Feather and Related Products
木材加工及木、竹、藤、棕、草制品业	Processing of Timber,Manufacture of Wood,Bamboo,Rattan,Palm,and Straw Products
家具制造业	Manufacture of Furniture
造纸及纸制品业	Manufacture of Paper and Paper Products
印刷业和记录媒介的复制	Printing,Reproduction of Recording Media
文教体育用品制造业	Manufacture of Articles For Culture,Education and Sport Activities
石油加工、炼焦及核燃料加工业	Processing of Petroleum,Coking,Processing of Nuclear Fuel
化学原料及化学制品制造业	Manufacture of Raw Chemical Materials and Chemical Products
医药制造业	Manufacture of Medicines
化学纤维制造业	Manufacture of Chemical Fibres
橡胶制品业	Manufacture of Rubber
塑料制品业	Manufacture of Plastics
非金属矿物制品业	Manufacture of Non-metallic Mineral Products
黑色金属冶炼及压延加工业	Smelting and Pressing of Ferrous Metals
有色金属冶炼及压延加工业	Smelting and Pressing of Non-ferrous Metals
金属制品业	Manufacture of Metal Products
通用设备制造业	Manufacture of General Purpose Machinery
专用设备制造业	Manufacture of Special purpose Machinery
交通运输设备制造业	Manufacture of Transport Equipment
电气机械及器材制造业	Manufacture of Electrical Machinery and Equipment
通信设备、计算机及其他电子设备制造业	Manufacture of Communication Equipment,Computers and Other Electronic Equipment
仪器仪表及文化、办公用机械制造业	Manufacture of Measuring Instruments and Machinery for Cultural Activity and Office Work
工艺品及其他制造业	Manufacture of Artwork and Other Manufacturing
废弃资源和废旧材料回收加工业	Recycling and Disposal of Waste
电力、燃气及水的生产和供应业	**Electric Power,Gas and Water Production and Supply**
电力、热力的生产和供应业	Production and Supply of Electric Power and Heat Power
燃气生产和供应业	Production and Supply of Gas
水的生产和供应业	Production and Supply of Water

continued

柴油(吨) Diesel Oil (ton)	燃料油(吨) Fuel Oil (ton)	液化石油气(吨) Lequefied Petroleum Gas (ton)	炼厂干气(吨) Refinery Gas (ton)	石脑油(吨) Naphtha (ton)	润滑油(吨) Lubricating Oil (ton)	石油焦(吨) Petroleum Coke (ton)
73185	**366645**	**60755**		**11166**	**397**	**443980**
35196					**187**	
32942					187	
7						
2247						
32209	**361947**	**60755**		**11166**	**209**	**443980**
141						
114						
24						
23						
59						
12						
83						
579	327				3	
70						
5583	361617	60753		11166		
2932						
132						
309						
15444					12	
1752						16105
3590					27	427875
127						
658	3	2			0	
168					167	
7						
267						
136						
5780	**4698**					
5741	4698					
0						
38						

7-6 续 4

指 标	Item
总 计	**Total**
采矿业	**Mining**
煤炭开采和洗选业	Mining and Washing of Coal
石油和天然气开采业	Extraction of Petroleum and Natural Gas
黑色金属矿采选业	Mining and Processing of Ferrous Metal Ores
有色金属矿采选业	Mining and Processing of Non-ferrous Metal Ores
非金属矿采选业	Mining and Processing of Non-metal Ores
其他采矿业	Mining of Other Ores
制造业	**Manufacturing**
农副食品加工业	Processing of Food from Agricultural Products
食品制造业	Manufacture of Foods
饮料制造业	Manufacture of Beverages
烟草制品业	Manufacture of Tobacco
纺织业	Manufacture of Textile
纺织服装、鞋、帽制造业	Manufacture of Textile Wearing Apparel,Footware and Caps
皮革、毛皮、羽毛(绒)及其制品业	Manufacture of Leather,Fur,Feather and Related Products
木材加工及木、竹、藤、棕、草制品业	Processing of Timber,Manufacture of Wood,Bamboo,Rattan,Palm,and Straw Products
家具制造业	Manufacture of Furniture
造纸及纸制品业	Manufacture of Paper and Paper Products
印刷业和记录媒介的复制	Printing,Reproduction of Recording Media
文教体育用品制造业	Manufacture of Articles For Culture,Education and Sport Activities
石油加工、炼焦及核燃料加工业	Processing of Petroleum,Coking,Processing of Nuclear Fuel
化学原料及化学制品制造业	Manufacture of Raw Chemical Materials and Chemical Products
医药制造业	Manufacture of Medicines
化学纤维制造业	Manufacture of Chemical Fibres
橡胶制品业	Manufacture of Rubber
塑料制品业	Manufacture of Plastics
非金属矿物制品业	Manufacture of Non-metallic Mineral Products
黑色金属冶炼及压延加工业	Smelting and Pressing of Ferrous Metals
有色金属冶炼及压延加工业	Smelting and Pressing of Non-ferrous Metals
金属制品业	Manufacture of Metal Products
通用设备制造业	Manufacture of General Purpose Machinery
专用设备制造业	Manufacture of Special purpose Machinery
交通运输设备制造业	Manufacture of Transport Equipment
电气机械及器材制造业	Manufacture of Electrical Machinery and Equipment
通信设备、计算机及其他电子设备制造业	Manufacture of Communication Equipment,Computers and Other Electronic Equipment
仪器仪表及文化、办公用机械制造业	Manufacture of Measuring Instruments and Machinery for Cultural Activity and Office Work
工艺品及其他制造业	Manufacture of Artwork and Other Manufacturing
废弃资源和废旧材料回收加工业	Recycling and Disposal of Waste
电力、燃气及水的生产和供应业	**Electric Power,Gas and Water Production and Supply**
电力、热力的生产和供应业	Production and Supply of Electric Power and Heat Power
燃气生产和供应业	Production and Supply of Gas
水的生产和供应业	Production and Supply of Water

continued

石油沥青（吨） Petroleum Pitch (ton)	其他石油制品（吨） Other Petroleum Products (ton)	热 力（百万千焦） Heat (million kilo-joule)	电 力（万千瓦时） Electricity (10 000 kwh)	煤矸石用于燃料（吨） Coal Gangue as Fuel (ton)	余热余压（百万千焦） Waste Heat and Excess Pressure (million kilo-joule)	其他燃料（吨标准煤） Other Feul (tons of SCE)
9751	**84235**	**16734142**	**6016114**	**1833565**	**2195533**	**2360507**
	2608		169384	1031038		
	2608		168598	1031038		
			495			
			291			
9751	**81627**	**16734142**	**5216680**	**737611**	**2195533**	**2360507**
		51955	11899			
		6254588	49768			
			3758			
			584			
			2615			
			76			
			109			
			1069			
			329			
		1050651	79605	75610		
			1559			
	81344		107399			13355
	24	4816495	1418411	518010	688714	1266071
		3604170	54169			
			9654			
			3983			
9751	170		229922	143991	1488799	11882
		907414	1287677		18020	1017801
			1909187			51398
	89	45371	9467			
			24657			
			6206			
		3498	36			
			4333			
			208			
			630050	**64916**		
			606250	64916		
			6311			
			17490			

7-7 各市县规模以上工业能源消耗表(2011年)

Consumption of Energy on Industry above Designated Size by City and Country(2011)

指　标	Item	综合能源消费量(吨标准煤) Overall Energy Consumption (tons of SCE)	单位产值能耗(吨标准煤/万元) Energy Consumption per Unit of Gross Industrial Output Value (tons of SCE/10 000 yuan)
全区总计	**Total**	**38327624**	**1.55**
银川市	**Yinchuan**	**13897406**	**1.14**
银川市	District	3181100	0.55
永宁县	Yongning	1011028	1.06
贺兰县	Helan	286105	0.36
灵武市	Lingwu	9419174	2.01
石嘴山市	**Shizuishan**	**11045222**	**1.81**
石嘴山市	District	8398312	1.89
平罗县	Pingluo	2646910	1.59
吴忠市	**Wuzhong**	**7946669**	**2.23**
利通区	Litong	758012	0.76
红寺堡区	Hongsipu	299	0.03
盐池县	Yanchi	253274	0.90
同心县	Tongxin	1583	0.01
青铜峡市	Qingtongxia	6933501	3.34
固原市	**Guyuan**	**971675**	**3.21**
原州区	Yuanzhou	913853	6.39
西吉县	Xiji	3054	0.09
隆德县	Longde	66	0.02
泾源县	Jingyuan	52461	2.10
彭阳县	Pengyang	2241	0.02
中卫市	**Zhongwei**	**4466167**	**1.75**
沙坡头区	Shapotou	2106440	1.97
中宁县	Zhongning	2347435	1.62
海原县	Haiyuan	12291	0.50

注:综合能源消费量按当量值计算,石嘴山市、灵武市和原州区产值和综合能源消费量中包括神华宁煤集团有限公司、宁夏发电集团有限公司的数据。

a)Data of overall energy consumption were calculated on the basis of the data on average coal consumption in generating electric power in the same year.Data of Shizuishan District, Lingwu and Yuanzhou included Shenhua NCPP limited liability corporations and Ningxia Electric Power Group Co., Ltd..

主要统计指标解释

[能源生产总量] 指一定时期内一次能源生产量的总和，是观察能源生产水平、规模、构成和发展速度的总量指标。一次能源生产量包括原煤、原油、天然气、水电及其他动力能 (如风能、地热能等)发电量。不包括低热值燃料生产量、生物质能、太阳能等利用和由一次能源加工转换而成的二次能源产量。

[能源消费总量] 指一定时期内物质生产部门，非物质生产部门和生活消费的各种能源的总和，是观察能源消费水平、构成和增长速度的总量指标。能源消费总量包括原煤、原油及其制品、天然气、电力。不包括低热值燃料、生物质能和太阳能等的利用。能源消费总量分为三部分，即终端能源消费量、能源加工转换损失量和损失量。

第八篇 Chapter8

财政金融保险

Government Finance, Financial Intermediation and Insurance

责任编辑：张学武

资料整理：张学武　马　潇　圣希明　万自梅　杨　柳

Coordinator: Zhang Xuewu

Data Compilation: Zhang Xuewu MaXiao Sheng Ximing Wan Zimei Yang Liu

8-1 财政收支决算总表
Financial Revenue and Expenditure Balance Sheet

单位:万元 (10 000 yuan)

指 标	Item	2011
本年财政收入合计	**Total Government Revenue This Year**	**2199767**
税收收入	**Total Tax Revenue**	**1771261**
1、增值税	Value-added Tax	244000
2、营业税	Business Tax	801126
3、企业所得税	Corporate Income Tax	241746
4、企业所得税退税	Corporate Income Tax Rebate	
5、个人所得税	Individual Income Tax	74972
6、资源税	Resource Tax	27446
7、固定资产投资方向调节税	Regulatory Taxes on Investment in Fixed Assets	
8、城市维护建设税	City Maintenance and Construction Tax	112314
9、房产税	House Property Tax	30691
10、印花税	Stamp Tax	26683
11、城镇土地使用税	Urban Land Use Tax	58651
12、土地增值税	Land Appreciation Tax	30515
13、车船税	Tax on Vehicles and Boat Operation	15865
14、耕地占用税	Farm Land Occupation Tax	6661
15、契税	Deed Tax	100334
16、烟叶税	Tobacco Leaf Tax	257
17、其他税收收入	Other Tax Revenue	
非税收入	**Total Non-tax Revenue**	**428506**
18、专项收入	Specia Program Recipts	115516
19、行政事业性收费收入	Charge of Administrative and Institutional Units	165532
20、罚没收入	Penalty Receipts	53270
21、国有资本经营收入	Operating Income of State-owned Capital	10059
22、国有资源(资产)有偿使用收入	Income from National Resources Paid Using	63120
23、其他收入	Other Income	21009

8-1 续表 continued

单位:万元 (10 000 yuan)

指 标	Item	2011
本年财政支出合计	**Total Government Expenditure This Year**	**7059096**
1、一般公共服务	Expenditure for General Public Services	519551
2、外交	Expenditure for Foreign Affairs	
3、国防	Expenditure for National Defense	8522
4、公共安全	Expenditure for Public Security	351162
5、教育	Expenditure for Education	1030173
6、科学技术	Expenditure for Science and Technology	78682
7、文化体育与传媒	Expenditure for Culture,Sports and Media	139377
8、社会保障和就业	Expenditure for Social Safety Net and Employment Effort	719470
9、医疗卫生	Expenditure for Medical and Health Care	410933
10、环境保护	Expenditure for Environment Protection	352253
11、城乡社区事务	Expenditure for Urban and Rural Community Affairs	815137
12、农林水事务	Expenditure for Agriculture,Forestry and Water Conservancy	1121904
13、交通运输	Expenditure for Transportation	415387
14、资源勘探电力信息等事务	Expenditure for Resource Exploration,Electricity and Information Technology	205437
15、商业服务业等事务	Expenditure for Business Service Industry Affairs	161770
16、金融监管等事务支出	Expenditure for Financial Supervision Affairs	69522
17、地震灾后恢复重建支出	Expenditure for Post-Earthquakes Recovery and Reconstruction	
18、国土资源气象等事务	Expenditure for Land Resources And Meteorology Affairs	71091
19、住房保障支出	Expenditure for Affordable Houses	338584
20、粮油物资储备管理事务	Expenditure for Reserve for Cereals and Oils	27153
21、预备费	Expenditure for Rerveed Fee	
22、国债还本付息支出	Interest Payments on Government Bonds	71722
23、其他支出	Other Expenditure	151266

8-2 地方财政收入

Local Financial Revenue in Main Years

单位:万元 (10 000 yuan)

年 份 Year	地方财政收入 Local Government Revenue	工商税收 Industrial and Commercial Tax	农牧业税 Agriculture and Animal Husbandry Tax	企业所得税 Corporate Income Tax	国有企业亏损补贴 Subsidies to Loss-making Enterprises	企业所得税退 税 Corporate Income Tax Rebate
1955	2891	1028	1155			
1958	5774	1683	1680			
1960	10469	2763	887			
1970	9894	5006	1049			
1975	22324	10172	963			
1978	31603	13163	995			
1980	20353	13514	827			
1985	29075	25655	1092	8900	-9999	
1990	62307	56481	2649	8805	-12266	-1668
1995	89792	67672	4901	7690	-1817	-532
2000	208244	148958	9318	26147	-967	-2464
2001	275745	163307	10797	60084	-557	-852
2002	264714	192083	8757	18412	-241	
2003	300310	219847	7480	16846	-11	
2004	374677	276898	5440	21364		
2005	477216	341609	333	26077		
2006	613570	417266		32246		-229

8-2 续表 continued

单位:万元 (10 000 yuan)

年 份 Year	地方财政收入 Local Government Revenue	税收收入 Total Tax Revenue	增值税 Value-added Tax	营业税 Business Tax	企业所得税 Corporate Income Tax	非税收入 Total Non-tax Revenue
2007	800312	587871	141997	230485	45767	212441
2008	950090	777432	183793	300884	62400	172658
2009	1115755	907389	168098	389831	92946	208366
2010	1535507	1267854	202475	562367	140805	267653
2011	2199767	1771261	244000	801126	241746	428506

注:2007 年以后财政收支科目有变化。

a)Since 2007,the item of local government revenue was adjusted.

8-3 地方财政支出

Local Financial Expenditure in Main Years

单位:万元 (10 000 yuan)

年份 Year	地方财政支出 Local Government Expenditure	基本建设 Capital Construction	企业技术改造 Technological Upgrading of Enterprises	支援农业 Expenditure for Surporting Rural Production	工交商事业 Industry, Transportation and Commerce	科教文卫 Science, Education, Culture and Health Care	城市维护 City Mainte-nance	社会抚恤救济 Social Pension Relief	行政管理 Adminis-trative
1955	3802				2505	411		111	773
1958	12434	6254		621	2796	888	6	88	1012
1960	30270	17851		3709	1388	2060	17	427	1540
1965	11171	3708	78	1722	185	1988	286	284	1368
1970	16855	8226		1299	163	2500	365	240	1692
1975	37050	13840		5553	442	4990	543	579	2467
1978	57755	21982	2979	9574	653	7569	592	1082	2923
1980	57528	16719	3582	13489	800	10052	1230	1554	4770
1985	98526	22024	4067	15027	1987	22183	3375	1900	7118
1990	149616	14610	5322	20015	2177	36659	4714	2099	12660
1995	229963	15941	7021	28698	3390	65413	7408	3473	27619
2000	608380	93938	32790	48034	5708	127026	17710	8843	45521
2001	935787	379901	51947	69084	11489	188948	19515	20464	60843
2002	1145650	255018	32809	82093	11109	199973	24797	21318	69594
2003	1057793	203563	39719	86025	13276	220032	27957	26717	77326
2004	1230177	205213	32627	183572	16152	241744	43181	27844	87671
2005	1602509	384608	33440	175688	21129	293055	59852	35847	106901
2006	1932089	389413	40952	212857	29599	369315	81276	52366	129959

8-3 续表 continued

单位:万元 (10 000 yuan)

年份 Year	地方财政支出 Local Government Expenditure	一般公共服务 Expenditure for General Public Services	教育 Expendi-ture for Education	文化体育与传媒 Expendi-ture for Culture, Sports and Media	社会保障和就业 Expenditure for Social Safety Net and Employment Effort	医疗卫生 Expenditure for Medical and Health Care	城乡社区事务 Expenditure for Urban and Rural Community Affairs	农林水事务 Expenditure for Agriculture, Forestry and Water Conservancy	工业商业金融等事务 Expenditure for Industry, Commerce and Banking
2007	2418545	383921	473068	70629	254973	114174	174252	279206	163873
2008	3246064	423470	540553	70925	370490	171073	333778	451996	220537
2009	4323624	469657	635025	90306	476765	229169	425640	686819	422695
2010	5575285	517664	815869	160933	350312	340180	618913	942262	786214
2011	7059096	519551	1030173	139377	719470	410933	815137	1121904	945279

注:2007 年以后财政收支科目有变化。

a)Since 2007,the item of local government expenditure was adjusted.

8-4 地方财政收支占地区生产总值比重
Proportion of Government Revenue and Expenditure to GDP

年 份 Year	地方财政收入（亿元） Local Government Revenue (100 million yuan)	地方财政支出（亿元） Local Government Expenditure (100 million yuan)	地区生产总值（亿元） Gross Demestic Products (100 million yuan)	地方财政收入占生产总值比重（%） Ratio of Local Government Revenue to GDP(%)	地方财政支出占生产总值比重（%） Retio of Local Government Expenditure to GDP(%)
1978	3.16	5.78	13.00	24.31	44.43
1979	3.05	6.30	14.36	21.24	43.85
1980	2.04	5.75	15.96	12.78	36.04
1985	2.91	9.85	30.27	9.61	32.55
1990	6.23	14.96	64.84	9.61	23.07
1995	8.98	23.00	175.19	5.13	13.13
1996	12.68	29.52	202.90	6.25	14.55
1997	14.07	33.63	224.59	6.26	14.97
1998	17.75	45.12	245.44	7.23	18.38
1999	18.84	49.53	264.58	7.12	18.72
2000	20.82	60.84	295.02	7.06	20.62
2001	27.57	93.58	337.44	8.17	27.73
2002	26.47	114.57	377.16	7.02	30.38
2003	30.03	105.78	445.36	6.74	23.75
2004	37.47	123.02	537.11	6.98	22.90
2005	47.72	160.25	612.61	7.79	26.16
2006	61.36	193.21	725.90	8.45	26.62
2007	80.03	241.85	919.11	8.71	26.31
2008	95.01	324.61	1203.92	7.89	26.96
2009	111.58	432.36	1353.31	8.24	31.95
2010	153.55	557.53	1689.65	9.09	33.00
2011	219.98	705.91	2102.21	10.46	33.58

8-5 金融机构信贷资金平衡表
Balance Sheet of Credit Funds of Financial Institutions

单位:万元 （10 000 yuan）

指 标	Item	2011
资金来源合计	**Funds Sources**	**29783997**
各项存款	**Total Deposits**	**29668650**
单位存款	Corporate Deposits	14146454
个人存款	Personal Deposits	13539520
财政性存款	Fiscal Deposits	1868022
临时性存款	Temporary Deposits	76667
委托存款	Designated Deposits	29254
其他类存款	Other Deposits	8733
其 他	Other Items	-4362706
资金运用合计	**Funds Uses**	**29072448**
各项贷款	**Total Loans**	**28605776**
短期贷款	Short-term Loans	9448265
个人贷款及透支	Personal Loans and Overdrafts	3391459
单位普通贷款及透支	Ordinary Loans and Overdrafts of Corporate	5380975
银团贷款	Syndicated Loans	39400
贸易融资	Trade Finance	636431
中长期贷款	Medium & Long-term Loans	18004663
个人贷款	Personal Loans	4039971
单位普通贷款	Ordinary Loans and Overdrafts of Corporate	13176915
普通并购贷款	General M & A Loans	22000
银团贷款	Syndicated Loans	765777
票据融资	Bill Financing	1144080
有价证券及投资	Portfolio Investment	1125208
外汇买卖	Foreign Exchange Trading	1514697

注：金融机构包括人民银行、政策性银行、国有独资商业银行、邮政储蓄机构、其他商业银行、城市合作银行、农村信用社、城市信用社、信托投资公司、租赁公司、财务公司等。

a)Financial Institutions in the tabal include the People´s Bank of China,policy banks,state sole funded commercial banks,postal savings institutions,other commericial banks,urban cooperative banks,rural credit cooperatives,urban credit cooperatives, financial trust and investment companies,financial leasing companies,finance companies.

8-6 主要年份金融机构各项存贷款余额

Total Deposits and Loans of Financial Institutions in Main Years

单位:亿元　　　　(100million yuan)

年份 Year	各项存款 Total Deposits	储蓄存款 Saving Deposits	各项贷款 Total Loans	短期贷款 Short-term Loans	中长期贷款 Medium & Long-term Loans	票据融资 Bill Financing
1993	102.76	61.45	135.32	87.09	38.59	
1994	140.44	85.68	170.49	101.85	55.78	
1995	180.19	115.19	210.49	128.77	69.05	
1996	223.99	144.80	256.08	156.01	85.87	
1997	262.41	168.86	303.04	190.17	105.22	
1998	295.82	192.37	339.98	202.81	129.09	
1999	343.87	211.60	366.36	212.15	143.95	
2000	396.49	229.35	383.23	206.91	164.54	
2001	468.87	257.97	441.39	202.12	229.56	3.57
2002	578.16	306.75	524.56	230.69	281.22	10.02
2003	746.35	377.70	681.61	288.02	365.08	25.14
2004	841.16	425.52	762.14	308.39	425.37	25.24
2005	985.34	509.50	833.88	344.38	458.63	26.87
2006	1131.22	581.14	983.37	410.26	532.52	38.94
2007	1278.52	613.96	1184.57	472.84	650.65	59.71
2008	1590.58	794.06	1402.56	534.14	796.53	71.36
2009	2058.49	967.72	1917.40	683.41	1156.54	77.26
2010	2573.64	1170.25	2398.70	702.92	1608.16	87.38
2011	2966.87	1351.30	2860.58	944.83	1800.47	114.41

8-7 按定期活期划分的居民储蓄存款余额

Urban and Rural Household Saving Deposits by Time

指　标	Item	1978	1980	1985	1990	1995	2000	2005	2010	2011
居民储蓄存款余额(万元)	Saving Deposits (10 000 yuan)	8989	17134	80353	327998	1151902	2293503	5094978	11702545	13512995
定期储蓄存款	Time Deposits	6227	13650	65469	273103	966998	1605935	3315979	5774443	6889073
活期储蓄存款	Demand Deposits	2762	3484	14894	54895	184904	687568	1778999	5928102	6623922
全区人均储蓄存款余额(元)	Savings Deposits Per Capita (yuan)	25.6	46.4	195.6	704.5	2267.0	4179.1	8607.0	18644.5	21240.0

8-8 保险公司主要业务指标

Major Statistics for Insurance Company

单位:万元 （10 000 yuan）

指 标	Item	2001	2005	2010	2011
保费收入	Premium	62362	157392	527466	553367
财产险	Property Insurance	19917	45838	175020	218794
机动车辆保险	Motor Vehicle Insurance	14537	37580	153046	192703
人身意外伤害险	Personal Accident Insurance	3343	5688	14249	16903
健康险	Health Insurance	1350	22368	43625	50651
寿险	Life Insurance	37753	83498	294573	267020
各项赔款和给付	Payment	16223	38727	116770	147483
财产险	Property Insurance	9199	22375	76511	90058
机动车辆保险	Motor Vehicle Insurance	6783	18506	66179	80771
人身意外伤害险	Personal Accident Insurance	1158	1494	3544	4403
健康险	Health Insurance	886	5983	12730	14552
寿险	Life Insurance	4980	8875	23985	38470
退保金	Insurance Withdrawn	1926	8487	21774	21607
手续费及佣金支出	Service Charges	7020	16120	53424	51720
业务及管理费	Operating Expenses	8284	15634	51764	64687
利润(税前)	Profits(before tax)	9341	11190	−21923	−6740
银行存款	Bank Deposits	18050	16776	19731	6632
活期	Demand	7553	11776	19731	6632
定期	Time	10497	5000		16519
应收保费	Premiums receivable	109	5462	15598	
资产总额	Total Assets	116768	340058	1060625	1278749
所有者权益	Owners'Equity	−3260	−10015	−100037	−64683

8-9 各地市县金融机构存贷款余额(2011 年)

The Balance of Deposits/Loans of Financial Institutions by City and Country(2011)

单位:亿元 (100 million yuan)

地区	Region	存款 Deposits	储蓄存款 Saving Deposits	贷款 Loans
全区总计	**Total**	**2966.87**	**1351.30**	**2860.58**
银川市	**Yinchuan**	**1810.20**	**725.26**	**1945.42**
银川市	District	1575.41	586.95	1690.22
永宁县	Yongning	64.46	43.52	59.04
贺兰县	Helan	59.36	34.47	46.32
灵武市	Lingwu	110.97	60.32	149.84
石嘴山市	**Shizuishan**	**418.63**	**232.96**	**322.23**
石嘴山市	District	337.86	181.68	266.67
平罗县	Pingluo	80.77	51.29	55.56
吴忠市	**Wuzhong**	**319.62**	**179.10**	**279.91**
利通区	Litong	151.97	86.48	127.33
青铜峡市	Qingtongxia	98.32	56.70	120.48
盐池县	Yanchi	39.09	19.58	20.10
同心县	Tongxin	30.24	16.34	12.00
红寺堡区	Hongsipu			
固原市	**Guyuan**	**182.09**	**93.89**	**105.96**
原州区	Yuanzhou	87.35	46.08	66.60
西吉县	Xiji	33.08	17.11	13.54
隆德县	Longde	21.82	12.83	8.52
泾源县	Jingyuan	14.20	6.79	6.67
彭阳县	Pengyang	25.64	11.08	10.63
中卫市	**Zhongwei**	**236.33**	**120.08**	**207.06**
沙坡头区	Shapotou	109.46	58.18	94.70
中宁县	Zhongning	96.92	49.07	104.75
海原县	Haiyuan	29.95	12.83	7.61

8-10 各地市县地方财政收入

Local Financial Revenue by Prefecture, City and Country

单位:万元　　　　(10 000 yuan)

地 区	Region	1978	1980	1985	1995	2000	2005	2010	2011
全区总计	**Total**	**30225**	**19389**	**28064**	**85740**	**197082**	**477216**	**1535507**	**2199767**
区　　级	**Autonomous Regional Level**	**14502**	**10237**	**6228**	**37174**	**50592**	**130904**	**384429**	**546301**
地市县级	**Prefecture Level**	**15723**	**9152**	**21836**	**48566**	**146490**	**346312**	**1151078**	**1653466**
银 川 市	**Yinchuan**	**7267**	**3880**	**13172**	**26402**	**83064**	**181645**	**640368**	**966202**
银 川 市	District	5466	2396	10545	20868	24832	44311	150824	206395
永 宁 县	Yongning	401	410	604	1674	4299	8129	42091	75064
贺 兰 县	Helan	375	365	614	1673	4218	7325	55158	93361
灵 武 市	Lingwu	1025	709	1409	2187	6257	11452	103414	141809
石嘴山市	**Shizuishan**	**4141**	**2125**	**4957**	**9555**	**29192**	**72900**	**216460**	**263831**
石嘴山市	District	3141	1413	3651	723	8827	14796	45689	51939
平 罗 县	Pingluo	1000	712	1306	2360	6194	21036	51965	68241
吴 忠 市	**Wuzhong**	**2052**	**1205**	**1933**	**4637**	**13448**	**29321**	**103071**	**150467**
利 通 区	Litong	1598	783	1504	3230	5413	8978	12628	19041
红寺堡区	Hongsipu						1850	5474	8388
盐 池 县	Yanchi	213	224	290	539	2549	4971	23492	36470
同 心 县	Tongxin	241	198	139	697	1455	3423	8941	12230
青铜峡市	Qingtongxia	1346	917	964	4052	11162	20856	53619	68681
固 原 市	**Guyuan**	**1182**	**833**	**538**	**3208**	**7874**	**14024**	**52581**	**79788**
原 州 区	Yuanzhou	602	479	308	1274	3017	2220	9594	14967
西 吉 县	Xiji	245	156	102	380	1058	1803	4460	8460
隆 德 县	Longde	123	106	6	603	1781	1204	3290	4636
泾 源 县	Jingyuan	63	45	22	206	545	1080	2535	3531
彭 阳 县	Pengyang			65	436	651	1319	9066	16519
中 卫 市	**Zhongwei**	**1081**	**1109**	**1236**	**4764**	**12912**	**27566**	**84979**	**124497**
沙坡头区	Shapotou	516	564	462	2892	7425	15572	42555	63333
中 宁 县	Zhongning	375	374	774	1670	4487	10395	36472	54660
海 原 县	Haiyuan	190	171		202	1000	1599	5952	6504

注:1.各县(区、市)合计数不等于大市数据,大市包含市本级数据;2.沙坡头区数据包含中卫市本级。

8-11 各地市县地方财政支出

Local Financial Expenditure by Prefecture, City and Country

单位:万元 (10 000 yuan)

地 区	Region	1978	1980	1985	1995	2000	2005	2010	2011
全区总计	**Total**	**57485**	**57163**	**97811**	**229963**	**608020**	**1602509**	**5575285**	**7059096**
区 级	**Autonomous Regional Level**	**30989**	**29029**	**48071**	**92232**	**266998**	**718290**	**1605095**	**2000263**
地市县级	**Prefercture Level**	**26496**	**28134**	**49740**	**137731**	**341022**	**884219**	**3970190**	**5058833**
银川市	**Yinchuan**	**6794**	**6669**	**12224**	**42953**	**110739**	**353762**	**1199157**	**1472546**
银川市	District	3915	3411	6974	28798	29658	152513	285922	365452
永宁县	Yongning	935	898	1454	4190	7910	21859	140892	180797
贺兰县	Helan	1073	1300	1587	4077	7818	21387	13619	163715
灵武市	Lingwu	871	1060	2209	5888	15498	33666	217375	253272
石嘴山市	**Shizuishan**	**3861**	**3561**	**6233**	**23364**	**50874**	**149331**	**614539**	**648406**
石嘴山市	District	2513	2212	4089	3714	18783	40298	162447	148990
平罗县	Pingluo	1348	1349	2144	6982	11589	46954	183737	202261
吴忠市	**Wuzhong**	**4964**	**5830**	**10138**	**27021**	**61721**	**150714**	**724924**	**966068**
利通区	Litong	1724	1652	3260	8234	12046	25671	48368	74942
红寺堡区	Hongsipu						10906	60782	115570
盐池县	Yanchi	1100	1467	2578	3922	12561	26806	119543	175361
同心县	Tongxin	1042	1675	2389	5353	14519	34122	180538	229261
青铜峡市	Qingtongxia	1098	1036	1911	7522	15805	40048	164900	218102
固原市	**Guyuan**	**7032**	**7565**	**13578**	**26417**	**77143**	**185472**	**786629**	**1081060**
原州区	Yuanzhou	2747	3210	3927	6955	19851	43043	141508	186667
西吉县	Xiji	1471	1959	3191	6129	16873	38614	184889	258553
隆德县	Longde	972	1042	1659	4166	12249	24900	118627	142897
泾源县	Jingyuan	468	545	1228	1997	7181	16357	70234	102210
彭阳县	Pengyang			2025	3394	12605	26098	124768	168121
中卫市	**Zhongwei**	**3845**	**4509**	**7567**	**17976**	**40545**	**110946**	**584159**	**775183**
沙坡头区	Shapotou	1624	1742	2908	7878	15896	46362	233508	302723
中宁县	Zhongning	1074	1054	1736	5170	9608	30941	175274	237504
海原县	Haiyuan	1147	1713	2923	4928	15041	33643	175377	234956

注:1.各县(区、市)合计数不等于大市数据,大市包含市本级数据;2.沙坡头区数据包含中卫市本级。

主要统计指标解释

［财政收入］ 指国家财政参与社会产品分配所取得的收入，是实现国家职能的财力保证。主要包括：

（1）各项税收：包括国内增值税、国内消费税、进口货物增值税和消费税、出口货物退增值税和消费税、营业税、企业所得税、个人所得税、资源税、城市维护建设税、房产税、印花税、城镇土地使用税、土地增值税、车船税、船舶吨税、车辆购置税、关税、耕地占用税、契税、烟叶税等。

（2）非税收入：包括专项收入、行政事业性收费、罚没收入和其他收入。

［财政支出］ 指国家财政将筹集起来的资金进行分配使用，以满足经济建设和各项事业的需要。主要包括：

（1）一般公共服务：指政府提供基本公共管理与服务的支出，包括人大事务、政协事务、政府办公厅（室）及相关机构事务、发展与改革事务、统计信息事务、财政事务、税收事务、审计事务、海关事务、人力资源事务、纪检监察事务、人口与计划生育事务、商贸事务、知识产权事务、工商行政管理事务、国土资源事务、海洋管理事务、测绘事务、地震事务、气象事务、民族事务、宗教事务、港澳台侨事务、档案事务、共产党事务、民主党派事务及工商联事务、群众团体事务、彩票事务等。

（2）外交：指政府外交事务支出，包括外交行政管理、驻外机构、对外援助、国际组织、对外合作与交流、边界勘界联检等方面的支出。

（3）国防：指政府用于国防方面的支出，包括用于现役部队、预备役部队、民兵、国防科研事业、专项工程、国防动员等方面的支出。

（4）公共安全：指政府维护社会公共安全方面的支出，包括武装警察、公安、国家安全、检察、法院、司法行政、监狱、劳教、国家保密、缉私警察等。

（5）教育：指政府教育事务支出，包括教育行政管理、学前教育、小学教育、初中教育、普通高中教育、普通高等教育、初等职业教育、中专教育、技校教育、职业高中教育、高等职业教育、广播电视教育、留学生教育、特殊教育、干部继续教育、教育机关服务等。

（6）科学技术：指用于科学技术方面的支出，包括科学技术管理事务、基础研究、应用研究、技术研究与开发、科技条件与服务、社会科学、科学技术普及、科技交流与合作等。

（7）文化教育与传媒：指政府在文化、文物、体育、广播影视、新闻出版等方面的支出。

（8）社会保障和就业：指政府在社会保障与就业方面的支出，包括社会保障和就业管理事务、民政管理事务、财政对社会保险基金的补助、补充全国社会保障基金、行政事业单位离退休、企业改革补助、就业补助、抚恤、退役安置、社会福利、残疾人事业、城市居民最低生活保障、其他城镇社会救济、农村社会救济、自然灾害生活救助、红十字事务等。

（9）医疗卫生：指政府医疗卫生方面的支出，包括医疗卫生管理事务支出、医疗服务支出、医疗保障支出、疾病预防控制支出、卫生监督支出、妇幼保健支出、农村卫生支出等。

（10）环境保护：指政府环境保护支出，包括环境保护管理事务支出、环境监测与监察支出、污染治理支出、自然生态保护支出、天然林保护工程支出、退耕还林支出、风沙荒漠治理支出、退牧还草支出、已垦草原退耕还草、能源节约利用、污染减排、可再生能源和资源综合利用等支出。

（11）城乡社区事务：指政府城乡社区事务支出，包括城乡社区管理事务支出、城乡社区规划与管理支出、城乡社区公共设施支出、城乡社区住宅支出、城乡社区环境卫生支出、建设市场管理与监督支出等。

（12）农林水事务：指政府农林水事务支出，包括农业支出、林业支出、水利支出、扶贫支出、农业综合开发支出等。

（13）交通运输：指政府交通运输和邮政业方面的支出，包括公路运输支出、水路运输支出、铁路运输支出、民用航空运输支出、邮政业支出等。

（14）工业商业金融等事务：指政府对工业、商业及金融等方面的支出，包括采掘业支出、制造业支出、建筑业支出、工业和信息产业监管支出、国有资产监管支出、商业流通事务支出、金融业监管支出、旅游业管理与服务支出等。

［中央财政收入和地方财政收入］ 指按现行分税制财政体制划分的中央本级收入和地方本级收入。属于中央财政的收入包括关税，进口货物增值税和消费税，出口货物退增值税和消费税，消费税，铁道部门、各银行总行、各保险公司总公司等集中交纳的营业税和城市维护建设税，增值税75%部分，纳入共享范围的企业所得税60%部分，未纳入共享范围的中央企业所得税、中央企业上交的利润，个人所得税60%部分，车辆购置税，船舶吨税，证券交易印花税97%部分，海洋石油资源税，中央非税收入等。属于地方财政的收入包括营业税（不含铁道部门、各银行总行、各保险公司总公司集中交纳的营业税），地方企业上交利润，城市维护建设税（不含铁道部门、各银行总行、各保险公司总公司集中交纳的部分），房产税，城镇土地使用税，土地增值税，车船税，耕地占用税，契税，烟叶税，印花税，增值税25%部分，纳入共享范围的企业所得税40%部分，个人所得税40%部分，证券交易印花税3%部分，海洋石油资源税以外的其他资源税，地方非税收入等。

［中央财政支出和地方财政支出］ 指根据政府在经济和社会活动中的不同职责，划分中央和地方政府的责权，按照政府的责权划分确定的支出。中央财政支出包括一般公共服务，外交支出，国防支出，公共安全支出，以及中央政府调整国民经济结构、协调地区发展、实施宏观调控的支出等。地方财政支出包括一般公共服务，公共安全支出，地方统筹的各项社会事业支出等。

第九篇 物价指数

Chapter9 Price Indices

责任编辑：张淑兰　王振权

资料整理：苏玉英　徐志宏　胡明　刘晓鹏　王明珠　张明　孙惠玲

Coordinator: Zhang Shulan　Wang Zhenquan

Data Compilation: Su Yuying　Xu Zhihong　Hu Ming　Liu Xiaopeng　Wang Mingzhu　Zhang Ming　Sun Huiling

9-1 居民消费价格指数(2011年)

Consumer Price Indices(2011)

(以上年价格为100) (preceding Year =100)

项目名称	Item	全区 General	城市 Urban Household	农村 Rural Household
居民消费价格总指数	**Consumer Price Index**	**106.3**	**105.8**	**107.5**
服务项目价格指数	**Service Items Price Index**	**103.7**	**104.0**	**102.8**
消费品价格指数	**Consumer Goods Price Index**	**107.0**	**106.4**	**108.6**
食品	**Food**	**113.5**	**113.0**	**114.7**
粮食	Grain	115.3	117.0	113.5
淀粉	Starches and Tubers	121.4	119.1	126.8
干豆类及豆制品	Beans and Bean Products	105.9	106.8	103.3
油脂	Oil or Fat	114.9	114.2	115.6
肉禽及其制品	Meat,Poultry and Processed Products	123.6	123.1	124.9
蛋	Eggs	114.6	113.7	116.6
水产品	Aquatic Products	112.0	111.0	117.8
菜	Vegetables	97.5	95.6	101.9
调味品	Flavoring	112.2	109.3	116.8
糖	Carbohydrate	112.1	109.3	117.9
茶及饮料	Tea and Beverages	105.4	104.7	107.1
干鲜瓜果	Dried and Fresh Melons and Fruits	116.8	114.7	123.2
糕点饼干	Cake,Biscuit and Bread	112.2	111.7	113.8
液体乳及乳制品	Milk and Processed Products	106.9	107.2	105.9
在外用膳食品	Dining Out	114.6	114.9	113.5
其他食品	Others Food	106.4	107.4	104.3
烟酒及用品	**Tobacco,Liquor and Articles**	**101.7**	**101.6**	**102.3**
烟草	Tobacco	100.1	100.0	100.3
酒	Liquor	105.3	104.6	107.7
衣着	**Clothing**	**104.5**	**103.6**	**106.7**
服装	Garments	104.3	103.4	106.7
衣着材料	Clothing Material	121.6	124.2	116.8
鞋袜帽	Footgear and Hats	104.0	103.2	106.1
衣着加工服务费	Clothing Manufacturing Services	115.3	114.2	124.5
家庭设备用品及维修服务	**Household Facilities , Articles and Services**	**102.0**	**101.7**	**102.8**
耐用消费品	Durable Consumer Goods	101.0	101.1	100.8
室内装饰品	Interior Decorations	104.4	102.9	108.2
床上用品	Bed Articles	97.6	93.3	110.2
家庭日用杂品	Daily Use Household Articles	103.6	103.7	103.2
家庭服务及加工维修服务	Household Services and Maintenance and Renovation	106.5	107.3	103.6
医疗保健和个人用品	**Health Care and Personal Articles**	**103.8**	**103.3**	**104.9**
医疗保健	Health Care	103.5	102.9	104.8
个人用品及服务	Personal Articles and Service	104.6	104.4	105.1
交通和通信	**Transportation and Communication**	101.6	101.2	102.4
交通	Transportation	104.8	104.0	106.7
通信	Communication	97.4	97.8	96.4
娱乐教育文化用品及服务	**Recreation,Education , Culture Articles and Service**	**100.8**	**101.3**	**99.5**
文娱用耐用消费品及服务	Durable Consumer Goods for Cultural and Recreational Use and Services	92.0	91.7	93.0
教育	Education	102.2	102.4	101.9
文化娱乐类	Cultural and Recreational	102.6	103.1	101.0
旅游	Touring and Outing	110.2	112.3	98.5
居住	**Residence**	**104.3**	**103.6**	**106.0**
建房及装修材料	Building and Building Decoration Materials	103.6	102.7	104.6
租房	Renting	105.8	105.5	108.1
自有住房	Private Housing	105.3	105.1	105.7
水、电、燃料	Water,Electricity and Fuels	104.2	103.0	107.8

9-2 商品零售价格指数(2011 年)
Retail Price Indices(2011)

(以上年价格为 100)　　(preceding year=100)

项目名称	Item	全区 General	城市 Urban Household	农村 Rural Household
商品零售价格总指数	**Retail Price Index**	**105.3**	**105.0**	**107.8**
食品	**Food**	**112.5**	**112.3**	**114.4**
粮食	Grain	115.5	116.0	113.0
淀粉	Starches and Tubers	122.0	121.6	125.3
干豆类及豆制品	Beans and Bean Products	105.3	105.5	103.2
油脂	Oil or Fat	114.1	113.8	115.5
肉禽及其制品	Meat,Poultry and Processed Products	123.2	123.0	124.8
蛋	Eggs	114.2	113.9	116.7
水产品	Aquatic Products	109.8	109.6	118.4
菜	Vegetables	95.3	94.6	101.9
调味品	Flavoring	109.9	109.5	114.3
糖	Carbohydrate	107.5	107.2	116.3
干鲜瓜果	Dried and Fresh Melons and Fruits	115.2	114.6	122.5
糕点饼干面包	Cake,Biscuit and Bread	111.2	111.2	113.1
液体乳及乳制品	Milk and Processed Products	108.3	108.6	104.9
在外用膳食品	Dining Out	116.0	116.2	113.0
其他食品	Others Food	106.4	107.0	103.9
饮料、烟酒	**Beverages,Tobacco,Liquor and Articles**	**102.8**	**102.8**	**103.7**
茶及饮料	Tea and Beverages	103.7	103.6	108.1
烟草	Tobacco	100.0	100.0	100.1
酒	Liquor	104.7	104.5	107.4
服装、鞋帽	**Garments,Shoes and Hats**	**103.2**	**102.8**	**106.4**
服装	Garments	103.3	102.9	106.7
鞋袜帽	Footgear and Hats	103.4	103.2	106.0
其他	Others	96.7	96.7	96.1
纺织品	**Textiles**	**95.2**	**94.4**	**110.7**
衣着材料	Clothing	121.9	122.3	117.1
床上用品	Bedding	88.6	87.7	108.0
家用电器及音像器材	**Household Appliances,Music and Video Equipment**	**96.3**	**96.3**	**95.8**
家庭设备	Household Facilities	100.3	100.4	99.8
文娱用耐用消费品	Durable Consumer Goods for Cultural and Recreational Use and Services	90.5	90.4	92.0

9-2 续表 continued

项目名称	Item	全区 General	城市 Urban Household	农村 Rural Household
音像器材	AV Facilities	102.8	103.0	98.0
文化办公用品	**Cultural and Office Appliances**	**98.0**	**98.0**	**97.0**
日用品	**Articles for Daily Use**	**104.5**	**104.6**	**102.7**
日用百货	General Merchandise for Daily Use	103.4	103.6	102.2
日用杂品	Miscellaneous for Daily Use	101.9	101.6	104.7
洗涤用品	Washing Articles	105.9	106.0	104.7
其他日用品	Other Articles	104.6	105.1	100.2
体育娱乐用品	**Sports and Recreation Articles**	**100.6**	**100.5**	**102.6**
体育用品	Sports Articles	98.2	97.8	104.1
娱乐用品	Recreation Articles	102.5	102.6	100.3
交通、通信用品	**Transportation and Communication Appliances**	**94.5**	**94.3**	**96.6**
交通运输机械	Transport Machinery	97.3	97.0	102.9
通信器材	Communication Apparatus	90.1	90.1	89.4
家具	**Furniture**	**102.7**	**102.7**	**102.3**
化妆品	**Cosmetics**	**101.2**	**101.2**	**102.3**
金银珠宝	**Gold ,Silver and Jewel**	**109.1**	**108.9**	**113.5**
中西药品及医疗保健用品	**Traditional Chinese and Western Medicines and Health Care Articles**	**106.3**	**106.2**	**106.8**
医疗器具及用品	Medical Apparatus and Article	102.4	102.3	102.8
中药材及中成药	Traditional Chinese Medicinal Materials and Medicines	115.4	115.4	115.9
西药	Western Medicines	100.3	100.1	101.5
保健品及器具	Health Care Apparatus and Articles	108.9	108.5	111.8
书报杂志及电子出版物	**Books,Newspapers,Magazines and Electronic Publications**	**101.8**	**101.9**	**101.7**
教材及参考书	Teaching Materials and Reference Books	103.8	103.9	103.4
书报杂志	Books,Newspapers and Magazines	100.9	100.9	101.7
电子音像制品	Electromin Publications	99.4	100.7	92.1
燃料	**Feuls**	**110.0**	**109.7**	**112.3**
煤炭及制品	Coal and Processed Products	106.6	104.0	112.3
石油及制品	Petroleum and Processed Products	110.9	110.8	112.3
建筑材料及五金电料	**Building Materials and Hardware**	**105.8**	**105.8**	**105.8**
建筑装璜材料	Building Decoration Materials	104.8	104.5	105.7
五金电料	Hardware	107.6	107.9	106.3

9-3 各月居民消费价格指数(2011年)
Monthly Consumer Price Indices(2011)

(以上年同月价格为100) (preceding year=100)

月份 Month	居民消费价格总指数 Consumer Price Indices	食品 Food	烟酒及用品 Tobacco, Liquor and Articles	衣着 Clothing	家庭设备用品及维修服务费 Household Facilities, Articles and Services	医疗保健和个人用品 Health Care and Personal Articles	交通和通信 Transportation and Communication	娱乐教育文化用品及服务 Recreation, Education and Culture Articles	居住 Residence
一月 Jan.	107.2	115.5	101.3	104.8	102.2	104.0	101.1	102.0	105.7
二月 Feb.	106.8	113.5	101.9	107.2	102.1	104.0	100.3	100.5	105.8
三月 Mar.	107.6	116.6	101.5	107.6	102.2	104.1	100.9	99.9	104.6
四月 Apr.	107.0	114.6	101.6	106.0	102.7	104.1	100.8	100.9	105.4
五月 May	106.8	114.2	101.6	105.5	102.1	103.7	101.6	101.4	105.1
六月 June	107.7	116.8	101.6	106.0	102.3	103.8	102.4	101.3	104.9
七月 July	107.7	117.5	101.6	104.7	101.9	104.1	102.1	101.6	104.6
八月 Aug.	106.8	114.8	101.7	103.8	101.9	104.4	102.4	101.5	104.3
九月 Sept.	106.8	114.6	101.9	104.9	101.7	104.3	101.9	101.3	104.2
十月 Oct.	106.0	112.5	102.2	104.2	102.7	104.1	102.3	100.5	103.8
十一月 Nov.	103.6	107.3	102.0	101.1	101.1	103.1	101.7	99.9	102.5
十二月 Dec.	102.3	105.7	102.0	98.8	101.0	101.8	101.2	99.1	101.2

9-4 各月商品零售及农业生产资料价格指数(2011年)
Monthly Price Indices for Retail and Agricultural Production(2011)

(以上年同月价格为100) (preceding year=100)

月份 Month	商品零售价格总指数 Retail Price Indices	食品 Food	饮料、烟酒 Beverages, Tobacco, Liquor	服装、鞋帽 Garments, Shoes and Hats	纺织品 Textiles	家用电器及音像器材 Household Appliances, Music and Video Equipment	文化办公用品 Cultural and Office Appliances	日用品 Articles for Daily Use	体育娱乐用品 Sports and Recreation Articles
一月 Jan.	105.9	114.8	102.7	103.7	103.9	97.1	95.8	101.7	101.0
二月 Feb.	105.6	113.0	102.4	106.9	101.1	96.5	95.7	101.6	101.3
三月 Mar.	106.6	114.9	102.9	106.8	103.7	96.7	97.0	103.0	100.8
四月 Apr.	105.9	113.2	102.9	104.5	102.3	97.4	97.4	102.6	100.5
五月 May	105.7	112.7	103.3	103.8	98.4	97.4	99.4	105.4	100.6
六月 June	106.5	115.3	102.7	104.1	96.6	97.2	99.3	105.4	100.8
七月 July	106.5	116.2	102.8	102.7	91.9	96.4	99.3	105.3	101.0
八月 Aug.	105.8	113.3	102.8	101.5	91.2	95.9	99.3	106.0	101.0
九月 Sept.	106.0	113.8	103.1	103.7	91.9	95.0	98.4	105.5	100.7
十月 Oct.	105.0	111.4	103.1	103.3	94.2	95.9	98.3	105.7	100.2
十一月 Nov.	102.5	106.9	102.9	99.8	84.8	95.1	98.8	105.6	99.5
十二月 Dec.	101.3	105.8	102.4	97.7	84.6	94.9	97.6	105.5	99.5

9-4 **续表** continued

月份 Month	交通、通信用品 Transportation and Communication Appliances	家具 Furniture	化妆品 Cosmetics	金银珠宝 Gold, Silver and Jewelry	中西药品及医疗保健用品 Traditional Chinese and Western Medicines and Health Care Articles	书报杂志及电子出版物 Books, Newspapers, Magazines and Electronic Publications	燃料 Feuls	建筑材料及五金电料 Building Materials and Hardware	农业生产资料价格指数 Agricultural Production Price Index
一月 Jan.	96.9	99.7	101.3	111.6	104.7	100.6	107.7	107.4	107.4
二月 Feb.	95.9	99.8	101.0	111.1	105.5	100.7	108.3	107.6	109.3
三月 Mar.	95.5	100.9	100.7	110.4	105.9	101.7	111.3	106.2	111.3
四月 Apr.	94.8	102.0	101.0	111.6	105.9	101.8	111.7	106.2	114.0
五月 May	94.8	103.0	101.3	112.5	105.2	101.7	110.6	106.9	114.4
六月 June	94.5	103.7	100.9	110.0	105.8	101.8	112.3	107.4	116.2
七月 July	93.5	103.8	101.2	110.2	107.0	101.7	112.4	107.6	115.9
八月 Aug.	93.9	104.4	101.2	116.1	107.8	101.8	112.4	107.5	115.9
九月 Sept.	93.7	104.3	101.2	113.3	108.5	102.7	112.4	106.8	117.4
十月 Oct.	93.8	104.2	102.0	107.0	108.2	102.8	109.5	104.7	118.0
十一月 Nov.	93.3	103.7	101.4	102.6	107.1	102.6	106.7	102.2	114.8
十二月 Dec.	93.1	103.2	101.5	95.0	104.0	102.3	105.1	100.0	113.3

9-5 主要年份全区工业生产者出厂价格指数(2011 年)

Producer Price Indices in Main Years(2011)

项目名称	Item	2010	2011
全部工业品	**Total Industry Products**	**109.1**	**109.5**
轻工业	**Light Industry**	**107.1**	**114.4**
以农产品为原料	Raw Material of Agricultural Products	110.7	114.8
以非农产品为原料	Raw Material of Non-agricultural Products	102.8	111.6
重工业	**Heavy Industry**	**109.8**	**108.6**
采掘	Mining & Quarrying	116.1	107.3
原料	Raw Material	110.2	109.6
加工	Process	105.5	106.6
生产资料	**Means of Production**	**109.4**	**109.4**
采掘	Mining & Quarrying	114.4	107.3
原料	Raw Material	109.7	109.6
加工	Processing	106.5	109.5
生活资料	**Consumer Goods**	**106.6**	**110.4**
食品	Food	108.1	108.7
衣着	Clothing	105.6	124.8
一般日用品	Articles for Daily Use	102.4	114.1
耐用消费品	Durable Consumer Goods	112.7	100.6
按工业部门分:	**By Industry Branch**		
冶金工业	Metallurgy Industry	110.7	115.6
电力工业	Electric Power Industry	104.6	101.1
煤炭及炼焦工业	Coal and Coking Industry	114.4	108.7
石油工业	Petroleum Industry	113.7	113.5
化学工业	Chemistry Industry	109.3	111.9
机械工业	Machinery Industry	100.2	102.7

9-5 续表 1 continued

项目名称	Item	2010	2011
建筑材料工业	Building Materials Industry	97.4	97.9
森林工业	Forest Industry	104.4	100.5
食品工业	Food Industry	108.8	108.8
纺织工业	Textile Industry	116.2	126.4
缝纫工业	Sewing Industry	104.8	110.1
皮革工业	Leather Industry	104.6	129.5
造纸工业	Papermaking Industry	108.5	107.3
文教艺术用品工业	Culture and Education Articles Industry	98.9	101.9
其它工业	Other Industry	107.5	104.8
按工业行业分	**By Industry Sector**		
煤炭开采和洗选业	Mining and Washing of Coal	114.5	110.2
石油和天然气开采业	Extraction of Petroleum and Natural Gas		128.9
黑色金属矿采选业	Mining and Dressing of Ferrous Metal		124.4
有色金属矿采选业	Mining and Dressing of Non-ferrous Metal		
非金属矿采选业	Mining and Processing of Non-ferrous Metal Ores	99.3	103.3
其他采矿业	Other Mining and Dressing		
农副食品加工业	Processing of Food from Agricultural Products	109.9	113.6
食品制造业	Manufacture of Foods	111.1	110.3
饮料制造业	Manufacture of Beverages	102.5	106.9
烟草制品业	Processing of Tobacco	99.6	100.3
纺织业	Manufacture of Textile	115.5	126.2
纺织服装、鞋、帽制造业	Manufacture of Textile Wearing Apparel,Footware and Caps	100.3	103.0
皮革、毛皮、羽毛(绒)及其制品业	Manufacture of Leather,Fur,Feather and Related Products	104.6	129.5
木材加工及木、竹、藤、棕、草制品业	Processing of Timber,Manufacture of Wood,Bamboo,Rattan,Palm and Straw Products	101.0	98.9
家具制造业	Manufacture of Furniture	105.9	102.0
造纸及纸制品业	Manufacture of Paper and Paper Products	108.5	107.3
印刷业和记录媒介的复制	Printing,Reproduction of Recording Media	97.7	102.2
文教体育用品制造业	Manufacture of Articles For Culture,Education and Sport Activities		
石油加工、炼焦及核燃料加工业	Processing of Petroleum,Coking,Processing of Nuclear Fuel	114.1	110.1
化学原料及化学制品制造业	Manufacture of Raw Chemical Materials and Chemical Products	110.5	111.1

9-5 续表2 continued

项目名称	Item	2010	2011
医药制造业	Manufacture of Medicines	102.7	106.8
化学纤维制造业	Manufacture of Chemical Fibers	90.9	
橡胶制品业	Manufacture of Rubber	108.4	117.8
塑料制品业	Manufacture of Plastics	104.9	104.9
非金属矿物制品业	Manufacture of Non-metallic Mineral Products	101.4	100.2
黑色金属冶炼及压延加工业	Smelting and Pressing of Ferrous Metals	113.8	110.5
有色金属冶炼及压延加工业	Smelting and Pressing of Non-ferrous Metals	110.4	119.0
金属制品业	Manufacture of Metal Products	97.7	107.3
通用设备制造业	Manufacture of General Purpose Machinery	101.5	103.9
专用设备制造业	Manufacture of Special Purpose Machinery	101.8	104.8
交通运输设备制造业	Manufacture of Transport Equipment	107.5	104.1
电气机械及器材制造业	Manufacture of Electrical Machinery and Equipment	96.2	99.0
通信设备、计算机及其他电子设备制造业	Manufacture of Communication Equipment,Computers and Other Electronic Equipment	104.8	108.1
仪器仪表及文化、办公用机械制造业	Manufacture of Measuring Instruments and Machinery for Cultural Activity and Office Work	98.8	101.2
工艺品及其他制造业	Manufacture of Artwork and Other Manufacturing		
废弃资源和废旧材料回收加工业	Recycling and Pressing of Abandoned Resources and Waste and scrap		
电力、热力的生产和供应业	Production and Supply of Electric Power,Steam and Hot Water	104.6	101.1
燃气生产和供应业	Production and Supply of Gas	99.2	99.4
水的生产和供应业	Production and Supply of Tap Water	100.6	100.5
全部原材料	**Total Raw Materials**	**114.1**	**112.8**
燃料、动力类	Fuels and Powers	112.3	112.2
黑色金属材料类	Ferrous Metals Materials	111.7	108.7
钢材	Steels	109.0	109.9
其它	Others	118.8	105.4
有色金属材料和电线类	Non-Ferrous Metals Materials and Electric Wires	129.9	111.8
化工原料类	Chemical Rawmaterials	109.3	117.0
木材及纸浆类	Timbers and Pulps	107.9	104.1
建筑材料及非金属矿类	Building Materials and Non-metallic Mineral	103.7	120.2
其它工业原材料及半成品类	Other Industry Rawmaterials and Semi-manufactures	109.0	109.5
农副产品类	Agricultural Products	118.7	115.3
纺织原料类	Textile Rawmaterials	108.6	108.5

9-6 主要年份全区居民消费价格总指数

年份 Year	以 1957 年价格为 100 Year of 1957=100	以 1965 年价格为 100 Year of 1965=100	以 1970 年价格为 100 Year of 1970=100	以 1978 年价格为 100 Year of 1978=100	以 1980 年价格为 100 Year of 1980=100
1958	102.4				
1960	109.9				
1965	103.5				
1970	109.1	105.3			
1975	110.7	106.9	101.5		
1980	133.6	129.0	122.4	109.8	
1985	159.0	153.6	145.8	130.8	119.1
1990	265.3	256.2	243.2	218.2	198.7
1991	282.1	272.4	258.6	231.9	211.2
1992	305.5	295.0	280.0	251.2	228.7
1993	349.1	337.2	320.1	287.1	261.4
1994	429.8	415.1	394.0	353.4	321.8
1995	503.3	486.0	461.4	413.8	376.8
1996	537.5	519.1	492.7	442.0	402.4
1997	557.9	538.8	511.5	458.8	417.7
1998	557.9	538.8	511.5	458.8	417.7
1999	550.7	531.8	504.8	452.8	412.3
2000	548.5	529.7	502.8	451.0	410.6
2001	557.3	538.2	510.8	458.2	417.2
2002	553.9	534.9	507.8	455.5	414.7
2003	563.3	544.0	516.4	463.2	421.8
2004	584.2	564.2	535.5	480.4	437.4
2005	592.9	572.6	543.6	487.6	443.9
2006	604.2	583.5	553.9	496.8	452.4
2007	636.8	615.0	583.8	523.7	476.8
2008	691.0	667.3	633.4	568.2	517.3
2009	695.8	672.0	637.8	572.1	520.9
2010	724.3	699.5	664.0	595.6	542.3
2011	770.0	743.6	705.8	633.1	576.5

Consumer Price Indices in Main Years

以 1985 年价格为 100 Year of 1985=100	以 1990 年价格为 100 Year of 1990=100	以 1995 年价格为 100 Year of 1995=100	以 2000 年价格为 100 Year of 2000=100	以 2005 年价格为 100 Year of 2005=100	以上年价格为 100 Preceding Year =100
					102.4
					104.3
					97.7
					100.8
					100.6
					108.1
					108.6
166.9					107.1
177.4	106.3				106.3
192.1	115.1				108.3
219.6	131.6				114.3
270.3	162.0				123.1
316.5	189.7				117.1
338.0	202.6	106.8			106.8
350.9	210.3	110.9			103.8
350.9	210.3	110.9			100.0
346.3	207.5	109.4			98.7
344.9	206.7	109.0			99.6
350.4	210.0	110.7	101.6		101.6
348.3	208.8	110.1	101.0		99.4
354.3	212.3	111.9	102.7		101.7
367.4	220.2	116.1	106.5		103.7
372.9	223.5	117.8	108.1		101.5
380.0	227.7	120.1	110.2	101.9	101.9
400.5	240.0	126.5	116.1	107.4	105.4
434.5	260.4	137.3	126.0	116.5	108.5
437.6	262.2	138.2	126.9	117.3	100.7
455.5	273.0	143.9	132.1	122.2	104.1
484.2	290.2	153.0	140.4	129.9	106.3

9-7 主要年份全区城市居民消费价格总指数

年份 Year	以 1957 年价格为 100 Year of 1957=100	以 1965 年价格为 100 Year of 1965=100	以 1970 年价格为 100 Year of 1970=100	以 1978 年价格为 100 Year of 1978=100	以 1985 年价格为 100 Year of 1985=100
1958	102.4				
1960	109.9				
1965	103.5				
1970	109.1	105.3			
1975	110.7	106.9	101.5		
1980	133.6	129.0	122.4	109.8	
1985	159.9	154.5	146.6	131.5	
1990	268.9	259.6	246.5	221.1	168.1
1995	529.8	511.6	485.6	435.6	331.2
1996	564.7	545.4	517.7	464.3	353.1
1997	586.7	566.6	537.9	482.5	366.8
1998	586.7	566.6	537.9	482.5	366.8
1999	581.5	561.5	533.0	478.1	363.5
2000	579.7	559.8	531.4	476.7	362.4
2001	587.3	567.1	538.3	482.9	367.2
2002	583.7	563.7	535.1	480.0	365.0
2003	592.5	572.2	543.1	487.2	370.4
2004	612.0	591.1	561.1	503.3	382.7
2005	621.8	600.5	570.0	511.3	388.8
2006	632.4	610.7	579.7	520.0	395.4
2007	664.7	641.9	609.3	546.5	415.5
2008	717.2	692.6	657.4	589.7	448.4
2009	719.3	694.7	659.4	591.5	449.7
2010	746.3	720.7	684.1	613.6	466.6
2011	789.6	762.5	723.8	649.2	493.6

Consumer Price Index of Urban Households in Main Years

以 1990 年价格为 100 Year of 1990=100	以 1995 年价格为 100 Year of 1995=100	以 2000 年价格为 100 Year of 2000=100	以 2005 年价格为 100 Year of 2005=100	以上年价格为 100 Preceding Year=100
				102.4
				104.3
				97.7
				100.8
				100.6
				108.1
				108.6
				105.5
197.0				117.3
210.0	106.6			106.6
218.2	110.8			103.9
218.2	110.8			100.0
216.3	109.8			99.1
215.6	109.4			99.7
218.4	110.9	101.3		101.3
217.1	110.2	100.7		99.4
220.4	111.8	102.2		101.5
227.6	115.5	105.6		103.3
231.3	117.4	107.3		101.6
235.2	119.4	109.1	101.7	101.7
247.2	125.5	114.7	106.9	105.1
266.8	135.4	123.7	115.3	107.9
267.6	135.8	124.1	115.7	100.3
277.6	140.9	128.7	120.0	103.7
293.7	149.0	136.2	127.0	105.8

9-8 主要年份全区农村居民消费价格总指数

年份 Year	以 1957 年价格为 100 Year of 1957=100	以 1965 年价格为 100 Year of 1965=100	以 1970 年价格为 100 Year of 1970=100	以 1978 年价格为 100 Year of 1978=100	以 1980 年价格为 100 Year of 1980=100
1958	102.4				
1960	109.9				
1965	103.5				
1970	109.1	105.3			
1975	110.7	106.9	101.5		
1980	133.6	129.0	122.4	109.8	
1985	156.9	151.5	143.8	129.0	108.3
1990	259.5	250.6	237.8	213.3	179.1
1995	468.7	452.6	429.6	385.4	323.6
1996	501.0	483.9	459.3	412.0	345.9
1997	518.6	500.8	475.4	426.4	358.0
1998	517.5	499.8	474.4	425.5	357.3
1999	507.7	490.3	465.4	417.5	350.5
2000	505.2	487.8	463.1	415.4	348.7
2001	516.3	498.6	473.3	424.5	356.4
2002	513.7	496.1	470.9	422.4	354.6
2003	524.0	506.0	480.3	430.8	361.7
2004	547.5	528.8	501.9	450.2	378.0
2005	554.1	535.1	507.9	455.6	382.5
2006	566.9	547.4	519.6	466.1	391.3
2007	600.3	579.7	550.3	493.6	414.4
2008	659.7	637.1	604.8	542.5	455.4
2009	669.6	646.7	613.8	550.6	462.3
2010	700.7	676.7	642.3	576.1	483.7
2011	751.8	726.1	689.2	618.2	519.0

Consumer Price Index of Rural Households in Main Years

以1985年价格为100 Year of 1985=100	以1990年价格为100 Year of 1990=100	以1995年价格为100 Year of 1995=100	以2000年价格为100 Year of 2000=100	以2005年价格为100 Year of 2005=100	以上年价格为100 Preceding Year =100
					102.4
					104.3
					97.7
					100.8
					100.6
					108.1
					108.3
165.4					109.0
298.8	180.6				116.4
319.4	193.1	106.9			106.9
330.5	199.9	110.6			103.5
329.9	199.5	110.4			99.8
323.6	195.7	108.3			98.1
322.0	194.7	107.8			99.5
329.1	199.0	110.2	102.2		102.2
327.4	198.0	109.6	101.7		99.5
334.0	201.9	111.8	103.7		102.0
349.0	211.0	116.8	108.4		104.5
353.2	213.6	118.2	109.7		101.2
361.3	218.5	120.9	112.2	102.3	102.3
382.6	231.4	128.1	118.8	108.3	105.9
420.5	254.3	140.8	130.6	119.1	109.9
426.8	258.1	142.9	132.6	120.8	101.5
446.6	270.0	149.5	138.7	126.5	104.6
479.2	289.8	160.4	148.8	135.7	107.3

9-9 主要年份全区商品零售价格总指数

年份 Year	以 1957 年价格为 100 Year of 1957=100	以 1965 年价格为 100 Year of 1965=100	以 1970 年价格为 100 Year of 1970=100	以 1978 年价格为 100 Year of 1978=100	以 1980 年价格为 100 Year of 1980=100
1958	101.0				
1960	105.6				
1965	100.0				
1970	102.8	102.8			
1975	102.6	102.6	99.8		
1980	118.7	118.7	115.4	107.2	
1985	139.6	139.5	135.7	126.0	117.6
1990	228.0	228.0	221.8	205.9	192.1
1995	405.2	405.1	394.2	365.9	341.4
1996	432.4	432.3	420.6	390.5	364.3
1997	441.9	441.8	429.8	399.1	372.3
1998	430.8	430.7	419.1	389.1	363.0
1999	421.8	421.7	410.3	380.9	355.4
2000	411.7	411.6	400.4	371.8	346.9
2001	411.7	411.6	400.4	371.8	346.9
2002	405.5	405.4	394.4	366.2	341.7
2003	403.5	403.4	392.4	364.4	340.0
2004	414.8	414.7	403.4	374.6	349.5
2005	416.4	416.3	405.0	376.1	350.9
2006	421.8	421.7	410.3	380.9	355.4
2007	439.1	439.0	427.1	396.6	370.0
2008	476.5	476.4	463.4	430.3	401.5
2009	474.1	474.0	461.1	428.1	399.5
2010	489.2	489.1	475.9	441.8	412.2
2011	515.1	515.0	501.1	465.2	434.1

Retail Price Index in Main Years

以 1985 年价格为 100 Year of 1985=100	以 1990 年价格为 100 Year of 1990=100	以 1995 年价格为 100 Year of 1995=100	以 2000 年价格为 100 Year of 2000=100	以 2005 年价格为 100 Year of 2005=100	以上年价格为 100 Preceding Year =100
					101.0
					103.0
					97.6
					100.5
					100.3
					105.8
					107.8
163.4					104.2
290.4	177.7				115.3
309.8	189.6	106.7			106.7
316.6	193.8	109.0			102.2
308.7	188.9	106.3			97.5
302.2	185.0	104.1			97.9
295.0	180.5	101.6			97.6
295.0	180.5	101.6	100.0		100.0
290.6	177.8	100.1	98.5		98.5
289.1	176.9	99.6	98.0		99.5
297.2	181.9	102.4	100.8		102.8
298.4	182.6	102.8	101.2		100.4
302.3	185.0	104.1	102.5	101.3	101.3
314.7	192.6	108.4	106.7	105.5	104.1
341.4	208.9	117.6	115.7	114.4	108.5
339.7	207.9	117.0	115.2	113.8	99.5
350.6	214.5	120.7	118.8	117.5	103.2
369.1	225.9	127.1	125.1	123.7	105.3

9-10 主要年份全区城市商品零售价格总指数

年份 Year	以 1957 年价格为 100 Year of 1957=100	以 1965 年价格为 100 Year of 1965=100	以 1970 年价格为 100 Year of 1970=100	以 1978 年价格为 100 Year of 1978=100	以 1980 年价格为 100 Year of 1980=100
1958	101.7				
1960	106.8				
1965	102.1				
1970	107.4	105.2			
1975	109.1	106.8	101.5		
1980	132.4	129.7	123.3	110.0	
1985	158.1	154.9	147.2	131.4	119.4
1990	261.1	255.7	243.0	216.9	197.1
1995	469.8	460.2	437.2	390.3	354.7
1996	499.4	489.1	464.8	414.9	377.0
1997	510.4	499.9	475.0	424.0	385.3
1998	496.6	486.4	462.2	412.6	374.9
1999	488.6	478.6	454.8	406.0	368.9
2000	477.9	468.1	444.8	397.0	360.8
2001	479.3	469.5	446.1	398.2	361.9
2002	472.6	462.9	439.9	392.7	356.8
2003	468.8	459.2	436.3	389.5	354.0
2004	478.7	468.9	445.5	397.7	361.4
2005	481.1	471.2	447.7	399.7	363.2
2006	486.8	476.9	453.1	404.5	367.6
2007	504.9	494.5	469.9	419.5	381.2
2008	540.7	529.6	503.2	449.2	408.2
2009	537.5	526.4	500.2	446.5	405.8
2010	552.2	540.9	514.0	458.8	417.0
2011	579.8	568.0	539.7	481.8	437.8

Retail Price Index of Urban Households in Main Years

以 1985 年价格为 100 Year of 1985=100	以 1990 年价格为 100 Year of 1990=100	以 1995 年价格为 100 Year of 1995=100	以 2000 年价格为 100 Year of 2000=100	以 2005 年价格为 100 Year of 2005=100	以上年价格为 100 Preceding Year =100
					101.7
					103.0
					97.5
					100.8
					100.7
					108.2
					108.5
165.1					102.3
297.1	179.9				114.7
315.8	191.3	106.3			106.3
322.7	195.5	108.6			102.2
314.0	190.2	105.7			97.3
309.0	187.1	104.0			98.4
302.2	183.0	101.7			97.8
303.1	183.6	102.0	100.3		100.3
298.9	181.0	100.6	98.9		98.6
296.5	179.6	99.8	98.1		99.2
302.7	183.3	101.9	100.2		102.1
304.2	184.2	102.4	100.7		100.5
307.9	186.5	103.6	101.9	101.2	101.2
319.2	193.4	107.5	105.6	104.9	103.7
341.9	207.1	115.1	113.1	112.4	107.1
339.9	205.8	114.4	112.5	111.7	99.4
349.2	211.5	117.6	115.6	114.8	102.7
366.7	222.1	123.4	121.3	120.5	105.0

9-11 主要年份全区农村商品零售价格总指数

年份 Year	以 1957 年价格为 100 Year of 1957=100	以 1965 年价格为 100 Year of 1965=100	以 1970 年价格为 100 Year of 1970=100	以 1978 年价格为 100 Year of 1978=100	以 1980 年价格为 100 Year of 1980=100
1958	100.0				
1960	101.8				
1965	111.9				
1970	111.6	99.8			
1975	109.4	97.8	98.0		
1980	122.6	109.6	109.8	105.1	
1985	139.9	125.1	125.3	120.0	114.1
1990	225.5	201.6	202.0	193.4	183.9
1995	391.9	350.3	351.1	336.2	319.7
1996	420.9	376.3	377.1	361.0	343.4
1997	429.7	384.2	385.0	368.6	350.6
1998	420.7	376.1	376.9	360.9	343.2
1999	408.1	364.8	365.6	350.0	332.9
2000	397.5	355.3	356.1	340.9	324.3
2001	395.9	353.9	354.7	339.6	323.0
2002	389.5	348.2	349.0	334.1	317.8
2003	389.9	348.6	349.4	334.5	318.1
2004	406.3	363.2	364.0	348.5	331.5
2005	406.7	363.6	364.4	348.9	331.8
2006	414.0	370.1	371.0	355.2	337.8
2007	436.4	390.1	391.0	374.3	356.0
2008	490.9	438.9	439.9	421.1	400.5
2009	490.9	438.9	439.9	421.1	400.5
2010	512.9	458.5	459.5	439.9	418.4
2011	552.9	494.3	495.4	474.3	451.1

Retail Price Index of Rural Households in Main Years

以1985年价格为100 Year of 1985=100	以1990年价格为100 Year of 1990=100	以1995年价格为100 Year of 1995=100	以2000年价格为100 Year of 2000=100	以2005年价格为100 Year of 2005=100	以上年价格为100 Preceding Year =100
					100.0
					101.0
					97.7
					100.0
					100.0
					104.0
					106.1
161.2					105.7
280.1	173.8				115.9
300.8	186.7	107.4			107.4
307.2	190.6	109.7			102.1
300.7	186.6	107.4			97.9
291.7	181.0	104.1			97.0
284.1	176.3	101.4			97.4
283.0	175.6	101.0	99.6		99.6
278.4	172.8	99.4	98.0		98.4
278.7	172.9	99.5	98.1		100.1
290.4	180.2	103.7	102.2		104.2
290.7	180.4	103.8	102.3		100.1
295.9	183.6	105.7	104.2	101.8	101.8
311.9	193.6	111.4	109.8	107.3	105.4
350.9	217.7	125.3	123.5	120.7	112.5
350.9	217.7	125.3	123.5	120.7	100.0
366.6	227.5	130.9	129.0	126.1	104.5
395.2	245.2	141.1	139.1	135.9	107.8

9-12 主要年份全区农业生产资料价格总指数

年份 Year	以 1957 年价格为 100 Year of 1957=100	以 1965 年价格为 100 Year of 1965=100	以 1970 年价格为 100 Year of 1970=100	以 1978 年价格为 100 Year of 1978=100	以 1980 年价格为 100 Year of 1980=100
1978	92.7	91.8	99.7		
1980	94.8	93.9	102.0	102.3	101.5
1985	108.6	107.5	116.8	117.1	116.2
1990	171.0	169.3	187.3	187.8	186.3
1995	347.9	344.4	380.9	382.1	379.1
1996	379.2	375.4	415.2	416.5	413.2
1997	372.4	368.6	407.8	409.0	405.7
1998	357.9	354.2	391.9	393.0	389.9
1999	334.3	330.8	366.0	367.1	364.2
2000	320.9	317.6	351.4	352.4	349.6
2001	327.3	324.0	358.4	359.5	356.6
2002	338.8	335.3	370.9	372.0	369.1
2003	336.7	333.3	368.7	369.8	366.9
2004	382.2	378.3	418.5	419.7	416.4
2005	417.7	413.5	457.4	458.8	455.1
2006	421.1	416.8	461.0	462.4	458.8
2007	472.5	467.6	517.3	518.9	514.7
2008	596.2	590.1	652.8	654.8	649.6
2009	574.2	568.3	628.7	630.6	625.6
2010	599.5	593.4	656.4	658.4	653.1
2011	683.4	676.4	748.3	750.5	744.6

Agricultural Production Index in Main Years

以 1985 年价格为 100 Year of 1985=100	以 1990 年价格为 100 Year of 1990=100	以 1995 年价格为 100 Year of 1995=100	以 2000 年价格为 100 Year of 2000=100	以 2005 年价格为 100 Year of 2005=100	以上年价格为 100 Preceding Year =100
					99.7
					101.5
					103.8
160.4					105.6
326.2	203.4				130.4
355.6	221.7	109.0			109.0
349.2	217.7	107.0			98.2
335.6	209.2	102.9			96.1
313.4	195.4	96.1			93.4
300.9	187.6	92.2			96.0
306.9	191.4	94.1	102.0		102.0
317.6	198.1	97.4	105.6		103.5
315.7	196.9	96.8	104.9		99.4
358.4	223.5	109.9	119.1		113.5
391.7	244.2	120.1	130.2		109.3
394.8	246.2	121.0	131.2	100.8	100.8
443.0	276.2	135.8	147.2	113.1	112.2
559.1	348.6	171.4	185.8	142.7	126.2
538.4	335.7	165.0	178.9	137.4	96.3
562.1	350.5	172.3	186.8	143.5	104.4
640.8	399.6	196.4	213.0	163.6	114.0

9-13 调查市县居民消费价格指数(2011 年)

(以上年价格为 100)

分类名称	Item	银川市区 Yinchuan
居民消费价格总指数	**Consumer Price Index**	**105.5**
消费品价格指数	**Consumer Goods Price Index**	**106.0**
食品	**Food**	**112.9**
粮食	Grain	112.9
淀粉	Starches and Tubers	108.7
干豆类及豆制品	Beans and Bean Products	107.2
油脂	Oil or Fat	111.8
肉禽及其制品	Meat,Poultry and Processed Products	122.6
蛋	Eggs	114.8
水产品	Aquatic Products	110.4
菜	Vegetables	94.5
调 味 品	Flavoring	107.3
糖	Carbohydrate	107.7
茶及饮料	Tea and Beverages	102.8
干鲜瓜果	Dried and Fresh Melons and Fruits	113.4
糕点饼干	Cake,Biscuit and Bread	112.8
液体乳及乳制品	Milk and Processed Products	110.5
在外用膳食品	Dining Out	117.8
其他食品	Others Food	108.5
烟酒及用品	**Tobacco,Liquor and Articles**	**101.8**
烟草	Tobacco	100.0
酒	Liquor	106.0
衣着	**Clothing**	**102.6**
服　装	Garments	101.9
衣着材料	Clothing Material	130.4
鞋袜帽	Footgear and Hats	103.2
衣着加工服务费	Clothing Manufacturing Services	113.7
家庭设备用品及维修服务	**Household Facilities , Articles and Services**	**101.8**
耐用消费品	Durable Consumer Goods	100.5
室内装饰品	Interior Decorations	103.9
床上用品	Bed Articles	89.6
家庭日用杂品	Daily Use Household Articles	104.5
家庭服务及加工维修服务	Household Services and Maintenance and Renovation	106.6
医疗保健和个人用品	**Health Care and Personal Articles**	**103.6**
医疗保健	Health Care	102.9
个人用品及服务	Personal Articles and Service	105.1
交通和通信	**Transportation and Communication**	**101.2**
交通	Transportation	104.1
通信	Communication	96.4
娱乐教育文化用品及服务	**Recreation,Education , Culture Articles and Service**	**101.7**
文娱用耐用消费品及服务	Durable Consumer Goods for Cultural and Recreational Use and Services	88.4
教育	Education	103.2
文化娱乐类	Cultural and Recreational	102.9
旅游	Touring and Outing	114.6
居住	**Residence**	**102.3**
建房及装修材料	Building and Building Decoration Materials	98.9
租房	Renting	104.2
自有住房	Private Housing	103.2
水、电、燃料	Water,Electricity and Fuels	103.0

Consumer Price Indices by City and Country(2011)

(preceding Year =100)

石嘴山市区 Shizuishan	利通区 Litong	原州区 Yuanzhou	沙坡头区 Shapotou	平罗县 Pingluo	海原县 Haiyuan
106.6	**106.9**	**107.6**	**106.9**	**107.2**	**107.6**
107.2	**107.7**	**109.0**	**107.9**	**108.6**	**108.0**
112.0	**113.7**	**116.0**	**113.3**	**114.2**	**113.1**
128.6	113.3	115.7	110.7	111.4	113.1
138.3	127.3	128.3	114.7	144.7	126.3
104.5	108.5	106.3	100.7	106.3	106.2
116.8	116.7	112.1	116.4	118.9	115.5
124.7	121.2	124.2	126.3	124.7	116.3
112.6	106.8	116.8	115.4	119.4	117.1
112.4	110.0	115.2	120.9	113.3	125.6
96.9	102.3	104.2	100.0	99.5	109.1
117.0	108.1	117.1	117.1	115.0	107.2
107.3	119.5	119.5	115.8	121.7	120.9
107.3	110.1	102.6	102.5	119.3	100.3
113.9	122.9	128.6	121.0	119.5	121.3
108.3	117.6	115.9	110.3	116.2	110.6
102.6	106.0	102.5	107.9	106.7	100.7
104.7	110.8	116.0	110.8	112.7	109.0
102.3	111.9	111.7	104.8	100.8	101.7
100.3	**102.2**	**102.3**	**103.5**	**101.3**	**100.1**
100.0	100.0	100.6	100.0	100.0	100.0
101.0	106.4	106.4	110.8	104.3	100.3
106.8	**104.7**	**106.7**	**106.0**	**109.0**	**107.1**
107.7	105.2	106.2	106.0	109.3	106.9
113.7	108.4	129.1	114.5	112.6	117.1
103.4	103.0	105.7	105.3	108.2	107.1
112.8	103.4	151.0	112.9	110.5	100.0
102.9	**102.8**	**103.0**	**102.8**	**102.7**	**103.9**
102.9	101.4	100.6	101.3	100.3	103.1
100.0	102.5	107.1	110.2	104.9	117.6
101.6	103.3	111.8	110.7	108.4	104.6
101.3	103.2	102.7	101.2	106.5	103.5
115.8	114.1	105.2	103.3	100.1	101.9
103.8	**104.5**	**103.8**	**105.0**	**103.3**	**102.1**
103.9	105.2	103.3	105.2	102.8	100.5
103.6	103.1	105.0	104.7	105.5	107.5
101.6	**102.3**	**101.5**	**102.0**	**103.6**	**100.8**
102.6	105.7	106.1	106.3	107.1	103.4
100.3	98.0	95.2	95.9	99.2	97.3
101.7	**101.7**	**99.6**	**99.9**	**97.6**	**107.9**
100.5	94.7	93.3	94.6	91.0	95.7
100.1	103.1	101.1	102.2	100.5	113.4
104.8	102.9	101.1	102.9	102.6	100.3
104.3	109.4	103.9	96.7	94.5	100.0
106.9	**105.9**	**105.3**	**105.8**	**103.9**	**107.8**
106.5	108.9	105.8	102.8	104.1	102.0
109.6	106.8	100.1	112.3	108.2	115.4
111.4	106.6	101.1	104.6	100.1	106.8
104.0	103.5	107.1	108.1	105.7	112.5

9-14 调查市县商品零售价格指数(2011 年)

(以上年价格为 100)

分类名称	Item	银川市区 Yinchuan
商品零售价格总指数	**Retail Price Index**	**104.2**
食品	**Food**	**112.0**
粮食	Grain	111.9
淀粉	Starches and Tubers	108.7
干豆类及豆制品	Beans and Bean Products	105.3
油脂	Oil or Fat	113.0
肉禽及其制品	Meat,Poultry and Processed Products	122.3
蛋	Eggs	114.9
水产品	Aquatic Products	109.9
菜	Vegetables	93.5
调味品	Flavoring	108.7
糖	Carbohydrate	106.0
干鲜瓜果	Dried and Fresh Melons and Fruits	113.4
糕点饼干面包	Cake,Biscuit and Bread	111.9
液体乳及乳制品	Milk and Processed Products	111.3
在外用膳食品	Dining Out	118.5
其他食品	Others Food	108.5
饮料、烟酒	**Beverages,Tobacco,Liquor and Articles**	**103.1**
茶及饮料	Tea and Beverages	102.9
烟草	Tobacco	100.0
酒	Liquor	105.2
服装、鞋帽	**Garments,Shoes and Hats**	**102.0**
服装	Garments	101.8
鞋袜帽	Footgear and Hats	103.1
其他	Others	96.1

Retail Price Indices by City and Country(2011)

(preceding Year =100)

石嘴山市区 Shizuishan	利通区 Litong	原州区 Yuanzhou	沙坡头区 Shapotou	平罗县 Pingluo	海原县 Haiyuan
106.4	**107.2**	**107.4**	**107.2**	**108.1**	**108.1**
112.3	**114.0**	**116.1**	**112.7**	**114.4**	**114.4**
128.6	112.0	115.7	109.9	111.3	111.3
138.3	127.3	128.3	114.7	144.7	144.7
104.5	108.7	106.3	100.6	105.2	105.2
116.8	117.3	112.1	115.7	119.2	119.2
124.7	121.5	124.1	128.2	124.2	124.2
112.6	106.9	116.8	116.0	118.4	118.4
112.4	108.1	115.2	121.3	113.4	113.4
96.9	102.6	104.2	99.6	100.4	100.4
117.0	107.3	117.1	112.5	114.0	114.0
107.3	120.8	119.5	114.4	116.6	116.6
113.9	123.7	128.6	119.0	120.0	120.0
108.3	117.7	115.9	109.8	116.9	116.9
102.6	105.9	102.5	109.7	107.0	107.0
104.7	111.7	116.0	110.2	113.0	113.0
102.3	111.9	111.7	104.8	100.8	100.8
101.7	**103.8**	**102.4**	**104.2**	**104.8**	**104.8**
106.4	107.3	102.6	104.4	120.8	120.8
100.0	100.0	100.5	100.0	100.0	100.0
101.0	107.1	106.4	111.8	104.4	104.4
106.5	**104.6**	**106.2**	**105.4**	**108.4**	**108.4**
108.1	105.3	106.2	105.6	109.5	109.5
103.4	103.1	105.7	104.6	107.7	107.7
100.0	100.0	124.2	100.0	87.9	87.9

9-14 续表

分类名称	Item	银川市区 Yinchuan
纺织品	**Textiles**	**91.2**
衣着材料	Clothing	127.3
床上用品	Bedding	84.9
家用电器及音像器材	**Household Appliances,Music and Video Equipment**	**95.8**
家庭设备	Household Facilities	100.2
文娱用耐用消费品	Durable Consumer Goods for Cultural and Recreational Use and Services	88.7
音像器材	AV Facilities	104.2
文化办公用品	**Cultural and Office Appliances**	**95.9**
日用品	**Articles for Daily Use**	**102.3**
日用百货	General Merchandise for Daily Use	101.6
日用杂品	Miscellaneous for Daily Use	101.3
洗涤用品	Washing Articles	100.3
其他日用品	Other Articles	106.7
体育娱乐用品	**Sports and Recreation Articles**	**101.5**
体育用品	Sports Articles	96.9
娱乐用品	Recreation Articles	105.2
交通、通信用品	**Transportation and Communication Appliances**	**93.0**
交通运输机械	Transport Machinery	95.5
通信器材	Communication Apparatus	89.0
家具	**Furniture**	**100.5**
化妆品	**Cosmetics**	**100.7**
金银珠宝	**Gold ,Silver and Jewel**	**106.0**
中西药品及医疗保健用品	**Traditional Chinese and Western Medicines and Health Care Articles**	**106.5**
医疗器具及用品	Medical Apparatus and Article	102.1
中药材及中成药	Traditional Chinese Medicinal Materials and Medicines	117.7
西药	Western Medicines	100.3
保健品及器具	Health Care Apparatus and Articles	105.6
书报杂志及电子出版物	**Books,Newspapers,Magazines and Electronic Publications**	**102.2**
教材及参考书	Teaching Materials and Reference Books	105.3
书报杂志	Books,Newspapers and Magazines	100.9
电子音像制品	Electromin Publications	99.4
燃料	**Feuls**	**109.0**
煤炭及制品	Coal and Processed Products	96.8
石油及制品	Petroleum and Processed Products	110.0
建筑材料及五金电料	**Building Materials and Hardware**	**104.3**
建筑装璜材料	Building Decoration Materials	101.5
五金电料	Hardware	109.4

continued

石嘴山市区 Shizuishan	利通区 Litong	原州区 Yuanzhou	沙坡头区 Shapotou	平罗县 Pingluo	海原县 Haiyuan
104.2	**104.6**	**115.4**	**109.4**	**108.2**	**108.2**
113.7	108.7	129.1	115.2	114.5	114.5
101.3	101.9	111.6	106.4	105.2	105.2
100.5	**98.0**	**98.1**	**93.4**	**95.6**	**95.6**
100.9	101.1	101.0	99.6	97.9	97.9
100.1	93.7	94.7	90.5	92.4	92.4
100.0	99.9	94.9	100.6	100.0	100.0
100.2	**104.7**	**96.7**	**95.6**	**97.1**	**97.1**
104.0	**102.5**	**103.4**	**102.9**	**104.4**	**104.4**
103.5	105.8	102.8	107.3	103.7	103.7
109.5	98.5	106.3	100.3	105.9	105.9
103.5	102.9	111.2	101.7	105.3	105.3
101.9	100.6	95.1	101.8	103.3	103.3
100.4	**103.6**	**99.0**	**103.5**	**106.2**	**106.2**
100.8	102.1	97.5	104.6	109.0	109.0
100.0	104.8	100.0	100.3	101.0	101.0
98.2	**95.7**	**90.8**	**92.9**	**103.4**	**103.4**
98.4	98.9	95.3	99.8	112.2	112.2
97.7	90.8	84.5	84.1	96.7	96.7
105.1	**101.6**	**100.3**	**103.3**	**103.0**	**103.0**
102.7	**100.9**	**100.9**	**101.3**	**107.3**	**107.3**
112.9	**109.7**	**105.3**	**119.8**	**114.2**	**114.2**
104.5	**107.5**	**106.2**	**104.1**	**105.3**	**105.3**
99.4	109.2	111.9	100.4	101.1	101.1
110.8	118.7	117.8	110.4	114.6	114.6
100.3	99.1	99.2	99.4	100.6	100.6
114.4	118.8	101.6	117.2	107.7	107.7
100.1	**103.9**	**100.4**	**101.6**	**102.9**	**102.9**
100.3	106.7	99.3	104.5	103.2	103.2
100.9	100.0	102.7	97.3	105.7	105.7
98.3	104.8	100.0	98.4	90.5	90.5
110.8	**110.6**	**106.9**	**116.5**	**110.4**	**110.4**
112.1	110.8	103.5	122.7	108.2	108.2
110.1	110.4	113.8	109.5	112.7	112.7
106.0	**109.4**	**109.6**	**105.5**	**104.1**	**104.1**
107.1	109.2	107.6	106.2	103.8	103.8
102.7	109.9	117.8	101.5	105.0	105.0

主要统计指标解释

[居民消费价格指数(CPI)] 居民消费价格指数是度量一组代表性消费商品及服务项目价格水平随着时间而变动的相对数，反映居民家庭购买的消费品及服务价格水平的变动情况。它是宏观经济分析和决策、价格总水平监测和调控以及国民经济核算的重要指标。其按年度计算的变动率通常被用来作为反映通货膨胀(或紧缩)程度的指标。

[商品零售价格指数] 商品的零售价格是商品在流通过程中最后一个环节的价格，是工业、商业、餐饮业和其他零售企业向城乡居民、机关团体出售生活消费品和办公用品的价格。商品零售价格调查的任务是系统地调查、搜集和整理市场商品零售价格资料，编制商品零售价格指数，以此反映市场商品零售价格的变动趋势和变动程度。其目的在于掌握商品价格的变动趋势，为国家宏观调控和国民经济核算提供参考依据。同时，还可以在此基础上编制其他派生价格指数。

[农业生产资料价格指数] 农业生产资料价格是农业生产资料在流通领域的最后一个环节价格，是工业、商业及其他单位和个人向农民出售农业生产资料的价格。农业生产资料价格调查的任务是系统地调查、搜集和整理市场农业生产资料价格资料，编制农业生产资料价格指数，据此测定全国市场农业生产资料价格变动趋势和变动程度。其目的在于掌握农业生产资料的平均价格水平，为国家制定经济政策提供依据；同时，为研究城乡市场流通和国民经济核算提供参考依据。

第十篇 居民生活

Chapter10 People's Living Conditions

责任编辑：哈金才　潘　勤

资料整理：潘　勤　黄亚萍　朱幼平　王娟　哈金才　赵美兰　马志明　乔亚庆　龚淑玲　苏春燕

Coordinator: Ha Jincai　Pan Qin

Data Compilation: Pan Qin　Huang Yaping　Zhu Youping　Wang Juan　Ha Jincai　Zhao Meilan　Ma Zhiming　Qiao Yaqing　Gong Shuling　Su Chunyan

10-1 主要年份全区城镇居民家庭人口和收支情况

Number of Households, Income and Expenditure of Uran Households in Main Years

年 份 Year	平均每户家庭人口(人) Average Household Size (person)	平均每户就业人口(人) Average Number of Employed Persons per Household (person)	每一就业者负担系数 Number of Dependents per Employee	人均家庭总收入(元) Per Capita Total Income (yuan)	工资性收入(元) Income from Wages and Salaries (yuan)	经营净收入(元) Net Business Income (yuan)	财产性收入(元) Income from Properties (yuan)	转移性收入(元) Income from Transfer (yuan)	人均可支配收入(元) Per Capita Disposable Income (yuan)
1980	4.97	2.36	2.09	464					464
1985	4.16	2.16	1.92	735	640	4		91	735
1990	3.64	1.86	1.96	1434	1113	12	8	302	1421
1995	3.22	1.84	1.75	3383	2778	54	39	511	3383
1996	3.19	1.76	1.81	3612	2940	61	32	578	3612
1997	3.20	1.59	2.01	3855	2732	230	42	851	3837
1998	3.18	1.53	2.08	4144	2925	224	49	945	4112
1999	3.13	1.52	2.06	4505	3078	208	82	1138	4473
2000	3.08	1.50	2.05	4945	3459	305	41	1140	4912
2001	3.08	1.48	2.08	5566	3908	365	40	1253	5544
2002	3.02	1.40	2.16	6409	4367	405	41	1597	6067
2003	2.95	1.37	2.15	6991	4671	441	42	1797	6530
2004	2.91	1.35	2.16	7749	5166	495	60	2027	7218
2005	2.89	1.33	2.17	8745	5772	957	64	1952	8094
2006	2.85	1.32	2.16	10002	6451	979	89	2483	9177
2007	2.86	1.36	2.10	11793	7668	1183	147	2795	10859
2008	2.92	1.36	2.15	14119	8794	1857	183	3285	12932
2009	2.90	1.34	2.16	15551	9597	2036	281	3636	14025
2010	2.87	1.37	2.09	17537	10821	2238	190	4288	15344
2011	2.79	1.34	2.08	19655	12397	2367	198	4692	17579

10-1 续表 continued

年 份 Year	人均消费支出(元) Per Capita Consumption Expenditure (yuan)	食品(元) Food (yuan)	衣着(元) Clothing (yuan)	家庭设备用品及服务(元) Household Facilities, Articles and Services (yuan)	医疗保健(元) Health Care and Medical Services (yuan)	交通和通讯(元) Transport and Communication (yuan)	教育文化娱乐服务(元) Education, Cultural and Recreation Service (yuan)	居住(元) Residence (yuan)	其他商品和服务(元) Other Goods and Services (yuan)
1980	403								
1985	645	304	112	51	8	18	86	30	36
1990	1212	640	180	113	33	27	90	58	71
1991	1354	655	233	123	48	33	123	59	78
1992	1506	707	259	137	56	43	142	86	73
1993	1877	822	306	195	77	72	198	124	83
1994	2478	1131	445	181	125	146	223	128	100
1995	2866	1336	491	195	131	195	261	153	104
1996	3039	1384	527	195	172	229	275	152	105
1997	3271	1423	542	209	233	209	330	218	109
1998	3380	1420	514	187	245	249	394	262	109
1999	3548	1386	481	205	317	289	455	298	118
2000	4201	1509	562	290	327	407	565	381	157
2001	4595	1577	572	313	410	487	589	479	168
2002	5105	1774	578	343	453	557	711	483	206
2003	5330	1919	585	363	451	585	645	561	221
2004	5821	2156	637	364	441	647	651	660	265
2005	6404	2229	777	417	536	706	770	711	259
2006	7206	2445	874	481	579	775	847	891	314
2007	7817	2761	994	481	646	859	863	911	302
2008	9558	3353	1179	597	817	1096	1044	1069	404
2009	10280	3432	1261	637	922	1364	1076	1128	461
2010	11334	3768	1417	716	890	1575	1286	1182	500
2011	12896	4483	1702	885	978	1638	1441	1247	521

10-2 主要年份全区城镇居民家庭分类平均每人消费性支出
Per Capital Annual Living Expenditure of Urban Households in Main Years

单位:元 (yuan)

指　标	Item	2000	2005	2010	2011
消费性支出	**Consumption Expenditure**	**4201**	**6404**	**11334**	**12896**
食　品	**Food**	**1509**	**2229**	**3768**	**4483**
粮　食	Grain	187	237	343	395
油　脂	Oil and Fats	66	78	112	126
肉禽及制品	Meat,Poultry and Processed Products	282	362	626	783
蛋	Eggs	37	43	57	66
水产品	Aquatic Products	41	53	70	80
蔬　菜	Vegetables	159	198	371	402
烟　草	Tobacco	95	126	240	268
酒和饮料	Liquor and Beverages	69	98	166	187
奶及奶制品	Milk and Processed Products	59	124	177	218
衣　着	**Clothing**	**562**	**777**	**1417**	**1702**
服　装	Garments	377	567	1052	1266
家庭设备用品及服务	**Household Facilities,Articles and Services**	**389**	**417**	**716**	**885**
耐用消费品	Durable Consumer Goods	228	226	318	370
室内装饰品	Articles for Interior Decoration	21	23	22	42
床上用品	Bed Articles	19	26	51	66
家庭日用杂品	Household Articles for Daily Use	74	121	289	366
医疗保健	**Health Care and Medical Services**	**327**	**536**	**890**	**978**
药品费	Drug Charges	259	365	559	589
交通和通信	**Transport and Communications**	**372**	**706**	**1575**	**1638**
交　通	Transport	143	291	1030	1041
通　信	Communications	228	414	545	596
教育文化娱乐服务	**Education,Culture and Recreation Services**	**536**	**770**	**1286**	**1441**
文娱用品	Recreation Articles	168	220	371	422
教　育	Education	256	388	484	567
居　住	**Residence**	**282**	**711**	**1182**	**1247**
住　房	Housing	73	191	320	356
水电燃料及其它	Water,Electricity,Fuels and Others	210	483	782	799
其它商品和服务	**Other Goods and Services**	**231**	**259**	**500**	**521**

10-3 主要年份全区城镇居民家庭平均每人购买主要商品数量

Per Capital Annual Purchases of Major Commodities of Urban Households in Main Years

品 种 Item	单位 Unit	1985	1990	2000	2005	2010	2011
粮食 Grain	千克 kg	137.00	159.96	80.15	77.34	79.49	81.84
鲜菜 Fresh Vegetables	千克 kg	152.00	164.16	114.90	115.47	110.87	110.96
食用植物油 Edible Vegetable Oil	千克 kg	7.40	9.72	7.67	8.17	7.75	7.88
猪肉 Pork	千克 kg	9.00	10.56	8.26	6.88	7.28	6.51
牛羊肉 Beef and Mutton	千克 kg	7.10	10.44	10.22	12.44	9.43	10.27
禽类 Poultry	千克 kg	1.40	2.28	4.51	5.74	6.62	7.14
鲜蛋 fresh Eggs	千克 kg	4.50	3.48	8.30	7.23	6.67	6.47
鱼 Fish	千克 kg	2.90	4.92	3.51	4.23	3.64	3.63
食糖 Sugar	千克 kg	3.60	3.36	1.70	1.72		
卷烟 Cigarette	盒 pack	47.00	52.68	33.35	27.39		
酒类 Liquor	千克 kg	3.70	5.64	4.61	3.95	4.35	4.44
男式服装 Men's Clothing	件 suit			2.28	3.02		
女式服装 Women's Clothing	件 suit			3.86	3.93		
各式童装 Children's Wear	件 suit			1.89	1.06		
鞋类 Footwear	双 pair			3.02	2.94	3.17	2.97
水 Water	吨 ton			22.34	21.63	22.27	22.31
电 Electricity	度 kwh			205.85	278.22	408.85	432.98
煤炭 Coal	千克 kg	544.00	384.70	137.60	110.88	46.05	38.61
液化石油气 Liquefied Petroleum Gas	千克 kg	0.70	5.27	13.22	12.23	6.77	5.26
管道煤气 Pipeline Gas	立方米 cm.q			2.32	8.14	3.84	1.41

注: 1. 2010 年及以后粮食包括大米、面粉和其他粮食及制品; 2. 2010 年及以后家禽包括鸡、鸭和其他禽类及制品; 3. 2010 年及以后鲜蛋不包含蛋制品; 4. 2010 年及以后酒类包括白酒、果酒、啤酒和其它酒。

a)Data of Grain includes rice,flour and other products of grain in 2010.

b)Data of Poultry includes chickens,ducks and other products of poultry in 2010.

c)Data of egg products are not included in Fresh Eggs in 2010.

d)Data of Liquor includes liquor,fruit wine,beer and other liquor.

10-4 主要年份全区城镇居民家庭主要耐用消费品百户拥有情况

Statistics of Major Durable Consumer Goods Owned Per 100 Urban Households in Main Years

指 标	Item	2000	2005	2010	2011
成套家具(套)	Furniture (set)		22.07		
摩托车(辆)	Motorcycle (unit)	15.48	18.59	19.19	20.86
自行车(辆)	Bicycle (unit)	181	130.34		
助力车(辆)	Powered Bicycle (unit)		2.83	24.71	26.68
家用汽车(辆)	Automobile (unit)		1.27	7	12.4
洗衣机(台)	Washing Machine (set)	87	89.61	94.32	93.32
电风扇(台)	Electric Fans (set)	63	64.19		
电冰箱(台)	Refrigerator (set)	72	79.48	88.65	89.64
冰柜(台)	Ice Chest (set)	3	1.81		
彩色电视机(台)	Color Television (set)	109	108.64	105.24	102.74
影碟机(台)	Video Disc Player (set)	34	63.27		
录音机(台)	Recorder (set)	37	24.55		
录放像机(台)	Video Tape Recorder (set)	10	6.53		
家用电脑(台)	Computer (set)	4	23.15	51.32	59.39
组合音响(套)	Hi-Fi Stereo Component System (set)	19	21.76	17.81	12.97
摄像机(架)	Video Camera (set)	0.5	0.67	3.24	4.55
照相机(架)	Camera (set)	28	28.08	20.31	22.76
钢琴(架)	Piano (unit)	0.7	0.92	1.31	0.93
其他中高档乐器(件)	Secondary and Top Grade Musical Instrument (set)	4	4.24	5.37	3.1
微波炉(台)	Microwave Oven (unit)	7	30.91	42.1	43.83
空调器(台)	Air Conditioner (unit)	1	6.68	10.19	12.04
取暖器(台)	Heat Utensil (unit)		9.97		
电炊具(台)	Electric Cooking Utensils (unit)	137	127.31		
淋浴热水器(台)	Water Heater for Shower (unit)	40	60.87	75.07	81.56
排油烟机(台)	Ventilator (unit)	44	64.59		
消毒碗柜(台)	Disinfection Cupboard (unit)		2.82	2.16	3.67
洗碗机(台)	Dishwasher (unit)		0.13	0.43	0.55
饮水机(台)	Machine for Drink (unit)		35.6		
吸尘器(台)	Dust Collector (unit)	8	7.66		
健身器材(套)	Body-building Apparatus (unit)	6	2.49	1.52	1.40
固定电话(部)	Telephone (unit)	85	85.1	63	56.31
移动电话(部)	Mobile Telephone (set)	14	122.67	185.48	197.05
传真机(部)	Facsimile (unit)		0.66		
接入有线电视网络的电视机(台)	Television of Lined Network (set)		99.27	95.88	92.25
接入互连网的计算机(台)	Internet Computer (set)		14.49	39.67	45.78
接入互连网的移动电话(部)	Internet Mobile Telephone (set)		0.27	1.36	12.08

10-5 城镇居民家庭按可支配收入不等距九组分组资料(2011 年)

单位:元 / 人

指标名称	Indicator	总计 Average	最低收入户 (10%) Lowest Income Households	更低收入户 (5%) Lower Incom Households
人口与就业(人 / 户)	**Population and Employment (person/household)**			
家庭人口数	Household Size	2.79	3.48	3.31
有收入者人数	Number of Income	1.77	1.37	1.30
就业人口数	Number of Employed	1.34	1.15	1.08
国有经济单位职工人数	State-owned Unit	0.59	0.20	0.17
负担系数	Dependents Coefficient	2.08	3.03	3.06
家庭总收入	**Total Income**	**19655**	**6120**	**5308**
可支配收入	Disposable Income	17579	4545	2803
工资性收入	Income from Wages and Salaries	12397	4016	3688
经营净收入	Business Income	2367	902	538
财产性收入	Income from Properties	198	21	29
转移性收入	Income from Transfer	4692	1181	1053
出售财物收入	**Proceeds from Sales of Belongings**	**135**	**3**	**5**
出售住房收入	Sale of Housing	131		
出售其他物品收入	Sale of Other	4	3	5
借贷收入	**Credit Income**	**13986**	**4868**	**5443**
提取储蓄存款	Draw Saving Deposits	13243	4572	5205
借入款	Borrowed	166	99	177
收回借出款	Recover Loans	33	28	61
收回储蓄性保险本	Recover of Principal Insurance Savings	4		
兑售有价证券	Income from Securities			
收回投资本金	Recouping Investment Principal			
住房贷款	Repayment of House Loan	343		
汽车贷款	Repayment of Auto Loan	32		
教育贷款	Repayment of Education Loan	5	8	
其他贷款	Repayment of Other Loans	59	162	
其他借贷收入	Other Credit Income	102		
家庭总支出	**Total Expenditure**	**18705**	**7974**	**8597**
消费性支出	Consumption Expenditure	12896	5866	5634
财产性支出	Property Expenditure	164	11	
转移性支出	Transfer Expenditures	2302	581	521
社会保障支出	Social Security Expenditure	1926	1516	2443
购房与建房支出	Expenditures of Purchasing and Building Houses	1417		
借贷支出	**Credit Expenditures**	**15043**	**2944**	**2094**

Statistics of Urban Households by Income Percentile(2011)

(yuan/person)

低收入户(10%) LowIncome Households	中等偏下收入户(20%) Lower Middle Income Households	中等收入户(20%) Middle Income Households	中等偏上收入户(20%) Upper Middle Income Households	高收入户(10%) High Income Households	最高收入户(10%) Highest Income Households	# 更高收入户(5%) Higher Income Households
3.17	3.08	2.77	2.49	2.46	2.16	2.05
1.44	1.68	1.83	1.97	1.99	1.89	1.82
1.25	1.41	1.46	1.25	1.46	1.23	1.34
0.28	0.37	0.65	0.75	0.90	0.91	1.01
2.54	2.18	1.90	1.99	1.68	1.76	1.53
9528	**13310**	**19412**	**25226**	**32982**	**46261**	**53680**
8533	12119	17081	22835	29858	41809	48599
6182	8211	12880	15174	21422	28550	34958
1960	2513	2587	2003	3946	3240	5212
72	180	196	165	173	869	1045
1313	2406	3750	7884	7441	13602	12464
11	**3**	**147**	**1**	**6**	**1433**	**4**
		144			1430	
11	3	3	1	6	3	4
6695	**7697**	**15505**	**19323**	**19710**	**34181**	**40838**
6409	7287	14864	17791	19637	31868	38327
177	81	61	376		477	115
98	16	1	46	73		
2			18			
	307	381	536		1394	1418
					442	977
8	5		12			
		199				
	2		544			
10882	**12435**	**20177**	**23455**	**27301**	**40268**	**46045**
8886	9706	12818	15663	20148	24142	28650
57	49	191	191	296	617	908
1023	1159	1951	2854	3840	8201	9324
917	1112	2184	2253	2851	3944	4370
	410	3032	2495	166	3364	2793
5286	**8499**	**14892**	**21087**	**25435**	**41648**	**48535**

10-5 续表

单位:元 / 人

指标名称	Indicator	总计 Average	最低收入户(10%) Lowest Income Households	# 更低收入户(5%) Lowe Income Households
消费性支出	**Consumption Expenditure**	**12896**	**5866**	**5634**
食品	**Food**	**4483**	**2313**	**2248**
粮油类	Grain and Oil	627	451	417
肉禽蛋水产品类	Meat,Poultry and Eggs and Aquatic Products	928	532	563
蔬菜类	Vegetables	402	243	245
调味品	Condiment	55	40	36
糖烟酒饮料类	Sugar and Cigarette and Liquor and Beverage	498	247	230
干鲜瓜果类	Dried and Fresh Melons and Fruits	455	247	230
糕点、奶及奶制品	Cake and Milk and Processed Products	284	163	157
其他食品	Other Food	120	66	53
饮食服务	Food and Drink Services	1114	324	318
衣着	**Clothing**	**1702**	**762**	**721**
服装	Garments	1266	548	534
衣着材料	Clothing Material	12	7	8
鞋类	Shoes	360	178	154
其他衣着用品	Other Articles	50	25	21
衣着加工服务费	Clothing Processing Charges	14	4	3
居住	**Residence**	**1247**	**665**	**733**
住房	Housing	356	93	50
水电燃料及其他	Water, Electricity, Fuels and Others	799	531	621
居住服务费	Habitation Service Charge	92	41	61
家庭设备用品及服务	**Household Facilities,Articles and Services**	**885**	**326**	**252**
耐用消费品	Durable Consumer Goods	370	100	49
室内装饰品	Articles for Interior Decoration	42	10	14
床上用品	Bed Articles	66	34	27
家庭日用杂品	Household Articles for Daily Use	366	170	153
家具材料	Furniture Materials	5	3	1
家庭服务	Household Services	37	9	7
医疗保健	**Health Care and Medical Services**	**978**	**536**	**622**
医疗器具	Medical Implement	18	5	9
保健器具	Health Care Implement	16	0	0
药品费	Drug Charges	589	348	396
滋补保健品	Health Products	72	10	6
医疗费	Medical Care Expenses	279	170	211
其他医疗保健支出	Other	4	2	0
交通和通信	**Transport and Communications**	**1638**	**538**	**482**
交通	Transport	1041	237	204
通信	Communications	596	301	278
教育文化娱乐服务	**Education,Culture and Recreation Services**	**1441**	**552**	**496**
文化娱乐用品	Recreation Articles	422	140	141
文化娱乐服务	Recreation Services	452	85	97
教育	Education	567	328	258
其他商品和服务	**Other Goods and Services**	**521**	**173**	**82**
其他商品	Other Goods	369	106	58
服务	Services	153	66	24

continued

(yuan/person)

低收入户 (10%) Lowe Income Households	中等偏下收入户 (20%) Lower Middle Income	中等收入户 (20%) Middle Income Households	中等偏上收入户 (20%) Upper Middle Income Households	高收入户 (10%) High Income Households	最高收入户 (10%) Highest Income Households	# 更高收入户(5%) Highe Income Households
8886	**9706**	**12818**	**15663**	**20148**	**24142**	**28650**
3376	**3737**	**4533**	**5378**	**6246**	**7319**	**8724**
544	551	633	754	753	767	793
692	817	904	1151	1244	1368	1427
315	351	418	491	493	564	570
46	47	56	67	65	69	71
372	419	499	605	688	825	970
342	375	473	568	582	707	791
232	260	270	353	359	392	405
92	105	116	150	154	195	241
740	812	1164	1238	1907	2431	3454
1077	**1286**	**1697**	**1992**	**2908**	**3204**	**4225**
767	921	1253	1471	2237	2533	3358
10	7	10	16	28	15	18
259	292	372	436	551	553	725
35	42	53	57	73	82	94
5	25	8	12	18	21	30
917	**909**	**1373**	**1449**	**1782**	**2185**	**2365**
236	227	479	345	610	718	746
613	609	823	983	1031	1271	1413
68	73	71	121	140	196	206
484	**612**	**930**	**1006**	**1377**	**2197**	**2579**
143	252	384	415	608	1070	1291
16	12	48	47	67	160	89
21	38	69	75	103	196	287
285	286	398	424	525	618	720
0	0	5	1	32	1	0
18	23	27	45	42	153	192
717	**690**	**900**	**1501**	**1185**	**1588**	**1551**
5	5	7	57	19	31	38
7	2	3	23	86	28	4
445	444	530	926	636	882	836
47	31	44	106	86	304	308
213	205	309	382	356	341	363
0	3	7	8	4	2	2
865	**1155**	**1454**	**1951**	**3617**	**3287**	**4082**
482	664	791	1281	2723	2309	2897
383	490	663	670	894	978	1185
1187	**988**	**1450**	**1738**	**2197**	**2898**	**3581**
171	248	408	605	732	980	1187
394	162	467	617	727	1203	1367
622	577	576	516	738	715	1028
263	**329**	**482**	**648**	**837**	**1464**	**1543**
186	243	323	442	616	1086	1248
77	86	158	206	221	378	295

10-6 主要年份全区城镇居民家庭居住情况

指　　标	Item	1985
平均每户居住面积(平方米/户)	**Average Floor Space Per Household(sq.m/household)**	
建筑面积	Building Space	69.58
使用面积	Living Space	52.20
按房屋产权分的家庭比重(%)	**Percentage of Household by House Property Right(%)**	**100.00**
租赁公房	Public House Leasing	
租赁私房	Private House Leasing	
原有私房	Inhered Private House	
房改私房	Reformed Private House	
商品房	Commercial Residential Building	
其他	Others	
按用水情况分的家庭比重(%)	**Percentage of Household by Water Using(%)**	**100.00**
无自来水	No Tap Water	8.25
独用自来水	Private Tap Water	82.75
公用自来水	Public Tap Water	9.00
按卫生设备分的家庭比重(%)	**Percentage of Household by Sanitary Equipment(%)**	**100.00**
无卫生设备	No Sanitary Equipment	33.75
有厕所浴室	Having Bathroom	2.00
有厕所无浴室	Having Toilet but No Shower	26.50
公有卫生设备	Public Sanitary Equipment	37.75
按取暖设备分的家庭比重(%)	**Percentage of Household by Heating Installation(%)**	**100.00**
有取暖设备户(暖气)	Having Heating Installation(heater)	17.75
按炊用燃料使用情况分的家庭比重(%)	**Percentage of Household by Fuel Using(%)**	**100.00**
管道煤气(天然气)	Piped Gas(Natural Gas)	
液化石油气	Liquefied Petroleum Gas	1.52
煤	Coal	98.48
其 他	Others	
家庭通讯设备使用情况	**Using of Household Communication Apparatus**	
每百户拥有固定电话(部/百户)	Number of Fixed Phone Per 100 Households(set/100 households)	
每百户拥有移动电话(部/百户)	Number of Mobile Phone Per 100 Households(set/100 households)	
每百户接入互联网的计算机(台/百户)	Number of Computers Accessed to Internet Per 100 Households (set/100 households)	

Housing Conditions of Urban Households in Main Years

1990	1995	2000	2005	2010	2011
66.56	66.36	77.03	75.45	82.96	84.21
49.93	49.78	57.79	56.83		
100.00	**100.00**	**100.00**	**100.00**	**100.00**	**100.00**
			5.37	2.99	2.52
			3.67	6.78	7.25
			4.60	4.71	6.43
			53.26	30.19	22.1
			30.67	54.97	61.52
			2.42	0.37	0.19
100.00	**100.00**	**100.00**	**100.00**	**100.00**	**100.00**
3.82	1.64	1.80	0.69	1.02	1.35
90.18	94.91	97.20	99.03	98.93	98.59
6.00	3.65	1.00	0.29	0.05	0.06
100.00	**100.00**	**100.00**	**100.00**	**100.00**	**100.00**
48.36	18.91	15.30	9.46	5.36	2.09
8.36	20.36	21.20	61.73	74.5	81.45
37.64	52.36	60.40	27.29	19.8	15.4
5.64	8.37	3.10	1.52	0.35	1.06
100.00	**100.00**	**100.00**	**100.00**	**100.00**	**100.00**
37.82	62.18	76.70	88.57	88.88	90.43
100.00	**100.00**	**100.00**	**100.00**	**100.00**	**100.00**
	3.28	5.78	11.78	40.72	48.39
15.27	56.73	73.48	75.63	45.66	35.41
83.82	37.09	16.21	10.17	3.23	2.69
0.91	2.90	4.53	2.42	10.4	13.52
	38.91	85.42	85.10	63	56.31
		13.56	122.67	185.48	197.05
			14.49	39.67	45.78

10-7 调查市县城镇居民家庭主要耐用消费品百户拥有情况

指标名称	Indicator	单位	unit	全区 Total	银川市区 Yinchuan
摩托车	Motorcycle	辆	unit	20.86	11.46
助力车	Powered Bicycle	辆	unit	26.68	19.20
家用汽车	Automobile	辆	unit	12.40	12.69
洗衣机	Washing Machine	台	set	93.32	91.95
电冰箱	Refrigerator	台	set	89.64	91.95
彩色电视机	Color Television	台	set	102.74	102.79
家用电脑	Computer	台	set	59.39	62.54
组合音响	Hi-Fi Stereo Component System	套	set	12.97	8.98
摄像机	Video Camera	架	set	4.55	4.33
照相机	Camera	架	set	22.76	23.84
钢琴	Piano	架	unit	0.93	1.24
其他中高档乐器	Secondary and Top Grade Musical Instrument	件	set	3.10	2.17
微波炉	Microwave Oven	台	unit	43.83	56.35
空调器	Air Conditioner	台	unit	12.04	13.31
淋浴热水器	Water Heater for Shower	台	unit	81.56	86.07
消毒碗柜	Disinfection Cupboard	台	set	3.67	1.55
洗碗机	Dishwasher	台	set	0.55	0.31
健身器材	Body-building Apparatus	套	set	1.40	1.24
固定电话	Telephone	部	unit	56.31	58.20
移动电话	Mobile Telephone	部	set	197.05	197.21
信息化调查(每百户)	**Informationization Survey(Per 100 household)**				
接入互联网的移动电话	Internet Mobile Telephone	部	set	12.08	17.65
接入有线电视网络的电视机	Lined Netwok Television	台	set	92.25	94.74
接入互联网的计算机	Internet Computer	台	set	45.78	46.44

Statistics of Major Durable Consumer Goods Owned Per 100 Urban Households by City and Country

石嘴山市区 Shizuishan	平罗县 Pingluo	利通区 Litong	原州区 Yuanzhou	沙波头区 Shapotou	海原县 Haiyuan
26.99	23.00	28.48	14.02	25.00	58.00
36.20	30.00	36.08	41.12	25.96	8.00
12.88	12.00	10.13	20.56	8.65	10.00
95.71	95.00	84.81	96.26	97.12	100.00
94.48	88.00	87.97	85.05	91.35	60.00
101.84	102.00	97.47	109.35	100.00	116.00
60.74	55.00	57.59	62.62	55.77	44.00
9.82	12.00	24.05	21.50	19.23	22.00
5.52	4.00	3.80	5.61	4.81	4.00
24.54	27.00	15.82	31.78	14.42	10.00
		2.53	0.93	1.92	
1.84		3.80	20.56	1.92	6.00
38.04	28.00	41.14	41.12	42.31	14.00
20.86	6.00	5.06	2.80	15.38	2.00
80.37	77.00	92.41	79.44	83.65	36.00
7.98	4.00	0.63	1.87	10.58	2.00
1.84				0.96	
1.23		2.53	2.80	3.85	
68.71	51.00	36.71	54.21	55.77	48.00
182.82	191.00	202.53	218.69	218.27	206.00
4.29	9.00	5.70	29.91	7.69	4.00
97.55	97.00	81.65	74.77	78.85	96.00
50.92	41.00	42.41	53.27	42.31	36.00

10-8 调查市县城镇居民家庭收支基本情况

指 标	Indicator	全区 Total	银川市区 Yinchuan
期初手存现金	**Initial Hand Deposit in Cash**	**207.61**	**225.00**
家庭总收入	**Total Income**	**19654.59**	**21730.22**
可支配收入	Disposable Income	17578.92	19480.85
工资性收入	Income from Wages and Salaries	12396.71	12516.62
工资及补贴收入	Laborage and Allowance Income	12121.71	12098.37
其他劳动收入	Other Income from Work	275.00	418.25
经营净收入	Business Income	2367.47	2677.32
财产性收入	Income from Properties	198.48	260.59
利息收入	Interest	18.31	6.37
股息与红利收入	Dividend and Bonus	37.88	87.90
保险收益	Insurance Profit	0.86	2.28
其它投资收入	Other Investment	42.44	50.59
出租房屋收入	Lease House Income	93.93	103.58
知识产权收入	Intelletual Property		
其他财产性收入	Other Properties	5.05	9.87
转移性收入	Income from Transfer	4691.94	6275.68
养老金或离退休金	Annuities and Pension	4024.46	5386.93
社会救济收入	Social Relief	131.58	112.23
最低生活保障收入	Living Ensure at lest	69.96	56.36
辞退金	Dismiss	5.67	
赔偿收入	Compensate	1.36	
保险收入	Insurance	15.63	24.57
失业保险金	Insurance of Unemployment	7.79	10.21
赡养收入	Maintenance Income	151.38	185.67
捐赠收入	Gift Income	209.56	330.17
提取住房公积金	Draw Money of Housing Accumulation Fund	18.26	48.06
记帐补贴	Allowance of Charge Account	79.94	90.97
其他转移性收入	Other Transfer	54.09	97.08
出售财物收入	**Proceeds from Sales of Belongings**	**135.21**	**78.09**
出售住房收入	Sale of Housing	131.47	75.89
出售其他物品收入	Sale of Other	3.74	2.21
借贷收入	**Credit Income**	**13985.71**	**15761.18**
提取储蓄存款	Draw Saving Deposits	13242.85	15350.56
借入款	Borrowed	165.95	51.42
收回借出款	Recover Loans	33.41	0.63
收回储蓄性保险本	Recover of Principal Insurance Savings	3.61	5.44
兑售有价证券	Income from Securities		

Statistics of Income and Expenditure of Urban Households by City and Country

石嘴山市区 Shizuishan	平罗县 Pingluo	利通区 Litong	原州区 Yuanzhou	沙波头区 Shapotou	海原县 Haiyuan
187.77	**191.54**	**262.98**	**139.47**	**253.25**	**107.82**
20912.41	**16658.53**	**18452.06**	**17960.51**	**18893.19**	**14607.42**
18275.61	15125.33	16648.65	16311.06	16717.88	13251.35
13741.12	11414.59	11795.05	11967.60	13080.43	10606.46
13650.71	11376.73	11717.87	11697.61	12814.36	9754.53
90.41	37.86	77.17	269.99	266.07	851.93
2374.04	2281.95	2269.34	2220.29	2118.01	1212.15
176.36	75.53	109.48	314.53	204.59	205.40
17.70	38.46	25.23	12.74	40.32	14.71
0.62	17.50	6.41	20.02	0.14	
113.42			43.58		
44.63	19.57	73.72	238.19	151.56	190.69
		4.11		12.57	
4620.89	2886.47	4278.20	3458.09	3490.16	2583.41
4143.79	2539.35	3848.47	2188.70	2981.06	1943.48
69.35	163.13	57.42	291.43	12.32	475.67
18.22	102.98	32.38	166.82	7.30	275.52
31.07					
1.73		10.05			
3.94	21.97			34.05	
	20.16			13.98	
97.39	5.95	174.99	438.31	149.41	137.03
181.61	68.96	107.33	253.54	217.35	
87.95	77.01	68.42	70.36	76.12	27.23
4.06	10.08	11.52	215.74	19.84	
563.85	**4.23**	**1.98**	**24.78**	**4.97**	
562.15					
1.69	4.23	1.98	24.78	4.97	
14926.66	**11783.61**	**11926.91**	**13455.56**	**14894.59**	**8307.33**
14463.98	10691.58	10807.10	11934.66	12893.56	8307.33
56.71	498.68	148.72	720.26	96.19	
108.98	68.26	7.31	45.20		
		4.15	19.37		

10-8 续表

指 标	Indicator	全区 Total	银川市区 Yinchuan
收回投资本金	Recouping Investment Principal		
住房贷款	Repayment of House Loan	342.85	
汽车贷款	Repayment of Auto Loan	31.72	83.47
教育贷款	Repayment of Education Loan	5.20	
其他贷款	Repayment of Other Loans	58.53	3.16
其他借贷收入	Other Credit Income	101.59	266.48
家庭总支出	**Total Expenditure**	**18705.06**	**20637.56**
消费性支出	Consumption Expenditure	12896.04	14931.24
财产性支出	Property Expenditures	163.98	253.96
非生产性贷款利息支出	Interest of Non-productive Loans	150.36	238.89
其它	Other	13.62	15.06
转移性支出	Transfer Expenditures	2302.29	2220.30
交纳所得税	Individual Income-tax	70.05	125.54
捐赠支出	Gift Expenditures	1342.39	1236.91
购买彩票	Buy Lottery Expenditures	11.28	16.22
赡养支出	Support Expenditures	754.59	688.60
在外就学子女费用	Cost of Schooling Children away from Home	452.51	376.08
各种非储蓄性保险支出	Non-saving-deposits Insurance	81.21	111.85
车辆保险支出	Vehicle Insurance	43.37	71.21
其它转移性支出	Others	42.78	41.18
社会保障支出	Social Security Expenditures	1925.68	2032.85
个人交纳的养老基金	Annuities	857.27	952.39
个人交纳的住房公积金	Housing Accumulation Fund	795.93	763.32
个人交纳的医疗基金	Medical Accumulation Fund	221.95	256.78
个人交纳的失业基金	Disemployed Accumulation Fund	46.70	54.38
其它社会保障支出	Others	3.84	5.97
购房与建房支出	Expenditures of Purchasing and Building Houses	1417.08	1199.22
购房	Purchasing Houses	1416.77	1199.22
建房	Building Houses	0.31	
借贷支出	**Credit Expenditures**	**15043.34**	**16930.07**
存入储蓄款	Saving Deposits	13801.64	15391.66
借出款	Lending	18.09	0.76
归还借款	Repayment of Loans	255.48	264.62
储蓄性保险支出	Saving-purpose Insurance Costs	260.42	366.62
购买有价证券	Purchase of Securities	0.82	1.14
其它投资支出	Other Investment Expenditure	2.43	4.93
归还住房贷款	Repayment of House Loan	577.32	832.02
归还汽车贷款	Repayment of Auto Loan	29.91	68.31
归还教育贷款	Repayment of Education Loan		
归还其它贷款	Repayment of Other Loans	42.51	
其它借贷支出	Other Credit Expenditures	54.71	
期末手存现金	**Final Hand Deposit in Cash**	**233.30**	**226.63**

continued

石嘴山市区 Shizuishan	平罗县 Pingluo	利通区 Litong	原州区 Yuanzhou	沙波头区 Shapotou	海原县 Haiyuan
295.87	525.09	959.45	322.84	1349.48	
			90.40		
			322.84	553.63	
1.12		0.18		1.73	
20411.70	**16320.57**	**17361.27**	**15844.92**	**18740.01**	**12175.50**
13223.43	11086.89	11524.84	11137.03	11987.37	8577.24
37.10	132.60	154.27	277.47	108.75	30.67
20.33	113.17	134.84	277.47	108.75	30.67
16.77	19.42	19.43			
2753.29	1918.08	2210.89	2601.80	2315.58	2235.43
27.56	23.49	41.04	57.18	89.21	1.84
1629.43	1055.58	1740.12	1472.99	1051.20	1357.54
8.26	5.52	16.88	9.14	5.91	1.90
954.77	766.79	294.10	937.09	1028.02	834.81
513.58	311.94	173.60	774.13	836.35	811.41
100.08	31.34	66.21	19.29	90.20	26.10
35.62	23.19	22.59	13.32	27.51	23.11
33.19	35.36	52.54	106.10	51.03	13.23
2521.30	1432.71	1693.95	1521.91	2009.97	1327.00
1134.30	579.38	872.23	403.76	1019.03	313.63
1065.64	672.47	614.10	850.84	710.16	841.54
261.51	152.23	182.11	207.53	219.33	136.78
57.56	28.62	25.06	49.97	54.61	33.98
2.28		0.46	9.81	6.84	1.07
1876.59	1750.29	1777.32	306.70	2318.34	5.16
1876.59	1750.29	1777.32	306.70	2318.34	
					5.16
15988.64	**11968.38**	**13019.19**	**15596.35**	**15085.09**	**10652.21**
15118.63	10981.60	12207.10	12303.93	14052.46	10505.15
15.04	46.89	15.61		94.67	
424.87	103.62	158.65	601.78	159.21	1.15
144.47	280.45	287.78	236.90	148.78	1.72
		3.77			
	2.49		3.42		
264.44	551.24	291.73	1029.06	560.22	67.94
15.78			18.69		
			657.72		76.25
5.41	2.10	54.54	744.86	69.74	
193.20	**346.78**	**264.76**	**140.78**	**218.26**	**191.07**

10-9 主要年份全区农村居民家庭基本情况

年份 Year	调查户数(户) Number of Households Surveyed (household)	调查户常住人口(人) Number of Permanent Residents in the Households Surveyed (person)	平均每户常住人口(人) Average Number of Permanent Residents per Household (person)	平均每户整半劳动力(人) Average Number of Able-bodied and Semi-able-bodied Labours per Household (person)	整半劳动力占常住人口比重(%) Able-bodied Labours as Percentage of Permanent Residents (%)
1985	1090	6588	6.04	3.02	49.92
1990	990	5753	5.80	3.00	50.90
1991	990	5561	5.60	3.00	52.60
1992	990	5434	5.50	2.90	53.10
1993	990	5358	5.40	3.00	56.20
1994	990	5377	5.40	3.10	57.70
1995	1050	5517	5.30	3.10	58.20
1996	1050	5398	5.14	3.06	59.48
1997	1050	5302	5.00	3.00	59.70
1998	1050	5118	4.87	2.86	58.60
1999	1050	5036	4.80	2.82	58.76
2000	600	2850	4.75	2.81	59.05
2001	600	2826	4.71	2.81	59.70
2002	600	2813	4.69	2.82	60.18
2003	600	2769	4.62	2.80	60.67
2004	600	2759	4.59	2.78	60.46
2005	600	2720	4.53	2.79	61.43
2006	600	2703	4.51	2.80	62.20
2007	600	2642	4.40	2.78	63.21
2008	600	2648	4.41	2.79	63.26
2009	600	2587	4.31	2.75	63.86
2010	600	2559	4.27	2.76	64.63
2011	800	3417	4.27	2.76	64.65

Statistics of Rural Households in Main Years

劳动力中 Culture Level of Labours					
不识字或识字很少比重(%) Illiterate or Semiilliterate(%)	小学程度比重(%) Primary School(%)	初中程度比重(%) Junior Middle School(%)	高中程度比重(%) Senior Middle School(%)	中专程度比重(%) Special Secondary School(%)	大专及以上(%) College and Higher (%)
43.36	27.58	23.75	5.17	0.14	
37.30	30.20	27.10	5.35	0.10	
35.20	30.90	27.50	5.95	0.15	
34.40	30.50	28.80	6.03	0.21	
32.30	30.50	30.20	6.57	0.40	
31.20	30.60	31.20	6.52	0.44	
26.60	32.30	33.10	7.50	0.50	
23.98	32.64	36.16	6.88	0.34	
23.50	31.78	37.05	6.98	0.69	
21.57	31.24	38.21	8.47	0.51	
20.82	30.15	38.90	9.83	0.30	
19.48	30.30	39.10	9.10	2.02	
17.84	30.05	41.20	9.07	1.84	
16.89	30.30	41.94	8.74	2.13	
16.31	30.54	42.14	8.93	2.08	
15.77	28.84	44.72	8.69	1.98	
21.13	31.90	40.04	5.03	0.72	0.60
20.24	31.49	40.95	6.19	0.60	0.54
20.00	30.84	39.82	7.72	0.84	0.78
18.69	31.16	40.36	8.18	0.78	0.83
17.98	29.96	42.13	8.29	0.67	0.97
18.50	28.48	41.29	9.01	1.03	1.69
15.28	33.27	41.42	6.81	1.33	1.89

10-9 续表

年份 Year	年内新建房屋价值（元/平方米） Value of Newly-built Houses (yuan/sq.m)	年末住房面积（平方米/人） Floor Space of Lliving Houses at Year-end (sq.m/person)	砖木结构面积 Brick and Wood Structure	钢筋混泥土结构面积 Reinforced Concrete Structure
1985	21.83	11.83	0.03	
1990	61.70	13.62	1.04	0.02
1991	63.08	13.97	1.60	0.02
1992	70.29	14.64	1.94	0.02
1993	102.85	15.42	2.87	0.13
1994	62.84	16.33	3.32	0.06
1995	149.15	19.67	5.91	0.17
1996	156.02	16.12	5.32	
1997	212.34	16.76	6.14	0.34
1998	175.00	17.30	7.57	0.31
1999	185.13	18.18	8.94	0.17
2000	218.02	17.98	7.15	0.64
2001	190.02	18.84	8.47	0.54
2002	218.55	19.23	8.46	0.59
2003	226.18	20.12	9.20	0.71
2004	203.57	21.38	10.72	0.56
2005	286.49	21.03	11.15	0.95
2006	264.75	21.64	11.90	0.90
2007	311.27	23.04	13.38	0.78
2008	484.98	23.06	13.45	0.87
2009	343.37	24.46	14.92	1.28
2010	486.61	24.89	15.40	1.81
2011	668.04	24.38	16.59	1.73

continued

年末生产固定资产原值(元/户) Original Value of Productive Fixed Assets at Year-end (yuan/household)	农业原值 Agriculture	工业原值 Industry	建筑业原值 Construction	交通运输业原值 Transport
1170.70	732.92	37.30		250.43
2128.90	924.24	84.51		849.10
2354.70	1212.29	69.02		703.88
2482.90	1245.45	90.64		778.41
2757.10	1415.81	95.98		744.42
3366.40	1767.70	112.19		863.06
5153.02	2991.02	111.06		1236.99
5426.09	3146.21	226.61		1102.58
6824.99	3487.40	122.58		1290.86
6722.50	3704.03	121.34		1399.85
7086.46	3849.89	134.43		1552.03
10168.09	6051.06	480.93	4.50	1658.58
11069.85	6270.36	520.44	1.67	2199.25
12024.13	6983.16	576.17	4.00	2288.58
13058.17	7925.36	554.65	1.11	2388.79
13735.07	9743.20	822.65	1.28	2430.17
14811.19	7296.87	604.72	21.05	3527.30
15368.15	7492.11	466.25	76.88	3806.57
16917.74	8154.97	485.40	20.85	4717.09
18244.68	9359.18	475.70	20.85	4366.96
21310.13	10642.49	575.45	24.30	5253.33
23405.21	10745.15	544.09	24.30	7676.17
21417.95	10333.78	286.88	220.10	5212.56

10-10 主要年份全区农村居民家庭纯收入来源情况

Statistics of Net Income of Rural Households by Source in Main Years

单位:元/人 (yuan/person)

年份 Year	全年纯收入 Net Income	工资性收入 Wage Income	家庭经营收入 Household Business Income	财产性及转移收入 Property and Transfer Income
1985	326	63	241	34
1990	594	79	494	21
1991	608	97	489	22
1992	619	114	477	27
1993	667	134	504	28
1994	910	146	726	38
1995	1037	178	810	48
1996	1416	209	1152	56
1997	1545	263	1230	52
1998	1756	368	1314	75
1999	1791	423	1278	90
2000	1724	484	1121	119
2001	1823	528	1180	116
2002	1917	527	1265	125
2003	2043	592	1255	196
2004	2320	618	1506	196
2005	2509	702	1562	245
2006	2760	823	1662	275
2007	3181	1021	1862	297
2008	3681	1260	2032	389
2009	4048	1519	2112	418
2010	4675	1788	2422	465
2011	5410	2164	2730	515

10-11 主要年份农村居民家庭平均每人生活消费支出

Per Capita Annual Expenditure of Rural Households in Main Years

单位:元/人 (yuan/person)

年份 Year	生活消费支出 Living Expenditure	食品 Food	衣着 Clothing	居住 Residence	家庭设备、用品及服务 Household Facilities, Article and Service	医疗保健 Medicine and Health Care	交通和通讯 Transport, Post and Telecommunications	文教娱乐 Cultural, Educational, Recreational Article and Services	其他商品和服务 Other Commodities and Services
1985	264	155	33	31	21	8	1	15	2
1990	486	275	51	66	29	17	12	34	2
1991	519	293	58	63	37	21	10	33	4
1992	561	323	53	74	32	23	10	40	6
1993	606	342	55	80	37	27	15	42	7
1994	831	486	67	106	47	29	26	51	18
1995	1058	609	84	146	59	44	31	71	13
1996	1234	730	94	156	67	55	31	79	21
1997	1282	688	105	201	64	68	39	97	20
1998	1350	713	105	217	69	77	53	97	19
1999	1330	676	103	199	76	75	53	121	27
2000	1417	691	97	227	62	89	80	145	26
2001	1381	644	97	223	61	98	96	132	30
2002	1418	633	98	204	70	123	111	148	31
2003	1637	680	109	286	56	116	171	178	40
2004	1927	809	122	325	65	187	155	217	46
2005	2094	923	143	346	77	199	178	178	51
2006	2247	929	159	415	104	188	226	169	57
2007	2529	1019	184	451	109	239	266	192	68
2008	3095	1288	217	582	124	319	299	193	72
2009	3348	1395	256	502	169	356	366	217	86
2010	4013	1542	303	776	188	418	444	241	101
2011	4727	1763	380	935	265	445	483	324	132

10-12 主要年份全区农村居民家庭现金收入情况

Statistics of Per Capita Cash Income of Rural Households in Main Years

单位:元/人 (yuan/person)

年份 Year	全年现金收入 Annual Cash Income	工资性收入 Wage Income	家庭经营收入 Household Business Income	财产及转移性收入 Property and Transfer Income
1985	285	50	206	29
1990	581	79	449	53
1991	638	97	487	54
1992	660	114	490	56
1993	692	133	493	66
1994	943	146	719	77
1995	1252	178	996	78
1996	1454	209	1152	93
1997	1808	263	1426	120
1998	1988	368	1468	152
1999	2112	423	1505	184
2000	2169	484	1535	150
2001	2295	528	1623	145
2002	2457	526	1760	171
2003	2625	592	1862	170
2004	2979	618	2224	137
2005	3463	702	2546	215
2006	3729	823	2673	232
2007	4317	1021	3061	235
2008	5004	1260	3393	351
2009	5380	1519	3497	364
2010	5879	1788	3655	436
2011	7034	2164	4370	500

10-13 主要年份全区农村居民家庭现金支出情况

Statistics of Per Capita Cash Expenditure of Rural Households in Main Years

单位:元/人 (yuan/person)

年份 Year	全年现金支出 Annual Cash Expenditure	生产费用支出 Expenditure for Production	税费支出 Expenditure for Taxes and Fees	生活消费支出 Living Expenditure	财产及转移性支出 Property and Transfer Expenditure
1985	275	95	8	153	19
1990	554	192	20	300	42
1991	604	218	19	320	47
1992	651	240	24	335	51
1993	714	257	26	376	56
1994	947	352	33	485	77
1995	1354	581	36	654	83
1996	1497	601	61	737	97
1997	1656	655	66	821	115
1998	1822	704	81	893	143
1999	1895	714	83	922	175
2000	2032	813	66	1017	136
2001	2168	896	55	1036	180
2002	2262	939	39	1079	205
2003	2457	963	31	1273	190
2004	2861	1132	26	1489	214
2005	3427	1489	3	1649	287
2006	3644	1518	4	1825	298
2007	4307	1820	8	2116	363
2008	5114	2152	1	2560	402
2009	5424	2181	1	2782	460
2010	6130	2101	3	3447	579
2011	7795	2642	2	4210	941

10-14 主要年份全区农村居民家庭生活消费现金支出

Per Capita Cash Consumption Expenditure of Rural Households in Main Years

单位:元 / 人 (yuan/person)

年份 Year	生活消费现金支出 Cash Consumption Expenditure	食品 Food	衣着 Clothing	居住 Residence	家庭设备、用品及服务 Household Facilities, Article and Service	医疗保健 Medicine and Health Care	交通和通讯 Transport and Telecommu-nications	文教娱乐 Cultural, Educational, Recreational Article and Service	其他商品和服务 Other Commodi-ties and Services
1985	153	48	33	26	21	8	1	15	2
1990	300	94	51	61	29	17	12	34	2
1991	320	100	58	56	37	21	11	33	4
1992	335	102	52	70	32	23	10	40	6
1993	376	119	55	73	37	27	15	42	7
1994	485	150	67	96	47	29	26	51	18
1995	654	215	84	137	59	44	31	71	13
1996	737	243	94	147	67	55	31	79	21
1997	821	238	105	190	64	68	39	97	20
1998	893	270	105	203	69	77	53	97	19
1999	922	277	103	190	76	75	53	121	27
2000	1017	303	97	216	62	89	80	145	26
2001	1036	307	97	215	61	98	96	132	30
2002	1079	304	98	194	70	123	111	148	31
2003	1273	324	109	278	56	116	171	178	40
2004	1489	380	122	316	65	187	155	217	46
2005	1649	484	143	338	77	199	178	178	51
2006	1825	524	159	398	104	188	226	169	57
2007	2116	622	184	435	109	239	266	192	68
2008	2560	768	217	567	124	319	299	193	72
2009	2782	834	256	497	169	356	366	217	86
2010	3447	975	303	776	188	418	444	241	101
2011	4210	1245	380	935	265	445	483	324	132

10-15 主要年份全区农村居民家庭主要食物消费情况

Statistics of Major Foods Consumption of Rural Households in Main Years

单位:公斤/人 (kg/person)

年份 Year	谷物和薯类 Cereal and tubers	细粮 Flour and Rice	蔬菜及制品 Vegetables and Related Products	豆类及制品 Soybeans and Related Products	植物油 Vegetable Oil	动物油 Animal Fat	猪肉 Pork	牛羊肉 Beef and Mutton
1985	261.07	229.45	102.99		3.77	0.89	5.39	1.86
1990	254.88	217.78	83.49	0.89	4.94	0.59	5.89	2.84
1991	272.70	233.80	76.36		5.13	0.46	6.87	3.32
1992	267.87	233.37	93.79		5.90	0.45	6.23	2.53
1993	264.36	234.76	70.97		6.11	0.45	5.56	2.09
1994	260.21	236.41	63.63		5.67	0.41	5.40	1.96
1995	274.67	234.68	76.27	0.58	6.78	0.39	5.45	2.01
1996	277.40	236.73	72.47		6.38	0.40	6.24	2.66
1997	255.53	225.37	70.27	0.53	6.46	0.13	6.84	3.13
1998	262.94	236.33	97.32	0.77	6.94	0.72	6.85	3.53
1999	250.60	223.88	83.08	1.02	7.08	0.94	7.93	3.51
2000	248.63	223.44	91.19	1.20	6.55	0.55	8.29	3.27
2001	236.54	216.21	82.64	0.94	7.20	0.85	7.16	3.11
2002	235.25	216.85	74.59	1.07	7.27	0.61	8.01	3.01
2003	224.09	212.89	84.38	1.25	7.14	0.08	7.81	3.52
2004	226.67	216.74	79.82	0.87	6.99	0.19	7.42	4.42
2005	233.18	220.95	82.68	0.91	7.80	0.09	7.74	5.50
2006	212.12	199.75	76.53	0.75	6.37	0.09	8.01	5.40
2007	202.58	192.81	76.50	0.80	6.14	0.14	7.83	4.53
2008	213.64	195.36	74.77	0.74	7.83	0.12	7.39	4.71
2009	202.05	190.03	75.86	0.76	9.47	0.11	7.86	6.24
2010	203.42	192.76	73.67	0.69	8.92	0.08	7.50	5.98
2011	201.62	191.40	77.64	1.15	8.43	0.13	6.04	6.69

10-15 续表

单位:公斤/人 (kg/person)

年份 Year	奶及奶制品 Milk and Dairy Products	家禽 Poultry	水产品 Aquatic Products	食糖 Sugar	酒 Liquor	糖果 Candy	糕点 Cake	水果 Fruit
1985	0.23	0.29	0.06	1.29	0.69	0.68		
1990	0.02	0.33	0.23	1.58	0.86	0.14	0.39	3.05
1991	0.61	0.44	0.24	1.47	0.87	0.13	0.30	4.03
1992	0.95	0.57	0.29	1.61	0.79	0.13	0.29	4.25
1993	0.21	0.71	0.27	1.44	0.93	0.16	0.30	8.97
1994	0.28	0.60	0.29	1.52	0.81	0.16	0.31	8.35
1995	0.29	0.81	0.35	1.32	0.92	0.13	0.27	10.09
1996	0.46	0.79	0.39	1.47	1.02	0.13	0.25	19.24
1997	0.57	0.98	0.37	1.56	1.02	0.14	0.27	23.96
1998	0.61	1.45	0.40	1.70	1.08	0.14	0.25	46.77
1999	0.78	1.43	0.54	2.08	1.16	0.18	0.26	37.69
2000	0.88	1.85	0.51	1.57	1.63	0.17	0.23	39.01
2001	0.87	2.26	0.63	1.50	1.65	0.16	0.31	40.95
2002	1.41	2.74	0.77	1.75	1.83	0.17	0.26	40.90
2003	2.22	2.81	0.51	1.62	2.02	1.35	2.37	26.36
2004	2.77	2.37	0.33	1.56	2.12	1.22	2.17	22.07
2005	2.92	2.50	0.45	1.38	2.97			21.82
2006	2.61	2.78	0.58	1.32	3.08			16.90
2007	5.00	3.48	0.67	1.47	3.12			23.92
2008	6.52	4.52	0.70	1.46	3.04			20.19
2009	4.98	4.45	0.77	1.54	3.09			29.97
2010	4.48	4.51	0.74	1.38	3.22			21.61
2011	6.17	5.49	0.61	1.13	3.18			21.79

10-16 主要年份全区农村居民家庭主要耐用物品拥有情况

Statistics of Major Durable Goods Owned of Rural Households in Main Years

单位:百户均 (per 100 household)

年份 Year	自行车（辆） Bicycle (unit)	电风扇（台） Electric Fan (set)	洗衣机（台） Washing Machine (set)	电冰箱（台） Refrigerator (set)	摩托车（辆） Motorcycle (unit)	彩色电视机（台） Color TV set (set)	收录机（台） Radio-cassette Recorder (set)	照相机（台） Camera (unit)
1985	125.23	0.28	3.67		1.10	2.94	8.26	0.28
1990	170.20	5.40	19.60	0.20	2.70	17.90	25.60	0.50
1991	164.20	8.40	24.10	0.70	2.30	22.60	30.50	0.40
1992	168.50	8.70	24.10	0.70	1.80	25.80	29.90	0.50
1993	172.40	10.80	25.50	1.30	2.50	31.10	33.60	0.90
1994	173.50	12.70	27.30	1.40	3.20	35.60	35.40	1.10
1995	176.57	11.60	29.43	2.48	5.81	35.71	38.38	0.95
1996	177.52	14.38	30.00	2.76	7.43	39.71	40.67	1.52
1997	180.00	14.48	31.24	3.33	8.38	47.24	41.90	1.43
1998	174.76	14.57	31.62	4.19	12.00	49.71	42.00	1.52
1999	174.48	14.86	31.62	5.14	15.14	54.48	42.57	1.33
2000	162.83	21.33	37.55	6.00	25.83	67.00	35.50	3.33
2001	166.67	25.83	40.00	7.17	29.17	71.17	38.00	3.17
2002	166.33	26.83	42.33	9.50	36.50	78.17	39.00	3.50
2003	164.67	26.67	44.33	8.83	45.50	84.33	37.17	3.00
2004	168.50	26.83	48.33	10.00	50.67	91.00	31.83	5.67
2005	120.33	25.50	44.50	10.17	63.50	92.67	17.00	3.17
2006	121.67	27.67	49.33	12.33	67.33	98.67	17.00	2.33
2007	118.83		56.67	14.67	71.50	107.83		2.83
2008	123.67		63.17	18.67	78.33	115.17		2.67
2009	118.67		70.33	27.67	83.67	120.33		2.67
2010	116.67		76.17	35.33	85.83	118.83		5.83
2011	108.00		84.75	52.13	86.50	119.13		2.13

10-17 各市县(区)城镇居民人均可支配收入

Per Capita Annual Disposable Income of Urban Households by City and Country

单位:元　　　　(yuan)

地　区	Region	2010	2011	增加额 Incremental	增长 Growth(%)
全　区	**Total**	**15344**	**17579**	**2234**	**14.6**
银川市	**Yinchuan**	**16842**	**19203**	**2362**	**14.0**
银川市区	District	17073	19481	2408	14.1
灵武市	Yongning	15336	17523	2187	14.3
贺兰县	Helan	15146	17290	2145	14.2
永宁县	Lingwu	15240	17203	1962	12.9
石嘴山市	**Shizuishan**	**15466**	**17928**	**2462**	**15.9**
石嘴山市区	District	15739	18276	2537	16.1
平罗县	Pingluo	13322	15125	1803	13.5
吴忠市	**Wuzhong**	**13849**	**15753**	**1904**	**13.7**
利通区	Litong	14544	16649	2104	14.5
红寺堡区	Hongsipu	10500	12047	1547	14.7
盐池县	Yanchi	14118	16572	2454	17.4
同心县	Tongxin	11100	12602	1501	13.5
青铜峡市	Qingtongxia	12637	14379	1742	13.8
固原市	**Guyuan**	**13044**	**14879**	**1835**	**14.1**
原州区	Yuanzhou	14256	16311	2055	14.4
隆德县	Longde	11177	12798	1621	14.5
西吉县	Xiji	11800	13492	1692	14.3
彭阳县	Pengyang	11481	13121	1640	14.3
泾源县	Jingyuan	11552	13260	1708	14.8
中卫市	**Zhongwei**	**13980**	**15866**	**1885**	**13.5**
沙坡头区	Shapotou	14669	16718	2049	14.0
中宁县	Zhongning	13380	14774	1394	10.4
海原县	Haiyuan	11462	13251	1789	15.6

10-18 各市县农民家庭平均每人纯收入来源情况(2011年)

Per Capital Annual Income of Rural Household by City and Country(2011)

单位:元 (yuan)

地 区	Region	纯收入 Net Income	按纯收入来源分 Grouped by Source					
			工资性收入 Wages Income	家庭经营收入 Income from Household Operations	一产业纯收入 Primary Industry	非农产业纯收入 Non-agriculture	财产性收入 Property Income	转移性收入 Transfer Income
全 区	**Total**	**5409.95**	**2164.24**	**2730.43**	**2310.29**	**420.14**	**116.43**	**398.85**
川 区	**Plain**	**6907.33**	**2387.49**	**3998.68**	**3072.07**	**926.61**	**165.11**	**356.05**
山 区	**Mountain Area**	**3964.01**	**1750.85**	**1835.37**	**1616.58**	**218.78**	**33.79**	**344.00**
银川市	**Yinchuan**	**7069.87**	**2316.83**	**4144.72**	**3014.35**	**1130.38**	**232.82**	**375.49**
兴庆区	Xingqing	7803.71	1863.78	4858.79	3709.08	1149.70	770.69	310.46
西夏区	Xixia	5057.80	2190.00	2045.97	1322.81	723.16	250.06	571.76
金凤区	Jinfeng	6925.75	2498.45	3813.65	2110.17	1703.49	341.24	272.41
永宁县	Yongning	6782.72	2311.92	4008.31	3214.66	793.65	149.56	312.93
贺兰县	Helan	7199.82	1623.04	4816.53	3951.40	865.12	284.71	475.55
灵武市	Lingwu	7566.19	3091.92	3991.30	2372.63	1618.67	117.36	365.61
石嘴山市	**Shizuishan**	**6974.28**	**2385.25**	**4026.86**	**3371.20**	**655.66**	**185.85**	**376.33**
大武口区	Dawukou	5673.45	3603.17	1658.61	512.67	1145.94	178.96	232.71
惠农区	Huinong	7322.70	2717.54	4102.58	3238.40	864.18	177.05	325.53
平罗县	Pingluo	7137.91	2066.89	4423.46	3913.65	509.81	230.93	416.62
吴忠市	**Wuzhong**	**5573.44**	**1971.12**	**3158.42**	**2528.83**	**629.59**	**106.27**	**337.63**
利通区	Litong	7752.17	2535.46	4859.70	3357.62	1502.08	92.11	264.91
红寺堡区	Hongsipu	4047.61	2456.47	1273.97	1157.48	116.49	87.68	229.49
盐池县	Yanchi	4096.12	882.71	2299.53	2183.64	115.89	361.27	552.61
同心县	Tongxin	3962.63	1541.36	2100.31	1913.78	186.53	26.83	294.12
青铜峡市	Qingtongxia	7585.32	2776.73	4119.85	3181.82	938.02	353.62	335.13
固原市	**Guyuan**	**4044.06**	**1876.95**	**1774.52**	**1542.86**	**231.66**	**21.82**	**370.76**
原州区	Yuanzhou	4188.56	2011.46	1782.70	1508.22	274.47	9.10	385.31
西吉县	Xiji	4035.26	1861.94	1904.77	1723.43	181.34	8.05	260.50
隆德县	Longde	4076.21	1866.35	1526.00	1268.50	257.50	81.74	602.13
泾源县	Jingyuan	4451.79	2206.33	1700.30	1411.81	288.49	17.93	527.22
彭阳县	Pengyang	4171.55	1855.50	1924.47	1654.44	270.03	23.88	367.69
中卫市	**Zhongwei**	**5177.67**	**2041.55**	**2753.77**	**2276.07**	**477.70**	**62.84**	**319.52**
沙坡头区	Shapotou	6195.36	2594.39	3072.59	2654.67	417.93	75.49	452.89
中宁县	Zhongning	6069.71	1866.01	3832.45	3008.06	824.39	96.41	274.84
海原县	Haiyuan	3632.65	1674.34	1687.94	1407.22	280.72	37.77	232.61

10-19 主要年份各市县农民家庭平均每人纯收入

Per Capital Annual Income of Rural Households by City and Country in Main Years

单位:元 （yuan）

地　区	Region	1985	1990	1995	2000	2005	2010	2011
全　区	**Total**	**326**	**594**	**1037**	**1724**	**2509**	**4675**	**5410**
川　区	**Plain**	**419**	**805**	**1530**	**2701**	**3584**	**6011**	**6907**
山　区	**Mountain Area**	**200**	**363**	**600**	**987**	**1687**	**3416**	**3964**
银川市	**Yinchuan**	**466**	**979**	**1683**	**2712**	**3493**	**6161**	**7070**
兴庆区	Xingqing					4017	6820	7804
西夏区	Xixia					2333	4337	5050
金凤区	Jinfeng					3488	6008	6900
永宁县	Yongning	467	977	1648	2543	3375	5896	6792
贺兰县	Helan	408	993	1629	2561	3534	6214	7163
灵武市	Lingwu	433	769	1513	2705	3597	6581	7570
石嘴山市	**Shizuishan**	**434**	**813**	**1534**	**2719**	**3556**	**6060**	**6974**
惠农区	Huinong	405	781	1493	2760	3687	6390	7351
平罗县	Pingluo	460	839	1484	2601	3640	6186	7141
吴忠市	**Wuzhong**	**355**	**648**	**1213**	**2194**	**2891**	**5041**	**5573**
利通区	Litong	354	726	1384	2853	3974	6761	7771
红寺堡区	Hongsipu							4028
盐池县	Yanchi	365	534	821	1136	2005	3669	4149
同心县	Tongxin	221	427	812	1194	1710	3421	3942
青铜峡市	Qingtongxia	414	753	1529	2812	4019	6549	7565
固原市	**Guyuan**	**195**	**352**	**553**	**928**	**1715**	**3477**	**4044**
原州区	Yuanzhou	248	395	628	933	1727	3546	4138
西吉县	Xiji	166	338	447	902	1740	3459	4016
隆德县	Longde	187	383	631	1082	1696	3478	4034
泾源县	Jingyuan	215	246	457	971	1508	3168	3678
彭阳县	Pengyang	156	369	657	896	1764	3556	4146
中卫市	**Zhongwei**					**2537**	**4439**	**5178**
沙坡头区	Shapotou	341	702	1381	2495	3349	5358	6187
中宁县	Zhongning	370	632	1470	2648	3307	5288	6076
海原县	Haiyuan	201	333	470	877	1446	3111	3627

注:1.2003 年、2004 年部分市县(区)数据按最新区划调整重新进行了测算,具体包括川区、山区、银川市、石嘴山市、吴忠市、固原市、中卫市、平罗县、中宁县、同心县。2003 年以前市县(区)数是原区划数未作调整。

2.2008 年,因区划调整,原州区黑城镇、甘城乡划归海原县;海原县兴隆乡划归同心县,徐套乡划归中宁县,兴仁乡划归沙坡头区,因此对原州区、海原县、同心县、中宁县、沙坡头区的数据进行了调整,同时对川区、山区、吴忠市、固原市、中卫市的数据也进行了相应调整。2009 年以后数据按新区划调整口径。

a)2003 and 2004, data were adjusted according newly division of some county and city,include Plain,Mountain Area,Yinchuan, Shizuishan,Wuzhong,Guyuan,Zhongwei,Pingluo,Zhongning and Tongxin.data were not adjusted on original division before 2003.

b)2008,Leicheng town,Gancheng town of Country Yuanzhou were allocated Country Haiyuan,Xinlong town of Country Haiyuan were allocated Country Tongxin,Xutao town of Country Haiyuan were allocated Country Zhongning,Xingren town of CountryHaiyuan were allocated Country Shapotou,data of Country Yuanzhou,Country Haiyuan,Country Tongxin,Country Zhongning and Country Shapotou were adjusted,at the same time,data of Plain,Mountain area,Wuzhong,Guyuan,Zhongwei were adjusted.From 2009,data are newly division.

10-20 主要年份各市县农民家庭平均每人生活消费支出

Per Capital Consumption Expenditure of Rural Households by City and Country in Main Years

单位:元/人　　　　(yuan/person)

地区	Region	1985	1990	1995	2000	2005	2010	2011
全区总计	**Total**	**264**	**486**	**1058**	**1417**	**2094**	**4013**	**4727**
川区	**Plain**	**320**	**657**	**1395**	**1939**	**2712**	**4914**	**6008**
山区	**Mountain Area**	**186**	**295**	**743**	**906**	**1624**	**3003**	**3827**
银川市	**Yinchuan**	**383**	**810**	**1449**	**1886**	**2836**	**5394**	**6707**
兴庆区	Xingqing					2699	5923	7007
西夏区	Xixia					2175	5021	6203
金凤区	Jinfeng					2749	6562	6922
永宁县	Yongning	384	887	1446	1666	2871	4520	5757
贺兰县	Helan	331	682	1620	2095	3164	6003	8006
灵武市	Lingwu	319	594	1374	1770	2757	5277	6504
石嘴山市	**Shizuishan**	**312**	**656**	**1438**	**2102**	**3187**	**4930**	**6041**
大武口区	Dawukou						5109	6061
惠农区	Huinong	299	735	1361	2469	3425	4753	5849
平罗县	Pingluo	324	656	1391	2027	3126	4941	6081
吴忠市	**Wuzhong**	**275**	**531**	**1201**	**1641**	**2107**	**3763**	**4604**
利通区	Litong	286	694	1310	2345	2494	4255	5099
红寺堡区	Hongsipu							5209
盐池县	Yanchi	317	469	1038	1231	2513	3496	4658
同心县	Tongxin	188	342	901	958	1384	3149	3770
青铜峡市	Qingtongxia	294	622	1566	1849	2470	4363	5499
固原市	**Guyuan**	**186**	**288**	**709**	**854**	**1680**	**3085**	**3793**
原州区	Yuanzhou	227	330	692	985	1716	3002	4160
西吉县	Xiji	181	270	622	965	1653	3332	3651
隆德县	Longde	185	324	857	1110	1680	2969	3802
泾源县	Jingyuan	164	221	540	804	1835	3202	4114
彭阳县	Pengyang	164	297	824	753	1592	2767	3469
中卫市	**Zhongwei**					**1986**	**3877**	**4916**
沙坡头区	Shapotou	256	495	1351	1600	2142	4775	6065
中宁县	Zhongning	282	472	1065	1982	2898	4932	5541
海原县	Haiyuan	176	254	683	678	1288	2422	3453

注:1.2003 年以前吴忠市农民人均生活消费支出包括中卫、中宁两县;

2.2003 年以前惠农区农民人均生活消费支出为原惠农县数据。

a)Before 2003,data of city wuzhong included county zhongwei and zhongning.

b)Before 2003,data of huinong district refered to the former county huinong.

10-21 各市县农村居民家庭平均每百户耐用消费品拥有量

地区	Region	洗衣机(台) Washing Machine (unit)	电冰箱(台) Refrigerator (unit)	空调机(台) Air Conditioner (unit)	抽油烟机(台) Ventilator (unit)	微波炉(台) Microwave Oven (unit)	热水器(台) Water Heater (unit)	自行车(辆) Bicycle (unit)
全　区	**Total**	**84.75**	**52.13**	**0.63**	**7.50**	**5.25**	**19.00**	**108.00**
川　区	**Plain**	**90.48**	**57.66**	**0.90**	**7.52**	**6.36**	**26.20**	**169.88**
山　区	**Mountain Area**	**79.05**	**40.34**	**0.51**	**1.50**	**2.52**	**11.43**	**47.85**
银川市	**Yinchuan**	**96.50**	**69.56**	**1.25**	**13.83**	**12.90**	**30.78**	**168.35**
兴庆区	Xingqing	95.00	83.33	3.33	20.00	15.00	41.67	170.00
西夏区	Xixia	90.00	73.33	5.00	5.00	8.33	36.67	121.67
金凤区	Jinfeng	96.00	80.00		18.00	30.00	16.00	140.00
永宁县	Yongning	100.00	58.00	2.00	14.00	14.00	24.00	231.00
贺兰县	Helan	95.00	58.00		2.00	8.00	22.00	165.00
灵武市	Lingwu	98.00	84.00		24.00	10.00	48.00	127.00
石嘴山市	**Shizuishan**	**76.38**	**49.69**	**0.24**	**1.70**	**1.67**	**18.94**	**183.36**
大武口区	Dawukou	94.00	74.00	2.00		2.00	24.00	198.00
惠农区	Huinong	86.67	65.00		1.67		45.00	200.00
平罗县	Pingluo	71.00	42.00		2.00	2.00	12.00	177.00
吴忠市	**Wuzhong**	**90.64**	**66.81**	**0.37**	**4.94**	**3.96**	**30.58**	**102.80**
利通区	Litong	104.00	96.00	1.00	10.00	11.00	55.00	172.00
红寺堡区	Hongsipu	86.25	57.50	1.25	3.75	2.50	21.25	41.25
盐池县	Yanchi	71.25	66.25		2.50		15.00	15.00
同心县	Tongxin	91.00	56.00		1.00		21.00	47.00
青铜峡市	Qingtongxia	90.00	46.00		6.00	5.00	26.00	183.00
固原市	**Guyuan**	**74.46**	**25.97**	**0.81**	**1.75**	**3.70**	**7.91**	**58.52**
原州区	Yuanzhou	80.00	38.00	3.00	4.00	3.00	3.00	68.00
西吉县	Xiji	68.00	22.00			3.00	14.00	48.00
隆德县	Longde	81.25	16.25		3.75	5.00	6.25	92.50
泾源县	Jingyuan	85.00	35.00		1.67	3.33	6.67	31.67
彭阳县	Pengyang	67.00	18.00			5.00	7.00	51.00
中卫市	**Zhongwei**	**86.83**	**44.38**	**0.78**	**2.81**	**1.66**	**12.58**	**116.63**
沙坡头区	Shapotou	86.00	40.00	2.00	6.00	2.00	8.00	153.00
中宁县	Zhongning	90.00	35.00		1.67	0.83	21.67	165.83
海原县	Haiyuan	85.00	58.00			2.00	10.00	29.00

Number of Durable Consumer Goods Owned Per 100 Rural Households by City and Country

摩托车(辆) Motorcycle (unit)	电话机(部) Telephone (set)	移动电话(部) Mobile Telephone (set)	彩色电视机(台) Color TV Set (unit)	黑白电视机(台) Black and White TV Set (unit)	摄像机(台) Video Camera (unit)	影碟机(台) Video Disc Player (set)	照相机(台) Camera (unit)	家用计算机(台) Computer (set)
86.50	**33.13**	**225**	**119.13**	**0.75**	**1.25**	**47.25**	**2.13**	**11.75**
86.43	**30.79**	**226.78**	**120.04**	**0.33**	**0.99**	**42.98**	**3.36**	**16.65**
82.87	**32.31**	**222.84**	**111.85**	**2.41**	**1.95**	**49.10**	**1.00**	**8.05**
77.44	**30.85**	**226.40**	**122.80**	**0.22**	**1.94**	**35.13**	**4.73**	**15.14**
60.00	36.67	215.00	116.67			40.00	8.33	21.67
63.33	46.67	205.00	98.33			26.67	11.67	10.00
72.00	12.00	166.00	102.00			14.00	4.00	12.00
72.00	41.00	242.00	140.00		2.00	24.00	9.00	20.00
78.00	27.00	229.00	119.00		5.00	52.00	1.00	14.00
99.00	23.00	246.00	129.00	1.00	1.00	40.00		10.00
85.20	**30.64**	**212.82**	**98.09**	**0.24**	**1.20**	**41.00**	**5.11**	**8.97**
62.00	34.00	234.00	116.00	2.00	4.00	64.00	20.00	30.00
90.00	26.67	226.67	98.33			50.00	3.33	15.00
88.00	31.00	206.00	95.00		1.00	35.00	3.00	4.00
90.66	**19.39**	**239.35**	**122.69**		**3.09**	**47.65**	**1.88**	**15.51**
87.00	31.00	251.00	139.00			54.00	6.00	29.00
85.00	6.25	240.00	112.50		1.25	41.25		12.50
95.00	10.00	256.25	110.00			5.00		6.25
95.00	17.00	222.00	117.00		9.00	59.00		9.00
88.00	19.00	234.00	122.00		2.00	61.00	1.00	16.00
74.79	**39.44**	**209.20**	**109.41**	**3.13**	**0.91**	**53.24**	**1.78**	**9.72**
83.00	36.00	225.00	117.00	4.00		72.00	1.00	11.00
84.00	52.00	191.00	98.00	3.00	3.00	29.00	2.00	10.00
60.00	47.50	230.00	116.25			57.50	3.75	10.00
45.00	25.00	195.00	113.33	10.00		53.33		8.33
74.00	26.00	208.00	110.00	1.00		62.00	2.00	8.00
94.81	**36.05**	**231.70**	**119.85**	**1.77**		**44.11**	**0.24**	**12.51**
82.00	28.00	219.00	118.00			39.00		19.00
114.17	42.50	228.33	126.67	1.67		46.67	0.83	16.67
93.00	40.00	250.00	116.00	4.00		48.00		1.00

主要统计指标

1、有关历年收入指标说明

1992 年至 1996 年同时使用生活费收入和可支配收入。

可支配收入 = 实际收入 – 个人所得税 – 家庭生产副业支出

生活费收入 = 实际收入 – 赡养、赠送支出 – 记账补贴 – 亲友搭伙费 – 家庭生产副业支出

1997 年开始可支配收入指标口径改变为:可支配收入 = 实际收入 – 个人所得税 – 家庭生产副业支出 – 记账补贴

随着社会保障体系的逐步建立，个人交纳的社会保障支出逐年增加,2002 年之后可支配收入指标口径为:

可支配收入 = 家庭总收入 – 交纳个人所得税 – 个人交纳的社会保障支出 – 记账补贴。

其中家庭总收入口径小于实际收入,从 2002 年之后家庭总收入中不包括出售财物收入。“历年宁夏城镇居民家庭人口和收支情况表”中的收支指标已做了同口径调整。

2、有关消费指标的说明

从 2002 年以后“旅游消费支出”中旅馆住宿费仍归在“杂项商品和服务”中,与旅游有关的交通、伙食等其他花费分别归入相应的消费支出项目中。同时,针对无法拆分的团体旅游花费,增加了团体旅游消费指标。

3、2002 年之前城镇住户调查指标体系作过多次大范围调整,“历年宁夏城镇居民家庭人口和收支情况表 " 中大部分数据是按 2002 年指标口径调整的结果。

[现住房总建筑面积] 指调查户现住房的总建筑面积。现住房计算总建筑面积时以房屋产权证或租赁证为准,建筑面积也可按使用面积 × 1.333 计算得出。应扣除住房中专门用于出租的建筑面积。

[家庭人口] 指居住在一起,经济上合在一起共同生活的家庭成员。凡计算为家庭人口的成员其全部收支都应包括在调查表中。

[家庭总收入] 指调查户中生活在一起的所有家庭成员在调查期得到的工资性收入、经营净收入、财产性收入、转移性收入的总和,不包括出售财物和借贷收入。收入的统计标准以实际发生的数额为准,无论收入是补发还是预发，只要是调查期得到的都应如实计算,原则上不作分摊。考虑到对样本量小的市县影响较大,大笔收入可以分摊记入,但要尽量减少分摊次数,并要在本年度内分摊完毕。

[可支配收入] 指调查户可用于最终消费支出和其他非义务性支出以及储蓄的总和，即居民家庭可以用来自由支配的收入。它是家庭总收入扣除经营性支出、交纳的个人所得税、个人交纳的社会保障费以及调查户的记账补贴后的收入。计算公式为:

可支配收入 = 家庭总收入 – 经营性支出 – 交纳个人所得税 – 个人交纳的社会保障支出 – 记账补贴

[工资性收入] 指就业人员通过各种途径得到的全部劳动报酬，包括所从事主要职业的工资以及从事第二职业、其他兼职和零星劳动得到的其他劳动收入。

[经营净收入] 指家庭成员从事生产经营活动所获得的净收入。是全部生产经营收入中扣除生产成本和税金后所得的收入。如当期收入小于生产费用的开支,其差额记入“其他借贷支出”中。

[财产性收入] 指家庭拥有的动产(如银行存款、有价证券)、不动产(如房屋、土地等)所获得的收入。包括出让财产使用权所获得的利息、租金、专利收入；财产营运所获得的红利收入、财产增值收益等。

[转移性收入] 指国家、单位、社会团体对居民家庭的各种转移支付和居民家庭间的收入转移。包括政府对个人收入转移的离退休金、失业救济金、赔偿等;单位对个人收入转移的辞退金、保险索赔、住房公积金、家庭间的赠送和赡养等。

[家庭总支出] 指家庭除借贷支出以外的全部实际支出。包括消费性支出、财产性支出、转移性支出、社会保障支出、购房与建房支出。支出统计是以

实际购得的商品或服务的总价值填报，不论其付款方式是一次付清、分期付款、还是赊购，只要商品或服务已被消费就要按其总价值计量。如果采用分期付款或赊购形式，则要在借贷收入类相应的项目填入实付款与总的应付款的差额。

[消费性支出] 指调查户用于本家庭日常生活的全部支出，包括食品、衣着、居住、家庭设备用品及服务、医疗保健、交通和通信、娱乐教育文化服务、其他商品和服务八大类等。包括用于赠送的商品或服务。消费支出按商品(服务)的用途分类，详细解释见消费支出表。

[食品] 指居民为摄取身体所需要的营养和满足某种嗜好而购买的各种消费品，包括在商店、集市、工作单位食堂和饮食业购买的主食、副食、烟草、酒、饮料以及干鲜瓜果、糖果、糕点、奶制品等。

[衣着] 指各种穿着用品及加工穿着品的各种材料，包括棉、麻、丝、毛和各种人造纤维、合成纤维纺织的各种布匹、呢绒、绸缎及其加工的服装，各种鞋、袜、帽及其他零星穿着用品等。

[居住] 指与居住有关的支出，包括住房、水、电、燃料方面的支出。

[家庭设备用品及服务] 指家庭各类日用消费品及家庭服务。包括日用耐用消费品、室内装饰品、床上用品、家庭日用杂品、家具、家庭服务。不含个人用品和服务。

[医疗保健] 指用于医疗和保健的药品、用品和服务费用。包括医疗器具、保健用品、医药费、滋补保健品、医疗保健服务及其他医疗保健费用。实行医疗改革的单位，医疗基金(医保卡)支付的全部费用记入工资及补贴收入中，同时记入相应的医疗保健支出中。个人先现金支付然后到单位报销的医疗费在记入相应消费的同时，如果是在职职工则记入工资性收入，如果是离退休职工则记入离退休金中。

[交通和通信] 指用于交通和通信工具及相关的各种服务费、维修费等支出。

[教育文化娱乐服务] 指调查户用于教育和文化娱乐方面的支出。

[其他商品和服务] 指无法直接归入上述各类支出以外的个人用品和其他商品与服务支出。

[服务性消费支出] 指调查户用于本家庭支付社会提供的各种文化和生活方面的非商品性服务费用。包括为别人付款的服务。服务消费与商品消费不同，其特点在于其劳动过程和消费过程在时间与空间上的统一。

服务性消费支出 = 食品加工服务费用 + 在外饮食 *50%+ 衣着加工服务费 + 家庭服务 + 医疗费 + 交通工具服务支出 + 交通费 + 通信服务 + 文化娱乐服务费 + 教育费用 + 房租 + 住房装潢支出 *40%+ 居住服务费 + 其他服务费

这一指标是派生的，由计算机根据各类消费支出的性质自动生成。

[社会保障支出] 指调查户家庭成员参加国家法律、法规规定的社会保障项目中由个人交纳的保障支出。不包括职工所在单位交纳的那部分社会保障金。

[非现金收入] 指居民从工作单位、政府部门、社会团体和个人(农业居民和海外亲朋)等处免费或低价(扣除自付部分)得到的各种商品及服务，自产的各种农副产品也包括其中。共分八类：食品、衣着、居住、家庭设备用品及服务、医疗保健、交通和通信、娱乐教育文化服务、其他商品和服务。

[生产性固定资产] 是指生产过程中使用年限较长、单位价值较高，并在使用过程中保持原有物质形态的资产，包括厂房、机器设备等。农民家庭使用的固定资产，需同时具备两个条件，即使用年限在两年以上，单位价值在 50 元以上。在乡村企业及其他部门中，规定单位价值在 200 元以上，使用年限在一年以上。如果企业的主要设备虽低于 200 元，但使用年限在一年以上，也划为固定资产。

[固定资产原值] 是指固定资产当初的购进价、新建价或开始转为固定资产的价值。自繁自养的幼畜成龄转作役畜、产品畜、种畜，按市场同类牲畜的平均价格计价。国家奖励和外单位赠送的固定资产按购置同类固定资产的价格参照其新旧程度酌情计价。

[住房面积] 是指农村住户自有或租用的住房面积。房屋中的起居室、厨房或放置灶具的地方包括在内。但不包括仓库等作为生产用途房屋面积。

[住房价值] 指房屋当初购买或新建时的价值。新建房屋的价值可按实际消耗的建筑材料和人工的报酬计算，有的地方，人工不要报酬，只管吃喝，可将吃喝的费用，当作报酬，计入房价内。原有房屋，按房屋质量和新旧程度，根据当地实际情况进行估价。对原有房屋进行大翻修的，也应考虑在内。

[家庭常住人口] 指全年经常在家或在家居住 6 个月以上，而且经济和生活与本户连成一体的人口。外出从业人员在外居住时间虽然在 6 个月以上，但收入主要带回家中，经济与本户连为一体，仍视为家庭常住人口；在家居住，生活和本户连成一体的国家职工、退休人员也为家庭常住人口。但是现役军

人、中专及以上(走读生除外)的在校学生、以及常年在外(不包括探亲、看病等)且已有稳定的职业与居住场所的外出从业人员,不应当作家庭常住人口。家庭常住人口主要作为计算农村住户平均每人收入、消费和积累水平及分析家庭人口状况的依据。

[在校学生人数] 指调查期内常住人口中所有正在学校就读的学生。不包括利用业余时间学习的夜校、电大、函授学校的学生。

[整、半劳动力整劳动力] 是指男子 18 周岁到 50 周岁,女子 18 周岁到 45 周岁;半劳动力是指男子 16 周岁到 17 周岁,51 周岁到 60 周岁; 女子 16 周岁到 17 周岁,46 周岁到 55 周岁, 同时具有劳动能力的人。虽然在劳动年龄之内,但已丧失劳动能力的人,不应算为劳动力;超过劳动年龄,但能经常参加劳动,计入半劳动力数内。常住人口中的职工,若这些职工为劳动力,就包括在本户的整半劳动力中。

[总收入] 指调查期内农村住户和住户成员从各种来源渠道得到的收入总和。按收入的性质划分为工资性收入、家庭经营收入、财产性收入和转移性收入。

[工资性收入] 指农村住户成员受雇于单位或个人,靠出卖劳动而获得的收入。

在非企业组织中劳动得到的收入指农村住户成员在不具备企业性质的行政事业单位和各种组织中劳动得到的收入。包括村干部和民办教师的工资(奖金、补贴),乡及以上行政、事业单位工作人员的工资(奖金、补贴)等。

在本地劳动得到的收入指农村住户成员在住户所属乡(镇)地域范围内受雇于单位或个人,靠出卖劳动而获得的收入。

常住人口外出从业得到的收入指农村住户成员到住户所属乡(镇)地域范围以外从业得到的收入。

[家庭经营收入]指农村住户以家庭为生产经营单位进行生产筹划和管理而获得的收入。

农村住户家庭经营活动按行业划分为农业、林业、牧业、渔业、工业、建筑业、交通运输业邮电业、批发和零贸易餐饮业、社会服务业、文教卫生业和其他家庭经营。

[财产性收入] 指金融资产或有形非生产性资产的所有者向其他机构单位提供资金或将有形非生产性资产供其支配,作为回报而从中获得的收入。

[转移性收入] 指农村住户和住户成员无须付出任何对应物而获得的货物、服务、资金或资产所有权等,不包括无偿提供的用于固定资本形成的资金。一般情况下,指农村住户在二次分配中的所有收入。

[总支出] 指农村住户用于生产、生活和再分配的全部支出。家庭经营费用支出、购置生产性固定资产支出、生产性固定资产折旧、税费支出、生活消费支出、财产性支出和转移性支出。

[家庭经营费用支出] 指农村住户以家庭为基本生产经营单位从事生产经营活动而消费的商品和服务、自产自用产品。所消费的未计算为住户收入的自产自用产品,不计算为费用支出;库存的化肥、农药也不计算为本期费用支出。

[购置生产性固定资产支出] 指农村住户用于建造和购置生产性固定资产所支出的费用。

[生产性固定资产折旧] 指农村住户在家庭经营生产活动中,因使用固定资产,而转移到新产品中的那部分固定资产价值。在农村住户调查中,生产性固定资产的使用年限定为 15 年。

[税费支出] 指农村住户以现金和实物形式缴纳的从事生产经营活动的各种税费支出。

[生活消费支出] 指农村住户用于物质生活和精神生活方面的支出。生活消费支出包括食品支出、衣着支出、居住支出、家庭设备用品及服务支出、医疗保健支出、交通和通讯支出、文化教育娱乐用品及服务支出、其他商品和服务支出。

[食品消费支出] 指农村居民年内消费各类食品支出。包括主食、副食、其他食品、在外饮食和食品加工费支出。

[衣着消费] 指农村住户各种穿着用品及加工穿用品的各种材料。包括棉花、丝棉、化纤棉、驼毛、棉布、各种化纤布、绸、缎、呢绒、各类成衣、棉、毛、丝、麻纺织品,背心、汗衫、棉毛衫裤、卫生衫裤、袜子等针织品,毛线、毛线织品、各种鞋、帽等消费品及衣着的加工修理费(指农村住户为加工或修补服装、鞋帽等衣着所支付的服务费)。但不包括用各种布料做的床上用品,室内装饰品。

[居住消费] 指与农村住户居住有关的所有支出。包括新建(购)房屋、房屋维修、居住服务、租赁住房所付的租金、生活用水、生活用电、用于生活的燃料等支出。

[家庭设备、用品及服务] 指农村住户消费的各种耐用消费品、其他家庭用品及用品的加工修理费用。

[医疗保健] 指农村住户用于医疗和保健的药品、医疗器械和服务费用。包括医药卫生保健用品、医疗保健服务费和医疗卫生设备、用品加工修理费等。

[交通通讯消费] 指农村住户用于交通和通讯

的工具、各种服务费、维修费用支出。

［文教娱乐用品及服务］ 指农村住户用于文化、教育、娱乐方面的支出。包括文化教育娱乐用品支出和文化教育娱乐服务支出。

［其他商品和服务消费］ 指上述各类支出以外的商品和服务支出。

［财产性支出］ 为获得其他住户财产(包括无形资产)的使用权而支付的各种费用。

［转移性支出］ 指农村住户和住户成员没有获得任何对应物而支出的货物、服务、资金或资产所有权等,不包括无偿提供的用于固定资本形成的资金。一般情况下,指农村住户在二次分配中的所有支出。

［纯收入］ 指农村住户当年从各个来源得到的总收入相应地扣除所发生的费用后的收入总和。纯收入主要用于再生产投入和当年生活消费支出,也可用于储蓄和各种非义务性支出。“农民人均纯收入”按人口平均的纯收入水平,反映的是一个地区或一个农户农村居民的平均收入水平。计算方法:

纯收入＝总收入－家庭经营费用支出－税费支出－生产性固定资产折旧－赠送农村外部亲友支出

［可支配收入］ 指农村住户获得的经过初次分配与再分配后的收入。可支配收入可用于住户的最终消费、非义务性支出以及储蓄。计算方法:

农村住户可支配收入＝农村住户总收入－家庭经营费用支出－税费支出－生产性固定资产折旧－财产性支出－转移性支出

［现金收入］ 指农村住户和住户成员在调查期内得到以现金形态表现的收入。按来源分成工资性收入、家庭经营现金收入、财产性收入、转移性收入。

［现金支出］ 指农村住户在调查期内用于生产、生活和再分配所支付的现金。包括家庭经营费用支出、缴纳的税费、购买生产性固定资产、生活消费、财产性和转移性支出。

第十一篇 农业

Chapter11 Agriculture

责任编辑：王金贵

资料整理：王金贵　马宏　张蓓蓓

Coordinator: Wang Jingui

Data Compilation: Wang Jingui　Ma Hong　Zhang Beibei

11-1 农村基层基本情况
Basic Statistics on Rural Areas

年份 Year	乡镇数（个） Number of Township and Town Governments (unit)	乡数（个） Villages (unit)	镇数（个） Towns (unit)	村民委员会（个） Number of Villagers, Committees (unit)	乡村从业人员（人） Number of Rural Labor Force (person)	男 Male	女 Female	农林牧渔业从业人员（人） Number of Labor Force by Agriculture, Forestry, Animal Husbandry & Fishery (person)
1978	246			2 168	923 593			866 250
1979	247			2189	938 000			893 000
1980	251			2 285	988 053			947 634
1985	279	256	23	2 393	1 204 841	635 125	569 716	1 085 839
1990	288	248	40	2 501	1 409 341	733 813	675 528	1 244 241
1991	288	248	40	2 513	1 454 818	759 075	695 743	1 289 772
1992	291	248	43	2 555	1 492 159	777 500	714 659	1 314 358
1993	292	241	51	2 540	1 534 965	816 584	718 381	1 340 629
1994	293	236	57	2 565	1 569 547	830 320	739 227	1 348 567
1995	295	238	57	2 595	1 625 340	859 131	766 209	1 374 338
1996	299	241	58	2 586	1 687 083	885 106	801 977	1 390 544
1997	299	239	60	2 592	1 765 858	924 490	841 368	1 453 785
1998	299	239	60	2 602	1 811 661	951 043	860 618	1 465 591
1999	299	238	61	2 607	1 865 154	1 017 345	847 809	1 527 878
2000	309	245	64	2 692	1 979 117	1 030 471	948 646	1 531 310
2001	291	233	58	2 732	2 157 431	1 050 519	1 106 912	1 527 646
2002	293	234	59	2 664	2 205 431	1 061 159	1 144 272	1 505 141
2003	188	96	92	2 627	2 084 846	1 089 837	995 009	1 458 228
2004	188	95	93	2 527	2 099 335	1 099 325	1 000 010	1 439 822
2005	191	97	94	2 382	2 119 845	1 105 616	1 014 229	1 406 424
2006	187	93	94	2 362	2 119 891	1 108 714	1 011 177	1 365 360
2007	191	93	98	2 311	2 145 829	1 127 558	1 018 271	1 377 190
2008	191	93	98	2 308	2 187 344	1 150 221	1 037 123	1 330 237
2009	191	93	98	2 319	2 184 155	1 152 847	1 031 308	1 275 900
2010	192	93	99	2 319	2 180 276	1 147 579	1 032 697	1 250 915
2011	193	92	101	2 283	2 185 736	1 144 385	1 041 351	1 239 417

11-2 农业机械拥有量
Major Agriculture Machinery

年份 Year	农业机械总动力（万瓦特） Total Agricultural Machinery Power (10 000w)	大中型拖拉机（混合台） Number of Large and Medium-sized Agricultural Tractors(unit)	小型及手扶拖拉机（台） Small and Walking Tractors (unit)	大中型配套农具（部） Number of Large and Medium-sized Farm Machinery (unit)	农用排灌动力机械（混合台） Number of Diesel Engines (unit)	联合收割机（台） Combine Harvester (unit)
1978		4 655	12 088			147
1979		5 478	15 114			190
1980		5 811	16 422			252
1985		5 848	42 384	6 622	9 003	215
1990	191 105	5 966	83 934	6 084	10 611	169
1991	202 687	6 200	93 400	6 011	11 449	233
1992	212 126	5 481	100 245	6 030	10 653	245
1993	217 581	4 693	105 319	5 598		228
1994	228 601	4 433	110 137	5 236		294
1995	241 463	3 822	115 196	4 780		307
1996	255 986	3 667	119 880			
1997	288 432	3 588	129 023		12 951	473
1998	316 183	3 620	132 335			634
1999	377 934	3 897	149 470			1 346
2000	380 633	4 774	157 061			1 689
2001	407 623	4 887	163 059			1 856
2002	447 513	5 734	169 856	8 083		1 996
2003	486 339	7 534	167 005	9 516	20 857	1 994
2004	528 493	12 084	169 150	13 613	26 325	1 955
2005	555 144	13 245	168 563	14 127	25 173	2 191
2006	592 197	15 207	169 951	18 469	26 158	2 718
2007	629 779	15 414	170 327	29 006	27 357	3 095
2008	657 846	18 752	173 062	33 673	29 818	3 374
2009	702 548	22 121	178 935	43 656	27 565	4 983
2010	729 125	27 962	179 866	51 489	27 733	6 333
2011	768 740	32 085	184 148	61 449	37 033	6 014

11-3 农业施肥量及农村用电量

Consumption of Chemical Fertilizers and Electricity in Rural Areas

年份 Year	化肥施用量（万吨） Consumption of Chemical Fertilizers (10 000 tons)	氮肥 Nitrogenous Fertilizer	磷肥 Phosphate Fertilizer	钾肥 Potash Fertilizer	复合肥 Compound Fertilizer	农村用电量（万千瓦小时） Electricity Consumed in Rural Areas (10 000 kwh)
1978	22.8					10 541.0
1979	20.1					12 255.0
1980	17.7					15 134.0
1985	23.2					19 478.0
1990	46.1	32.1	9.2	0.1	4.7	38 570.0
1991	48.8	33.4	9.9	0.2	5.3	45 292.9
1992	51.9	35.4	10.0	0.3	6.2	48 676.0
1993	50.8	33.8	10.3	0.3	6.4	47 732.7
1994	55.2	35.8	12.4	0.3	6.7	53 794.7
1995	61.7	39.6	14.4	0.3	7.4	55 631.3
1996	67.8	43.7	15.8	0.2	8.1	65 476.1
1997	69.2	43.9	16.1	0.2	9.0	72 664.5
1998	74.5	46.2	18.1	0.4	9.8	73 474.1
1999	75.5	46.5	17.8	0.5	10.7	77 596.6
2000	76.9	46.9	18.3	0.6	11.1	79 392.0
2001	78.4	48.2	17.8	0.8	11.6	78 615.5
2002	79.5	48.8	17.9	0.8	11.8	82 273.0
2003	80.1	46.9	15.6	1.1	12.5	85 800.0
2004	84.2	47.9	19.5	1.6	15.2	89 980.0
2005	86.9	46.0	20.2	1.8	18.9	92 507.0
2006	90.6	48.2	21.4	2.2	18.8	101 059.0
2007	95.5	50.1	22.0	2.4	21.1	106 276.0
2008	95.9	50.2	22.8	2.9	20.1	109 471.0
2009	96.7	50.2	22.0	3.4	21.1	101 055.0
2010	102.6	53.5	22.7	3.4	22.9	109 588.0
2011	103.3	53.3	23.2	3.7	23.1	120 090.0

注:化肥施用量为实物量。

a)Data on Consumption of Chemical Fertilizers refer to the Practical quantity.

11-4 农林牧渔业总产值、中间消耗及增加值

Gross Output, Intermediate Consumption and Added Value of Agriculture, Forestry, Animal Husbandry and Fishery

单位:万元 (10 000 yuan)

指 标	Item	1995	2000	2005	2010	2011
农林牧渔业总产值	**Gross Output Value of Agriculture, Forestry, Animal Husbandry and Fishery**	**565 493**	**777 525**	**1 379 973**	**3 059 382**	**3 546 803**
农 业	Agriculture	381 301	469 905	789 410	1 951 448	2 236 051
林 业	Forestry	9 688	31 137	55 645	86 774	93 206
牧 业	Animal Husbandry	162 897	257 488	459 969	821 343	975 986
渔 业	Fishery	11 607	18 995	39 781	80 376	102 370
农林牧渔服务业	Output Value of Services for Agriculture, Forestry,Animal Husbandry and Fishery			35 168	119 441	139 190
农林牧渔业中间消耗	**Intermediate consumption of Agriculture, Forestry,Animal Husbandry and Fishery**	**211 539**	**318 047**	**657 556**	**1 466 481**	**1 705 435**
农 业	Agriculture	128 952	162 335	318 105	846 148	970 670
林 业	Forestry	3 674	15 463	34 658	55 925	60 127
牧 业	Animal Husbandry	69 122	125 528	258 738	472 026	561 582
渔 业	Fishery	5 546	9 274	22 879	49 383	62 947
农林牧渔服务业	Output Value of Services for Agriculture, Forestry,Animal Husbandry and Fishery			5 134	42 999	50 109
农林牧渔业增加值	**Value - added of Agriculture, Forestry, Animal Husbandry and Fishery**	**353 954**	**459 478**	**722 417**	**1 592 901**	**1 841 368**
农 业	Agriculture	248 581	303 291	463 478	1 105 300	1 265 381
林 业	Forestry	5 987	15 628	20 770	30 849	33 079
牧 业	Animal Husbandry	93 356	131 024	198 719	349 317	414 404
渔 业	Fishery	6 030	9 535	16 761	30 993	39 423
农林牧渔服务业	Output Value of Services for Agriculture, Forestry,Animal Husbandry and Fishery			22 689	76 442	89 081

注:1.本表按当年价格计算。

a)Data in this table are calculated at current price.

11-5 主要年份农林牧渔业总产值

Gross Output Value of Agriculture, Forestry, Animal Husbandry and Fishery in Main Years

单位:万元 (10 000 yuan)

年份 Year	农林牧渔业总产值 Gross Output of Agriculture,Forestry, Animal Husbandry and Fishery	农　业 Agriculture	林　业 Forestry	牧　业 Animal Husbandry	渔　业 Fishery	农林牧渔服务业 Output Value of Services for Agriculture,Forestry, Animal Husbandry and Fisherg
1950	11 444.9	8 939.4	17.2	2 488.3		
1955	20 140.0	15 936.8	86.5	4 116.7		
1960	17 897.4	14 673.8	406.8	2 787.3	29.5	
1965	30 488.6	25 044.1	395.0	5 012.8	36.7	
1970	27 970.3	22 708.1	474.2	4 759.1	28.7	
1975	46 002.3	36 710.0	1 088.8	8 181.6	21.9	
1978	48 132.9	37 892.7	1 504.8	8 713.6	21.6	
1980	64 139.1	52 945.3	2 440.5	8 699.1	54.2	
1985	120 164.0	88 619.0	8 035.0	22 903.0	607.0	
1990	246 887.0	175 113.0	13 186.0	53 974.0	4 614.0	
1995	565 493.0	381 301.0	9 688.0	162 897.0	11 607.0	
2000	777 525.0	469 905.0	31 137.0	257 488.0	18 995.0	
2001	852 988.5	493 901.1	34 999.0	302 895.7	21 192.7	
2002	924 917.3	528 801.2	51 391.1	320 369.6	24 355.4	
2003	1 005 247.0	541 303.0	74 569.0	363 502.0	25 873.0	
2004	1 255 201.7	712 965.7	61 978.2	412 389.8	35 868.0	32 000.0
2005	1 379 972.6	789 410.4	55 644.8	459 968.7	39 780.7	35 168.0
2006	1 481 763.2	905 542.5	50 245.0	419 816.8	41 158.9	65 000.0
2007	1 829 476.8	1 111 213.1	56 893.6	532 784.0	51 586.1	77 000.0
2008	2 272 018.0	1 311 389.0	74 756.0	730 697.0	60 376.0	94 800.0
2009	2 435 033.3	1 467 824.5	83 827.9	706 735.5	70 456.4	106 189.0
2010	3 059 382.0	1 951 448.2	86 773.7	821 342.8	80 376.6	119 440.7
2011	3 546 803.3	2 236 051.5	93 205.7	975 986.2	102 370.1	139 189.8

注:1.2006-2007 年数据与第二次全国农业普查进行了衔接;

2.本表按当年价格计算。

a)From 2006 to 2007,agricultural products were adjusted according to the Second National Agricultural Censes.

b)Data in this table are calculated at current price.

11-6 农林牧渔业总产值指数
Agriculture, Forestry, Animal Husbandry and Fishery Related Indices

（按可比价格计算，以 1952 年为 100） (constant price,1952=100)

年份 Year	农林牧渔业总产值 Gross Output Value of Agriculture,Forestry, Animal Husbandry and Fishery	农 业 Agriculture	林 业 Forestry	牧 业 Animal Husbandry	渔 业 Fishery	农林牧渔服务业 Output Value of Services for Agriculture,Forestry, Animal Husbandry and Fisheer
1950	72.76	72.95	30.51	76.59		
1955	128.03	128.34	150.75	124.45		
1960	122.77	106.92	666.22	121.24		
1965	179.40	163.24	573.90	194.81		
1970	166.33	146.06	686.78	183.94		
1975	220.59	203.97	820.03	215.94		
1978	232.97	208.11	1 119.27	228.72		
1980	253.48	238.03	1 222.06	205.21		
1985	384.50	332.53	2 308.96	362.98		
1990	480.99	435.55	1 400.54	515.51		
1995	563.14	475.08	695.60	808.94		
2000	829.92	631.53	1 327.03	1 380.49		
2001	896.16	668.80	1 054.14	1 339.12		
2002	965.91	713.41	2 213.55	1 595.05		
2003	1 049.80	730.28	3 211.84	1 809.79		
2004	1 131.68	828.87	2 758.97	1 855.03		
2005	1 201.84	886.06	2 477.56	1 994.16		
2006	1 283.57	942.77	2 237.24	2 157.68		
2007	1 373.42	1 001.22	2 499.00	2 308.72		
2008	1 493.85	1 092.97	3 012.49	2 447.12		
2009	1 616.34	1 186.96	3 377.00	2 601.29		
2010	1 742.42	1 304.47	3 498.57	2 697.53		
2011	1 831.28	1 373.61	3 757.46	2 773.06		

11-7 农林牧渔业总产值指数

Agriculture, Forestry, Animal Husbandry and Fishery Related Indices

（按可比价格计算，以上年为 100）　　(Constant price,preceding year=100)

年份 Year	农林牧渔业总产值 Gross Output Value of Agriculture,Forestry, Animal Husbandry and Fishery	农　业 Agriculture	林　业 Forestry	牧　业 Animal Husbandry	渔　业 Fishery	农林牧渔服务业 Output Value of Services for Agriculture,Forestry, Animal Husbandry and Fisheer
1950	106.5	106.2		103.1		
1960	84.1	77.6	105.5	99.4	93.3	
1965	114.8	111.8	109.5	127.3	108.8	
1970	97.3	93.5	107.2	104.2	91.0	
1975	96.7	90.3	131.2	112.2	101.4	
1978	112.5	112.5	138.8	102.5	108.3	
1980	114.1	123.2	98.8	93.9	106.5	
1985	102.5	102.8	79.0	125.6	138.2	
1990	104.3	101.0	127.3	109.4	108.0	
1995	105.6	100.5	101.5	118.9	109.9	
2000	103.8	97.7	128.4	112.5	114.7	
2001	108.0	105.9	109.3	111.0	111.8	
2002	107.8	106.7	152.6	104.1	117.7	
2003	108.7	102.4	145.1	113.5	106.2	
2004	107.8	113.5	85.9	102.5	117.9	110.0
2005	106.2	106.9	89.8	107.5	104.2	108.3
2006	106.8	106.4	90.3	108.2	114.1	115.3
2007	107.0	106.2	111.7	107.0	110.1	112.5
2008	108.8	109.2	120.5	106.0	109.7	113.0
2009	108.2	108.6	112.1	106.3	111.5	111.3
2010	107.8	109.9	103.6	103.7	111.2	108.0
2011	105.1	105.3	107.4	102.8	115.6	109.6

11-8 耕地面积、造林面积和播种面积

Cultivated Areas, Afforested Areas and Sown Area

单位:万公顷 (10 000 hectare)

年份 Year	年末耕地面积 Cultivated Land at Year End	水田 Paddy Fields	旱田 Dry Fields	水浇地 Irrigated Fields	当年造林面积 Afforestation Area This Year	农作物总播种面积 Total Sown Area	粮食作物播种面积 Sown Area of Grain Crops
1950	71.7					50.4	43.9
1955	83.9				0.1	70.7	59.2
1960	93.2				0.7	94.3	77.1
1965	92.3				1.2	90.9	77.2
1970	90.6				0.5	88.3	77.0
1975	91.4				0.6	88.0	75.8
1978	89.1				1.4	90.2	76.4
1980	89.6				1.1	89.6	75.7
1985	79.5	14.1	65.4	10.3	4.0	82.8	65.0
1990	79.6	17.5	62.1	8.5	0.9	88.9	72.4
1995	80.7	17.1	63.6	10.6	2.6	95.6	76.2
2000	129.3	19.8	109.5	20.0	8.2	102.4	81.5
2001	129.9	21.1	108.8	19.5	9.9	98.1	75.5
2002	121.2	21.2	100.0	19.8	18.2	107.9	81.2
2003	111.9	18.2	93.7	23.0	29.5	112.9	80.4
2004	110.5	15.2	95.3	25.5	16.3	115.8	79.2
2005	111.4	17.0	94.4	25.3	11.2	109.9	77.6
2006	111.6	16.3	95.3	22.2	5.5	110.9	79.4
2007	111.7	19.0	92.7	23.6	5.7	119.0	85.6
2008	112.8	19.3	93.5	24.1	9.0	121.0	82.6
2009	113.6	19.0	94.6	26.5	9.0	122.7	82.7
2010	113.5	18.8	94.7	24.2	9.5	124.8	84.4
2011	113.3	18.9	94.4	24.3	9.0	126.0	85.2

注:1.2000 年以后的耕地面积为土地详查数;

2.2006-2007 年数据与第二次全国农业普查进行了衔接。

a)Since 2000, the cultivated land detailed survey for the number.

b)From 2006 to 2007,agricultural products were adjusted according to the Second National Agricultural Censes.

11-9 主要农产品产量
Output of Major Farm Products

单位:万千克 (10 000 kg)

年份 Year	粮食 Grain	稻谷 Rice	小麦 Wheat	玉米 Corn	油料 Oil-bearing Crops
1950	33 512	5 012	6 877		2 110.7
1955	62 061	11 145	17 922		4 181.0
1960	46 701	8 557	18 648		1 309.8
1965	83 334	13 215	37 540	660	3 087.7
1970	72 036	16 634	22 176		2 851.5
1975	109 470	26 965	46 843	2 041	2 446.2
1978	116 981	27 785	47 901	5 698	2 567.8
1980	120 357	32 915	49 469	8 545	3 598.5
1985	139 534	41 889	58 553	14 214	5 337.9
1990	191 703	54 300	78 000	37 600	6 243.4
1995	203 253	46 153	68 870	60 849	5 590.6
2000	252 742	62 376	74 462	81 955	6 989.7
2001	274 795	61 821	83 603	94 772	7 344.7
2002	301 914	65 669	96 116	104 272	10 879.8
2003	270 174	37 042	75 614	119 926	13 175.4
2004	290 488	52 462	80 419	117 689	13 801.3
2005	299 809	61 058	79 414	121 415	12 208.7
2006	322 410	76 600	83 300	127 100	8 433.4
2007	323 500	60 500	61 600	146 600	7 746.8
2008	329 240	66 381	64 074	149 940	13 556.9
2009	340 703	64 554	73 563	156 382	13 647.3
2010	356 510	69 986	70 333	165 805	20 845.3
2011	358 947	70 755	62 976	172 456	18 409.7

注:1.2000 年起粮食总产量及稻谷、小麦、玉米产量为抽样调查数;

2.2006-2007 年数据与第二次全国农业普查进行了衔接。

a)Data in this table are obtained from the sample surveys on total grain,rice,wheat and corn after 2000.

b)From 2006 to 2007,agricultural products were adjusted according to the Second National Agricultural Censes.

11-10 主要农产品产量及单位面积产量

指 标	Item	1990		2000	
		总产量(吨) Total Yield (ton)	单位产量(千克/公顷) Unit Yield (kg/hectare)	总产量(吨) Total Yield (ton)	单位产量(千克/公顷) Unit Yield (kg/hectare)
粮 食	Grain	1 917 028	2 655	2 527 416	3 132
稻谷	Rice	543 000	9 004	623 764	8 130
小麦	Wheat	780 000	2 540	744 618	2 546
玉米	Corn	376 000	4 980	819 549	6 252
大豆	Soybean	24 477	638	30 226	804
薯类	Tubers	83 574	1 898	162 206	2 138
油 料	Oil-bearing Crops	62 434	642	69 897	891
胡麻籽	Rapeseeds	43 766	647	25 190	619
药 材	Medicinal Materials	369	1 726	15 852	2 588
蔬 菜	Vegetables	668 768	41 808	1 504 057	30 553
瓜果类	Melons	142 742	36 851	280 266	23 820
水 果	Fruits	55 208	2 070	193 155	4 402
苹果	Apples	34 768	1 620	159 462	7 340

注：1.粮食总产量及稻谷、小麦、玉米、薯类产量为抽样数，其余为全面统计数据；

Output of Major Farm Products Per Hectare

2005		2010		2011	
总产量(吨) Total Yield (ton)	单位产量(千克/公顷) Unit Yield (kg/hectare)	总产量(吨) Total Yield (ton)	单位产量(千克/公顷) Unit Yield (kg/hectare)	总产量(吨) Total Yield (ton)	单位产量(千克/公顷) Unit Yield (kg/hectare)
2 998 089	3 864	3 565 096	4 224	3 589 471	4 211
610 580	8 570	699 862	8 416	707 553	8 429
794 139	2 877	703 325	3 327	629 759	3 116
1 214 150	6 806	1 658 047	7 422	1 724 557	7 440
10 982	587	9 546	583	7 318	585
275 235	2 347	425 016	1 915	445 208	1 983
122 087	1 259	208 453	2 110	184 097	2 077
57 738	1 033	66 911	1 327	74 805	1 567
40 357	3 074	48 388	5 196	63 201	5 491
1 836 076	35 785	4 074 160	40 187	4 387 053	40 887
381 292	14 956	1 639 426	20 398	1 648 193	20 058
314 818	6 484	649 158	5 434	724 650	5 801
221 126	11 621	354 421	8 766	408 903	10 107

a)Data in this table are obtained from the sample surveys on total grain,rice,wheat,corn and tubers.The rest of comprehensive statistics.

11-11 主要畜产品产量

指 标	Item	单位	Unit
当年出栏肉猪头数	Slaghtered Fattened Hogs This Year	万头	10 000 heads
当年出售和自宰的肉用牛	Beef Cattle for Sale and Self-use This Year	万头	10 000 heads
当年出售和自宰的肉用羊	Mutton Sheep for Sale and Self-use This Year	万头	10 000 heads
当年出售和自宰的家禽	Poultry for Sale and Self-use This Year	万只	10 000 heads
当年肉类总产量	Total Output of Meat This Year	万吨	10 000 tons
猪肉产量	Pork	万吨	10 000 tons
牛肉产量	Beef	万吨	10 000 tons
羊肉产量	Mutton	万吨	10 000 tons
奶类产量	Milk	万吨	10 000 tons
牛奶	Cow Milk	万吨	10 000 tons
山羊毛产量	Goat Wool	吨	ton
绵羊毛产量	Sheep Wool	吨	ton
羊绒产量	Cashmere	吨	ton
蜂蜜产量	Honey	吨	ton
禽蛋产量	Poultry Eggs	万吨	10 000 tons
水产品产量	Aquatic Products	吨	ton

11-12 造林面积

指 标	Item	单位	Unit
当年造林面积	Afforestation Area This Year	公顷	hectare
按主要林种用途分	Grouped by Different Use of Forest		
用材林	Timber Forest	公顷	hectare
经济林	Economic Forest	公顷	hectare
防护林	Windbreak	公顷	hectare
薪炭林	Firewood Forest	公顷	hectare
在当年造林面积中：飞机播种	Aircraft Seeding	公顷	hectare
村及村以下合作组织及农用木材采伐量	Logging of Village and Under Village Level Cooperative Association and Agriculture Use	立方米	cu.m

Output of Major Livestock Products

1980	1990	2000	2010	2011
32.7	59.1	147.1	120.0	99.7
0.5	4.4	28.2	52.1	52.0
42.9	104.7	234.0	425.3	443.9
		1 859.5	1 135.1	1 148.0
1.9	6.8	19.0	25.7	25.3
1.5	4.1	9.3	8.5	7.3
0.0	0.5	3.3	7.5	7.5
0.4	1.7	3.3	7.3	7.9
0.4	4.1	23.6	84.5	96.1
0.4	4.1	23.6	84.5	96.1
336	290	715	535	623
2 675	3 780	4 703	6 889	7 612
139	158	364	378	448
427	517	807	826	864
	2.2	7.6	7.2	7.3
309	10 217	36 983	90 035	105 422

Afforested Areas

1980	1990	2000	2010	2011
11 761	9 402	81 583	94 932	90 478
5 079	2 648		1 608	1 630
257	338	10 528	25 153	21 472
5 457	5 573	71 035	68 121	67 376
	842			
		17 235		
21 708	242 811	12 146	3 587	2 312

11-13 各市县农村基层基本情况(2011年)

Basic Statistics on Grassroots Units by City and Country(2011)

地 区 Region	农村基层组织(个) Primary Organization of Rural Area(unit)			农村基础设施(个) Infrastructure of Rural Area(unit)			乡村从业人员(人) Number of Rural Labor Force (person)	
	乡镇数 Number of Township and Town Governments	镇数 Towns	村委会数 Villager's Commit-tees	自来水受益村 Number of Villages Benefit from Using Tap Water	通汽车村 Number of Villages Openning Bus Line	通电话村 Number of Villages Openning Telephone		农林牧渔业 Agriculture, Forestry, Animal Husbandry and Fishery
全区总计 Total	**193**	**101**	**2 283**	**1 468**	**2 272**	**2 283**	**2 185 736**	**1 239 417**
银川市 Yinchuan	**27**	**21**	**267**	**243**	**267**	**267**	**346 139**	**201 736**
银川市 District	8	6	67	67	67	67	93 846	61 245
永宁县 Yongning	6	5	69	48	69	69	91 624	52 148
贺兰县 Helan	5	4	59	59	59	59	77 835	49 863
灵武市 Lingwu	8	6	72	69	72	72	82 834	38 480
石嘴山市 Shizuishan	**20**	**11**	**192**	**192**	**189**	**192**	**153 096**	**89 475**
石嘴山市 District	7	4	50	50	50	50	51 866	18 925
平罗县 Pingluo	13	7	142	142	139	142	101 230	70 550
吴忠市 Wuzhong	**44**	**29**	**512**	**318**	**506**	**512**	**539 635**	**303 738**
利通区 Litong	12	8	104	95	104	104	138 526	60 256
红寺堡区 Hongsipu	5	2	60	60	60	60	70 095	50 707
盐池县 Yanchi	8	4	96	65	96	96	61 340	32 393
同心县 Tongxin	11	7	170	16	164	170	169 387	98 426
青铜峡市 Qingtongxia	8	8	82	82	82	82	100 287	61 956
固原市 Guyuan	**62**	**19**	**870**	**483**	**868**	**870**	**613 203**	**379 518**
原州区 Yuanzhou	11	7	181	101	181	181	149 086	88 470
西吉县 Xiji	19	3	306	74	304	306	208 767	127 049
隆德县 Longde	13	3	118	116	118	118	72 146	46 471
泾源县 Jingyuan	7	3	109	101	109	109	57 232	32 666
彭阳县 Pengyang	12	3	156	91	156	156	125 972	84 862
中卫市 Zhongwei	**40**	**21**	**442**	**232**	**442**	**442**	**533 663**	**264 950**
沙坡头区 Shapotou	12	10	160	108	160	160	171 525	91 042
中宁县 Zhongning	11	6	114	54	114	114	156 754	92 397
海原县 Haiyuan	17	5	168	70	168	168	205 384	81 511

11-14 各市县农用化肥施用量(2011 年)

Consumption of Chemical Fertilizers by City and Country(2011)

单位:吨 (ton)

地 区	Region	农用化肥施用量 Consumption of Chemical Fertilizer	氮 肥 Nitrogenous Fertilizer	磷 肥 Phosphate Fertilizer	钾 肥 Potash Fertilizer	复合肥 Compound Fertilizer
全区总计	**Total**	**1 033 078**	**532 505**	**231 907**	**37 369**	**231 297**
银川市	**Yinchuan**	**248 551**	**158 107**	**36 365**	**8 794**	**45 285**
银川市	District	81 513	50 981	14 953	3 282	12 297
永宁县	Yongning	55 677	37 841	5 448	2 094	10 294
贺兰县	Helan	73 843	49 720	9 544	1 961	12 618
灵武市	Lingwu	37 518	19 565	6 420	1 457	10 076
石嘴山市	**Shizuishan**	**154 965**	**86 294**	**29 464**	**8 498**	**30 709**
石嘴山市	District	45 804	26 865	7 927	852	10 160
平罗县	Pingluo	109 161	59 429	21 537	7 646	20 549
吴忠市	**Wuzhong**	**244 382**	**135 801**	**41 032**	**9 681**	**57 868**
利通区	Litong	68 399	38 171	13 378	4 651	12 199
红寺堡区	Hongsipu	31 078	12 658	5 911	138	12 371
盐池县	Yanchi	12 370	5 908	2 038	1 148	3 276
同心县	Tongxin	42 262	20 896	6 406	409	14 551
青铜峡市	Qingtongxia	90 273	58 168	13 299	3 335	15 471
固原市	**Guyuan**	**184 695**	**45 133**	**101 227**	**1 894**	**36 441**
原州区	Yuanzhou	23 697	9 356	6 608	344	7 389
西吉县	Xiji	86 267	12 540	56 430	1 308	15 989
隆德县	Longde	24 157	6 292	15 492		2 373
泾源县	Jingyuan	7 323	2 098	917	237	4 071
彭阳县	Pengyang	43 251	14 847	21 780	5	6 619
中卫市	**Zhongwei**	**200 485**	**107 170**	**23 819**	**8 502**	**60 994**
沙坡头区	Shapotou	58 772	31 531	6 094	4 151	16 996
中宁县	Zhongning	121 286	66 942	11 084	4 335	38 925
海原县	Haiyuan	20 427	8 697	6 641	16	5 073

注:按实物量计算。

a)Data refer to tlie practical guantitg.

11-15 各市县农林牧渔业总产值(2011 年)

Gross Output Value of Agriculture, Forestry, Animal Husbandry and Fishery by City and Country(2011)

单位:万元　　(按现行价格计算)(calculated at current price)　　(10 000yuan)

地区	Region	农林牧渔业总产值 Gross Output Value of Agriculture, Forestry, Animal Husbandry and Fishery	农业 Agriculture	林业 Forestry	牧业 Animal Husbandry	渔业 Fishery	农林牧渔服务业 Output Value of Services for Agriculture, Forestry, Animal Husbandry and Fishery	农林牧渔业总产值指数(上年=100) Indices of Gross Output (preceding year=100)
全区总计	**Total**	**3 546 803.3**	**2 236 051.5**	**93 205.7**	**975 986.2**	**102 370.1**	**139 189.8**	**105.1**
银川市	**Yinchuan**	**876 403.9**	**552 910.6**	**13 492.0**	**218 673.9**	**50 520.7**	**40 806.8**	**105.3**
银川市	District	288 849.5	160 636.2	3 333.7	90 663.3	11 752.5	22 463.9	105.1
永宁县	Yongning	205 779.6	141 728.8	2 541.0	46 270.0	9 245.1	5 994.6	105.1
贺兰县	Helan	224 802.1	160 446.9	1 213.2	30 181.9	26 866.0	6 094.2	105.3
灵武市	Lingwu	156 972.7	90 098.7	6 404.1	51 558.7	2 657.1	6 254.1	105.8
石嘴山市	**Shizuishan**	**390 026.2**	**277 555.0**	**4 927.6**	**68 609.3**	**27 352.0**	**11 582.2**	**105.2**
石嘴山市	District	113 313.6	73 828.6	2 232.0	25 919.5	6 612.8	4 720.6	105.2
平罗县	Pingluo	276 712.6	203 726.4	2 695.6	42 689.8	20 739.2	6 861.6	105.2
吴忠市	**Wuzhong**	**837 781.7**	**441 767.7**	**26 354.1**	**328 420.3**	**10 570.4**	**30 669.3**	**105.2**
利通区	Litong	261 903.8	113 967.1	3 100.1	130 246.5	1 809.6	12 780.6	105.8
红寺堡区	Hongsipu	65 358.8	49 808.2	5 073.5	8 328.9		2 148.2	105.0
盐池县	Yanchi	98 814.7	39 378.5	9 611.1	45 031.3	35.1	4 758.7	104.8
同心县	Tongxin	172 087.6	95 765.7	4 831.0	67 180.2		4 310.7	104.8
青铜峡市	Qingtongxia	239 616.8	142 848.2	3 738.4	77 633.4	8 725.7	6 671.1	105.0
固原市	**Guyuan**	**708 525.3**	**443 314.7**	**38 394.1**	**189 573.6**	**143.3**	**37 099.7**	**104.9**
原州区	Yuanzhou	205 977.4	143 358.8	6 103.5	45 546.0		10 969.1	104.9
西吉县	Xiji	191 580.9	132 928.6	5 499.1	42 408.0	143.3	10 601.9	104.8
隆德县	Longde	78 115.1	48 182.0	3 290.3	22 790.1		3 852.7	105.4
泾源县	Jingyuan	51 115.6	17 241.6	10 345.4	16 518.6		7 010.0	105.7
彭阳县	Pengyang	181 736.3	101 603.7	13 155.8	62 310.9		4 666.0	104.8
中卫市	**Zhongwei**	**734 066.1**	**520 503.4**	**10 038.1**	**170 709.0**	**13 783.7**	**19 032.0**	**105.1**
沙坡头区	Shapotou	308 510.2	217 005.7	2 712.2	72 054.4	9 419.0	7 319.0	105.0
中宁县	Zhongning	269 823.0	195 151.9	2 233.2	61 084.6	4 333.9	7 019.4	105.5
海原县	Haiyuan	155 732.9	108 345.8	5 092.7	37 570.0	30.8	4 693.6	104.8

11-16 各市县农林牧渔业增加值(2011 年)

Value-added of Agriculture, Forestry, Animal Husbandry and Fishery by City and Country(2011)

单位:万元　　(按现行价格计算)(calculated at current price)　　(10 000 yuan)

地　区	Region	农林牧渔业增加值 Value Added of Agriculture, Forestry, Animal Husbandry and Fishery	农业 Agriculture	林业 Forestry	牧业 Animal Husbandry	渔业 Fishery	农林牧渔服务业 Output Value of Services for Agriculture, Forestry,Animal Husbandry and Fishery	农林牧渔业增加值指数(上年=100) Indices of Value Added of Agriculture, Forestry,Animal Husbandry and Fishery (preceding year=100)
全区总计	**Total**	**1 841 368.2**	**1 265 381.5**	**33 078.7**	**414 403.7**	**39 422.7**	**89 081.5**	**105.1**
银川市	**Yinchuan**	**470 508.5**	**333 732.5**	**4 750.2**	**87 123.5**	**18 820.4**	**26 081.9**	**104.9**
银川市	District	159 005.8	102 850.5	1 195.0	36 274.7	4 293.2	14 392.4	104.8
永宁县	Yongning	111 339.0	85 232.9	859.3	17 837.1	3 573.2	3 836.5	104.8
贺兰县	Helan	118 153.6	92 208.8	428.0	11 764.9	9 882.1	3 869.8	105.0
灵武市	Lingwu	82 010.0	53 440.2	2 267.9	21 246.8	1 071.9	3 983.2	105.1
石嘴山市	**Shizuishan**	**209 508.4**	**162 178.5**	**1 770.9**	**27 312.3**	**10 858.7**	**7 388.0**	**104.8**
石嘴山市	District	59 297.8	42 929.3	816.9	9 976.1	2 570.9	3 004.8	104.8
平罗县	Pingluo	150 210.6	119 249.2	954.0	17 336.3	8 287.9	4 383.2	104.8
吴忠市	**Wuzhong**	**431 997.6**	**246 018.1**	**9 504.6**	**152 777.3**	**4 065.6**	**19 632.0**	**105.0**
利通区	Litong	136 831.5	59 709.6	1 149.1	67 043.1	747.1	8 182.6	105.5
红寺堡区	Hongsipu	34 610.2	28 365.8	1 517.0	3 352.0		1 375.4	104.2
盐池县	Yanchi	47 105.4	21 496.7	3 554.8	18 994.2	14.1	3 045.6	105.0
同心县	Tongxin	82 266.2	48 237.2	1 939.9	29 330.2		2 758.9	104.8
青铜峡市	Qingtongxia	131 184.3	88 208.7	1 343.9	34 057.8	3 304.4	4 269.5	104.7
固原市	**Guyuan**	**340 977.1**	**224 329.8**	**1 3543.4**	**79 260.8**	**52.9**	**23 790.3**	**104.8**
原州区	Yuanzhou	100 082.7	73 872.8	2 181.5	17 008.2		7 020.2	104.9
西吉县	Xiji	93 779.2	66 464.3	2 044.2	18 443.2	52.9	6 774.6	104.8
隆德县	Longde	35 319.1	21 614.4	1 217.1	10 002.6		2 485.0	105.2
泾源县	Jingyuan	21 900.9	7 705.3	3 733.3	5 939.4		4 522.9	104.9
彭阳县	Pengyang	89 895.2	54 673.0	4 367.3	27 867.3		2 987.6	104.6
中卫市	**Zhongwei**	**388 376.5**	**299 122.7**	**3 509.6**	**67 929.8**	**5 625.0**	**12 189.3**	**105.1**
沙坡头区	Shapotou	166 055.3	130 659.1	858.3	25 964.2	3 904.2	4 669.5	105.0
中宁县	Zhongning	141 091.8	109 382.7	786.1	24 720.9	1 709.7	4 492.4	105.4
海原县	Haiyuan	81 229.3	59 081.0	1 865.2	17 244.6	11.1	3 027.4	104.8

11-17 各市县农作物播种面积(2011 年)

单位:公顷

地　区　Region	农作物总播种面积 Total Sown Area	粮食播种面积 Sown Area of Grain Crops					
		合计 Total	稻谷 Rice	小麦 Wheat	玉米 Corn	薯类 Tubers	豆类 Soybeans
全区总计 Total	**1 260 386**	**852 442**	**83 942**	**202 102**	**231 797**	**224 519**	**40 310**
银川市 Yinchuan	**164 443**	**120 947**	**45 781**	**28 022**	**43 808**		**3 308**
银川市 District	42 822	28 340	12 201	3 245	12 891		
永宁县 Yongning	42 427	35 383	7 142	11 169	15 869		1 203
贺兰县 Helan	49 678	32 815	15 185	8 754	8 748		104
灵武市 Lingwu	29 516	24 409	11 253	4 854	6 300		2 001
石嘴山市 Shizuishan	**91 917**	**67 336**	**13 440**	**17 123**	**36 070**		**703**
石嘴山市 District	22 351	12 991	581	3 604	8 770		36
平罗县 Pingluo	69 566	54 345	12 859	13 519	27 300		667
吴忠市 Wuzhong	**314 589**	**229 639**	**13 731**	**57 207**	**67 503**	**31 428**	**9 586**
利通区 Litong	39 610	24 513	5 909	8 309	9 962		333
红寺堡区 Hongsipu	27 311	19 457		3 157	10 244	4 163	1 382
盐池县 Yanchi	82 698	49 382		3 000	9 735	9 732	947
同心县 Tongxin	118 613	95 188		29 869	20 530	17 533	3 551
青铜峡市 Qingtongxia	46 357	41 099	7 822	12 872	17 032		3 373
固原市 Guyuan	**390 249**	**274 009**		**75 244**	**45 033**	**126 642**	**18 304**
原州区 Yuanzhou	114 501	59 959		15 366	11 327	28 662	4 240
西吉县 Xiji	150 640	118 857		30 360	8 257	68 487	7 810
隆德县 Longde	39 828	27 310		7 868	3 349	11 026	4 571
泾源县 Jingyuan	14 590	10 333		3 267	1 200	5 000	393
彭阳县 Pengyang	70 690	57 550		18 383	20 900	13 467	1 290
中卫市 Zhongwei	**299 188**	**160 511**	**10 990**	**24 506**	**39 383**	**66 449**	**8 409**
沙坡头区 Shapotou	75 338	23 821	6 010	6 800	7 970		2 442
中宁县 Zhongning	78 123	37 508	4 980	6 506	22 013		1 500
海原县 Haiyuan	145 727	99 182		11 200	9 400	66 449	4 467

Total Sown Areas of Farm Crops by City and Country(2011)

(hectare)

其他经济作物 Other Economic Crop					
油 料 Oil-bearing Crops	药 材 Medicinal Materials	蔬 菜 Vegetables	瓜果类 Melons and Fruits	其他农作物 Other Farm Crops	青饲料 Succulence
88 645	**11 509**	**107 298**	**82 170**	**117 904**	**57 844**
2 879	**1 928**	**30 455**	**4 179**	**4 053**	**2 220**
410	1 003	10 072	618	2 377	996
284	625	4 406	1 368	361	129
850		13 932	1 323	758	758
1 335	300	2 045	870	557	337
5 690	**821**	**14 919**	**396**	**2 755**	**650**
1 585		4 912	108	2 755	650
4 105	821	10 007	288		
24 764	**5 648**	**15 738**	**12 005**	**26 785**	**17 535**
1 050	67	4 390	2 740	6 850	5 467
1 576	674	2 585	1 810	1 209	
10 659	4 897	1 019	2 742	13 999	9 429
11 027	10	4 326	3 614	4 438	2 353
452		3 418	1 099	289	286
35 955	**2 975**	**25 887**	**1 059**	**49 958**	**19 167**
14 595		11 860	425	27 662	
12 633	200	4 533		14 417	14 417
4 170	2 326	3 744	189	2 089	2 089
1 067	200	450		2 540	1 207
3 490	249	5 300	445	3 250	1 454
19 357	**137**	**20 299**	**64 531**	**34 353**	**18 272**
2 533	137	10 781	37 370	696	4
3 206		4 940	21 226	11 243	6 654
13 618		4 578	5 935	22 414	11 614

11-18 各市县主要农作物产量(2011 年)

单位:吨

地　区　Region	粮食产量 Output of Grain					
	合计 Total	稻谷 Rice	小麦 Wheat	玉米 Corn	薯类 Tubers	豆类 Soybeans
全区总计 Total	**3 589 471**	**707 553**	**629 759**	**1 724 557**	**445 208**	**32 528**
银川市 Yinchuan	**861 547**	**391 875**	**132 567**	**334 632**		**2 410**
银川市 District	216 968	97 079	14 743	105 126		
永宁县 Yongning	237 571	65 798	52 257	118 689		827
贺兰县 Helan	238 385	128 525	43 376	66 359		83
灵武市 Lingwu	168 623	100 473	22 191	44 458		1 500
石嘴山市 Shizuishan	**442 841**	**96 611**	**78 151**	**267 869**		**210**
石嘴山市 District	84 301	3 929	16 723	63 639		10
平罗县 Pingluo	358 540	92 682	61 428	204 230		200
吴忠市 Wuzhong	**940 419**	**122 348**	**186 505**	**546 923**	**48 919**	**3 179**
利通区 Litong	179 662	48 325	53 603	77 584		150
红寺堡区 Hongsipu	101 905		13 590	75 598	11 866	620
盐池县 Yanchi	100 095		680	68 806	14 461	567
同心县 Tongxin	289 244		54 659	194 940	22 592	320
青铜峡市 Qingtongxia	269 513	74 023	63 973	129 995		1 522
固原市 Guyuan	**728 741**		**151 555**	**237 028**	**309 899**	**21 654**
原州区 Yuanzhou	170 186		30 355	66 435	68 123	4 532
西吉县 Xiji	249 047		55 650	30 240	154 095	5 330
隆德县 Longde	90 409		19 107	17 697	42 836	10 312
泾源县 Jingyuan	34 055		8 996	4 526	19 595	512
彭阳县 Pengyang	185 044		37 447	118 130	25 250	968
中卫市 Zhongwei	**615 923**	**96 719**	**80 981**	**338 105**	**86 390**	**5 075**
沙坡头区 Shapotou	147 360	51 142	30 147	63 415		2 199
中宁县 Zhongning	275 568	45 577	31 682	196 300		1 128
海原县 Haiyuan	192 995		19 152	78 390	86 390	1 748

Output of Major Farm Products by City and Country(2011)

(ton)

其他经济作物产量 Output of Other Economic Crops					
油 料 Oil-bearing Crops	胡 麻 Benne	向日葵 Helianthus	药 材 Medicinal Materials	蔬 菜 Vegetable	瓜果类 Melons and Fruits
184 097	**74 805**	**103 214**	**63 201**	**4 387 053**	**1 648 193**
10 072	**172**	**9 871**	**14 675**	**1 378 422**	**229 264**
1 699		1 699		457 495	37 078
706	168	538	6 575	213 554	70 883
2 454	4	2 421		659 650	63 778
5 213		5 213	8 100	82 723	57 525
29 107	**2 693**	**23 314**	**24 713**	**820 975**	**24 890**
5 859	127	5 732		255 290	4 808
23 248	2 566	17 582	24 713	595 685	20 082
46 101	**15 080**	**30 102**	**13 594**	**523 364**	**287 214**
3 467		3 467	1 500	203 814	113 006
4 755	315	4 440	9 300	47 623	27 500
13 382	39	12 424	2 644	18 184	56 017
23 087	14 726	8 361	150	68 791	41 638
1 410		1 410		184 952	49 053
62 020	**39 799**	**21 369**	**9 509**	**1 104 595**	**39 257**
34 657	13 844	20 813		565 538	16 447
15 030	14 945	85	249	268 330	
6 392	6 236	156	7 443	93 592	8 000
1 516	664		1 050	9 334	
4 425	4 110	315	767	167 801	14 810
36 797	**17 061**	**18 558**	**710**	**559 697**	**1 067 568**
4 937	2 908	1 908	710	400 394	703 463
5 678	526	4 095		86 852	285 480
26 182	13 627	12 555		72 451	78 625

11-19 各市县主要牲畜存、出栏数(2011 年)

Number of Animals on Hand and Slaughtered by City and Country(2011)

地区	Region	当年存栏数(万头、万只) Number of Animals on Hand This Year (10 000 heads)				当年出栏数(万头、万只) Number of Animals Slaughtered This Year (10 000 heads)		
		牛 Cattle and Buffaloes	奶牛 Cow	猪 Hog	羊 Sheep	牛 Cattle and Buffaloes	猪 Hog	羊 Sheep
全区总计	**Total**	**91.8**	**29.8**	**68.3**	**479.5**	**52.0**	**99.7**	**443.9**
银川市	**Yinchuan**	**19.4**	**12.0**	**15.3**	**62.3**	**10.0**	**22.1**	**75.3**
银川市	District	9.4	6.9	3.7	9.1	3.5	4.3	10.9
永宁县	Yongning	4.5	1.7	4.2	12.5	2.8	5.9	13.4
贺兰县	Helan	2.8	1.4	1.6	10.2	1.7	3.0	10.1
灵武市	Lingwu	2.7	1.9	5.8	30.4	2.0	8.9	40.9
石嘴山市	**Shizuishan**	**4.3**	**1.6**	**4.7**	**55.2**	**3.2**	**6.3**	**49.6**
石嘴山市	District	1.5	1.2	1.4	18.4	0.9	1.9	17.2
平罗县	Pingluo	2.7	0.4	3.2	36.8	2.3	4.4	32.5
吴忠市	**Wuzhong**	**23.4**	**14.9**	**14.4**	**216.6**	**9.5**	**19.5**	**164.1**
利通区	Litong	12.2	11.9	1.6	26.5	2.8	2.2	26.3
红寺堡区	Hongsipu	1.8		0.9	17.0	1.0	0.7	10.9
盐池县	Yanchi	0.3	0.1	3.7	91.5	0.2	4.8	53.6
同心县	Tongxin	5.4		0.4	57.4	3.8	0.5	47.8
青铜峡市	Qingtongxia	3.7	2.9	7.9	24.2	1.6	11.2	25.5
固原市	**Guyuan**	**36.2**	**0.1**	**15.9**	**67.8**	**23.2**	**20.9**	**77.5**
原州区	Yuanzhou	8.1	0.1	3.0	25.2	4.7	3.8	27.1
西吉县	Xiji	9.4		5.1	17.1	5.8	6.0	14.9
隆德县	Longde	4.3		3.8	3.5	2.8	4.6	4.8
泾源县	Jingyuan	6.2		0.5	3.6	4.2	0.6	6.1
彭阳县	Pengyang	8.2		3.5	18.3	5.7	6.0	24.7
中卫市	**Zhongwei**	**8.5**	**1.3**	**18.0**	**77.6**	**6.2**	**30.9**	**77.3**
沙坡头区	Shapotou	2.1	0.5	4.2	15.4	1.5	7.5	18.8
中宁县	Zhongning	2.8	0.8	11.8	21.8	2.0	21.6	24.0
海原县	Haiyuan	3.5		2.0	40.4	2.7	1.8	34.5

11-20 各市县主要畜产品产量(2011年)
Output of Major Livestock Products by City and Country(2011)

地　区	Region	肉类总产量(万吨) Total Output of Meat(10 000 tons)				牛奶产量(万吨)	禽蛋产量(万吨)
		合计 Total	猪肉 Pork	牛肉 Beef	羊肉 Mutton	Milk (10 000 tons)	Poultry Eggs (10 000 tons)
全区总计	**Total**	**25.3**	**7.3**	**7.5**	**7.9**	**96.1**	**7.3**
银川市	**Yinchuan**	**5.0**	**1.6**	**1.4**	**1.3**	**38.8**	**1.6**
银川市	District	1.3	0.3	0.5	0.2	23.5	0.7
永宁县	Yongning	1.3	0.4	0.4	0.2	5.3	0.6
贺兰县	Helan	0.7	0.2	0.2	0.2	4.0	0.2
灵武市	Lingwu	1.7	0.7	0.3	0.7	6.0	0.1
石嘴山市	**Shizuishan**	**2.1**	**0.4**	**0.5**	**0.8**	**4.6**	**0.4**
石嘴山市	District	0.7	0.1	0.1	0.3	3.4	0.1
平罗县	Pingluo	1.4	0.3	0.3	0.5	1.2	0.2
吴忠市	**Wuzhong**	**6.2**	**1.4**	**1.4**	**3.0**	**48.8**	**0.9**
利通区	Litong	1.1	0.2	0.4	0.4	39.5	0.1
红寺堡区	Hongsipu	0.4	0.1	0.2	0.2	0.1	0.1
盐池县	Yanchi	1.5	0.4		1.1	0.3	
同心县	Tongxin	1.6		0.6	0.9		0.1
青铜峡市	Qingtongxia	1.6	0.8	0.2	0.4	8.9	0.6
固原市	**Guyuan**	**6.9**	**1.6**	**3.3**	**1.4**	**0.1**	**0.4**
原州区	Yuanzhou	1.6	0.3	0.7	0.5	0.1	0.1
西吉县	Xiji	1.7	0.5	0.8	0.3		0.1
隆德县	Longde	0.9	0.3	0.4	0.1		0.1
泾源县	Jingyuan	0.8		0.6	0.1		
彭阳县	Pengyang	1.9	0.5	0.8	0.4		0.1
中卫市	**Zhongwei**	**5.1**	**2.3**	**0.9**	**1.4**	**3.8**	**4.1**
沙坡头区	Shapotou	1.4	0.5	0.2	0.3	1.5	3.9
中宁县	Zhongning	2.4	1.6	0.3	0.4	2.3	0.1
海原县	Haiyuan	1.3	0.1	0.4	0.6		

11-21 各市县渔业生产情况(2011 年)

Output of Basic Indicators on Fishery by City and Country(2011)

地区	Region	水产品总产量(吨) Total Aquatic Products (ton)	养殖捕捞量 Artificially Cultured	天然捕捞量 Naturally Grown	养殖面积(公顷) Area for Breeding Aquatics (hectare)	池塘养殖 Ponds
全区总计	**Total**	**105 422**	**105 222**	**200**	**43 211**	**15 294**
银川市	**Yinchuan**	**53 313**	**53 237**	**76**	**15 028**	**7 805**
银川市	District	14 309	14 296	13	5 097	1 811
永宁县	Yongning	8 792	8 789	3	1 538	849
贺兰县	Helan	27 925	27 865	60	7 306	4 306
灵武市	Lingwu	2 287	2 287		1 087	839
石嘴山市	**Shizuishan**	**31 431**	**31 373**	**58**	**16 875**	**3 883**
石嘴山市	District	7 731	7 731		5 922	1 431
平罗县	Pingluo	23 700	23 642	58	10 953	2 452
吴忠市	**Wuzhong**	**11 348**	**11 302**	**46**	**6 098**	**1 968**
利通区	Litong	1 705	1 695	10	1 200	295
红寺堡区	Hongsipu					
盐池县	Yanchi	32	32		402	25
同心县	Tongxin					
青铜峡市	Qingtongxia	9 611	9 575	36	4 496	1 648
固原市	**Guyuan**	**130**	**130**		**456**	
原州区	Yuanzhou					
西吉县	Xiji	130	130		456	
隆德县	Longde					
泾源县	Jingyuan					
彭阳县	Pengyang					
中卫市	**Zhongwei**	**9 200**	**9 180**	**20**	**4 754**	**1 638**
沙坡头区	Shapotou	6 500	6 500		2 382	1 080
中宁县	Zhongning	2 670	2 650	20	2 067	534
海原县	Haiyuan	30	30		305	24

主要统计指标解释

[乡村实有劳动力] 指乡村人口实际参加各种行业劳动并取得实物或货币收入的劳动力人数。包括劳动年龄内实际参加劳动的人口和不足或超过劳动年龄实际参加劳动的人口数。不包括户口在家的在外学生和丧失劳动能力的人。也不包括待业人员和家务劳动者。

[年末实有耕地面积] 按照《土地利用现状调查技术规程》(以下简称《土地规程》),耕地是指种植农作物的土地,包括新开荒地、休闲地、轮歇地、草田轮作地;以种植农作物为主间有零星果树、桑树或其他树木的土地;耕种三年以上的河滩地、海涂。耕地中包括宽小于2.0米的沟、渠、路、田埂。年末实有耕地指当年10月31日的耕地面积数。

[农用机械总动力] 是指主要用于农、林、牧、渔业的各种动力机械动力总和,包括耕作机械、农用排灌机械、收获机械、植保机械、林业机械、畜牧机械、渔业机械、农产品加工机械、农用运输机械、其他农业机械。按能源又分为柴油、汽油、电力和其他动力。总动力按法定计算单位千瓦计算。(注:1马力=0.735千瓦)

[有效灌溉面积] 是指具有一定的水源,地块比较平整,灌溉工程或设备已经配套,在一般年景下当年能够进行正常灌概的耕地面积。

[农作物播种面积] 是指实际种植或移植有农作物的面积。包括耕地和非耕地上的播种面积;混种、间种只计算一次,复、套在同一亩地上每复种、套种一次算一亩;播种面积还包括秋冬播面积。播种面积在统计范围看,包括全社会口径,即按在地原则统计。从时间范围看,从1月1日至12月31日都要统计在内。

[造林面积] 是指报告期内在荒山、荒地、沙丘等一切可以造林的土地上,采用人工播种、植苗、飞机播种等方法新植的成片乔木林和灌木林,经过检查验收符合“造林技术规程”要求株数,成活率达85%以上的面积。四旁植树如一侧在四行以上,连续面积0.066公顷(一亩)以上,应统计在造林面积内。

在造林面积中,不包括补植面积、治沙种草面积、经济林垦复面积、迹地更新面积和低产林改造面积。

[肉类总产量] 是指当年出栏并已屠宰的畜禽肉产量,即屠宰后除去头蹄下水带骨肉的重量,也叫胴体重。

[农林牧渔业增加值] 农林牧渔业增加值可以客观反映农林牧渔业企业或行业的投人、产出、效益、速度和收人等情况。它与农林牧渔业总产值相比,一个最大的优点在于避免了中间产品的重复计算。计算结果是社会最终产品的价值,因此它能客观反映企业单位或行业对社会的贡献。也是计算各项经济效益指标的重要依据。

农林牧渔业增加值=农林牧渔业总产值-中间物质消耗-对非物质生产部门的劳务消耗。

第十二篇 工业

Chapter12

National Economic Accounting

责任编辑：吴　苏

资料整理：吴　苏　吕　莹　卜宁飞　周　涛　刘聚才　张晶晶　季翔

Coordinator: Wu Su

Data Compilation: Wu Su　Lv Ying　Bu Ningfei　Zhou Tao　Liu Jucai　Zhang Jingjing　Ji Xiang

12-1 全部工业总产值

Gross Industrial Output Value

单位：万元 (10 000 yuan)

年份 Year	工业总产值 Gross Industrial Output Value	按经济类型分 Grouped by Economic: 国有及国有控股企业 State-owned and State-holding Enterprises	集体企业 Collective-owned Enterprises	按轻重工业分 Grouped by Light & Heavy Industries: 轻工业 Light Industry	重工业 Heavy Industry	按企业规模分 Grouped by Size of Enterprises: 大型企业 Large Enterprises	中型企业 Medium-sized Enterprises	小型企业 Small Enterprises	微型企业 Micro-enterprises
1950	1350	186		1315	35				
1955	3703	1612		3374	329				
1960	23773	20915	2858	13519	10254				
1965	20346	16317	4029	10531	9815				
1970	50052	44875	5177	16562	33490				
1975	111708	97010	14698	32344	79364				
1978	138485	114664	23821	34453	104032	30359	38220	69906	
1980	139179	121539	17354	37525	101654	32318	41236	65625	
1985	243007	196586	39104	72723	170284	73307	49927	119773	
1990	647403	509009	109895	179605	467858	204786	126578	316099	
1995	1734852	1177702	229501	361446	1373406	685169	335848	713835	
2000	2939383	1745801	140993	683696	2255687	1274549	483886	1180948	
2001	3273074	1927432	141839	765954	2507120	1458181	540156	1274737	
2002	3720196	2101200	98458	905675	2814521	1922167	294874	1503155	
2003	4714293	2539302	82954	1106599	3607694	1581230	1317414	1815649	
2004	5536557	3082623	48761	925091	4611466	2136124	1987942	1412491	
2005	6715450	3753424	19099	1238558	5476892	2572854	2423097	1719498	
2006	8596964	4375364	14164	1466089	7130876	3622447	2714588	2259929	
2007	10707114	5184832	20680	1751178	8955936	4213436	3812571	2681107	
2008	13690370	6676647	24372	2165690	11524680	5410355	4486653	3793363	
2009	14644914	7092454	11662	2692423	11952491	5572301	5279519	3793095	
2010	19243865	9622326	5093	3153090	16090775	7625387	6848766	4769712	
2011	24914433	12767303	27394	3580861	21333572	14668035	5083482	5050089	112827

注：1.工业总产值按当年价格计算，2004 年起为规模以上工业企业口径；2011 年规模以上口径为主营业务收入 2000 万元以上；
2.1995 年以前年份国有及国有控股企业为国有工业企业口径（下表同）。

a)Gross industrial output value is calculated at current prices.Since 2004,data in this table were above designated size.Since 2011 industrial enterprises above designated size are those with annual revenue from principal business over 20 million yuan.

b)Before 1995,state-owned and state holding industrial enterprises were state-owned enterprises.The same applies to the tables following.

12-2 规模以上工业企业增加值(2011 年)
Value-added of Industrial Enterprises above Designated Size(2011)

指 标	Item	工业增加值(万元) Value-added of Industry (10 000 yuan)
全 区 总 计	**Total**	**7244125**
在总计中:国有及国有控股企业	Of Which:State-owned and State-holding Enterprises	4509753
在总计中:私营企业	Of Which:Private Enterprises	1345077
在总计中:大中型企业	Of Whitch:Large and Medium-sized Enterprises	5362903
按经济类型分	**Grouped by Economic Type**	
国有企业	State-owned Enterprises	1202499
集体企业	Collective-owned Enterprises	791
股份合作企业	Cooperative Enterprises	5580
股份制企业	Share-holding Enterprises	5674706
外商及港澳台商投资企业	Enterprises with Funds from Foreign,Hong Kong,Macao and Taiwan	283691
其他企业	Other Enterprises	76857
按轻重工业分	**Grouped by Light&Heavy Industries**	
轻工业	Light Industry	817956
重工业	Heavy Industry	6426168

注:2011 年规模以上工业指年主营业务收入 2000 万元以上工业企业。

a)Industrial enterprises above designated size refers to enterprises with annual sales revenue over 20 million yuan .

12-2 续 continued

指 标	Item	工业增加值(万元) Value-added of Industry (10 000 yuan)
按国民经济经济行业分	**Grouped by Industrial Sector**	
煤炭开采和洗选业	Mining and Washing of Coal	1923737
非金属矿采选业	Mining and Processing of Nonmetal Ores	3653
农副食品加工业	Processing of Food from Agricultural Products	62496
食品制造业	Manufacture of Foods	102260
纺织业	Manufacture of Textile	166282
木材加工竹、藤、棕、草制品业	Processing of Timber, Manufac ture of Wood,Bamboo,Rattan,Palm and Straw Products	6121
家具制造业	Manufacture of Furniture	4090
造纸及纸制品业	Manufacture of Paper and Paper Products	101332
印刷和记录媒介复制业	Printing,Reproduction of Recording Media	8579
石油加工、炼焦和核燃料加工业	Processing of Petroleum,Coking,Processing of Nuclear Fuel	438712
化学原料及化学制品制造业	Manufacture of Raw Chemical Materials and Chemical Products	576844
医药制造业	Manufacture of Medicines	146676
橡胶和塑料制品业	Manufacture of Rubber and Plastics	54560
非金属矿物质制品业	Manufacture of Non-metallic Mineral Products	356955
黑色金属冶炼及压延加工业	Smelting and Pressing of Ferrous Metals	399267
有色金属冶炼及压延加工业	Smelting and Pressing of Non-ferrous Metals	561185
金属制品业	Manufacture of Metal Products	34962
通用设备制造业	Manufacture of General Purpose Machinery	165340
专用设备制造业	Manufacture of Special Purpose Machinery	73843
电气机械及器材制造业	Manufacture of Electrical Machinery and Equipment	98053
电力、热力的生产和供应业	Production and Supply of Electric Power and Heet Power	1652893
燃气生产和供应业	Production and Supply of Gas	46416
水的生产和供应业	Production and Supply of Water	28642

12-3 主要工业产品产量

Output of Major Industrial Products

年份 Year	原 煤 (万吨) Coal (10 000 tons)	发电量 (亿千瓦时) Electricity (100million kwh)	钢 材 (万吨) Rolled Steel (10 000 tons)	铝 (万吨) Aluminum (10 000 tons)	轮胎外胎 (万条) Tires (10 000 tires)	合成氨 (万吨) Synthetic Ammonia (10 000 tons)	农用化肥 (万吨) Chemical Fertilizers (10 000tons)	金属切削机 床 Metal-cutting Machine Tools (unit)	起重设备 (吨) Lifting Appliances (ton)
1978	999.00	16.51	2.78	1.83	30.09	6.77	5.30	1402	1503
1980	971.00	19.43	4.12	2.26	29.30	7.95	5.57	1194	2104
1985	1214.00	24.14	3.88	2.92	34.34	9.20	6.71	1671	3714
1990	1443.10	55.96	4.75	6.01	63.50	34.32	27.74	1308	7004
1995	1480.30	107.77	7.58	10.13	164.67	47.59	41.49	994	5140
2000	1581.00	136.61	5.59	11.69	193.32	73.49	59.52	969	3308
2001	1635.70	150.30	1.08	15.82	181.94	80.84	73.58	1298	4414
2002	1818.19	171.02	1.24	26.09	224.31	93.31	76.13	1816	3733
2003	2194.80	206.13	12.68	26.89	241.53	90.55	76.30	1953	15724
2004	2354.59	260.05	14.09	27.42	293.57	95.67	75.78	3397	11670
2005	2589.77	312.87	9.21	35.82	304.56	88.15	83.94	3353	11005
2006	3153.68	388.42	21.80	55.82	389.59	86.68	77.94	3663	12330
2007	3729.90	451.16	41.46	60.00	395.54	93.25	86.35	5136	15347
2008	4234.71	462.56	33.18	60.35	337.16	105.16	109.16	3898	17077
2009	5509.53	478.96	38.01	65.55	225.62	103.09	91.77	2949	14700
2010	6613.61	585.82	33.03	91.51	210.44	100.74	95.17	5741	12209
2011	7932.29	937.03	76.51	118.36	188.38	115.89	92.66	6346	

注:1978-2003 年为全部工业口径,2004 年及以后为规模以上口径。

a)From 1978 to 2003,the data on industry refer to total industrial enterprises. Since 2004,industrial enterprises were above designated size.

12-3 续表 1 continued

年份 Year	金属材料试验机(台) Metallic Material Testing Machine (unit)	轴承(万套) Bearing (10 000 sets)	小型拖拉机(台) Small Tractors (set)	水泥(万吨) Cement (10 000 tons)	布(万米) Cloth (10 000 m)	饮料酒(千升) Alcoholic Drink (kiloliter)	机制纸(万吨) Machine-made Paper (10 000 tons)	日用陶瓷(万件) Ceramics for Daily Use (10 000 units)	塑料制品(吨) Plastic Products (ton)
1978	1345	171.89	2502	27.66	1268.32	2700	0.97	894	2878
1980	1779	132.60	600	29.27	1508.00	2785	0.99	1191	2632
1985	1959	62.80	7606	61.62	1059.98	12816	2.47	1202	5584
1990	445	197.57	11900	95.74	1232.64	26300	6.68	1923	7783
1995	715	274.00	15908	140.11	540.00	48858	13.98	3504	15459
2000	380	557.45	1843	280.25	2.00	57639	23.71	2699	16750
2001	392	621.17	800	318.69	7.49	67281	30.85	2059	13111
2002	343	522.83	1985	377.24	7.46	89412	28.58	1667	13144
2003	331	391.47	689	494.13		76112	33.01	878	13549
2004	123	352.67		582.79	132.79	104018	39.62		8018
2005		307.54		567.58	122.65	113622	45.58		8557
2006	149	244.13	4973	699.08	15.00	107453	46.45		18384
2007	150	334.16	3722	808.40		130330	50.62		20164
2008		223.86	3600	884.76		130303	69.02		53530
2009		203.13	2970	1064.50		159215	77.32		76605
2010		230.64	1954	1357.45		196156	78.92		7495
2011		227.10		1455.46		211408	72.35		97248

12-3 续表 2 continued

年份 Year	天然气(万立方米) Natural Gas (10 000 cu.m)	羊绒(吨) Cashmere (ton)	钽(公斤) Tantalum (kg)	铌(公斤) Niobium (kg)	生铁(万吨) Pig Iron (10 000tons)	铁合金(万吨) Ferroalloy (10 000 tons)	卷烟(万箱) Cigarettes (10 000 boxes)	食用植物油(万吨) Edible Vegetable Oil (10 000 tons)	石墨及碳素制品(万吨) Graphite and Carbon Products (10 000 tons)
1978					3.88		1.80	0.69	1.75
1980					0.61		1.75	0.73	1.64
1985	992		8396	8243	1.31	0.63	1.21	1.50	2.69
1990	701		5231	5769	5.54	7.79	4.47	2.19	6.51
1995	6211		32526	7673	7.29	15.32	3.50	4.17	20.77
2000	1496		205436	81742	6.85	25.34	3.12	5.36	31.14
2001	797		215041	17763	7.06	24.53	2.61	4.85	30.77
2002	3161	2102	90887	22636	8.80	23.44	2.30	4.99	23.81
2003	8635	2406	103788	30633	14.72	43.06	2.00	5.51	27.66
2004	7815	3807	130753	33581	18.61	58.80	2.30	0.14	31.43
2005	422	4693	158634	48467	24.08	49.52	11.5(亿支)	0.48	51.53
2006		5268	225617	70563	39.34	81.92	13(亿支)	0.71	75.74
2007		6093	299202	100642	42.51	96.46	25(亿支)	1.05	79.15
2008		7244	380337	55849	32.77	86.43	30(亿支)	0.71	92.39
2009		9469	296649	95870	36.18	83.59	35(亿支)	1.14	89.79
2010		11537	409193	94358	39.13	107.32	50(亿支)	2.53	59.43
2011		14848	310998	158616	91.85	178.42		6.34	50.64

12-4 规模以上工业企业职工人数
Number of Industrial Enterprises above Designated Size of Staff

单位:人 (person)

指标	Item	2011
全区总计	**Total**	**299065**
按登记注册类型分	**By Status of Registration**	
国有	State-owned Enterprises	27396
集体	Collective-owned Enterprises	454
其他	Other Enterprises	271215
按行业分	**Grouped by Sector**	
采矿业	**Mining**	**61323**
煤炭开采和洗选业	Mining and Washing of Coal	60908
石油和天然气开采业	Extraction of Petroleum and Natural Gas	136
非金属矿采选业	Mining and Processing of Nonmetal Ores	279
制造业	**Manufacturing**	**205542**
农副食品加工业	Processing of Food from Agricultural Products	6870
食品制造业	Manufacture of Foods	7745
酒、饮料和精制茶制造业	Manufacture of Wine,Beverages and Refined Tea	3447
烟草制造业	Manufacture of Tobacco	402
纺织业	Manufacture of Textile	10726
纺织服装、服饰业	Manufacture of Textile Wearing Apparel	890
皮革、毛皮、羽毛及其制品和制鞋业	Manufacture of Leather, Fur, Feather with Related Products and Footware	866
木材加工竹、藤、棕、草制品业	Processing of Timber, Manufacture of Wood,Bamboo,Rattan,Palm and Straw Products	357
家具制造业	Manufacture of Furniture	600
造纸及纸制品业	Manufacture of Paper and Paper Products	12016
印刷和记录媒介复制业	Printing,Reproduction of Recording Media	1336
石油加工、炼焦和核燃料加工业	Processing of Petroleum,Coking,Processing of Nuclear Fuel	19459
化学原料及化学制品制造业	Manufacture of Raw Chemical Materials and Chemical Products	34373
医药制造业	Manufacture of Medicines	4807
橡胶和塑料制品业	Manufacture of Rubber and Plastics	4481
非金属矿物质制品业	Manufacture of Non-metallic Mineral Products	17083
黑色金属冶炼及压延加工业	Smelting and Pressing of Ferrous Metals	28058
有色金属冶炼及压延加工业	Smelting and Pressing of Non-ferrous Metals	25133
金属制品业	Manufacture of Metal Products	5336
通用设备制造业	Manufacture of General Purpose Machinery	8016
专用设备制造业	Manufacture of Special Purpose Machinery	6284
汽车制造业	Manufacture of Automotive	327
铁路、船舶、航空航天和其他运输设备制造业	Manufacture of Railways, Shipbuilding, Aerospace and Other Transportation Equipment	116
电气机械及器材制造业	Manufacture of Electrical Machinery and Equipment	6149
仪器仪表制造业	Manufacture of Measuring Instruments	565
废弃资源综合利用业	Recycling and Disposal of Waste	100
电力、燃气及水的生产和供应业	**Production and Supply of Electric Power,Gas and Water**	**32200**
电力、热力的生产和供应业	Production and Supply of Electric Power and Heet Power	29126
燃气生产和供应业	Production and Supply of Gas	919
水的生产和供应业	Production and Supply of Water	2155

12-5 规模以上国有、集体企业分行业单位数和工业总产值(2011 年)

单位:个、万元

指标	Item
全 区 总 计	**Total**
采矿业	**Mining**
煤炭开采和洗选业	Mining and Washing of Coal
非金属矿采选业	Mining and Processing of Nonmetal Ores
制造业	**Manufacturing**
农副食品加工业	Processing of Food from Agricultural Products
食品制造业	Manufacture of Foods
造纸及纸制品业	Manufacture of Paper and Paper Products
印刷和记录媒介复制业	Printing,Reproduction of Recording Media
石油加工、炼焦和核燃料加工业	Processing of Petroleum,Coking,Processing of Nuclear Fuel
化学原料及化学制品制造业	Manufacture of Raw Chemical Materials and Chemical Products
非金属矿物质制品业	Manufacture of Non-metallic Mineral Products
黑色金属冶炼及压延加工业	Smelting and Pressing of Ferrous Metals
有色金属冶炼及压延加工业	Smelting and Pressing of Non-ferrous Metals
金属制品业	Manufacture of Metal Products
通用设备制造业	Manufacture of General Purpose Machinery
专用设备制造业	Manufacture of Special Purpose Machinery
电气机械及器材制造业	Manufacture of Electrical Machinery and Equipment
电力、燃气及水的生产和供应业	**Production and Supply of Electric Power,Gas and Water**
电力、热力的生产和供应业	Production and Supply of Electric Power and Heet Power
燃气生产和供应业	Production and Supply of Gas
水的生产和供应业	Production and Supply of Water

Number of Industrial Enterprises and Collective-owned Enterprises above Designated Size and Gross Industrial Output Value by City and County(2011)

(10 000 yuan)

国有及国有控股企业 State-owned and State-holding Enterprises		集体企业 Collective-owned Enterprises	
企业单位数 Number of Enterprises	工业总产值 Gross Industrial Output Value	企业单位数 Number of Enterprises	工业总产值 Gross Industrial Output Value
97	**12767303**	**3**	**27394**
6	**3168687**		
4	3161378		
2	7310		
53	**4334645**	**3**	**27394**
4	44815		
2	64310		
2	253250		
2	9380		
1	735045		
5	439382		
12	343939	2	4658
4	82953	1	22736
3	1708426		
1	1667		
4	40673		
4	334588		
4	189323		
38	**5263971**		
29	5151576		
2	58737		
7	53657		

12-6 规模以上工业企业主要经济指标(2011 年)

单位:个、万元

指 标	Item	企业单位数 Number of Enterprises
总 计	**Total**	**764**
在总计中:亏损企业	**Of Which:Loss-suffering Enterprises**	**150**
按轻重工业分	**Grouped by Light & Heavy Industries**	
轻工业	Light Industry	223
重工业	Heavy Industry	541
按企业规模分	**Grouped by Size of Enterprises**	
大型企业	Large Enterprises	48
中型企业	Medium-sized Enterprises	129
小型企业	Small Enterprises	557
微型企业	Micro-enterprises	30
按登记注册类型分组	**Grouped by Status of Registration**	
内资企业	Domestic Funded	725
国有企业	State-owned Enterprises	39
中央企业	Central	14
地方企业	Local	25
集体企业	Collective-owned Enterprises	3
股份合作企业	Cooperative Enterprises	2
联营企业	Joint Ownership Enterprises	1
国有联营企业	State Joint Ownership Enterprises	
集体联营企业	Collective Joint Ownership Enterprises	
国有与集体联营企业	Joint State-collective Enterprises	
其他联营企业	Other Joint Ownership Enterprises	1
有限责任公司	Limited Liability Corporations	186
国有独资公司	State Sole Funded Corporations	10
股份有限公司	Share-holding Corporations Limited	24
私营企业	Private Enterprises	455
港、澳、台商投资企业	Enterprises with Funds from Hong Kong,Macao and Taiwan	7
外商投资企业	Foreign Funded Enterprises	32

Main Economic Indicators of Industrial Enterprises above Designated Size(2011)

(10 000 yuan)

工业总产值 Gross Industrial Output Value	资产合计 Total Assets	流动资产合计 Total Working Capitals	固定资产原价 Original Value of Fixed Assets	流动负债合计 Total Working Liabilities	非流动负债合计 Total Non-current Liabilities
24914433	**40443178**	**14347299**	**24261372**	**15521426**	**10576331**
3476814	**6194844**	**2089114**	**3892105**	**2770803**	**1630518**
3580861	5421869	2521324	2464736	2515605	645958
21333572	35021309	11825975	21796635	13005821	9930373
14668035	25009818	7770408	16044600	9331095	6582135
5083482	9273485	3636782	5247345	3462446	2798587
5050089	6058051	2868659	2943063	2670773	1190814
112827	101824	71450	26364	57113	4795
23634809	37759900	13477775	22905416	14863713	9497627
4589666	6403865	1145990	6144586	1995023	2492089
4109030	5087434	890328	5182438	1676852	1854787
480637	1316431	255662	962148	318172	637302
27394	14259	9585	5583	9924	
60455	48675	19522	26164	36727	409
2282	988	396	592	288	
2282	988	396	592	288	
8232612	15690149	4943800	10179224	5490894	4587018
3359032	8591633	1923562	5926264	2406091	2942322
3333897	6046804	2336108	3382976	2461587	1151056
7111131	8827291	4713233	2947820	4436442	1207784
366418	1617815	326229	832410	177708	994269
913206	1065463	543295	523546	480006	84436

12-6 续表 1

单位:万元

指 标	Item	所有者权益 Owners' Equities
总 计	**Total**	**13851879**
在总计中:亏损企业	**Loss-suffering Enterprises**	**1548012**
按轻重工业分	**Grouped by Light & Heavy Industries**	
轻工业	Light Industry	2146844
重工业	Heavy Industry	11705036
按企业规模分	**Grouped by Size of Enterprises**	
大型企业	Large Enterprises	8934332
中型企业	Medium-sized Enterprises	2842015
小型企业	Small Enterprises	2040469
微型企业	Micro-enterprises	35064
按登记注册类型分组	**Grouped by Status of Registration**	
内资企业	Domestic Funded	12908028
国有企业	State-owned Enterprises	1782850
中央企业	Central	1438348
地方企业	Local	344501
集体企业	Collective-owned Enterprises	4335
股份合作企业	Cooperative Enterprises	11385
联营企业	Joint Ownership Enterprises	700
国有联营企业	State Joint Ownership Enterprises	
集体联营企业	Collective Joint Ownership Enterprises	
国有与集体联营企业	Joint State-collective Enterprises	
其他联营企业	Other Joint Ownership Enterprises	700
有限责任公司	Limited Liability Corporations	5504705
国有独资公司	State Sole Funded Corporations	3243188
股份有限公司	Share-holding Corporations Limited	2434161
私营企业	Private Enterprises	2942576
港、澳、台商投资企业	Enterprises with Funds from Hong Kong,Macao and Taiwan	445389
外商投资企业	Foreign Funded Enterprises	498463

continued

(10 000 yuan)

实收资本 Paid-up Capital	主营业务收入 Revenue from Principal Business	主营业务成本 Cost of Principal Business	主营业务税金及附加 Taxes and Other Charges on Principal Business	利润总额 Total Profits	本年应交增值税 Value-added Tax Payable
6812901	**24256999**	**20215905**	**264816**	**1756765**	**805031**
1489588	**3779069**	**3487087**	**124951**	**-169483**	**111409**
1011531	3394948	2710721	46851	315093	63238
5801370	20862051	17505184	217965	1441672	741793
4024453	14298579	11617841	184205	1243902	552766
1595413	4852803	4149206	56075	219273	148505
1173228	4964531	4318229	24195	289569	102075
19806	141086	130629	341	4021	1684
6100969	23066458	19296691	255020	1686610	775003
1068158	4597316	4149592	49413	209545	139354
758507	4119175	3792843	11096	166338	115059
309651	478141	356749	38317	43207	24295
2220	26468	23828	56	792	353
8225	60243	49665	5	3495	42
356	2117	1742	21	99	20
356	2117	1742	21	99	20
2420928	7626858	5851205	86581	850249	404603
1227613	2958759	1842320	66155	620547	285029
1033631	3218402	2669748	85612	135014	74596
1549718	7319611	6369145	31421	468836	149433
376883	329790	200893	1103	39176	8053
335049	860751	718321	8693	30979	21975

12-7 分行业规模以上工业企业主要经济指标(2011年)

单位:个、万元

指标	Item
总　　计	**Total**
采矿业	**Mining**
煤炭开采和洗选业	Mining and Washing of Coal
石油和天然气开采业	Extraction of Petroleum and Natural Gas
非金属矿采选业	Mining and Processing of Nonmetal Ores
制造业	**Manufacturing**
农副食品加工业	Processing of Food from Agricultural Products
食品制造业	Manufacture of Foods
酒、饮料和精制茶制造业	Manufacture of Wine,Beverages and Refined Tea
烟草制造业	Manufacture of Tobacco
纺织业	Manufacture of Textile
纺织服装、服饰业	Manufacture of Textile Wearing Apparel
皮革、毛皮、羽毛及其制品和制鞋业	Manufacture of Leather, Fur, Feather with Related Products and Footware
木材加工竹、藤、棕、草制品业	Processing of Timber, Manufacture of Wood,Bamboo,Rattan,Palm and Straw Products
家具制造业	Manufacture of Furniture
造纸及纸制品业	Manufacture of Paper and Paper Products
印刷和记录媒介复制业	Printing,Reproduction of Recording Media
石油加工、炼焦和核燃料加工业	Processing of Petroleum,Coking,Processing of Nuclear Fuel
化学原料及化学制品制造业	Manufacture of Raw Chemical Materials and Chemical Products
医药制造业	Manufacture of Medicines
橡胶和塑料制品业	Manufacture of Rubber and Plastics
非金属矿物质制品业	Manufacture of Non-metallic Mineral Products
黑色金属冶炼及压延加工业	Smelting and Pressing of Ferrous Metals
有色金属冶炼及压延加工业	Smelting and Pressing of Non-ferrous Metals
金属制品业	Manufacture of Metal Products
通用设备制造业	Manufacture of General Purpose Machinery
专用设备制造业	Manufacture of Special Purpose Machinery
汽车制造业	Manufacture of Automotive
铁路、船舶、航空航天和其他运输设备制造业	Manufacture of Railways, Shipbuilding, Aerospace and Other Transportation Equipment
电气机械及器材制造业	Manufacture of Electrical Machinery and Equipment
仪器仪表制造业	Manufacture of Measuring Instruments
废弃资源综合利用业	Recycling and Disposal of Waste
电力、燃气及水的生产和供应业	**Production and Supply of Electric Power,Gas and Water**
电力、热力的生产和供应业	Production and Supply of Electric Power and Heet Power
燃气生产和供应业	Production and Supply of Gas
水的生产和供应业	Production and Supply of Water

Main Economic Indicators of Industrial Enterprises above Designated Size by Sector(2011)

(unit,10 000 yuan)

企业单位数 Number of Enterprises	工业总产值 Gross Industrial Output Value	资产合计 Total Assets	流动资产合计 Total Working Capitals
764	**24914433**	**40443178**	**14347299**
68	**3786627**	**8548970**	**2325691**
64	3764303	8520480	2302507
1	12776	15815	11968
3	9549	12674	11215
645	**15780177**	**21698312**	**9987183**
67	561087	465755	220208
35	632598	785168	318042
15	246440	379497	226708
2	70656	58740	22671
43	1016126	1513572	1103069
1	10560	12872	6983
14	62300	42164	25636
4	26065	18052	8342
1	20510	8340	3261
13	433705	1263357	361889
5	32082	38766	21319
27	1951334	4080622	1526532
90	2367438	2528570	967390
9	317499	490020	124428
21	321201	258569	136814
106	1155363	2099527	961117
90	2131938	1778597	1001029
16	2756845	3990355	1729885
19	271306	295304	129919
23	327346	507748	313792
11	414563	472758	337879
2	12825	34410	21202
1	4538	8832	5585
25	529669	487006	348983
4	99586	76153	63933
1	6600	3558	567
51	**5347628**	**10195896**	**2034426**
37	5196486	9643446	1867823
7	97485	280475	142154
7	53657	271975	24449

12-7 续表 1

单位：万元

指 标	Item
总　　计	**Total**
采矿业	**Mining**
煤炭开采和洗选业	Mining and Washing of Coal
石油和天然气开采业	Extraction of Petroleum and Natural Gas
非金属矿采选业	Mining and Processing of Nonmetal Ores
制造业	**Manufacturing**
农副食品加工业	Processing of Food from Agricultural Products
食品制造业	Manufacture of Foods
酒、饮料和精制茶制造业	Manufacture of Wine,Beverages and Refined Tea
烟草制造业	Manufacture of Tobacco
纺织业	Manufacture of Textile
纺织服装、服饰业	Manufacture of Textile Wearing Apparel
皮革、毛皮、羽毛及其制品和制鞋业	Manufacture of Leather, Fur, Feather with Related Products and Footware
木材加工竹、藤、棕、草制品业	Processing of Timber, Manufacture of Wood,Bamboo,Rattan,Palm and Straw Products
家具制造业	Manufacture of Furniture
造纸及纸制品业	Manufacture of Paper and Paper Products
印刷和记录媒介复制业	Printing,Reproduction of Recording Media
石油加工、炼焦和核燃料加工业	Processing of Petroleum,Coking,Processing of Nuclear Fuel
化学原料及化学制品制造业	Manufacture of Raw Chemical Materials and Chemical Products
医药制造业	Manufacture of Medicines
橡胶和塑料制品业	Manufacture of Rubber and Plastics
非金属矿物质制品业	Manufacture of Non-metallic Mineral Products
黑色金属冶炼及压延加工业	Smelting and Pressing of Ferrous Metals
有色金属冶炼及压延加工业	Smelting and Pressing of Non-ferrous Metals
金属制品业	Manufacture of Metal Products
通用设备制造业	Manufacture of General Purpose Machinery
专用设备制造业	Manufacture of Special Purpose Machinery
汽车制造业	Manufacture of Automotive
铁路、船舶、航空航天和其他运输设备制造业	Manufacture of Railways, Shipbuilding, Aerospace and Other Transportation Equipment
电气机械及器材制造业	Manufacture of Electrical Machinery and Equipment
仪器仪表制造业	Manufacture of Measuring Instruments
废弃资源综合利用业	Recycling and Disposal of Waste
电力、燃气及水的生产和供应业	**Production and Supply of Electric Power,Gas and Water**
电力、热力的生产和供应业	Production and Supply of Electric Power and Heet Power
燃气生产和供应业	Production and Supply of Gas
水的生产和供应业	Production and Supply of Water

continued

(10 000 yuan)

固定资产原价 Original Value of Fixed Assets	流动负债合计 Total Working Liabilities	非流动负债合计 Total Non-current Liabilities	所有者权益 Owners' Equities	实收资本 Paid-up Capital
24261372	**15521426**	**10576331**	**13851879**	**6812901**
5299917	**2728079**	**2497231**	**3305159**	**1157961**
5293711	2720617	2497231	3284173	1151058
4004	174		15641	5000
2202	7289		5345	1903
10112349	**10461324**	**3215821**	**7674491**	**3975501**
194988	198481	46940	215082	98572
441211	353177	110833	308514	89402
150309	158063	21551	159356	47576
46236	58196	74	470	197
225738	727541	82893	696571	262895
5999	6223	2463	4186	1000
15094	15503	206	26428	7363
7116	6637		6339	3611
7710	2958	3305	2077	1808
689655	706005	244615	300800	246610
18558	22607	1000	14618	9879
1525808	1754963	794187	1405733	940742
1677406	1290110	449170	762725	403004
395553	169144	29761	253784	82746
186967	151104	19973	87337	86157
1000523	843563	191731	1039261	335245
626800	1166802	161456	437361	376819
2318124	1828901	959154	1175046	592925
138608	134227	14711	145366	52910
216996	268576	36873	200055	130283
123098	255110	6111	210582	82093
8096	22931	300	11179	8000
1132	3118		5195	800
78745	263148	37207	184631	102912
9997	53572	1207	19007	10954
1880	669	100	2789	1000
8849106	**2332023**	**4863279**	**2872229**	**1679439**
8547720	2268213	4564700	2682102	1506605
57005	33789	197331	46355	23370
244381	30022	101248	143772	149464

12-7 续表 2

单位:万元

指 标	Item
总　　计	**Total**
采矿业	**Mining**
煤炭开采和洗选业	Mining and Washing of Coal
石油和天然气开采业	Extraction of Petroleum and Natural Gas
非金属矿采选业	Mining and Processing of Nonmetal Ores
制造业	**Manufacturing**
农副食品加工业	Processing of Food from Agricultural Products
食品制造业	Manufacture of Foods
酒、饮料和精制茶制造业	Manufacture of Wine,Beverages and Refined Tea
烟草制造业	Manufacture of Tobacco
纺织业	Manufacture of Textile
纺织服装、服饰业	Manufacture of Textile Wearing Apparel
皮革、毛皮、羽毛及其制品和制鞋业	Manufacture of Leather, Fur, Feather with Related Products and Footware
木材加工竹、藤、棕、草制品业	Processing of Timber, Manufacture of Wood,Bamboo,Rattan,Palm and Straw Products
家具制造业	Manufacture of Furniture
造纸及纸制品业	Manufacture of Paper and Paper Products
印刷和记录媒介复制业	Printing,Reproduction of Recording Media
石油加工、炼焦和核燃料加工业	Processing of Petroleum,Coking,Processing of Nuclear Fuel
化学原料及化学制品制造业	Manufacture of Raw Chemical Materials and Chemical Products
医药制造业	Manufacture of Medicines
橡胶和塑料制品业	Manufacture of Rubber and Plastics
非金属矿物质制品业	Manufacture of Non-metallic Mineral Products
黑色金属冶炼及压延加工业	Smelting and Pressing of Ferrous Metals
有色金属冶炼及压延加工业	Smelting and Pressing of Non-ferrous Metals
金属制品业	Manufacture of Metal Products
通用设备制造业	Manufacture of General Purpose Machinery
专用设备制造业	Manufacture of Special Purpose Machinery
汽车制造业	Manufacture of Automotive
铁路、船舶、航空航天和其他运输设备制造业	Manufacture of Railways, Shipbuilding, Aerospace and Other Transportation Equipment
电气机械及器材制造业	Manufacture of Electrical Machinery and Equipment
仪器仪表制造业	Manufacture of Measuring Instruments
废弃资源综合利用业	Recycling and Disposal of Waste
电力、燃气及水的生产和供应业	**Production and Supply of Electric Power,Gas and Water**
电力、热力的生产和供应业	Production and Supply of Electric Power and Heet Power
燃气生产和供应业	Production and Supply of Gas
水的生产和供应业	Production and Supply of Water

continued

(10 000 yuan)

主营业务收入 Revenue from Principal Business	主营业务成本 Cost of Principal Business	主营业务税金及附加 Taxes and Other Charges on Principal Business	利润总额 Total Profits	本年应交增值税 Value-added Tax Payable
24256999	**20215905**	**264816**	**1756765**	**805031**
3580973	**2323321**	**69854**	**703110**	**307433**
3558996	2310681	69527	697099	306947
12776	6255	273	5695	252
9201	6385	54	315	235
15301707	**13055345**	**170570**	**834510**	**327784**
560800	492247	1346	39763	5293
591482	452895	843	68755	8356
172359	102052	9204	36089	8984
71008	33946	30295	–94	6593
1051095	879613	2044	108825	10461
12388	9350	41	670	515
57896	52648	214	5269	841
26134	16066	80	7662	475
19950	16158	49	97	318
407144	339664	751	–3308	7596
33329	27540	44	1664	630
2060687	1687580	95990	106418	65239
2163854	1918662	5370	85077	50895
259640	176435	1393	46751	7497
320611	305951	1242	–7953	5651
1154616	931695	4834	93743	45227
2131058	1975726	8333	34752	31073
2640328	2353963	4027	77157	28647
265137	229799	793	15212	5157
332945	265372	668	17341	10596
397306	296929	1840	46578	16798
12417	10588		1401	
4481	2526	51	1628	360
483090	422912	1089	28524	9282
68810	51896	29	22391	1228
3141	3132	1	99	74
5374319	**4837240**	**24393**	**219145**	**169813**
5213645	4717279	23188	206536	166567
107890	80391	914	8791	320
52784	39570	291	3818	2927

12-8 大中型工业企业主要经济指标(2011年)

单位:个、万元

指标	Item	企业单位数 Number of Enterprises
总　　计	**Total**	**177**
在总计中:亏损企业	**Loss-suffering Enterprises**	**41**
按轻重工业分	**Grouped by Light & Heavy Industries**	
轻工业	Light Industry	37
重工业	Heavy Industry	140
按企业规模分	**Grouped by Size of Enterprises**	
大型企业	Large Enterprises	48
中型企业	Medium-sized Enterprises	129
按登记注册类型分组	**Grouped by Status of Registration**	
内资企业	Domestic Funded	164
国有企业	State-owned Enterprises	13
中央企业	Central	7
地方企业	Local	6
集体企业	Collective-owned Enterprises	1
股份合作企业	Cooperative Enterprises	1
联营企业	Joint Ownership Enterprises	
国有联营企业	State Joint Ownership Enterprises	
集体联营企业	Collective Joint Ownership Enterprises	
国有与集体联营企业	Joint State-collective Enterprises	
其他联营企业	Other Joint Ownership Enterprises	
有限责任公司	Limited Liability Corporations	62
国有独资公司	State Sole Funded Corporations	8
股份有限公司	Share-holding Corporations Limited	21
私营企业	Private Enterprises	65
其他企业	Other Enterprises	1
港、澳、台商投资企业	Enterprises with Funds from Hong Kong,Macao and Taiwan	2
外商投资企业	Foreign Funded Enterprises	11

Main Economic Indicators of Large & Medium-Sized Industrial Enterprises(2011)

(unit,10 000 yuan)

工业总产值 Gross Industrial Output Value	资产合计 Total Assets	流动资产合计 Total Working Capitals	固定资产原价 Original Value of Fixed Assets	流动负债合计 Total Working Liabilities	非流动负债合计 Total Non-current Liabilities
19751517	**34283303**	**11407190**	**21291944**	**12793541**	**9380722**
2636688	**4964687**	**1568104**	**3190037**	**2164800**	**1362020**
2134364	3793587	1660859	1812243	1850985	485219
17617153	30489716	9746331	19479701	10942556	8895503
14668035	25009818	7770408	16044600	9331095	6582135
5083482	9273485	3636782	5247345	3462446	2798587
18792291	32012298	10736822	20097064	12287309	8344387
4188003	5173366	953440	5064226	1755533	1773716
3962750	4659490	836344	4751567	1587194	1604289
225253	513876	117096	312659	168339	169428
22736	9094	5924	3633	7237	
57939	45318	16974	25312	34137	409
7154265	14096080	4268682	9432945	4869991	4260908
3351686	8571012	1918185	5910607	2395757	2940289
3276183	5968325	2275894	3367776	2418827	1139143
3949998	6077217	2967267	2011156	2804726	1111088
143168	642898	248643	192016	396858	59124
303674	1552326	290134	794262	139769	985199
655552	718679	380234	400619	366463	51136

12-8 续表 1

单位:万元

指 标	Item	所有者权益 Owners´ Equities
总　　计	**Total**	**11776347**
在总计中:亏损企业	**Loss-suffering Enterprises**	**1263017**
按轻重工业分	**Grouped by Light & Heavy Industries**	
轻工业	Light Industry	1418026
重工业	Heavy Industry	10358321
按企业规模分	**Grouped by Size of Enterprises**	
大型企业	Large Enterprises	8934332
中型企业	Medium-sized Enterprises	2842015
按登记注册类型分组	**Grouped by Status of Registration**	
内资企业	Domestic Funded	11048109
国有企业	State-owned Enterprises	1518252
中央企业	Central	1350560
地方企业	Local	167692
集体企业	Collective-owned Enterprises	1857
股份合作企业	Cooperative Enterprises	10773
联营企业	Joint Ownership Enterprises	
国有联营企业	State Joint Ownership Enterprises	
集体联营企业	Collective Joint Ownership Enterprises	
国有与集体联营企业	Joint State-collective Enterprises	
其他联营企业	Other Joint Ownership Enterprises	
有限责任公司	Limited Liability Corporations	4925145
国有独资公司	State Sole Funded Corporations	3234934
股份有限公司	Share-holding Corporations Limited	2410355
私营企业	Private Enterprises	1994812
其他企业	Other Enterprises	186916
港、澳、台商投资企业	Enterprises with Funds from Hong Kong,Macao and Taiwan	427159
外商投资企业	Foreign Funded Enterprises	301079

continued

(10 000 yuan)

实收资本 Paid-up Capital	主营业务收入 Revenue From Principal Business	主营业务成本 Cost of Principal Business	主营业务税金及附加 Taxes and Other Charges on Principal Business	利润总额 Total Profits	本年应交增值税 Value-added Tax Payable
5619866	**19151382**	**15767047**	**240281**	**1463175**	**701272**
1191092	**2967885**	**2715232**	**122458**	**-124233**	**89950**
669681	2044162	1576820	41206	191705	43361
4950186	17107220	14190227	199075	1271470	657911
4024453	14298579	11617841	184205	1243902	552766
1595413	4852803	4149206	56075	219273	148505
5053311	18279744	15117688	231345	1405504	679530
831296	4195946	3798791	43147	191494	127417
674507	3973323	3668167	10796	158785	107093
156789	222623	130624	32351	32709	20324
1160	19326	17856	36	479	81
8000	57833	47662	1	3465	
2151813	6647479	5025235	80597	780064	381860
1221547	2951615	1835644	66133	619723	284816
1021183	3162049	2625202	85443	128284	73296
1034569	4088495	3508406	21793	298676	91446
5290	108617	94537	329	3041	5431
359197	269009	146330	978	36299	7531
207358	602629	503029	7958	21373	14211

12-9 大中型工业企业分行业主要经济指标(2011 年)

单位:个、万元

指 标	Item
总　　计	**Total**
采矿业	**Mining**
煤炭开采和洗选业	Mining and Washing of Coal
制造业	**Manufacturing**
农副食品加工业	Processing of Food from Agricultural Products
食品制造业	Manufacture of Foods
酒、饮料和精制茶制造业	Manufacture of Wine,Beverages and Refined Tea
烟草制造业	Manufacture of Tobacco
纺织业	Manufacture of Textile
纺织服装、服饰业	Manufacture of Textile Wearing Apparel
造纸及纸制品业	Manufacture of Paper and Paper Products
印刷和记录媒介复制业	Printing,Reproduction of Recording Media
石油加工、炼焦和核燃料加工业	Processing of Petroleum,Coking,Processing of Nuclear Fuel
化学原料及化学制品制造业	Manufacture of Raw Chemical Materials and Chemical Products
医药制造业	Manufacture of Medicines
橡胶和塑料制品业	Manufacture of Rubber and Plastics
非金属矿物质制品业	Manufacture of Non-metallic Mineral Products
黑色金属冶炼及压延加工业	Smelting and Pressing of Ferrous Metals
有色金属冶炼及压延加工业	Smelting and Pressing of Non-ferrous Metals
金属制品业	Manufacture of Metal Products
通用设备制造业	Manufacture of General Purpose Machinery
专用设备制造业	Manufacture of Special Purpose Machinery
汽车制造业	Manufacture of Automotive
电气机械及器材制造业	Manufacture of Electrical Machinery and Equipment
仪器仪表制造业	Manufacture of Measuring Instruments
电力、燃气及水的生产和供应业	**Production and Supply of Electric Power,Gas and Water**
电力、热力的生产和供应业	Production and Supply of Electric Power and Heet Power
燃气生产和供应业	Production and Supply of Gas
水的生产和供应业	Production and Supply of Water

Main Economic Indicators of Large & Medium-Sized Industrial Enterprises by City and Country(2011)

(unit,10 000 yuan)

企业单位数 Number of Enterprises	工业总产值 Gross Industrial Output Value	资产合计 Total Assets	流动资产合计 Total Working Capitals
177	**19751517**	**34283303**	**11407190**
10	**3377826**	**8068502**	**1937094**
10	3377826	8068502	1937094
148	**11436312**	**17776063**	**7690104**
4	97478	80856	35091
4	444949	573285	232628
3	129401	138029	90092
1	68473	56702	20964
8	611711	1096336	782861
1	10560	12872	6983
7	413738	1221785	345292
2	19687	18798	12895
11	1793367	3913401	1414123
30	1776399	2140914	751167
4	288424	454766	110411
3	248356	173596	80733
17	515872	1375967	549842
22	1385120	1382616	751087
9	2582778	3857277	1663295
2	102710	184190	85452
8	255771	381514	242955
4	331305	401771	284202
1	6521	9673	3524
6	274786	246950	174465
1	78907	54766	52042
19	**4937380**	**8438739**	**1779992**
16	4859068	8115133	1649377
1	55865	200170	117483
2	22446	123436	13132

12-9 续表 1

单位:万元

指 标	Item
总　　计	**Total**
采矿业	**Mining**
煤炭开采和洗选业	Mining and Washing of Coal
制造业	**Manufacturing**
农副食品加工业	Processing of Food from Agricultural Products
食品制造业	Manufacture of Foods
酒、饮料和精制茶制造业	Manufacture of Wine,Beverages and Refined Tea
烟草制造业	Manufacture of Tobacco
纺织业	Manufacture of Textile
纺织服装、服饰业	Manufacture of Textile Wearing Apparel
造纸及纸制品业	Manufacture of Paper and Paper Products
印刷和记录媒介复制业	Printing,Reproduction of Recording Media
石油加工、炼焦和核燃料加工业	Processing of Petroleum,Coking,Processing of Nuclear Fuel
化学原料及化学制品制造业	Manufacture of Raw Chemical Materials and Chemical Products
医药制造业	Manufacture of Medicines
橡胶和塑料制品业	Manufacture of Rubber and Plastics
非金属矿物质制品业	Manufacture of Non-metallic Mineral Products
黑色金属冶炼及压延加工业	Smelting and Pressing of Ferrous Metals
有色金属冶炼及压延加工业	Smelting and Pressing of Non-ferrous Metals
金属制品业	Manufacture of Metal Products
通用设备制造业	Manufacture of General Purpose Machinery
专用设备制造业	Manufacture of Special Purpose Machinery
汽车制造业	Manufacture of Automotive
电气机械及器材制造业	Manufacture of Electrical Machinery and Equipment
仪器仪表制造业	Manufacture of Measuring Instruments
电力、燃气及水的生产和供应业	**Production and Supply of Electric Power,Gas and Water**
电力、热力的生产和供应业	Production and Supply of Electric Power and Heet Power
燃气生产和供应业	Production and Supply of Gas
水的生产和供应业	Production and Supply of Water

continued

(10 000 yuan)

固定资产原价 Original Value of Fixed Assets	流动负债合计 Total Working Liabilities	非流动负债合计 Total Non-current Liabilities	所有者权益 Owners' Equities	实收资本 Paid-up Capital
21291944	**12793541**	**9380722**	**11776347**	**5619866**
5224858	**2404717**	**2463400**	**3188901**	**1084008**
5224858	2404717	2463400	3188901	1084008
8622253	**8415402**	**3018201**	**6135664**	**3163243**
47691	35071	4742	41043	22084
353568	253874	94698	224714	47730
49073	56201	7051	74777	22451
45687	57021		-320	
153110	569297	82528	443594	174631
5999	6223	2463	4186	1000
664739	680091	243722	291589	237778
7660	15287		3511	2800
1482907	1627721	792998	1373944	913578
1484823	1045005	428272	651211	318823
376243	158477	28481	234086	65948
150625	103831	10000	59765	60421
658007	486208	144285	742463	171020
471540	874947	158684	349085	297282
2257501	1762489	953368	1115321	568712
80032	73996	11450	98744	27525
175200	214684	26473	140357	94730
107959	228690	5424	167657	67649
3058	5224		4449	3000
44793	117388	22353	105809	62081
2037	43680	1207	9679	4000
7444833	**1973422**	**3899121**	**2451782**	**1372615**
7321419	1955242	3704281	2338131	1275391
20834	6985	173307	19878	8166
102581	11196	21533	93773	89059

12-9 续表 2

单位:万元

指 标	Item
总　计	**Total**
采矿业	**Mining**
煤炭开采和洗选业	Mining and Washing of Coal
制造业	**Manufacturing**
农副食品加工业	Processing of Food from Agricultural Products
食品制造业	Manufacture of Foods
酒、饮料和精制茶制造业	Manufacture of Wine,Beverages and Refined Tea
烟草制造业	Manufacture of Tobacco
纺织业	Manufacture of Textile
纺织服装、服饰业	Manufacture of Textile Wearing Apparel
造纸及纸制品业	Manufacture of Paper and Paper Products
印刷和记录媒介复制业	Printing,Reproduction of Recording Media
石油加工、炼焦和核燃料加工业	Processing of Petroleum,Coking,Processing of Nuclear Fuel
化学原料及化学制品制造业	Manufacture of Raw Chemical Materials and Chemical Products
医药制造业	Manufacture of Medicines
橡胶和塑料制品业	Manufacture of Rubber and Plastics
非金属矿物质制品业	Manufacture of Non-metallic Mineral Products
黑色金属冶炼及压延加工业	Smelting and Pressing of Ferrous Metals
有色金属冶炼及压延加工业	Smelting and Pressing of Non-ferrous Metals
金属制品业	Manufacture of Metal Products
通用设备制造业	Manufacture of General Purpose Machinery
专用设备制造业	Manufacture of Special Purpose Machinery
汽车制造业	Manufacture of Automotive
电气机械及器材制造业	Manufacture of Electrical Machinery and Equipment
仪器仪表制造业	Manufacture of Measuring Instruments
电力、燃气及水的生产和供应业	**Production and Supply of Electric Power,Gas and Water**
电力、热力的生产和供应业	Production and Supply of Electric Power and Heet Power
燃气生产和供应业	Production and Supply of Gas
水的生产和供应业	Production and Supply of Water

continued

(10 000 yuan)

主营业务收入 Revenue from Principal Business	主营业务成本 Cost of Principal Business	主营业务税金及附加 TTaxes and Other Charges on Principal Business	利润总额 Total Profits	本年应交增值税 Value-added Tax Payable
19151382	**15767047**	**240281**	**1463175**	**701272**
3014766	**1814081**	**68128**	**686069**	**294675**
3014766	1814081	68128	686069	294675
11181917	**9478909**	**154484**	**584588**	**250220**
91063	82741	64	5910	1388
419255	315500	442	57494	4427
87820	46855	6715	19482	7624
68751	32374	30289	–320	6522
664010	543909	1458	66642	6407
12388	9350	41	670	515
391105	326322	690	–3432	7200
21288	18035	11	797	351
1919508	1565565	95504	97330	62587
1629569	1440344	4489	64146	39071
239993	159385	1342	42948	7117
246480	240321	1128	–10714	4533
522769	398599	2859	64944	24495
1403562	1302779	2605	21269	18889
2460820	2189882	3943	66362	26828
109766	96836	335	2894	2740
259844	207886	513	14101	9035
317783	237576	1539	32830	13913
2287	1517		402	
265390	226392	518	21222	5867
48467	36742		19608	713
4954699	**4474057**	**17669**	**192518**	**156377**
4869281	4410865	16903	187656	155142
63262	43759	644	4490	
22157	19433	122	373	1235

12-10 各市县规模以上工业企业单位数
Number of Industrial Enterprises above Designated Size by City and Country

单位:个 (unit)

地　区	Region	2010 合计 Total	2010 轻工业 Light Industry	2010 重工业 Heavy Industry	2011 合计 Total	2011 轻工业 Light Industry	2011 重工业 Heavy Industry
全区总计	**Total**	**975**	**285**	**690**	**764**	**223**	**541**
银 川 市	**Yinchuan**	**355**	**133**	**222**	**277**	**107**	**169**
银 川 市	District	159	43	116	109	29	80
永 宁 县	Yongning	40	15	25	29	10	19
贺 兰 县	Helan	105	39	66	84	32	52
灵 武 市	Lingwu	51	36	15	55	36	19
石嘴山市	**Shizuishan**	**301**	**15**	**286**	**224**	**6**	**218**
石嘴山市	District	171	7	164	122	2	120
平 罗 县	Pingluo	130	8	122	102	4	98
吴 忠 市	**Wuzhong**	**195**	**89**	**106**	**170**	**77**	**93**
利 通 区	Litong	75	32	43	65	29	36
红寺堡区	Hongsipu	3	2	1	2	1	1
盐 池 县	Yanchi	22	12	10	25	10	15
同 心 县	Tongxin	17	17		14	14	
青铜峡市	Qingtongxia	78	26	52	64	23	41
固 原 市	**Guyuan**	**29**	**20**	**9**	**20**	**13**	**7**
原 州 区	Yuanzhou	12	7	5	7	3	4
西 吉 县	Xiji	3	3		3	3	
隆 德 县	Longde	4	2	2	3	2	1
泾 源 县	Jingyuan	3	2	1	3	2	1
彭 阳 县	Pengyang	7	6	1	4	3	1
中 卫 市	**Zhongwei**	**94**	**28**	**66**	**73**	**20**	**53**
沙坡头区	Shapotou	55	12	43	39	7	32
中 宁 县	Zhongning	35	14	21	29	10	19
海 原 县	Haiyuan	4	2	2	5	3	2

12-11 各市县规模以上工业总产值
Output of Major Industrial Products by City and Country

单位:万元 (10 000 yuan)

地区	Region	2010			2011		
		合计 Total	轻工业 Light Industry	重工业 Heavy Industry	合计 Total	轻工业 Light Industry	重工业 Heavy Industry
全区总计	**Total**	**19243865**	**3153090**	**16090775**	**24914433**	**3580861**	**21333572**
银川市	**Yinchuan**	**8175024**	**1867855**	**6307168**	**10031464**	**2160715**	**7870749**
银川市	District	4848426	335568	4512858	6046238	327179	5719059
永宁县	Yongning	762787	536888	225899	946682	646256	300426
贺兰县	Helan	650715	287736	362979	811479	362274	449205
灵武市	Lingwu	1913097	707664	1205432	2227064	825006	1402059
石嘴山市	**Shizuishan**	**4237882**	**93778**	**4144104**	**5015216**	**55221**	**4959995**
石嘴山市	District	2922432	57134	2865299	3335420	5436	3329983
平罗县	Pingluo	1315450	36644	1278806	1679797	49785	1630012
吴忠市	**Wuzhong**	**3015798**	**681351**	**2334447**	**4060500**	**842826**	**3217674**
利通区	Litong	830874	313217	517657	982372	372291	610081
红寺堡区	Hongsipu	4215	1965	2250	10160	5569	4591
盐池县	Yanchi	216883	24044	192839	294667	30301	264366
同心县	Tongxin	187689	187689		200591	200591	
青铜峡市	Qingtongxia	1776138	154436	1621702	2572710	234074	2338636
固原市	**Guyuan**	**154899**	**70043**	**84856**	**203650**	**70436**	**133214**
原州区	Yuanzhou	45557	22248	23310	40373	14266	26106
西吉县	Xiji	25438	25438		32234	32234	
隆德县	Longde	4575	2639	1937	7504	5467	2037
泾源县	Jingyuan	24959	9158	15800	24429	11217	13211
彭阳县	Pengyang	54370	10561	43809	99111	7252	91860
中卫市	**Zhongwei**	**1587136**	**440063**	**1147073**	**2570924**	**451663**	**2119261**
沙坡头区	Shapotou	784802	341678	443124	1082015	329580	752435
中宁县	Zhongning	783945	83766	700179	1451216	90541	1360675
海原县	Haiyuan	18390	14619	3770	37693	31542	6151
其他	Others	2073126		2073126	3032679		3032679

12-12 各市县规模以上工业企业主要经济指标(2011年)

Main Economic Indicators on Industrial Enterprises above Designated Size by City and Country(2011)

单位:个、万元 (unit,10 000 yuan)

地区	Region	企业单位数 Number of Enterprises	亏损企业 Loss-suffering Enterprises	资产总计 Total Assets	流动资产 Working Capitals	固定资产 Fixed Assets	固定资产原值 Original Value of Fixed Assets
全区总计	**Total**	**764**	**150**	**40443178**	**14347299**	**19391057**	**24261372**
银川市	**Yinchuan**	**276**	**47**	**16576995**	**5696990**	**7864443**	**9674351**
银川市	District	108	33	9127350	3104706	4068271	5479531
永宁县	Yongning	29		1197811	402843	681128	836383
贺兰县	Helan	84	6	596453	294112	246901	288548
灵武市	Lingwu	55	8	5655381	1895329	2868143	3069889
石嘴山市	**Shizuishan**	**224**	**65**	**6258351**	**2893054**	**2836626**	**3505606**
石嘴山市	District	122	40	4569669	1926578	2247913	2949384
平罗县	Pingluo	102	25	1688682	966476	588713	556222
吴忠市	**Wuzhong**	**170**	**19**	**5747721**	**2331780**	**2750284**	**3775974**
利通区	Litong	65	8	1622382	698468	503454	593848
红寺堡区	Hongsipu	2	1	26943	8821	16206	16560
盐池县	Yanchi	25	3	264166	116424	114776	117032
同心县	Tongxin	14		219421	187735	24720	29072
青铜峡市	Qingtongxia	64	7	3614810	1320332	2091127	3019462
固原市	**Guyuan**	**20**	**3**	**404138**	**101245**	**201014**	**234110**
原州区	Yuanzhou	7	3	68193	29537	37216	43479
西吉县	Xiji	3		23698	14616	5881	7316
隆德县	Longde	3		21190	9656	11456	12832
泾源县	Jingyuan	3		33283	8066	25217	30375
彭阳县	Pengyang	4		257774	39369	121244	140109
中卫市	**Zhongwei**	**73**	**16**	**3962486**	**1621963**	**1890035**	**2020070**
沙坡头区	Shapotou	39	9	1918017	708091	1020895	954225
中宁县	Zhongning	29	7	2033883	905664	866922	1064276
海原县	Haiyuan	5		10587	8208	2219	1568
其他	Others	1		7493487	1702267	3848655	5051261

12-12 续表 1 continued

单位:万元 (unit,10 000 yuan)

地 区	Region	累计折旧 Accumulated Depreciation	流动负债 Working Liabilities	非流动负债合计 Total Non-current Liabilities	所有者权益 Owners' Equities	实收资本 Total Capital Hold	国家资本 National
全区总计	**Total**	**6481754**	**15521426**	**10576331**	**13851879**	**6812901**	**1677774**
银 川 市	**Yinchuan**	**2593782**	**5510377**	**4893955**	**5883140**	**3180895**	**737441**
银 川 市	District	2023076	2850628	2542421	3689394	1973692	606034
永 宁 县	Yongning	191013	516381	156389	488322	159069	407
贺 兰 县	Helan	75516	297037	26387	240824	134675	600
灵 武 市	Lingwu	304177	1846331	2168759	1464600	913459	130400
石嘴山市	**Shizuishan**	**1031507**	**3136448**	**1157381**	**1869516**	**1166614**	**133118**
石嘴山市	District	873587	2136495	958237	1466209	897503	130100
平 罗 县	Pingluo	157919	999953	199144	403307	269111	3019
吴 忠 市	**Wuzhong**	**1138304**	**2675243**	**1237100**	**1791243**	**646189**	**72564**
利 通 区	Litong	132690	931997	167540	489823	179103	34392
红寺堡区	Hongsipu	1995	8425	4600	12518	1770	270
盐 池 县	Yanchi	21461	106582	35624	117999	63098	3377
同 心 县	Tongxin	4620	85719	338	132812	33779	
青铜峡市	Qingtongxia	977537	1542520	1028998	1038090	368439	34525
固 原 市	**Guyuan**	**36624**	**111952**	**135595**	**135737**	**94663**	**24269**
原 州 区	Yuanzhou	9108	24556	6358	28871	20532	16359
西 吉 县	Xiji	1435	12803	4119	6726	2430	
隆 德 县	Longde	1376	13743		7448	4050	
泾 源 县	Jingyuan	5542	4836	11	27522	9883	7713
彭 阳 县	Pengyang	19165	56014	125106	65170	57768	197
中 卫 市	**Zhongwei**	**478932**	**1908310**	**840285**	**1169870**	**721494**	**218889**
沙坡头区	Shapotou	230724	1100986	315756	488419	336080	179818
中 宁 县	Zhongning	248051	802327	524528	675861	380863	39070
海 原 县	Haiyuan	157	4997		5590	4550	
其 他	Others	1202605	2179097	2312016	3002374	1003047	491493

12-12 续表 2 continued

单位:万元 (10 000 yuan)

地 区	Region	主营业务收入 Revenue from Principal Business	主营业务成本 Cost of Principal Business	主营业务税金及附加 Taxes and Other Charges on Principal Business	管理费用 Overhead Charges	利息支出 Interest Expenses	利润总额 Total Profits	亏损企业亏损总额 Losses Value of Loss-suffering Enterprises
全区总计	**Total**	**24256999**	**20215905**	**264816**	**1104767**	**760541**	**1756765**	**169483**
银川市	**Yinchuan**	**10071129**	**8595120**	**124846**	**421168**	**355300**	**664999**	**85335**
银川市	District	6011156	5259317	98276	222586	156515	275041	58894
永宁县	Yongning	852082	648943	2130	53098	20762	125261	
贺兰县	Helan	690822	563886	7409	43745	12060	73875	1435
灵武市	Lingwu	2517070	2122975	17032	101739	165964	190823	25006
石嘴山市	**Shizuishan**	**5096413**	**4461012**	**22948**	**206393**	**139299**	**163991**	**38931**
石嘴山市	District	3388824	2928737	18972	165404	99166	123062	30668
平罗县	Pingluo	1707589	1532275	3976	40989	40133	40930	8264
吴忠市	**Wuzhong**	**3847328**	**3361758**	**42986**	**100784**	**117579**	**161471**	**28897**
利通区	Litong	893792	733680	31956	35620	16015	54034	5301
红寺堡区	Hongsipu	8090	4888	43	693	364	323	1305
盐池县	Yanchi	250070	211094	6081	9366	4676	13979	171
同心县	Tongxin	200847	168499	300	1518	5040	25323	
青铜峡市	Qingtongxia	2494530	2243597	4606	53587	91484	67812	22119
固原市	**Guyuan**	**197835**	**134030**	**2193**	**10646**	**6637**	**38564**	**2061**
原州区	Yuanzhou	38794	33113	162	1332	1270	-62	2061
西吉县	Xiji	31682	25232	26	1765	674	3914	
隆德县	Longde	6806	5894	38	381	105	1169	
泾源县	Jingyuan	21972	19754	116	414	26	1589	
彭阳县	Pengyang	98581	50038	1851	6755	4562	31953	
中卫市	**Zhongwei**	**2395052**	**2103855**	**7014**	**53513**	**97976**	**97255**	**14259**
沙坡头区	Shapotou	1004473	855375	3191	28825	58548	30350	10766
中宁县	Zhongning	1355516	1213923	3673	23775	39407	65522	3493
海原县	Haiyuan	35063	34556	150	913	20	1382	
其他	Others	2649241	1560131	64830	312263	43750	630485	

12-12 续表 3 continued

单位:万元 (10 000 yuan)

地　区	Region	利税总额 Total Profits and Texes	本年应交增值税 Value-added Taxes Payable	应交所得税 Income Taxes Payable	本年应付职工薪酬 Employee Earnings Payable This Year	全部职工年平均人数(人) Annual Average Employed Persons (person)
全区总计	**Total**	**2829790**	**805031**	**225237**	**1845415**	**299065**
银 川 市	**Yinchuan**	**1027448**	**235746**	**74111**	**514040**	**94624**
银 川 市	District	530450	155440	42909	322832	52618
永 宁 县	Yongning	140714	13265	16447	48734	11063
贺 兰 县	Helan	96484	15095	3749	37670	12170
灵 武 市	Lingwu	259801	51946	11005	104805	18773
石嘴山市	**Shizuishan**	**335335**	**147543**	**33119**	**322311**	**73241**
石嘴山市	District	251946	109354	24564	256640	52586
平 罗 县	Pingluo	83390	38190	8555	65671	20655
吴 忠 市	**Wuzhong**	**297048**	**92237**	**17867**	**210444**	**43655**
利 通 区	Litong	112984	26981	2599	54954	14905
红寺堡区	Hongsipu	695	328	232	1279	235
盐 池 县	Yanchi	28161	7865	1417	20534	2624
同 心 县	Tongxin	28408	2743		3158	1614
青铜峡市	Qingtongxia	126800	54320	13619	130519	24277
固 原 市	**Guyuan**	**53424**	**12602**	**5189**	**20406**	**4475**
原 州 区	Yuanzhou	490	352	49	2026	662
西 吉 县	Xiji	4748	809		2456	691
隆 德 县	Longde	1400	193	268	482	218
泾 源 县	Jingyuan	2397	693	173	995	493
彭 阳 县	Pengyang	44388	10557	4699	14447	2411
中 卫 市	**Zhongwei**	**149596**	**45279**	**8084**	**116792**	**31682**
沙坡头区	Shapotou	57550	24006	1981	61341	17351
中 宁 县	Zhongning	90229	20988	6098	54814	13959
海 原 县	Haiyuan	1817	284	6	638	372
其　　他	Other	966938	271624	86867	661422	51388

12-13 各市县规模以上国有及国有控股与集体企业工业总产值(2011 年)

Gross Industrial Output Value of State-owned and State-holding Industrial Enterprises, Collective-owned Enterprises by City and Country(2011)

单位:个、万元 (unit,10 000 yuan)

地区	Region	国有及国有控股企业 State-owned and State-holding Enterprises			集体企业 Collective-owned Enterprises		
		企业单位数 Number of Enterprises	亏损企业 Number of Loss-suffering Enterprises	总产值 Gross Output Value	企业单位数 Number of Enterprises	亏损企业 Number of Loss-suffering Enterprises	总产值 Gross Output Value
全区总计	**Total**	**97**	**24**	**12767303**	**3**		**27394**
银川市	**Yinchuan**	**37**	**9**	**5359410**			
银川市	District	28	7	4626879			
永宁县	Yongning	1		3375			
贺兰县	Helan						
灵武市	Lingwu	8	2	729155			
石嘴山市	**Shizuishan**	**22**	**5**	**1637525**	**1**		**1153**
石嘴山市	District	20	4	1619155	1		1153
平罗县	Pingluo	2	1	18370			
吴忠市	**Wuzhong**	**22**	**5**	**2158094**	**2**		**26240**
利通区	Litong	7	1	222051			
红寺堡区	Hongsipu						
盐池县	Yanchi	1		4606			
同心县	Tongxin						
青铜峡市	Qingtongxia	14	4	1931437	2		26240
固原市	**Guyuan**	**4**	**1**	**109050**			
原州区	Yuanzhou	1	1	1795			
西吉县	Xiji						
隆德县	Longde						
泾源县	Jingyuan	1		13211			
彭阳县	Pengyang	2		94043			
中卫市	**Zhongwei**	**11**	**4**	**470545**			
沙坡头区	Shapotou	6	3	302343			
中宁县	Zhongning	5	1	168202			
海原县	Haiyuan						
其他	Others	1		3032679			

12-14 各市县规模以上国有及国有控股工业企业主要经济指标(2011年)

Main Economic Indicators on State-owned and State-holding Industrial Enterprises above Designated Size by City and Country(2011)

单位:万元 (10 000 yuan)

地　区	Region	流动资产 Working Capitals	固定资产 Fixed Assets	固定资产原值 Original Value of Fixed Assets	资产总计 Total Assets	流动负债 Working Liabilities
全区总计	**Total**	**6447223**	**14077562**	**18004283**	**24771700**	**7647341**
银　川　市	**Yinchuan**	**2195484**	**5523650**	**6797157**	**9375515**	**2186921**
银　川　市	District	1865825	3379750	4520438	6772573	1721757
永　宁　县	Yongning	14110	2535	5421	19240	14110
贺　兰　县	Helan					
灵　武　市	Lingwu	315550	2141365	2271298	2583702	451055
石嘴山市	**Shizuishan**	**1104102**	**1585432**	**2144350**	**2977570**	**1125237**
石嘴山市	District	1097695	1571992	2136638	2957163	1118372
平　罗　县	Pingluo	6407	13440	7712	20408	6865
吴　忠　市	**Wuzhong**	**1033847**	**2021614**	**2870303**	**3199715**	**1452729**
利　通　区	Litong	128401	132842	167706	295804	181250
红寺堡区	Hongsipu					
盐　池　县	Yanchi	3202	5136	6611	10946	5379
同　心　县	Tongxin					
青铜峡市	Qingtongxia	902243	1883636	2695987	2892965	1266100
固　原　市	**Guyuan**	**46633**	**153505**	**182993**	**297168**	**58619**
原　州　区	Yuanzhou	1625	21351	27620	22976	1638
西　吉　县	Xiji					
隆　德　县	Longde					
泾　源　县	Jingyuan	6386	12429	16773	18815	1481
彭　阳　县	Pengyang	38622	119724	138601	255377	55500
中　卫　市	**Zhongwei**	**364890**	**944706**	**958220**	**1428246**	**644739**
沙坡头区	Shapotou	297705	770123	657435	1177744	598268
中　宁　县	Zhongning	67185	174583	300785	250502	46471
海　原　县	Haiyuan					
其　　他	Others	1702267	3848655	5051261	7493487	2179097

12-14 续表 1 continued

单位:万元 (10 000 yuan)

地 区	Region	非流动负债合计 Non-current Liabilities	所有者权益 Owners' Equities	实收资本 Total Capital Hold	国家 National	主营业务收入 Revenue from Principal Business	主营业务成本 Cost of Principal Business
全区总计	**Total**	**8643879**	**8309783**	**4123029**	**1630039**	**12218057**	**9835154**
银 川 市	**Yinchuan**	**3882086**	**3152424**	**1820652**	**703572**	**5321133**	**4677364**
银 川 市	District	2299129	2718000	1420927	574572	4564333	4017081
永 宁 县	Yongning	87	2095	351		2880	1342
贺 兰 县	Helan						
灵 武 市	Lingwu	1582870	432330	399373	129000	753920	658940
石嘴山市	**Shizuishan**	**874597**	**977737**	**566549**	**120617**	**1602330**	**1339856**
石嘴山市	District	868655	970136	565792	119860	1585936	1325487
平 罗 县	Pingluo	5942	7601	757	757	16394	14369
吴 忠 市	**Wuzhong**	**1036358**	**710588**	**362187**	**71199**	**2074345**	**1821695**
利 通 区	Litong	39410	75145	68592	33592	204887	141901
红寺堡区	Hongsipu						
盐 池 县	Yanchi	4411	1155	3082	3082	4606	2648
同 心 县	Tongxin						
青铜峡市	Qingtongxia	992537	634288	290514	34525	1864852	1677146
固 原 市	**Guyuan**	**129209**	**96992**	**80984**	**24269**	**108667**	**59319**
原 州 区	Yuanzhou	4092	17247	16359	16359	1759	2182
西 吉 县	Xiji						
隆 德 县	Longde						
泾 源 县	Jingyuan	11	16459	7713	7713	13223	11573
彭 阳 县	Pengyang	125106	63287	56912	197	93685	45565
中 卫 市	**Zhongwei**	**409612**	**369668**	**289609**	**218889**	**462342**	**376790**
沙坡头区	Shapotou	295497	279751	222623	179818	299909	234812
中 宁 县	Zhongning	114115	89916	66986	39070	162433	141978
海 原 县	Haiyuan						
其 他	Others	2312016	3002374	1003047	491493	2649241	1560131

12-14 续表 2 continued

单位:万元 (10 000 yuan)

地　区	Region	主营业务税金及附加 Taxes and Other Charges on Principal Business	管理费用 Overhead Charges	利税总额 Total Profits and Texes	利润总额 Total Profits	应交所得税 Income Tax Payable	本年应付职工薪酬 Wages Payable This Year
全区总计	**Total**	**209412**	**651316**	**1765712**	**1013266**	**151599**	**1217078**
银川市	**Yinchuan**	**99527**	**172754**	**448073**	**218360**	**35814**	**251991**
银川市	District	93716	137022	409333	203885	32240	226459
永宁县	Yongning	205	398	841	433	65	254
贺兰县	Helan						
灵武市	Lingwu	5606	35334	37899	14042	3509	25278
石嘴山市	**Shizuishan**	**8400**	**96882**	**150441**	**81899**	**13639**	**139584**
石嘴山市	District	8362	96370	150542	82493	13608	139037
平罗县	Pingluo	38	512	-101	-594	32	547
吴忠市	**Wuzhong**	**33201**	**47488**	**131623**	**45743**	**8914**	**113384**
利通区	Litong	30404	14404	44362	5281	356	16295
红寺堡区	Hongsipu						
盐池县	Yanchi	14	308	208	193		664
同心县	Tongxin						
青铜峡市	Qingtongxia	2782	32776	87053	40269	8558	96425
固原市	**Guyuan**	**1877**	**7124**	**45068**	**31903**	**4867**	**15674**
原州区	Yuanzhou	14	257	-460	-612		741
西吉县	Xiji						
隆德县	Longde						
泾源县	Jingyuan	33	291	1667	1020	173	803
彭阳县	Pengyang	1830	6576	43862	31495	4694	14131
中卫市	**Zhongwei**	**1578**	**14805**	**23569**	**4876**	**1498**	**35023**
沙坡头区	Shapotou	1010	10078	5481	-3723	230	25061
中宁县	Zhongning	568	4726	18088	8599	1268	9961
海原县	Haiyuan						
其　他	Others	64830	312263	966938	630485	86867	661422

12-15 各市县规模以上集体工业企业主要财务指标(2011 年)

Main Financial Indicators on Collective-owned Enterprises above Designated Size by City and Country （2011）

单位:万元 (10 000 yuan)

地　区	Region	流动资产 Working Capitals	固定资产 Fixed Assets	固定资产原值 Original Value of Fixed Assets	资产总计 Total Assets	流动负债 Working Liabilities	所有者权益 Owners' Equities	实收资本 Total Capital Hold
全区总计	**Total**	**9585**	**4674**	**5583**	**14259**	**9924**	**4335**	**2220**
银川市	**Yinchuan**							
银川市	District							
永宁县	Yongning							
贺兰县	Helan							
灵武市	Lingwu							
石嘴山市	**Shizuishan**	**1931**	**1277**	**1429**	**3208**	**1464**	**1743**	**1000**
石嘴山市	District	1931	1277	1429	3208	1464	1743	1000
平罗县	Pingluo							
吴忠市	**Wuzhong**	**7654**	**3397**	**4154**	**11051**	**8459**	**2592**	**1220**
利通区	Litong							
红寺堡区	Hongsipu							
盐池县	Yanchi							
同心县	Tongxin							
青铜峡市	Qingtongxia	7654	3397	4154	11051	8459	2592	1220
固原市	**Guyuan**							
原州区	Yuanzhou							
西吉县	Xiji							
隆德县	Longde							
泾源县	Jingyuan							
彭阳县	Pengyang							
中卫市	**Zhongwei**							
沙坡头区	Shapotou							
中宁县	Zhongning							
海原县	Haiyuan							
其　他	Others							

12-15 续表 1 continued

单位:万元 (10 000 yuan)

地 区	Region	主营业务收入 Revenue from Principal Business	主营业务成本 Cost of Principal Business	主营业务税金及附加 Taxes and Other Charges on Principal usiness	管理费用 Overhead Charges	利税总额 Total Profits and Taxes	利润总额 Total Profits	应交所得税 Income Tax Payable
全区总计	**Total**	**26468**	**23828**	**56**	**842**	**1202**	**792**	**216**
银川市	**Yinchuan**							
银川市	District							
永宁县	Yongning							
贺兰县	Helan							
灵武市	Lingwu							
石嘴山市	**Shizuishan**	**3751**	**3097**	**10**	**145**	**123**	**12**	**3**
石嘴山市	District	3751	3097	10	145	123	12	3
平罗县	Pingluo							
吴忠市	**Wuzhong**	**22716**	**20731**	**46**	**697**	**1079**	**781**	**213**
利通区	Litong							
红寺堡区	Hongsipu							
盐池县	Yanchi							
同心县	Tongxin							
青铜峡市	Qingtongxia	22716	20731	46	697	1079	781	213
固原市	**Guyuan**							
原州区	Yuanzhou							
西吉县	Xiji							
隆德县	Longde							
泾源县	Jingyuan							
彭阳县	Pengyang							
中卫市	**Zhongwei**							
沙坡头区	Shapotou							
中宁县	Zhongning							
海原县	Haiyuan							
其他	Others							

12-16 各市县规模以下工业总产值(2011年)

Gross Industrial Output Value of Industrial Enterprises below Designed Size(2011)

地　区	Region	企业个数(个) Number of Enterprises (unit)	期末从业人员(人) Employed Persons at Year-end (person)	工业增加值(万元) Value-added of Industry (10000 yuan)	工业总产值(万元) Gross Industrial Output Value (10 000 yuan)
全区总计	**Total**	**3174**	**99146**	**636197**	**1828050**
银　川　市	**Yinchuan**	**1025**	**29845**	**232727**	**670317**
兴　庆　区	Xingqing	158	2524	19615	58804
西　夏　区	Xixia	124	4232	21011	62810
金　凤　区	Jinfeng	166	4001	26585	78803
永　宁　县	Yongning	191	8069	43573	127550
贺　兰　县	Helan	295	6974	99821	288950
灵　武　市	Lingwu	91	4045	17122	51650
石嘴山市	**Shizuishan**	**502**	**13854**	**132480**	**382662**
大武口区	Dawukou	156	2564	23318	69430
惠　农　区	Huinong	81	3527	29625	87526
平　罗　县	Pingluo	265	7763	77537	225006
吴　忠　市	**Wuzhong**	**523**	**19402**	**111107**	**321333**
利　通　区	Litong	191	5773	42214	123650
红寺堡区	Hongsipu	43	4657	13342	40804
盐　池　县	Yanchi	115	3062	16150	48860
同　心　县	Tongxin	43	1828	18550	55748
青铜峡市	Qingtongxia	131	4082	16851	50871
固　原　市	**Guyuan**	**479**	**20389**	**89087**	**258150**
原　州　区	Yuanzhou	122	5039	21060	62950
西　吉　县	Xiji	148	6339	22071	65850
隆　德　县	Longde	71	3193	13810	40650
泾　源　县	Jingyuan	28	1419	5970	19650
彭　阳　县	Pengyang	110	4399	19213	57650
中　卫　市	**Zhongwei**	**474**	**15656**	**66796**	**194188**
中卫城区	District	275	6816	29759	87911
中　宁　县	Zhongning	110	2844	16130	48804
海　原　县	Haiyuan	89	5996	18907	56773

注:总计是以全区为总体推算数,各市、县(区)合计数不等于全区总计。

a)Estimated on the basis of All Gross Industrial Output Value,the total of all cities and counties is not equal to the Total Number.

主要统计指标解释

［**工业总产值**］ 工业总产值是以货币形式表现的，工业企业在一定时期内生产的工业最终产品或提供工业性劳务活动的总价值量。它包括本期生产成品价值、加工费收入，在制品半成品期末期初差额价值三部分。计算工业总产值应遵循三条基本准则：(1)工业生产的原则：即凡是企业在报告期生产的经检验合格的产品，不管是否在报告期销售，均应包括在内。反之亦然，凡不是本企业生产的产品，均不计入本企业的工业总产值中。(2)最终产品的原则：即凡是计入工业总产值的产品必须是本企业生产的经检验合格，不需再进行任何加工的最终产品。如果企业有中间产品(半成品)对外销售，那么对外销售的中间产品有应视为企业的最终产品。(3) 工厂法原则：即工业总产值是以工业企业作为基本计算（核算)单位，即按企业的最终产品计算工业总产值。按这种方法计算的工业总产值不允许同一产品价值在企业内部重复计算，但允许企业间的重复计算。

［**工业增加值**］ 指工业企业在报告期内以货币形式表现的工业生产活动的最终成果，是企业全部生产活动的总成果扣除了在生产过程中消耗或转移的物质产品和劳务价值后的余额，是企业生产过程中新增加的价值。计算工业增加值通常采用三中方法。一是“生产法”，即从工业生产过程中产品和劳务价值形成的角度入手，提出生产环节中间投入的价值，从而得到新增价值的方法。其计算公式为：工业增加值 = 工业总产值 - 工业中间投入 + 本期应交增值税。二是“收入法”，即从工业生产过程中创造的原始收入初次分配的角度，对工业生产活动最终成果进行核算的一种方法。其计算公式为：工业增加值 = 固定资产折旧 + 劳动者报酬 + 生产税净额+营业盈余

目前工业统计主要采用“生产法”计算工业增加值。

［**产品销售收入**］ 产品销售收入是指企业销售产品和提供劳务等经营业务取得的收入总额。

［**产品销售成本**］ 产品销售成本是指企业在销售产品和提供劳务等主要经营业务过程中的实际成本。

［**产品销售费用**］ 产品销售费用是指企业在销售产品和提供劳务等过程中，发生的各项费用。包括包装费、运输费、保险费、展览费、广告费以及销售人员的工资、福利费、差旅费、办公费、折旧费等其他经费。

［**产品销售税金及附加**］ 产品销售税金是指企业销售产品、提供劳务等主要经营业务应负担的产品税、营业税、增值税、城市维护建设税、消费税、资源税和教育附加。

［**管理费用**］ 管理费用是指企业行政管理部门为组织和管理生产经营活动而发生的各种费用。包括公司经费、工会经费、职工教育经费、劳动保险费、待业保险费、董事会费、咨询费、审计费、诉讼费、排污费、税金、土地使用费、土地损失费、技术开发费、无形资产、咨询费、开办推销费、业务招待费、坏帐损失、存货盘亏等。

［**财务费用**］ 财务费用是指企业筹集生产经营过程中所需资金而发生的费用。包括利息支出(减去利息收入后的支出)、汇兑损失(减去汇兑收益后的损失)、金融机构手续费以及筹集生产经营资金发生的其他费用等。

［**利润总额**］ 利润总额是指企业在一定时期的最终经营成果，是企业的收入减去有关的成本与费用后的差额，收入大于相关的成本费用，企业就盈利，反之则亏损。

其计算公式为：利润总额 = 营业利润 + 投资净收益 + 补贴收入+营业外收支净额 + 以前年度损益调整

第十三篇 Chapter13

建筑业 Construction

责任编辑： 崔琳

资料整理： 崔琳　冯海江　黄剑　刘晓龙　杨瑞博　马福燕　刘谧

Coordinator: Cui Lin

Data Compilation: Cui Lin　Feng Haijiang　Huang Jian　Liu Xiaolong　Yang Ruibo　Ma Fuyan　Liu Mi

13-1 全区建筑施工企业个数和职工人数

Number of Construction Enterprises and Employed Persons in Construction Enterprises

指 标	Item	1980	1985	1990	1995	2000	2005	2010	2011
企业个数(个)	**Number of Enterprises(unit)**	**48**	**82**	**142**	**278**	**529**	**521**	**527**	**549**
国有企业	State-owned	21	54	67	111	162	72	50	47
集体企业	Collective-owned	27	28	75	156	142	33	14	14
私营企业	Private Enterprises					116	283	341	358
其他经济类型	Other Type of Economics				11	109	133	122	130
年末从业人数(人)	**Number of Persons Employed at Year End (person)**	**37246**	**53422**	**54367**	**58863**	**83980**	**76049**	**98258**	**102535**
国有企业	State-owned	28769	45033	38947	36670	38258	22816	20743	18564
集体企业	Collective-owned	8477	8389	15420	19831	16350	3710	1557	1681
私营企业	Private Enterprises					8353	19678	49686	52968
其他经济类型	Other Type of Economics				2362	21019	29845	26272	29322

13-2 国有及国有控股建筑施工企业情况

Statistics on State-owned and State-holding Industrial Construction Enterprises

年份 Year	施工企业个数(个) Number of Construction Enterprises(unit)	年末从业人数(人) Number of Persons Employed at Year End(person)	建筑业总产值 (万元) Gross Output Value (10 000 yuan)
1978	17	24750	10695
1980	23	28702	13477
1985	54	45033	34012
1990	67	38947	53326
1995	111	36670	150806
2000	179	41543	316320
2005	115	29386	475276
2009	83	24000	1006598
2010	79	28341	1290840
2011	79	28502	1470438

注:2000 年起为国有及国有控股建筑施工企业。

a)Since 2000,the figures of state-owned and collective-owned construction enterprises.

13-3 建筑企业生产情况（2011 年）
（总承包和专业承包建筑业企业）

指　　标	Item	企业数　（个） Number of Enterprises (unit)
总 计	**Total**	**524**
国有及国有控股企业	State-owned and State-holding Enterprises	79
按登记注册类型分组	**By Status of Registration**	
内资企业	Domestic Funded	520
国有企业	State-owned Enterprises	47
集体企业	Collective-owned Enterprises	13
股份合作企业	Cooperative Enterprises	1
联营企业	Joint Ownership Enterprises	1
有限责任公司	Limited Liabilities Corporations	111
国有独资公司	State Sole Funded Corporations	12
其他有限责任公司	Other Limited Liabilities Corporations	99
股份有限公司	Share-holding Corporations Limited	10
私营企业	Private Enterprises	337
私营独资企业	Private-funded Enterprises	4
私营合伙企业	Private Partnership Enterprises	
私营有限责任公司	Private Limited Liabilities Corporations	324
私营股份有限公司	Private Share-holding Corporations Ltd.	9
港、澳、台商投资企业	Enterprises with Funds from Hong Kong,Macao and Taiwan	1
合资经营企业(港或澳、台资)	Joint-ventures Enterprises	
港、澳、台商独资经营企业	Enterprises with Sole Investment	1
外商投资企业	Foreign Funded Enterprises	3
按建筑业行业分组	**Grouped by Branch**	
房屋和土木工程建筑业	Building and Civil Engineering	391
房屋工程建筑	Building	240
土木工程建筑	Civil Engineering	151
建筑安装业	Construction Installation	59
建筑装饰业	Construction Decoration	59
其他建筑业	Other Construction	15
按企业资质等级分组	**Grouped by Qualification Criteria**	
施工总承包	General Contractors	330
一 级	First Grade	14
二 级	Second Grade	92
三级及以下	Third Grade	224
专业承包	Professional Contractors	194
一 级	First Grade	6
二 级	Second Grade	70
三级及以下	Third Grade	118

Production Situation on Construction Enterprises(2011)
(General Construction contractors and Professional contractors)

建筑业总产值(千元) Total Output Value of Construction(1000yuan)				竣工产值(千元) Output Value of Construction Completed (1000 yuan)
合计 Total	建筑工程 Construction	安装工程 Installation	其他产值 Others	
42791735	**39943161**	**2364900**	**483674**	**34698756**
14704379	13646118	934326	123935	12363481
42325973	39477399	2364900	483674	34348071
9422859	8720569	645985	56305	8313810
874858	855303	17631	1924	1542404
6239	6239			6239
1821712	1761214		60498	986200
9096624	7978887	1053129	64608	7406609
910997	839256	64609	7132	916103
8185627	7139631	988520	57476	6490506
2418516	2365204	53312		2757631
18685165	17789983	594843	300339	13335178
381595	314305	67290		209500
17876960	17085450	521287	270223	12891725
426610	390228	6266	30116	233953
465762	465762			350685
41315968	38774526	2081362	460080	33521050
28824765	28003525	561284	259956	22653513
12491203	10771001	1520078	200124	10867537
498259	247001	235812	15446	295811
723279	675113	47630	536	664939
254229	246521	96	7612	216956
38859479	36822654	1622366	414459	31378751
13510229	12635697	751822	122710	12723352
12642888	12226974	332604	83310	10339531
12706362	11959983	537940	208439	8315868
3932256	3120507	742534	69215	3320005
984193	984193			963384
1760963	1282848	451662	26453	1458149
1187100	853466	290872	42762	898472

13-3 续 1

指　标	Item	房屋建筑施工面积（平方米）Floor Space of Buildings under Construction(sq.m)
总 计	**Total**	**33674086**
国有及国有控股企业	State-owned and State-holding Enterprises	11313251
按登记注册类型分组	**By Status of Registration**	
内资企业	Domestic Funded	33509086
国有企业	State-owned Enterprises	7257290
集体企业	Collective-owned Enterprises	951393
股份合作企业	Cooperative Enterprises	
联营企业	Joint Ownership Enterprises	1284502
有限责任公司	Limited Liabilities Corporations	6601890
国有独资公司	State Sole Funded Corporations	630891
其他有限责任公司	Other Limited Liabilities Corporations	5970999
股份有限公司	Share-holding Corporations Limited	711951
私营企业	Private Enterprises	16702060
私营独资企业	Private-funded Enterprises	409623
私营合伙企业	Private Partnership Enterprises	
私营有限责任公司	Private Limited Liabilities Corporations	16092371
私营股份有限公司	Private Share-holding Corporations Ltd.	200066
港、澳、台商投资企业	Enterprises with Funds from Hong Kong,Macao and Taiwan	
合资经营企业(港或澳、台资)	Joint-ventures Enterprises	
港、澳、台商独资经营企业	Enterprises with Sole Investment	
外商投资企业	Foreign Funded Enterprises	165000
按建筑业行业分组	**Grouped by Branch**	
房屋和土木工程建筑业	Building and Civil Engineering	33526567
房屋工程建筑	Building	32988165
土木工程建筑	Civil Engineering	538402
建筑安装业	Construction Installation	105998
建筑装饰业	Construction Decoration	
其他建筑业	Other Construction	41521
按企业资质等级分组	**Grouped by Qualification Criteria**	
施工总承包	General Contractors	33383605
一 级	First Grade	10420608
二 级	Second Grade	11673807
三级及以下	Third Grade	11289190
专业承包	Professional Contractors	290481
一 级	First Grade	
二 级	Second Grade	140871
三级及以下	Third Grade	149610

continued

房屋建筑竣工面积（平方米）Floor Space of Buildings Completed (sq.m)	住宅 Residence	竣工房屋价值（千元）Value of Buildings Completed (1000 yuan)	住宅 Residence
13857755	**8995060**	**16536781**	**10257768**
4613806	2391763	5584564	2556746
13807955	8971060	16446769	10217756
3305991	1954829	3738425	2069253
406422	324415	444366	331831
366188	48090	591190	60406
2879169	1650107	3636326	1889114
236968	91627	365184	95004
2642201	1558480	3271142	1794110
397827	271609	474928	299511
6452358	4722010	7561534	5567641
269427	248481	209500	203459
6140150	4470412	7308637	5362532
42781	3117	43397	1650
49800	24000	90012	40012
13816234	8995060	16430560	10257768
13538858	8981136	16001405	10246073
277376	13924	429155	11695
41521		106221	
13742197	8995060	16371271	10257768
4248590	2198257	5518922	2707382
5057335	3382016	5720339	3633251
4436272	3414787	5132010	3917135
115558		165510	
71071		124332	
44487		41178	

13-3 续 2

指标名称	Item	自有机械设备年末总台数(台) Number of Machinery and Equipment Owned (set)
总 计	**Total**	**34902**
国有及国有控股企业	State-owned and State-holding Enterprises	9374
按登记注册类型分组	**By Status of Registration**	
内资企业	Domestic Funded	34814
国有企业	State-owned Enterprises	5930
集体企业	Collective-owned Enterprises	1218
股份合作企业	Cooperative Enterprises	
联营企业	Joint Ownership Enterprises	1187
有限责任公司	Limited Liabilities Corporations	8928
国有独资公司	State Sole Funded Corporations	410
其他有限责任公司	Other Limited Liabilities Corporations	8518
股份有限公司	Share-holding Corporations Limited	1388
私营企业	Private Enterprises	16163
私营独资企业	Private-funded Enterprises	171
私营合伙企业	Private Partnership Enterprises	
私营有限责任公司	Private Limited Liabilities Corporations	15593
私营股份有限公司	Private Share-holding Corporations Ltd.	399
港、澳、台商投资企业	Enterprises with Funds from Hong Kong,Macao and Taiwan	
合资经营企业(港或澳、台资)	Joint-ventures Enterprises	
港、澳、台商独资经营企业	Enterprises with Sole Investment	
外商投资企业	Foreign Funded Enterprises	88
按建筑业行业分组	**Grouped by Branch**	
房屋和土木工程建筑业	Building and Civil Engineering	32301
房屋工程建筑	Building	23690
土木工程建筑	Civil Engineering	8611
建筑安装业	Construction Installation	843
建筑装饰业	Construction Decoration	1482
其他建筑业	Other Construction	276
按企业资质等级分组	**Grouped by Qualification Criteria**	
施工总承包	General Contractors	30866
一 级	First Grade	7384
二 级	Second Grade	10676
三级及以下	Third Grade	12806
专业承包	Professional Contractors	4036
一 级	First Grade	535
二 级	Second Grade	2146
三级及以下	Third Grade	1355

continued

自有施工机械设备年末净值(千元) Net Value of Machinery and Equipment Owned (1000yuan)	自有施工机械设备年末总功率(千瓦) Total Power of Machinery and Equipment Owned (kw)	计算劳动生产率的平均人数(人) Average Staff to Calculate Labor Productivity (person)	年末从业人员(人) Number of Employed Persons at Year End (person)
1575258	**851604**	**239783**	**101137**
499447	227930	101263	28502
1526297	850476	238088	100252
296398	128124	67701	18564
25841	24562	5598	1644
		50	50
113377	47869	6458	1021
338153	181398	53002	22404
14196	16097	4973	4678
323957	165301	48029	17726
109300	85638	9178	4857
643228	382885	96101	51712
18821	1710	2226	1261
598064	365675	91154	48275
26343	15500	2721	2176
			3
			3
48961	1128	1695	882
1481601	809756	230245	92926
778474	489479	182121	64393
703127	320277	48124	28533
17769	9178	3930	4728
15644	11237	4581	2458
60244	21433	1027	1025
1351926	731183	219607	85477
426369	198493	91081	18199
459496	233887	62299	34298
466061	298803	66227	32980
223332	120421	20176	15660
51232	21027	4423	2795
97163	55146	8927	7752
74937	44248	6826	5113

13-4 建筑企业财务状况(2011 年)
(总承包和专业承包建筑业企业)

指 标	Item	流动资产合计 Total Circulating Funds	应收工程款 Project Receivable
总 计	**Total**	**30163956**	**9808382**
国有及国有控股企业	State-owned and State-holding Enterprises	8321878	3588819
按登记注册类型分组	**By Status of Registration**		
内资企业	Domestic Funded	29538827	9646463
国有企业	State-owned Enterprises	5212505	2268109
集体企业	Collective-owned Enterprises	426534	137103
股份合作企业	Cooperative Enterprises	5496	2686
联营企业	Joint Ownership Enterprises	1038981	436598
有限责任公司	Limited Liabilities Corporations	7293484	2413964
国有独资公司	State Sole Funded Corporations	567828	118308
其他有限责任公司	Other Limited Liabilities Corporations	6725656	2295656
股份有限公司	Share-holding Corporations Limited	1906500	467888
私营企业	Private Enterprises	13655327	3920115
私营独资企业	Private-funded Enterprises	183548	38317
私营合伙企业	Private Partnership Enterprises		
私营有限责任公司	Private Limited Liabilities Corporations	13214699	3761813
私营股份有限公司	Private Share-holding Corporations Ltd.	257080	119985
港、澳、台商投资企业	Enterprises with Funds from Hong Kong,Macao and Taiwan	5330	168
合资经营企业(港或澳、台资)	Joint-ventures Enterprises		
港、澳、台商独资经营企业	Enterprises with Sole Investment	5330	168
外商投资企业	Foreign Funded Enterprises	619799	161751
按建筑业行业分组	**Grouped by Branch**		
房屋和土木工程建筑业	Building and Civil Engineering	28391008	9263799
房屋工程建筑	Building	18997218	6332327
土木工程建筑	Civil Engineering	9393790	2931472
建筑安装业	Construction Installation	854959	229412
建筑装饰业	Construction Decoration	621463	199712
其他建筑业	Other Construction	296526	115459
按企业资质等级分组	**Grouped by Qualification Criteria**		
施工总承包	General Contractors	26048232	8526705
一 级	First Grade	8180458	3451162
二 级	Second Grade	8744247	2918635
三级及以下	Third Grade	9123527	2156908
专业承包	Professional Contractors	4115724	1281677
一 级	First Grade	523355	197030
二 级	Second Grade	2088455	811894
三级及以下	Third Grade	1503914	272753

Financial Indicators on Construction Enterprises(2011)
(General Construction Contractors and Professional Contractors)

竣工工程 Project Completed	存货 Stock	固定资产合计 Total Fixed Assets	固定资产原价 Original Value of Fixed Assets	累计折旧 Accumulated Depreciation	本年折旧 Depreciation This Year	在建工程 Construction in Process
4162816	**6067419**	**4587517**	**6610534**	**2501107**	**452293**	**333760**
1417274	1408035	1167208	1802258	763518	115975	109310
4016420	6007792	4428768	6416274	2465578	433072	333760
1055732	745337	719084	1197077	521925	78907	36017
18199	106529	103266	121075	34032	1838	1986
2686		1516	5250	5001	1	
261958	469011	131001	173563	60187	13135	17625
924111	1252829	917250	1329029	493651	75777	66268
17352	49402	101448	105303	56941	8666	45276
906759	1203427	815802	1223726	436710	67111	20992
145246	429141	275216	429805	206995	36494	52032
1608488	3004945	2281435	3160475	1143787	226920	159832
32946	26730	85511	53152	13950	3840	1680
1516921	2928475	2102927	2976813	1088187	214412	157510
58621	49740	92997	130510	41650	8668	642
	2715	150	459	309		
	2715	150	459	309		
146396	56912	158599	193801	35220	19221	
3839736	5664828	4284918	6197440	2362957	423687	317593
1816649	3654910	2454164	3185939	1008819	197737	160937
2023087	2009918	1830754	3011501	1354138	225950	156656
153037	253704	103573	131869	42206	9247	7159
131675	111262	100340	128046	39443	7024	7000
38368	37625	98686	153179	56501	12335	2008
3316037	5186082	3795059	5441859	2051358	368323	274636
1095665	1274432	1273738	1986332	837091	149014	122184
1400581	2139382	1216013	1803122	662233	122278	12589
819791	1772268	1305308	1652405	552034	97031	139863
846779	881337	792458	1168675	449749	83970	59124
163988	65145	84732	164726	82873	8390	
560025	456463	361873	560335	203820	42153	1243
122766	359729	345853	443614	163056	33427	57881

13-4 续 1

单位：千元

指　标	Item	资产合计 Total Assets	流动负债合计 Total Liquid Liabilities
总 计	**Total**	**37062026**	**24584523**
国有及国有控股企业	State-owned and State-holding Enterprises	10326742	7915702
按登记注册类型分组	**By Status of Registration**		
内资企业	Domestic Funded	36276213	24138549
国有企业	State-owned Enterprises	6095608	4835393
集体企业	Collective-owned Enterprises	570964	352024
股份合作企业	Cooperative Enterprises	7013	2748
联营企业	Joint Ownership Enterprises	1199363	1095319
有限责任公司	Limited Liabilities Corporations	9120644	6394337
国有独资公司	State Sole Funded Corporations	1295462	654855
其他有限责任公司	Other Limited Liabilities Corporations	7825182	5739482
股份有限公司	Share-holding Corporations Limited	2303234	1898341
私营企业	Private Enterprises	16979387	9560387
私营独资企业	Private-funded Enterprises	269060	170900
私营合伙企业	Private Partnership Enterprises		
私营有限责任公司	Private Limited Liabilities Corporations	16296987	9174459
私营股份有限公司	Private Share-holding Corporations Ltd.	413340	215028
港、澳、台商投资企业	Enterprises with Funds from Hong Kong,Macao and Taiwan	5480	6399
合资经营企业(港或澳、台资)	Joint-ventures Enterprises		
港、澳、台商独资经营企业	Enterprises with Sole Investment	5480	6399
外商投资企业	Foreign Funded Enterprises	780333	439575
按建筑业行业分组	**Grouped by Branch**		
房屋和土木工程建筑业	Building and Civil Engineering	34746826	23362763
房屋工程建筑	Building	22879554	15644612
土木工程建筑	Civil Engineering	11867272	7718151
建筑安装业	Construction Installation	991720	528231
建筑装饰业	Construction Decoration	811067	400903
其他建筑业	Other Construction	512413	292626
按企业资质等级分组	**Grouped by Qualification Criteria**		
施工总承包	General Contractors	31668299	21576386
一 级	First Grade	10364235	8011844
二 级	Second Grade	10433813	6564906
三级及以下	Third Grade	10870251	6999636
专业承包	Professional Contractors	5393727	3008137
一 级	First Grade	644436	340095
二 级	Second Grade	2649960	1506430
三级及以下	Third Grade	2099331	1161612

continued 1

（1000 yuan）

应付账款 Accounts payable	非流动负债合计 Total Non-current Liabilities	负债合计 Total Liabilities	所有者权益合计 Owners' Equity	实收资本 Paid-in Capitals	营业收入 Business Revenue	营业成本 Business Cost	营业税金及附加 Operating Tax and Extra Charges	主营业务税金及附加 Tax and Extra Charges on Principle Business
7591687	**985859**	**25688551**	**11373475**	**8050886**	**43509221**	**39401182**	**1408516**	**1388945**
3527926	41301	7961723	2365019	1577803	15136181	14004282	481840	473452
7504409	985859	25242220	11033993	7874286	43062274	39017108	1399076	1379505
2300469	–1457	4838656	1256952	828613	9756793	9001407	309099	300913
61228	69	352093	218871	175301	843964	756795	29865	26805
2643		2748	4265	6037	5604	5145	197	186
347591	7000	1102319	97044	85487	1846943	1675261	61239	61239
1863309	183470	6611767	2508877	1837193	8730568	7958624	281353	276356
140854	35758	690613	604849	405264	960874	890111	28885	28883
1722455	147712	5921154	1904028	1431929	7769694	7068513	252468	247473
250209	27053	1925394	377840	281777	2925088	2682684	99306	98730
2678960	769724	10409243	6570144	4659878	18953314	16937192	618017	615276
66740	1460	192359	76701	56020	352442	317768	11803	11803
2545430	766064	9999656	6297331	4463704	18148405	16221152	591927	589186
66790	2200	217228	196112	140154	452467	398272	14287	14287
		6399	–919	600				
		6399	–919	600				
87278		439932	340401	176000	446947	384074	9440	9440
7294752	983138	24461587	10285239	7126428	41880204	38065843	1360235	1342433
4753626	770920	16503137	6376417	4507890	28261455	25926983	926453	918197
2541126	212218	7958450	3908822	2618538	13618749	12138860	433782	424236
160407	1147	530803	460917	350989	683693	539648	21294	19548
89000	60	402021	409046	355153	663719	557598	21227	21204
47528	1514	294140	218273	218316	281605	238093	5760	5760
6646690	896241	22561556	9106743	6361261	39179664	35786843	1277686	1267157
3161500	407948	8419792	1944443	1238242	14456916	13423289	473794	472579
2061960	248446	6855502	3578311	2415830	12514221	11405767	399840	395287
1423230	239847	7286262	3583989	2707189	12208527	10957787	404052	399291
944997	89618	3126995	2266732	1689625	4329557	3614339	130830	121788
205356	42425	382520	261916	230901	873967	804763	25242	24947
460790	–2861	1529051	1120909	682034	2011238	1587095	59884	52589
278851	50054	1215424	883907	776690	1444352	1222481	45704	44252

13–4 续 2

单位：千元

指　　标	Item	其他业务利润 Other Profits	管理费用 Management Expenses
总 计	**Total**	**225122**	**1325783**
国有及国有控股企业	State–owned and State–holding Enterprises	122508	409900
按登记注册类型分组	**By Status of Registration**		
内资企业	Domestic Funded	217873	1300705
国有企业	State–owned Enterprises	97884	260040
集体企业	Collective–owned Enterprises	9791	27153
股份合作企业	Cooperative Enterprises	–15	1360
联营企业	Joint Ownership Enterprises	24927	79260
有限责任公司	Limited Liabilities Corporations	15445	331672
国有独资公司	State Sole Funded Corporations	3473	27614
其他有限责任公司	Other Limited Liabilities Corporations	11972	304058
股份有限公司	Share–holding Corporations Limited	3359	91118
私营企业	Private Enterprises	66482	510102
私营独资企业	Private–funded Enterprises		4410
私营合伙企业	Private Partnership Enterprises		
私营有限责任公司	Private Limited Liabilities Corporations	65224	495573
私营股份有限公司	Private Share–holding Corporations Ltd.	1258	10119
港、澳、台商投资企业	Enterprises with Funds from Hong Kong,Macao and Taiwan		92
合资经营企业(港或澳、台资)	Joint–ventures Enterprises		
港、澳、台商独资经营企业	Enterprises with Sole Investment		92
外商投资企业	Foreign Funded Enterprises	7249	24986
按建筑业行业分组	**Grouped by Branch**		
房屋和土木工程建筑业	Building and Civil Engineering	201049	1203363
房屋工程建筑	Building	131504	620474
土木工程建筑	Civil Engineering	69545	582889
建筑安装业	Construction Installation	19673	64179
建筑装饰业	Construction Decoration	4399	42853
其他建筑业	Other Construction	1	15388
按企业资质等级分组	**Grouped by Qualification Criteria**		
施工总承包	General Contractors	153001	1021135
一 级	First Grade	44726	359369
二 级	Second Grade	76086	282326
三级及以下	Third Grade	32189	379440
专业承包	Professional Contractors	72121	304648
一 级	First Grade	337	22133
二 级	Second Grade	57365	171119
三级及以下	Third Grade	14419	111396

continued 2

(1000 yuan)

税 金 Taxes	差旅费 Travel Expenses	工会经费 Labour Union Expenses	财务费用 Management Expenses	利息收入 Interest Income	利息支出 Interest Expenses	营业利润 Business Profits	补贴收入 Subsidy Income	营业外收入 Non-operating Income
72295	**55452**	**16323**	**236762**	**11698**	**215714**	**1113379**	**7392**	**109255**
11161	13102	4532	12555	2061	10973	234003	7243	73209
52138	52430	16272	234713	11698	215712	1087075	7392	109018
6857	7115	2928	9448	1917	10493	174573	6643	43357
1064	730	574	1110	4	765	23484		381
8	5	16	-191			-907		
1984	2328		-534	111		19549		20633
11366	12245	3827	48611	2152	38743	136774	600	21406
491	2159	523	2958	-20	-8	31669		3063
10875	10086	3304	45653	2172	38751	105105	600	18343
2902	1751	1808	4814	2722	7007	45286		3927
27957	28256	7119	171455	4792	158704	688316	149	19314
64	307	206	6056	61	6069	10844		322
26825	27553	6773	162096	4665	149412	645946	149	18989
1068	396	140	3303	66	3223	31526		3
	12					-92		
	12					-92		
20157	3010	51	2049		2	26396		237
68964	43069	14523	211160	11406	193782	1016014	7392	107443
33337	22706	9041	143819	6672	128382	642745		75752
35627	20363	5482	67341	4734	65400	373269	7392	31691
1440	9020	1252	10151	124	9757	53599		430
1614	3007	426	8089	154	7800	30280		1539
277	356	122	7362	14	4375	13486		-157
65340	36309	12633	192514	11082	176105	887084	6314	92143
15077	8711	4424	34438	6397	41293	151484	5200	70846
35405	13798	4090	77168	1760	70403	351928		9500
14858	13800	4119	80908	2925	64409	383672	1114	11797
6955	19143	3690	44248	616	39609	226295	1078	17112
750	2114	129	3887	22	3801	30224	459	8034
3177	9454	1739	20695	501	17220	156057		4079
3028	7575	1822	19666	93	18588	40014	619	4999

13-4 续 3

单位：千元

指标	Item	营业外支出 Non-operating Expenses	利润总额 Total Profits
总 计	**Total**	**106086**	**1121637**
国有及国有控股企业	State-owned and State-holding Enterprises	50724	258658
按登记注册类型分组	**By Status of Registration**		
内资企业	Domestic Funded	105621	1095561
国有企业	State-owned Enterprises	44365	175138
集体企业	Collective-owned Enterprises	1508	22357
股份合作企业	Cooperative Enterprises		-907
联营企业	Joint Ownership Enterprises	2869	37313
有限责任公司	Limited Liabilities Corporations	11961	146806
国有独资公司	State Sole Funded Corporations	785	33947
其他有限责任公司	Other Limited Liabilities Corporations	11176	112859
股份有限公司	Share-holding Corporations Limited	2644	46569
私营企业	Private Enterprises	42274	668285
私营独资企业	Private-funded Enterprises	440	10726
私营合伙企业	Private Partnership Enterprises		
私营有限责任公司	Private Limited Liabilities Corporations	39644	628220
私营股份有限公司	Private Share-holding Corporations Ltd.	2190	29339
港、澳、台商投资企业	Enterprises with Funds from Hong Kong,Macao and Taiwan		-92
合资经营企业(港或澳、台资)	Joint-ventures Enterprises		
港、澳、台商独资经营企业	Enterprises with Sole Investment		-92
外商投资企业	Foreign Funded Enterprises	465	26168
按建筑业行业分组	**Grouped by Branch**		
房屋和土木工程建筑业	Building and Civil Engineering	100748	1028066
房屋工程建筑	Building	62272	656342
土木工程建筑	Civil Engineering	38476	371724
建筑安装业	Construction Installation	3545	50216
建筑装饰业	Construction Decoration	1509	30310
其他建筑业	Other Construction	284	13045
按企业资质等级分组	**Grouped by Qualification Criteria**		
施工总承包	General Contractors	92554	887648
一 级	First Grade	48336	173994
二 级	Second Grade	17699	343786
三级及以下	Third Grade	26519	369868
专业承包	Professional Contractors	13532	233989
一 级	First Grade	6893	31824
二 级	Second Grade	3149	157570
三级及以下	Third Grade	3490	44595

continued 3

(1000 yuan)

应交所得税 Income Tax Payable	应付职工薪酬（本年贷方累计发生额） Employee Benefits Payable	土地和固定资产 Land and Fixed Assets Expenses	土地购置 Land Purchasing	房屋和建筑物 Houses and Buildings	机器设备 Machinery and Equipment	运输工具 Means of Transport	其他费用 Other Expenses
279408	**6157483**	**756725**	**101157**	**227697**	**330697**	**75622**	**21552**
52667	3035416	100596	1902	12774	71570	8328	6022
274796	6126455	756725	101157	227697	330697	75622	21552
39712	1994249	76229		3312	63319	6206	3392
8117	125444	319			83	236	
186	1313						
579	267400						
43141	1434031	97072	2546	30779	44221	15819	3707
5895	167382	3599	1397	673	171	263	1095
37246	1266649	93473	1149	30106	44050	15556	2612
9853	116188	225525	81940	53794	76784	8494	4513
173208	2187830	357580	16671	139812	146290	44867	9940
3114	50003	4657			4657		
164236	2043791	334648	16671	131188	138249	39443	9097
5858	94036	18275		8624	3384	5424	843
	72						
	72						
4612	30956						
264700	5895027	710979	94712	217739	311297	68228	19003
186694	4821324	345878	21906	146905	133061	34757	9249
78006	1073703	365101	72806	70834	178236	33471	9754
5227	125534	18840		9958	5735	2203	944
8249	105843	13250	6445		476	4945	1384
1232	31079	13656			13189	246	221
240758	5702225	668758	91815	214684	286614	58802	16843
25074	2789967	337260	69265	91334	147655	19188	9818
112942	1411524	192322	13180	84888	77047	14792	2415
102742	1500734	139176	9370	38462	61912	24822	4610
38650	455258	87967	9342	13013	44083	16820	4709
7279	72739	399				399	
23835	224960	48383		2966	30583	12818	2016
7536	157559	39185	9342	10047	13500	3603	2693

13-5 劳务分包建筑业企业主要经济指标(2011 年)

指标	Item	企业数(个) Number of Enterprises (unit)	建筑业总产值(千元) Total Output Value of Construction (1000 yuan)
总计	**Total**	**25**	**102240**
国有及国有控股企业	State-owned and State-holding Enterprises		
按登记注册类型分组	**By Status of Registration**		
内资企业	Domestic Funded	25	102240
国有企业	State-owned Enterprises		
集体企业	Collective-owned Enterprises	1	1548
有限责任公司	Limited Liabilities Corporations	3	3330
国有独资公司	State Sole Funded Corporations	2	3330
其他有限责任公司	Other Limited Liabilities Corporations	1	
私营企业	Private Enterprises	21	97362
私营独资企业	Private-funded Enterprises		
私营有限责任公司	Private Limited Liabilities Corporations	21	97362
按建筑业行业中类分组	**Grouped by Branch**		
房屋和土木工程建筑业	Building and Civil Engineering	19	95033
房屋工程建筑	Building	18	90324
土木工程建筑	Civil Engineering	1	4709
建筑安装业	Construction Installation	5	7187
其他建筑	Others	1	20
按企业资质等级分组	**Grouped by Qualification Criteria**		
劳务分包	Labor Service	25	102240
一级	First Grade	15	45281
二级	Second Grade	1	4709
三级及以下	Third Grade	9	52250

Main Indicators of Labour Subcontractors in Construction Industry(2011)

年末从业人员(人) Employed Persons at Year End(person)	从业人员工资总额(千元) Total Wages of Employed Persons (1000 yuan)	从业人员年平均人数(人) Annual Average Number of Employed Persons(person)	利润总额(千元) Total Profits (1000 yuan)	固定资产原价(千元) Original Value of Fixed Assets (1000 yuan)	本年折旧(千元) Depreciation this Year (1000 yuan)	资产总计(千元) Total Capital (1000 yuan)
1398	**81704**	**2875**	**7961**	**2886**	**602**	**48415**
1398	81704	2875	7961	2886	602	48415
37	315	37	–29	1050		15186
105	3074	72	700	163	10	2755
101	3074	72	700	163	10	2755
4						
1256	78315	2766	7290	1673	592	30474
1256	78315	2766	7290	1673	592	30474
1231	77107	2716	7242	1433	462	26029
1226	75920	2662	7242	1279	446	24288
5	1187	54		154	16	1741
139	4194	139	704	1453	140	21906
28	403	20	15			480
1398	81704	2875	7961	2886	602	48415
899	58503	2030	–207	1220	437	22537
5	1187	54		154	16	1741
494	22014	791	8168	1512	149	24137

13-5 续 1

指　标	Item	负债合计(千元) Total Liabilities (1000 yuan)	实收资本(千元) Paid-in Capitals (1000 yuan)
总　计	**Total**	**30331**	**12486**
国有及国有控股企业	State-owned and State-holding Enterprises		
按登记注册类型分组	**By Status of Registration**		
内资企业	Domestic Funded	30331	12486
国有企业	State-owned Enterprises		
集体企业	Collective-owned Enterprises	13880	1302
有限责任公司	Limited Liabilities Corporations	204	1000
国有独资公司	State Sole Funded Corporations	204	1000
其他有限责任公司	Other Limited Liabilities Corporations		
私营企业	Private Enterprises	16247	10184
私营独资企业	Private-funded Enterprises		
私营有限责任公司	Private Limited Liabilities Corporations	16247	10184
按建筑业行业中类分组	**Grouped by Branch**		
房屋和土木工程建筑业	Building and Civil Engineering	14973	8184
房屋工程建筑	Building	14859	8084
土木工程建筑	Civil Engineering	114	100
建筑安装业	Construction Installation	15416	3802
其他建筑	Others	-58	500
按企业资质等级分组	**Grouped by Qualification Criteria**		
劳务分包	Labor Service	30331	12486
一级	First Grade	14674	7284
二级	Second Grade	114	100
三级及以下	Third Grade	15543	5102

continued

营业收入合计(千元) Business Revenue (1000 yuan)	主营业务收入 Revenue from Principal Business	主营业务成本(千元) Cost of Principal Business (1000 yuan)	营业税金及附加(千元) Taxes and Other Charges on Principal Business (1000 yuan)	管理费用合计(千元) Management Expenses (1 000 yuan)	财务费用合计(千元) Financial Expenses (1 000 yuan)	营业利润(千元) Business Profits (1000 yuan)	土地和固定资产支出(千元) Land and Fixed Asset Expenditures (1 000 yuan)
110395	**104476**	**96434**	**2527**	**3808**	**–114**	**8377**	**418**
110395	104476	96434	2527	3808	–114	8377	418
1548	1548	1391	119	70	–3	–29	
8973	8973	6759	171	1413	–70	700	
8973	8973	6759	171	1413	–70	700	
99874	93955	88284	2237	2325	–41	7706	418
99874	93955	88284	2237	2325	–41	7706	418
94928	89043	84227	2027	1722	–41	7658	418
89043	89043	78388	1826	1629	–41	7687	264
5885		5839	201	93		–29	154
15383	15383	12182	496	2074	–73	704	
84	50	25	4	12		15	
110395	104476	96434	2527	3808	–114	8377	418
44056	44022	42568	660	1048	–43	–143	264
5885		5839	201	93		–29	154
60454	60454	48027	1666	2667	–71	8549	

13-6 建筑业企业概况

Main Indicators on Construction Enterprises

年 份 Year	总 计 Total	国有及国有控股 State-owned and State-holding Enterprises	集体经济 Collective-owned Enterprises
单位数(个)			
Number of Enterprises(unit)			
1990	142	67	75
1995	278	111	156
2000	529	179	142
2005	521	115	33
2006	519	112	32
2007	514	108	26
2008	530	86	21
2009	520	83	18
2010	527	79	14
2011	549	79	14
从业人员(人)			
Number of Persons Employed(person)			
1990	54064	38644	15420
1995	93422	64116	29306
2000	83980	41543	16350
2005	76049	29386	3710
2006	76731	33900	2613
2007	68119	26719	2672
2008	66784	23234	2051
2009	70127	24000	1419
2010	98258	28341	1557
2011	102535	28502	1681
总产值(万元)			
Gross Output Value(10000yuan)			
1990	71583	52612	18971
1995	211506	150806	56325
2000	562352	316320	76941
2005	1131704	475276	38599
2006	1310086	598657	32506
2007	1551804	716282	41920
2008	1918994	814358	41328
2009	2597056	1006598	43643
2010	3433687	1290840	59793
2011	4289398	1470438	87641

13-7 建筑业企业主要经济指标

Main Economic Indicators on Construction Enterprises

指　标	Item	单位	unit	1995	2000	2005	2010	2011
建筑业企业个数	Number of Enterprises	个	unit	278	529	521	527	549
期末从业人员	Number of Employed Persons	人	person	99732	83980	76049	98258	102535
自有施工机械设备台数	Number of Machinery and Equipment Owned	台	set	19523	38383	39677	33698	34902
自有施工机械设备净价	Net Value of Machinery and Equipment Owned	万元	10 000 yuan	36034	92108	143251	153741	157526
自有施工机械设备总功率	Total Power of Machinery and Equipment Owned	千瓦	kw	340200	668310	821548	809132	851604
建筑业总产值	Gross Output Value of Construction	万元	10 000 yuan	211506	562352	1131704	343368	4289398
建筑工程	Construction	万元	10 000 yuan	168027	482922	980741	3166918	4004540
安装工程	Installation	万元	10 000 yuan	40036	71276	135591	213861	236490
其他产值	Other Output Value	万元	10 000 yuan	3443	8154	15372	52908	48368
竣工产值	Output Value of Construction Completed	万元	10 000 yuan	138743	427058	1006905	2500299	3469876
施工面积	Floor Space of Buildings under Construction	万平方米	10 000 sq.m	302.9	563.2	1056.6	2596.9	3367.4
竣工面积	Floor Space of Buildings Completed	万平方米	10 000 sq.m	171.8	340.7	564.0	1076.4	1385.8
利润总额	Total Profits	万元	10 000 yuan	358	13524	20802	88085	112898
劳动生产率	Overall Labor Productivity							
按总产值计算	In Terms of Gross Output Value	元/人	yuan/per-son	22048	44864	74198	148529	176737
技术装备率	Value of Machines per Laborer	元/人	yuan/person	3756	10968	18921	15647	15576
动力装备率	Power of Machines per Laborer	千瓦/人	kw/person	3.55	7.96	10.85	8.23	8.42
房屋建筑面积竣工率	Rate of Floor Space of Buildings Completed	%	%	56.7	60.5	53.4	41.4	41.2
产值利润率	Ratio of Profit to Gross Output Value	%	%	0.2	2.4	1.8	2.6	2.6

注:2004 年以前为自有机械设备台数、净价和总功率。

a)Since 2004,statistics on machinery and equipment owned refer to construction machinery and equipment owned.

13-8 各市县建筑企业生产情况(2011 年)
(总承包和专业承包建筑业企业)
Production Situation on Construction Enterprises by City and County(2011)
(General Construction Contractors and Professional Contractors)

地　区	Region	企业数(个) Number of Enterprises	建筑业总产值(千元) Gross Output Value of Construction(1000yuan)				竣工产值(千元) Output Value of Construction Completed (1000 yuan)
			合计 Total	建筑工程 Construction	安装工程 Installation	其他产值 Others	
全区总计	**Total**	**524**	**42791735**	**39943161**	**2364900**	**483674**	**34698756**
银川市	**Yinchuan**	**318**	**26771548**	**25305606**	**1381469**	**84473**	**24159396**
银川市	District	278	23632383	22176332	1377658	78393	21563214
永宁县	Yongning	3	317069	317069			148444
贺兰县	Helan	15	1078122	1068231	3811	6080	449592
灵武市	Lingwu	22	1743974	1743974			1998146
石嘴山市	**Shizuishan**	**47**	**4666722**	**4430560**	**113537**	**122625**	**3013657**
石嘴山市	District	40	3997896	3762168	113537	122191	2373986
平罗县	Pingluo	7	668826	668392		434	639671
吴忠市	**Wuzhong**	**72**	**6037730**	**5405485**	**515124**	**117121**	**4053421**
利通区	Litong	33	3491676	3307574	167098	17004	2284660
红寺堡区	Hongsipu	2	40597	40327	270		37309
盐池县	Yanchi	8	1037668	901968	135700		915715
同心县	Tongxin	10	468445	349254	67290	51901	183446
青铜峡市	Qingtongxia	19	999344	806362	144766	48216	632291
固原市	**Guyuan**	**42**	**2488608**	**2120892**	**285630**	**82086**	**1710957**
原州区	Yuanzhou	24	1374265	1162305	129874	82086	1065839
西吉县	Xiji	5	380659	312381	68278		78121
隆德县	Longde	5	232945	232445	500		166403
泾源县	Jingyuan	4	124367	124367			30222
彭阳县	Pengyang	4	376372	289394	86978		370372
中卫市	**Zhongwei**	**45**	**2827127**	**2680618**	**69140**	**77369**	**1761325**
沙坡头区	Shapotou	25	1314618	1287122	27016	480	834188
中宁县	Zhongning	15	1270471	1173529	28688	68254	770213
海原县	Haiyuan	5	242038	219967	13436	8635	156924

13—8 续表 1 continued

地 区	Region	房屋建筑施工面积（平方米）Floor Space of Buildings under Construction(sq.m)	房屋建筑竣工面积（平方米）Floor Space of Buildings Completed(sq.m)	住宅 Residence	竣工房屋价 值（千元）Value of Buildings Completed (1000 yuan)	住宅 Residence
全区总计	**Total**	**33674086**	**13857755**	**8995060**	**16536781**	**10257768**
银 川 市	**Yinchuan**	**21386607**	**8788001**	**5558102**	**10533520**	**6433378**
银 川 市	District	18961360	7817099	4860732	9464508	5633856
永 宁 县	Yongning	362923	88509	77218	121267	104308
贺 兰 县	Helan	667891	277540	86494	294092	89829
灵 武 市	Lingwu	1394433	604853	533658	653653	605385
石嘴山市	**Shizuishan**	**3963451**	**1756799**	**1157805**	**2288770**	**1354754**
石嘴山市	District	3391508	1322353	750887	1774856	876626
平 罗 县	Pingluo	571943	434446	406918	513914	478128
吴 忠 市	**Wuzhong**	**4751682**	**1879391**	**1484355**	**2100267**	**1566910**
利 通 区	Litong	3156900	1285880	1040776	1489474	1180353
红寺堡区	Hongsipu	18470	18470	5360	32764	6545
盐 池 县	Yanchi	502900	216874	156220	232887	170555
同 心 县	Tongxin	216623	41941	28065	44543	19653
青铜峡市	Qingtongxia	856789	316226	253934	300599	189804
固 原 市	**Guyuan**	**1405102**	**738542**	**331425**	**808839**	**367693**
原 州 区	Yuanzhou	643647	319412	98498	253202	106526
西 吉 县	Xiji	283787	54913	22008	78103	27122
隆 德 县	Longde	135548	103048	47747	144033	35339
泾 源 县	Jingyuan	105729	31683	15816	28322	8512
彭 阳 县	Pengyang	236391	229486	147356	305179	190194
中 卫 市	**Zhongwei**	**2167244**	**695022**	**463373**	**805385**	**535033**
沙坡头区	Shapotou	1027841	403570	244596	403142	227506
中 宁 县	Zhongning	964942	212399	186499	314366	271527
海 原 县	Haiyuan	174461	79053	32278	87877	36000

13—8 **续表 2** continued

地 区	Region	自有机械设备年末总台数(台) Number of Machinery and Equipment Owned (set)	自有施工机械设备年末净值(千元) Net Value of Machinery and Equipment Owned (1000 yuan)	自有施工机械设备年末总功率(千瓦) Total Power of Machinery and Equipment Owned(kw)	计算劳动生产率的平均人数(人) Average Staff to Calculate Labor Productivity (person)	年末从业人员(人) Number of Employed Persons at Year End(person)
全区总计	**Total**	**34902**	**1575258**	**851604**	**239783**	**101137**
银川市	**Yinchuan**	**17954**	**773045**	**387538**	**160012**	**65292**
银川市	District	15357	591738	297567	145983	56604
永宁县	Yongning	309	12531	4503	1281	1346
贺兰县	Helan	786	38024	45840	4264	2005
灵武市	Lingwu	1502	130752	39628	8484	5337
石嘴山市	**Shizuishan**	**3250**	**177827**	**95291**	**21054**	**7420**
石嘴山市	District	2859	162286	89414	16629	6667
平罗县	Pingluo	391	15541	5877	4425	753
吴忠市	**Wuzhong**	**4726**	**262558**	**141076**	**31105**	**15018**
利通区	Litong	2182	79459	41111	17463	8066
红寺堡区	Hongsipu	125	426	2233	197	207
盐池县	Yanchi	637	87405	27443	5819	2646
同心县	Tongxin	785	39727	36123	3567	1289
青铜峡市	Qingtongxia	997	55541	34166	4059	2810
固原市	**Guyuan**	**4460**	**205182**	**143241**	**14047**	**7104**
原州区	Yuanzhou	1753	100659	74146	7999	5262
西吉县	Xiji	508	34929	6744	1596	644
隆德县	Longde	1403	33309	16826	1156	398
泾源县	Jingyuan	254	26806	32651	799	372
彭阳县	Pengyang	542	9479	12874	2497	428
中卫市	**Zhongwei**	**4512**	**156646**	**84458**	**13565**	**6303**
沙坡头区	Shapotou	2771	105281	36691	6747	2671
中宁县	Zhongning	1284	41375	40056	5983	3079
海原县	Haiyuan	457	9990	7711	835	553

13-9 各市县建筑企业财务状况(2011 年)
(总承包和专业承包建筑业企业)
Financial Indicators on Construction Enterprises by City and Country(2011)
(General Construction Contractors and Professional Contractors)

地 区	Region	流动资产合计 Total Circulating Funds	应收工程款 Project Receivable	竣工工程 Project Completed	存货 Stock	固定资产合计 Total Fixed Assets	固定资产原价 Original Value of Fixed Assets
全区总计	**Total**	**30163956**	**9808382**	**4162816**	**6067419**	**4587517**	**6610534**
银川市	**Yinchuan**	**18523138**	**6357883**	**2732969**	**3412476**	**2382219**	**3629931**
银川市	District	16728709	5769939	2479383	3004319	2033858	3122062
永宁县	Yongning	175649	108688	88383	43736	26259	18659
贺兰县	Helan	399237	180407	76040	65804	98065	127063
灵武市	Lingwu	1219543	298849	89163	298617	224037	362147
石嘴山市	**Shizuishan**	**3936252**	**1340642**	**495625**	**1160280**	**501790**	**666929**
石嘴山市	District	3466034	1241414	471534	1022403	445791	601962
平罗县	Pingluo	470218	99228	24091	137877	55999	64967
吴忠市	**Wuzhong**	**3269715**	**935104**	**334983**	**513620**	**606083**	**841201**
利通区	Litong	1848015	667367	219065	258733	246179	343455
红寺堡区	Hongsipu	24990	3336		1021	4408	6931
盐池县	Yanchi	596088	46805	17847	181071	114077	217057
同心县	Tongxin	106974	38873	12958	3004	82431	106754
青铜峡市	Qingtongxia	693648	178723	85113	69791	158988	167004
固原市	**Guyuan**	**1021107**	**387611**	**179934**	**122301**	**351802**	**531492**
原州区	Yuanzhou	823400	337119	141087	97071	212751	341579
西吉县	Xiji	63127	12713	10964	8586	43912	52207
隆德县	Longde	64094	7975	4856	6688	42498	58087
泾源县	Jingyuan	33099	23408	17318	6068	35700	53504
彭阳县	Pengyang	37387	6396	5709	3888	16941	26115
中卫市	**Zhongwei**	**3413744**	**787142**	**419305**	**858742**	**745623**	**940981**
沙坡头区	Shapotou	1810158	505473	231984	491984	187892	255537
中宁县	Zhongning	1521872	265738	178517	341918	513327	649563
海原县	Haiyuan	81714	15931	8804	24840	44404	35881

13—9 续表 1 continued 1

单位:千元 (1000 yuan)

地 区	Region	累计折旧 Accumulated Depreciation	本年折旧 Depreciation this Year	在建工程 Construction in Progress	资产合计 Total Assets	流动负债合计 Total Liquid Liabilities	应付账款 Accounts Payable
全区总计	**Total**	**2501107**	**452293**	**333760**	**37062026**	**24584523**	**7591687**
银川市	**Yinchuan**	**1480326**	**289347**	**195821**	**22531976**	**15327787**	**5177527**
银川市	District	1293152	251163	178827	20248883	14205953	4882515
永宁县	Yongning	2699	674		209715	157152	20556
贺兰县	Helan	30754	6800	1755	512783	261477	99572
灵武市	Lingwu	153721	30710	15239	1560595	703205	174884
石嘴山市	**Shizuishan**	**243619**	**49296**	**50588**	**4645157**	**3734879**	**1049832**
石嘴山市	District	222535	45336	38736	4093742	3273383	1006048
平罗县	Pingluo	21084	3960	11852	551415	461496	43784
吴忠市	**Wuzhong**	**295580**	**52493**	**7771**	**4004606**	**2195502**	**624617**
利通区	Litong	107960	25376	2847	2110128	1150052	174899
红寺堡区	Hongsipu	2523	336		29406	15324	1133
盐池县	Yanchi	106175	9995	3194	721830	397978	79811
同心县	Tongxin	26004	7788	1680	211191	62932	32590
青铜峡市	Qingtongxia	52918	8998	50	932051	569216	336184
固原市	**Guyuan**	**205280**	**28572**	**7584**	**1438639**	**767799**	**369584**
原州区	Yuanzhou	152544	21644	6819	1074112	606759	313096
西吉县	Xiji	8444	902		117026	68945	23159
隆德县	Longde	15589	1879		107783	33026	24142
泾源县	Jingyuan	18446	3247	642	76115	32878	5291
彭阳县	Pengyang	10257	900	123	63603	26191	3896
中卫市	**Zhongwei**	**276302**	**32585**	**71996**	**4441648**	**2558556**	**370127**
沙坡头区	Shapotou	82787	18291	10964	2063207	1356804	215085
中宁县	Zhongning	182954	11461	41948	2251551	1158712	137449
海原县	Haiyuan	10561	2833	19084	126890	43040	17593

13—9 续表 2 continued 2

单位:千元 (1000 yuan)

地　区	Region	非流动负债合计 Total Non-current Liabilities	负债合计 Total Liabilities	所有者权益合计 Owners' Equity	实收资本 Paid-in Capitals	营业收入 Business Revenue	营业成本 Business Cost
全区总计	**Total**	**985859**	**25688551**	**11373475**	**8050886**	**43509221**	**39401182**
银 川 市	**Yinchuan**	**401397**	**15784266**	**6747710**	**4930589**	**27018421**	**24672893**
银 川 市	District	352445	14613480	5635403	4263432	23548221	21606076
永 宁 县	Yongning		157152	52563	40662	284199	265792
贺 兰 县	Helan	24800	286277	226506	170773	1011366	920352
灵 武 市	Lingwu	24152	727357	833238	455722	2174635	1880673
石嘴山市	**Shizuishan**	**66843**	**3844762**	**800395**	**696164**	**4668587**	**4242644**
石嘴山市	District	64114	3380537	713205	619596	4128814	3751337
平 罗 县	Pingluo	2729	464225	87190	76568	539773	491307
吴 忠 市	**Wuzhong**	**81759**	**2297305**	**1707301**	**1128827**	**6126334**	**5530272**
利 通 区	Litong	29000	1179052	931076	549494	3536723	3192175
红寺堡区	Hongsipu		15324	14082	14062	40597	35971
盐 池 县	Yanchi	42000	439978	281852	225623	1163572	1077108
同 心 县	Tongxin	1774	64706	146485	116760	463961	415389
青铜峡市	Qingtongxia	8985	598245	333806	222888	921481	809629
固 原 市	**Guyuan**	**43800**	**811599**	**627040**	**575301**	**2692041**	**2487755**
原 州 区	Yuanzhou	41800	648559	425553	404298	1581547	1436089
西 吉 县	Xiji		68945	48081	48000	384229	366690
隆 德 县	Longde		33026	74757	49694	238292	223110
泾 源 县	Jingyuan	2000	34878	41237	36751	110508	102576
彭 阳 县	Pengyang		26191	37412	36558	377465	359290
中 卫 市	**Zhongwei**	**392060**	**2950619**	**1491029**	**720005**	**3003838**	**2467618**
沙坡头区	Shapotou	67046	1423853	639354	353903	1329336	1128252
中 宁 县	Zhongning	323529	1482241	769310	316290	1425211	1113551
海 原 县	Haiyuan	1485	44525	82365	49812	249291	225815

13—9 续表 3 continued 3

单位:千元 (1000 yuan)

地 区	Region	营业税金及附加 Operating Tax and Extra Charges	主营业务税金及附加 Tax and Extra Charges on Principle Business	其他业务利润 Other Profits	管理费用 Management Expenses	税 金 Taxes	差旅费 Travel Expenses	工会经费 Labour Union Expenses
全区总计	**Total**	**1408516**	**1388945**	**225122**	**1325783**	**72295**	**55452**	**16323**
银 川 市	**Yinchuan**	**868274**	**855185**	**165290**	**776506**	**46898**	**32833**	**9289**
银 川 市	District	755426	742337	164001	679571	43538	30902	7443
永 宁 县	Yongning	9584	9584	105	5844	285	423	23
贺 兰 县	Helan	33203	33203	–30	15912	1651	334	64
灵 武 市	Lingwu	70061	70061	1214	75179	1424	1174	1759
石嘴山市	**Shizuishan**	**148294**	**147564**	**32676**	**180640**	**5608**	**5427**	**1170**
石嘴山市	District	130512	129782	32008	167736	4995	5182	1119
平 罗 县	Pingluo	17782	17782	668	12904	613	245	51
吴 忠 市	**Wuzhong**	**201728**	**201025**	**8307**	**152274**	**5093**	**8699**	**1818**
利 通 区	Litong	121660	121660	2819	64708	2742	3991	1089
红寺堡区	Hongsipu	997	997		2638	14	368	18
盐 池 县	Yanchi	32943	32240	5824	35699	524	1438	90
同 心 县	Tongxin	16426	16426		7990	167	943	232
青铜峡市	Qingtongxia	29702	29702	–336	41239	1646	1959	389
固 原 市	**Guyuan**	**85642**	**82537**	**13824**	**83909**	**2522**	**4338**	**2722**
原 州 区	Yuanzhou	49422	46362	10634	64025	1934	1368	1994
西 吉 县	Xiji	12683	12683	9	5491	151	506	5
隆 德 县	Longde	7806	7806		6853	41	1241	18
泾 源 县	Jingyuan	3692	3692	2659	3702	137	723	686
彭 阳 县	Pengyang	12039	11994	522	3838	259	500	19
中 卫 市	**Zhongwei**	**104578**	**102634**	**5025**	**132454**	**12174**	**4155**	**1324**
沙坡头区	Shapotou	40569	38926	3452	58886	4531	1531	553
中 宁 县	Zhongning	54093	54093	1573	67129	7423	1617	771
海 原 县	Haiyuan	9916	9615		6439	220	1007	

13—9 续表 4 continued 4

单位:千元 (1000 yuan)

地 区	Region	财务费用 Management Expenses	利息收入 Interest Income	利息支出 Interest Expenses	营业利润 Business Profits	补贴收入 Subsidy Income	营业外收入 Non-operating Income
全区总计	**Total**	**236762**	**11698**	**215714**	**1113379**	**7392**	**109255**
银 川 市	**Yinchuan**	**97330**	**9780**	**92215**	**619402**	**6259**	**64313**
银 川 市	District	74574	9366	71182	449285	6259	61893
永 宁 县	Yongning	70		70	3014		
贺 兰 县	Helan	3448	–18	3089	38383		1866
灵 武 市	Lingwu	19238	432	17874	128720		554
石嘴山市	**Shizuishan**	**37239**	**1408**	**32714**	**56171**	**19**	**30313**
石嘴山市	District	36321	1382	32379	40298	19	29438
平 罗 县	Pingluo	918	26	335	15873		875
吴 忠 市	**Wuzhong**	**23398**	**304**	**20930**	**197269**	**462**	**2336**
利 通 区	Litong	10483	104	8533	144617	330	1115
红寺堡区	Hongsipu	450	–7	443	76		
盐 池 县	Yanchi	6833	19	6825	10224		805
同 心 县	Tongxin	353	5	13	7409		5
青铜峡市	Qingtongxia	5279	183	5116	34943	132	411
固 原 市	**Guyuan**	**7899**	**8**	**5880**	**22941**	**652**	**1362**
原 州 区	Yuanzhou	6801	–51	4878	23082		1296
西 吉 县	Xiji	191	39	139	–882	652	
隆 德 县	Longde	158	1	128	–186		37
泾 源 县	Jingyuan	626	9	620	–195		29
彭 阳 县	Pengyang	123	10	115	1122		
中 卫 市	**Zhongwei**	**70896**	**198**	**63975**	**217596**		**10931**
沙坡头区	Shapotou	32036	31	26271	86898		3782
中 宁 县	Zhongning	38414	85	37333	128255		7149
海 原 县	Haiyuan	446	82	371	2443		

13—9 续表 5 continued 5

单位：千元 (1000 yuan)

地　区	Region	营业外支出 Non-operating Expenses	利润总额 Total Profits	应交所得税 Income Tax Payable	应付职工薪酬（本年贷方累计发生额） Employee Benefits Payable
全区总计	**Total**	**106086**	**1121637**	**279408**	**6157483**
银 川 市	**Yinchuan**	**67228**	**617969**	**174680**	**4286174**
银 川 市	District	57139	455135	129591	3903276
永 宁 县	Yongning	230	2784	2606	46093
贺 兰 县	Helan	2097	38538	16675	101142
灵 武 市	Lingwu	7762	121512	25808	235663
石嘴山市	**Shizuishan**	**9310**	**79924**	**14518**	**595006**
石嘴山市	District	8738	63748	8087	506974
平 罗 县	Pingluo	572	16176	6431	88032
吴 忠 市	**Wuzhong**	**4373**	**195388**	**46330**	**787196**
利 通 区	Litong	2063	143659	30409	390553
红寺堡区	Hongsipu	848	–772	22	1781
盐 池 县	Yanchi	607	10422	2898	146489
同 心 县	Tongxin		7414	2234	73191
青铜峡市	Qingtongxia	855	34665	10767	175182
固 原 市	**Guyuan**	**11070**	**13885**	**3574**	**220071**
原 州 区	Yuanzhou	11009	13369	3029	106467
西 吉 县	Xiji		–230	60	24003
隆 德 县	Longde	7	–156	135	22504
泾 源 县	Jingyuan	34	–200	77	18995
彭 阳 县	Pengyang	20	1102	273	48102
中 卫 市	**Zhongwei**	**14105**	**214471**	**40306**	**269036**
沙坡头区	Shapotou	4534	86195	19848	122205
中 宁 县	Zhongning	9436	125968	20087	122796
海 原 县	Haiyuan	135	2308	371	24035

13—9 续表 6　continued 6

单位:千元 (1000 yuan)

地　区	Region	土地和固定资产支出 Land and Fixed Assets Expenses	土地购置 Land Purchasing	房屋和建筑物 Houses and Buildings	机器设备 Machinery and Equipment	运输工具 Means of Transport	其他费用 Other Expenses
全区总计	**Total**	**756725**	**101157**	**227697**	**330697**	**75622**	**21552**
银 川 市	**Yinchuan**	**587778**	**79251**	**184490**	**259933**	**46426**	**17678**
银 川 市	District	567893	78607	182356	243446	45987	17497
永 宁 县	Yongning						
贺 兰 县	Helan	10440	644	2134	7065	439	158
灵 武 市	Lingwu	9445			9422		23
石嘴山市	**Shizuishan**	**51310**	**8726**	**20495**	**16081**	**4823**	**1185**
石嘴山市	District	32881	8726	7635	14298	1037	1185
平 罗 县	Pingluo	18429		12860	1783	3786	
吴 忠 市	**Wuzhong**	**15719**		**2700**	**11523**	**1402**	**94**
利 通 区	Litong	10436			9764	595	77
红寺堡区	Hongsipu						
盐 池 县	Yanchi	265			248		17
同 心 县	Tongxin	71			71		
青铜峡市	Qingtongxia	4947		2700	1440	807	
固 原 市	**Guyuan**	**45755**	**12675**	**7176**	**18207**	**6817**	**880**
原 州 区	Yuanzhou	43080	12675	7176	16891	6318	20
西 吉 县	Xiji	860					860
隆 德 县	Longde						
泾 源 县	Jingyuan	1815			1316	499	
彭 阳 县	Pengyang						
中 卫 市	**Zhongwei**	**56163**	**505**	**12836**	**24953**	**16154**	**1715**
沙坡头区	Shapotou	35828	505	9032	19309	6537	445
中 宁 县	Zhongning	20335		3804	5644	9617	1270
海 原 县	Haiyuan						

主要统计指标解释

价值量指标

[建筑业总产值] 它是以货币表现的建筑业企业在一定时间内生产的建筑业产品和服务的总和。建筑业总产值包括三部分内容:①建筑工程产值;②设备安装工程产值;③其它产值。

它计算的价格原则上按施工单位和建设单位结算价格计算。

[建筑业增加值] 是指建筑企业在报告期内以货币表现的建筑业生产经营活动的最终成果。有两种计算方法:一是生产法、二是分配法 (收入法)

①生产法计算公式:建筑业增加值=建筑业总产出-建筑业中间投入

②分配法 (收入法) 计算公式:建筑业增加值=固定资产折旧+劳动者报酬+生产税净额+营业盈余。

[竣工产值] 一般是以单位工程为对象，当该工程按照设计所规定的工程内容全部完成，达到了设计规定的交工条件，经有关部门检查验收鉴定合格的单位工程价值，即为竣工产值。

实物量指标

[房屋建筑面积] 是指房屋全部平面面积的总和。它一般通过房屋施工和竣工面积来具体体现。

[房屋施工面积] 是指报告期内施过工的全部房屋建筑面积，它包括本期新开工的面积、上期跨入本期继续施工的房屋面积、上期停缓建在本期恢复施工的房屋面积、本期竣工的房屋面积以及本期施工后又停续建的房屋面积。

[房屋新开工面积] 是指在报告期内新开工的各个房屋的建筑面积之和。

[房屋竣工面积] 是指在报告期内房屋建筑按照设计要求已全部完工，达到了使用条件经检查验收鉴定合格的房屋建筑面积。

财务指标

[实收资本] 是指企业在工商行政管理部门注册登记，并实际收到投资人投入的资本。企业筹集的资本金投其投资主体一般分为国家资本、集体资本、法人资本、个人资本、港澳台资本和外商资本六种。

[资产] 是企业拥有或控制的能以货币计量的经济资源，包括各种财产、债权和其他权利。

[负债] 是企业所承担的能以货币计量、将以资产或劳务偿付的债务。负债一般按其偿还期长短分为流动负债和长期负债。

[所有者权益] 是企业投资人对企业净资产的所有权，企业净资产等于企业全部资产减去全部负债后的余额。其中包括实收资本、资本公积、盈余公积和未分配利润四部分。

[工程结算收入（主营业务收入)] 指本企业承包工程实现的工程价款结算收入以及向发包单位收取的除工程价款以外按规定列作营业收入的各种款项，如：临时设施费、劳动保险费、施工机构调迁费等以及向发包单位收取的各种索赔款。

[工程结算成本（主营业务成本)] 指在报告期内与发包单位办理工程价款结算的已完工程实际成本。

第十四篇 运输邮电

Chapter14 Transport, Postal and Telecommunication Services

责任编辑:吴　苏

资料整理:吴　苏　吕　莹　卜宁飞　周　涛　刘聚才　张晶晶　季翔

Coordinator: Wu Su

Data Compilation: Wu Su　Lv Ying　Bu Ningfei　Zhou Tao　Liu Jucai　Zhang Jingjing　Ji Xiang

14-1 主要年份交通运输工具和线路里程
Major Transport Conveyance and Line Mileage

年份 Year	载货汽车（辆） Truck (unit)	载客汽车（辆） Passenger Vehicles (unit)	铁路 Railways 机车（台） Locomotive (unit)	铁路 Railways 客车（辆） Passenger Coaches (coach)	铁路通车里程（公里） Rail Mileage Open to Traffic (km)	公路通车里程（公里） Highway Mileage Open to Traffic(km)	民航通航里程（公里） Length of Civil Aviation Routes (km)
1957	268	21				2241	
1958	978	29	24	–	361	2686	1300
1965	1368	85	73	–	409	3201	1300
1970	2731	506	99	9	409	3591	1300
1975	5296	1224	90	11	421	3916	1300
1978	7991	1920	100	8	421	5227	1300
1980	8867	2345	104	11	421	6848	1300
1985	12754	5149	92	41	421	7016	1300
1990	20471	8744	128	131	421	8200	1400
1995	30788	16419	203	171	769	8554	8683
2000	43496	37629	208	315	780	10171	16823
2001	45227	41079	208	307	780	10899	21242
2002	43051	48874	195	343	780	11245	27336
2003	59710	59590	209	345	780	11916	30101
2004	57831	60386	204	341	780	12456	28627
2005	68956	80384	196	328	786	13078	21248
2006	66276	95063	193	328	783	19903	21219
2007	71466	118249	196	287	783	20562	36253
2008	81072	148103	158	283	783	21008	44197
2009	107536	201143	222	402	783	21805	50602
2010	135235	272342	265	482	1032	22518	54221
2011	165134	359295	308	313	1029	24506	52388

注：1.1965 年前载客汽车未包括小客车；

2.2006 年起公路通车里程包含村道。

a)Before 1965,Passenger Vehicles do not include minibus.

b)Since 2006,Length of highways include the village road.

14-2 主要年份运输线路长度

Length of Transportation Routes

单位:公里 (km)

年份 Year	铁路营业里程 Length of Railways in Operation	电气化里程 Electrified Railways	公路 Length of Highways	等级路 Standard Highways	等外路 Substandard Highways	民航 Civil Aviation
1978	437.7		5227			1300
1979	437.7		6848	5503	1345	1300
1980	437.7		6848	5503	1345	1300
1985	426.9		7016	5642	1374	1300
1990	427.0		8200	7400	800	1400
1995	792.6	437.1	8554	7922	632	8683
2000	790.2	716.9	10171	9649	522	16823
2001	790.2	716.9	10899	10723	176	21242
2002	790.2	716.9	11245	11081	164	27336
2003	790.2	716.9	11916	11770	146	30101
2004	790.2	716.9	12456	12325	131	28627
2005	708.3	669.0	13078	13001	77	21248
2006	705.9	667.5	19903	18102	1801	21219
2007	705.8	667.5	20562	18934	1627	36253
2008	705.8	667.5	21008	19403	1605	44197
2009	705.8	705.8	21805	20297	1509	50602
2010	1032.0	1032.0	22518	21198	1320	54221
2011	1029.0	1029.0	24506	23875	631	52388

注:1.2004 年以前铁路营业里程为银川铁路分局管辖长度;

2.2005 年起铁路数据由兰州铁路局重新核定划分;

3.2010 年铁路营业里程包括合资铁路,地方铁路因不通车没有统计在内。

a)Before 2004,Length of railways in operation refer to jurisdiction of yinchuan railroad bureau.

b)From 2005,data of railway were re-approved by Lanzhou Railway Bureau.

c)From 2010,data of Railway in operating include the data of Joint-venture enterprises,but local railways.

14-3 主要年份客货运输量

Passenger and Freight Traffic

年份 Year	客运量（万人） Passenger Traffic (10000 persons)	铁路 Railways	公路 Highways	航空 Aviation	货运量（万吨） Freight Traffic (10000 tons)	铁路 Railways	公路 Highways	航空 Aviation
1952	4.6		4.3		19.8		12.2	
1957	39.1		39.1		96.3		88.0	
1958	52.4		52.4		201.8		191.8	
1965	142.8	74.8	68.0		640.0	376.6	257.1	
1970	226.6	103.5	123.1	0.0	878.9	499.0	374.4	
1975	364.5	128.0	236.3	0.2	1439.3	958.5	476.7	
1978	466.1	144.4	321.4	0.3	2175.0	1298.0	847.0	
1980	645.9	176.0	469.6	0.3	2302.0	1374.0	719.0	
1985	1349.0	217.0	1131.6	0.4	3610.0	1478.0	1912.0	
1990	2838.0	181.0	2655.0	2.0	3851.0	1512.0	2178.0	
1995	4565.0	195.0	4357.0	13.0	5220.0	1605.0	3519.0	0.04
2000	5537.0	271.0	5252.0	14.4	6880.0	2105.3	4531.0	0.06
2001	5823.0	282.0	5525.0	15.8	7287.0	2300.0	4694.0	0.06
2002	6125.4	278.0	5832.0	15.4	7544.9	2367.2	4894.0	0.12
2003	5904.2	277.0	5605.0	22.2	7878.5	2528.5	5048.0	0.17
2004	6722.9	329.0	6359.0	34.9	8724.9	2768.4	5326.0	0.26
2005	7107.0	309.0	6757.0	41.4	9340.0	2881.0	5648.0	0.58
2006	7600.0	357.0	7191.0	51.9	10239.0	3329.0	6029.0	0.45
2007	8208.0	382.0	7752.0	73.6	11445.0	3957.0	6583.0	0.46
2008	11899.0	457.0	11363.0	78.5	26162.0	4400.0	21762.0	0.44
2009	12657.9	513.0	12034.0	110.9	30323.0	5978.0	23263.0	0.54
2010	13599.2	539.0	12919.0	141.2	33597.9	6879.0	25453.0	1.42
2011	15145.4	543.0	14441.0	161.4	38068.4	7850.0	29016.0	0.81

注：1.1998 年后公路数据为抽样调查数。

2.2009 年后公路数据为新调查口径数据，货运量包括管道运输量。

a)Data of highways refer to sampling survey data since 1998.

b)From 2008,data of highways refer to highway and waterway transportation industry-wide statistical survey data of Department of

14-4 主要年份客货周转量
Passenger and Freight Turnover Volume

年份 Year	旅客周转量（万人公里）Passenger-kilometers (10 000 person-km)	铁路 Railways	公路 Highways	航空 Aviation	货物周转量（万吨公里）Freight Ton-kilometers (10 000 ton-km)	铁路 Railways	公路 Highways
1952	1482		1402		3806		888
1957	6774		6774		6052		3694
1958	5991		5991		7827		6756
1965	17820	13100	4720		326605	318579	7894
1970	25051	17800	7251		413251	402684	10441
1975	35621	20140	15481		427026	409170	17787
1978	44223	23208	21015		562221	534901	27302
1980	61200	27737	33463		458925	430286	20693
1985	121000	45392	75608		619679	519235	79644
1990	192033	46810	145223		747893	598005	125898
1995	279190	55559	215721	7910	1150029	938271	201549
2000	575597	244662	313768	17167	2218627	1594496	568601
2001	551500	202100	333700	15600	2442700	1789300	584900
2002	568049	196539	355306	16204	2623417	1932317	614562
2003	551788	195534	335109	21145	2663245	1968396	630923
2004	651117	231455	381550	38112	2632894	1863592	645950
2005	669549	219490	402650	47409	2679933	1844278	677650
2006	730946	240847	431600	58499	2931456	2031313	721440
2007	804629	259878	465000	79751	3026090	2106674	781800
2008	959073	287354	575282	96437	7008728	2229354	4778724
2009	1048505	303971	610222	134312	7644774	2497308	4969734
2010	1163818	330502	653115	180201	8458987	2766437	5382659
2011	1339417	411057	723666	204694	9619559	3222669	6081181

14-5 主要年份邮电业务总量

Business Volume of Post and Telecommunication Services

年份 Year	邮电业务总量（万元） Business Volume of Postal and Telecommunication (10000 yuan)	函件（万件） Number of Letters (10000 pcs)	报刊期发数（万份） Issue of Newspapers and Magazines (10000 copies)	电话用户总数（万户） Number of Telephone Subscribers (10000 subscriber)	移动电话用户（万户） Number of Mobile Telephone Subscribers (10000 subscriber)	国际互联网络用户(万户) Number of Internet Users (10000 subscriber)	长途电话（万次） Long-distance Calls (10000 times)
1952	75.3	104.1		0.02			6.5
1957	197.4	324.2		0.15			11.9
1958	287.8	380.9	14.5	0.23			18.6
1965	586.2	639.1	19.2	0.70			41.5
1970	690.9	863.7	9.8	0.76			37.6
1975	979.0	990.7	33.5	1.05			68.0
1978	1165.0	1168.7	45.0	1.30			77.0
1980	1279.4	1474.5	68.4	1.60			88.1
1985	1908.2	1792.0	125.1	2.80			150.8
1990	4357.7	2054.3	85.4	5.11			353.5
1995	22859.6	2270.9	70.3	21.64	0.69		2708.3
2000	143401.0	2021.0	61.7	70.01	20.44	3.44	8772.0
2001	163400.0	2631.0	48.5	113.07	41.73	8.53	8123.0
2002	218810.4	3052.0	45.0	158.14	73.68	17.45	5052.4
2003	288775.8	2642.0	42.8	223.87	123.54	22.23	11620.3
2004	392397.0	2093.7	43.3	278.16	158.60	32.08	9104.9
2005	485984.0	3018.4	61.4	319.97	181.08	59.10	10709.6
2006	615246.3	3304.8	41.8	362.42	218.56	29.12	11209.5
2007	800382.2	2049.5	44.1	408.31	268.13	32.39	48413.0
2008	961661.0	3091.6	48.2	444.81	323.30	36.98	51216.8
2009	1200030.0	2395.0	50.9	504.90	390.40	41.82	50453.0
2010	1561769.9	2087.6	54.9	562.70	450.80	48.80	
2011	578421.3	1411.3	52.8	633.30	524.80	53.94	

注：1.邮电业务总量2000年以前为1990年不变价计算，2001-2010年按2000年不变价计算，2011年按2010年不变价计算。

2.2001年起电话机总数中包括移动电话用户。

a)The business volume of postal and telecomunication services before 2000 was calculated at 1990 constant prices, while 2001-2010 was calculated at 2000 constant prices and that in 2011 was calculated at 2010 constant prices.

b)Number of Telephone Subscribers included mobile phone users since 2001.

主要统计指标解释

［货运量］ 指一定时期（年、季、月）内，以重量单位（吨）计算的由各种运输工具实际完成运钩过程的货物数量。货运量包括:铁路货运量、公路货运量、水运货运量、民航货运量和管道运输量。

［货物周转量］ 指一定时期（年、季、月）内，由各种运输工具实际完成运送过程的，以综合运量和运距的复合单位（吨公里）计算的货物总运输量。它是反映货物运输量的另一个指标。货物周转量中包括铁路、公路、水运、航空、管道等各种运输工具完成的货物周转量。

［客运量］ 指分别按各类运输方式计算的实际运送的旅客人数。包括:铁路客运量、公路客运量、水运客运量、空运客运量。

［旅客周转量］ 指由各种运输方式在一定时期（年、季、月）内实际运送的每位旅客乘车（船、民用飞机）里程的综合数，计算单位是“人公里”。

［民用汽车］ 由公安交通监理部门所掌管的领有本地区民用车辆牌照的普通载货汽车、专用载货汽车、载客汽车、其他专用汽车、特种汽车等。不包括拖拉机、摩托车、其他机动车等。

［载客汽车］ 指用于运送旅客的汽车。可分为大型及小型两种，凡车长6米及以上或乘座人数（驾驶员除外）为20人及以上者为大型载客汽车。

［营运汽车］ 指领有公安交通监理部门核发的车辆牌照、并经当地工商行政管理机关核准，领取营业执照，参加营业性运输的载客和载货汽车，包括使用权属于公路运输企业的租入、借入、代管的营运汽车。计算单位为“辆”。

［邮电业务总量］ 即邮电专业产品量。邮电业务量按专业分类包括函件、机要文件、包件、汇票、报刊发行、邮政快件、特快专递、邮政储蓄、集邮、公众电报、用户电报、传真、长途电话、出租电路、市话无线寻呼、移动电话、分组交换数据通信、出租代维等。

［移动电话用户］ 指在邮电部门登记、通过移动电话交换机进入移动电话网、占有移动电话号码的电话用户，按实际办理登记手续进入邮电部门移动电话网的户数进行统计，一部（台）移动电话统计为一户。

［计算机互联网（INTERNET）用户］ 计算机互联网是一个连接计算机网的网络，范围遍及全世界，包括局域网、城域网和广域网，旨在实现计算机资源共享。它分为两大类，一类是学术范围的非盈利性的网络，另一类是商业性或非学术性的网络。接入这个网络的用户，称为INTERNET用户。

第十五篇 Chapter15

批发零售和住宿餐饮业

Wholesale, Retail, Housing and Catering

责任编辑:何胜兰

资料整理:何胜兰 岳洪涛 温 静 周 莹 郝 静 勉 伟

Coordinator: He Shenglan

Data Compilation: He Shenglan Yue Hongtao Wen Jing Zhou Ying Hao Jing Mian Wei

15-1 限额以上批发业法人单位数和年末从业人员数(2011 年)

Number of Corporation Enterprises and Engaged Persons above Designated Size of Wholesale(2011)

指　标	Item	法人单位数(个) Number of Corporate Unit (unit)	年末从业人员数(人) Engaged Persons (person)
批发业合计	**Wholesale Trade**	**194**	**11060**
国有及国有控股	State-owned and State-holding Enterprises	39	6021
按登记注册类型分组	**Grouped by Registration Status**		
内资企业	Domestic Funded Enterprises	192	10542
国有企业	State-owned Enterprises	23	2192
集体企业	Collective-owned Enterprises	1	39
股份合作	Cooperative Enterprises	1	18
有限责任公司	Limited Liability Corporations	49	1781
国有独资企业	State Sole Funded Corporations		
其他有限责任公司	Other Limited Liability Corporations	49	1781
股份有限公司	Share-holding Corporations Ltd.	10	3537
私营企业	Private Enterprises	106	2925
其他企业	Other Enterprises	2	50
外商投资企业	Foreign Funded Enterprises	2	518
按国民经济行业分组	**Grouped by Sector**		
农畜产品批发业	Wholesale of Farm Produce and Livestock Products	8	304
食品、饮料及烟草制品批发业	Wholesale of Food,Beverages and Tobaccos	19	2252
米、面制品及食用油批发业	Wholesale of Rice,Flour and Edible Oil	4	215
烟草制品批发业	Wholesale of Tobaccos	5	1222
纺织、服装及日用品批发业	Wholesale of Textiles,Garments and Daily Consumer Articles	2	57
服装批发业	Wholesale of Garments	2	57
文化、体育用品及器材批发业	Wholesale of Culture,Sports Appliances and Equipments	4	188
医药及医疗器材批发业	Wholesale of Medicines and Medical Appliances	9	434
矿产品、建材及化工产品批发业	Wholesale of Mineral Products,Building Materials and Chemical Products	92	5578
机械设备、五金交电及电子产品批发业	Wholesale of Machinery,Hardware and Electronic Equipment	46	1854
其他批发业	Other Wholesale not Classified Elsewhere	14	393

15-2 限额以上零售业法人单位数和年末从业人员数(2011 年)

Number of Corporation Enterprises and Engaged Persons above Designated Size of Retail Trades(2011)

指 标	Item	法人单位数(个) Number of Corporate Unit (unit)	年末从业人员数(人) Engaged Persons (person)
零售业合计	**Total**	**218**	**22541**
国有及国有控股	State-owned and State-holding Enterprises	24	1526
按登记注册类型分组	**Grouped by Registration Status**		
内资企业	Domestic Funded Enterprises	217	22454
国有企业	State-owned Enterprises	22	1338
集体企业	Collective-owned Enterprises	1	15
股份合作企业	Cooperative Enterprises	1	180
有限责任公司	Limited Liability Corporations	61	8259
国有独资企业	State Sole Funded Corporations		
其他有限责任公司	Other Limited Liability Corporations	61	8259
股份有限公司	Share-holding Corporations Ltd.	3	1694
私营企业	Private Enterprises	128	10862
外商投资企业	Foreign Funded Enterprises	1	87
按国民经济行业分组	**Grouped by Sector**		
综合零售业	Integrated Retail	34	9112
百货零售业	Retail of General Merchandise	28	5763
超级市场零售业	Retail of Supermarkets	5	3266
食品、饮料、烟草制品专门零售业	Retail of Food,Beverages and Tobaccos	4	640
纺织、服装及日用品专门零售业	Special Retail of Textiles,Garments and Daily Consumer Articles	8	1994
服装零售业	Retail of Garments	7	1873
文化、体育用品及器材专门零售业	Retail of Culture,Sports Appliances and Equipments	21	626
图书零售业	Retail of Books	14	461
医药及医疗器材专门零售业	Retail of Medicines and Medical Appliances	20	2027
汽车、摩托车、燃料及零配件专门零售业	Retail of Motor Vehicles,Motorcycles,Fuel and Parts	89	5539
汽车零售业	Retail of Motor Vehicles	67	4927
机动车燃料零售业	Retail of Fuel of Motor Vehicles	14	521
家用电器及电子产品专门零售业	Special Retail of Household Electric Appliances and Electronic Products	35	2094
家用电器零售业	Retail of Household Electric Appliances	14	1191
计算机、软件及辅助设备零售业	Retail of Computer,Software and Assistant Appliances	17	553
通讯设备零售业	Retail of Communication Equipments	4	350
五金、家具及室内装修材料专门零售业	Special Retail of Hardware,Furniture and Decoration Materials	3	138
无店铺及其他零售业	Non-shop and Other Retails	4	371

15-3 限额以上批发业法人企业商品销售总额(2011年)

Commodity Sales of Wholesale and Retail Trades above Designated Size(2011)

单位:万元 (10 000 yuan)

指标	Item	销售总额 Total Sales Value	批发额 Wholesale Value	零售额 Retail Value
批发业合计	**Wholesale Trade**	**6072127**	**5397614**	**674513**
国有及国有控股	State-owned and State-holding Enterprises	3961797	3339048	622749
按登记注册类型分组	**Grouped by Registration Status**			
内资企业	Domestic Funded Enterprises	6027003	5353842	673161
国有企业	State-owned Enterprises	977980	974804	3176
集体企业	Collective-owned Enterprises	32417	32417	
股份合作企业	Cooperative Enterprises	4924	4924	
有限责任公司	Limited Liability Corporations	1614439	1593537	20902
国有独资企业	State Sole Funded Corporations			
其他有限责任公司	Other Limited Liability Corporations	1614439	1593537	20902
股份有限公司	Share-holding Corporations Ltd.	2382864	1769466	613398
私营企业	Private Enterprises	996980	961295	35685
外商投资企业	Foreign Funded Enterprises	45124	43772	1352
按国民经济行业分组	**Grouped by Sector**			
农畜产品批发业	Wholesale of Farm Produce and Livestock Product	17071	11943	5128
食品、饮料及烟草制品批发业	Wholesale of Food,Beverages and Tobaccos	541302	539950	1352
米、面制品及食用油批发业	Wholesale of Rice,Flour and Edible Oil	31271	31271	
烟草制品批发业	Wholesale of Tobaccos	432137	432137	
纺织、服装及日用品批发业	Wholesale of Textiles,Garments and Daily Consumer Articles	35600	32391	3209
服装批发业	Wholesale of Garments	35600	32391	3209
文化、体育用品及器材批发业	Wholesale of Culture,Sports Appliances and Equipments	27680	27680	
医药及医疗器材批发业	Wholesale of Medicines and Medical Appliances	47624	43851	3773
矿产品、建材及化工产品批发	Wholesale of Mineral Products,Building Materials and Chemical Products	4741675	4111584	630091
机械设备、五金交电及电子产品批发业	Wholesale of Machinery,Hardware and Electronic Equipment	441486	412140	29346
其他批发业	Other Wholesale not Classified Elsewhere	219689	218076	1614

15-4 限额以上零售业法人企业商品销售总额(2011 年)

Commodity Sales of Wholesale and Retail Trades above Designated Size(2011)

单位:万元 (10 000 yuan)

指 标	Item	销售总额 Total Sales Value	批发额 Wholesale Value	零售额 Retail Value
零售业合计	**Retail Trade**	**2282326**	**215078**	**2067249**
国有及国有控股	State-owned and State-holding Enterprises	145324	40676	104647
按登记注册类型分组	**Grouped by Registration Status**			
内资企业	Domestic Funded Enterprises	2278704	214198	2064506
国有企业	State-owned Enterprises	59053	10221	48832
集体企业	Collective-owned Enterprises	3886		3886
股份合作企业	Cooperative Enterprises	8911		8911
有限责任公司	Limited Liability Corporations	861587	88741	772846
国有独资企业	State Sole Funded Corporations			
其他有限责任公司	Other Limited Liability Corporations	861587	88741	772846
股份有限公司	Share-holding Corporations Ltd.	333490	98	333392
私营企业	Private Enterprises	997097	106330	890767
外商投资企业	Foreign Funded Enterprises	3622	880	2742
按零售行业小类分组	**Grouped by Retail Industry Sub-categories**			
综合零售	Integrated Retail	670469	7236	663233
百货零售	Retail of General Merchandise	474139	1440	472699
超级市场零售	Retail of Supermarkets	195494	5796	189698
食品、饮料及烟草制品专门零售	Retail of Food,Beverages and Tobaccos	19160	13274	5886
纺织、服装及日用品专门零售	Special Retail of Textiles,Garments and Daily Consumer Articles	37550	712	36838
服装零售业	Retail of Garments	29998	712	29286
文化、体育用品及器材专门零售业	Retail of Culture,Sports Appliances and Equipments	30833	1931	28901
体育用品零售业	Retail of Sports Appliances			
图书零售业	Retail of Books	20614	1050	19564
医药及医疗器材专门零售业	Retail of Medicines and Medical Appliances	235677	87521	148156
药品零售业	Retail of Medicines	235677	87521	148156
汽车、摩托车、燃料及零配件专门零售业	Retail of Motor Vehicles,Motorcycles,Fuel and Parts	1021720	75370	946350
汽车零售业	Retail of Motor Vehicles	943976	57609	886367
机动车燃料零售业	Retail of Fuel of Motor Vehicles	68000	14467	53533
家用电器及电子产品专门零售业	Special Retail of Household Electric Appliances and Electronic Products	251492	27692	223800
家用电器零售业	Retail of Household Electric Appliances	180077	13292	166785
计算机、软件及辅助 设备零售业	Retail of Computer,Software and Peripherals	56360	13182	43177
通信设备零售业	Retail of Communication Equipment	15056	1218	13838
五金、家具及室内装修材料专门零售业	Special Retail of Hardware,Furniture and Decoration Materials	5246		5246
无店铺及其他零售业	Non-shop and Other Retails	10179	1341	8838

15-5 限额以上住宿业法人单位数和年末从业人员数(2011 年)
Number of Corporation Enterprises, and Engaged Persons of Star-rated Hotels(2011)

指　标	Item	法人单位数（个）Number of Corporate Unit (unit)	年末从业人员数（人）Engaged Persons (person)
总 计	**Total**	**67**	**7162**
国有及国有控股	State-owned and State-holding Enterprises	13	2393
按登记注册类型分组	**Grouped by Registration Status**		
内资企业	Demestic Enterprises	67	7162
国有企业	State-owned Enterprises	6	1091
集体企业	Collective-owned Enterprises		
联营企业	Joint-venture Enterprises		
有限责任公司	Limited Liabilities Corporations	16	2467
其他有限责任公司	Other Limited Liabilities Corporations	15	2304
股份有限公司	Share-holding Corporations Ltd.		
私营企业	Private Enterprises	45	3604
外商投资企业	Foreign Funded Enterprises		
按住宿行业小类分组	**Grouped by Sector**		
旅游饭店	Tourist Hotel	54	6286
一般旅馆	Fonda	13	876

15-6 限额以上餐饮业法人单位数和年末从业人员数(2011 年)

Number of Corporation Enterprises, and Engaged Persons above Designated Size of Catering Services(2011)

指　标	Item	法人单位数(个)Number of Corporate Unit (unit)	年末从业人员数(人) Engaged Persons (person)
总　计	**Total**	**96**	**10572**
国有及国有控股	State-owned and State-holding Enterprises	3	388
按登记注册类型分组	**Grouped by Registration Status**		
内资企业	Demestic Enterprises	94	10256
国有企业	State-owned Enterprises	1	98
集体企业	Collective-owned Enterprises	1	13
有限责任公司	Limited Liabilities Corporations	15	1829
国有独资企业	State Sole Funded Corporations		
其他有限责任公司	Other Limited Liabilities Corporations	15	1829
股份有限公司	Shere-holding Corporations Ltd.	2	246
私营企业	Private Enterprises	75	8070
私营独资企业	Private-funded Enterprises	14	1298
私营合伙企业	Private Partnership Enterprises	3	331
私营有限责任公司	Private Limited Liability Corporations	58	6441
外商投资企业	Foreign Funded Enterprises	2	316
按餐饮行业小类分组	**Grouped by Sector**		
正　餐	Restaurant	94	10408
快　餐	Fast Food	2	164

15-7 限额以上住宿业法人企业经营情况(2011 年)
Business of Enterprises above Designated Size of Hotels(2011)

单位:万元 (10 000 yuan)

指　标	Item	营业额 Business Revenue	客房收入 From Hotel Rooms	餐费收入 From Meals	商品销售额 From Commodities	其他收入 Other income
总 计	**Total**	**73102**	**35393**	**28205**	**3862**	**5642**
国有及国有控股	State-owned and State-holding Enterprises	31305	14556	11675	1065	4009
按登记注册类型分组	**Grouped by Registration Status**					
内资企业	Demestic Enterprises	73102	35393	28205	3862	5642
国有企业	State-owned Enterprises	16951	8033	6557	184	2176
集体企业	Collective-owned Enterprises					
联营企业	Joint-venture Enterprises	24028	10438	9439	1925	2226
有限责任公司	Limited Liabilities Corporations	22611	9414	9105	1870	2222
其他有限责任公司	Other Limited Liabilities Corporations					
股份有限公司	Share-holding Corporations Ltd.	32123	16923	12208	1753	1239
私营企业	Private Enterprises					
港、澳、台商投资企业	Enterprises with Funds from Hong Kong, Macao and Taiwan					
外商投资企业	Foreign Funded Enterprises					
按餐饮行业小类分组	**Grouped by Sector**					
旅游饭店	Tourist Hotel	64708	31711	24303	3150	5545
一般旅馆	Fonda	8394	3682	3902	713	97
按星级分组	**Grouped by Star**					
五星	Five star	9163	4996	2824		1344
四星	Four star	21389	10214	7782	1947	1446
三星	Stree star	31920	13235	14717	1512	2456
二星	Tow star	1216	977	194	43	3
一星	One star					
其他	Other	9414	5972	2687	361	394

15-8 限额以上餐饮业法人企业经营情况(2011 年)

Business of Enterprises above Designated Size of Catering Servies(2011)

单位:万元 (10 000 yuan)

指　　标	Item	营业额 Business Revenue	客房收入 From Hotel Rooms	餐费收入 From Meals	商品销售额 From Commodities	其他收入 Other Income
总　计	**Total**	**123366**	**17352**	**95673**	**6866**	**3475**
国有及国有控股	State-owned and State-holding Enterprises	5157	1499	3508	41	109
按登记注册类型分组	**Grouped by Registration Status**					
内资企业	Demestic Enterprises	115519	16277	88901	6866	3475
国有企业	State-owned Enterprises	939	139	774	21	5
集体企业	Collective-owned Enterprises	200	76	114	10	
股份合作企业	Cooperative Enterprises					
有限责任公司	Limited Liabilities Corporations	18244	2590	13054	1497	1103
国有独资企业	State Sole Funded Corporations					
其他有限责任公司	Other Limited Liabilities Corporations	18244	2590	13054	1497	1103
股份有限责任公司	Share-holding Corpordaions Ltd	2170	668	1472	29	2
私营企业	Private Enterprises	93965	12804	73488	5308	2364
私营独资企业	Private-funded Enterprises	12466	2304	9138	952	71
私营合伙企业	Private Partnership Enterprises	4330	155	3484	644	46
私营有限责任公司	Private Limited Liability Corporations	77169	10345	60865	3712	2247
外商投资企业	Foreign Funded Enterprises	7847	1075	6772		
按住宿行业小类分组	**Grouped by Sector**					
正　餐	Restaurant	122467	17352	94774	6866	3475
快　餐	Fast Food	899		899		
按经营形式分组	**Grouped by Business Form**					
独立门店	Independent Stores	116324	15412	90913	6586	3413
连锁总店	Distributor Chain	634		634		
连锁门店	Chain Stores					
其他	Other	6408	1940	4126	280	62

15-9 限额以上批发业和零售业法人企业财务状况(2011 年)

Financial Indicators of Wholesale and Retail Enterprises above Designated Size(2011)

单位:万元 (10 000 yuan)

指　　标	Item	资产总计 Total Assets	固定资产 Fixed Assets	流动资产 Working Capitals	负债合计 Total Liabilities
总　　计	**Total**	**3048248**	**422134**	**2325609**	**2134542**
批发业	**Wholesale Trade**	**1815100**	**247228**	**1420838**	**1212167**
国有及国有控股	State-owned and State-holding Enterprises	519139	172076	318727	196626
按登记注册类型分组	**Grouped by Registration Status**				
内资企业	Domestic Funded Enterprises	19563	6815	11444	13096
国有企业	State-owned Enterprises	277379	43036	220279	70609
集体企业	Collective-owned Enterprises	30523	1853	20226	12799
股份合作企业	Cooperative Enterprises	21305	2487	10574	8187
有限责任公司	Limited Liability Corporations	19427	1449	15405	17709
国有独资公司	State Sole Funded Corporations	1138060	170280	914724	891962
其他有限责任公司	Other Limited Liability Corporations	182934	11985	161300	148364
股份有限公司	Share-holding Corporations Ltd.	125909	9322	66886	49442
私营企业	Private Enterprises	651407	27380	529227	461639
外商投资企业	Foreign Funded Enterprises	55747	6158	46981	21264
按批发行业小类分组	**Grouped by Sector**				
农畜产品批发	Wholesale of Farm Produce and Livestock Products	19563	6815	11444	13096
食品、饮料及烟草制品批发	Wholesale of Food,Beverages and Tobaccos	277379	43036	220279	70609
纺织、服装及日用品批发	Wholesale of Textiles,Garments and Daily Consumer Articles	30523	1853	20226	12799
文化、体育用品及器材批发	Wholesale of Culture,Sports Appliances and Equipments	21305	2487	10574	8187
医药及医疗器材批发	Wholesale of Medicines and Medical Appliances	19427	1449	15405	17709
矿产品、建材及化工产品批发	Wholesale of Mineral Products,Building Materials and Chemical Products	1138060	170280	914724	891962
机械设备、五金交电及电子产品批发	Wholesale of Machinery,Hardware and Electronic Equipment	182934	11985	161300	148364
其他批发	Other Wholesale not Classified Elsewhere	125909	9322	66886	49442

15-9 续表 1 continued

单位:万元 (10 000 yuan)

指 标	Item	所有者权益 Total Owners' Equities	主营业务收入 Revenue from Principal Business	利润总额 Total Profits
总 计	**Total**	**913704**	**7003587**	**123570**
批发业	**Wholesale Trade**	**602933**	**4999678**	**78472**
国有及国有控股	State-owned and State-holding Enterprises	322513	3022093	68144
按登记注册类型分组	**Grouped by Registration Status**			
内资企业	Domestic Funded Enterprises	6467	16755	-94
国有企业	State-owned Enterprises	206770	468514	63539
集体企业	Collective-owned Enterprises	17724	32178	1290
股份合作企业	Cooperative Enterprises	13118	25687	355
有限责任公司	Limited Liability Corporations	1719	43376	208
国有独资公司	State Sole Funded Corporations	246098	3816984	38
其他有限责任公司	Other Limited Liability Corporations	34570	400016	4156
股份有限公司	Share-holding Corporations Ltd.	76467	196168	8979
私营企业	Private Enterprises	189769	913966	1596
外商投资企业	Foreign Funded Enterprises	34483	38568	7588
按批发行业小类分组	**Grouped by Sector**			
农畜产品批发	Wholesale of Farm Produce and Livestock Products	6467	16755	-94
食品、饮料及烟草制品批发	Wholesale of Food,Beverages and Tobaccos	206770	468514	63539
纺织、服装及日用品批发	Wholesale of Textiles,Garments and Daily Consumer Articles	17724	32178	1290
文化、体育用品及器材批发	Wholesale of Culture,Sports Appliances and Equipments	13118	25687	355
医药及医疗器材批发	Wholesale of Medicines and Medical Appliances	1719	43376	208
矿产品、建材及化工产品批发	Wholesale of Mineral Products,Building Materials and Chemical Products	246098	3816984	38
机械设备、五金交电及电子产品批发	Wholesale of Machinery,Hardware and Electronic Equipment	34570	400016	4156
其他批发	Other Wholesale not Classified Elsewhere	76467	196168	8979

15-9 续表 2 continued

单位:万元 (10 000 yuan)

指标	Item	资产总计 Total Assets	固定资产 Fixed Assets	流动资产 Working Capitals	负债合计 Total Liabilities
零售业	**Retail Trade**	**1233147**	**174906**	**904771**	**922375**
国有及国有控股	State-owned and State-holding Enterprises	75674	19725	52565	47328
按登记注册类型分组	**Grouped by Registration Status**				
内资企业	Domestic Funded Enterprises	1229184	173183	902774	921233
国有企业	State-owned Enterprises	40759	18832	18754	21700
集体企业	Collective-owned Enterprises	97	9	88	151
股份合作企业	Cooperative Enterprises	6691	2644	3439	3173
联营企业	Joint Ownership Enterprises				
有限责任公司	Limited Liability Corporations	523914	88138	394122	418840
国有独资公司	State Sole Funded Corporations				
其他有限责任公司	Other Limited Liability Corporations	523914	88138	394122	418840
股份有限公司	Share-holding Corporations Ltd.	155578	10139	93065	70095
私营企业	Private Enterprises	499150	53410	390332	404779
外商投资企业	Foreign Funds Enterprises	3963	1723	1997	1142
按零售行业小类分组	**Grouped by Sector**				
综合零售	Integrated Retail	389700	87691	214728	243197
百货零售	Retail of General Merchandise	286992	70660	141466	180805
超级市场零售	Retail of Supermarkets	101706	16668	72948	61638
食品、饮料及烟草制品专门零售	Retail of Food,Beverages and Tobaccos	17537	2452	11616	12778
纺织、服装及日用品专门零售	Special Retail of Textiles,Garments and Daily Consumer Articles	23778	2499	17233	18034
文化、体育用品及器材专门零售	Retail of Culture,Sports Appliances and Equipments	25747	9336	14833	14658
医药及医疗器材专门零售	Retail of Medicines and Medical Appliances	116760	11680	94429	91643
药品零售	Retail of Medicines	116760	11680	94429	91643
汽车、摩托车、燃料及零配件专门零售	Retail of Motor Vehicles, Motorcycles, Fuel and Parts	493597	52496	403199	405505
汽车零售	Retail of Motor Vehicles	416485	41616	350649	345412
家用电器及电子产品专门零售	Special Retail of Household Electric Appliances and Electronic Products	151585	4162	141063	127353
家用电器零售	Retail of Household Electric Appliances	113414	2006	109856	98369
计算机、软件及辅助设备零售业	Retail of Computer,Software and Peripherals	34029	1974	27508	26239
通讯设备零售业	Retail of Communication Equipment	4142	183	3699	2745
五金、家具及室内装修材料专门零售	Special Retail of Hardware,Furniture and Decoration Materials	6007	1632	4216	5336
无店铺及其他零售	Non-shop and Other Retails	8438	2957	3454	3872

15-9 续表 3 continued

单位：万元 （10 000 yuan）

指 标	Item	所有者权益 Total Owners' Equities	主营业务收入 Revenue from Principal Business	利润总额 Total Profits
零售业	**Retail Trade**	**310771**	**2003909**	**45098**
国有及国有控股	State-owned and State-holding Enterprises	28345	125335	1024
按登记注册类型分组	**Grouped by Registration Status**			
内资企业	Domestic Funded Enterprises	307949	2000693	45419
国有企业	State-owned Enterprises	19059	51582	-134
集体企业	Collective-owned Enterprises	-54	3321	-14
股份合作企业	Cooperative Enterprises	3518	7723	562
联营企业	Joint Ownership Enterprises			
有限责任公司	Limited Liability Corporations	105074	833070	19327
国有独资公司	State Sole Funded Corporations			
其他有限责任公司	Other Limited Liability Corporations	105074	833070	19327
股份有限公司	Share-holding Corporations Ltd.	85484	212813	11103
私营企业	Private Enterprises	94369	879673	14597
外商投资企业	Foreign Funds Enterprises	2822	3216	-320
按零售行业小类分组	**Grouped by Sector**			
综合零售	Integrated Retail	146501	517570	21815
百货零售	Retail of General Merchandise	106186	324005	11812
超级市场零售	Retail of Supermarkets	40068	193034	10004
食品、饮料及烟草制品专门零售	Retail of Food,Beverages and Tobaccos	4759	11521	-59
纺织、服装及日用品专门零售	Special Retail of Textiles,Garments and Daily Consumer Articles	5744	34415	224
文化、体育用品及器材专门零售	Retail of Culture,Sports Appliances and Equipments	11089	25910	462
医药及医疗器材专门零售	Retail of Medicines and Medical Appliances	25118	207522	3565
药品零售	Retail of Medicines	25118	207522	3565
汽车、摩托车、燃料及零配件专门零售	Retail of Motor Vehicles, Motorcycles, Fuel and Parts	88092	969011	14954
汽车零售	Retail of Motor Vehicles	71073	895456	14332
家用电器及电子产品专门零售	Special Retail of Household Electric Appliances and Electronic Products	24232	222940	4298
家用电器零售	Retail of Household Electric Appliances	15045	156884	4269
计算机、软件及辅助设备零售业	Retail of Computer,Software and Peripherals	7790	53188	-94
通讯设备零售业	Retail of Communication Equipment	1397	12868	123
五金、家具及室内装修材料专门零售	Special Retail of Hardware,Furniture and Decoration Materials	670	5906	143
无店铺及其他零售	Non-shop and Other Retails	4566	9114	-305

15-10 限额以上住宿业和餐饮业法人企业财务状况(2011年)

Financial Status of Accommodation and Catering Enterprises above Designated Size(2011)

单位:万元 (10 000 yuan)

指　标	Item	资产总计 Total Assets	固定资产 Fixed Assets	流动资产 Working Capitals	负债合计 Total Liabilities
总　计	**Total**	**459538**	**283195**	**174463**	**327483**
住宿业	**Hotels**	**192469**	**164199**	**63007**	**137390**
国有及国有控股	State-owned and State-holding Enterprises	56242	99692	17735	36589
按登记注册类型分组	**Grouped by Registration Status**				
内资企业	Demestic Enterprises	192469	164199	63007	137390
国有企业	State-owned Enterprises	19136	72756	13437	14566
集体企业	Collective-owned Enterprises				
联营企业	Joint-venture Enterprises				
有限责任公司	Limited Liabilities Corporations	74283	43267	15806	42816
股份有限公司	Share-holding Corporations Ltd.				
私营企业	Private Enterprises	99051	48176	33764	80008
外商投资企业	Foreign Funds Enterprises				
按住宿行业中类分组	**Grouped by Sector**				
旅游饭店	Tourist Hotel	173341	153716	57332	126485
一般旅馆	Fonda	19128	10484	5675	10905
餐饮业	**Catering Services**	**267069**	**118996**	**111456**	**190093**
国有及国有控股	State-owned and State-holding Enterprises	15055	12293	1977	14791
按登记注册类型分组	**Grouped by Registration Status**				
内资企业	Demestic Enterprises	240302	111449	94400	172488
国有企业	State-owned Enterprises	942	17	140	674
集体企业	Collective-owned Enterprises	82	2	64	74
股份合作企业	Cooperative Enterprises				
有限责任公司	Limited Liabilities Corporations	85188	38507	29032	65546
私营企业	Private Enterprises	150205	70312	63891	104072
外商投资企业	Foreign Funded Enterprises	26767	7547	17056	17605
按餐饮行业中类分组	**Grouped by Sector**				
正餐服务	Restaurant	266577	118769	111191	189976
快餐服务	Fast Food	491	226	265	117

15-10 续表 continued

单位:万元 (10 000 yuan)

指 标	Item	所有者权益 Total Owners' Equities	主营业务收入 Revenue from Principal Business	利润总额 Total Profits
总 计	**Total**	**132055**	**195574**	**-6484**
住宿业	**Hotels**	**55079**	**72628**	**-2538**
国有及国有控股	State-owned and State-holding Enterprises	19653	31224	-351
按登记注册类型分组	**Grouped by Registration Status**			
内资企业	Demestic Enterprises	55079	72628	-2538
国有企业	State-owned Enterprises	4570	16907	-1
集体企业	Collective-owned Enterprises			
联营企业	Joint-venture Enterprises			
有限责任公司	Limited Liabilities Corporations	31467	23973	-711
股份有限公司	Share-holding Corporations Ltd.			
私营企业	Private Enterprises	19042	31748	-1826
外商投资企业	Foreign Funds Enterprises			
按住宿行业中类分组	**Grouped by Sector**			
旅游饭店	Tourist Hotel	46856	64250	-2085
一般旅馆	Fonda	8223	8378	-454
餐饮业	**Catering Services**	**76976**	**122946**	**-3945**
国有及国有控股	State-owned and State-holding Enterprises	265	5157	-140
按登记注册类型分组	**Grouped by Registration Status**			
内资企业	Demestic Enterprises	67814	115099	-3837
国有企业	State-owned Enterprises	268	939	-140
集体企业	Collective-owned Enterprises	8	200	-17
股份合作企业	Cooperative Enterprises			
有限责任公司	Limited Liabilities Corporations	19642	18245	-396
私营企业	Private Enterprises	46133	93545	-3563
外商投资企业	Foreign Funded Enterprises	9162	7846	-108
按餐饮行业中类分组	**Grouped by Sector**			
正餐服务	Restaurant	76602	122047	-3964
快餐服务	Fast Food	374	899	18

15-11 社会消费品零售总额
Total Retail Sales of Consumer Goods

单位:万元 (10 000 yuan)

指　标	Item	2009	2010	2011
社会消费品零售总额	**Total Retail Sales of Consumer Goods**	**3392995**	**4035917**	**4775815**
按经营地分	**By Location**			
城镇	Urban	3061125	3667428	4364663
城区	City	2286104	2618663	3097544
乡村	Rural	331870	368489	411152
按商品形态分	**By the Form of Merchandies**			
餐饮收入额	Catering Business Inccoe	570719	662111	755621
商品零售额	Retauil Salas of Consumer Goods	2822276	3373806	4020194
按行业分	**By Sector**			
批发业和零售业	Wholesale and Retail Trade	2812734	3363105	4008483
限额以上	Above Designated Size	1487517	1986231	2502243
限额以下	Under Designated Size	1325217	1376874	1506240
住宿业和餐饮业	Hotels and Catering Services	580261	672812	767332
限额以上	Above Designated Size	114229	138131	161234
限额以下	Under Designated Size	466032	634681	606098

注:从 2010 年起,社会消费品零售总额统计采用新的分组,即按经营单位所在地分组,由"市、县、县以下"改为"城镇、乡村",2009 年数据为 2010 年按新标准调整数。

15-12 社会消费品零售总额构成

Composition of Total Retail Sales of Consumer Goods

年份 Year	社会消费品零售总额(万元) Total Retail Sales of Consumer Goods (10 000 yuan)				构成(%)总额=100 Composition(%) Total=100		
		市 City	县 Country	县以下 Under Country Level	市 City	县 Country	县以下 Under Country Level
1978	50421	27515	11219	11687	54.57	22.25	23.18
1979	57433	30554	11946	14933	53.20	20.80	26.00
1980	67442	35073	13418	18951	52.00	19.90	28.10
1985	131489	73374	33582	24533	55.80	25.54	18.66
1990	253039	151760	67380	33899	59.97	26.63	13.40
1995	626362	439318	104839	82205	70.14	16.74	13.12
2000	1005417	725167	128268	151982	72.13	12.76	15.12
2001	1101937	797154	139427	165356	72.34	12.65	15.01
2002	1212131	885559	150302	176270	73.06	12.40	14.54
2003	1345465	908498	231236	205731	67.52	17.19	15.29
2004	1535176	1149426	177620	208130	74.87	11.57	13.56
2005	1743393	1312342	195627	235424	75.28	11.22	13.50
2006	1989647	1484290	254595	250762	74.60	12.79	12.61
2007	2333234	1749533	304180	279521	74.98	13.04	11.98
2008	2851516	2127112	414502	309902	74.59	14.54	10.87

15-12 续表 1 continued

年份 Year	社会消费品零售总额(万元) Total Retail Sales of Consumer Goods (10 000 yuan)				构成(%)总额=100 Composition(%) Total=100		
		城镇 Urban	城区 City	乡村 Rural	城镇 Urban	城区 City	乡村 Rural
2009	3392995	3061125	2286104	331870	90.22	67.38	9.78
2010	4035917	3663035	2666659	372882	90.76	66.07	9.24
2011	4775815	4364663	3097545	411152	91.39	64.86	8.61

注:1.1995-2005 年按经济普查口径进行调整;2.2011 年按《统计上划分城乡的规定》将城乡分类分为城镇、城区、乡村。对 2009 年分组进行调整。

a)From 1995 to 2005,data in this table were adjusted according to the National Economic Census.

15-12 续表 2 continued

年份 Year	分行业社会消费品零售总额(万元) Total Retail Sales of Consumer Goods by Sector(10 000 yuan)			构成(%)总额=100 Composition(%) Total=100		
	批发业和零售业 Wholesale and Retail Trade	住宿业和餐饮业 Hotels and Catering Services	其他行业 Others	批发业和零售业 Wholesale and Retail Trade	住宿业和餐饮业 Hotels and Catering Services	其他行业 Others
1978	42826	1521	6074	84.93	3.02	12.05
1979	47975	1743	7715	83.53	3.04	13.43
1980	55358	2131	9953	82.08	3.16	14.76
1985	104624	4763	22102	79.57	3.62	16.81
1990	186189	12136	54714	73.58	4.80	21.62
1995	564011	40925	21426	90.04	6.53	3.43
1996	641738	49507	40346	87.72	6.77	5.51
1997	726512	56181	9620	91.69	7.09	1.22
1998	774691	72024	12945	90.11	8.38	1.51
1999	804759	96814	19982	87.33	10.50	2.17
2000	866068	112459	26890	86.14	11.18	2.68
2001	932642	142485	26810	84.64	12.93	2.43
2002	1008468	176397	27266	83.20	14.55	2.25
2003	1100584	218901	25980	81.80	16.27	1.93
2004	1245331	259813	30032	81.12	16.92	1.96
2005	1412247	300223	30923	81.00	17.20	1.80
2006	1629337	327636	32674	81.89	16.47	1.64
2007	1909093	396156	27985	81.82	16.98	1.20
2008	2340097	483938	27481	82.07	16.97	0.96

15-12 续表 3 continued

年份 Year	分行业社会消费品零售总额(万元) Total Retail Sales of Consumer Goods by Sector(10 000 yuan)		构成(%)总额=100 Composition(%) Total=100	
	批发业和零售业 Wholesale and Retail Trade	住宿业和餐饮业 Hotels and Catering Services	批发业和零售业 Wholesale and Retail Trade	住宿业和餐饮业 Hotels and Catering Services
2009	2812734	580261	82.90	17.10
2010	3375671	660246	83.64	16.36
2011	4008483	767332	83.93	16.07

15-13 各市县社会消费品零售总额(2011年)
Total Retail Sales of Consumer Goods by City and Country(2011)

单位:万元 (10 000 yuan)

地区	Region	社会消费品零售总额 Total Retail Sales of Consumer Goods	批发业和零售业 Wholesale and Retail Trades	限额以上 Above Designated Size	限额以下 Under Designated Size	住宿业和餐饮业 Hotels and Catering Services
银川市	**Yinchuan**	**2744705**	**2410843**	**1924853**	**485990**	**333862**
兴庆区	Xingqing	1456027	1269399	1031095	238304	186628
西夏区	Xixia	178874	136670	77882	58788	42204
金凤区	Jinfeng	313374	248328	189768	58560	65046
永宁县	Yongning	110998	92332	27596	64736	18666
贺兰县	Helan	592218	586318	560429	25889	5900
灵武市	Lingwu	93215	77796	38083	39713	15419
石嘴山市	**Shizuishan**	**672829**	**518958**	**203603**	**315355**	**153871**
大武口区	Dawukou	311685	225264	96189	129075	86422
惠农区	Huinong	193903	160946	69795	91151	32957
平罗县	Pingluo	167241	132748	37619	95129	34493
吴忠市	**Wuzhong**	**596767**	**457723**	**167760**	**289964**	**139044**
利通区	Litong	301881	217023	83761	133262	84858
红寺堡区	Hongsipu	26830	23596	8696	14901	3234
盐池县	Yanchi	73067	58311	27335	30977	14756
同心县	Tongxin	71291	67035	21245	45790	4256
青铜峡市	Qingtongxia	123698	91758	26723	65035	31940
固原市	**Guyuan**	**377374**	**306149**	**76375**	**229773**	**71226**
原州区	Yuanzhou	183293	147813	47316	100497	35479
西吉县	Xiji	90095	72742	10813	61928	17354
隆德县	Longde	34837	31066	4101	26965	3772
泾源县	Jingyuan	23346	16999	5748	11252	6347
彭阳县	Pengyang	45803	37529	8397	29132	8274
中卫市	**Zhongwei**	**384139**	**314810**	**129652**	**185158**	**69329**
沙坡头区	Shapotou	208859	167037	72847	94190	41823
中宁县	Zhongning	118779	97155	29315	67840	21624
海原县	Haiyuan	56501	50618	27490	23128	5883

15-14 各市县主要年份社会消费品零售总额

Total Retail Sales of Consumer Goods by City and Country in Main Years

单位:万元 (10 000 yuan)

地　区	Region	1978	1980	1990	2000	2005	2010	2011
全区总计	**Total**	**50421**	**67442**	**253039**	**1005417**	**1743393**	**4035918**	**4775815**
银川市	**Yinchuan**	**18314**	**24996**	**113096**	**529391**	**945245**	**2249954**	**2744705**
兴庆区	Xingqing						1233280	1456027
西夏区	Xixia						154500	178874
金凤区	Jinfeng						272607	313374
永宁县	Yongning	1381	1771	6525	18493	32001	96431	110998
贺兰县	Helan	1348	1893	7081	17388	31128	419048	592218
灵武市	Lingwu	2228	3711	11644	31360	40413	74087	93215
石嘴山市	**Shizuishan**	**10764**	**13673**	**47302**	**161071**	**271481**	**574112**	**672829**
大武口区	Dawukou						268288	311685
惠农区	Huinong						165233	193903
平罗县	Pingluo	2873	3800	13062	39939	67668	140591	167241
吴忠市	**Wuzhong**	**9045**	**11367**	**44316**	**154227**	**242017**	**508996**	**596767**
利通区	Litong	3548	4331	21124	73592	124470	259232	301881
红寺堡区	Hongsipu				4633	8340	23034	26830
盐池县	Yanchi	1224	1617		18365	26282	61426	73067
同心县	Tongxin	1349	1898	5914	21066	30707	60432	71291
青铜峡市	Qingtongxia	2924	3521	12291	36571	52218	104873	123698
固原市	**Guyuan**	**6175**	**9036**	**22967**	**75621**	**146561**	**322133**	**377374**
原州区	Yuanzhou	3419	5350	10480	39658	68565	155662	183293
西吉县	Xiji	1384	2031	5092	13613	35056	77665	90095
隆德县	Longde	979	1129	3055	9518	13995	29686	34837
泾源县	Jingyuan	393	526	1695	4694	12672	19879	23346
彭阳县	Pengyang			2645	8138	16273	39241	45803
中卫市	**Zhongwei**	**6123**	**8370**	**25358**	**85107**	**138089**	**327478**	**384139**
沙坡头区	Shapotou	2908	3823	13450	46540	78993	178511	208859
中宁县	Zhongning	2186	2614	8721	27930	42026	101845	118779
海原县	Haiyuan	1029	1933	3187	10637	17070	47122	56501

15-15 各市县限额以上批发业和零售业商品销售总额(2011年)

Commodity Sales of Wholesale and Retail Enterprises above Designated Size by City and Country(2011)

单位:万元 (10 000 yuan)

地 区	Region	法人企业(个) Number of Corporation Enterprises (unit)	年末从业人数(人) Engaged Persons (person)	销售总额 Total Sales Value	批发额 Wholesale Value	零售额 Retail Value
全区总计	**Total**	**412**	**33601**	**8354454**	**5612692**	**2741762**
银川市	**Yinchuan**	**258**	**21261**	**5936673**	**3750047**	**2186626**
兴庆区	Xingqing	133	10760	2035614	937360	1098255
西夏区	Xixia	17	1143	1065749	933887	131861
金凤区	Jinfeng	42	4459	1215085	927494	287592
永宁县	Yongning	10	631	250791	208306	42485
贺兰县	Helan	49	3678	889020	272081	616939
灵武市	Lingwu	7	590	480413	470919	9494
石嘴山市	**Shizuishan**	**43**	**3386**	**697699**	**554158**	**143542**
大武口区	Dawukou	28	2474	633364	515178	118186
惠农区	Huinong	9	769	38885	15355	23530
平罗县	Pingluo	6	143	25451	23625	1826
吴忠市	**Wuzhong**	**47**	**3157**	**631623**	**491091**	**140532**
利通区	Litong	29	2639	593944	466604	127340
红寺堡区	Hongsipu	3	62	3924	1547	2377
盐池县	Yanchi	2	97	3528	2796	732
同心县	Tongxin	4	81	6790	2091	4698
青铜峡市	Qingtongxia	9	278	23438	18053	5385
固原市	**Guyuan**	**20**	**1562**	**244964**	**185081**	**59883**
原州区	Yuanzhou	13	1340	233875	181011	52864
西吉县	Xiji	6	184	9530	4070	5459
隆德县	Longde					
泾源县	Jingyuan					
彭阳县	Pengyang	1	38	1560		1560
中卫市	**Zhongwei**	**44**	**4235**	**843494**	**632315**	**211179**
沙坡头区	Shapotou	29	2832	159340	119999	39341
中宁县	Zhongning	10	767	673697	510317	163380
海原县	Haiyuan	5	636	10458	2000	8458

15-16 各市县限额以上住宿业和餐饮业经营情况(2011年)

Business of Hotels and Accommodation above Designated Size by City and Country(2011)

单位:万元 (10 000 yuan)

地 区	Region	法人企业(个) Number of Corporation Enterprises (unit)	年末从业人数(人) Engaged Persons (person)	营业额 Business Revenue	客房收入 From Hotel Rooms	餐费收入 From Meals	商品销售额 From Commodities	其他收入 Other Revenue
全区总计	**Total**	**163**	**17735**	**196467**	**52744**	**123877**	**10728**	**9117**
银川市	**Yinchuan**	**93**	**10759**	**135927**	**37571**	**85580**	**5222**	**7553**
兴庆区	Xingqing	64	7252	87597	25515	53384	3779	4919
西夏区	Xixia	6	515	5283	1400	3688	21	174
金凤区	Jinfeng	14	1950	32618	8284	22175	752	1407
永宁县	Yongning	2	395	3838	704	2225	54	855
贺兰县	Helan	4	377	3933	466	2677	615	176
灵武市	Lingwu	3	270	2658	1203	1433		23
石嘴山市	**Shizuishan**	**18**	**1410**	**12700**	**1477**	**10073**	**756**	**395**
大武口区	Dawukou	13	1222	11573	1171	9347	671	385
惠农区	Huinong	2	65	567	35	472	52	8
平罗县	Pingluo	3	123	560	271	254	33	2
吴忠市	**Wuzhong**	**18**	**2279**	**20849**	**4640**	**13306**	**2091**	**812**
利通区	Litong	11	1600	12343	2694	7628	1562	459
红寺堡区	Hongsipu	1	78	509	279	184	46	
盐池县	Yanchi	3	314	4379	1141	3096	120	22
同心县	Tongxin							
青铜峡市	Qingtongxia	3	287	3618	526	2399	363	330
固原市	**Guyuan**	**12**	**1371**	**11763**	**3277**	**7755**	**628**	**103**
原州区	Yuanzhou	8	973	8700	2540	5818	280	62
西吉县	Xiji							
隆德县	Longde	2	143	990	290	674	23	3
泾源县	Jingyuan							
彭阳县	Pengyang	2	255	2073	447	1264	325	37
中卫市	**Zhongwei**	**22**	**1916**	**15228**	**5779**	**7163**	**2031**	**255**
沙坡头区	Shapotou	15	1160	10022	3425	5136	1297	164
中宁县	Zhongning	5	500	3913	1514	1672	656	72
海原县	Haiyuan	2	256	1294	841	356	78	19

主要统计指标解释

[**社会消费品零售总额**] 指国民经济各行业直接售给城乡居民和社会集团的消费品总额。它是反映各行业通过多种商品流通渠道向居民和社会集团供应的生活消费品总量，是研究国内零售市场变化情况、反映经济景气程度的重要指标。

社会消费品零售总额包括：

1.售给城乡居民作为生活用的商品和修建房屋用的建筑材料；

2. 售给社会集团的各种办公用品和公用消费品；

3.售给机关、团体、学校、部队、企业、事业单位的职工食堂和旅店(招待所)附设专门供本店旅客食用,不对外营业的食堂的各种食品、燃料;企业、单位和国营农场直接售给本单位职工和职工食堂的自己生产的产品；

4.售给部队干部、战士生活用的粮食、副食品、衣着品、日用品、燃料；

5.售给来华的外国人、华侨、港澳台同胞的消费品；

6.居民自费购买的中西药品、中药材及医疗用品；

7.报社、出版社直接售给居民和社会集团的报纸、图书、杂志,集邮公司出售的新、旧纪念邮票、特种邮票、首日封、集邮册、集邮工具等；

8.旧货寄售商店自购、自销部分的商品；

9.煤气公司、液化石油气站售给居民和社会集团的煤气灶具和罐装液化石油气；

10.农民售给非农业居民和社会集团的商品

社会消费品零售总额不包括售给国民经济各部门企业、事业单位(包括国有经济的农场)生产经营用的各种原材料、燃料、设备、工具等,售给批发零售贸易业、餐饮业作为转卖用的商品,旧货寄售商店受托寄售卖出的商品,服务业的营业收入,邮局出售邮票的收入,自来水、电力、煤气生产(供应)单位的产品供应收入,也不包括农民之间的商品销售。

[**商品销售额**] 指对本单位以外的单位和个人出售的商品金额(包括售给本单位消费用的商品,含增值税),本指标反映批发和零售业在国内市场上销售商品以及出口商品的总量。

商品销售包括:(1)售给城乡居民和社会集团消费用的商品;(2)售给农业、工业、建筑业、运输邮电业、服务业、公用事业等国民经济各行业用于生产、经营用的商品，包括售予批发和零售业作为转卖或加工后转卖的商品;(3)对国(境)外直接出口的商品。

商品销售不包括:(1)未通过买卖行为付出的商品,如随机构变动移交给其他企业单位的商品、借出的商品、归还受其他单位委托代保管的商品、付出的加工原料和赠送给其他单位的样品等;(2)经本单位介绍,由买卖双方直接结算,本单位只收取手续费的业务;(3)购货退回的商品;(4)商品损耗和损失;(5)出售本单位自用的废旧物资。

商品销售是指商品已经售出、商品所有权已经转移给买方后，以收到货款或取得收取货款的证据时作为商品销售。(1)采取直接收款方式的,在实际收到货款或取得收款的凭证时作为商品销售；采取托收承付和委托银行收款结算方式的，在发出商品并办妥托收手续时作为商品销售；采用分期收款方式的,按合同约定的收款日期作为商品销售;采用预收货款方式的，在商品发出时作为商品销售;(2)委托其他单位代销商品，以收到代销单位的销售清单时作为商品销售。在交款提货的情况下,如货款已经收到,只要账单和提货单已经交给买方,不论商品是否发出,都应作为商品销售;(3)出口商品销售,陆路以取得承运货物收据或铁路联运运单、海运以取得出口装船提单、空运以取得运单并在银行办理了交单作业作为商品销售。预收货款不通过银行交单的,取得以上提单、运单后作为商品销售。出口商品一律以离岸价(FOB)计算商品销售,如按到岸价(CIF)对外成交的，应扣除商品离境后发生的由我方负担的国外运费、保险费、佣金(不包括不易按商品认定的累计佣金)、银行财务费和对外理赔款等作为商品销售;(4)自营进口商品销售,企业与境内用户签订合同实行货到结算的,在商品到达我国境内港口取得船舶到港通知,企业向订货单位开出结算凭证时作为商品销售;合同规定对境内实行单向结算的,企业凭境外账单向订货单位开出结算凭证时作为商品销售;已先期到达并存放在相应的仓储企业单位库存的进口商品,企业凭出库单向用户开出结算凭证后作为商品销售。

[批发额] 指售给国民经济各行业用于生产、经营用的商品金额。

商品批发包括:(1)售给农业、工业、建筑业等行业用于生产的各种机器设备、工具、原料、材料、燃料、建筑材料,售给农民的农业生产资料,售给交通运输、仓储和邮政业用于业务活动的设备、车辆和燃料等;(2)售给计算机服务和软件业、科研和地质勘查业、水利环境和公共设施管理业等行业用于生产经营、勘察设计、科研试验等业务经营使用的商品,售给批发和零售业、住宿和餐饮业使用的各种设备、工具、原材料、燃料、仓储运输用的商品;(3)售给居民服务业和其他服务业各种营业用品,如售给理发业的理发工具、毛巾等,日用品修理业的设备、工具、材料、零配件等,售给民政部门救灾用的商品等;(4)售给批发和零售业作为转卖用的商品;售给餐饮业用于烹饪、调制加工后出售的商品和转卖的商品;售给服务业转卖的商品;(5)出口的商品。

出口 指直接向国(境)外出口商品和委托外贸企业代理出口的商品金额,商品出口不包括售给外贸企业出口或加工后出口的商品,以及在国内市场以外币销售的商品。外贸企业只统计自主经营出口的商品,不包括受托代理出口的商品。

[零售额] 指售给城乡居民用于生活消费和社会集团用于公共消费的商品金额。

商品零售包括:(1)售给城乡居民的各种生活消费品,售给入境旅游的外国人、华侨、港澳台同胞的各类商品;(2)售给行政事业单位、社会团体、军队和武警等机构的商品,以及以零售方式售给各类企业的商品。具体包括:用于非生产和社会交往的办公用品,如通讯设备、计算器具和设备、电讯网络设备、文印设备、音像视听器材和设备、纸张、本册、文具及装订文印材料、家具、日用电器、针纺织品、清洁卫生用品、文体用品、奖品、纪念品、礼品等;供内部人员乘坐的交通工具和燃料;用于办公设施修缮的各类配件、材料、工具等;用于取暖和防暑降温的设备、燃料、材料及食品等;专用于教学的用品和设备;非营利医疗机构的中、西药品、中药材和医疗设备器材;非专用的劳动保护用品;不对外营业的内部食堂用的餐具、炊具、设备、清洁卫生工具和食品、燃料等;军队、武警用于其人员生活的衣着品和个人用品;其他各类非生产性设备和用品。

商品零售不包括:(1)售给城乡居民已确知是用于生产、经营的商品;(2)售给各类农业生产者的生产资料类商品,如农机、农药化肥、农膜、种子饲料等商品;(3)售给企业单位生产用具及生产上专用的劳动保护用品。

[期末商品库存额] 对于批发和零售业法人企业和个体经营户,是指取得所有权的全部商品金额(含增值税);对于批发和零售业产业活动单位,是指期末实际在库且归属法人具有所有权的全部商品金额(含增值税)。这个指标反映批发和零售业的商品库存情况,以及对市场商品供应的保证程度。

库存商品包括:(1)存放在本单位(如门市部、批发站、采购站、经营处)的仓库、货场、货柜和货架中的商品;(2)挑选、整理、包装中的商品;(3)已记入购进而尚未运到本单位的商品,即发货单或银行承兑凭证已到而货未到的商品;(4)寄放他处的商品,如因购货方拒绝付款而暂时存在购货方的商品;(5)委托其他单位代销(未作销售或调出)尚未售出的商品;(6)代其他单位购进尚未交付的商品。

库存商品不包括:(1)所有权不属于本单位的商品,如商品已作销售但买方尚未取走的商品,代替他人保管、运输、加工的商品,代其他单位销售(未做购进或调入)而未售出的商品;(2)委托外单位加工的商品(包括本单位所属加工厂和其他生产单位加工生产尚未收回成品的商品);(3)外贸企业代理其他单位从国外进口,尚未付给订货单位的商品;(4)代国家储备部门保管的商品。

库存商品金额可以采用进价或售价进行核算。采用进价核算的商品,应按商品进货原则(或实际采购成本)计算期末库存;采用售价核算的商品,应按商品的售价计算期末库存。购入的商品,在商品到达验收入库后计算期末库存(对已记入购进尚未运到的商品,也可计算期末库存);对于月终尚未开出承兑商业汇票的入库商品,按应付给供货单位的价款暂估计算期末库存;年度终了,凡已转入库存和已作销售的进口商品,属于国外以离岸价格成交、有应付未付国外运保费的,应先估计期末库存,委托其他单位代销的商品包括在期末库存中;委托外单位加工的商品,在发出商品时作减少期末库存,当加工商品收回时增加期末库存(包括商品进货原价、加工费用、加工税金等)。

[营业额] 指住宿和餐饮业单位在经营活动中因提供服务或销售商品等取得的全部收入,包括:客房收入、餐费收入、商品销售额(含增值税)和其他收入。不包括法人企业附营的其他行业产业活动单位的餐费收入、商品销售收入等各项收入。

[客房收入] 指住宿和餐饮业单位在经营活动中因提供住宿服务取得的收入。不包括法人企业附营的其他行业产业活动单位的客房收入。

[餐费收入] 指住宿和餐饮业单位因为顾客提供就餐服务取得的收入。包括:经烹饪、调制加工后出售的各种食品,如主食、炒菜、凉拌菜等的收入。不包括法人企业附营的其他行业产业活动单位的餐费收入。

[商品销售额] 指住宿和餐饮业单位出售商品的销售总额(含增值税)。不包括法人企业附营的其他行业产业活动单位的商品销售额。

[其他收入] 指营业额中除客房收入、餐费收入、商品销售额(含增值税)以外的其他收入。

第十六篇 Chapter16

对外经济贸易和旅游业

Foreign Trade and Economic Cooperation and Tourism

责任编辑：何胜兰

资料整理：何胜兰　岳洪涛　温　静　周　莹　郝　静　勉　伟

Coordinator: He Shenglan

Data Compilation: He Shenglan　Yue Hongtao　Wen Jing　Zhou Ying　Hao Jing　Mian Wei

16-1 进出口贸易总额
The Value of Imports and Exports

年份 Year	按人民币计算(万元) 10 000 yuan			按美元计算(万美元) USD 10 000		
	进出口总额 Toal Imports &Exports	出口总额 Toal Exports	进口总额 Toal Imports	进出口总额 Toal Imports & Exports	出口总额 Toal Exports	进口总额 Toal Imports
1958	1055	670	385	704	447	257
1965	1777	1556	221	1184	1037	147
1970	1551	1304	247	1034	869	165
1975	4048	3136	912	2699	2091	608
1978	4587	3406	1181	2962	2271	691
1980	7041	6523	518	4674	4352	322
1985	17362	10930	6432	5426	3416	2010
1990	40547	36652	3895	8491	7679	812
1995	231651	200015	31636	27810	24012	3798
1996	194345	167753	26592	23438	20231	3207
1997	251269	208980	42289	30303	25203	5100
1998	259826	234282	25544	31309	28231	3078
1999	263236	205008	58228	31799	24765	7034
2000	366656	270998	95658	44292	32736	11556
2001	441035	291259	149776	53277	35184	18093
2002	366538	271545	94993	44285	32808	11477
2003	540676	423742	116934	65323	51195	14128
2004	751829	535026	216803	90839	64644	26195
2005	792936	563343	229593	96672	68711	27961
2006	1149400	753664	395736	143746	94300	49446
2007	1211271	832030	379241	158430	108850	49580
2008	1317616	881241	436375	188195	125868	62327
2009	820953	507607	313346	120156	74294	45862
2010	1330934	794462	536472	196049	117026	79023
2011	1476307	1033040	443267	228573	159943	68630

注:1999 年起进出口数据为海关口径。

a)Data of exports and imports since 1999 are from Customs statistics.

16-2 按贸易方式和企业性质划分的进出口商品总额(2011年)
Total Imports and Exports by Trade Pattern(2011)

单位:万美元 (USD 10 000)

指 标	Item	进出口 Imports and Exports	出口 Exports	进口 Imports
总 额	**Total**	**228573**	**159943**	**68630**
按贸易方式分	**Grouped by Trade Pattern**			
一般贸易	General Trade	224961	156981	67980
来料加工装配贸易	Processing and Assembly With Imported Material	3008	2698	309
进料加工贸易	Processing Trade With Imported Material	206	199	8
边境小额贸易	Border Trade	6		6
其他	Others	392	65	327
按企业性质分	**Grouped by Economic Type of Enterprises**			
国有企业	State-owned Enterprises	94490	67525	26965
外商投资企业	Enterprises With Sole Fund	40090	22412	17678
集体、私营及其他	Collective,Private Enterprises and Others	93993	70006	23987

16-3 主要出口商品数量(2011 年)
Main Exported Commodities in Volume(2011)

指 标	Item	单位 Unit	数量 Quantity	指 标	Item	单位 Unit	数量 Quantity
铁合金	Iron Alloy	吨 Ton	83074	泰乐菌素	Tylosin	吨 Ton	1367
钽铌铍及制品	Tantalum and Products	吨 Ton	294	石墨制品	Graphite Products	吨 Ton	45604
金属镁	Magnesium	吨 Ton	19180	增炭剂	Recarburizer	吨 Ton	84771
碳化硅	Silicon Carbide	吨 Ton	44514	四环素及盐	Tetracycline and Salt	吨 Ton	853
无毛绒	No Plush	吨 Ton	657	饲料添加剂	Feed additive	吨 Ton	25714
红霉素	Erythrocin	吨 Ton	1308	羊绒纱线	Cashmere Yarn	吨 Ton	290
双氰胺	Dicyandiamide	吨 Ton	33094	味精	Monosodium glutamate	吨 Ton	11158
羊绒衫	Cashmere Sweater	百件 100 Units	18533	活性炭	Activated charcoal	吨 Ton	31996

16-4 进出口商品分国别(地区)总额

Value of Imports Exports By County (Region) of Origin

单位:万美元 (USD 10 000)

国家(地区) Country(Region)		2010 进出口 Importsand Exports	2010 出口 Exports	2010 进口 Imports	2011 进出口 Importsand Exports	2011 出口 Exports	2011 进口 Imports
总 额	**Total**	**196049**	**117026**	**79023**	**228573**	**159943**	**68630**
亚 洲	**Asia**	**81814**	**56023**	**25791**	**96751**	**69520**	**27231**
日 本	Japan	32030	19455	12575	37087	23077	14010
印 度	India	10067	9973	94	13778	13698	80
韩 国	Korea	7215	5490	1725	7401	5983	1418
马来西亚	Malaysia	5467	1118	4349	8170	1283	6887
中国台湾	Taiwan,China	4830	4746	84	4087	3804	283
泰 国	Thailand	4652	3124	1528	6017	4515	1502
非 洲	**Africa**	**4484**	**1150**	**3334**	**12233**	**3147**	**9086**
南 非	South Africa	307	152	155	3871	503	3368
加 蓬	Gabon	952		952	3221		3221
欧 洲	**Europe**	**52044**	**32511**	**19533**	**65639**	**47215**	**18424**
德 国	Germany	19763	4427	15336	13827	5467	8360
意大利	Italy	7930	6968	962	12046	7726	4320
荷 兰	Netherlands	4964	4911	53	6668	6455	213
英 国	United Kingdom	3274	2928	346	5563	4972	591
奥地利	Austria	2980	2279	701	4224	4193	31
法 国	French	2965	2576	390	4161	3744	417
拉丁美洲	**Latin America**	**5714**	**4253**	**1461**	**9021**	**6703**	**2318**
巴 西	Brazil	2935	1604	1331	4784	2484	2300
北美洲	**North America**	**28402**	**21557**	**6845**	**35040**	**30784**	**4256**
加拿大	Canada	3214	2804	410	3743	3482	261
美 国	United States	25188	18752	6436	31296	27301	3995
大洋洲	**Oceanic**	**23591**	**1532**	**22059**	**9889**	**2574**	**7315**
澳大利亚	Australia	23172	1113	22059	8956	1977	6979

16-5 外商投资企业协议投资额

Foreign Investment Agreements

单位:个、万美元 (unit,USD 10 000)

指　标	Item	2010 合同个数 Number of Contracts	2010 客方协议投资额 Total Amount of Agreements and Contracts	2011 合同个数 Number of Contracts	2011 客方协议投资额 Total Amount of Agreements and Contracts
总　计	**Total**	**25**	**28405**	**15**	**38355**
按投资方式分	**By Investment Mode**				
独资经营	Foreign Enterprises	10	6119	6	10040
合资经营	Joint Venture	14	20222	9	28618
合作经营	Cooperative Operation	1	2064		-303
股份制经营	Share-holding				
按国民经济部门分	**By Department**				
农、林、牧、渔业	Agriculture,Forestry, Animal Husbandry and Fishery	7	1305	4	1243
工业	Industrial	15	23646	6	13679
批发和零售业	Wholesale and Retail Trade	2	361	2	56
房地产业	Real Estate	1	2064	1	4144
金融业	Financial Intermediation			1	19230
其他行业	Others		1029	1	3

注:客方协议投资额指标负数时为企业减资。

a) A Negative balance of total amount of agreements and contracts indicates enterprise capital reduction.

16-6 分国别(地区)外商投资企业投资额(2011年)

Investment of Foreign Capital by Country and Region(2011)

单位:个、万美元 (unit,USD 10 000)

国家(地区)	Country(Region)	合同个数 Number of Contracts	客方协议投资额 Total Amount of Agreements and Contracts	实际投资额 Total Amount of Foreign Capital Actually Utilized
总计	**Total**	**15**	**38355**	**20199**
亚洲	**Asia**	**10**	**35079**	**19355**
中国香港	Hong Kong, China	6	33879	18201
马来西亚	Malaysia	1	54	76
新加坡	ingapore			879
日本	Japan	1	988	197
中国台湾	Taiwan, China		153	
非洲	**Africa**			**909**
利比亚	Libya			909
欧洲	Europe	2	1340	1
法国	France	2	1340	
斯洛文尼亚共和国	Slovenia			1
拉美洲	**Latin America**	**1**	**–10**	
英属维尔京群岛	British Virgin Islands	1	–10	
北美洲	**North America**	**1**	**46**	**–334**
美国	United States	1	46	–334
大洋洲	**Oceania**			**117**
萨摩亚	Samoa			117

注:客方协议投资额指标负数时为企业减资。

a)A negative balance of total amount of agreements and contracts indicates enterprise capital reduction.

16-7 利用外资情况

Basic statistics on Utilization of Foreign Capital

指标	Item	1985	1995	2000	2005	2010	2011
签订利用外资协议项目(个)	**New Signed Agreements on Foreign Capital to be Utilized (unit)**	**3**	**53**	**42**	**41**	**37**	**19**
对外借款	Foregin Loans		11	4	4	1	
外商直接投资	Foregin Direct investment	1	42	32	32	25	15
外商其他投资	Other Foregin investment	2		6	5	11	4
签订利用外资协议额（万美元）	**Total Amount of Agreements and Contracts (USD 10 000)**	**344**	**5202**	**11067**	**20182**	**55210**	**38687**
对外借款	Foreign Loans		2324	815	1030	25000	
外商直接投资	Foregin Direct investment	150	2878	9927	19053	28405	38355
外商其他投资	Other Foregin investment	194		325	99	1805	332
实际利用外资额(万美元)	**Total Amount of Foregin Capital Actually Utilized (USD 10 000)**	**99**	**6715**	**9091**	**14107**	**23175**	**34226**
对外借款	Foreign Loans	74	3510	7497	7296	14819	13845
外商直接投资	Foregin Direct investment	25	3205	1283	6712	8090	20199
外商其他投资	Other Foregin investment			311	99	266	182

16-8 借用国外资金余额情况(2011 年)

Basic Statistics on Utilization of Foreign Loans(2011)

单位:万美元 (USD 10 000)

指　标	Item	上年末结转余额 Balance Brought Forward of Previous Year	新增借款本金 Newly Principal Loans	偿还本金 Repayment of Principal	本期末借款余额 Balance of Loans Current	偿付利息 Repayment of Interest
合　计	**Total**	**74836**	**13845**	**1583**	**88467**	**451**
外国政府贷款	Foreign Loans	42968	359	636	43899	281
国际金融组织贷	International Financial Organizations Loans	10608	11643	441	21811	34
外国银行商业贷	Commercial Loans of Foreign Banks	19967	1843	506	21408	136
买方信贷	Buyer's Credit	531			530	
对外发行债券	External Debt	762			819	

注:本表数据为区外汇管理局外债监测数。

a)Data in this table are from foreign debts monitoring of Administration of Foreign Exchange in Ningxia.

16-9 外贸商品出口额

Total Exports by Trade Pattern

单位:万元 (10 000 yuan)

指标	Item	1980	1990	2000	2005	2010	2011
出口总额	**Total Exports Value**	**6528**	**36652**	**270998**	**563343**	**794462**	**1033040**
按商品类别分	**By Commodity Category**						
农副产品	Agriculturals	2914	8102	9674	14159	45296	42491
轻纺产品	Textiles	1508	6985	47864	101705	106483	142607
工矿产品	Minerals	2106	21565	213460	447479	642683	847942

16-10 接待海外旅游者人数

Number of Tourists Overseas

单位:人次 (person-time)

指标	Item	1990	1995	2000	2005	2010	2011
海外旅游人数总计	**Total**	**1950**	**3655**	**7807**	**8162**	**17990**	**19479**
外国人	**Foreigners**	**1348**	**2881**	**5792**	**6641**	**12861**	**13659**
日本	Japan	801	1379	1896	2106	2459	2662
美国	United States	82	187	392	600	1679	1638
加拿大	Canada	10	50	151	295	450	490
英国	United Kingdom	38	84	353	374	408	553
法国	France	18	80	180	528	514	486
德国	Germany	87	126	298	229	1311	1398
意大利	Italy	24	82	59	131	276	184
独联体	Cis	8	6	104	41	125	158
澳大利亚	Australia	30	46	115	131	444	482
新西兰	New Zealand	2	28	10	37	84	103
港澳和台湾同胞	**Compatriots From HongKong,Macao and Taiwan**	**602**	**774**	**2015**	**1521**	**5129**	**5820**

16-11 旅游外汇收入情况

Basic Statistics on Foreign Exchange

单位:万元 (10 000 yuan)

指标	Item	1990	1995	2000	2005	2010	2011
合计	**Total**	**175**	**938**	**2252**	**1890**	**4067**	**4026**
商品性外汇收入	**Commodity Exchange Income**	**43**	**323**	**341**	**303**	**846**	**878**
商品销售收入	Commodity SaLes Revenue	31	135	144	203	545	640
饮食销售收入	Food Sales	12	188	197	100	301	238
劳务性外汇收入	**Servicesof Foreign Exchange Earning**	**132**	**615**	**1911**	**1587**	**3221**	**3148**
长途交通费	Long Distance Transportation	54	143	1009	811	1440	1083
宿费	Accommodation	21	276	410	297	638	688
其他	Others	57	196	492	479	1143	1377

16-12 各市县进出口贸易额

Tatal Value of Imports and Exports by City and County

单位：万美元 (USD 10 000)

地 区	Region	2010			2011		
		进出口 Imports and Exports	进口 Imports	出口 Exports	进出口 Imports and Exports	进口 Imports	出口 Exports
全区总计	**Total**	**196049**	**79023**	**117026**	**228573**	**68630**	**159943**
银 川 市	**Yinchuan**	**106154**	**36262**	**69892**	**137449**	**37730**	**99719**
兴 庆 区	Xingqing	26866	3635	23231	46204	8096	38108
西 夏 区	Xixia	10625	5214	5411	11350	2599	8751
金 凤 区	Jinfeng	51453	26625	24828	54482	24439	30043
永 宁 县	Yongning	10980	659	10321	17107	1596	15511
贺 兰 县	Helan	141	7	134	147	9	138
灵 武 市	Lingwu	6089	122	5967	8159	991	7168
石嘴山市	**Shizuishan**	**60068**	**19343**	**40725**	**60385**	**10108**	**50277**
大武口区	Dawukou	30027	7694	22333	37529	9747	27782
惠 农 区	Huinong	21166	10058	11108	11632	359	11273
平 罗 县	Pingluo	8875	1591	7284	11224	2	11222
吴 忠 市	**Wuzhong**	**24237**	**22190**	**2047**	**12864**	**8395**	**4469**
利 通 区	Litong	765	34	731	3342	1479	1863
红寺堡区	Hongsipu						
盐 池 县	Yanchi	1		1	1		1
同 心 县	Tongxin	397		397	466		466
青铜峡市	Qingtongxia	23074	22156	918	9055	6916	2139
固 原 市	**Guyuan**	**6**	**5**	**1**	**28**		**28**
原 州 区	Yuanzhou				26		26
西 吉 县	Xiji	5	5		1		1
隆 德 县	Longdei						
泾 源 县	Jingyuan						
彭 阳 县	Pengyang	1		1	1		1
中 卫 市	**Zhongwei**	**5584**	**1223**	**4361**	**17847**	**12397**	**5450**
沙坡头区	Shapotou	3353	947	2406	7282	3963	3319
中 宁 县	Zhongning	2231	276	1955	10565	8434	2131
海 原 县	Haiyuan						

主要统计指标解释

［**进出口总额**］ 指实际进出我国国境的货物总金额。包括来料加工装配进出口货物，补偿贸易进出口、代售国外商品的进口，在国外寄售商品和样品、展览品、转口的进出口商品。进口订货统计、进口交货统计，我国规定出口货物按离岸价格统计，进口货物按到岸价格统计。

［**出口**］ 海关按经营单位统计的本地区出口总值，扣除来料加工装配贸易，境外驻本地区外交机构的出口总值、本地区出口商品退货总值和本地区代理外地区出口、加上外地区代理本地区出口后的总额。

［**进口**］ 海关按经营单位统计的本地区进口总值，扣除来料加工装配贸易、境外驻本地区外交机构的进口总值、本地区进口商品退货总值和本地区代理外地区进口加上外地区代理本地区进口后的总值。

［**利用外资**］ 指我国各级政府、部门、企业和其他经济组织通过对外借款、吸收外商直接投资及用其他方式筹措的境外现汇、设备、技术等。

［**对外借款**］ 是我国利用外资的主要部分。包括我国通过外国政府贷款，国际金融组织贷款，外国银行商业贷款，出口信贷以及对外发行债券，股票等方式，从境外筹措的资金。

［**外商直接投资**］ 指外国企业和经济组织或个人，按我国有关政策、法规，用现汇、实物、技术等在我国境内开办外商独资企业，与我国境内的企业或经济组织共同举办中外合资经营企业、合作经营企业或合作开发资源的投资以及政府有关部门批准的项目投资总额内，企业从境外借人的资金。

［**外商其他投资**］ 指除对外借款和外商直接投资以外的，用其他方式吸收的投资，包括:补偿贸易、加工装配、国际租赁业务。

［**旅游人数**］ 指来我区参观、访问、旅行、探亲、访友、休养、考察、参加会议和从事经济、科技、文化、教育、体育、宗教等活动的外国人、华侨、港澳和台湾同胞的人数。

［**旅游外汇收入**］ 指为来我国旅游的外国人、华侨、港澳和台湾同胞提供商品和劳务而获得的外汇收入。包括供应商品、饮食和提供住宿、交通、邮电、文化娱乐、导游等各项服务所得到的全部外汇收入。

第十七篇 Chapter17

教育科技文化

Education, Science and Technology and Culture

责任编辑: 安蕊莉

资料整理: 安蕊莉　袁红　殷荣玉　康磊

Coordinator: An Ruili

Data Compilation: An Ruili　Yuan Hong　Yin Rongyu Kang Lei

17-1 各类学校基本情况
Basic Statistics for Schools in Main Years

指标	Item	单位	uint	1978	1980	1990
普通高等教育	**Higher Education**					
普通高等学校	Regular Institutions of Higher Education	所	uint	5	4	7
地方	Local	所	uint	5	4	6
教职工数	Teachers and Staff	人	person	1523	1896	3579
专任教师	Full-time Teachers	人	person	652	787	1609
毕业生数	Graduates	人	person	623	356	2213
招生数	New Enrollment	人	person	1234	1277	2324
在校学生数	Total Enrollment	人	person	2890	4156	7992
中等职业技术教育	**Vocational Secondary Education**					
中等专业学校	Specialized Secondary Education Schools	所	uint	14	20	26
技工学校	Technical Schools	所	uint			33
职业学校	Vocational Schools	所	uint			32
教职工数	Teachers and Staff	人	person	923	1744	5173
专任教师数	Full-time Teachers	人	person	446	801	2420
毕业生数	Graduates	人	person	1863	2571	10328
招生数	New Enrollment	人	person	2780	3450	12278
在校学生数	Total Enrollment 人	人	person	5198	8420	33021
普通中学教育	**Regular Secondary Education**					
普通中学	Regular Secondary Education Schools	所	uint	667	508	450
教职工数	Teachers and Staff	人	person	11856	14101	20635
专任教师数	Full-time Teachers	人	person	8759	10437	16182
毕业生数	Graduates	人	person	75977	63800	85054
招生数	New Enrollment	人	person	103214	79100	93667
在校学生数	Total Enrollment	人	person	232929	223747	284440
小学教育	**Primary Education**					
小学	Primary Schools	所	uint	5318	5107	4242
教职工数	Teachers and Staff	人	person	23429	25532	29685
专任教师数	Full-time Teachers	人	person	21559	22657	27165
毕业生数	Graduates	人	person	82305	75000	87189
招生数	New Enrollment	人	person	128425	123100	99938
在校学生数	Total Enrollment	人	person	612983	583687	667296
特殊教育	**Special Education**					
特殊教育学校	Special Education Schools	所	uint			1
在校学生数	Total Enrollment	人	person			202

17-1 续表 continued

指标	Item	单位	uint	2000	2010	2011
普通高等教育	**Higher Education**					
普通高等学校	Regular Institutions of Higher Education	所	uint	5	15	16
地方	Local	所	uint	4	14	15
教职工数	Teachers and Staff	人	person	3996	9174	9637
专任教师	Full-time Teachers	人	person	1894	5931	6156
毕业生数	Graduates	人	person	3054	21011	20491
招生数	New Enrollment	人	person	7107	26394	29493
在校学生数	Total Enrollment	人	person	17163	83415	91383
中等职业技术教育	**Vocational Secondary Education**					
中等专业学校	Specialized Secondary Education Schools	所	uint	25	23	23
技工学校	Technical Schools	所	uint	20		
职业学校	Vocational Schools	所	uint	29	13	13
教职工数	Teachers and Staff	人	person	6150	3388	3419
专任教师数	Full-time Teachers	人	person	3532	2444	2474
毕业生数	Graduates	人	person	11867	28493	29398
招生数	New Enrollment	人	person	15731	42521	50433
在校学生数	Total Enrollment 人	人	person	41719	101878	112500
普通中学教育	**Regular Secondary Education**					
普通中学	Regular Secondary Education Schools	所	uint	433	337	329
教职工数	Teachers and Staff	人	person	23782	30496	32995
专任教师数	Full-time Teachers	人	person	20145	27484	28210
毕业生数	Graduates	人	person	89091	129659	146134
招生数	New Enrollment	人	person	119559	151166	156136
在校学生数	Total Enrollment	人	person	318263	449147	447436
小学教育	**Primary Education**					
小学	Primary Schools	所	uint	3267	2027	1942
教职工数	Teachers and Staff	人	person	36586	33849	32179
专任教师数	Full-time Teachers	人	person	34694	33212	33295
毕业生数	Graduates	人	person	104758	109658	112676
招生数	New Enrollment	人	person	119419	101270	111230
在校学生数	Total Enrollment	人	person	657352	653669	643293
特殊教育	**Special Education**					
特殊教育学校	Special Education Schools	所	uint	3	7	7
在校学生数	Total Enrollment	人	person	414	1516	1535

17-2 各级各类学校数

Number of Various Schools in Main Years

单位:所 (unit)

年份 Year	普通高等学校 Regular Institutions of Higher Education	中等学校 Secondary Education Schools	中等专业学校 Specialized Secondary Schools	普通中学 Regular Secondary Education Schools	职业中学 Vocational Secondary Education Schools	小学 Primary Schools	幼儿园 Kindergarten	特殊教育 Special Education
1950		16	7	9		695		
1955		18	5	13		843	5	
1958	3	125	11	58	56	2968	28	
1965	1	166	4	56	106	7501	30	
1970	1	323	4	319		3380		
1975	3	414	8	406		6394	81	
1978	5	681	14	667		5318	92	
1980	4	528	20	508		5107	134	
1985	7	487	22	436	29	4359	157	1
1990	7	508	26	450	32	4242	213	1
1995	7	498	26	436	36	3843	337	5
2000	5	487	25	433	29	3267	340	3
2001	8	501	25	448	28	3011	124	6
2002	12	488	13	449	26	2912	139	6
2003	12	479	11	446	22	2816	167	6
2004	13	454	12	425	17	2630	212	6
2005	13	447	11	418	18	2527	208	6
2006	13	433	12	403	18	2373	219	6
2007	13	422	12	391	19	2276	228	6
2008	13	412	15	377	20	2202	286	6
2009	15	394	20	355	19	2131	334	6
2010	15	373	23	337	13	2027	373	7
2011	16	365	23	329	13	1942	440	7

17-3 各级各类学校教职工数

Number of Teachers and Staff in Various Schools in Main Years

单位：人 （person）

年份 Year	普通高等学校 Regular Institutions of Higher Education	中等专业学校 Specialized Secondary Schools	普通中学 Regular Secondary Education Schools	小学 Primary Schools	幼儿园 Kindergarten	特殊教育 Special Education
1950		125	143	1804		
1955		197	328	2455	28	
1958	129	523	894	6089	159	
1960	485	1507	1276	8193	330	
1965	597	251	1693	13733	308	
1970	719	240	3124	12901		
1975	1266	609	7002	22191	746	
1978	1523	923	11856	23429	650	
1980	1896	1744	14101	25532	836	
1985	3068	2227	16359	25407	2016	25
1990	3579	3023	20635	29685	2839	64
1995	3434	3075	22431	33305	3849	265
2000	3996	3000	23782	36586	3820	120
2001	4437	3030	24072	36143	3282	148
2002	4623	2849	24486	35634	3464	149
2003	5866	1579	25549	35833	3784	149
2004	6684	1436	25627	35076	4397	147
2005	7177	1225	25828	34663	4236	167
2006	7695	1533	26852	33981	4647	176
2007	7865	1297	27308	33763	4744	172
2008	8474	1483	27895	33457	5375	181
2009	8599	1757	29920	33979	6191	186
2010	9174	2161	30496	33849	7029	190
2011	9637	3419	32995	32179	8364	245

17-4 各级各类学校在校学生数

Number of Student Enrollment in Various Schools in Main Years

单位:人 (person)

年份 Year	普通高等学校 Regular Institutions of Higher Education	中等学校 Secondary Education Schools	中等专业学校 Specialized Secondary Schools	普通中学 Regular Secondary Education Schools	职业中学 Vocational Secondary Education Schools	小学 Primary Schools	幼儿园 Kindergarten	特殊教育 Special Education
1950		2227	1027	1200		45058		
1955		5842	1524	4318		76219	225	
1958	329	22438	4069	15414	2955	250333	1624	
1960	1259	31388	9909	19792	1687	284970	2906	
1965	982	26680	1107	20047	5526	347246	2523	
1970		45919		45919		300589		
1975	1759	126495	4212	122283		596170	6360	
1978	2890	238127	5198	232929		612983	6224	
1980	4156	232120	8174	223747	246	583687	11046	
1985	6425	257762	8947	237917	10898	654208	32191	56
1990	7992	307697	11634	284440	11623	667296	45115	202
1995	10686	294356	12463	272305	9588	617547	83444	595
2000	17163	351170	19880	318263	12982	657352	93117	414
2001	23154	369090	22913	334786	11391	651082	86788	1397
2002	29301	396611	25721	358477	12413	663542	104000	1458
2003	35134	418595	27346	376437	14822	669503	102217	1420
2004	41448	432802	28182	387286	17331	677738	108625	1560
2005	48650	461048	34163	406422	20463	693207	102042	1455
2006	55931	480148	34752	421790	23606	696760	102552	1332
2007	62411	484479	36030	419074	29375	700737	106034	1370
2008	70454	506280	38536	429178	38566	688697	113279	1420
2009	78400	530301	51119	439575	39607	670621	124903	1476
2010	83415	551025	71838	449147	30821	653669	137856	1516
2011	91383	559936	76584	447436	35916	643293	148917	1535

17-5 各级各类学校招生数

Number of New Students Enrollment in Various Schools in Main Years

单位:人 (person)

年份 Year	普通高等学校 Regular Institutions of Higher Education	中等学校 Secondary Education Schools	中等专业学校 Specialized Secondary Schools	普通中学 Regular Secondary Education Schools	职业中学 Vocational Secondary Education Schools	小学 Primary Schools	特殊教育 Special Education
1950		1054	624	430		8561	
1955		2766	709	2057		15905	
1958	329	13828	2349	8606	2873	127048	
1960	501	15412	5977	8565	870	85668	
1965	310	11566	611	7577	3928	96252	
1970		26384		26384		98614	
1975	661	73761	2340	71421		131820	
1978	1234	105994	2780	103214		128425	
1980	1277	82550	3450	79100		123100	
1985	2371	88568	3854	79046	5668	117855	56
1990	2324	101878	3891	93667	4320	99938	
1995	2910	106184	4512	96885	4787	114619	34
2000	7107	133307	7973	119559	5775	119419	101
2001	8891	133260	6549	122578	4133	121790	288
2002	9434	140353	7583	127254	5516	130005	229
2003	11237	144301	9036	128757	6508	128779	126
2004	13701	152702	11688	134186	6828	123379	150
2005	14775	171608	15430	146888	9290	130365	159
2006	17389	170215	12518	147045	10652	120073	171
2007	21668	168454	15054	138536	14864	107474	160
2008	21746	195699	17423	156538	21738	110155	181
2009	23816	198300	23468	156519	18313	104390	187
2010	26394	193687	29232	151166	13404	101270	242
2011	29493	206569	35096	156136	15337	111230	93

17-6 各级各类学校毕业生数
Number of Graduates in Various School in Main Years

单位:人　　　　(person)

年份 Year	普通高等学校 Regular Institutions of Higher Education	中等学校 Secondary Education Schools	中等专业学校 Specialized Secondary Schools	普通中学 Regular Secondary Education Schools	职业中学 Vocational Secondary Education Schools	小学 Primary Schools
1950		263	124	139		1532
1955		1514	683	831		2897
1958		2641	946	1550	145	8622
1960		4554	1337	2930	287	11576
1965	371	4045	245	3785	15	12806
1970		13305		13305		33783
1975	513	38520	1506	37014		59457
1978	623	77840	1863	75977		82305
1980	356	66371	2571	63800		75000
1985	1530	70349	2802	66425	1122	68214
1990	2213	92727	3696	85054	3977	87189
1995	2717	87579	4177	79245	4157	89490
2000	3054	96876	4390	89091	3395	104758
2001	3177	99897	4627	91789	3481	104222
2002	3379	103818	4741	95612	3465	101970
2003	5461	121757	9907	108351	3499	96835
2004	7505	130481	8569	118589	3323	94419
2005	8817	136639	7878	123974	4787	104704
2006	11008	140799	8413	126878	5508	104005
2007	14076	150492	9909	134571	6012	96452
2008	15238	155036	11333	136116	7587	113757
2009	17075	155488	11349	137421	6718	111121
2010	21011	158189	18392	129695	10496	109658
2011	20491	175532	22315	146134	7083	112676

17-7 高等学校基本情况(2011 年)
Basic Statistics on Higher Schools(2011)

单位:所、人 (unit,person)

项目	Item	学校数 Number of Schools	毕业生数 Graduates	招生数 New Enrollment	在校学生数 Total Enrollment	教职员工数 Teachers and Staff	专任教师 Full-time Teachers
总　计	**Total**	**17**	**28639**	**41174**	**117509**	**9747**	**6222**
综合大学	Comprehensive Universities	3	6595	7983	26754	3606	2155
理工院校	Science and Engineering	5	3824	8305	22920	1835	1247
林业院校	Forestry	1		216	216	126	87
医药院校	Medicine	1	1183	1512	5720	1163	665
师范院校	Teacher Training	1	1630	1684	5880	548	348
民族院校	Minorities Colleges	2	3579	5007	17274	1346	941
财经院校	Finance and Economics	2	1926	2783	7238	779	535
政法院校	Politics and Law	1	787	713	1868	234	178
成人高校	Institutions of Adult Higher Education	1	9115	12971	29639	110	66

注:高等学校中不含部委院校。
a)Number of new students enrollment not include change over to 1953 students by the five-year higher vocational.

17-8 成人教育基本情况(2011 年)
Basic Statistics on Adult Educations(2011)

单位:人 (person)

项目	Item	毕业生数 Graduates	招生数 New Enrollment	在校学生数 Total Enrollment
总　计	**Total**	**11789**	**15088**	**32185**
成人高等教育	Institutions of Higher Education for Adult	9115	12971	29639
广播电视大学	Radio and Television University	1500	1314	3205
成人中等教育	Secondary Education for Adult	2674	2117	2546
中等专业学校	Specialized Secondary Schools	2674	2117	2546

17-9 学龄儿童入学率

Percentage of Schools-age Children Enrolled in Main Years

年份 Year	学龄儿童(万人) Number of Children at School-age (10 000 persons)	在校学龄儿童(万人) Total Enrollment (10 000 persons)	入学率(%) Enrollment Ratio(%)
1978	50.61	46.15	91.19
1980	51.96	44.79	86.20
1985	52.62	48.13	91.48
1990	52.82	49.60	93.92
1995	52.44	50.45	96.21
2000	59.76	58.12	97.26
2001	59.27	57.40	96.84
2002	60.27	58.67	97.35
2003	60.43	58.89	97.45
2004	60.97	60.05	98.50
2005	62.49	61.00	99.04
2006	63.46	63.00	99.27
2007	62.97	62.74	99.63
2008	61.60	61.38	99.65
2009	59.79	59.58	99.65
2010	58.50	58.42	99.86
2011	57.90	57.80	99.80

17-10 主要年份平均每万人口在校学生数
Number of Enrolled Students Per 10 000 Population in Main Years

单位:人 (person)

指 标	Item	1978	1980	1990	2000	2005	2010	2011
大学生	University Students	8	11	17	31	82	133	189
中等职业教育	Secondary Vacational School Students	15	23	50	36	92	162	176
普通中学	Regular Secondary School Students	678	529	611	574	682	714	700
小学	Primary Students	1746	1582	1433	1186	1163	1039	1006

17-11 主要年份平均每一专任教师负担学生数
Average Number of Students Instructed by a Full-time Teacher in Main Years

单位:人 (person)

指 标	Item	1978	1980	1990	2000	2005	2010	2011
大学生	University Students	4	5	5	9	12	18	20
中等职业教育	Secondary Vacational School Students	12	10	8	13	33	42	45
普通中学	Regular Secondary School Students	27	21	18	16	18	16	16
小学	Primary Students	28	26	25	19	21	20	19

17-12 主要年份地方国有企、事业单位各类专业技术人员

Number of Scientific and Technical Personnel in Local State-owned Enterprise and Institutions in Main Years

单位:人 (person)

指 标	Item	1985	1990	1995	2000	2005	2010	2011
总 计	**Total**	**68787**	**117317**	**126679**	**140063**	**144401**	**124093**	**125591**
工程技术人员	Engineering	11470	19524	20291	22283	21316	14273	15357
农业技术人员	Agriculture	3673	6174	6173	7067	9583	9155	8699
科学研究人员	Scientific Research	1091	991	830	722	716	667	868
卫生技术人员	Health Care	11168	14758	16645	19830	20859	18895	19756
教学人员	Teaching	30477	46138	54176	63216	68777	65386	67262
会计人员	Accounting	5999	9323	7074	7768	6411	4269	3619
统计人员	Statistics	1662	2508	1574	1286	711	300	277
经济人员	Economic	1442	13078	10053	8827	5843	5003	4164
新闻、出版人员	Press and Publications	583	1061	1082	791	1361	1262	1464
播音人员	Broadcast		58	64	114	134	162	151
翻译人员	Translate	55	96	67	64	29	22	20
体育人员	Sport	159	294	154	178	206	208	211
工艺美术人员	Arts and Crafts	14	111	85	188	75	39	43
律师、公证人员	Lawyer and Notary		247	171	182	117	71	62
图书、档案资料人员	Books and Archives	127	2103	1853	1605	1879	1662	1646
艺术人员	Arts	867	853	794	1053	1340	1230	599
政工人员	Political and Ideological			5593	4889	5044	1489	1393

17-13 地方国有企、事业单位各类专业技术人员构成

Composition of Scientific and Technical Personnel in Local State-owned Enterprises and Institutions

单位：人 (person)

指　标	Item	2010			2011		
		专业技术人员比重(%) Percentage (%)	每万人口中专业技术人员 Number of Scientific and Technical Personnel per 10 000 Population	每万职工中专业技术人员 Number of Scientific and Technical Personnel per 10 000 Staff	专业技术人员比重(%) Percentage (%)	每万人口中专业技术人员 Number of Scientific and Technical Personnel per 10 000 Population	每万职工中专业技术人员 Number of Scientific and Technical Personnel per 10 000 Staff
总　计	**Total**	**100.0**	**197**	**227**	**100.0**	**196**	**222**
工程技术人员	Engineering	11.5	23	26	12.2	24	27
农业技术人员	Agriculture	7.4	15	17	6.9	14	15
科学研究人员	Scientific Researc	0.5	1	1	0.7	1	2
卫生技术人员	Health Care	15.2	30	35	15.7	31	35
教学人员	Teaching	52.7	104	120	53.6	105	119
会计人员	Accounting	3.4	7	8	2.9	6	6
统计人员	Statistics	0.2	1	1	0.2	0	0
经济人员	Economic	4.0	8	9	3.0	7	7
新闻、出版人员	Press and Publications	1.0	2	2	1.2	2	3
播音人员	Broadcast						
翻译人员	Translate						
体育人员	Sport						
工艺美术人员	Arts and Crafts						
律师、公证人员	Lawyer and Notary						
图书、档案资料人员	Books and Archives	1.3	3	3	1.3	3	3
艺术人员	Arts	1.0	2	2	0.5	1	1
政工人员	Political and Ideological	1.2	2	3	1.1	2	2

17-14 文化产业机构和人员数
Cultural Institutions and Personnel

指 标	Item	机构数(个) Number of Institutions (unit)	文化部门 Culture Departments	人员数(人) Number of Persons Engaged (person)	文化部门 Culture Departments
艺术产业	**Arts**	**39**		**1706**	
艺术表演团体	Art Performance Troupes	33		1601	
戏曲、曲艺团体	Opera and Recitation and Ballad Troupes				
艺术表演场所	Art Centers	6		105	
文物产业	**Cultural Relics**	**31**		**654**	
博物馆	Museums	6		257	
文物商店	Cultural Relics Store				
图书馆产业	**Libraries**	**21**		**543**	
群众文化产业	**Mass Culture**	**251**		**1014**	
文化馆	Cultural Centers	27		513	
文化站	Cultural Stations	224		501	
教育产业	**Education**	**1**		**108**	
文化市场经营单位	**Entertainment Operators**	**1736**		**8209**	
娱乐业	Entertainment	998		5343	

17-15 图书、杂志、报纸出版情况
Publication of Books, Magazines and Newspapers

指 标	Item	单位	Unit	1978	1980	1990	1995	2000	2005	2010	2011
图 书	**Books**										
图书种类	Number of Publications	种	kind	184	193	449	623	649	660	905	1282
图书印数	Printed Copies	万册	10 000 copies	1136	1433	1890	2310	1649	1520	1906	2082
杂 志	**Magazines**										
杂志种类	Number of Publications	种	kind		6	15	27	29	35	36	36
杂志印数	Printed Copies	万册	10 000 copies		51	71	97	169	318	1402	1610
报 纸	**Newspapers**										
报纸种类	Number of Publications	种	kind		1	9	14	19	19	15	15
报纸总印数	Printed Copies	万份	10 000 copies		2279	4561	4699	6136	9782	10806	10045

17-16 各类科技机构概况(2011 年)

指　标	Item	单位	Uint	县以上部门属研究与开发机构合计 State-owned Research and Development Institutions Above Country Level
机构数	Number of Institutions	个	unit	22
职工总数	Number of Staffs	人	person	864
从事科技活动人员	Personnel Engaged in S&T Activities	人	person	759
大学本科以上学历	Bachelor´s Degree and above	人	person	593
R&D 人员折合全时当量	R&D Personnel	人年	man-year	399
科技经费筹集额	Funding for S&T Activities	千元	1000 yuan	165522
政府拨款	Government Funds	千元	1000 yuan	161116
科技经费内部支出总额	Internal Expenditures on S&T Activities	千元	1000 yuan	128734
资产购建支出	Purchase or Consturction of Fixed Assets	千元	1000 yuan	12700
R&D 经费内部支出	Internal Expenditure on R&D	千元	1000 yuan	58866
固定资产	Fixed Assets	千元	1000 yuan	84385
课题数	Number of Projects	个	unit	255
课题经费支出	Expenditures on Projects	千元	1000 yuan	38073
R&D 课题经费支出	Expenditures on R&D Projects	千元	1000 yuan	25465
课题投入人员	Personnel Put into Projects	人年	man-year	436
R&D 课题投入人员	Personnel Put into R&D Projects	人年	man-year	313
专利申请受理	Number of Patents Application Acceptance	项	item	18
专利授权	Number of Patents Application Granted	项	item	12
科技论文	Scientific Papers	篇	pieces	300
科技专著	Scientific Monograph	种	kind	4

Basic Statistics on Scientific Research(2011)

自然科学和技术领域 Field of Natural Sciences and Technology	社会与人文科学领域 Field of Social Sciences and Humanities	科技信息和文献机构 Scientific-technical Information and Document Institutions	非政府部门属研究与开发机构和综合技术服务业有 R&D 活动的事业单位	转制机构 Transformation Institutions
12	6	4	8	24
489	269	106	626	3544
459	197	103	337	1553
354	151	88	240	866
280	110	9	47	469
112771	41484	11267	13317	141855
109568	41484	10064	3227	118623
78200	37942	12592	13972	207049
10861	1173	666	2292	85408
30667	21869	1010	2405	68842
60229	22317	1839	32979	399140
217	27	11	42	94
32524	4863	686	4123	45496
19945	4834	686	1033	43051
332	99	4	78	437
212	98	4	33	390
16	0	2	0	7
12	0	0	0	2
283	3	14	81	98
4	0	0	0	0

17-17 全区科技活动基本情况
Basic Statistics on Scientific and Technological Activities

指 标	Item	2009	2010	2011
研究与试验发展(R&D)投入情况	**Statistics on R&D Input**			
R&D 人员全时当量(人年)	**Full-time Equivalent of R&D Personnel(man-year)**	**6920**	**6378**	**7359**
基础研究	Basic Research	992	1076	1145
应用研究	Applied Research	1320	1128	1206
试验发展	Experimental Development	4608	4175	5008
R&D 经费内部支出(万元)	**Intramural Expenditure on R&D(10000 yuan)**	**104422**	**115101**	**153184**
# 基础研究	Basic Research	9639	9861	13815
应用研究	Applied Research	11411	10336	14376
试验发展	Experimental Development	83372	94904	124993
# 政府资金	Government Funds	24379	26678	33677
企业资金	Self-raised Funds by Enterprises	78447	86519	114329
R&D 经费内部支出相当于国内生总值比例(%)	Proportion of Intramural Expenditure on R&D to GDP(%)	0.77	0.68	0.73
科技产出及成果情况	**Statistics on S&T Outputs and Results**			
发表科技论文(篇)	Scientific Papers Issued (pieces)	6211	7292	8077
出版科技著作(种)	Publication on Science and Technology(kind)	120	113	113
专利申请受理数(件)	Number of Patents Application Accepted(piece)	423	682	676
发明专利	Inventions	157	252	297
专利申请授权数(件)	Number of Patents Application Granted(piece)	32	44	46
发明专利	Inventions	17	19	27

17-18 主要年份广播电视事业发展情况
Statistics on Broadcasting and TV Stations in Main Years

指　标	Item	单位	Unit	2000	2005	2010	2011
广 播	**Broadcast**						
广播电台	Number of Broadcasting Stations	座	unit	11	2	5	5
广播发射台和转播台	Number of Transmission and Relaying Stations	座	unit	8	13	12	36
广播人口覆盖率	Listener Rate	%	%	85.20	91.42	92.92	93.50
节目套数	Program	套	unit	14	25	24	24
平均每日播音时间	Average Broadcast Time per Day	时:分	hour:minute	120:03	254:34	279:00	280:05
广播节目制作	Production of Broadcasting	小时	hour	20337	60056	41011	44278
新 闻	News	小时	hour	3180	10198	8424	10094
专 题	Featured	小时	hour	4206	13529	7771	10290
教 育	Education	小时	hour	62			
文 艺	Arts and Crafts	小时	hour	9490	20851	12470	15975
服务性	Services	小时	hour	3439	15478	3479	6396
电 视	**TV**						
电视台	Number of Television Stations	座	unit	7	3	4	2
电视发射台和转播台	TVTransmission and Relaying Stations	座	unit	43	16	26	26
电视人口覆盖率	Viewer Rate	%	%	86.00	92.82	95.95	98.60
节目套数	Program	套	unit	8	31	28	28
平均每周播出时间	Program Hours Per Week	时:分	hour:minute	483:21	2138:09	2931:21	2944:28
电视节目制作	Production of TV Programs	小时	hour	6365	40736	28361	25111
新 闻	News	小时	hour	1184	9802	6299	5754
专 题	Featured	小时	hour	770	8104	7690	7180
教 育	Education	小时	hour	42			
文 艺	Arts and Crafts	小时	hour	903	4927	4658	3478
服务性	Services	小时	hour	3466	17903	5658	7146

17-19 各市县各级各类学校数(2011年)
Number of Various Schools by City and Country(2011)

单位:所 (unit)

地区	Region	普通高等学校 Regular Institutions of Higher Education	中等专业学校 Specialized Secondary Schools	职业中学 Vocational Secondary Education Schools	普通中学 Regular Secondary Education Schools	高级中学 Senior High School	小学 Primary Schools	幼儿园 Kindergarten
全区总计	**Total**	**16**	**23**	**13**	**329**	**40**	**1942**	**440**
银川市	**Yinchuan**	**13**	**19**	**4**	**68**	**13**	**212**	**159**
银川市	District	12	16	1	43	10	106	92
永宁县	Yongning	1	1	1	9	1	35	16
贺兰县	Helan		2	1	5	1	42	13
灵武市	Lingwu			1	11	1	29	38
石嘴山市	**Shizuishan**	**1**	**2**	**2**	**47**	**6**	**84**	**83**
石嘴山市	District	1	2	1	29	5	42	65
平罗县	Pingluo			1	18	1	42	18
吴忠市	**Wuzhong**	**1**	**1**	**2**	**66**	**10**	**354**	**72**
利通区	Litong	1			19	3	64	28
红寺堡区	Hongsipu				4		60	11
盐池县	Yanchi			1	9	2	31	10
同心县	Tongxin		1		19	3	139	2
青铜峡市	Qingtongxia			1	15	2	60	21
固原市	**Guyuan**	**1**	**1**	**4**	**80**	**5**	**909**	**84**
原州区	Yuanzhou	1	1		17	2	172	55
西吉县	Xiji			1	27	1	367	3
隆德县	Longde			1	15		129	6
泾源县	Jingyuan			1	7		77	5
彭阳县	Pengyang			1	14	2	164	15
中卫市	**Zhongwei**			**1**	**68**	**6**	**383**	**42**
沙坡头区	Shapotou			1	25	2	76	21
中宁县	Zhongning				17	2	85	19
海原县	Haiyuan				26	2	222	2

17-20 各市县各级各类学校在校学生数(2011年)

Number of Enrolled Students in Various Schools by City and Country(2011)

单位:人 (person)

地　区	Region	普通高等学校 Regular Institutions of Higher Education	中等专业学校 Specialized Secondary Schools	职业中学 Vocational Secondary Education Schools	普通中学 Regular Secondary Education Schools	高中 Senior High School	小学 Primary Schools	幼儿园 Kindergarten
全区总计	**Total**	**91383**	**76584**	**35916**	**447436**	**148043**	**643293**	**148917**
银川市	**Yinchuan**	**77595**	**51143**	**11903**	**123785**	**48418**	**148184**	**43455**
银川市	District	72363	44960	5876	83114	36517	88318	22820
永宁县	Yongning	5232	3124	779	13832	4143	20234	5497
贺兰县	Helan		3059	449	12367	3969	17641	6149
灵武市	Lingwu			4799	14472	3789	21991	8989
石嘴山市	**Shizuishan**	**6004**	**6538**	**3448**	**46517**	**14867**	**56237**	**18429**
石嘴山市	District	6004	6538	496	31363	11924	34759	11689
平罗县	Pingluo			2952	15154	4844	21478	6740
吴忠市	**Wuzhong**	**1904**	**2891**	**5010**	**91978**	**28099**	**141842**	**34785**
利通区	Litong	1904	1427		26804	9692	37923	13852
红寺堡区	Hongsipu				12093	2424	26081	3208
盐池县	Yanchi			884	10301	2852	13491	2720
同心县	Tongxin		1464		26708	7858	42807	7232
青铜峡市	Qingtongxia		1543	4126	16072	5273	21540	7773
固原市	**Guyuan**	**5880**	**9206**	**10135**	**107438**	**32750**	**168306**	**23281**
原州区	Yuanzhou	5880	9206		37036	12406	50017	9425
西吉县	Xiji			3626	30054	7549	63120	2002
隆德县	Longde			3106	16188	5887	18761	3336
泾源县	Jingyuan			1023	6162	886	12560	2316
彭阳县	Pengyang			2380	17998	6022	23848	6202
中卫市	**Zhongwei**		**6806**	**5420**	**77718**	**22008**	**128724**	**28967**
沙坡头区	Shapotou		5044		27261	9016	31924	12212
中宁县	Zhongning		1762		24630	6707	37955	9461
海原县	Haiyuan			5420	25827	6285	58845	7294

17-21 主要年份各市县普通中学在校学生数

Number of Student in Regular Secondary Schools by City and Country in Main Years

单位:人 (person)

地 区	Region	1980	1990	2000	2005	2010	2011
全区总计	**Total**	**223747**	**284440**	**318263**	**406422**	**449147**	**447436**
银川市	**Yinchuan**	**59887**	**66154**	**76968**	**108253**	**123435**	**123785**
银川市	District	31848	28302	39826	82093	82895	83114
永宁县	Yongning	7759	11402	10784	14297	13881	13832
贺兰县	Helan	11342	11068	10720	12650	12168	12367
灵武市	Lingwu	8938	15382	15638	16013	14491	14472
石嘴山市	**Shizuishan**	**44804**	**51411**	**45207**	**51853**	**47799**	**46517**
石嘴山市	District	29852	30520	26226	32263	32450	31363
平罗县	Pingluo	13602	19064	17236	19590	15349	15154
陶乐县	Taole	1350	1827	1745			
吴忠市	**Wuzhong**	**32521**	**54272**	**59546**	**75239**	**91189**	**91978**
利通区	Litong	10347	17042	18083	22123	25891	26804
红寺堡区	Hongsipu				5714	11032	12093
盐池县	Yanchi	5195	11672	10783	13983	16061	10301
同心县	Tongxin	5114	9468	13979	17277	11061	26708
青铜峡市	Qingtongxia	11865	16090	16701	16142	27144	16072
固原市	**Guyuan**	**45869**	**62480**	**76903**	**104741**	**108877**	**107438**
原州区	Yuanzhou	23547	21971	26681	34967	35617	37036
西吉县	Xiji	10110	14848	19818	30238	31617	30054
隆德县	Longde	10066	10998	13671	16485	16352	16188
泾源县	Jingyuan	2146	2282	1889	6283	6328	6162
彭阳县	Pengyang		12381	14844	16768	18963	17998
中卫市	**Zhongwei**	**40666**	**50123**	**59639**	**67336**	**77847**	**77718**
沙坡头区	Shapotou	18306	21939	24694	21693	28548	27261
中宁县	Zhongning	14737	16840	20991	25547	24152	24630
海原县	Haiyuan	7623	11344	13954	20096	25147	25827

17-22 主要年份各市县小学在校学生数
Number of Enrolled Students in Primary Schools by City and Country in Main Years

单位:人 (person)

地　区	Region	1980	1990	2000	2005	2010	2011
全区总计	**Total**	**583687**	**667296**	**657352**	**693207**	**653669**	**643293**
银川市	**Yinchuan**	**123974**	**121948**	**136022**	**142453**	**147438**	**148184**
银川市	District	48231	46707	68750	82801	87761	88318
永宁县	Yongning	25597	23939	22018	21367	19942	20234
贺兰县	Helan	26400	20365	19321	16769	17409	17641
灵武市	Lingwu	23746	30937	25933	21516	22371	21991
石嘴山市	**Shizuishan**	**87064**	**79244**	**64363**	**64162**	**56770**	**56237**
石嘴山市	District	48964	42581	36168	39639	35418	34759
平罗县	Pingluo	34690	33159	24204	24523	21352	21478
陶乐县	Taole	3410	3504	3991			
吴忠市	**Wuzhong**	**101525**	**137930**	**125251**	**147607**	**120557**	**141842**
利通区	Litong	28267	31194	30527	35169	36899	37923
红寺堡区	Hongsipu				20015	25653	26081
盐池县	Yanchi	19843	23015	17339	15234	22411	13491
同心县	Tongxin	23753	50625	51991	52087	13854	42807
青铜峡市	Qingtongxia	29662	33096	25394	25102	44151	21540
固原市	**Guyuan**	**164001**	**214727**	**210543**	**205908**	**175931**	**168306**
原州区	Yuanzhou	83825	73604	68541	65770	51916	50017
西吉县	Xiji	41681	61231	68486	72380	65872	63120
隆德县	Longde	28278	23940	30013	22609	19424	18761
泾源县	Jingyuan	10217	12820	11187	14977	12989	12560
彭阳县	Pengyang		43132	32316	30172	25730	23848
中卫市	**Zhongwei**	**107123**	**113447**	**121173**	**133077**	**130517**	**128724**
沙坡头区	Shapotou	44314	33918	34932	36946	32073	31924
中宁县	Zhongning	30624	30162	30167	38834	37780	37955
海原县	Haiyuan	32185	49367	56074	57297	60664	58845

17-23 各市县平均每万人口在校学生数

Number of Enrolled Students Per 10 000 Population by City and Country

单位:人 (person)

地 区	Region	普通高等学校 Regular Institutions of Higher Education	中等专业学校 Specialized Secondary Schools	职业中学 Vocational Secondary Education Schools	普通中学 Regular Secondary Education Schools	小 学 Primary Schools
全区总计	**Total**	**137**	**133**	**43**	**700**	**1006**
银 川 市	**Yinchuan**	**366**	**248**	**59**	**611**	**732**
银 川 市	District	524	336	45	633	672
永 宁 县	Yongning	237	142	35	627	917
贺 兰 县	Helan		135	20	546	779
灵 武 市	Lingwu			181	546	829
石嘴山市	**Shizuishan**	**82**	**128**	**8**	**634**	**766**
石嘴山市	District	125	135	12	655	726
平 罗 县	Pingluo		116		593	841
吴 忠 市	**Wuzhong**	**15**	**28**	**38**	**710**	**1095**
利 通 区	Litong	50	37		697	987
红寺堡区	Hongsipu				717	1546
盐 池 县	Yanchi			27	316	414
同 心 县	Tongxin		24	55	997	1599
青铜峡市	Qingtongxia		104	175	1087	1457
固 原 市	**Guyuan**	**47**	**77**	**78**	**863**	**1350**
原 州 区	Yuanzhou	140	220		885	1195
西 吉 县	Xiji		11	89	832	1747
隆 德 县	Longde		0	191	1013	1156
泾 源 县	Jingyuan		0	100	602	1228
彭 阳 县	Pengyang		0	117	888	1177
中 卫 市	**Zhongwei**		**112**	**2**	**711**	**1178**
沙坡头区	Shapotou		132	5	712	833
中 宁 县	Zhongning		56		780	1202
海 原 县	Haiyuan		138		655	1493

17-24 各市县小学毕业人数和毕业率(2011年)
Number of Graduates and Graduation Rate of Primary School by City and Country(2011)

单位:人 (person)

地　区	Region	应届毕业班学生 This Year's Graduates		
		毕业班学生数 Students in Graduating Class	毕业生数 Graduates	毕业率(%) Graduation Rate(%)
全区总计	**Total**	**114258**	**112676**	**98.62**
银川市	**Yinchuan**	**25715**	**25259**	**98.23**
银川市	District	15190	15166	99.84
永宁县	Yongning	3579	3204	89.52
贺兰县	Helan	3028	3015	99.57
灵武市	Lingwu	3918	3874	98.88
石嘴山市	**Shizuishan**	**10025**	**9983**	**99.58**
石嘴山市	District	6415	6372	99.33
平罗县	Pingluo	3610	3611	100.00
吴忠市	**Wuzhong**	**24753**	**23671**	**95.63**
利通区	Litong	5791	5812	100.00
红寺堡区	Hongsipu	4170	4088	98.03
盐池县	Yanchi	4126	4118	99.81
同心县	Tongxin	2488	2377	95.54
青铜峡市	Qingtongxia	8178	7276	88.97
固原市	**Guyuan**	**30408**	**30408**	**100.00**
原州区	Yuanzhou	9539	9539	100.00
西吉县	Xiji	10921	10921	100.00
隆德县	Longde	3129	3129	100.00
泾源县	Jingyuan	2169	2169	100.00
彭阳县	Pengyang	4650	4650	100.00
中卫市	**Zhongwei**	**23357**	**23355**	**99.99**
沙坡头区	Shapotou	5917	5917	100.00
中宁县	Zhongning	6641	6639	99.97
海原县	Haiyuan	10799	10799	100.00

17-25 各市县文化产业机构数和人数(2011 年)

Number of Cultural Institutions and Personnel by City and Country(2011)

地　区	Region	艺术产业 Arts		图书馆产业 Libraries		群众文化产业 Mass Culture	
		机构数(个) Number of Institutions (unit)	人　数(人) Number of Persons Engaged (person)	机构数(个) Number of Institutions (unit)	人数(人) Number of Persons Engaged (person)	机构数(个) Number of Institutions (unit)	人　数(人) Number of Persons Engaged (person)
全区总计	**Total**	**12**	**898**	**21**	**543**	**251**	**1014**
银 川 市	**Yinchuan**	**1**	**11**	**5**	**114**	**61**	**168**
银 川 市	District			2	72	34	80
永 宁 县	Yongning			1	12	8	21
贺 兰 县	Helan			1	16	9	40
灵 武 市	Lingwu	1	11	1	14	10	27
石嘴山市	**Shizuishan**			**3**	**36**	**26**	**120**
石嘴山市	District			2	22	12	71
平 罗 县	Pingluo			1	14	14	49
吴 忠 市	**Wuzhong**	**2**	**111**	**4**	**115**	**50**	**243**
市 本 级	Prefecture level	1	50	1	50	2	46
利 通 区	Litong					12	21
红寺堡区	Hongsipu					4	20
盐 池 县	Yanchi	1	61	1	27	9	66
同 心 县	Tongxin			1	12	9	32
青铜峡市	Qingtongxia			1	26	14	58
固 原 市	**Guyuan**	**4**	**193**	**5**	**82**	**69**	**306**
市 本 级	Prefecture level	1	57			1	11
原 州 区	Yuanzhou	1	13	1	32	12	64
西 吉 县	Xiji	1	43	1	17	20	106
隆 德 县	Longde			1	10	15	40
泾 源 县	Jingyuan			1	12	8	43
彭 阳 县	Pengyang	1	80	1	11	13	42
中 卫 市	**Zhongwei**	**2**	**58**	**3**	**40**	**44**	**118**
沙坡头区	Shapotou			1	16	1	15
中 宁 县	Zhongning	1	28	1	12	13	31
海 原 县	Haiyuan	1	30	1	12	18	48
区直单位	**Unit of Municipality Directly under the Central Government**	**3**	**525**	**1**	**156**	**1**	**59**

17-25 续 continued

地 区	Region	文物产业 Cultural Relics		文化市场经营单位 Entertainment Operators	
		机构数(个) Number of Institutions (unit)	人 数(人) Number of Persons Engaged (person)	机构数(个) Number of Institutions (unit)	人 数(人) Number of Persons Engaged (person)
全区总计	**Total**	**31**	**654**	**1762**	**9058**
银 川 市	**Yinchuan**	**8**	**219**	**691**	**3944**
银 川 市	District	5	202	439	3178
永 宁 县	Yongning	1	2	75	161
贺 兰 县	Helan	1	1	66	253
灵 武 市	Lingwu	1	14	111	352
石嘴山市	**Shizuishan**	**2**	**24**	**288**	**1393**
石嘴山市	District	1	4	206	951
平 罗 县	Pingluo	1	20	82	442
吴 忠 市	**Wuzhong**	**6**	**50**	**440**	**1446**
利 通 区	Litong	1	13	251	819
红寺堡区	Hongsipu			14	42
盐 池 县	Yanchi	1	17	95	334
同 心 县	Tongxin	2	11	47	144
青铜峡市	Qingtongxia	2	9	33	107
固 原 市	**Guyuan**	**7**	**69**	**83**	**408**
原 州 区	Yuanzhou	2	31	39	168
西 吉 县	Xiji	2	22	21	45
隆 德 县	Longde	1	6	16	175
泾 源 县	Jingyuan	1	4	3	11
彭 阳 县	Pengyang	1	6	4	9
中 卫 市	**Zhongwei**	**3**	**17**	**195**	**715**
沙坡头区	Shapotou	1	7	108	349
中 宁 县	Zhongning	1	5	61	286
海 原 县	Haiyuan	1	5	26	80
区直单位	**Unit of Municipality Directly under the Central Government**	**5**	**275**	**65**	**1152**

主要统计指标解释

[普通高等学校] 指按国家规定审批程序批准举办,通过全国统一招生考试,招收高级中等学校毕业生或具有同等学历者,实施高等教育,培养高等专门人才的学校。包括大学、专门学院、高等专科学校和短期职业大学。

[成人高等学校] 指按照国家规定的审批程序批准举办,招收高中毕业或同等学历者,利用多种形式对成人实施高等教育、培养相当普通高等学校专科或本科毕业水平的专门人才的学校。包括广播电视大学、职工高等学校、农民高等学院、干部管理学院、教育学院、独立函授学院以及普通高等学校举办的函授、夜大学等。

[小学学龄儿童入学率] 指调查范围内已人小学学习的儿童占校内外学龄儿童总数 (包括弱智儿童在内,但不包括盲聋哑儿童)的比重。

[专任教师] 指主要从事教育工作人员。包括临时(一年以内)调去帮助做其他工作的教学人员。不包括调离教学岗位,担任行政领导工作或其他工作的原教学人员;不包括兼任教师和代课教师。

[独立自然科学研究机构] 指具备下列三个条件;(1)行政上独立的组织形式;(2)财务上独立核算 (3)有权与其他单位签订合同,从事自然科学技术研究的机构。

[优秀自然科学技术研究成果] 指自然科学技术研究成果中比较优秀的并经各级政府批准授奖的成果。分为国家级 (发明奖、自然科学奖)省级 (部级)、地(市)级、县级。如省级是指经省科委审核批准并由省政府授奖的成果,一般设一、二、三、四等奖,每年颁发一次。

[自然科学技术人员] 指已取得科学技术职称或大学中专的理、工、农、医科系毕业,以及国民经济各部门从工作实践中提拔,从事理工、农、医等自然科学技术的研究、教学、生产 (事业)技术方面工作的专业人员和在机关、企业、事业单位中从事科学技术业务管理工作的专业人员。

[高级专业技术人员] 指专业技术人员中具有高级职称的人员,包括高级工程师、高级农艺师、正、副教授、正、副研究员、正、副主任医师,高级会计师、高级统计师、正、副编审、特、高级记者与播音员、正、副译审、国家级和高级教练员、高级经济师、正、副研究馆员、高级工艺美术师。

[中级专业技术人员] 指专业技术人员中具有中级职称的人员。包括工程师、农艺师、助理研究员、主治医师、讲师、会计师、统计师、编辑、记者、一级播音员、翻译、一级教练、经济师、馆员、工艺美术师。

[初级专业技术人员] 指专业技术人员中具有初级职称的人员。包括:助理工程师、助理会计师、助理统计师、助理编辑、助理记者、二级播音员、助理翻译、二级教练员、助理经济师、助理馆员、助理工艺美术师、技术员、医 (护)士、会计员、统计员、三级播音员、三级教练员、经济员、管理员、工艺美术员。

[艺术表演团体] 指话剧、方言话剧、滑稽戏、儿童剧、砍剧、舞剧、乐团、合唱团、文工团、文宣队、乌兰牧骑、戏曲剧团、曲艺团、说唱团、杂技团、马戏团、木偶剧团、皮影团等专业艺术表演团体,不包括半工半艺、半农半艺和业余剧团以及电影制片厂附设的演员剧团。

[杂志、报纸] 指按规定经领导机关批准、由指定机关发给登记证的杂志和定期出版的报纸。杂志与报纸的划分是:单张、且在八开以上 (含八开)者为报纸;装订成册、或虽未装订成册,但为十六开以下 (含十六开)者为杂志。

杂志分为综合、哲学、社会科学、自然科学和技术、文化和教育、文学和艺术、少年儿童、画刊共七大类、报纸分为综合报和专业报二大类。

第十八篇 Chapter18

体育卫生民政司法

Sports, Public Health, Civil Administration and Judicature

责任编辑：安蕊莉

资料整理：安蕊莉　袁红　殷荣玉　康磊

Coordinator: An Ruili

Data Compilation: An Ruili　Yuan Hong　Yin Rongyu　Kang Lei

18-1 体委系统职工人数
Number of Staff and Workers in Sports Commissions

单位:人 (person)

人员分类 Category of Personnel	总计 Total	体育运动学校 Physical Education and Sports Schools	优秀运动队 Excellent Sports Teams	业余体校 Spare-time Sports Schools	优秀运动员 Excellent Sporters	训练基地 Training Bases	体育场所 Sports Venues	其他 Other
总 计 Total	**340**	**67**		**11**		**262**		
运动员 Athletes	130					130		
专职教练员 Full-time Coaches	111	33				78		
专职文化教师 Full-time Teachers	16	15				1		
科技人员 Scientific and Technical Personnel								
医务人员 Medical Personnel	6	2				4		
管理人员 Administrative Personnel	42	10		4		28		
其他人员 Other	35	7		7		21		

18-2 等级运动员和裁判员分项发展人数

Rank Athletes and Referees Share

单位：人 （person）

运动项目	Item	等级运动员 Number of Athletes	国家级运动健将 Inter-natomal Mastr Athletes	一级 First Grade Athletes	二级 Second Grade Athletes	三级 Third Grade Athletes	少年级 Young Athletes	等级裁判员 Grade Referees
总　计	**Total**	**304**		**54**	**250**			**43**
田　径	Athletics	29		5	24			13
游　泳	Swimming	10		6	4			
举　重	Weightlifting	6		1	5			
射　击	Shooting	10		8	2			
射　箭	Archery							
自行车	Bicycle							10
篮　球	Basketball	56		6	50			
排　球	Volleyball	42			42			
足　球	Football	25		1	24			
乒乓球	Table Tennis	14			14			2
羽毛球	Badminton							8
武　术	WuShu	15		5	10			2
网球	Tennis							
健美	Didnt	15		2	13			
中国象棋	Chinese Chess							
门　球	Gateball							6
台　球	Billiards							
健美操	Aerobics							
钓　鱼	Fishing							
信　鸽	Pigeons							
沙滩排球	Beach Volleyball							
摔跤	Wrestling	43		7	36			
航空模型	Model Airplane							
水球	Water Polo							
拳击	Boxing							
“中国式摔交”	Chinese Wrestling							
键球	Shuttlecock							2
皮划艇	Canoe	2		2				
跆拳道	Taekwondo	26			26			
登山	Mountain-climbing	2		2				
赛艇	Rowing	9		9				

18-3 主要年份体育场地数

Number of Sports Venous in Main Years

单位：个　　(unit)

指 标	Item	1985	1990	1995	2000	2005	2010	2011
体育场	Stadiums	1	1	1	2	5	1	1
乙 级	B	1	1	1	2	2		
体育馆	Gymnasiums	1	1	1	1	3	5	26
丁 级	D	1	1	1	1	2		

18-4 主要年份运动员打破纪录情况

Athletes Broke Records in Main Years

年份 Year	打破亚洲纪录 Break Asian Record			打破全国纪录 Break the Record			打破区纪录 Break Zone Records		
	项数(项) Events	人数(人) Persons	人次数(人次) Person-time	项数(项) Events	人数(人) Persons	人次数(人次) Person-time	项数(项) Events	人数(人) Persons	人次数(人次) Person-time
1990				1	1	1	30	47	50
1995				3	1	9	74	104	165
2000							6	6	6
2001				1	1	1	25	20	25
2002							29	58	65
2003							12	30	39
2004							33	29	40
2005							3	15	15
2006							34	33	34
2007							11	7	11
2008							5	5	5
2009							5	11	13
2010							35	54	54
2011									

18-5 主要年份卫生机构数

Number of Health Care Institutions in Main Years

单位:个 (unit)

年份 Year	总计 Total	医院、卫生院 Hospitals and Health Centers	医院 Hospital	疗养院、所 Sanatoriums	门诊 部、所 Clinics	专科防治所、站 Specialized Prevention & Treatment Centers or Stations	疫病预防控制中心 Center for Disease Control and Prevention	妇幼保健所、站 Women and Children Care Agencies	其他卫生机构 Other Institutions
1950	156	6			134			2	14
1955	221	21		1	166		1	14	18
1958	314	81	37	1	194		20	17	1
1960	586	37	37	1	501	3	24	17	3
1965	607	124	30	4	429	4	20	22	4
1970	519	334			160	2	21		2
1975	736	282	47		406	1	22	18	7
1978	825	306	61		470	1	22	19	7
1980	916	305	60	1	552	2	23	21	12
1985	1057	301	69	2	685	6	24	21	16
1990	1163	773	82	3	894	8	29	27	25
1995	1026	368	91	2	564	11	31	26	24
2000	1361	380	97	2	887	9	28	25	30
2001	1266	387	106	2	785	9	28	25	30
2002	1393	390	110	2	905	9	27	25	35
2003	1499	401	122	2	930	6	28	25	107
2004	1483	400	132	2	993	4	25	22	37
2005	1463	400	134	1	900	4	25	21	112
2006	1553	369	131	1	1022	3	26	21	111
2007	1530	382	140	1	977	1	26	22	121
2008	1633	389	150	1	1058		25	22	138
2009	1601	394	158	1	1015		24	22	145
2010	1583	390	157	1	1003		25	22	142
2011	4143	391	156	1	1034		25	22	2670

注:2011 年按照社会统计报表制度,其他卫生机构包括村卫生室。

18-6 主要年份卫生机构床位数

Number of Beds in Health Care Institutions in Main Years

单位:张 (bed)

年 份 Year	总 计 Total	医 院 Hospitals	门诊部 Clinics	其他卫生机构 Other Health Care Institutions	每千人口医院床位数 Number of Beds of Hospitals and Health Centers per 1000 Population
1950	40	40			0.03
1955	332	282		50	0.17
1958	1377	1136	160	81	0.61
1960	1531	1421	30	80	0.67
1965	4155	2823	1072	260	1.28
1970	3729	3703	26		1.34
1975	6549	5921	616	12	1.81
1978	7517	6962	542	13	1.96
1980	7866	7184	604	78	1.92
1985	9567	8640	726	201	2.08
1990	10556	10045	226	285	2.16
1995	13099	12144	542	413	2.40
2000	13825	13229	117	479	2.35
2001	14434	12142	127	2165	2.16
2002	14782	13768	48	966	2.09
2003	15728	13143	96	2489	2.27
2004	16870	14087	108	2675	2.40
2005	17802	14780	174	2848	2.48
2006	18307	15729	44	2534	2.61
2007	18927	16488	12	2427	2.70
2008	20967	17721	9	3237	3.39
2009	22142	18791		3351	3.54
2010	23659	20258	9	3392	3.57
2011	25882	22114	9	3759	3.46

18-7 各类医院机构、床位及人员数(2011年)

Number of Health Care Institutions,Beds and Persons(2011)

指标	Item	机构数(个) Health Care Institutions (unit)	床位数(张) Beds (bed)	职工人数(人) Number of Staff	卫生技术人员 Medical Technical Personnel	执业医师、助理执业医师 Licensed and Assistant Doctors
医院总计	**Hospitals**	**156**	**22114**	**26377**	**21901**	**7324**
市	City	111	16060	20551	16969	5430
县	County	45	6054	5826	4932	1894
综合医院	Ceneral Hospitals	106	17815	22094	18429	5992
中医医院	Hospitals Specialized in Chinese Medicine	19	2774	2755	2348	899
专科医院	Specialized Hospitals	26	1419	1346	983	383
其他医院	Others	5	106	182	141	50

18-8 社会福利类收养性单位基本情况

Basic Statistics on Social Welfare and Salvation Institutions

指标	Item	2010				2011			
		院数(个) Number of Homes (unit)	工作人员(人) Number of Staff and Workers (person)	床位(张) Number of Beds (bed)	年末收养人数(人) Year-end Persons Adopted (person)	院数(个) Number of Homes (unit)	工作人员(人) Number of Staff and Workers (person)	床位(张) Number of Beds (bed)	年末收养人数(人) Year-end Persons Adopted (person)
全区总计	**Total**	**80**	**744**	**6770**	**5275**	**84**	**932**	**8019**	**5861**
光荣院、福利院	Homes for Disabled Veterans	14	343	1763	1414	18	501	1966	1574
其他收养性单位	Others	66	401	5007	3861	66	431	6053	4287

18-9 社会福利事业、企业单位和工作人员数

Number of Social Welfare Institutions & Enterprises and Personnel Engaged in Main Years

单位：个、人 (unit,person)

指标	Item	1990		2000		2010		2011	
		单位 Enter-prises	人数 Staff	单位 Enter-prises	人数 Staff	单位 Enter-prises	人数 Staff	单位 Enterprises	人数 Staff
全区总计	**Total**	**455**	**4343**	**450**	**3522**	**177**	**5826**	**178**	**7382**
社会福利事业单位	Social Welfares Institutions	264	568	197	582	90	819	91	941
民政部门办	By Civil Administration Department	11	170	13	277	72	437	78	718
社会办	By Social Department	253	398	184	305	6	26	6	39
社会福利企业单位	Social Welfares Enterprises	157	3599	211	2693	87	5007	87	6441
烈士纪念建筑物管理单位	Units of Revolutionary Martyr Building Management	6	25	7	31	1	6	9	25
求助管理站	Relef Management Stations	5	81	7	81	2	10	10	78
殡仪服务单位	Funeral and Interment Institutions	23	70	28	135	3	34	36	265

18-10 主要年份享受救济人员情况

Persosns Receiving Subsidies or Relief Funds

单位：人 (person)

指标	Item	1980	1990	2000	2010	2011
农村困难户得到救济人次数	Number of Persons Receiving Poor Relief in Rural Areas	404856	328483	88484	434784	581855
城镇贫困户得到救济人次数	Number of Persons Receiving Poor Relief in Urban Areas	2907	4652	1792410	214174	246822

18-11 主要年份律师、公证、调解工作基本情况

Basic Statistics on Lawyers, Notarization and Mediation in Main Years

项　目	Item	单位	Unit	1990	2000	2010	2011
律师工作	**Lawyers**						
律师事务所	Number of Law Offices	个	unit	32	62	78	83
律师	Lawyers	人	person	223	722	993	1120
担任法律顾问的单位	Legal Advisors	处	unit	515	767	1335	1423
民事代理	Agent of Civil Cases	件	case	2617	5284	12904	10525
刑事辩护	Defender of Criminal Cases	件	case	2050	2368	2949	3101
非诉讼事件	Agent of Non-litigious Legal Affairs	件	case	270	1489	850	1387
涉外法律事务	Legal Affairs	件	case			2	81
解答法律询问	Agent of Legal Advisory	件	case	24521	36369	24582	32836
代写法律事务文书	Agent of Legal Documents Written on Behalf of Clients	件	case	6165	10687	8577	11287
公证工作	**Notarization**						
公证处	Number of Notary Offices	个	unit	26	30	21	21
公证人员	Notaries Personnel	人	person	123	200	97	121
办理公证文书	Number of Notarized Documents	件	case	11087	66123	64291	62080
人民调解工作	**Number of People´s Mediation**						
专职司法助理员	Number of Full-time Judicial Assistants	人	person	347	444	421	492
人民调解委员会	Number of People's Mediation Committees	个	unit	3648	3604	3423	3280
调解人员	Number of Mediators	人	person	23477	26493	21892	18722
调解民间纠纷	Number of Cicil Disputes Mediated	件	case	18506	19846	19965	32547

18-12 火灾、交通事故情况(2011年)

Basic Statistics on Fire and Traffic Accidents (2011)

指　标	Item	火灾事故 Fire Accident	火灾事故按事故发生程度分 Grouped by Severity of Fire Accident			交通事故 Traffic Accidents
			特大 Extraordinarily Serious	重大 Serious	一般 Ordinary	
发生(起)	Fire Accidents(case)	3256				1729
死亡(人)	Deaths(person)	1				427
受伤(人)	Injuries(person)	1				2263
损失折款(万元)	Losses Converted into Cash(10 000yuan)	220.03				752.1
平均每起损失(元)	Average Loss of Fire(yuan)	6028.22				20605.51

18-13 各市县卫生机构数(2011 年)

Number of Institutions by City and Country(2011)

单位:个 (unit)

地区	Region	总计 Total	医院 Hospitals	卫生院 Health Center	疗养院 Sanatorium	门诊部、所 Clinics	专科防治所、站 Specialized Prevention & Treatment Stations
全区总计	**Total**	**4143**	**156**	**235**	**1**	**1034**	
银 川 市	**Yinchuan**	**862**	**61**	**38**	**1**	**365**	
银 川 市	District	463	49	12	1	222	
永 宁 县	Yongning	127	2	8		37	
贺 兰 县	Helan	111	2	5		40	
灵 武 市	Lingwu	161	8	13		66	
石嘴山市	**Shizuishan**	**566**	**32**	**21**		**261**	
石嘴山市	District	311	24	8		199	
平 罗 县	Pingluo	255	8	13		62	
吴 忠 市	**Wuzhong**	**883**	**30**	**55**		**162**	
利 通 区	Litong	220	18	17		73	
红寺堡区	Hongsipu	109	2	3		12	
盐 池 县	Yanchi	138	6	9		29	
同 心 县	Tongxin	144	2	15		24	
青铜峡市	Qingtongxia	272	2	11		24	
固 原 市	**Guyuan**	**1233**	**20**	**81**		**153**	
原 州 区	Yuanzhou	330	11	15		79	
西 吉 县	Xiji	385	3	25		40	
隆 德 县	Longdei	181	3	19		8	
泾 源 县	Jingyuan	138	1	7		17	
彭 阳 县	Pengyang	199	2	15		9	
中 卫 市	**Zhongwei**	**599**	**13**	**40**		**93**	
沙坡头区	Shapotou	183	7	10		17	
中 宁 县	Zhongning	227	4	11		74	
海 原 县	Haiyuan	189	2	19		2	

18-13 续表 continued

单位:个 (unit)

地 区	Region	疾病预防控制中心 Centers for Disease Control and Prevention	妇幼保健所、室 Women and Children Care Agencies	卫生监督所 Health Supervision	采供血机构 Blood	其他卫生机构 Other Health Care Institutions
全区总计	**Total**	**25**	**22**	**25**	**5**	**2640**
银 川 市	**Yinchuan**	**8**	**5**	**8**	**1**	**375**
银 川 市	District	5	2	5	1	166
永 宁 县	Yongning	1	1	1	0	77
贺 兰 县	Helan	1	1	1	0	61
灵 武 市	Lingwu	1	1	1	0	71
石嘴山市	**Shizuishan**	**3**	**3**	**3**	**1**	**242**
石嘴山市	District	2	2	2	1	73
平 罗 县	Pingluo	1	1	1	0	169
吴 忠 市	**Wuzhong**	**5**	**5**	**5**	**1**	**620**
利 通 区	Litong	1	1	1	1	108
红寺堡区	Hongsipu	1	1	1	0	89
盐 池 县	Yanchi	1	1	1	0	91
同 心 县	Tongxin	1	1	1	0	100
青铜峡市	Qingtongxia	1	1	1	0	232
固 原 市	**Guyuan**	**6**	**6**	**6**	**1**	**960**
原 州 区	Yuanzhou	2	2	2	1	218
西 吉 县	Xiji	1	1	1	0	314
隆 德 县	Longdei	1	1	1	0	148
泾 源 县	Jingyuan	1	1	1	0	110
彭 阳 县	Pengyang	1	1	1	0	170
中 卫 市	**Zhongwei**	**3**	**3**	**3**	**1**	**443**
沙坡头区	Shapotou	1	1	1	1	145
中 宁 县	Zhongning	1	1	1	0	135
海 原 县	Haiyuan	1	1	1	0	163

18-14 主要年份各市县医院数

Number of Hospitals by City and Country in Main Years

单位:个　　(unit)

地区	Region	2000	2005	2010	2011
全区总计	**Total**	**97**	**134**	**157**	**156**
银川市	**Yinchuan**	**45**	**59**	**61**	**61**
银川市	District	28	45	47	49
永宁县	Yongning	5	4	4	2
贺兰县	Helan	3	2	2	2
灵武市	Lingwu	9	8	8	8
石嘴山市	**Shizuishan**	**24**	**27**	**33**	**32**
石嘴山市	District	18	22	25	24
平罗县	Pingluo	5	5	8	8
陶乐镇	Taole	1			
吴忠市	**Wuzhong**	**9**	**22**	**31**	**30**
利通区	Litong	2	9	19	18
红寺堡区	Hongsipu		0	2	2
盐池县	Yanchi	2	2	6	6
同心县	Tongxin	1	2	2	2
青铜峡市	Qingtongxia	4	9	2	2
固原市	**Guyuan**	**10**	**14**	**19**	**20**
原州区	Yuanzhou	4	8	11	11
西吉县	Xiji	2	2	3	3
隆德县	Longdei	1	2	3	3
泾源县	Jingyuan	1	1	1	1
彭阳县	Pengyang	2	1	1	2
中卫市	**Zhongwei**	**9**	**12**	**13**	**13**
沙坡头区	Shapotou	4	6	7	7
中宁县	Zhongning	4	4	4	4
海原县	Haiyuan	1	2	2	2

18-15 各市县卫生机构人员数(2011年)

Number of Employed Persons in Health Institutions by City and Country(2011)

单位:人 (person)

地区	Region	总计 Total	卫生技术人员 Medical Technical Personnel	执业(助理)医师 Licensed (Assistant) Personnel	执业医师 Licensed Doctor	注册护士 Registered Nurse	其他 Others	每千人口执业医师数 Number of Medical Technical Personnel Per 1000 Population
全区总计	**Total**	**41838**	**32054**	**12289**	**10929**	**11657**	**8108**	**1.71**
银川市	**Yinchuan**	**18366**	**14651**	**5461**	**4993**	**5736**	**3454**	**2.46**
银川市	District	15528	12515	4572	4270	5025	2918	3.25
永宁县	Yongning	787	587	213	178	181	193	0.81
贺兰县	Helan	581	442	166	116	133	143	0.51
灵武市	Lingwu	1470	1107	510	429	397	200	1.62
石嘴山市	**Shizuishan**	**6199**	**5105**	**1693**	**1539**	**2025**	**1387**	**2.10**
石嘴山市	District	4521	3814	1146	1066	1569	1099	2.23
平罗县	Pingluo	1678	1291	547	473	456	288	1.85
吴忠市	**Wuzhong**	**6771**	**4760**	**1788**	**1533**	**1602**	**1370**	**1.18**
利通区	Litong	2825	2226	832	713	758	636	1.85
红寺堡区	Hongsipu	379	275	115	81	92	68	0.48
盐池县	Yanchi	1443	1095	373	325	390	332	1.21
同心县	Tongxin	948	369	202	192	89	78	1.30
青铜峡市	Qingtongxia	1176	795	266	222	273	256	0.68
固原市	**Guyuan**	**5921**	**4080**	**1953**	**1656**	**1204**	**923**	**1.33**
原州区	Yuanzhou	2759	2099	885	783	770	444	1.87
西吉县	Xiji	1318	848	500	404	142	206	1.12
隆德县	Longdei	752	457	198	186	146	113	1.15
泾源县	Jingyuan	436	257	137	94	48	72	0.92
彭阳县	Pengyang	656	419	233	189	98	88	0.93
中卫市	**Zhongwei**	**4581**	**3458**	**1394**	**1208**	**1090**	**974**	**1.11**
沙坡头区	Shapotou	2279	1815	624	573	696	495	1.50
中宁县	Zhongning	1209	918	404	328	270	244	1.04
海原县	Haiyuan	1093	725	366	307	124	235	0.78

18-16 主要年份各市县卫生技术人员数

Medical Technical Personnel in Health Care Institutions by City and Country in Main Years

单位:人 (person)

地 区	Region	1985	1990	1995	2000	2005	2010	2011
全区总计	**Total**	**15528**	**19175**	**21223**	**19171**	**22817**	**29744**	**32054**
银川市	**Yinchuan**	**6252**	**7876**	**8893**	**7840**	**9717**	**13667**	**14651**
银川市	District	4693	6061	6942	5961	7845	11815	12515
永宁县	Yongning	406	470	470	542	584	570	587
贺兰县	Helan	456	492	468	405	312	425	442
灵武市	Lingwu	697	853	1013	932	976	857	1107
石嘴山市	**Shizuishan**	**3189**	**3748**	**4083**	**3172**	**3845**	**4720**	**5105**
石嘴山市	District	2370	2954	3200	2349	2974	3543	3814
平罗县	Pingluo	742	702	802	717	871	1177	1291
陶乐县	Taole	77	92	81	106			
吴忠市	**Wuzhong**	**2147**	**2606**	**3019**	**3041**	**3648**	**4481**	**4760**
利通区	Litong	846	1000	1169	1151	1598	2108	2226
红寺堡区	Hongsipu					20	195	275
盐池县	Yanchi	688	824	934	983	1216	1097	1095
同心县	Tongxin	328	414	450	441	376	366	369
青铜峡市	Qingtongxia	285	368	466	466	438	715	795
固原市	**Guyuan**	**2318**	**2850**	**3043**	**2915**	**3263**	**3774**	**4080**
原州区	Yuanzhou	1125	1373	1328	1287	1482	1954	2099
西吉县	Xiji	424	540	649	592	678	781	848
隆德县	Longdei	373	465	485	424	426	446	457
泾源县	Jingyuan	181	198	237	207	250	238	257
彭阳县	Pengyang	215	274	344	405	427	355	419
中卫市	**Zhongwei**	**1632**	**2095**	**2185**	**2203**	**2344**	**3102**	**3458**
沙坡头区	Shapotou	714	849	934	981	1092	1655	1815
中宁县	Zhongning	514	759	768	645	715	885	918
海原县	Haiyuan	404	487	483	577	537	562	725

18-17 各市县卫生机构床位数(2011 年)

Number of Beds in Health Care Institution by City and County(2011)

单位:张 (bed)

地 区	Region	总计 Total	医院 Hospitals	疗养院 Sanatoriums	卫生院 Health Centers	门诊部 Clinics	妇幼保健院(所、站) Women and Children Care Agencies	其他卫生机构 Other Institutions
全区总计	**Total**	**25882**	**22114**	**100**	**2537**	**9**	**887**	**235**
银 川 市	**Yinchuan**	**10329**	**9290**	**100**	**354**	**9**	**391**	**185**
银 川 市	District	8919	8193	100	151		281	185
永 宁 县	Yongning	340	260		60		20	
贺 兰 县	Helan	369	212		103		54	
灵 武 市	Lingwu	701	625		40		36	
石嘴山市	**Shizuishan**	**3791**	**3575**		**172**		**36**	**8**
石嘴山市	District	3015	2902		94		11	8
平 罗 县	Pingluo	776	673		78		25	
吴 忠 市	**Wuzhong**	**4221**	**3461**		**591**		**152**	**17**
利 通 区	Litong	1842	1670		116		45	11
红寺堡区	Hongsipu	187	130		24		30	3
盐 池 县	Yanchi	930	739		156		32	3
同 心 县	Tongxin	545	365		160		20	
青铜峡市	Qingtongxia	717	557		135		25	
固 原 市	**Guyuan**	**4362**	**3355**		**746**		**238**	**23**
原 州 区	Yuanzhou	2114	1885		88		128	13
西 吉 县	Xiji	787	590		168		25	4
隆 德 县	Longdei	509	420		64		25	
泾 源 县	Jingyuan	248	120		113		15	
彭 阳 县	Pengyang	704	340		313		45	6
中 卫 市	**Zhongwei**	**3179**	**2433**		**674**		**70**	**2**
沙坡头区	Shapotou	1498	1280		193		25	
中 宁 县	Zhongning	874	722		132		20	
海 原 县	Haiyuan	807	431		349		25	2

主要统计指标解释

［**体育场**］ 指有400米跑道（中心含足球场）。有固定道牙，跑道6条以上，并有固定看台的室外田径场地。以看台容纳观众人数分：甲级25000人以上，乙级15000-25000人，丙级5000-15000人，丁级5000人以下。

［**等级裁判员**］ 指经考核正式批准授予等级裁判员职称者，分为国际裁判、国家级、一级、二级、三级。

［**等级运动员**］ 指经考核正式批准授予等级运动员称号的运动员，分为国际级运动健将、运动健将、一级、二级、三级、少年级。

［**优秀运动队**］ 指各省、市、自治区体委、解放军、产业体协、运动技术学院和军事体育学校所居的各类运动队。不包括机关团体、厂矿等企业、事业单位所属的职工运动队。

［**卫生机构**］ 指各个部门（军事部门除外）、各种性质的设有专职卫生技术人员的卫生事业机构。包括医院、疗养院（所）、门诊部（所）、专科防治所（站）、卫生防疫站、妇幼保健所（站）、药品检验所（室）、其他卫生机构、包括急救站、中心血库、输血站、环境卫生监测站、生物制品研究所、精神病收容所、麻风村、卫生干部进修院（校）。

［**医院**］ 指名称为医院、设有固定床位能收容病人住院并能为病人提供医疗、护理服务的医疗机构。包括县及县以上医院、农村乡卫生院、其他医院三部分，按所属性质分为卫生部门、工业及其他部门、集体所有制三类。其中县及县以上医院按业务性质分为综合医院和专科医院。

［**卫生技术人员**］ 指卫生事业机构支付工资的全部固定职工和合同制职工中现任职务为卫生技术工作的人员。包括中医师、西医师、中西医结合高级医师、护师、中药师、西药师、检验师、其他技师、中医士、西医士、护士、助产士、中药剂士、西药剂士、检验士、其他技士、其他中医、护理员、中药剂员、西药剂员、检验员、其他初级卫生技术人员。

［**医生**］ 指经卫生部门审查合格，从事医疗工作的专业人员，分为中医医生和西医医生。包括卫生技术人员中的中医师、西医师、中西医结合高级医师、中医士、西医士和其他中医。

［**社会福利企业单位**］ 指以安置城镇有一定劳动能力的盲、聋、哑积肢体残疾人员就业为目的，享受国家减免税待遇的全民或集体所有制企业。包括民政部门管理和街道举办两类。

［**城乡社会救济费**］ 社会救济是指国家或集体用于生活困难的人员的财物支出。本指标包括城镇社会救济费、乡村社会救济费、精减退职的老职工救济费。

［**公证人员**］ 指在国家公证机关依法办理公证事务的司法人员。包括公证员、助理公证员和在公证处工作的其他人员。

［**办理公证文书**］ 指公证处在一定时期内办理的公证文书件数。公证文书系按司法部规定或批准的格式制作。包括国内公证和涉外公证两部分。其中国内公证分为经济合同公证和民事法律关系公证两大类。

第十九篇 Chapter19

环境保护 Environment Protection

责任编辑:安蕊莉

资料整理:安蕊莉 袁红 殷荣玉 康磊

Coordinator: An Ruili

Data Compilation: An Ruili Yuan Hong Yin Rongyu Kang Lei

19-1 全区环境保护基本情况

Basic Statistics on Environmental Protection

指　标	Item	2001	2005	2010	2011
环保系统建设情况	**Situation of Environmental Protection Agencies**				
机构总数(个)	Number of Agencies(unit)	43	55	62	65
监测站	Monitoring Station	5	11	15	18
监察机构	Supervision Institution				24
人员总数(人)	Total Number of Staff and Workers(person)	629	713	1008	985
监测人员	Monitoring Personnel	159	243	306	336
监察人员	Supervision Personnel				290
污染排放与处理情况	Pollution Discharge and Treatment				
废水	**Waste Water**				
工业废水排放量(万吨)	Volume of Waste Water Discharge(10 000 tons)	10449.6	21410.7	21977.5	18666.37
城镇生活污水排放量(万吨)	Consumption Waste Water Discharge in Town (10 000 tons)	9274.0	14406.0	18676.3	20137.99
废气	**Waste Gas**				
工业废气排放量(亿标立方米)	Volume of Industrial Waste Gas Emission (100 million cu.m)	1311.56	2844.46	16324.16	10055.93
二氧化硫排放量(万吨)	Volume of Sulphur Dioxide Emission (10 000 tons)			31	41.04
工业	Industry	16.9	30.2	28.0	38.79
生活及其他	Consumption and Others	3.2	4.0	3.0	2.25
烟(粉)尘排放量(万吨)	Volume of Soot(Dust) Emission(10 000 tons)				21.55
工业	Industry	10.8	10.16	13.6	19.82
生活及其他	Consumption and Others	1.7	2.18	3.6	0.96
机动车	Motor Vehicle				0.76
工业二氧化硫产生量(万吨)	Volume of Sulphur Dioxide Produced (10 000 tons)				119.94
工业烟(粉)尘产生量(万吨)	Volume of Industrial Soot(Dust) Produced (10 000 tons)				2325.66

19-1 续表 continued

指　　标	Item	2001	2005	2010	2011
固体废物	**Solid Wastes**				
工业固体废物产生量(万吨)	Volume of Industrial Solid Wastes Produced (10 000 tons)	430.70	718.75	2465.46	3349.05
危险废物	Hazardous Wastes	0.04		4.06	4.93
工业固体废物综合利用率(%)	Ratio of Industrial Solid Wastes Utilized(%)	38.81	53.87	57.49	61.26
工业固体废物排放量(万吨)	Volume of Industrial Solid Wastes Discharged (10 000 tons)	3.84	4.10	0.92	1.72
工业污染治理项目及投资情况	**Investment Completed in the Treatment of Industrial Pollution**				
当年施工污染治理项目数(个)	Number of Projects for Pollution Treatment(unit)	86	76	21	112
污染治理项目本年完成投资额(万元)	Investment Completed in the Treatment of Pollution This Year	29121.8	17709.8	40896.0	46091.15
废水治理	Treatment of Waste Water	18412.2	5327.0	23478.0	20016.89
废气治理	Treatment of Waste Gas	9172.8	9993.3	5618.0	23140.37
固体废物治理	Treatment of Solid Waste	1376.8	889.5		1110.59
其他治理	Treatment of Other Pollution	160.0	1500.0	11800.0	1823.30
生态环境保护情况	**Situation of Natural Protection**				
自然保护区(个)	Number of Nature Reserves(unit)	8	13	13	13
国家级	Nation Level	4	5	6	6
自然保护区面积(万公顷)	Area of Nature Reserves(10 000 hectares)	23.0	54.7	47.0	53.42
自然保护区面积占辖区面积比例(%)	Percentage of Nature Reserves in the Region(%)	4.4	8.2	8.2	8.2

19-2 工业分行业废水排放及处理情况(2011 年)
Discharge and Treatment of Waste Water by Sector(2011)

行业	Sector	汇总工业企业数(个) Number of Industrial Enterprises (unit)	工业废水排放量(万吨) Volume of Industrial Waste Water Discharge (10 000 tons)
煤炭开采和洗选业	Mining and Washing of Coal	54	1104.70
石油和天然气开采业	Extraction of Petroleum and Natural Gas	1	
非金属矿采选业	Mining and Processing of Non-metal Ores	5	
农副食品加工业	Processing of Food from Agricultural Products	140	392.02
食品制造业	Manufacture of Foods	26	2383.99
酒、饮料和精制茶制造业	Manufacture of Wine,Beverages and Refined Tea	19	516.82
烟草制品业	Manufacture of Tobacco	1	6.25
纺织业	Manufacture of Textile	11	57.71
皮革、毛皮、羽毛(绒)及其制品业	Manufacture of Leather,Fur,Feather and Related Products	11	41.50
造纸及纸制品业	Manufacture of Paper and Paper Products	22	7247.97
石油加工、炼焦及核燃料加工业	Processing of Petroleum, Coking, Processing of Nuclear Fuel	29	107.78
化学原料及化学制品制造业	Manufacture of Raw Chemical Materials and Chemical Products	103	3316.42
医药制造业	Manufacture of Medicines	11	923.42
橡胶和塑料制品业	Manufacture of Rubber and Plastics	1	108.00
非金属矿物制品业	Manufacture of Non-metallic Mineral Products	281	43.27
黑色金属冶炼及压延加工业	Smelting and Pressing of Ferrous Metals	66	70.03
有色金属冶炼及压延加工业	Smelting and Pressing of Non-ferrous Metals	27	690.45
金属制品业	Manufacture of Metal Products	5	144.60
通用设备制造业	Manufacture of General Purpose Machinery	4	13.16
专用设备制造业	Manufacture of Special Purpose Machinery	5	15.70
汽车制造业	Manufacture of Automotive	1	16.85
电气机械及器材制造业	Manufacture of Electrical Machinery and Equipment	5	19.09
计算机、通信和其他电子设备制造业	Manufacture of Computers,Communication Equipment and Other Electronic Equipment	2	4.40
其他制造业	Other Manufacturing	2	1.83
金属制品、机械和设备修理业	Metal Products, Machinery and Equipment Repair Industry	1	
电力、热力的生产和供应业	Production and Supply of Electric power and Heat Power	105	149.13

19-2 续表 continued

行 业	Sector	其中:排入污水处理厂的量(万吨) Volume of Waste Water Discharged into Sewage Disposal Plants(ton)	废水治理设施数(套) Number of Facilities for Treatment of Waste Water(set)
煤炭开采和洗选业	Mining and Washing of Coal		64
石油和天然气开采业	Extraction of Petroleum and Natural Gas		
非金属矿采选业	Mining and Processing of Non-metal Ores		
农副食品加工业	Processing of Food from Agricultural Products	10.67	5
食品制造业	Manufacture of Foods	0.40	13
酒、饮料和精制茶制造业	Manufacture of Wine,Beverages and Refined Tea		7
烟草制品业	Manufacture of Tobacco		
纺织业	Manufacture of Textile		3
皮革、毛皮、羽毛(绒)及其制品业	Manufacture of Leather,Fur,Feather and Related Products		9
造纸及纸制品业	Manufacture of Paper and Paper Products	38.84	23
石油加工、炼焦及核燃料加工业	Processing of Petroleum, Coking, Processing of Nuclear Fuel	20.15	30
化学原料及化学制品制造业	Manufacture of Raw Chemical Materials and Chemical Products	1009.45	68
医药制造业	Manufacture of Medicines		7
橡胶和塑料制品业	Manufacture of Rubber and Plastics	108.00	2
非金属矿物制品业	Manufacture of Non-metallic Mineral Products		60
黑色金属冶炼及压延加工业	Smelting and Pressing of Ferrous Metals	47.58	17
有色金属冶炼及压延加工业	Smelting and Pressing of Non-ferrous Metals		7
金属制品业	Manufacture of Metal Products		9
通用设备制造业	Manufacture of General Purpose Machinery	13.16	2
专用设备制造业	Manufacture of Special Purpose Machinery		1
汽车制造业	Manufacture of Automotive		1
电气机械及器材制造业	Manufacture of Electrical Machinery and Equipment	4.43	4
计算机、通信和其他电子设备制造业	Manufacture of Computers,Communication Equipment and Other Electronic Equipment		
其他制造业	Other Manufacturing		6
金属制品、机械和设备修理业	Metal Products, Machinery and Equipment Repair Industry		
电力、热力的生产和供应业	Production and Supply of Electric Power and Heat Power		59

19-3 工业分行业废气排放及处理情况(2011 年)
Emission and Treatment of Waste Gas by Sector (2011)

行　业	Sector	废气治理设施数(套) Number of Facilities for Treatment of Waste Gas(set)	工业废气排放总量(万标立方米) Total Volume of Industrial Waste Gas Emission(10 000 cu.m)
煤炭开采和洗选业	Mining and Washing of Coal	92	179065
石油和天然气开采业	Extraction of Petroleum and Natural Gas		1884
非金属矿采选业	Mining and Processing of Non-metal Ores		1582
农副食品加工业	Processing of Food from Agricultural Products	11	30767
食品制造业	Manufacture of Foods	38	748535
酒、饮料和精制茶制造业	Manufacture of Wine,Beverages and Refined Tea	20	162413
烟草制品业	Manufacture of Tobacco		9552
纺织业	Manufacture of Textile	12	8531
皮革、毛皮、羽毛(绒)及其制品业	Manufacture of Leather,Fur,Feather and Related Products	7	2182
造纸及纸制品业	Manufacture of Paper and Paper Products	36	1571819
石油加工、炼焦及核燃料加工业	Processing of Petroleum, Coking, Processing of Nuclear Fuel	29	2620370
化学原料及化学制品制造业	Manufacture of Raw Chemical Materials and Chemical Products	244	9779436
医药制造业	Manufacture of Medicines	35	726454
橡胶和塑料制品业	Manufacture of Rubber and Plastics	12	87155
非金属矿物制品业	Manufacture of Non-metallic Mineral Products	469	12593722
黑色金属冶炼及压延加工业	Smelting and Pressing of Ferrous Metals	183	7561940
有色金属冶炼及压延加工业	Smelting and Pressing of Non-ferrous Metals	90	13635501
金属制品业	Manufacture of Metal Products	13	105448
通用设备制造业	Manufacture of General Purpose Machinery		36696
专用设备制造业	Manufacture of Special Purpose Machinery	25	31661
汽车制造业	Manufacture of Automotive	4	710
电气机械及器材制造业	Manufacture of Electrical Machinery and Equipment	4	17324
计算机、通信和其他电子设备制造业	Manufacture of Computers,Communication Equipment and Other Electronic Equipment	1	1621
其他制造业	Other Manufacturing	7	3379
金属制品、机械和设备修理业	Metal Products, Machinery and Equipment Repair Industry	4	4631
电力、热力的生产和供应业	Production and Supply of Electric power and Heat Power	383	50636902

19-3 续表 1 continued1

行　业	Sector	工业二氧化硫产生量(吨) Volume of Sulphur Dioxide Produced (ton)	工业二氧化硫排放量 (吨) Volume of Sulphur Dioxide Emission (ton)
煤炭开采和洗选业	Mining and Washing of Coal	1961.46	1961.46
石油和天然气开采业	Extraction of Petroleum and Natural Gas	1.16	1.16
非金属矿采选业	Mining and Processing of Non-metal Ores	19.67	19.67
农副食品加工业	Processing of Food from Agricultural Products	572.2810	572.28
食品制造业	Manufacture of Foods	15653.77	11847.83
酒、饮料和精制茶制造业	Manufacture of Wine,Beverages and Refined Tea	1358.82	1230.48
烟草制品业	Manufacture of Tobacco	3.65	3.65
纺织业	Manufacture of Textile	103.32	103.32
皮革、毛皮、羽毛(绒)及其制品业	Manufacture of Leather,Fur,Feather and Related Products	17.82	17.82
造纸及纸制品业	Manufacture of Paper and Paper Products	18882.18	18336.72
石油加工、炼焦及核燃料加工业	Processing of Petroleum, Coking, Processing of Nuclear Fuel	15094.22	15094.22
化学原料及化学制品制造业	Manufacture of Raw Chemical Materials and Chemical Products	69613.26	68638.17
医药制造业	Manufacture of Medicines	13415.76	8696.96
橡胶和塑料制品业	Manufacture of Rubber and Plastics	584.00	584.00
非金属矿物制品业	Manufacture of Non-metallic Mineral Products	15192.08	15192.08
黑色金属冶炼及压延加工业	Smelting and Pressing of Ferrous Metals	13263.94	13174.44
有色金属冶炼及压延加工业	Smelting and Pressing of Non-ferrous Metals	36566.26	32936.86
金属制品业	Manufacture of Metal Products	540.80	540.80
通用设备制造业	Manufacture of General Purpose Machinery		
专用设备制造业	Manufacture of Special Purpose Machinery	678.98	678.98
汽车制造业	Manufacture of Automotive	9.16	9.16
电气机械及器材制造业	Manufacture of Electrical Machinery and Equipment	87.05	87.05
计算机、通信和其他电子设备制造业	Manufacture of Computers,Communication Equipment and Other Electronic Equipment	18.72	18.72
其他制造业	Other Manufacturing	60.99	60.99
金属制品、机械和设备修理业	Metal Products, Machinery and Equipment Repair Industry	36.00	36.00
电力、热力的生产和供应业	Production and Supply of Electric power and Heat Power	995628.41	186124.35

19-3 续表 2 continued2

行　业	Sector	工业氮氧化物产生量(吨) Volume of Industrial Nitrogen Oxides Produced(ton)	工业氮氧化物排放量(吨) Volume of Industrial Nitrogen Oxides Discharged(ton)
煤炭开采和洗选业	Mining and Washing of Coal	425.21	425.21
石油和天然气开采业	Extraction of Petroleum and Natural Gas	4.41	4.41
非金属矿采选业	Mining and Processing of Non-metal Ores	4.50	4.50
农副食品加工业	Processing of Food from Agricultural Products	118.88	118.88
食品制造业	Manufacture of Foods	2663.63	2663.63
酒、饮料和精制茶制造业	Manufacture of Wine,Beverages and Refined Tea	209.81	209.81
烟草制品业	Manufacture of Tobacco	52.38	52.38
纺织业	Manufacture of Textile	23.46	23.46
皮革、毛皮、羽毛(绒)及其制品业	Manufacture of Leather,Fur,Feather and Related Products	6.23	6.23
造纸及纸制品业	Manufacture of Paper and Paper Products	4900.34	4900.34
石油加工、炼焦及核燃料加工业	Processing of Petroleum, Coking, Processing of Nuclear Fuel	2790.54	2790.54
化学原料及化学制品制造业	Manufacture of Raw Chemical Materials and Chemical Products	25968.24	25968.24
医药制造业	Manufacture of Medicines	3057.56	3057.56
橡胶和塑料制品业	Manufacture of Rubber and Plastics	214.62	214.62
非金属矿物制品业	Manufacture of Non-metallic Mineral Products	20840.10	20840.10
黑色金属冶炼及压延加工业	Smelting and Pressing of Ferrous Metals	4079.63	4079.63
有色金属冶炼及压延加工业	Smelting and Pressing of Non-ferrous Metals	2079.21	2079.21
金属制品业	Manufacture of Metal Products	151.76	151.76
通用设备制造业	Manufacture of General Purpose Machinery		
专用设备制造业	Manufacture of Special Purpose Machinery	77.25	77.25
汽车制造业	Manufacture of Automotive	2.11	2.11
电气机械及器材制造业	Manufacture of Electrical Machinery and Equipment	19.25	19.25
计算机、通信和其他电子设备制造业	Manufacture of Computers,Communication Equipment and Other Electronic Equipment	4.41	4.41
其他制造业	Other Manufacturing	6.81	6.81
金属制品、机械和设备修理业	Metal Products, Machinery and Equipment Repair Industry	13.23	13.23
电力、热力的生产和供应业	Production and Supply of Electric power and Heat Power	314519.64	291380.33

19-3 续表 3 continued3

行 业	Sector	工业烟(粉)尘产生量(吨) Volume of Industrial Soot(Dust) Produced (ton)	工业烟(粉)尘排放量(吨) Volume of Industrial Soot(Dust) Emission (ton)
煤炭开采和洗选业	Mining and Washing of Coal	5070.85	877.60
石油和天然气开采业	Extraction of Petroleum and Natural Gas	4.02	4.02
非金属矿采选业	Mining and Processing of Non-metal Ores	37.96	37.96
农副食品加工业	Processing of Food from Agricultural Products	1337.39	320.34
食品制造业	Manufacture of Foods	124211.64	1837.81
酒、饮料和精制茶制造业	Manufacture of Wine,Beverages and Refined Tea	2049.93	491.11
烟草制品业	Manufacture of Tobacco		
纺织业	Manufacture of Textile	143.29	51.48
皮革、毛皮、羽毛(绒)及其制品业	Manufacture of Leather,Fur,Feather and Related Products	55.15	20.82
造纸及纸制品业	Manufacture of Paper and Paper Products	130301.93	5003.99
石油加工、炼焦及核燃料加工业	Processing of Petroleum, Coking, Processing of Nuclear Fuel	36948.43	5053.58
化学原料及化学制品制造业	Manufacture of Raw Chemical Materials and Chemical Products	753954.37	27033.66
医药制造业	Manufacture of Medicines	160879.07	4717.08
橡胶和塑料制品业	Manufacture of Rubber and Plastics	7475.00	299.00
非金属矿物制品业	Manufacture of Non-metallic Mineral Products	2352846.57	29205.06
黑色金属冶炼及压延加工业	Smelting and Pressing of Ferrous Metals	5805396.77	50345.08
有色金属冶炼及压延加工业	Smelting and Pressing of Non-ferrous Metals	406173.26	7788.49
金属制品业	Manufacture of Metal Products	2855.50	344.00
通用设备制造业	Manufacture of General Purpose Machinery	47.68	47.68
专用设备制造业	Manufacture of Special Purpose Machinery	345.15	158.41
汽车制造业	Manufacture of Automotive	14.71	2.21
电气机械及器材制造业	Manufacture of Electrical Machinery and Equipment	227.13	30.11
计算机、通信和其他电子设备制造业	Manufacture of Computers,Communication Equipment and Other Electronic Equipment	43.13	5.52
其他制造业	Other Manufacturing	649.45	31.65
金属制品、机械和设备修理业	Metal Products, Machinery and Equipment Repair Industry	83.25	25.31
电力、热力的生产和供应业	Production and Supply of Electric power and Heat Power	13465415.93	48675.32

19-4 工业分行业工业固体废物产生及处理利用情况（2011 年）
Production, Treatment and Utilization of Industrial Solid Wastes by Sector(2011)

行　业	Sector	工业固体废物产生量(万吨) Volume of Industrial Solid Wastes Produced (10 000 tons)	工业固体废物综合利用量(万吨) Hazardous Wastes (ton)
煤炭开采和洗选业	Mining and Washing of Coal	759.52	
石油和天然气开采业	Extraction of Petroleum and Natural Gas	0.03	
非金属矿采选业	Mining and Processing of Non-metal Ores	8.10	
农副食品加工业	Processing of Food from Agricultural Products	12.57	
食品制造业	Manufacture of Foods	42.81	
酒、饮料和精制茶制造业	Manufacture of Wine,Beverages and Refined Tea	7.25	
烟草制品业	Manufacture of Tobacco		
纺织业	Manufacture of Textile	0.50	
皮革、毛皮、羽毛(绒)及其制品业	Manufacture of Leather,Fur,Feather and Related Products	0.02	
造纸及纸制品业	Manufacture of Paper and Paper Products	41.40	
石油加工、炼焦及核燃料加工业	Processing of Petroleum, Coking, Processing of Nuclear Fuel	8.54	1.14
化学原料及化学制品制造业	Manufacture of Raw Chemical Materials and Chemical Products	371.63	3.29
医药制造业	Manufacture of Medicines	26.73	
橡胶和塑料制品业	Manufacture of Rubber and Plastics	2.34	
非金属矿物制品业	Manufacture of Non-metallic Mineral Products	8.77	0.01
黑色金属冶炼及压延加工业	Smelting and Pressing of Ferrous Metals	196.52	
有色金属冶炼及压延加工业	Smelting and Pressing of Non-ferrous Metals	40.68	0.45
金属制品业	Manufacture of Metal Products	0.60	
通用设备制造业	Manufacture of General Purpose Machinery	0.54	0.01
专用设备制造业	Manufacture of Special Purpose Machinery	0.71	
汽车制造业	Manufacture of Automotive	0.04	0.01
电气机械及器材制造业	Manufacture of Electrical Machinery and Equipment	0.02	0.02
计算机、通信和其他电子设备制造业	Manufacture of Computers,Communication Equipment and Other Electronic Equipment	0.04	
其他制造业	Other Manufacturing	0.04	
金属制品、机械和设备修理业	Metal Products, Machinery and Equipment Repair Industry	0.06	
电力、热力的生产和供应业	Production and Supply of Electric power and Heat Power	1614.30	

19-4 续表1 continued1

行　业	Sector	工业固体废物综合利用量（万吨）Volume of Industrial Solid Wastes Utilized (10 000 tons)	工业固体废物贮存量(万吨) Volume of Industrial Solid Wastes in Stocks (10 000 tons)
煤炭开采和洗选业	Mining and Washing of Coal	402.36	34.66
石油和天然气开采业	Extraction of Petroleum and Natural Gas	0.03	
非金属矿采选业	Mining and Processing of Non-metal Ores	7.69	
农副食品加工业	Processing of Food from Agricultural Products	12.46	
食品制造业	Manufacture of Foods	42.81	
酒、饮料和精制茶制造业	Manufacture of Wine,Beverages and Refined Tea	7.23	
烟草制品业	Manufacture of Tobacco		
纺织业	Manufacture of Textile	0.25	
皮革、毛皮、羽毛(绒)及其制品业	Manufacture of Leather,Fur,Feather and Related Products	0.03	
造纸及纸制品业	Manufacture of Paper and Paper Products	32.94	
石油加工、炼焦及核燃料加工业	Processing of Petroleum, Coking, Processing of Nuclear Fuel	6.13	0.89
化学原料及化学制品制造业	Manufacture of Raw Chemical Materials and Chemical Products	242.34	36.83
医药制造业	Manufacture of Medicines	26.54	
橡胶和塑料制品业	Manufacture of Rubber and Plastics	2.34	
非金属矿物制品业	Manufacture of Non-metallic Mineral Products	8.17	0.04
黑色金属冶炼及压延加工业	Smelting and Pressing of Ferrous Metals	151.48	44.08
有色金属冶炼及压延加工业	Smelting and Pressing of Non-ferrous Metals	13.69	0.71
金属制品业	Manufacture of Metal Products	0.01	
通用设备制造业	Manufacture of General Purpose Machinery	0.45	
专用设备制造业	Manufacture of Special Purpose Machinery	0.71	
汽车制造业	Manufacture of Automotive	0.03	
电气机械及器材制造业	Manufacture of Electrical Machinery and Equipment	0.02	
计算机、通信和其他电子设备制造业	Manufacture of Computers,Communication Equipment and Other Electronic Equipment	0.04	
其他制造业	Other Manufacturing	0.01	
金属制品、机械和设备修理业	Metal Products, Machinery and Equipment Repair Industry	0.07	
电力、热力的生产和供应业	Production and Supply of Electric power and Heat Power	935.07	310.08

19-4 续表2 continued2

行 业	Sector	工业固体废物处置量(万吨) Volume of Industrial Solid Wastes Treated (10 000 tons)	工业固体废物排放量(万吨) Volume of Industrial Solid Wastes Discharged (10 000 tons)
煤炭开采和洗选业	Mining and Washing of Coal	323.50	0.10
石油和天然气开采业	Extraction of Petroleum and Natural Gas		
非金属矿采选业	Mining and Processing of Non-metal Ores	0.40	
农副食品加工业	Processing of Food from Agricultural Products		0.11
食品制造业	Manufacture of Foods		
酒、饮料和精制茶制造业	Manufacture of Wine,Beverages and Refined Tea	0.02	
烟草制品业	Manufacture of Tobacco		
纺织业	Manufacture of Textile		0.25
皮革、毛皮、羽毛(绒)及其制品业	Manufacture of Leather,Fur,Feather and Related Products		
造纸及纸制品业	Manufacture of Paper and Paper Products	8.42	0.04
石油加工、炼焦及核燃料加工业	Processing of Petroleum, Coking, Processing of Nuclear Fuel	1.81	
化学原料及化学制品制造业	Manufacture of Raw Chemical Materials and Chemical Products	91.66	0.79
医药制造业	Manufacture of Medicines		0.20
橡胶和塑料制品业	Manufacture of Rubber and Plastics		
非金属矿物制品业	Manufacture of Non-metallic Mineral Products	0.55	0.01
黑色金属冶炼及压延加工业	Smelting and Pressing of Ferrous Metals	0.85	0.11
有色金属冶炼及压延加工业	Smelting and Pressing of Non-ferrous Metals	26.27	
金属制品业	Manufacture of Metal Products	0.58	
通用设备制造业	Manufacture of General Purpose Machinery	0.03	0.06
专用设备制造业	Manufacture of Special Purpose Machinery		
汽车制造业	Manufacture of Automotive	0.01	
电气机械及器材制造业	Manufacture of Electrical Machinery and Equipment		
计算机、通信和其他电子设备制造业	Manufacture of Computers,Communication Equipment and Other Electronic Equipment		
其他制造业	Other Manufacturing	0.03	
金属制品、机械和设备修理业	Metal Products, Machinery and Equipment Repair Industry		
电力、热力的生产和供应业	Production and Supply of Electric power and Heat Power	376.85	

19-5 各市县工业废水排放及处理情况(2011 年)

Discharge and Treatment of Industrial Waste Water by City and Country(2011)

地 区	Region	汇总工业企业数(个) Number of Industrial Enterprises (unit)	工业废水排放总量(万吨) Volume of Industrial Waste Water Discharge (10 000 tons)	排入污水处理厂的(吨) Volume of Waste Water Discharged into Sewage Disposal Plants(ton)	废水治理设施数(套) Number of Facilities for Treatment of Waste Water(set)
全区总计	**Total**	**938**	**18666.37**	**1289.26**	**397**
银 川 市	**Yinchuan**	**152**	**6078.19**	**1178.12**	**76**
银 川 市	District	74	1384.74	1139.28	25
永 宁 县	Yongning	24	3035.12	38.84	18
贺 兰 县	Helan	33	1220.59		15
灵 武 市	Lingwu	21	437.74		18
石嘴山市	**Shizuishan**	**280**	**1435.15**	**102.00**	**215**
石嘴山市	District	136	765.19	102.00	106
平 罗 县	Pingluo	144	669.96		109
吴 忠 市	**Wuzhong**	**129**	**3697.75**		**41**
利 通 区	Litong	56	1551.13		12
红寺堡区	Hongsipu	10	9.00		
盐 池 县	Yanchi	18	93.86		1
同 心 县	Tongxin	4	0.65		
青铜峡市	Qingtongxia	41	2043.11		28
固 原 市	**Guyuan**	**273**	**221.18**		**6**
原 州 区	Yuanzhou	55	65.93		3
西 吉 县	Xiji	136	97.72		
隆 德 县	Longde	34	20.16		
泾 源 县	Jingyuan	10	5.77		
彭 阳 县	Pengyang	38	31.60		3
中 卫 市	**Zhongwei**	**80**	**5289.60**	**9.14**	**25**
沙坡头区	Shapotou	40	4764.48		15
中 宁 县	Zhongning	31	466.18	9.14	10
海 原 县	Haiyuan	9	58.94		
宁东地区	**Ningdong District**	**24**	**1944.51**		**34**
宁 东	Ningdong	24	1944.51		34

19-6 各市县工业废气排放及处理情况(2011年)

Emission and Treatment of Industrial Waste Gas by City and Country(2011)

地　区	Region	废气治理设施数(套) Number of Facilities for Treatment of Waste Gas(set)	工业废气排放总量(亿标立方米) Total Volume of Industrial Waste Gas Emission (100 million cu.m)	工业二氧化硫产生量(吨) Volume of Sulphur Dioxide Emission (ton)	工业二氧化硫排放量(吨) Volume of Sulphur Dioxide Produced (ton)
全区总计	**Total**	**1719**	**10055.93**	**1199363.76**	**387864.87**
银川市	**Yinchuan**	**344**	**1751.99**	**262374.51**	**75355.49**
银川市	District	195	643.24	46388.76	23549.37
永宁县	Yongning	52	229.81	23606.62	17083.42
贺兰县	Helan	45	90.98	7754.61	5564.04
灵武市	Lingwu	52	787.95	184624.52	29158.66
石嘴山市	**Shizuishan**	**569**	**2497.70**	**360160.54**	**95921.24**
石嘴山市	District	365	2142.35	335784.67	75513.88
平罗县	Pingluo	204	355.34	24375.88	20407.37
吴忠市	**Wuzhong**	**416**	**2435.37**	**218744.78**	**74508.69**
利通区	Litong	141	201.28	11207.29	11305.07
红寺堡区	Hongsipu	1	6.35	306.12	426.40
盐池县	Yanchi	20	104.44	4566.95	3431.95
同心县	Tongxin	5	3.07	419.89	463.89
青铜峡市	Qingtongxia	249	2120.24	202244.53	58881.39
固原市	**Guyuan**	**54**	**199.21**	**38530.65**	**11497.41**
原州区	Yuanzhou	30	150.79	35906.82	8619.83
西吉县	Xiji	2	5.07	500.74	580.09
隆德县	Longde	5	9.78	824.08	849.09
泾源县	Jingyuan	4	23.63	493.85	549.96
彭阳县	Pengyang	13	9.94	805.17	898.45
中卫市	**Zhongwei**	**230**	**1229.23**	**65158.14**	**45250.14**
沙坡头区	Shapotou	171	692.62	27930.99	29045.97
中宁县	Zhongning	59	529.69	37045.98	15998.00
海原县	Haiyuan		6.92	181.17	206.17
宁东地区	**Ningdong District**	**106**	**1942.43**	**254395.14**	**85331.90**
宁　东	Ningdong	106	1942.43	254395.14	85331.90

19-6 续表 continued

地　区	Region	工业氮氧化物产生量(吨) Volume of Industrial Nitrogen Oxides Produced(ton)	工业氮氧化物排放量(吨) Volume of Industrial Nitrogen Oxides Discharged(ton)	工业烟(粉)尘产生量(吨) Volume of Industrial Soot(Dust) Produced(ton)	工业烟(粉)尘排放量(吨) Volume of Industrial Soot(Dust) Emission(ton)
全区总计	**Total**	**382233.21**	**385860.14**	**23256567.54**	**198220.44**
银川市	**Yinchuan**	**66044.41**	**67382.91**	**4285986.00**	**26415.01**
银川市	District	22972.60	24566.83	943910.71	9726.45
永宁县	Yongning	6192.01	6444.81	515676.45	4891.13
贺兰县	Helan	1933.97	2005.15	114563.30	7107.08
灵武市	Lingwu	34945.83	34366.12	2711835.54	4690.34
石嘴山市	**Shizuishan**	**103319.06**	**101978.39**	**10358858.17**	**85451.48**
石嘴山市	District	100940.39	99392.24	10024695.51	44723.20
平罗县	Pingluo	2378.67	2586.15	334162.66	40728.29
吴忠市	**Wuzhong**	**90844.66**	**89288.33**	**4485704.42**	**18415.99**
利通区	Litong	2691.56	2919.56	139123.88	2646.02
红寺堡区	Hongsipu	70.21	90.21	415.12	121.98
盐池县	Yanchi	2332.42	2584.69	496622.70	1687.25
同心县	Tongxin	54.10	63.77	2596.75	59.67
青铜峡市	Qingtongxia	85696.37	83630.09	3846945.97	13901.07
固原市	**Guyuan**	**8739.95**	**9305.68**	**296437.63**	**2797.63**
原州区	Yuanzhou	7557.59	7949.89	277576.32	843.76
西吉县	Xiji	186.28	216.26	765.26	891.77
隆德县	Longde	173.90	178.78	4086.92	325.69
泾源县	Jingyuan	640.45	749.34	12988.75	382.75
彭阳县	Pengyang	181.75	211.42	1020.39	353.66
中卫市	**Zhongwei**	**35977.11**	**40049.82**	**1222856.53**	**42390.01**
沙坡头区	Shapotou	8778.09	9935.09	580272.54	36656.99
中宁县	Zhongning	27128.28	30031.99	641543.75	4520.78
海原县	Haiyuan	70.74	82.74	1040.24	1212.24
宁东地区	**Ningdong District**	**77308.02**	**77855.02**	**2606724.79**	**22750.32**
宁　东	Ningdong	77308.02	77855.02	2606724.79	22750.32

19-7 各市县工业固体废物产生及处理利用情况(2011 年)

Production, Treatment and Utilization of Industrial Solid Wastes by City and Country(2011)

地区	Region	工业固体废物产生量(万吨) Volume of Industrial Solid Wastes Produced (10 000 tons)	危险废物产生量(吨) Hazardous Wastes (ton)	工业固体废物综合利用量(万吨) Volume of Industrial Solid Wastes Utilized (10 000 tons)	危险废物综合利用量(吨) Hazardous Wastes (ton)	工业固体废物贮存量(万吨) Volume of Industrial Solid Wastes in Stocks (10 000 tons)	危险废物贮存量(吨) Hazardous Wastes (ton)
全区总计	**Total**	**3349.06**	**4.93**	**2051.57**	**3.93**	**435.65**	**0.36**
银川市	**Yinchuan**	**627.75**	**3.03**	**526.09**	**2.60**	**28.18**	
银川市	District	138.10	2.73	131.19	2.40	2.18	
永宁县	Yongning	66.34	0.03	59.67	0.03		
贺兰县	Helan	21.38	0.20	21.28	0.10		
灵武市	Lingwu	401.93	0.08	313.94	0.08	26.00	
石嘴山市	**Shizuishan**	**899.49**	**1.40**	**472.72**	**1.31**	**72.56**	
石嘴山市	District	702.70	1.38	275.94	1.30	72.56	
平罗县	Pingluo	196.79	0.03	196.78	0.01		
吴忠市	**Wuzhong**	**523.82**	**0.40**	**465.74**		**60.26**	**0.30**
利通区	Litong	38.85	0.01	36.77		1.28	
红寺堡区	Hongsipu	0.26		0.26			
盐池县	Yanchi	7.68		5.12		0.45	
同心县	Tongxin	0.01		0.01			
青铜峡市	Qingtongxia	477.02	0.39	423.59		58.54	0.30
固原市	**Guyuan**	**90.45**		**66.41**		**24.01**	
原州区	Yuanzhou	44.17		20.15		24.01	
西吉县	Xiji	0.28		0.28			
隆德县	Longde	6.45		6.45			
泾源县	Jingyuan	0.42		0.42			
彭阳县	Pengyang	39.13		39.10			
中卫市	**Zhongwei**	**334.70**	**0.08**	**231.84**		**56.20**	**0.06**
沙坡头区	Shapotou	104.11		95.59		0.25	
中宁县	Zhongning	229.29	0.08	134.95		55.96	0.06
海原县	Haiyuan	1.29		1.29			
宁东地区	**Ningdong District**	**872.86**	**0.03**	**288.77**	**0.02**	**194.44**	
宁 东	Ningdong	872.86	0.03	288.77	0.02	194.44	

19-7 续表 continued

地 区	Region	工业固体废物处置量(万吨) Volume of Industrial Solid Wastes Treated (10 000 tons)	危险废物处置量(吨) Hazardous Wastes(ton)	工业固体废物排放量(万吨) Volume of Industrial Solid Wastes Discharged (10 000 tons)	危险废物排放量(吨) Hazardous Wastes(ton)
全区总计	**Total**	**865.84**	**0.64**	**1.72**	
银川市	**Yinchuan**	**72.87**	**0.42**	**0.61**	
银川市	District	4.45	0.32	0.27	
永宁县	Yongning	6.43		0.24	
贺兰县	Helan	0.10	0.10		
灵武市	Lingwu	61.89		0.10	
石嘴山市	**Shizuishan**	**355.61**	**0.09**		
石嘴山市	District	355.60	0.08		
平罗县	Pingluo	0.02	0.02		
吴忠市	**Wuzhong**	**2.34**	**0.10**	**0.80**	
利通区	Litong	0.01	0.01	0.80	
红寺堡区	Hongsipu				
盐池县	Yanchi	2.12			
同心县	Tongxin				
青铜峡市	Qingtongxia	0.21	0.09		
固原市	**Guyuan**			**0.03**	
原州区	Yuanzhou				
西吉县	Xiji				
隆德县	Longde				
泾源县	Jingyuan				
彭阳县	Pengyang			0.03	
中卫市	**Zhongwei**	**42.99**	**0.01**	**0.29**	
沙坡头区	Shapotou	4.72			
中宁县	Zhongning	38.26	0.01	0.29	
海原县	Haiyuan				
宁东地区	**Ningdong District**	**392.03**	**0.01**		
宁 东	Ningdong	392.03	0.01		

19-8 各市县生活污染物排放情况(2011年)
Discharge of Pollutions from Daily Life by City and Country(2011)

地 区	Region	城镇生活污水排放量(万吨) Consumption Waste Water Discharge in City and Town (10 000 tons)	城镇处理生活污水量(万吨) Consumption Waste Water Treated (10 000 tons)	城镇生活污水处理率(%) Ratio of Consumption Waste Water Treated (%)	城镇生活污水中COD排放量(吨) COD Discharge Volume (ton)
全区总计	**Total**	**20137.99**	**16156.86**	**80.23**	**18568.07**
银川市	**Yinchuan**	**11248.91**	**10349.86**	**92.01**	**3600.10**
银川市	District	7380.49	9159.23	124.10	2187.03
永宁县	Yongning	1272.05	440.97	34.67	459.20
贺兰县	Helan	1303.64	273.90	21.01	344.19
灵武市	Lingwu	1292.73	475.76	36.80	609.67
石嘴山市	**Shizuishan**	**3547.54**	**2764.80**	**77.94**	**3488.39**
石嘴山市	District	2873.02	2313.76	80.53	2825.11
平罗县	Pingluo	674.53	451.04	66.87	663.28
吴忠市	**Wuzhong**	**2806.76**	**1734.09**	**61.78**	**3423.72**
利通区	Litong	1365.21	1202.09	88.05	54.34
红寺堡区	Hongsipu	184.05			992.26
盐池县	Yanchi	197.08			1062.50
同心县	Tongxin	461.86			1278.90
青铜峡市	Qingtongxia	598.57	532.00	88.88	35.72
固原市	**Guyuan**	**843.00**	**365.44**	**43.35**	**3756.16**
原州区	Yuanzhou	391.00	317.86	81.29	1638.49
西吉县	Xiji	218.00			664.81
隆德县	Longde	96.00			678.27
泾源县	Jingyuan	44.00	47.5800	108.14	241.38
彭阳县	Pengyang	94.00			533.22
中卫市	**Zhongwei**	**1469.12**	**942.67**	**64.17**	**3168.20**
沙坡头区	Shapotou	728.36	614.67	84.39	1584.10
中宁县	Zhongning	488.91	328.00	67.09	1045.51
海原县	Haiyuan	251.85			538.59
宁东地区	**Ningdong District**	222.65			1131.50
宁 东	Ningdong	222.65			1131.50

19-8 续表 continued

地　区	Region	城镇生活污水中氨氮排放量(吨) Ammonia Nitrogen Discharge from Consumption Waste Water in Urban Area (ton)	生活二氧化硫排放量(吨) Volume of Nitrogen Oxides Discharged by Consumption (ton)	生活氮氧化物排放量(吨) Volume of Sulphur Dioxide Emission by Consumption (ton)	生活烟尘排放量(吨) Volume of Consumption Soot Emission (ton)
全区总计	**Total**	**6397.82**	**22520.40**	**2672.26**	**9584.75**
银川市	**Yinchuan**	**2914.82**	**5428.10**	**929.16**	**2538.00**
银川市	District	1940.75	3513.90	717.50	1603.50
永宁县	Yongning	297.42	594.49	65.23	309.00
贺兰县	Helan	289.80	607.24	66.86	322.00
灵武市	Lingwu	386.85	712.47	79.56	303.50
石嘴山市	**Shizuishan**	**980.13**	**6307.00**	**558.80**	**2650.04**
石嘴山市	District	793.77	1825.46	175.80	767.03
平罗县	Pingluo	186.36	4481.54	383.00	1883.01
吴忠市	**Wuzhong**	**942.23**	**3195.14**	**375.90**	**1156.61**
利通区	Litong	176.92	1269.39	149.34	459.51
红寺堡区	Hongsipu	122.27	274.79	32.32	99.47
盐池县	Yanchi	130.93	296.40	34.87	107.30
同心县	Tongxin	306.84	693.56	81.60	251.06
青铜峡市	Qingtongxia	205.27	661.00	77.77	239.28
固原市	**Guyuan**	**681.12**	**3141.60**	**400.40**	**1540.00**
原州区	Yuanzhou	317.58	1506.30	191.98	738.39
西吉县	Xiji	128.85	611.18	77.90	299.60
隆德县	Longde	84.56	312.01	39.77	152.95
泾源县	Jingyuan	46.78	221.91	28.28	108.78
彭阳县	Pengyang	103.35	490.20	62.48	240.30
中卫市	**Zhongwei**	**736.80**	**4165.00**	**380.20**	**1575.00**
沙坡头区	Shapotou	368.40	2071.00	183.40	783.00
中宁县	Zhongning	243.14	1381.00	136.80	522.00
海原县	Haiyuan	125.26	713.00	60.00	270.00
宁东地区	**Ningdong District**	**142.72**	**283.56**	**27.80**	**125.10**
宁　东	Ningdong	142.72	283.56	27.80	125.10

19-9 各市县工业污染治理项目及投资情况(2011年)
Investment in Anti-industrial Pollution Projects(2011)

单位:个 (unit)

地区	Region	汇总工业企业数 Number of Industrial Enterprises	本年施工项目数 Projects Under Construction	废水治理项目 Treatment of Waste Water	废气治理项目 Treatment of Waste Gas	固体废物治理项目 Treatment of Solid Waste	其他治理项目 Other Treatment Projects
全区总计	**Total**	**74**	**112**	**21**	**64**	**6**	**21**
银川市	**Yinchuan**	**12**	**15**	**3**	**9**		**3**
银川市	District	5	6		4		2
永宁县	Yongning	3	5	2	2		1
贺兰县	Helan	3	3	1	2		
灵武市	Lingwu	1	1		1		
石嘴山市	**Shizuishan**	**31**	**46**	**5**	**32**	**3**	**6**
石嘴山市	District	28	43	4	30	3	6
平罗县	Pingluo	3	3	1	2		
吴忠市	**Wuzhong**	**16**	**31**	**6**	**13**	**2**	**10**
利通区	Litong	11	22	4	9	1	8
红寺堡区	Hongsipu						
盐池县	Yanchi	5	9	2	4	1	2
同心县	Tongxin						
青铜峡市	Qingtongxia						
固原市	**Guyuan**	**1**	**1**	**1**			
原州区	Yuanzhou	1	1	1			
西吉县	Xiji						
隆德县	Longde						
泾源县	Jingyuan						
彭阳县	Pengyang						
中卫市	**Zhongwei**	**11**	**15**	**6**	**7**		**2**
沙坡头区	Shapotou	8	10	4	6		
中宁县	Zhongning	3	5	2	1		2
海原县	Haiyuan						
宁东地区	**Ningdong District**	**3**	**4**		**3**	**1**	
宁东	Ningdong	3	4		3	1	

19-9 续表 continued

地区	Region	施工项目本年完成投资额（万元）Investment Completed in Pollution Treatment Projects this Year (10 000 yuan)	废水治理项目 Treatment of Waste Water	废气治理项目 Treatment of Waste Gas	固体废物治理项目 Treatment of Solid Waste	其他治理项目 Other Treatment Projects	本年竣工项目数(个) Projects Completed (unit)
全区总计	**Total**	**46091.15**	**20016.89**	**23140.37**	**1110.59**	**1823.30**	**88**
银 川 市	**Yinchuan**	**12569.40**	**7106.00**	**5421.50**		**41.90**	**11**
银 川 市	District	2168.40		2146.50		21.90	6
永 宁 县	Yongning	8376.00	6706.00	1650.00		20.00	4
贺 兰 县	Helan	1606.00	400.00	1206.00			1
灵 武 市	Lingwu	419.00		419.00			
石嘴山市	**Shizuishan**	**8619.36**	**385.79**	**5783.98**	**1109.59**	**1340.00**	**38**
石嘴山市	District	8619.36	385.79	5783.98	1109.59	1340.00	35
平 罗 县	Pingluo						3
吴 忠 市	**Wuzhong**	**14711.00**	**9521.1**	**5077.50**	**1.00**	**111.40**	**28**
利 通 区	Litong	4705.00	3514.00	1102.00		89.00	21
红寺堡区	Hongsipu						
盐 池 县	Yanchi	10006.00	6007.10	3975.50	1.00	22.40	7
同 心 县	Tongxin						
青铜峡市	Qingtongxia						
固 原 市	**Guyuan**	**1695.00**	**1695.00**				**1**
原 州 区	Yuanzhou	1695.00	1695.00				1
西 吉 县	Xiji						
隆 德 县	Longde						
泾 源 县	Jingyuan						
彭 阳 县	Pengyang						
中 卫 市	**Zhongwei**	**8001.39**	**1309.00**	**6362.39**		**330.00**	**6**
沙坡头区	Shapotou	6399.39	887.00	5512.39			4
中 宁 县	Zhongning	1602.00	422.00	850.00		330.00	2
海 原 县	Haiyuan						
宁东地区	**Ningdong District**	**495.00**		**495.00**			**4**
宁　东	Ningdong	495.00		495.00			4

主要统计指标解释

［**自然保护区**］ 指对有代表性的自然生态系统、珍稀濒危野生动植物物种的天然分布区、水源涵养区、有特殊意义的自然历史遗迹等保护对象所在的陆地、陆地水体或海域，依法划出一定面积进行特殊保护和管理的区域。以县及县以上各级人民政府正式批准建立的自然保护区为准(包括“六五”以前由部门或“革委会”批准且现仍存在的自然保护区)。风景名胜区、文物保护区不计在内。

［**工业废水排放量**］ 指经过企业厂区所有排放口排到企业外部的工业废水量。包括生产废水、外排的直接冷却水、超标排放的矿井地下水和与工业废水混排的厂区生活污水，不包括外排的间接冷却水(清污不分流的间接冷却水应计算在内)。

［**工业废水排放达标量**］ 指报告期内废水中各项污染物指标都达到国家或地方排放标准的外排工业废水量，包括未经处理外排达标的，经废水处理设施处理后达标排放的，以及经污水处理厂处理后达标排放的。

［**工业废水排放达标率**］ 指工业废水排放达标量占工业废水排放量的百分率。

［**城镇生活污水排放量**］ 指城镇居民每年排放的生活污水。

［**工业废气排放量**］ 指报告期内企业厂区内燃料燃烧和生产工艺过程中产生的各种排人大气的含有污染物的气体的总量。

［**工业烟尘排放量**］ 指企业厂区内燃料燃烧过程中产生的烟气中夹带的颗粒物排放量。

［**工业粉尘排放量**］ 指企业在生产工艺过程中排放的能在空气中悬浮一定时间的固体颗粒物排放量。

［**工业固体废物产生量**］ 指报告期内企业在生产过程中产生的固体状、半固体状和高浓度液体状废弃物的总量，包括危险废物、冶炼废渣、粉煤灰、炉淹、煤肝石、尾矿、放射性废物和其他废物等。

［**工业固体废物综合利用量**］ 指报告期内企业通过回收、加工、循环、交换等方式，从固体废物中提取或者使其转化为可以利用的资源、能源和其他原材料的固体废物量 (包括当年利用往年的工业固体废物贮存量)。

［**工业固体废物综合利用率**］ 指工业固体废物综合利用量占工业固体废物产生量 (包括综合利用往年贮存量)的百分率。

［**工业固体废物排放量**］ 指报告期内企业将所产生的固体废物排到固体废物污染防治设施、场所以外的数量。

［**三废综合利用产品产值**］ 指报告期内利用“三废”作为主要原料生产的产品价值(现行价);已经销售或准备销售的应计算产品价值，留作生产自用的不应计算产品价值。

［**环境污染与破坏事故**］ 指由于违反环境保护法规的经济社会活动与行为，以及意外因素的影响或不可抗拒的自然灾害等原因，致使环境受到污染，国家重点保护的野生动植物、自然保护区受到破坏，人体健康受到危害，社会经济和人民财产受到损失，造成不良社会影响的突发性事件。

第二十篇 Chapter20

企业调查基本情况

Enterprise Survey Information

责任编辑：陈亚军

资料整理：陈亚军　韩惠萍　杨传忠　焦会琴

Coordinator: Chen Yajun

Data Compilation: Chen Yajun Han Huiping Yang Chuanzhong Jiao Huiqin

20-1 全区企业家信心指数(2011年)
Index of Confidence on Macro Economy by Enterprisers(2011)

指 标	Item	一季度 First Quarter	二季度 Second Quarter	三季度 Third Quarter	四季度 Fourth Quarter
全区	**Total**	**133.6**	**138.5**	**137.3**	**115.9**
按行业门类分	**Grouped by Sector**				
工　业	Industry	132.4	134.2	137.1	116.5
建筑业	Construction	127.1	135.6	128.4	95.9
交通运输、仓储和邮政业	Transport,Storage and Post	173.3	180.0	173.3	173.3
批发和零售业	Wholesale and Retail Trades	136.6	147.8	140.0	130.8
房地产业	Real Estate	114.3	121.4	85.7	71.4
社会服务业	Social Services	120.0	138.5	153.9	130.8
信息传输、计算机服务和软件业	Information Transmission,Computer Services and Software	144.2	162.8	149.8	140.7
住宿和餐饮业	Hotels and Catering Services	125.0	140.0	150.0	130.0
按企业登记注册类型分	**Grouped by Registration Status**				
国有企业	State-owned Enterprises	158.8	164.9	158.4	152.2
股份合作企业	Cooperative Enterprise	100.0	100.0	100.0	100.0
有限责任公司	Limited Liability Corporations	124.1	125.5	125.3	101.7
股份有限公司	Share-holding Corporations Ltd.	138.7	149.8	152.3	133.1
私营企业	Private Enterprses	114.3	122.6	116.4	103.9
外商及港、澳、台投资企业	Enterprises with Funds from Foreign, Hongkong,Macao and Taiwan				
按企业规模分	**Grouped By Size of Enterprise**				
大　型	Large	158.1	164.9	165.3	142.5
中　型	Medium	135.8	139.1	137.3	115.9
小　型	Small	122.3	131.5	128.7	113.9
特殊分组	**Special Group**				
上市公司	Listed Companies	167.6	151.6	151.6	141.6
国有控股企业	State-holding Enterprises	150.4	159.8	156.2	143.2

20-2 全区企业景气指数(2011 年)
Prosperity Index on Enterprises(2011)

指 标	Item	一季度 First Quarter	二季度 Second Quarter	三季度 Third Quarter	四季度 Fourth Quarter
全 区	**Total**	**119.9**	**132.3**	**134.2**	**114.4**
按行业门类分	**Grouped by Sector**				
工 业	Industry	126.3	128.7	132.5	113.9
建筑业	Construction	90.7	130.2	124.9	99.9
交通运输、仓储和邮政业	Transport,Storage and Post	133.3	153.3	166.7	146.7
批发和零售业	Wholesale and Retail Trades	136.9	144.4	144.4	144.4
房地产业	Real Estate	150.0	150.0	142.9	128.6
社会服务业	Social Services	150.0	138.5	153.9	123.1
信息传输、计算机服务和软件业	Information Transmission,Computer Services and Software	135.8	146.0	140.7	136.4
住宿和餐饮业	Hotels and Catering Services	137.5	150.0	140.0	90.0
按企业登记注册类型分	**Grouped by Registration Status**				
国有企业	State-owned Enterprises	143.6	152.5	157.5	144.6
股份合作企业	Cooperative Enterprise	100.0	100.0	100.0	100.0
有限责任公司	Limited Liability Corporations	116.3	123.9	122.3	109.0
股份有限公司	Share-holding Corporations Ltd.	132.7	152.1	148.2	127.0
私营企业	Private Enterprses	135.7	128.9	134.4	96.9
外商及港、澳、台投资企业	Enterprises with Funds from Foreign, Hongkong,Macao and Taiwan				
按企业规模分	**Grouped By Size of Enterprise**				
大 型	Large	158.4	148.9	160.7	149.8
中 型	Medium	128.4	138.2	141.8	117.8
小 型	Small	116.0	127.8	124.1	109.3
特殊分组	**Special Group**				
上市公司	Listed companies	132.9	132.7	149.0	139.0
国有控股企业	State-holding Enterprises	141.1	148.7	154.8	141.3

20-3 工业企业景气指数(2011 年)

Prosperity Index on Industry Enterprises(2011)

指 标	Item	一季度 First Quarter	二季度 Second Quarter	三季度 Third Quarter	四季度 Fourth Quarter
综合生产经营状况	**Operating Status**	**126.3**	**128.7**	**132.5**	**113.9**
生产成本	Cost of Production	59.0	52.5	58.2	60.0
生产总量	Production	102.6	135.1	116.0	102.4
产品订货	Product Orders	107.8	125.8	117.6	98.8
产品销售量	Sales Volum of Product	103.3	138.9	128.5	105.3
产品销售价格	Commodity Sale Price	128.0	125.0	118.0	96.2
产成品库存	Stock	119.6	125.6	127.6	117.2
盈利(亏损)变化	Profit(Loss)	97.0	113.9	123.4	100.4
流动资金	Current Liabilities	75.4	71.9	80.6	72.9
企业融资	Corporate Finance	85.1	78.8	80.0	79.0
货款拖欠	Mortgage Defaults	117.3	119.6	104.8	110.7
劳动力需求	Labor Demand	133.5	136.4	133.1	115.5
固定资产投资	Investment in Fixed Assets	113.1	138.2	136.1	121.7
科技创新	Technical Innovation	114.7	126.6	125.5	116.7
主要原材料及能源供应	Main Raw Material and Energy Supply	111.0	114.3	116.7	110.5

20-4 建筑业企业景气指数(2011 年)

Prosperity Index on Construction Enterprises(2011)

指 标	Item	一季度 First Quarter	二季度 Second Quarter	三季度 Third Quarter	四季度 Fourth Quarter
综合生产经营状况	**Operating Status**	**90.7**	**130.2**	**124.9**	**99.9**
工程合同数	Number of Engineering Contract	68.3	142.9	119.7	60.9
建筑工程量	Construction Projects	77.8	150.0	155.4	84.8
新开工工程量	New Start Projects	79.9	150.0	128.7	57.2
技术设备能力	Technical Plant Capacity	131.3	142.4	124.6	129.2
工程进度	Project Scheduler	61.1	146.4	162.5	118.2
工程结算收入	Project Balance	59.6	124.8	119.5	144.5
建筑材料购进价格	Purchasing Price Indices for Building Materials	52.2	42.9	60.9	86.9
工程结算成本	Cost of Project Balance	72.2	50.0	46.4	36.7
盈利(亏损)变化	Profit(loss)	58.6	106.7	115.7	95.9
流动资金	Current Liabilities	50.0	46.4	42.9	51.9
企业融资	Corporate Finance	52.4	51.9	59.3	38.5
货款拖欠	Mortgage Defaults	113.5	50.0	71.4	37.0
劳动力需求	Labor Demand	96.0	171.4	151.8	72.0
固定资产投资	Investment in Fixed Assets	102.6	119.5	116.1	77.6

20-5 交通运输、仓储和邮政业企业景气指数(2011年)

Prosperity Index on Transport, Storage and Post Enterprises(2011)

指 标	Item	一季度 First Quarter	二季度 Second Quarter	三季度 Third Quarter	四季度 Fourth Quarter
综合生产经营状况	**Operating Status**	**133.3**	**153.3**	**166.7**	**146.7**
业务预订	Business Pre-ordering	120.0	120.0	120.0	146.7
业务需求量	Business Demand	133.3	133.3	146.7	160.0
业务收费价格	Business Paying Price	106.7	107.1	106.7	106.7
营业成本	Cost of Business	53.3	66.7	73.3	46.7
盈利(亏损)变化	Profit(loss)	100.0	93.3	73.3	106.7
流动资金	Current Liabilities	93.3	86.7	100.0	86.7
企业融资	Corporate Finance	85.7	71.4	85.7	85.7
货款拖欠	Overdue Obligation to Suppliers	100.0	113.3	120.0	113.3
劳动力需求	Labor Demand	146.7	133.3	140.0	133.3
固定资产投资	Investment in Fixed Assets	120.0	120.0	106.7	113.3

20-6 批发和零售业企业景气指数(2011年)

Prosperity Index on Wholesale and Retail Trade Enterprises(2011)

指 标	Item	一季度 First Quarter	二季度 Second Quarter	三季度 Third Quarter	四季度 Fourth Quarter
综合生产经营状况	**Operating Status**	**136.9**	**144.4**	**144.4**	**144.4**
购货合同	Purchase Contract	117.8	97.0	88.9	120.9
商品购进价格	Purchase Prices	49.9	61.0	71.3	71.7
商品销售	Commodity Sale	138.6	98.5	99.5	124.6
商品销售价格	Commodity Sale Price	131.3	115.0	134.5	113.5
商品库存	Stock	143.9	135.2	121.0	126.8
经营费用	Operating Expenses	59.6	71.7	72.0	60.4
竞争能力	Competition Ability	144.0	134.3	131.0	130.5
盈利(亏损)变化	Profit(loss)	124.3	106.3	116.2	129.9
流动资金	Current Liabilities	104.0	96.9	97.5	97.5
企业融资	Corporate Finance	87.7	89.4	88.2	84.5
货款拖欠	Overdue Obligation to Suppliers	102.5	92.0	88.7	94.7
劳动力需求	Labor Demand	125.1	99.8	96.5	122.0
固定资产投资	Investment in Fixed Assets	99.8	120.2	116.9	111.0

20-7 房地产业企业景气指数(2011年)
Prosperity Index on Real Estate Enterprises(2011)

指 标	Item	一季度 First Quarter	二季度 Second Quarter	三季度 Third Quarter	四季度 Fourth Quarter
综合生产经营状况	**Operating Status**	**150.0**	**150.0**	**142.9**	**128.6**
土地开发面积	Development Area	85.7	135.7	128.6	85.7
完成投资	Investment Completed	100.0	150.0	128.6	71.4
新开工面积	Newly Started Floor Space of Buildings	107.1	121.4	128.6	107.1
房屋竣工面积	Floor Space of Buildings Completed	100.0	121.4	100.0	114.3
商品房预售面积	Floor Space of Commercial Residential Buildings Preselled	92.9	121.4	100.0	85.7
商品房销售面积	Floor Space of Commercial Residential Buildings Saled	85.7	100.0	92.9	50.0
商品房销售价格	Selling Price of Commercial Residential Buildings	121.4	107.1	107.1	107.1
空置商品房面积	Floor Space Untapped of Commercialized Buildings	164.3	164.3	135.7	114.3
盈利(亏损)变化	Profit(loss)	100.0	135.7	114.3	100.0
流动资金	Current Liabilities	107.1	78.6	57.1	50.0
企业融资	Corporate Finance	64.3	42.9	42.9	42.9
货款拖欠	Overdue Obligation to Suppliers	128.6	107.1	107.1	107.1
劳动力需求	Labor Demand	92.9	128.6	114.3	57.1
固定资产投资	Investment in Fixed Assets	92.9	142.9	107.1	78.6

20-8 社会服务业企业景气指数(2011年)
Prosperity Index on Social Service Enterprises(2011)

指 标	Item	一季度 First Quarter	二季度 Second Quarter	三季度 Third Quarter	四季度 Fourth Quarter
综合生产经营状况	**Operating Status**	**150.0**	**138.5**	**153.9**	**123.1**
服务预订	Service Pre-ordering	80.0	138.5	169.2	46.2
竞争能力	Competition ability	160.0	161.5	176.9	161.5
旅游客源	Tourists Source	60.0	162.5	171.4	25.0
业务收费价格	Business Paying Price	100.0	92.3	138.5	84.6
业务量	Portfolio	120.0	138.5	169.2	69.2
营业成本	Cost of Business	60.0	38.5	46.2	84.6
盈利(亏损)变化	Profit(loss)	120.0	146.2	161.5	92.3
流动资金	Current Liabilities	110.0	92.3	84.6	84.6
企业融资	Corporate Finance	77.8	75.0	58.3	66.7
货款拖欠	Overdue Obligation to Suppliers	140.0	100.0	75.0	100.0
劳动力需求	Labor Demand	140.0	138.5	169.2	76.9
固定资产投资	Investment in Fixed Assets	130.0	138.5	138.5	123.1

20-9 信息传输、计算机服务和软件业企业景气指数(2011 年)
Prosperity Index on Information Transmission, Computer Service and Software Enterprises(2011)

指 标	Item	一季度 First Quarter	二季度 Second Quarter	三季度 Third Quarter	四季度 Fourth Quarter
综合生产经营状况	**Operating Status**	**135.8**	**146.0**	**140.7**	**136.4**
产品销售	Product Sales	101.0	162.8	144.6	144.6
产品订货	Product Orders	95.2	127.3	122.6	122.6
竞争能力	Competition Ability	120.0	154.6	136.4	136.4
销售价格	Sales Price	100.0	109.1	96.2	96.2
营业收入	Business Income	141.9	162.8	168.4	149.8
营业成本	Business Costs	105.2	68.9	87.1	64.5
盈利(亏损)变化	Profit(loss)	95.8	123.4	105.3	100.9
流动资金	Current Liabilities	105.2	113.8	108.5	86.5
企业融资	Corporate Finance	89.4	99.5	86.5	81.3
货款拖欠	Overdue Obligation to Suppliers	79.4	72.2	59.3	64.2
劳动力需求	Labor Demand	120.0	127.3	136.4	131.7
固定资产投资	Investment in Fixed Assets	110.6	154.6	126.4	141.6

20-10 住宿和餐饮业企业景气指数(2011 年)
Prosperity Index on Hotels and Restaurants(2011)

指 标	Item	一季度 First Quarter	二季度 Second Quarter	三季度 Third Quarter	四季度 Fourth Quarter
综合生产经营状况	**Operating Status**	**137.5**	**150.0**	**140.0**	**90.0**
业务预订	Business Pre-ordering	100.0	90.0	150.0	60.0
业务量	Portfolio	100.0	100.0	140.0	60.0
竞争能力	Competition Ability	125.0	110.0	130.0	110.0
客房出租	Rooms Renting	80.0	75.0	112.5	75.0
业务收费价格	Business Paying Price	87.5	90.0	100.0	110.0
营业收入	Business Income	112.5	110.0	150.0	50.0
营业成本	Business Costs	12.5	90.0	70.0	60.0
盈利(亏损)变化	Profit(loss)	75.0	120.0	130.0	80.0
流动资金	Current Liabilities	75.0	80.0	100.0	70.0
企业融资	Corporate Finance	75.0	90.0	70.0	60.0
货款拖欠	Overdue Obligation to Suppliers	62.5	110.0	70.0	77.8
劳动力需求	Labor Demand	112.5	110.0	150.0	80.0
固定资产投资	Investment in Fixed Assets	87.5	70.0	60.0	50.0

主要统计指标解释

［**企业景气调查**］ 是适应社会主义市场经济发展的需要，借鉴西方国家的经验而建立的、进行事前统计的一项统计调查制度。企业景气调查方法是对经济发展的周期波动进行监测和预测的一个重要的统计调查方法，它通过对部分企业家定期进行问卷调查并根据企业家对企业经营状况及宏观经济形势的判断来编制景气指数，从而准确、及时地反映宏观经济运行和企业经营状况，预测经济发展趋势。

［**企业景气调查范围**］ 1.工业(包括采矿业，制造业，电力、燃气及水的生产和供应业)；2.建筑业；3.交通运输、仓储和邮政业；4.批发和零售业；5.房地产业；6.社会服务业(包括租赁和商务服务业、环境和公共设施管理业、居民服务业和其他服务业)；7.信息传输、计算机服务和软件业；8.住宿和餐饮业。

［**企业景气调查内容**］ 1.企业基本情况：包括法人单位名称、法人单位代码、法定代表人、联系电话、详细地址、企业规模、行业代码、上年主营业务收入等；2.企业家对本行业景气状况的判断：包括企业家对当前本行业总体运行状况的判断、对下期本行业总体运行状况的预计；3. 企业家对企业生产经营状况的判断：包括企业家对企业综合生产经营状况、流动资金、固定资产投资、劳动力需求等方面本期景气状况的判断和下期景气状况的预计；4. 企业家对企业生产经营问题的判断与建议。

［**企业家信心指数**］ 是根据企业决策者对企业外部市场经济环境与宏观政策的认识、看法和对本行业发展状况的判断及其未来走势而编制的指数。

［**企业景气指数**］ 是根据企业决策者对本企业当前生产经营情况的判断及对未来企业生产经营状况趋势而编制的指数。企业景气指数介于 0 到 200 之间，100 为景气指数的临界值；景气指数大于 100 时，表明经济状况趋于上升或改善，处于景气状态；景气指数小于 100 时，表明经济状况趋于下降或恶化，处于不景气状态。

［**盈利(亏损)变化**］ 指企业盈利（亏损）的变化情况。盈利企业填写企业利润总额的变化情况 (增加、不变或减少)，亏损企业则填写亏损额的变化情况(减少、不变或增加)。

［**流动资金**］ 指企业流动资金的满足程度(充足、一般或紧张)。流动资金是指企业可以在一年内或者超过一年的一个生产周期内变现或者耗用的资产合计。

［**企业融资**］ 指企业从外部获取资金（包括贷款、债券、权益性投资、融资租赁等）的难易程度。

［**货款拖欠**］ 指企业应收未收到的到期货款的增减变化情况。

［**劳动力需求**］ 指企业对劳动力需求的增减变化情况。

［**固定资产投资**］ 指企业固定资产投资的增减变化情况。固定资产投资是指企业建造、购置安装、改建、扩建、技术改造时所支出的全部货币总额。

［**生产成本**］ 指工业企业在进行生产活动时所发生的成本支出。

［**生产总量**］ 指工业企业生产的、并符合产品质量要求的产品数量。

［**产品订货**］ 指工业企业来自客户的产品订购数量，没有产品订货的企业估计产品需求情况。产品订货的判断是与企业在正常情况(或一般情况)下得到的产品订货数量相比较的结果。

［**国外订货**］ 指工业企业取得的用于出口国（境）外的产品订货数量。

［**产品销售**］ 指工业企业实际销售的、由本企

业生产的工业产品数量。

[产品销售价格] 指工业企业主要产品在销售中实际发生的价格的平均数。

[产成品库存] 指工业企业生产的并经质量检验合格的、已办理入库手续但尚未销售出去的本期末实际产成品库存量。

[设备能力利用] 指工业企业的设备能力利用率，即工业企业对各种生产设备或生产能力的综合利用程度。

[科技创新] 指工业企业用于科技开发和技术创新方面的支出。

[主要原材料及能源购进价格] 指工业企业所购进的主要原材料及能源的综合价格水平。

[主要原材料及能源供应] 指工业企业所使用的主要原材料及能源的供应状况。

[工程合同] 指建筑业企业新签订的建筑工程合同数量。

[国(境)外工程合同] 指建筑业企业与其他企业(单位)签订的在国(境)外施工的建筑工程合同数量。

[建筑工程量] 指建筑业企业完成的、以物理或自然计量单位表示的各种工程数量。

[新开工工程量] 指建筑业企业新开工的、以物理或自然单位计量的各种工程数量。

[技术设备能力] 指建筑业企业的技术力量、设备数量和质量相对于正在施工的各项工程而言，其满足程度是充分、一般还是不足。

[工程进度] 指建筑业企业正在施工的工程进展情况。

[工程结算收入] 指建筑业企业承包工程实现的工程价款结算收入。

[建筑材料购进价格] 指建筑业企业购买建筑材料时建筑材料实际价格的综合平均水平。

[工程结算成本] 指建筑业企业已办理工程价款结算的已完工程的实际成本。

[业务预订] 指交通运输、仓储和邮政业企业从企业外部取得的交通运输、仓储或邮政业务的预订数量。

[业务量] 指交通运输、仓储和邮政业企业从事客货运输、仓储或邮政活动的业务总量。业务收费价格指交通运输、仓储和邮政业企业从事交通运输、仓储或邮政业务时收取费用的价格，如客运的票价、货运的运价、邮政的邮资等。

[业务成本] 指交通运输、仓储和邮政业企业在进行经营活动中所支出的各种成本费用之和，包括消耗的燃料、支付的修理费及支付给职工的工资等。

[购货合同] 指批发和零售业企业与供货商签定的商品购买合同的数量。

[商品购进价格] 指批发和零售业企业从其他企业(单位)和个人购进的商品价格的综合平均水平。商品销售指批发和零售业企业对本企业以外的企业(单位)和个人出售(含出口)的商品数量。

[出口] 指批发和零售业企业出口商品的数量。

[商品销售价格] 指批发和零售业企业销售商品时实际成交的商品价格的综合平均水平。

[商品库存] 指批发和零售业企业已取得所有权的全部商品，包括存放在仓库、门市部和寄存在外库的商品，委托其他单位代管、代销的商品，陈列展览的商品等。

[经营费用] 指批发和零售业企业在商品购进、销售、库存过程中发生的各种经营费用，如运输费、保险费、商品损耗等。

[竞争能力] 指批发和零售业企业与同行业中的其他企业在市场竞争过程中所表现出来的竞争力的强弱及其变化情况。

[土地开发指] 房地产业企业对土地进行开发并已完成七通一平等前期开发工程，具备进行房屋建筑物施工或出让条件的土地面积。

[完成投资] 指房地产业企业完成的用于房屋建设工程和土地开发工程的投资量。

[新开工情况] 指房地产业企业新开工的房屋面积。

[房屋竣工] 指房地产业企业完成的按照设计要求已全部完工、达到入住和使用条件、经验收鉴定合格、可正式移交使用的各栋房屋建筑面积的总和。商品房预售指房地产业企业尚未竣工交付使用，但已签订预售合同的正在建设的商品房屋面积。

[商品房销售指] 房地产业企业实际售出的商

品房建筑面积。

［商品房销售价格］ 指房地产业企业销售商品房的实际价格水平。

［空置商品房］ 指房地产业企业已竣工的商品房屋建筑面积中，尚未销售或出租的部分。

［服务预订］ 指社会服务业企业从企业外部取得的各种服务（如租赁、商务服务、居民服务等）的预订数量。

［旅游客源］ 指旅行社接待的游客人数。

［收费(服务)价格］ 指社会服务业企业提供服务，即从事业务活动时所收取的服务费用的价格。

业务量指社会服务业企业提供服务，即从事业务活动的数量。

［营业成本］ 指社会服务业企业在提供服务，即从事业务活动时所发生的各项营业费用和支出之和。

［产品销售（提供服务）］ 指信息传输、计算机服务和软件业企业销售产品、技术或提供服务的数量。

［产品订货］ 指信息传输、计算机服务和软件业企业来自客户的产品订购数量，没有产品订货的企业估计本企业产品需求情况。产品订货的判断是与企业在正常情况（一般情况）下的服务预订情况相比较的结果。

［销售(收费)价格］ 指信息传输、计算机服务和软件业企业在销售产品或从事业务活动时所收取的服务费用的价格。

［营业收入］ 指信息传输、计算机服务和软件业企业在销售产品或从事业务活动时所获得的收入总额。

［营业成本］ 指信息传输、计算机服务和软件业企业在销售产品或从事业务活动时所发生的各项营业费用和支出之和。

［业务预订］ 指住宿和餐饮业企业从企业外部取得的客房预订、就餐预订的数量。

［业务量］ 指来本企业投宿或就餐人数的增减变化情况。

［客房出租］ 指住宿业企业出租的客房占其全部客房的平均比例。仅要求住宿业企业填报。

［收费(服务)价格］ 指住宿和餐饮业企业在从事住宿或餐饮活动时所收取的服务费用的价格。

［营业收入］ 指住宿和餐饮业企业在从事住宿或餐饮活动时所获得的收入总额。

［营业成本］ 指住宿和餐饮业企业在从事住宿或餐饮活动时所发生的各项营业费用和支出之和。

第二十一篇 Chapter21

宁夏农垦经济社会发展主要指标

Economic and social development of Agricultural Cultivation in Ningxia

责任编辑：马志义

资料整理：马志义　郭彦斌　杨楠　何露蓬

Coordinator: Ma Zhiyi

Data Compilation:Ma Zhiyi Guo Yanbin Yang Nan He Lupeng

21-1 宁夏农垦经济社会发展主要指标
Economic and social development of Agricultural Cultivation in Ningxia

指标	Item	单位	unit	2011	增减%
人口与就业	**Population and Employment**				
年末总户数	Number of Households at Year-end	户	household	39705	0.2
年末总人口	Population at Year-end	人	person	126683	0.9
回族人口	Hui	人	person	25484	5.3
人口自然增长率	Natural Growth Rate	‰	‰		
单位年末从业人数	Employment at Year-end	人	person	19204	1.7
单位年末从业人员工资总额	Total Wages Bill of Staff and Workers	万元	10 000 yuan	43314.30	25.1
职工人均工资	Average Wage of Staff and Workers	元	yuan	24039	27.5
经济总量	**Economics**				
农垦生产总值(现价)	Gross Domestic Product(current price)	亿元	100 million yuan	16.29	17.0
第一产业	Primary Industry	亿元	100 million yuan	9.05	16.0
第二产业	Secondary Industry	亿元	100 million yuan	4.43	17.8
工业	Industry	亿元	100 million yuan	3.01	12.3
建筑业	Construction	亿元	100 million yuan	1.42	31.5
第三产业	Tertiary Industry	亿元	100 million yuan	2.81	19.1
农业	**Agriculture**				
农林牧渔业总产值(现价)	Gross Output Value of Agriculture,Forestry, Animal Husbandry and Fishery(current price)	亿元	100 million yuan	21.18	15.4
农业	Farming	亿元	100 million yuan	13.77	17.0
林业	Forestry	亿元	100 million yuan	0.48	33.3
畜牧业	Animal Husbandry	亿元	100 million yuan	5.21	7.9
渔业	Fishery	亿元	100 million yuan	1.04	31.6
为其服务业	Output Value of Ser vices for Agriculture, Forestry,Animal Husbandry and Fishery	亿元	100 million yuan	0.68	13.3
农垦耕地面积	Cultivated Area	万亩	10 000 mu	59.44	-0.3

21-1 续 1 continued

指 标	Item	单 位	unit	2011	增减%
粮食总产量	Output of Grain	万吨	10 000 tons	32.48	5.3
小麦总产量	Wheat	万吨	10 000 tons	2.56	-32.3
水稻总产量	Rice	万吨	10 000 tons	9.24	8.3
玉米总产量	Corn	万吨	10 000 tons	20.67	11.7
全年蔬菜产量	Output of Vegetable	万吨	10 000 tons	9.39	25.0
设施蔬菜产量	Facilities Vegetable	万吨	10 000 tons	4.88	76.8
设施农业建设面积	Facilities in Agriculture Area	万亩	10 000 mu	0.82	-19.6
水果总产量	Output of Fruit	万吨	10 000 tons	4.68	6.6
牛存栏	Number of Cattle and Buffaloes on Hand	万头	10 000 heads	3.43	7.5
良种及改良乳牛	Breeding and Improved Breed Dairy Cows	万头	10 000 heads	3.02	13.1
生猪存栏	Number of Hogs on Hand	万头	10 000 heads	3.41	0.9
羊只存栏	Number of Sheep on Hand	万只	10 000 heads	6.86	-6.9
山羊	Goat	万只	10 000 heads	2.14	-2.3
绵羊	Sheep	万只	10 000 heads	4.72	-8.9
牛出栏	Cattle and Buffaloes Slaughtered	万头	10 000 heads	0.86	-11.3
生猪出栏	Hogs Slaughtered	万头	10 000 heads	5.03	-3.1
羊只出栏	Sheep Slaughtered	万只	10 000 heads	3.73	-10.1
肉类总产量	Output of Meat	万吨	10 000 tons	0.61	
猪肉	Pork	万吨	10 000 tons	0.37	8.8
羊肉	Mutton	万吨	10 000 tons	0.06	
牛肉	Beef	万吨	10 000 tons	0.12	-14.3
牛奶产量	Output of Milk	万吨	10 000 tons	11.63	16.9
禽蛋产量	Output of Poultry Eggs	万吨	10 000 tons	0.13	18.2
渔业养殖面积	Area for Breeding Aquatics	万亩	10 000 mu	10.5	6.4
水产品产量	Output of Aquatic Products	万吨	10 000 tons	1.01	17.4
农业机械总动力	Total Agricultural Machinery Power	万千瓦	10 000 kwh	24.26	8.9
柴油发动机动力	Diesel Engine Power	万千瓦	10 000 kwh	20.17	9.6
电动机动力	Motor Power	万千瓦	10 000 kwh	3.84	4.3

21-1 续 2 continued

指 标	Item	单 位	unit	2011	增减%
工业	**Industry**				
工业总产值(现价)	Gross Industrial Output Value(current prices)	亿元	100 million yuan	9.27	7.9
工业销售产值(现价)	Industrial Sales Output Value(current prices)	亿元	100 million yuan	9.08	10.6
主要工业产品产量	Output of Major Industrial Products				
食油	Edible Oil	吨	ton	13	8.3
大米	Rice	吨	ton	8,295	31.2
液态杀菌奶		吨	ton	19,000	1.0
酸奶	Yoghourt	吨	ton	816	19.0
饮料酒	Alcoholic Drink	千升	Kiloliter	166,275	14.4
白酒	Spirit	千升	Kiloliter	494	-62.0
啤酒	Beer	千升	Kiloliter	162,216	15.1
葡萄酒	Wine	千升	Kiloliter	3,565	14.6
西夏王	Xixia King	千升	Kiloliter	1,350	3.1
混配合饲料	Compound Feed	吨	ton	25,986	4.3
原煤	Raw Coal	吨	ton	65,318	128.3
机砖	Brick	万块	10 000 pieces	29,791	7.9
麦芽	Malt	吨	ton	0	-
煅煤	Calcined Coal	吨	ton	27,150	7.3
精洗煤	Fine Washing Coal	吨	ton	17,288	-77.9
碳化硅原料	Silicon Carbide Raw Materials	吨	ton	31,890	-12.2
泡沫箱	Foam Box	套	unit	751,398	-4.5
建筑业	**Construction**				
年末单位个数	Number of Units at Year End	个	unit	23	
国有	State-owned Unit			3	
年末从业人员	Number of Persons Employed at Year End	人	person	2486	3.5
全年房屋建筑施工面积	Floor Space of Buildings under Construction	万平米	10 000 sq.m	29.95	37.1
全年房屋建筑竣工面积	Floor Space of Buildings Completed	万平米	10 000 sq.m	13.56	43.8
固定资产投资完成额	Investment in Fixed Assets	亿元	100 million yuan	10.14	46.1
基本建设	Infrastructure	亿元	100 million yuan	9.08	42.8
更新改造	Renovation and Reformation Investment	亿元	100 million yuan	1.06	82.8
交通运输业	**Transportation**				
年末拥有主要运输工具数量	Number of Major Transport Conveyance at Year End	辆	coach	801	-0.1
年末从业人员	Number of Persons Employed at Year End	人	person	1148	-0.5
全年货运量	Freight Traffic	万吨	10 000 tons	161.81	6.5
全年客运量	Passenger Traffic	万人	10 000 persons	302.57	-1.4

21-1 续3 continued

指 标	Item	2011	增减%
商业	**Trade**		
营业网点个数(个)	Number of Business Branches(unit)	1075	4.4
国有	State-owned Units	52	
年末从业人员(人)	Number of Persons Employed at Year End(person)	2062	4.5
消费品零售总额(亿元)	Total Retail Sales of Consumer Goods(100 million yuan)	2.89	10.7
住宿和餐饮业	**Hotels and Catering Services**		
营业网点个数(个)	Number of Business Branches(unit)	405	
国有	State-owned Units	7	
年末从业人员(人)	Number of Persons Employed at Year End(person)	1751	6.4
营业收入总额(亿元)	Total Business Revenue(100 million yuan)	0.94	-2.1
旅游业	**Tourism**		
接待游客人数(万人次)	Number of Tourists(10 000 person-time)	102.6	21.6
旅游收入(亿元)	Tourism Income(100 million yuan)	2.13	76.0
对外贸易	**Foreign Trade**		
出口商品总金额(万元)	Total Export Commodities in Value(10 000 yuan)	6,583.6	-17.7
出口商品总产量(吨)	Total Export Commodities in Volume(ton)	15,199	-6.0
蔬菜	Vegetable	15,199	-6.0
教育	**Education**		
中等专业学校个数(个)	Number of Specialized Secondary Schools(unit)	1	0.0
农垦教职工人数(人)	Teachers and Staff(person)	49	2.1
教师	Teachers	34	17.2
成人高等教学学生人数(人)	Number of Students in Adult Institutions of Higher Education(person)	512	49.7

第二十二篇 Chapter22

各省市区主要经济指标

Main Economic Indicators by Region

责任编辑：梁建民

资料整理：梁建民　杨如文　王丹玥　陈婷　焦霙

Coordinator: Liang Jianmin

Data Compilation: Liang Jianmin　Yang Ruwen　Wang Danyue　Chen Ting　Jiao Ying

22-1 各省市区地区生产总值及增长速度(2011 年)

Gross Domestic Product and Its Growth Rate by Region(2011)

地 区	Region	地区生产总值(亿元) GDP (100 million yuan)	第一产业 Primary Industry	第二产业 Secondary Industry	第三产业 Tertiary Industry	地区生产总值比上年增长(%) GDP Growth Rate(%)	人均地区生产总值(元) Per Capita GDP (yuan)
全 国	**National**	**472881.6**	**47486.2**	**220412.8**	**204982.5**	**9.3**	**35181**
北 京	Beijing	16251.9	136.3	3752.5	12363.2	8.1	81658
天 津	Tianjin	11307.3	159.7	5928.3	5219.2	16.4	85213
河 北	Hebei	24515.8	2905.7	13126.9	8483.2	11.3	33969
山 西	Shanxi	11237.6	641.4	6635.3	3960.9	13.0	31357
内蒙古	Inner Mongolia	14359.9	1306.3	8037.7	5015.9	14.3	57974
辽 宁	Liaoning	22226.7	1915.6	12152.2	8159.0	12.2	50760
吉 林	Jilin	10568.8	1277.4	5611.5	3679.9	13.8	38460
黑龙江	Heilongjiang	12582.0	1701.5	6330.5	4550.0	12.3	32819
上 海	Shanghai	19195.7	124.9	7927.9	11142.9	8.2	82560
江 苏	Jiangsu	49110.3	3064.8	25203.3	20842.2	11.0	62290
浙 江	Zhejiang	32318.9	1583.0	16555.6	14180.2	9.0	59249
安 徽	Anhui	15300.6	2015.3	8309.4	4976.0	13.5	25659
福 建	Fujian	17560.2	1612.2	9069.2	6878.7	12.3	47377
江 西	Jiangxi	11702.8	1391.1	6540.6	3771.2	12.5	26150
山 东	Shandong	45361.9	3973.8	24017.1	17370.9	10.9	47335
河 南	Henan	26931.0	3512.2	15427.1	7991.7	11.9	28661
湖 北	Hubei	19632.3	2569.3	9815.9	7247.0	13.8	34197
湖 南	Hunan	19669.6	2768.0	9362.0	7539.5	12.8	29880
广 东	Guangdong	53210.3	2665.2	26447.4	24097.7	10.0	50807
广 西	Guangxi	11720.9	2047.2	5675.3	3998.3	12.3	25326
海 南	Hainan	2522.7	659.2	714.5	1148.9	12.0	28898
重 庆	Chongqing	10011.4	844.5	5543.0	3623.8	16.4	34500
四 川	Sichuan	21026.7	2983.5	11029.1	7014.0	15.0	26133
贵 州	Guizhou	5701.8	726.2	2334.0	2641.6	15.0	16413
云 南	Yunnan	8893.1	1411.0	3991.9	3490.2	13.7	19265
西 藏	Tibet	605.8	74.5	208.8	322.6	12.7	20077
陕 西	Shaanxi	12512.3	1220.9	6935.6	4355.8	13.9	33464
甘 肃	Gansu	5020.4	678.8	2525.2	1816.4	12.5	19595
青 海	Qinghai	1670.4	155.1	975.2	540.2	13.5	29522
宁 夏	Ningxia	2102.2	184.1	1056.2	861.9	12.1	33043
新 疆	Xinjiang	6610.1	1139.0	3225.9	2245.1	12.0	30087

22-2 各省市区地区生产总值构成(2011年)

Composition of Grosss Domestic Product by Region(2011)

单位:% (%)

地区	Region	地区生产总值 Gross Domestic Products	第一产业 Primary Industry	第二产业 Secondary Industry	第三产业 Tertiary Industry
全国	**National**	**100.0**	**10.0**	**46.6**	**43.4**
北京	Beijing	100.0	0.8	23.1	76.1
天津	Tianjin	100.0	1.4	52.4	46.2
河北	Hebei	100.0	11.9	53.5	34.6
山西	Shanxi	100.0	5.7	59.0	35.2
内蒙古	Inner Mongolia	100.0	9.1	56.0	34.9
辽宁	Liaoning	100.0	8.6	54.7	36.7
吉林	Jilin	100.0	12.1	53.1	34.8
黑龙江	Heilongjiang	100.0	13.5	50.3	36.2
上海	Shanghai	100.0	0.7	41.3	58.0
江苏	Jiangsu	100.0	6.2	51.3	42.4
浙江	Zhejiang	100.0	4.9	51.2	43.9
安徽	Anhui	100.0	13.2	54.3	32.5
福建	Fujian	100.0	9.2	51.6	39.2
江西	Jiangxi	100.0	11.9	55.9	6.5
山东	Shandong	100.0	8.8	52.9	38.3
河南	Henan	100.0	13.0	57.3	29.7
湖北	Hubei	100.0	13.1	50.0	36.9
湖南	Hunan	100.0	14.1	47.6	38.3
广东	Guangdong	100.0	5.0	49.7	45.3
广西	Guangxi	100.0	17.5	48.4	34.1
海南	Hainan	100.0	26.1	28.3	45.5
重庆	Chongqing	100.0	8.4	55.4	36.2
四川	Sichuan	100.0	14.2	52.5	33.4
贵州	Guizhou	100.0	12.7	40.9	46.3
云南	Yunnan	100.0	15.9	44.9	39.2
西藏	Tibet	100.0	12.3	34.5	53.2
陕西	Shaanxi	100.0	9.8	55.4	34.8
甘肃	Gansu	100.0	13.5	50.3	36.2
青海	Qinghai	100.0	9.3	58.4	32.3
宁夏	Ningxia	100.0	8.8	50.2	41.0
新疆	Xinjiang	100.0	17.2	48.8	34.0

22-3 各省市区年末总人口(2011年)

Population by Region at the Year-end(2011)

单位:万人 (10 000 persons)

地 区	Region	2004	2005	2006	2007	2008	2009	2010	2011
全 国	**National**	**129988**	**130756**	**131448**	**132129**	**132802**	**133474**	**134091**	**134735**
北 京	Beijing	1493	1538	1581	1633	1695	1755	1962	2019
天 津	Tianjin	1024	1043	1075	1115	1176	1228	1299	1355
河 北	Hebei	6809	6851	6898	6943	6989	7034	7194	7241
山 西	Shanxi	3335	3355	3375	3393	3411	3427	3574	3593
内蒙古	Inner Mongolia	2384	2386	2397	2405	2414	2422	2472	2482
辽 宁	Liaoning	4217	4221	4271	4298	4315	4319	4375	4383
吉 林	Jilin	2709	2716	2723	2730	2734	2740	2747	2749
黑龙江	Heilongjiang	3817	3820	3823	3824	3825	3826	3833	3834
上 海	Shanghai	1742	1778	1815	1858	1888	1921	2303	2347
江 苏	Jiangsu	7433	7475	7550	7625	7677	7725	7869	7899
浙 江	Zhejiang	4720	4898	4980	5060	5120	5180	5447	5463
安 徽	Anhui	6461	6120	6110	6118	6135	6131	5957	5968
福 建	Fujian	3511	3535	3558	3581	3604	3627	3693	3720
江 西	Jiangxi	4284	4311	4339	4368	4400	4432	4462	4488
山 东	Shandong	9180	9248	9309	9367	9417	9470	9588	9637
河 南	Henan	9717	9380	9392	9360	9429	9487	9405	9388
湖 北	Hubei	6016	5710	5693	5699	5711	5720	5728	5758
湖 南	Hunan	6698	6326	6342	6355	6380	6406	6570	6596
广 东	Guangdong	8304	9194	9304	9449	9544	9638	10441	10505
广 西	Guangxi	4889	4660	4719	4768	4816	4856	4610	4645
海 南	Hainan	818	828	836	845	854	864	869	877
重 庆	Chongqing	3122	2798	2808	2816	2839	2859	2885	2919
四 川	Sichuan	8725	8212	8169	8127	8138	8185	8045	8050
贵 州	Guizhou	3904	3730	3757	3762	3793	3798	3479	3469
云 南	Yunnan	4415	4450	4483	4514	4543	4571	4602	4631
西 藏	Tibet	274	277	281	284	287	290	301	303
陕 西	Shaanxi	3705	3720	3735	3748	3762	3772	3735	3743
甘 肃	Gansu	2619	2594	2606	2617	2628	2635	2560	2564
青 海	Qinghai	539	543	548	552	554	557	563	568
宁 夏	Ningxia	588	596	604	610	618	625	633	639
新 疆	Xinjiang	1963	2010	2050	2095	2131	2159	2185	2209

注:1.全国数据包括中国人民解放军现役军人数,但不包括香港、澳门特别行政区和台湾地区数据;分省数据中未包括中国人民解放军现役军人数;

2.除2004年部分地区数据外,分地区数据均为常住人口。

3.2010年数据为第六次全国人口普查初步汇总数。

a)Data in this table do not include the population of Hong Kong SAR,Macao SAR and Taiwan Province.Total Population do not include the military personnel.

b)Data in this table refers to resident population,except 2004.

c)Data of 2010were preliminary summary,due to the 6th National Population Census.

22-4 各地区城镇单位就业人数及平均工资(2011 年)

Number of Employed Persons in Urban Units and Average Wages by Region (2011)

地 区	Region	就业人员(人) Number of Employed Persons(person)	在岗职工平均工资(元) Average Wages of Staff and Workers(yuan)
全国总计	**National**	**136813493**	**42452**
北 京	Beijing	6403484	75834
天 津	Tianjin	2520870	56477
河 北	Hebei	5284756	35973
山 西	Shanxi	3986185	39903
内蒙古	Inner Mongolia	2571900	41481
辽 宁	Liaoning	5571577	38713
吉 林	Jilin	2675683	34197
黑龙江	Heilongjiang	4108539	33503
上 海	Shanghai	4533315	77031
江 苏	Jiangsu	7743884	45987
浙 江	Zhejiang	9575828	45780
安 徽	Anhui	3775392	40640
福 建	Fujian	5713371	38989
江 西	Jiangxi	3244231	34102
山 东	Shandong	10060451	37992
河 南	Henan	8086240	34203
湖 北	Hubei	5438913	37134
湖 南	Hunan	5147338	35520
广 东	Guangdong	12062022	45152
广 西	Guangxi	3184370	34064
海 南	Hainan	828289	36716
重 庆	Chongqing	3187316	40042
四 川	Sichuan	5875003	37924
贵 州	Guizhou	2259081	37331
云 南	Yunnan	3294402	35031
西 藏	Tibet	199492	55845
陕 西	Shaanxi	3712830	39043
甘 肃	Gansu	1922459	32724
青 海	Qinghai	572389	42493
宁 夏	Ningxia	566217	44574
新 疆	Xinjiang	2707666	38820

22-5 各省市区固定资产投资(2011 年)

Total Investment in Fixed Asstes in the Whole Country by Region(2011)

地 区	Region	全社会固定资产投资(亿元) Total investment in Fixed Assets (100 million yuan)	固定资产投资(亿元) Investment in Fixed Assets (100 million yuan)	房地产开发投资额(亿元) Investment in Real Estate Development (100 million yuan)
全国总计	**National**	**311485.1**	**302396.1**	**61796.9**
北 京	Beijing	5578.9	5519.8	3036.3
天 津	Tianjin	7067.6	7040.7	1080.2
河 北	Hebei	16389.3	15780.3	3054.6
山 西	Shanxi	7073.0	6837.7	790.2
内蒙古	Inner Mongolia	10365.1	10253.0	1591.2
辽 宁	Liaoning	17726.2	17431.5	4487.6
吉 林	Jilin	7441.7	7226.6	1195.4
黑龙江	Heilongjiang	7475.4	7157.9	1227.6
上 海	Shanghai	4962.1	4959.9	2253.8
江 苏	Jiangsu	26692.6	26313.5	5567.9
浙 江	Zhejiang	14185.3	13651.7	4137.3
安 徽	Anhui	12455.7	12007.9	2611.5
福 建	Fujian	9910.9	9677.1	2406.3
江 西	Jiangxi	9087.6	8753.9	867.0
山 东	Shandong	26749.7	25907.4	4106.8
河 南	Henan	17769.0	16934.3	2626.5
湖 北	Hubei	12557.3	12195.4	2066.5
湖 南	Hunan	11880.9	11407.7	1943.8
广 东	Guangdong	17069.2	16599.2	4809.9
广 西	Guangxi	7990.7	7580.9	1517.5
海 南	Hainan	1657.2	1599.1	650.8
重 庆	Chongqing	7473.4	7367.0	2015.1
四 川	Sichuan	14222.2	13687.7	2819.2
贵 州	Guizhou	4235.9	4026.5	873.5
云 南	Yunnan	6191.0	5932.7	1280.1
西 藏	Tibet	516.3	516.3	5.1
陕 西	Shaanxi	9431.1	9109.0	1410.9
甘 肃	Gansu	3965.8	3870.1	367.0
青 海	Qinghai	1435.6	1365.9	144.7
宁 夏	Ningxia	1644.7	1589.1	336.2
新 疆	Xinjiang	4632.1	4445.0	516.4
不分地区	Not Classified By Region	5651.3	5651.3	

注:固定资产投资为不含农户口径。

22-6 各省市区房地产开发企业(单位)土地购置及开发情况(2011 年)

Land Development and Purchase of Enterprises for Real Estste Development by Region(2011)

地 区 Region	待开发土地面积 (万平方米) Land Space Pending Development (10 000 sq.m)	土地购置面积 (万平方米) Land Space Purchased (10000 sq.m)	土地成交价款 (亿元) Land Transaction Price (10000 sq.m)	土地购置费用 (亿元) Total Value of Land Purchased (100 million yuan)
全国总计 National	**40220.8**	44327.4	8894.0	11527.3
北 京 Beijing	199.8	507.0	422.6	1301.2
天 津 Tianjin	750.9	756.9	155.4	82.8
河 北 Hebei	790.2	2799.6	378.5	409.0
山 西 Shanxi	528.7	697.7	89.8	94.3
内蒙古 Inner Mongolia	516.1	1634.7	129.9	185.2
辽 宁 Liaoning	1805.7	3446.3	531.3	522.6
吉 林 Jilin	272.6	1516.4	241.9	186.8
黑龙江 Heilongjiang	505.2	1860.7	288.5	153.0
上 海 Shanghai	318.0	636.3	238.6	422.0
江 苏 Jiangsu	4504.8	2693.7	693.2	1257.4
浙 江 Zhejiang	2614.0	2188.8	1047.0	1379.7
安 徽 Anhui	2369.7	3295.0	602.7	567.3
福 建 Fujian	1257.0	1540.3	567.6	794.6
江 西 Jiangxi	932.3	1067.8	177.8	160.9
山 东 Shandong	3429.3	3691.1	571.6	695.4
河 南 Henan	964.3	1565.9	184.7	292.7
湖 北 Hubei	1367.1	1582.3	293.1	379.0
湖 南 Hunan	2338.0	1292.4	218.5	318.2
广 东 Guangdong	4135.8	2436.6	520.7	792.2
广 西 Guangxi	855.8	978.9	194.5	234.9
海 南 Hainan	559.2	399.6	52.7	67.0
重 庆 Chongqing	3166.2	1664.5	413.7	374.8
四 川 Sichuan	1664.7	1054.7	242.3	415.2
贵 州 Guizhou	1171.2	882.8	116.4	65.6
云 南 Yunnan	1264.9	1623.3	275.5	142.8
西 藏 Tibet	11.8	5.8	0.4	0.5
陕 西 Shaanxi	382.2	528.5	70.5	102.0
甘 肃 Gansu	209.2	304.3	45.0	38.5
青 海 Qinghai	27.7	140.1	19.0	18.8
宁 夏 Ningxia	769.2	554.7	51.0	30.2
新 疆 Xinjiang	539.1	980.9	59.6	42.5

22-7 各省市区地方财政收入与支出(2011 年)
Local Financial Revenue and Expenditure by Region(2011)

单位:亿元 (100 million yuan)

地 区	Region	一般预算收入 General Budgetary Revenue	税收收入 Tax Revenue	一般预算支出 General Budgetary Expenditure	一般公共服务 Expenditure for General Public Services
地方总计	**National**	**52547.11**	**41106.74**	**92733.68**	**10084.77**
北 京	Beijing	3006.28	2854.63	3245.23	261.38
天 津	Tianjin	1455.13	1004.51	1796.33	117.81
河 北	Hebei	1737.77	1348.51	3537.39	414.93
山 西	Shanxi	1213.43	872.88	2363.85	251.58
内蒙古	Inner Mongolia	1356.67	985.69	2989.21	304.53
辽 宁	Liaoning	2643.15	1974.85	3905.85	415.23
吉 林	Jilin	850.10	624.19	2201.74	231.40
黑龙江	Heilongjiang	997.55	741.85	2794.08	256.37
上 海	Shanghai	3429.83	3172.72	3914.88	236.11
江 苏	Jiangsu	5148.91	4124.62	6221.72	748.45
浙 江	Zhejiang	3150.80	2952.01	3842.59	471.55
安 徽	Anhui	1463.56	1108.31	3302.99	345.34
福 建	Fujian	1501.51	1254.31	2198.18	247.47
江 西	Jiangxi	1053.43	777.09	2534.60	258.00
山 东	Shandong	3455.93	2603.13	5002.07	618.48
河 南	Henan	1721.76	1263.10	4248.82	559.02
湖 北	Hubei	1526.91	1067.11	3214.74	394.95
湖 南	Hunan	1517.07	915.40	3520.76	466.74
广 东	Guangdong	5514.84	4548.66	6712.40	807.41
广 西	Guangxi	947.72	644.80	2545.28	322.18
海 南	Hainan	340.12	295.69	778.80	82.02
重 庆	Chongqing	1488.33	881.07	2570.24	224.58
四 川	Sichuan	2044.79	1537.42	4674.92	485.11
贵 州	Guizhou	773.08	518.14	2249.40	307.21
云 南	Yunnan	1111.16	881.95	2929.60	282.05
西 藏	Tibet	54.76	45.83	758.11	95.94
陕 西	Shaanxi	1500.18	933.84	2930.81	341.32
甘 肃	Gansu	450.12	284.04	1791.24	174.92
青 海	Qinghai	151.81	119.85	967.47	65.40
宁 夏	Ningxia	219.98	177.13	705.91	51.96
新 疆	Xinjiang	720.43	593.41	2284.49	245.36

22-8 各省市区农业生产资料价格指数(2011年)

(上年=100)

地 区	Region	农业生产资料价格指数 Indices of Producers'Price for Farm Products	农用手工工具 Farm hand Tools	饲料 Forage	产品畜 Production Livestock
全 国	**National**	**111.3**	**105.3**	**107.6**	**137.3**
北 京	Beijing				
天 津	Tianjin				
河 北	Hebei	112.6	105.1	108.4	153.6
山 西	Shanxi	109.4	105.8	108.0	155.9
内蒙古	Inner Mongolia	106.3	100.5	103.0	115.6
辽 宁	Liaoning	112.8	105.0	108.1	135.5
吉 林	Jilin	111.4	109.3	108.8	124.8
黑龙江	Heilongjiang	110.2	108.3	105.4	135.5
上 海	Shanghai				
江 苏	Jiangsu	112.6	109.9	112.4	132.2
浙 江	Zhejiang	110.8	106.3	107.5	160.4
安 徽	Anhui	114.3	107.9	111.1	157.3
福 建	Fujian	111.8	108.2	109.0	129.8
江 西	Jiangxi	111.2	110.3	109.1	130.2
山 东	Shandong	111.1	102.1	107.9	127.3
河 南	Henan	111.1	104.9	105.5	136.4
湖 北	Hubei	113.5	108.1	105.1	151.5
湖 南	Hunan	110.9	108.5	104.7	137.9
广 东	Guangdong	109.6	104.2	105.1	129.0
广 西	Guangxi	112.2	105.5	107.3	142.3
海 南	Hainan	115.6	110.4	105.7	157.2
重 庆	Chongqing				
四 川	Sichuan	112.4	104.3	106.9	142.0
贵 州	Guizhou	111.1	105.5	104.1	153.9
云 南	Yunnan	108.3	102.5	103.1	119.6
西 藏	Tibet	102.6	100.7	99.7	100.9
陕 西	Shaanxi	110.3	103.4	104.8	143.2
甘 肃	Gansu	107.6	104.3	114.5	117.3
青 海	Qinghai	112.4	103.7	105.9	131.5
宁 夏	Ningxia	114.0	109.4	96.9	167.4
新 疆	Xinjiang	106.6	100.8	106.7	120.7

Indices of Producers'Price for Farm Productes by Region(2011)

(preceding year = 100)

半机械化农具 Semi-mechanized Farm Tools	机械化农具 Mechanized Tools	化学肥料 Chemical Fertilizer	农药及农药械 Pesticide and Its Appliances	农用机油 Oil for Farm Machinery	其他农业生产资料 Other Means of Agricultural Production	农业生产服务 Service for Agricultural Production
103.6	**104.6**	**113.3**	**102.6**	**110.8**	**108.1**	**108.3**
108.2	111.1	111.8	105.0	113.4	113.0	107.4
100.8	100.5	111.2	103.2	108.4	105.9	103.2
102.7	102.6	111.2	106.5	107.1	104.2	101.7
102.2	103.3	116.4	102.9	111.7	108.2	108.2
100.6	103.9	115.3	99.7	113.0	107.6	107.1
103.6	108.5	114.8	102.4	110.7	103.4	110.1
102.0	105.3	111.2	99.2	110.9	113.3	113.5
104.6	104.1	113.4	100.8	109.4	106.1	105.1
104.5	106.4	114.5	101.5	114.5	109.8	111.7
106.4	104.7	114.7	103.1	111.8	105.6	106.2
112.9	106.4	112.2	101.6	112.6	106.5	114.4
103.1	103.9	116.3	102.4	109.6	104.5	107.5
105.8	103.7	115.2	106.0	114.7	108.2	106.9
105.6	105.1	116.2	104.7	111.8	110.7	103.9
102.3	106.9	112.6	103.9	104.6	107.0	108.3
102.3	103.3	113.3	102.7	109.7	108.5	104.8
103.8	104.9	115.2	103.2	109.0	107.9	106.8
104.6	114.0	113.3	105.1	108.3	113.7	118.6
100.4	100.5	106.4	101.6	109.4	110.9	120.2
115.7	106.0	101.4	100.6	103.8	107.8	101.4
103.5	100.5	112.1	101.9	108.6	105.9	101.9
100.6	102.4	100.8	100.2	121.9	103.5	100.7
102.6	104.7	112.2	101.6	108.9	109.8	112.6
100.1	101.1	110.5	103.5	107.4	103.2	104.0
98.5	104.1	108.3	101.4	117.7	126.1	122.6
100.0	104.3	115.4	103.3	115.1	116.8	107.8
102.5	104.2	102.1	100.1	111.7	118.3	105.8

22-9 各省市区居民消费价格指数(2011 年)
Consumer Price Indices by Region(2011)

(上年=100) (preceding year=100)

地 区	Region	居民消费价格总指数 Consumer Price Index	食品 Food	烟酒及用品 Tobacco, Liquor, Articles	衣着 Clothing	家庭设备用品及服务 Household Facilities, Articles and Services	医疗保健和个人用品 Health Care and Personal Articles	交通和通信 Transportation and Communication	娱乐教育文化 Recreation, Education and Culture	居住 Residence
全 国	**National**	**105.4**	**111.8**	**102.8**	**102.1**	**102.4**	**103.4**	**100.5**	**100.4**	**105.3**
北 京	Beijing	105.6	110.6	102.5	102.7	104.2	103.7	101.5	99.7	108.5
天 津	Tianjin	104.9	111.4	104.8	102.1	106.1	101.8	99.9	99.5	104.7
河 北	Hebei	105.7	112.2	103.3	101.2	101.8	103.0	100.2	100.5	106.9
山 西	Shanxi	105.2	112.0	102.9	102.1	102.3	103.4	100.5	101.3	103.8
内蒙古	Inner Mongolia	105.6	113.7	102.9	102.3	100.1	102.3	100.6	100.8	104.7
辽 宁	Liaoning	105.2	111.0	101.8	101.9	103.0	103.4	100.1	100.0	105.9
吉 林	Jilin	105.2	110.9	102.2	103.0	101.7	103.5	100.7	100.1	105.5
黑龙江	Heilongjiang	105.8	112.4	103.6	102.1	102.0	104.5	99.8	99.8	106.1
上 海	Shanghai	105.2	110.8	101.3	104.3	107.1	104.1	100.2	99.2	105.4
江 苏	Jiangsu	105.3	111.8	104.0	103.4	104.4	103.1	100.8	100.6	104.1
浙 江	Zhejiang	105.4	112.1	101.7	102.9	103.7	103.7	100.7	100.1	105.3
安 徽	Anhui	105.6	112.2	103.6	104.2	101.3	103.5	100.3	99.9	104.6
福 建	Fujian	105.3	111.2	102.8	101.7	101.7	103.8	100.9	99.6	105.6
江 西	Jiangxi	105.2	111.2	101.0	102.9	102.0	103.0	100.4	100.7	104.6
山 东	Shandong	105.0	111.3	103.9	101.5	101.0	102.5	100.6	100.4	105.8
河 南	Henan	105.6	111.9	103.9	101.9	102.1	103.0	101.0	100.9	106.6
湖 北	Hubei	105.8	111.6	104.1	103.6	102.7	103.8	101.1	100.5	105.8
湖 南	Hunan	105.5	111.2	101.6	101.0	101.0	103.3	101.1	101.5	106.6
广 东	Guangdong	105.3	111.4	102.6	101.9	102.8	103.9	99.8	101.0	104.5
广 西	Guangxi	105.9	114.4	103.7	101.9	101.7	103.5	101.9	100.1	102.2
海 南	Hainan	106.1	113.3	100.8	100.9	101.4	101.6	101.7	100.5	104.9
重 庆	Chongqing	105.3	114.1	103.7	101.3	102.2	102.0	99.1	98.9	103.7
四 川	Sichuan	105.3	112.0	103.2	100.0	101.1	102.5	101.0	100.3	106.0
贵 州	Guizhou	105.1	113.5	102.4	100.3	100.2	102.6	100.1	99.9	102.8
云 南	Yunnan	104.9	111.5	100.8	100.5	101.4	103.3	100.0	99.7	104.4
西 藏	Tibet	105.0	109.1	102.7	102.8	101.9	102.8	102.2	100.7	106.3
陕 西	Shaanxi	105.7	111.9	102.3	103.2	102.1	104.6	100.0	100.5	105.5
甘 肃	Gansu	105.9	111.4	101.8	101.3	101.6	105.8	101.1	102.9	105.7
青 海	Qinghai	106.1	111.1	103.3	103.4	101.2	103.0	99.9	101.3	110.3
宁 夏	Ningxia	106.3	113.5	101.7	104.5	102.0	103.8	101.6	100.8	104.3
新 疆	Xinjiang	105.9	112.6	103.3	101.1	102.4	104.3	100.5	101.1	105.4

22-10 各省市区城镇居民家庭人均收支情况(2011 年)

Per Capita Annual Income and Expenditures of Urban Households by Region(2011)

地 区	Region	总收入（元）Total Income (yuan)	可支配收入 Disposable Income	总支出（元）Total Expenditures (yuan)	消费性支出 Expenditures for Consumption	非消费性支出 Non Expenditures for Consumption	恩格尔系数(%) Engle Coefficient(%)
全国总计	**National**	**23979.2**	**21809.8**	**20365.7**	**15160.9**	**5204.8**	**36.3**
北 京	Beijing	37124.4	32903.0	28253.0	21984.4	6268.7	31.4
天 津	Tianjin	29916.0	26920.9	26344.5	18424.1	7920.4	36.2
河 北	Hebei	19591.9	18292.2	15215.5	11609.3	3606.2	33.8
山 西	Shanxi	19666.1	18123.9	16442.0	11354.3	5087.7	31.3
内蒙古	Inner Mongolia	21890.2	20407.6	20270.9	15878.1	4392.8	31.3
辽 宁	Liaoning	22879.8	20466.8	20056.0	14789.6	5266.4	35.5
吉 林	Jilin	19211.7	17796.6	16957.8	13010.6	3947.2	32.7
黑龙江	Heilongjiang	17118.5	15696.2	15932.6	12054.2	3878.4	36.1
上 海	Shanghai	40532.3	36230.5	33778.5	25102.1	8676.4	35.5
江 苏	Jiangsu	28972.0	26340.7	23190.7	16781.7	6408.9	36.1
浙 江	Zhejiang	34264.4	30970.7	29109.4	20437.5	8671.9	34.6
安 徽	Anhui	20751.1	18606.1	18830.0	13181.5	5648.6	39.8
福 建	Fujian	27378.1	24907.4	22569.3	16661.1	5908.3	39.2
江 西	Jiangxi	18656.5	17494.9	15153.3	11747.2	3406.1	39.8
山 东	Shandong	24889.8	22791.8	19341.3	14560.7	4780.6	33.2
河 南	Henan	19526.9	18194.8	15477.2	12336.5	3140.7	34.1
湖 北	Hubei	20193.3	18373.9	18123.4	13163.8	4959.7	40.7
湖 南	Hunan	20083.9	18844.1	18162.8	13402.9	4759.9	36.9
广 东	Guangdong	30218.8	26897.5	27126.3	20251.8	6874.4	36.9
广 西	Guangxi	20846.1	18854.1	17126.0	12848.4	4277.6	39.5
海 南	Hainan	20094.2	18369.0	16439.0	12642.8	3796.2	44.9
重 庆	Chongqing	21794.3	20249.7	18537.1	14974.5	3562.6	39.1
四 川	Sichuan	19688.1	17899.1	17825.3	13696.3	4129.0	40.7
贵 州	Guizhou	17598.9	16495.0	15558.3	11352.9	4205.4	40.2
云 南	Yunnan	20255.1	18575.6	16397.4	12248.0	4149.4	39.2
西 藏	Tibet	18115.8	16195.6	12948.9	10398.9	2549.9	49.9
陕 西	Shaanxi	20069.9	18245.2	18432.5	13782.8	4649.8	36.6
甘 肃	Gansu	16267.4	14988.7	14311.1	11188.6	3122.5	37.4
青 海	Qinghai	17795.0	15603.3	15381.9	10955.5	4426.4	38.9
宁 夏	Ningxia	19654.6	17578.9	18705.1	12896.0	5809.0	34.8
新 疆	Xinjiang	17631.2	15513.6	16057.6	11839.4	4218.2	38.3

22-11 各省市区农村居民家庭人均收支情况(2011 年)

Per Capita Annual Income and Expenditures of Rural Households by Region(2011)

地 区	Region	总收入(元) Total Income (yuan)	纯收入 Net Income	现金收入 Cash Income	总支出(元) Total Expenditure (yuan)	生活消费 Living Consumption	现金支出 Cash Expenditure	恩格尔系数 (%) Engle Cofficient(%)
全国总计	**National**	**9833.1**	**6977.3**	**8638.5**	**8641.6**	**5221.1**	**7984.9**	**40.4**
北 京	Beijing	17424.0	14735.7	17157.9	14503.4	11077.7	14361.3	32.4
天 津	Tianjin	15649.7	12321.2	15327.7	10361.1	6725.4	10302.3	35.3
河 北	Hebei	10046.9	7119.7	8958.1	8148.9	4711.2	7879.2	33.5
山 西	Shanxi	7419.9	5601.4	6396.6	6936.1	4587.0	6522.0	37.7
内蒙古	Inner Mongolia	11972.5	6641.6	9750.9	11828.1	5507.7	10422.6	37.5
辽 宁	Liaoning	13898.1	8296.5	12855.2	12241.4	5406.4	11667.9	39.1
吉 林	Jilin	13243.5	7510.0	10792.7	12715.1	5305.8	11936.7	35.3
黑龙江	Heilongjiang	14621.8	7590.7	11716.0	13073.3	5333.6	12534.7	38.9
上 海	Shanghai	17305.8	16053.8	17079.4	13458.2	11049.3	13227.4	40.9
江 苏	Jiangsu	13838.5	10805.0	13053.4	11939.8	8094.6	11452.5	35.1
浙 江	Zhejiang	17260.6	13070.7	16916.8	14875.8	9965.1	14663.0	37.3
安 徽	Anhui	8469.1	6232.2	7464.5	7602.9	4957.3	7072.6	41.5
福 建	Fujian	10769.0	8778.6	9927.8	8944.0	6540.9	8479.7	46.4
江 西	Jiangxi	8994.5	6891.6	7863.2	7280.6	4659.9	6615.1	45.2
山 东	Shandong	12146.7	8342.1	11086.2	10298.7	5900.6	9913.7	35.7
河 南	Henan	8724.6	6604.0	7318.1	6858.6	4320.0	6557.3	36.1
湖 北	Hubei	9387.2	6897.9	8232.9	7971.5	5010.7	7194.8	39.0
湖 南	Hunan	9141.8	6567.1	7887.1	8480.5	5179.4	7521.8	45.2
广 东	Guangdong	11080.2	9371.7	10262.0	8846.1	6725.6	8231.2	49.1
广 西	Guangxi	7521.1	5231.3	6448.8	6792.1	4210.9	5959.5	43.8
海 南	Hainan	8646.5	6446.0	8085.6	6511.3	4166.1	6107.3	51.3
重 庆	Chongqing	8421.5	6480.4	6963.3	7035.8	4502.1	5910.0	46.8
四 川	Sichuan	8656.5	6128.6	7248.7	7641.8	4675.5	6574.7	46.2
贵 州	Guizhou	5659.6	4145.4	4439.5	5722.5	3455.8	4659.8	47.6
云 南	Yunnan	7396.6	4722.0	5951.3	7000.4	3999.9	5754.3	47.1
西 藏	Tibet	6137.5	4904.3	4587.1	3834.2	2741.6	3122.4	50.5
陕 西	Shaanxi	7044.1	5027.9	6323.9	7184.2	4491.7	6839.1	29.9
甘 肃	Gansu	5878.0	3909.4	4914.0	5932.3	3664.9	5208.1	42.2
青 海	Qinghai	6491.2	4608.5	5263.4	6835.1	4536.8	5982.1	37.8
宁 夏	Ningxia	8388.9	5410.0	7034.3	8669.9	4726.6	7795.1	37.3
新 疆	Xinjiang	11590.9	5442.2	10258.7	11250.2	4397.8	10586.0	36.1

22-12 各省市区农林牧渔业总产值及增长速度(2011年)

Gross Output Value of Farming,Forestry,Animal Husbandry and Fishery and Growth by Region(2011)

地区	Region	农林牧渔业总产值(亿元) Gross Output Value (100 million)	农业 Agriculture	林业 Forestry	牧业 Animal Husbandry	渔业 Fishery	农林牧渔业总产值比上年增长(%) Growth(%)
全国总计	**National**	**81303.9**	**41988.6**	**3120.7**	**25770.7**	**7568.0**	**4.5**
北京	Beijing	363.1	163.4	18.9	162.7	11.5	0.9
天津	Tianjin	349.5	179.9	2.5	98.5	58.6	4.2
河北	Hebei	4895.9	2775.3	58.8	1674.0	163.6	3.9
山西	Shanxi	1207.6	767.1	73.5	295.7	7.5	5.8
内蒙古	Inner Mongolia	2204.5	1057.8	93.2	998.3	23.5	5.7
辽宁	Liaoning	3633.6	1307.2	107.4	1521.1	560.0	6.0
吉林	Jilin	2275.1	1020.4	81.9	1074.5	31.1	5.2
黑龙江	Heilongjiang	3223.5	1801.8	110.2	1189.9	58.9	5.5
上海	Shanghai	314.6	165.1	7.6	77.4	54.7	-0.6
江苏	Jiangsu	5237.4	2640.9	92.8	1190.5	1060.4	4.2
浙江	Zhejiang	2534.9	1152.0	134.1	546.3	655.8	3.1
安徽	Anhui	3459.7	1714.8	182.1	1083.5	346.2	4.0
福建	Fujian	2730.9	1136.2	237.7	479.2	782.6	4.1
江西	Jiangxi	2207.3	917.8	206.1	734.3	272.2	4.2
山东	Shandong	7409.7	3843.6	100.0	2171.9	999.1	3.8
河南	Henan	6218.6	3599.9	127.3	2198.4	72.5	3.8
湖北	Hubei	4252.9	2299.3	86.1	1205.8	508.8	4.4
湖南	Hunan	4508.2	2391.7	239.1	1425.6	255.0	4.3
广东	Guangdong	4384.4	2042.2	208.7	1146.4	843.0	3.9
广西	Guangxi	3323.4	1602.5	217.4	1096.6	303.1	4.8
海南	Hainan	1002.4	401.0	161.4	207.1	204.6	6.6
重庆	Chongqing	1265.3	751.2	38.1	425.3	34.9	4.8
四川	Sichuan	4932.7	2454.3	130.1	2127.2	147.2	4.6
贵州	Guizhou	1165.5	655.3	46.7	381.9	19.9	1.4
云南	Yunnan	2306.5	1124.7	245.7	808.2	55.9	6.1
西藏	Tibet	109.4	49.6	2.4	54.1	0.2	3.6
陕西	Shaanxi	2058.6	1360.7	42.3	553.4	10.6	5.6
甘肃	Gansu	1187.8	848.5	17.2	210.6	1.6	5.4
青海	Qinghai	230.8	102.9	4.2	119.3	0.2	4.8
宁夏	Ningxia	354.7	223.6	9.3	97.6	10.2	5.1
新疆	Xinjiang	1955.4	1437.9	38.1	415.0	14.2	6.9

注:本表绝对数按当年价格计算,增长速度按可比价格计算。

a)Level data in this table are calculated at current prices ,Growth rate of GDP is calculated at constant prices.

22-13 各省市区主要农产品产量（2011年）
Major Product Output of Farming by Region(2011)

单位：万吨 (10 000 tons)

地区	Region	粮食 Grain	油料 Oil-bearing Crops	棉花 Cotton	糖料 Suger Crops	蔬菜 Vegetables	水果 Melons
全国总计	**National**	**57120.8**	**3306.8**	**658.9**	**12516.5**	**67929.7**	**22768.2**
北京	Beijing	121.8	1.4	0.05		296.9	120.9
天津	Tianjin	161.8	0.7	7.2		431.3	62.6
河北	Hebei	3172.6	141.8	65.3	46.5	7384.3	1719.2
山西	Shanxi	1193.0	18.7	6.3	32.4	981.9	617.9
内蒙古	Inner Mongolia	2387.5	133.9	0.2	157.7	1440.2	301.4
辽宁	Liaoning	2035.5	119.8	0.1	7.8	2832.5	810.7
吉林	Jilin	3171.0	69.6	1.2	16.3	971.4	225.7
黑龙江	Heilongjiang	5570.6	23.3		275.0	789.9	279.9
上海	Shanghai	122.0	1.9	0.5	1.1	408.2	88.0
江苏	Jiangsu	3307.8	144.1	24.7	9.6	4586.9	757.1
浙江	Zhejiang	781.6	39.9	3.2	71.1	1815.6	712.4
安徽	Anhui	3135.5	213.8	37.8	21.6	2214.0	846.6
福建	Fujian	672.8	27.5	0.01	56.0	1623.4	687.9
江西	Jiangxi	2052.8	113.6	14.3	62.8	1165.7	580.6
山东	Shandong	4426.3	341.0	78.5	0.02	9180.9	2850.8
河南	Henan	5542.5	532.4	38.2	26.7	6709.7	2414.1
湖北	Hubei	2388.5	304.7	52.6	32.5	3358.6	855.2
湖南	Hunan	2939.4	215.3	22.7	72.2	3337.4	868.8
广东	Guangdong	1361.0	91.9		1390.0	2851.0	1314.3
广西	Guangxi	1429.9	50.1	0.2	7270.0	2246.4	1223.0
海南	Hainan	188.0	9.9		387.8	469.1	403.7
重庆	Chongqing	1126.9	46.5	0.01	11.8	1408.0	261.1
四川	Sichuan	3291.6	278.4	1.5	88.0	3573.6	776.6
贵州	Guizhou	876.9	78.9	0.1	43.6	1250.1	128.0
云南	Yunnan	1673.6	60.7	0.04	1898.8	1340.0	476.4
西藏	Tibet	93.7	6.4			60.1	1.4
陕西	Shaanxi	1194.7	59.0	6.7	0.2	1432.5	1587.1
甘肃	Gansu	1014.6	63.5	7.6	18.1	1320.6	519.1
青海	Qinghai	103.4	33.3		0.01	144.6	4.4
宁夏	Ningxia	359.0	18.4		0.01	438.7	237.3
新疆	Xinjiang	1224.7	66.8	289.8	519.0	1866.2	1036.0

注：水果产量含果用瓜。

a)Output of fruits has included melons.

22-14 各省市区规模以上工业企业主要经济指标(2011年)
Main Economic Indicators of Industrial Enterprises above Designated Size by Region(2011)

单位:个、亿元 (unit,100 million yuan)

地 区	Region	主营业务收入 Revenue from Principal Business	主营业务成本 Cost of Principal Business	主营业务税金及附加 Taxes and Other Charges on Principal Business	利润总额 Total Profits	资产总计 Total Assets
全国总计	**National**	**843315.4**	**714396.9**	**13211.6**	**54544.4**	**657988.4**
北 京	Beijing	15504.1	13191.1	230.6	1119.9	24899.2
天 津	Tianjin	20711.9	17753.7	505.7	1669.3	16562.0
河 北	Hebei	40726.3	35921.1	362.8	2255.5	28696.0
山 西	Shanxi	16893.4	13697.7	178.2	1200.6	21893.8
内蒙古	Inner Mongolia	17632.8	13968.1	240.1	1835.2	17506.0
辽 宁	Liaoning	44065.9	38066.2	746.4	1862.0	30525.2
吉 林	Jilin	16485.8	13697.2	364.8	1121.3	12182.3
黑龙江	Heilongjiang	11492.7	8581.5	715.3	1270.5	11771.3
上 海	Shanghai	34466.3	29082.0	730.1	2176.1	29194.8
江 苏	Jiangsu	106816.1	92615.3	855.6	6850.4	74683.2
浙 江	Zhejiang	53071.0	45603.4	595.4	3080.1	48718.3
安 徽	Anhui	23895.5	20712.1	308.3	1306.9	17859.6
福 建	Fujian	26305.7	22611.7	289.7	1578.9	17581.8
江 西	Jiangxi	18466.8	15930.0	193.3	1113.9	9964.1
山 东	Shandong	102470.2	86977.8	1267.3	6998.3	60032.7
河 南	Henan	47759.8	40484.3	605.4	4066.1	28458.7
湖 北	Hubei	26934.8	22870.3	533.6	1497.2	22446.4
湖 南	Hunan	25395.6	20153.3	645.0	1252.2	14657.5
广 东	Guangdong	95614.1	82690.1	961.6	4609.3	65370.4
广 西	Guangxi	11973.5	10200.1	231.0	717.3	9956.6
海 南	Hainan	1580.9	1256.1	104.2	133.7	1732.7
重 庆	Chongqing	11566.1	9978.6	135.4	558.4	9247.2
四 川	Sichuan	30138.7	25031.9	478.5	1961.3	25694.6
贵 州	Guizhou	4799.2	3761.9	210.6	330.8	6811.4
云 南	Yunnan	7505.8	5728.7	619.9	523.6	10603.5
西 藏	Tibet	74.5	57.8	1.3	13.0	346.4
陕 西	Shaanxi	13666.7	9934.4	456.6	1946.2	16724.7
甘 肃	Gansu	6515.4	5541.1	242.0	241.2	7603.8
青 海	Qinghai	1690.6	1254.6	41.9	202.9	3308.1
宁 夏	Ningxia	2408.5	2077.0	24.4	142.0	3992.6
新 疆	Xinjiang	6686.7	4968.0	336.7	910.4	8963.7

22-15 各省市区规模以上工业企业主要经济效益指标(2011年)
Main Economic Indicators of Industrial Enterprises above Designated Size by Region(2011)

地 区	Region	总资产贡献率(%) Ratio of Value Assets to Gross Industrial Output Value(%)	资产负债率(%) Assets-liability Ratio (%)	流动资产周转次数(次) Number of Times of Annual of Turnover Working Caoitals (time)	成本费用利润率(%) Ratio of Profits to Industrial Cost(%)	产品销售率(%) Proportion of Products Sold(%)
全国总计	**National**	**16.4**	**58.1**	**2.9**	**7.1**	**98.0**
北 京	Beijing	8.0	49.8	1.7	7.7	99.0
天 津	Tianjin	18.9	63.6	2.6	8.8	98.8
河 北	Hebei	15.1	61.4	3.5	5.9	97.9
山 西	Shanxi	12.9	67.1	1.9	7.7	96.6
内蒙古	Inner Mongolia	18.5	58.8	3.0	12.1	97.9
辽 宁	Liaoning	13.6	57.5	3.4	4.6	98.2
吉 林	Jilin	18.8	53.9	3.6	7.5	98.4
黑龙江	Heilongjiang	24.4	57.0	2.5	13.5	97.5
上 海	Shanghai	13.7	52.6	2.1	6.8	99.0
江 苏	Jiangsu	16.7	58.2	2.8	6.9	98.6
浙 江	Zhejiang	12.8	60.6	1.9	6.2	97.7
安 徽	Anhui	15.3	59.5	3.2	5.9	97.8
福 建	Fujian	16.3	52.9	3.1	6.5	97.6
江 西	Jiangxi	21.5	55.7	4.5	6.7	98.9
山 东	Shandong	21.8	55.3	4.0	7.6	98.9
河 南	Henan	25.5	53.7	4.3	9.4	98.4
湖 北	Hubei	14.1	59.5	2.9	6.0	97.4
湖 南	Hunan	22.4	57.6	4.6	5.8	98.7
广 东	Guangdong	13.3	58.2	2.7	5.2	97.2
广 西	Guangxi	15.7	61.7	2.9	6.5	95.1
海 南	Hainan	19.8	52.6	2.5	9.8	97.6
重 庆	Chongqing	12.6	61.4	2.8	5.2	97.6
四 川	Sichuan	16.9	61.6	3.0	7.2	97.7
贵 州	Guizhou	14.1	65.9	2.0	7.7	94.5
云 南	Yunnan	17.0	61.2	1.8	8.2	96.7
西 藏	Tibet	6.9	28.3	0.8	19.3	97.9
陕 西	Shaanxi	21.3	57.1	2.0	17.5	95.7
甘 肃	Gansu	10.5	63.1	2.3	4.0	95.2
青 海	Qinghai	13.7	63.9	1.9	14.2	95.3
宁 夏	Ningxia	8.6	65.6	1.9	6.2	95.6
新 疆	Xinjiang	20.1	53.1	2.5	16.7	97.6

22-16 各省市区规模以上工业企业主要工业产品产量(2011 年)

Output of Major Products of Industrial Enterprises above Designated Size by Region(2011)

地 区	Region	原 油 (万吨) Crude Oil (10000 tons)	天然气 (亿立方米) Natural Gas (100 million cu.m)	发电量 (亿千瓦小时) Electricity (100 million kwh)	生 铁 (万吨) Pig Iron (10 000 tons)	粗 钢 (万吨) Crude Steel (10 000 tons)	钢 材 (万吨) Rolled Steel (10 000 tons)	水 泥 (万吨) Cement (10 000 tons)	农用化肥 (万吨) Chemical Fertilizers (10 000 tons)
全国总计	**National**	**20287.6**	**1030.6**	**47000.7**	**62969.3**	**68388.3**	**88258.2**	**208500.0**	**6217.2**
北 京	Beijing			263.0		2.9	289.6	911.5	0.0
天 津	Tianjin	3187.8	18.4	619.1	2097.0	2295.7	5163.8	765.5	6.3
河 北	Hebei	586.1	12.2	2310.2	15442.4	16450.7	19256.4	13972.4	176.4
山 西	Shanxi			2344.0	3768.6	3490.4	3371.2	3935.6	363.8
内蒙古	Inner Mongolia			2972.8	1431.1	1669.7	1417.3	6396.5	126.1
辽 宁	Liaoning	1000.0	7.2	1368.1	5417.9	5389.2	5754.1	5690.1	64.2
吉 林	Jilin	739.4	15.0	709.9	941.4	925.2	1069.0	4221.3	27.7
黑龙江	Heilongjiang	4006.0	31.0	828.7	588.9	667.5	598.0	4213.9	68.4
上 海	Shanghai	8.1	3.0	947.0	1947.5	2225.5	2483.6	805.6	2.6
江 苏	Jiangsu	189.0	0.5	3755.8	5303.5	6838.8	10011.6	14899.7	269.9
浙 江	Zhejiang			2774.2	1002.2	1329.9	3141.0	12122.3	30.2
安 徽	Anhui			1632.8	1829.8	1968.6	2746.3	9204.7	259.7
福 建	Fujian			1578.9	441.2	1166.9	1561.0	6570.9	53.5
江 西	Jiangxi			729.9	1917.1	2067.8	2250.3	6782.2	30.4
山 东	Shandong	2713.5	5.2	3162.3	5608.5	5655.2	7033.7	15035.6	616.5
河 南	Henan	485.5	5.0	2583.2	2151.0	2370.8	3553.6	13666.0	492.2
湖 北	Hubei	79.0	2.3	2077.2	2520.7	2753.3	3573.4	9342.9	1033.4
湖 南	Hunan			1343.5	1876.4	1819.8	1947.8	9238.6	216.6
广 东	Guangdong	1152.8	83.3	3735.5	861.6	1324.3	3189.9	12607.0	55.3
广 西	Guangxi	2.3		1039.0	955.6	1212.2	1766.4	8640.1	98.0
海 南	Hainan	19.7	2.0	172.9			23.2	1508.5	67.1
重 庆	Chongqing		1.7	582.2	559.4	630.6	950.0	4935.2	175.9
四 川	Sichuan	16.2	268.0	1980.7	1715.0	1729.2	2237.7	14501.1	507.1
贵 州	Guizhou			1379.3	482.4	434.0	462.9	5000.2	367.5
云 南	Yunnan		0.1	1555.7	1344.2	1323.2	1351.9	6457.4	326.9
西 藏	Tibet			27.2				232.8	
陕 西	Shaanxi	3225.4	272.2	1222.5	732.0	766.0	1038.2	6430.6	92.8
甘 肃	Gansu	62.6	0.2	1027.9	769.3	819.8	812.8	2746.8	74.1
青 海	Qinghai	195.0	65.0	463.1	114.6	139.5	142.0	1043.0	288.2
宁 夏	Ningxia	3.6	3.0	939.3	91.9	28.8	76.5	1455.5	92.8
新 疆	Xinjiang	2615.6	235.3	875.2	1058.1	893.0	985.1	2993.6	233.6

22-17 各省市区能源消耗指标(2011年)

Indicators of Energy Consumption by Region(2011)

地 区	Region	万元地区生产总值能耗 Energy Consumption per unit of GDP		万元工业增加值能耗上升或降低(±%) Growth Rate of Energy Consumption per Unit of Industrial Value-added(±%)	万元地区生产总值电耗上升或降低 Growth Rate of Electricity Power Consumption per Unit of GDP(±%)
		指标值(吨标准煤/万元) Level (ton of SCE/10 000 yuan)	上升或降低(±%) Growth Rate (±%)		
北 京	Beijing	0.459	-6.9	-18.50	-6.10
天 津	Tianjin	0.708	-4.3	-7.48	-7.48
河 北	Hebei	1.300	-3.7	-6.68	-0.36
山 西	Shanxi	1.762	-3.6	-5.82	0.03
内蒙古	Inner Mongolia	1.405	-5.82	-4.39	4.38
辽 宁	Liaoning	1.096	-3.4	-5.02	-3.15
吉 林	Jilin	0.923	-3.6	-4.19	-3.90
黑龙江	Heilongjiang	1.042	-3.5	-5.17	-4.43
上 海	Shanghai	0.618	-5.3	-7.33	-4.42
江 苏	Jiangsu	0.600	-3.5	-5.41	-0.14
浙 江	Zhejiang	0.590	-3.1	-2.40	1.41
安 徽	Anhui	0.754	-4.1	-9.54	-0.15
福 建	Fujian	0.644	-3.3	-1.16	2.73
江 西	Jiangxi	0.651	-3.1	-6.87	2.30
山 东	Shandong	0.855	-3.8	-7.67	-0.58
河 南	Henan	0.895	-3.6	-8.60	1.27
湖 北	Hubei	0.912	-3.8	-6.88	-4.20
湖 南	Hunan	0.894	-3.7	-8.61	-2.10
广 东	Guangdong	0.563	-3.8	-5.13	-1.46
广 西	Guangxi	0.800	-3.4	-6.13	-0.28
海 南	Hainan	0.692	5.2	12.53	3.94
重 庆	Chongqing	0.953	-3.8	-5.31	-1.63
四 川	Sichuan	0.997	-4.2	-7.78	-1.87
贵 州	Guizhou	1.714	-3.5	-8.02	-1.70
云 南	Yunnan	1.162	-3.2	-9.92	5.47
西 藏	Tibet				
陕 西	Shaanxi	0.846	-3.6	-5.60	0.38
甘 肃	Gansu	1.402	-2.5	-1.96	2.07
青 海	Qinghai	2.081	9.4	9.62	6.24
宁 夏	Ningxia	2.279	4.6	14.72	18.36
新 疆	Xinjiang	1.631	7.0	9.28	14.69

22-18 各省市区建筑业主要经济指标(2011 年)

Main Economic Indicators on Construction Enterprises by Region(2011)

单位:亿元 (100 million yuan)

地 区	Region	总产值 Gross Output Value	增加值 Value-added	利税总额 Total Pre-tax Profits	利润总额 Total Profits
全国总计	**National**	**117059.65**	**22070.98**	**8032.61**	**4168.20**
北 京	Beijing	6046.22	768.48	421.35	216.78
天 津	Tianjin	2986.45	381.00	173.25	79.54
河 北	Hebei	3972.66	655.74	254.34	127.00
山 西	Shanxi	2324.91	357.21	120.34	49.22
内蒙古	Inner Mongolia	1394.68	376.00	157.72	105.37
辽 宁	Liaoning	6217.52	1121.32	440.66	224.31
吉 林	Jilin	1626.65	321.63	148.67	89.03
黑龙江	Heilongjiang	2029.16	326.03	132.19	58.92
上 海	Shanghai	4586.28	677.30	323.50	166.69
江 苏	Jiangsu	15122.85	3421.43	1050.78	595.87
浙 江	Zhejiang	14907.42	2814.43	844.63	411.57
安 徽	Anhui	3597.26	810.10	238.81	127.12
福 建	Fujian	3692.62	1041.34	258.55	126.47
江 西	Jiangxi	2095.47	348.95	128.46	62.37
山 东	Shandong	6482.90	1303.00	498.22	291.77
河 南	Henan	5279.36	1033.84	381.39	200.09
湖 北	Hubei	5586.45	975.37	434.09	231.46
湖 南	Hunan	3915.02	652.48	267.03	124.77
广 东	Guangdong	5774.01	1109.63	468.16	251.69
广 西	Guangxi	1553.07	260.17	76.34	26.24
海 南	Hainan	255.47	29.38	15.30	6.44
重 庆	Chongqing	3328.83	690.31	268.40	155.34
四 川	Sichuan	5256.65	943.64	350.95	177.19
贵 州	Guizhou	824.72	154.30	45.03	14.39
云 南	Yunnan	1868.40	272.38	120.97	61.88
西 藏	Tibet	124.47	24.91	9.62	5.75
陕 西	Shaanxi	3216.63	608.45	223.11	104.38
甘 肃	Gansu	925.84	180.02	62.96	29.33
青 海	Qinghai	319.42	58.71	19.53	8.35
宁 夏	Ningxia	427.92	94.22	25.82	11.25
新 疆	Xinjiang	1320.37	259.22	72.43	27.60

22-19 各省市区客运量和旅客周转量(2011年)

Total Passenger Traffic and Passenger-kilometers by Region(2011)

地 区	Region	客运量(万人) Passenger Traffic (10 000 persons)	铁路 Railways	公路 Highways	水运 Waterways	旅客周转量(亿人公里) Total Passenger-Kilometers (100million psssenger-km)	铁路 Railways	公路 Highways	水运 Waterways
全国总计	**National**	**3526319**	**186226**	**3286220**	**24556**	**30984**	**9612**	**16760**	**75**
北 京	Beijing	139718	9800	129918		412	109	304	
天 津	Tianjin	24934	2829	22054	51	285	151	134	
河 北	Hebei	99458	7601	91857		1307	785	522	
山 西	Shanxi	39208	6219	32866	123	416	196	220	
内蒙古	Inner Mongolia	26014	4207	21807		410	169	241	
辽 宁	Liaoning	98606	12044	86013	549	956	549	400	7
吉 林	Jilin	68190	6141	61830	219	516	229	287	
黑龙江	Heilongjiang	50481	10745	39424	312	542	267	274	
上 海	Shanghai	10033	6198	3477	358	171	63	107	1
江 苏	Jiangsu	246855	10603	235673	579	1710	401	1307	2
浙 江	Zhejiang	230769	8888	218415	3466	1296	382	908	6
安 徽	Anhui	185575	5980	179440	155	1627	475	1152	
福 建	Fujian	79549	4695	73259	1595	535	172	360	2
江 西	Jiangxi	78930	6152	72527	251	941	600	341	
山 东	Shandong	251187	7327	241457	2403	1740	472	1257	12
河 南	Henan	193285	8804	184213	268	1989	777	1211	1
湖 北	Hubei	112422	7083	104971	368	1236	534	700	3
湖 南	Hunan	171371	8064	161980	1327	1565	785	778	3
广 东	Guangdong	510653	14441	493618	2594	2600	508	2083	10
广 西	Guangxi	83100	3383	79300	417	973	194	777	2
海 南	Hainan	46224	1074	43677	1473	171	21	146	3
重 庆	Chongqing	140398	2934	136142	1322	536	116	409	11
四 川	Sichuan	258845	13147	242615	3083	1198	295	901	3
贵 州	Guizhou	72428	3939	66303	2186	553	205	343	5
云 南	Yunnan	44963	2727	41394	842	522	95	425	2
西 藏	Tibet	3769	110	3659		33	10	23	
陕 西	Shaanxi	107032	5614	101062	356	869	405	463	1
甘 肃	Gansu	60902	2451	58355	96	629	364	265	
青 海	Qinghai	11870	520	11308	42	105	50	56	
宁 夏	Ningxia	15104	543	14440	121	114	41	72	
新 疆	Xinjiang	35130	1964	33166		489	192	297	
不分地区	Not Classified by Region	29317				4537			

注:不分地区为民航完成数。

a)The total passenger traffic not classified by region refers to that completed by civil aviation.

22-20 各省市区货运量和货物周转量(2011 年)

Total Freight Traffic and Freight Ton-kilometers by Region(2011)

地区	Region	货运量(万吨) Freight Traffic (10000 tons)	铁路 Railways	公路 Highways	水运 Waterways	货运周转量(亿吨公里) Freight Ton-kilometers(100 million ton-kms)	铁路 Railways	公路 Highways	水运 Water-ways
全国总计	**National**	**3696961**	**393263**	**2820100**	**425968**	**159324**	**29466**	**51375**	**75424**
北京	Beijing	24663	1387	23276		1000	867	132	
天津	Tianjin	43601	7346	23505	12750	10337	520	267	9551
河北	Hebei	189799	20447	166680	2672	9630	3916	5219	495
山西	Shanxi	134436	69194	65201	41	3063	2015	1047	
内蒙古	Inner Mongolia	168320	64669	103651		5422	2685	2738	
辽宁	Liaoning	184982	21577	151773	11632	10405	1547	2329	6529
吉林	Jilin	47451	7875	39308	268	1453	635	816	1
黑龙江	Heilongjiang	63216	17678	44420	1118	1968	1117	843	7
上海	Shanghai	92962	888	42685	49389	20310	21	284	20005
江苏	Jiangsu	202528	7713	140803	54012	6958	406	1315	5237
浙江	Zhejiang	186376	4850	108654	72872	8635	312	1435	6888
安徽	Anhui	268413	12507	219467	36439	8446	1013	6123	1310
福建	Fujian	75191	3762	52558	18871	3397	183	660	2554
江西	Jiangxi	111851	6046	98358	7447	2985	715	2067	203
山东	Shandong	318407	23156	279380	15871	12684	1627	6624	4433
河南	Henan	241017	14368	220122	6527	8531	2180	5949	401
湖北	Hubei	106913	6431	82741	17741	3799	942	1278	1580
湖南	Hunan	168516	6321	144241	17954	3370	1071	1879	420
广东	Guangdong	224394	8971	166567	48856	6905	327	2150	4428
广西	Guangxi	136132	6770	113549	15813	3478	895	1494	1089
海南	Hainan	25115	694	15095	9326	1368	9	97	1263
重庆	Chongqing	96771	2191	82818	11762	2529	191	780	1558
四川	Sichuan	155310	9172	139771	6367	2016	787	1139	90
贵州	Guizhou	44890	7219	36684	987	1061	696	350	14
云南	Yunnan	60170	5545	54186	439	1024	399	617	8
西藏	Tibet	1028	49	979		40	13	27	
陕西	Shaanxi	120908	30299	90419	190	2825	1354	1470	1
甘肃	Gansu	35269	6446	28790	33	2037	1390	647	
青海	Qinghai	12586	3634	8952		486	228	258	
宁夏	Ningxia	36864	7848	29016		933	325	608	
新疆	Xinjiang	53252	6801	46451		1475	742	733	
不分地区	Not Classified by Region	65632	1411		6591	10753	335		7359

注:不分地区合计中包括铁路行包运输、管道运输企业、民航运输企业及中远集团海外公司完成数。

a)The freight ton-kilometers not classified by region refers to railway baggage freight,civil aviation,pipelines and that completed by companies abroad under the China Ocean Shipping (Group) Company.

22-21 各省市区社会消费品零售总额(2011 年)
Total Retail Sales of Consumer Goods by Region(2011)

地区	Region	社会消费品零售总额(亿元) Total Retail Sales of Consumer Goods (100 million yuan)	社会消费品零售总额比上年增长(%) Total Retail Sales of Consumer Goods Growth Rate (%)
全国总计	**National**	**183918.6**	**17.1**
北 京	Beijing	6900.3	10.8
天 津	Tianjin	3395.1	18.7
河 北	Hebei	8035.5	17.8
山 西	Shanxi	3903.4	17.6
内蒙古	Inner Mongolia	3991.7	18.0
辽 宁	Liaoning	8095.3	17.5
吉 林	Jilin	4119.8	17.5
黑龙江	Heilongjiang	4750.1	17.6
上 海	Shanghai	6814.8	12.3
江 苏	Jiangsu	15988.4	17.5
浙 江	Zhejiang	12028.0	17.4
安 徽	Anhui	4955.1	18.0
福 建	Fujian	6276.2	18.2
江 西	Jiangxi	3485.1	17.9
山 东	Shandong	17155.5	17.3
河 南	Henan	9453.6	18.1
湖 北	Hubei	8275.2	18.0
湖 南	Hunan	6884.7	17.9
广 东	Guangdong	20297.5	16.3
广 西	Guangxi	3908.2	18.0
海 南	Hainan	759.5	18.8
重 庆	Chongqing	3487.8	18.7
四 川	Sichuan	8044.6	18.1
贵 州	Guizhou	1751.6	18.1
云 南	Yunnan	3000.1	18.0
西 藏	Tibet	219.0	18.2
陕 西	Shaanxi	3790.0	18.6
甘 肃	Gansu	1648.0	18.2
青 海	Qinghai	410.5	17.0
宁 夏	Ningxia	477.6	18.3
新 疆	Xinjiang	1616.3	17.5

22-22 各省市区货物进出口总额(2011 年)

Total Imports and Exports by Region(2011)

单位:亿美元 (USD 100 million)

地 区	Region	进出口总额 Total Imports and Exports	按经营单位所在地分 By Location		按境内目的地、货源地分 By Destination and Stationery	
			出口额 Exports	进口额 Imports	出口额 Exports	进口额 Imports
全国总计	**National**	**36420.6**	**18986.0**	**17434.6**	**18986.0**	**17434.6**
北 京	Beijing	3894.9	590.3	3304.7	316.5	975.8
天 津	Tianjin	1033.9	445.0	588.9	450.8	666.4
河 北	Hebei	536.0	285.8	250.2	358.6	482.7
山 西	Shanxi	147.6	54.3	93.3	76.9	85.5
内蒙古	Inner Mongolia	119.4	46.9	72.6	60.4	88.1
辽 宁	Liaoning	959.6	510.4	449.2	511.4	617.3
吉 林	Jilin	220.5	50.0	170.5	54.3	176.0
黑龙江	Heilongjiang	385.1	176.7	208.4	92.5	169.1
上 海	Shanghai	4373.1	2096.9	2276.2	1985.5	2343.8
江 苏	Jiangsu	5397.6	3126.2	2271.4	3244.8	2569.0
浙 江	Zhejiang	3094.0	2163.6	930.4	2390.3	1124.0
安 徽	Anhui	313.4	170.8	142.5	157.3	146.2
福 建	Fujian	1435.6	928.4	507.2	807.2	539.0
江 西	Jiangxi	315.6	218.8	96.7	166.5	114.4
山 东	Shandong	2359.9	1257.9	1102.0	1345.7	1501.0
河 南	Henan	326.4	192.4	134.0	216.7	139.4
湖 北	Hubei	335.2	195.3	139.8	190.8	146.0
湖 南	Hunan	190.0	99.0	91.0	109.6	92.0
广 东	Guangdong	9134.8	5319.4	3815.3	5632.4	4435.8
广 西	Guangxi	233.5	124.6	108.9	85.9	237.1
海 南	Hainan	127.6	25.4	102.2	22.3	112.2
重 庆	Chongqing	292.2	198.4	93.8	149.6	95.3
四 川	Sichuan	477.8	290.5	187.4	216.5	185.3
贵 州	Guizhou	48.8	29.9	19.0	26.4	22.8
云 南	Yunnan	160.5	94.7	65.8	62.1	60.6
西 藏	Tibet	13.6	11.8	1.8	9.5	1.6
陕 西	Shaanxi	146.2	70.1	76.1	67.4	73.2
甘 肃	Gansu	87.4	21.6	65.8	15.7	62.7
青 海	Qinghai	9.2	6.6	2.6	3.4	4.2
宁 夏	Ningxia	22.9	16.0	6.9	20.1	8.0
新 疆	Xinjiang	228.2	168.3	59.9	138.9	160.2

22-23 各省市区国际旅游接待情况(2011年)

International Tourism by Region(2011)

地区	Region	旅游人数(万人次) Domestic Tourists (10 000 person-times)	外国人 Foreigners	旅游外汇收入(亿美元) Foreign Exchange Earning from International Tourism (100 million USD)
北京	Beijing	520.4	447.4	54.16
天津	Tianjin	73.1	63.6	17.56
河北	Hebei	114.1	98.3	4.48
山西	Shanxi	155.3	98.3	5.67
内蒙古	Inner Mongolia	151.5	147.6	6.71
辽宁	Liaoning	405.3	339.4	27.13
吉林	Jilin	99.3	85.5	3.85
黑龙江	Heilongjiang	206.5	197.8	9.18
上海	Shanghai	668.6	555.0	57.51
江苏	Jiangsu	737.3	537.9	56.53
浙江	Zhejiang	773.7	515.0	45.42
安徽	Anhui	262.9	151.7	11.79
福建	Fujian	427.4	140.0	36.34
江西	Jiangxi	135.8	44.0	4.15
山东	Shandong	424.2	312.3	25.51
河南	Henan	168.3	104.3	5.49
湖北	Hubei	213.5	160.1	9.40
湖南	Hunan	227.6	119.8	10.14
广东	Guangdong	3331.6	749.3	139.06
广西	Guangxi	302.8	171.5	10.52
海南	Hainan	81.4	56.2	3.76
重庆	Chongqing	186.4	132.6	9.68
四川	Sichuan	164.0	113.7	5.94
贵州	Guizhou	58.5	23.6	1.35
云南	Yunnan	395.4	281.0	16.09
西藏	Tibet	27.1	24.9	1.30
陕西	Shaanxi	270.4	189.9	12.95
甘肃	Gansu	9.1	5.5	0.17
青海	Qinghai	5.2	4.1	0.27
宁夏	Ningxia	1.9	1.4	0.06
新疆	Xinjiang	56.4	48.8	4.65

中国统计出版社最新图书简目

（仅供参考,以最后出书为准）

统计资料

中国统计年鉴-2012	中国统计摘要-2012	国际统计年鉴-2012
2012 中国发展报告	中国第三产业统计年鉴-2012	中国区域经济统计年鉴-2012
中国劳动统计年鉴-2012	中国社会统计年鉴-2012	中国城市统计年鉴-2009
中国建筑业统计年鉴-2012	中国人口和就业统计年鉴-2012	中国工业经济统计年鉴-2012
中国商品交易市场统计年鉴-2012	中国房地产统计年鉴-2012	中国能源统计年鉴-2012
中国民政统计年鉴-2012	中国贸易外经统计年鉴-2012	2012 中国地区经济监测报告
中国科技统计年鉴-2012	中国农村统计年鉴-2012	中国农产品价格调查年鉴-2012
中国高技术产业统计年鉴-2012	中国教育经费统计年鉴-2010	中国农村贫困监测报告-2012
全国农产品成本收益资料汇编-2012	中国科学技术协会统计年鉴-2012	工业企业科技活动资料-2012
大中型批发零售和住宿餐饮企业统计年鉴-2012		中国城市(镇)生活与价格年鉴-2012
中国县(市)社会经济统计年鉴-2012	中国农村住户调查年鉴-2012(中、英文)	中国农村全面建设小康监测报告-2012
第二次全国 R&D 资源清查资料汇编-综合卷	第二次全国 R&D 资源清查资料汇编-工业企业卷	中国零售和餐饮连锁企业统计年鉴-2012
	中国民族统计年鉴 2011、2012　　2010 年	中国第六次人口普查公报

2012 年省级综合统计年鉴系列

北京　天津　河北　山西　内蒙古　辽宁　吉林　黑龙江　上海　江苏　浙江　安徽　福建　江西　山东
河南　湖北　湖南　广东　广西　海南　重庆　四川　贵州　云南　西藏　陕西　甘肃　青海　宁夏
新疆　新疆生产建设兵团

2012 年市(县)级综合统计年鉴系列

天津滨海新区　石家庄　唐山　邯郸　太原　大同　长治　阳泉　晋城　朔州　晋中
运城　忻州　临汾　呼和浩特　包头　沈阳　大连　长春　吉林市　四平　哈尔滨　黑龙江垦区
上海浦东新区　苏州　无锡　常州　徐州　南通　盐城　镇江　江阴　丹阳
杭州　宁波　绍兴　台州　温州　金华　嘉兴　衢州　福州　福州经济技术开发区
厦门经济特区　南昌　上饶　济南　青岛　潍坊　郑州　洛阳　三门峡　南阳　武汉　宜昌
十堰　荆州　咸宁　长沙　广州　东莞　惠州　深圳　桂林　南宁　柳州　来宾　河池　海口　成都　绵阳
贵阳　昆明　庆阳　西安　兰州　银川　乌鲁木齐

2010 年人口普查资料系列

中国 2010 年人口普查资料　北京　天津　河北　山西　内蒙古　辽宁　吉林　黑龙江　上海　江苏
浙江　安徽　福建　江西　山东　河南　湖北　湖南　广东　广西　海南　重庆　四川　贵州　云南
西藏　陕西　甘肃　青海　宁夏新疆　新疆生产建设兵团　河南省各市 2010 年人口普查资料丛书
中国分县 2010 年人口普查资料　中国分乡镇、街道 2010 年人口普查资料　中国分民族 2010 年人口普查资料

“十一五”规划教材

非参数统计　医学统计学	概率论与数理统计　统计学	现代金融投资统计分析
多元统计分析　经济计量学教程	应用时间序列分析	统计指数理论及应用
统计数据处理概论	质量管理统计方法　社会统计学	多元统计分析实验
企业经营管理统计	市场调查与预测	统计学原理(非统计专业使用)
统计学:从数据到结论	国民经济核算教程(国民经济统计学)	概率论与数理统计(经济、管理类专业使用)

重点图书

挑大学选专业 2012—高考志愿填报指南　　挑大学选专业 2012—考研择校指南